I QUATTRO PERCORSI DELLO
YOGA

Discovery Publisher

Titolo originale: The Four Paths of Yoga
2014, Discovery Publisher

Per l'edizione italiana:
©2017, Discovery Publisher
Tutti i diritti riservati.

Nessuna parte di questo libro può essere riprodotta, memorizzata su supporto informatico o trasmessa in qualsiasi forma e da qualsiasi mezzo senza un esplicito e preventivo consenso da parte dell'editore.

Autore : Swami Vivekananda
Traduttore : Giulia Carratello, Alice Zanzottera,
Annalisa de Nardis, Benedetta de Ghantuz
Editore : Giampaolo Scarpaci, Giulia Carratello,
Barbara Cancian, Marika Tonon
Caporedattore : Adriano Lucca

616 Corporate Way
Valley Cottage, New York, 10989
www.discoverypublisher.com
edition@discoverypublisher.com
facebook.com/discoverypublisher
twitter.com/discoverypb

New York • Paris • Dublin • Tokyo • Hong Kong

SOMMARIO

I Quattro Percorsi dello Yoga 1

    I. La Via della Conoscenza 4

    II. La Via della Conoscenza di Sé 4

    III. La Via dell'Altruismo 5

    IV. La Via della Devozione 6

La Via della Conoscenza 9

    Capitolo I   La Necessità della Religione 11

    Capitolo II   La Vera Natura dell'Uomo 20

    Capitolo III   Maya e Illusione 33

    Capitolo IV   Il Maya e l'Evoluzione della Concezione di Dio 46

    Capitolo V   Maya e Libertà 56

    Capitolo VI   L'Assoluto e la Manifestazione 64

    Capitolo VII   Dio in Tutto 75

    Capitolo VIII   Realizzazione 83

    Capitolo IX   Unità Nella Diversità 97

    Capitolo X   La Libertà dell'Anima 107

    Capitolo XI   Il Cosmo : il Macrocosmo 117

    Capitolo XII   Il Cosmo : il Microcosmo 124

    Capitolo XIII   Immortalità 134

    Capitolo XIV   L'Atman 142

    Capitolo XV   L'Atman, Vincolo e Libertà 153

Capitolo XVI	L'Uomo Reale e Apparente	159

La Via della Conoscenza di Sé — 179

Prefazione		181
Capitolo I	Introduzione	184
Capitolo II	I Primi Passi	193
Capitolo III	Prana	200
Capitolo IV	Il Prana Psichico	209
Capitolo V	Il Controllo del Prana Psichico	214
Capitolo VI	Pratyahara e Dharana	218
Capitolo VII	Dhyana e Samadhi	224
Capitolo VIII	Il Râja Yoga in Breve	231

Aforismi del Patanjali Yoga — 237

Introduzione		239
Capitolo I	Concentrazione: Il Suo Uso Spirituale	243
Capitolo II	Concentrazione: la Sua Pratica	270
Capitolo III	Poteri	296
Capitolo IV	L'Indipendenza	311

Il Sentiero dell'Altruismo — 325

Capitolo I	Il Karma e I Suoi Effetti Sul Carattere	327
Capitolo II	Ognuno è Grande al Proprio Posto	334
Capitolo III	Il Segreto del Lavoro	345
Capitolo IV	Cos'è il Dovere?	353
Capitolo V	Aiutiamo Noi Stessi e Non il Mondo	360
Capitolo VI	Il Non Attaccamento è la Completa Abnegazione del Sé	367
Capitolo VII	Libertà	377
Capitolo VIII	L'Ideale del Karma Yoga	387

La Via della Devozione 397

Capitolo I	Preghiera	399
Capitolo II	La Filosofia di Ishvara	404
Capitolo III	Realizzazione Spirituale: lo Scopo del Bhakti Yoga	409
Capitolo IV	La Necessità del Guru	411
Capitolo V	Requisiti dell'Aspirante e del Maestro	414
Capitolo VI	Maestri Incarnati e Incarnazione	419
Capitolo VII	Il Mantra: Om, Parola e Saggezza	422
Capitolo VIII	Venerazione di Sostituti e di Immagini	425
Capitolo IX	L'Ideale Scelto	428
Capitolo X	Il Metodo e i Mezzi	430

Para-Bhakti o la Devozione Suprema 435

Capitolo I	La Rinuncia Preliminare	437
Capitolo II	La Rinuncia del Bhakta Deriva dall'Amore	440
Capitolo III	La Naturalezza del Bhakti Yoga e il suo Segreto Fondamentale	443
Capitolo IV	Le Forme dell'Amore: Manifestazione	445
Capitolo V	L'Amore Universale e il Modo in Cui Conduce All'Abbandono Totale	447
Capitolo VI	La Conoscenza e l'Amore Più Elevati Sono Un Tutt'Uno Per il Vero Amante	451
Capitolo VII	Il Triangolo dell'Amore	453
Capitolo VIII	Il Dio dell'Amore è la Sua Stessa Prova	456
Capitolo IX	Le Rappresentazioni Umane dell'Ideale Divino dell'Amore	458
Capitolo X	Conclusione	463

I QUATTRO PERCORSI DELLO YOGA

Sin dall'antichità, il popolo del subcontinente indiano pratica discipline spirituali allo scopo di liberare la mente e di mantenere uno stato di coscienza sereno e distaccato. Le pratiche utilizzate per raggiungere quest'agognata condizione di equilibrio, purezza, saggezza, pace dei sensi sono comunemente note con il nome di yoga, che vuol dire «giogo» o «unione»—in riferimento all'unione con il vero Sé, il fine descritto nelle Upanishad.

I saggi distinguevano principalmente principalmente quattro tipi di persone e hanno elaborato esercizi particolarmente adatti a ciascun tipo, in modo tale che ogni uomo possa raggiungere l'ambita unione con il Sé.

- Per le persone razionali c'è la Via della Conoscenza.

- Per le persone meditative c'è la Via della Conoscenza di Sé.

- Per le persone attive per natura c'è la Via dell'Altruismo.

- Per le persone emotive c'è la Via della Devozione.

—*Living Religions*, 79

I. La Via della Conoscenza

—*Jnana Yoga*

Nel tentativo di raggiungere l'identità Brahman-Atman attraverso lo studio dei Veda (ovvero i testi sacri della tradizione indù) e la contemplazione diretta del sé:

> *Dopo la negazione [della propria identità con il corpo, i sensi e la mente] procedendo per esclusione, quella consapevolezza che da sola rimane, che io sono. ...*
> *Il pensiero «Chi sono io?» distruggerà tutti gli altri pensieri e, come il bastone usato per attizzare la pira in fiamme, verrà infine distrutto a sua volta. Allora si verificherà la realizzazione del Sé.*
>
> —Living Religions, 81

II. La Via della Conoscenza di Sé

—*Raja Yoga*

Si tratta di vari sistemi (come quelli descritti nello Yoga Sutra di Patanjali o il più recente sistema noto come Kundalini) incentrati sull'uso di tecniche (come l'esecuzione di determinate posture fisiche, il controllo del respiro, il mantra e la visualizzazione) finalizzate a portare la mente a uno stato di concentrazione totale, noto come samadhi, nel quale si realizza l'unione con l'assoluto.

> *Le parole e il linguaggio non sono adatti per descrivere questo stato di esaltazione. ... La mente, l'intelletto e i sensi smettono di operare. ... È uno stato di eterna Beatitudine e di eterna Saggezza. Ogni dualismo scompare completamente. ... Tutte le cose visibili si fondono nell'invisibile o nel Non visto. L'anima individuale diventa ciò che lui contempla.*
>
> —Living Religions, 80

III. La Via dell'Altruismo

—*Karma Yoga*

In origine il Karma Yoga era incentrato sul varnasrama-dharma: il compimento di azioni in conformità ai doveri (dharma), a seconda della propria casta (varna) e fase della vita (asrama). Agendo in conformità ai principi del varnasrama-dharma, si attraversavano gradualmente le quattro fasi della vita (studente, capofamiglia, eremita, rinunciante) verso la liberazione finale dal ciclo della rinascita (moksha) — sebbene potessero occorrere molte vite affinché si concludesse il processo.

Nel Bhagavad-Gita, tuttavia, Krishna ha ridefinito il Karma Yoga combinandolo con la visione fondamentale dello Jnana Yoga, cioè l'identità ultima del sé individuale (atman) e del Sé Universale (Brahman) – e ha portato alla conclusione secondo la quale «è l'Assoluto a compiere tutte le azioni». Attraverso questa realizzazione, si può compiere un'azione «senza alcun interesse per suoi frutti e senza alcun senso di gratificazione personale». Rinunciando all'attaccamento ai risultati delle proprie azioni, si raggiunge «la liberazione dal sé nel bel mezzo dell'opera»:

> *Permeo l'intero universo nella mia forma immanifesta. Tutte le creature hanno origine da me, ma non sono limitato da esse. Osservate il mio mistero divino!*
>
> *... Gli sciocchi non guardano oltre le apparenze fisiche per osservare la mia vera natura di Signore di ogni creazione. La conoscenza di tali illusi è nulla; le loro vite sono piene di sciagure e di mali e il loro operato e le loro speranze sono tutti vani.*
>
> *Ma le vere anime cercano la mia natura divina. Mi venerano in maniera assoluta, poiché hanno capito che io sono la fonte eterna di tutto. In continua lotta, si impegnano risolutamente e mi venerano senza esitazione. Pieni di devozione, cantano la mia divina gloria. ...*
>
> *Qualsiasi cosa mi venga offerta in segno di devozione con un cuore puro — una foglia, un fiore, un frutto, acqua — condivido quell'offerta d'amore. Qualsiasi cosa fai, fanne un'offerta a me — il cibo che mangi, i sacrifici che fai, l'aiuto che dai, persino la tua sofferenza. In questo modo sarai liberato dalla schiavitù del karma, e dai suoi effetti sia gradevoli che spiacevoli. Poi, risoluto nella rinuncia e nello yoga, col cuore libero, verrai a me.*
>
> *Considero tutte le creature allo stesso modo. Nessuna mi è meno cara e nessuna più cara. Ma coloro che mi venerano con amore vivono dentro di me e io prendo vita in loro. ... Tutti coloro che trovano rifugio in me, a prescindere dalla loro età,*

razza, sesso o casta, raggiungeranno il fine supremo. Tale realizzazione può essere raggiunta anche da coloro che sono disprezzati dalla società. ... Pertanto, poiché sei nato in questo mondo effimero e misero, dammi tutto il tuo amore. Riempiti la mente di me; amami; servimi; venerami sempre. Se mi cercherai nel tuo cuore, sarai infine unito a me.

—Anthology of Living Religions, 66-68 (Bhagavad Gita, Capitolo 9); cf. BG/9

IV. La Via della Devozione

—*Bhakti Yoga*

Il Bhakti Yoga è strettamente legato alla nozione del Karma Yoga come descritto nel Bhagavad-Gita, poiché è proprio compiendo un'azione con spirito di «devozione» a Krishna (e non come un mezzo per generare un karma «buono» che andrà a proprio vantaggio in questa vita o in un'altra vita futura) che si raggiunge la liberazione dal ciclo della rinascita. Questa «devozione» appare come un forte sentimento d'amore per Dio che spesso viene espresso attraverso la poesia e la canzone, come mostra il contributo seguente di Mirabai:

Senza Krishna non riesco a dormire,
Tormentata dal desiderio, non riesco a dormire,
E il fuoco dell'amore
Mi spinge a vagare da un posto all'altro.
Senza la luce dell'Amato
La mia casa è buia,
E le lampade non mi soddisfano.
Senza l'Amato il mio letto è ripugnante,
E io passo le notti sveglia.
Quando tornerà a casa il mio Amato?
... Cosa farò? Dove andrò?
Chi può alleviare il mio dolore?
Il mio corpo è stato morso
Dal serpente dell'«assenza»,
E la mia vita si sta spegnendo
Ad ogni battito del mio cuore.
... Mio Signore, quando verrai

A incontrare la tua Mira?
… Quando, mio signore,
Verrai a ridere e parlare con me?

—Anthology of Living Religions, 79

Poiché il Bhakti Yoga è più facile da eseguire rispetto al Raja Yoga o allo Jnana Yoga, rappresenta di gran lunga la forma più comune di pratica indù. Il suo fascino viene espresso elegantemente nella seguente citazione di Sri Ramakrishna:

Finché durerà il senso dell'Io, la vera conoscenza e la Liberazione saranno impossibili. … [Ma] com'è possibile che solo pochissimi riescano a raggiungere quest'unione [Samadhi] e a liberarsi dall'«Io»? Avviene solo di rado. Puoi parlare quanto vuoi, isolarti continuamente, eppure questo «Io» tornerà sempre da te. Taglia il pioppo oggi, e domani vedrai che formerà nuovi germogli. Quando alla fine capirai che l'«Io» non può essere distrutto, resterà l'«Io» asservito.

—Living Religions, 83

JNANA YOGA
LA VIA DELLA CONOSCENZA

Capitolo I
La Necessità della Religione

Esposto a Londra

Di tutte le forze che hanno contribuito e che contribuiscono ancora a plasmare i destini della razza umana, nessuna, ovviamente, è più potente di quella la cui manifestazione chiamiamo religione. Dietro a tutte le organizzazioni sociali ci sono, da qualche parte, le opere di quella forza singolare e il più grande impulso unificante che sia mai stato messo in gioco tra gli esseri umani proviene da quella forza. È noto a tutti noi che in molti casi i vincoli religiosi si sono rivelati più forti dei vincoli razziali, climatici o persino dei vincoli di sangue. È risaputo che le persone che adorano lo stesso Dio, che credono nella stessa religione, si sostengono a vicenda, con maggiore forza e costanza delle persone che appartengono semplicemente alla stessa stirpe, o persino dei fratelli. Sono stati fatti molti tentativi per rintracciare gli albori della religione. Nelle religioni antiche, che sono giunte fino ai giorni nostri, ritroviamo un'affermazione — che sono tutte soprannaturali, che la loro genesi non è, per così dire, nel cervello umano, ma hanno avuto origine da qualche parte al di fuori di esso.

Due teorie sono state accettate dagli studiosi moderni. La prima è la teoria spirituale della religione, l'altra l'evoluzione dell'idea dell'Infinito. Una parte sostiene che il culto degli antenati rappresenti l'inizio delle idee religiose; l'altra, che la religione ha origine nella personificazione delle forze della natura. L'uomo vuole conservare il ricordo dei parenti morti e crede che vivano persino quando il corpo è dissolto, e vuole nutrirli e, in un certo senso, venerarli. Da questo concetto ebbe luogo quello sviluppo che noi chiamiamo religione.

Studiando le antiche religioni degli Egizi, dei babilonesi, dei cinesi e di molte altre razze in America e in altri luoghi, troviamo tracce molto evidenti di questo culto ancestrale che rappresenta l'inizio della religione. Con gli antichi Egizi, la prima idea dell'anima era quella di un doppio. Ogni essere umano conteneva in sé un altro essere molto simile a esso; e quando un uomo moriva, questo doppio lasciava il corpo e continuava a vivere. Tuttavia la vita del doppio durava fintantoché il corpo morto rimaneva intatto e questo è il motivo per cui gli Egizi avevano tanta cura nel preservare il corpo. Ed è per questo che costruirono quelle enormi piramidi nelle quali conservavano i corpi. Poiché, se una parte qualunque del corpo esterno fosse stata colpita, il doppio, di conseguenza, ne avrebbe risentito. Questo è il vero e proprio culto ancestrale. Negli antichi babilonesi ritroviamo la stessa idea del doppio, ma con una variazione. Il doppio perdeva ogni senso di amore; spaventava i vivi per avere da mangiare e da bere e per essere aiutato in vari modi. Perdeva persino tutto l'affetto verso i figli e la moglie. Anche negli antichi indù ritroviamo tracce di questo culto ancestrale. Nei cinesi, il fondamento della loro religione può essere considerato il culto ancestrale e ancora permea questo vasto Paese in lungo e in largo. In effetti, l'unica religione che può davvero dirsi fiorita in Cina è quella del culto ancestrale. Così sembra, da una parte, che coloro che sostengono la teoria della religione ancestrale come l'inizio della religione abbiano scelto una buona posizione.

D'altra parte, ci sono studiosi che, basandosi sull'antica letteratura ariana, dimostrano che la religione ha avuto origine dalla venerazione della natura. Sebbene in India troviamo prove di venerazione ancestrale ovunque, nelle testimonianze più antiche non ce n'è alcuna traccia. Nel Rig-Veda Samhita, la testimonianza più antica della razza ariana, non ne troviamo alcuna traccia. Gli studiosi moderni pensano che sia la venerazione della natura a essere ritrovata lì. La mente umana sembra sforzarsi di sbirciare dietro le quinte. L'alba, la sera, l'uragano, le meravigliose e maestose forze della natura, le sue bellezze, questi hanno allenato la mente umana ed essa aspira ad andare oltre, per capire qualcosa di essi. Nella lotta caratterizzano questi fenomeni con attributi personali, dando loro anima e corpo, a volte belli, a volte trascendenti. Ogni tentativo si conclude quando questi fenomeni diventano astrazioni, personalizzate o meno. Ritroviamo questo concetto anche negli antichi Greci; tutta la loro mitologia non è altro che questa venerazione astratta della natura. Ciò vale anche per gli antichi tedeschi, gli scandinavi e per tutte le altre razze ariane. Pertanto, anche questa posizione è sostenuta fortemente e sarebbe a dire che la religione ha origine dalla personificazione delle forze della natura.

Questi due punti di vista, sebbene sembrino contraddittori, possono essere riconciliati se posti su una terza base, che, a mio parere, è il vero germe della religione e che propongo di definire la lotta finalizzata a trascendere le limitazioni dei sensi. O l'uomo va a cercare gli spiriti dei propri antenati, gli spiriti dei morti, vale a dire che vuole avere un assaggio di cosa si provi dopo che il corpo è dissolto, o desidera capire la forza alla base dei meravigliosi fenomeni della natura. In ogni caso, una cosa è certa, egli prova a trascendere le limitazioni dei sensi. Non può essere soddisfatto dai propri sensi; vuole oltrepassarli. Non occorre che la spiegazione sia misteriosa. A me sembra molto naturale che il primo cenno di religione trapeli dai sogni. Il primo concetto di immortalità l'uomo lo può avere grazie ai sogni. Non è questo uno stato meraviglioso? E sappiamo che i bambini e le menti non istruite notano pochissima differenza tra i sogno e lo stato di veglia. Cosa ci può essere di più naturale del fatto che scoprano, com'è logico, che persino durante il sonno, quando il corpo è apparentemente morto, la mente continua con tutte le sue operazioni intricate? Cosa c'è da meravigliarsi se gli uomini salteranno improvvisamente alla conclusione che, quando questo corpo sarà per sempre dissolto, la stessa operazione continuerà a essere eseguita? Questa, secondo me, sarebbe una spiegazione più naturale del soprannaturale e attraverso quest'idea onirica la mente umana si eleva a concezioni sempre più alte. Ovviamente, ben presto, la stragrande maggioranza dell'umanità scoprì che questi sogni non sono comprovati dagli stati di veglia e che, durante lo stato onirico l'uomo non vive una nuova vita, ma rivive semplicemente le esperienze dello stato cosciente.

Ma dal momento in cui la ricerca era cominciata, e la ricerca era dentro di sé, l'uomo arido continuò a indagare in modo più approfondito sui diversi stadi della mente e scoprì stadi diversi dalla veglia o dal sogno. Ritroviamo questo stato di cose in tutte le religioni strutturate del mondo, che viene chiamato estasi o ispirazione. Si afferma che in tutte le religioni strutturate, i loro fondatori, profeti e messaggeri abbiano raggiunto quegli stati della mente che non erano né veglia né sogno, nei quali si sono ritrovati faccia a faccia con una nuova serie di fatti relativi a ciò che viene definito il regno spirituale. Lì comprendevano le cose in modo molto più intenso rispetto a come comprendiamo i fatti che avvengono nel nostro stato di veglia. Prendiamo, a titolo d'esempio, le religioni dei bramini. Si dice che i Veda siano stati scritti dai Rishi. Tali Rishi erano saggi che capivano alcuni fatti. La definizione esatta della parola sanscrita Rishi è Veggente dei Mantra — dei pensieri comunicati negli inni vedici. Questi uomini dichiaravano di aver capito — percepito, se questa parola può essere usata per rivolgersi ai soprasensibili — alcuni fatti che essi cominciavano a mettere per iscritto. Scopriamo che la stessa verità è stata dichiarata sia tra gli Ebrei che tra i cristiani.

Si possono prendere in considerazione alcune eccezioni nel caso dei buddisti, rappresentati dalla setta meridionale. Si può chiedere: se i buddisti non credono in nessun Dio o in nessun'anima, come può la loro religione provenire dallo stato supersensibile dell'esistenza? La risposta a questo è che persino i buddisti trovano un'eterna legge morale e quella legge morale non fu ragionata secondo il nostro senso della parola, ma Buddha la trovò, la scoprì in uno stato supersensibile. Di voi, coloro che hanno studiato la vita di Buddha, anche descritta così brevemente in quella bella poesia, La Luce dell'Asia, ricorderanno che Buddha viene rappresentato seduto sotto l'albero della Bodhi, intento a raggiungere lo stato soprasensibile della mente. Tutti i suoi insegnamenti giunsero attraverso questo stato e non attraverso riflessioni intellettuali.

Pertanto da tutte le religioni proviene un'affermazione straordinaria; la mente umana, in certi momenti, trascende non solo le limitazioni dei sensi, ma anche la forza del ragionamento. Poi la mente si ritrova faccia a faccia con i fatti che non era mai riuscita a percepire, non era mai riuscita a risolvere con la logica. Questi fatti sono la base di tutte le religioni del mondo. Ovviamente abbiamo il diritto di sfidare tali fatti, di sottoporli alla prova della ragione. Tuttavia, tutte le religioni esistenti al mondo pretendono che la mente umana abbia questo singolare potere di trascendere i limiti dei sensi e della ragione; e questo potere lo presentano come un dato di fatto.

A parte la considerazione della domanda vincolante sull'effettiva veridicità di questi fatti dichiarati dalle religioni, troviamo una caratteristica comune a tutti. Sono tutte astrazioni, poiché contrapposte alle scoperte concrete della fisica, per esempio; e in tutte le religioni altamente strutturate assumono la forma più pura dell'Astrazione dell'Unità, sia nella forma di una Presenza Astratta, come un Essere Onnipresente, come una Personalità Astratta chiamata Dio, come una Legge Morale, sia nella forma di un'Essenza Astratta alla base di ogni esistenza. Anche nei tempi moderni i tentativi fecero predicare le religioni senza far leva sullo stato supersensibile della mente, se la mente avesse dovuto accettare le vecchie astrazioni degli Antichi e dare loro nomi diversi come « Legge Morale », l'« Unità Ideale », e così via, dimostrando così che queste astrazioni non sono nei sensi. Nessuno di noi ha ancora visto un « Essere Umano Ideale » e tuttavia ci viene detto di crederci. Nessuno di noi ha ancora visto un uomo idealmente perfetto e tuttavia non possiamo andare avanti senza quell'ideale. Così quest'unico fatto emerge da tutte queste religioni diverse, che c'è un'Astrazione dell'Unità Ideale, che ci viene proposta, nella forma di una Persona o in quella di un Essere Impersonale, di una Legge, di una Presenza, o di un'Essenza. Lottiamo sempre per elevarci a quell'ideale. Ogni essere umano, chiunque sia e ovunque esso sia, ha un ideale del potere infinito. Ogni essere umano ha un ideale di piacere infinito. La maggior parte delle azioni che troviamo attorno a noi, le attività mostrate ovunque, è dovuta alla lotta per questo potere infinito o per questo piacere infinito. Ma ben pochi scoprono ben presto che, sebbene stiano lottando per il potere infinito, non è attraverso i sensi che questo può essere raggiunto. Essi scoprono molto presto che quell'infinito piacere non deve essere ottenuto attraverso i sensi o, in altre parole, i sensi sono troppo limitati e il corpo è troppo limitato per esprimere l'Infinito. Manifestare l'Infinito attraverso il finito è impossibile e, prima o poi, l'uomo impara ad abbandonare il tentativo di esprimere l'Infinito attraverso il finito. Questo abbandono, questa rinuncia al tentativo, è il fondamento dell'etica. La rinuncia è la vera base sulla quale poggia l'etica. Non c'è mai stato un codice etico predicato che non avesse alla sua base la rinuncia.

L'etica dice sempre, « Non io, ma voi ». Il suo motto è, « Non il sé, ma il non-sé ». Le vane idee di individualismo a cui l'uomo si aggrappa quando cerca di trovare quell'Infinito Potere o quell'Infinito Piacere attraverso i sensi, devono essere abbandonate — dicono le leggi dell'etica. Devi mettervi all'ultimo posto e gli altri prima di voi. I sensi dicono « Prima me stesso ». L'etica dice « Devo considerarmi per ultimo ». Così, tutti i codici dell'etica si fondano su questa rinuncia; la distruzione, non la costruzione dell'individuo sul piano materiale. Quell'Infinito non sarà mai espresso sul piano materiale, ne è possibile o pensabile.

Così l'uomo deve abbandonare il piano della materia ed elevarsi ad altre sfere per cercare un'espressione più profonda di quell'Infinito. In questo modo le varie leggi etiche vengono sviluppate, ma tutte hanno quell'idea centrale, l'eterna abnegazione di sé. L'assoluto auto-annullamento è l'ideale dell'etica. Le persone sono stupite se viene chiesto loro di non pensare alla propria individualità. Sembrano così spaventate all'idea di perdere ciò che chiamano la propria individualità. Allo stesso tempo, gli stessi uomini dichiarerebbero gli ideali più alti dell'etica per essere nel giusto, per non pensare mai, nemmeno per un momento, che il proposito, l'obiettivo, l'idea di tutta l'etica sia la distruzione, e non la costruzione dell'individuo.

È stato detto che un'eccessiva attenzione alle cose spirituali turba le nostre relazioni concrete nel mondo. Già ai tempi del saggio cinese Confucio si diceva « Prendiamoci cura di questo mondo: e poi, quando avremo finito con questo mondo, ci prenderemo cura dell'altro mondo ». È molto giusto prendersi cura di questo mondo. Tuttavia, se da una parte un'attenzione eccessiva all'elemento spirituale può rovinare un po' le nostre relazioni concrete, dall'altra un'attenzione eccessiva all'elemento cosiddetto concreto ci ferisce qui e nell'aldilà. Ci rende materialisti. L'uomo non deve considerare la natura il suo obiettivo, ma qualcosa di più elevato.

L'uomo è tale purché lotti per elevarsi sulla natura e questa natura è sia interna che esterna. Non solo comprende le leggi che governano le particelle della materia al di fuori di noi e dei nostri corpi, ma anche la natura più sottile che è all'interno, che è, di fatto, la forza motrice che domina la natura esterna. Conquistare la natura esterna è una cosa buona e grandiosa, ma conquistare la natura interiore è ancora più grandioso. È una cosa buona e grandiosa conoscere le leggi che governano le stelle e i pianeti, infinitamente più grandioso e migliore è conoscere le leggi che governano le passioni, i sentimenti, la volontà dell'umanità. Questa conquista dell'uomo interiore, la comprensione dei segreti dei meccanismi sottili presenti nella mente umana e la conoscenza dei suoi meravigliosi segreti, appartengono interamente alla religione. La natura umana—la natura umana comune, intendo dire—vuol vedere grandi fatti materiali. L'uomo comune non può capire le cose sottili. È stato detto che le masse ammirano il leone che uccide migliaia di agnelli, non pensando neanche per un momento che ciò significa la morte per gli agnelli. Tuttavia si prova un trionfo momentaneo per il leone; perché le masse trovano piacere soltanto nelle manifestazioni di forza fisica. Così è per il comune percorso degli uomini. Essi capiscono tutto quello che è esterno e vi trovano piacere. Ma in ogni società c'è un gruppo i cui piaceri non sono nei sensi, ma oltre, e che di tanto in tanto intravede qualcosa di più elevato della materia e lotta per raggiungerlo. E se leggiamo tra le righe la storia delle nazioni, troveremo sempre che lo sviluppo di una nazione va di pari passo con l'aumento della quantità di tali uomini; e il declino comincia quando questa ricerca dell'Infinito, per quanto vana possano definirla gli utilitaristi, è finita. Ciò vale a dire che il motivo principale della forza di ogni razza è da ricercarsi nella spiritualità e la morte di quella razza comincia il giorno in cui quella spiritualità tramonta e il materialismo guadagna terreno.

Pertanto, senza considerare i fatti concreti e le verità che possiamo apprendere dalla religione, senza considerare le comodità che ne possiamo trarre, la religione, come scienza, come studio, è l'esercizio più grande e più salutare che la mente umana possa avere. Questa ricerca dell'Infinito, questa lotta per afferrare l'Infinito, questo sforzo per oltrepassare le limitazioni dei sensi—al di fuori della materia, per così dire—e per far evolvere l'uomo spirituale—questo giorno e questa notte di lotta per rendere l'Infinito un tutt'uno con il nostro essere—questa lotta stessa è la più grande e gloriosa che l'uomo possa fare. Alcune persone trovano il piacere più grande nel cibo. Non abbiamo nessun diritto di dire che non dovrebbero. Altri provano il piacere più grande nel possedere alcune cose. Non abbiamo nessun diritto di dire che non dovrebbero. Ma neanche loro hanno il diritto di dire «no» all'uomo che prova il suo piacere più grande nel pensiero spirituale. Minore è l'organizzazione, maggiore è il piacere dei sensi. Pochissimi uomini possono mangiare con lo stesso appetito di un cane o di un lupo. Ma tutti i piaceri del cane o del lupo finiscono, poiché risiedevano nei sensi. I tipi più bassi di umanità di tutte le nazioni trovano piacere nei sensi, mentre gli uomini colti e istruiti lo trovano nel pensiero, nella filosofia, nelle arti e nelle scienze. La spiritualità rappresenta un piano ancora più elevato. Poiché il soggetto è l'infinito, quel piano è il più alto, e il piacere lì è assoluto per coloro che possono apprezzarlo. Così, anche sul piano utilitaristico quell'uomo deve ricercare il piacere, dovrebbe coltivare il pensiero religioso, poiché è il piacere più alto che esista. Pertanto mi sembra che la religione, come studio, sia assolutamente necessaria.

Possiamo vederlo nei suoi effetti. È la più grande forza motrice alla base della mente umana. Nessun altro ideale può infonderci la stessa energia come quello spirituale. Per come va la storia umana, è ovvio a tutti noi che questo è vero e che i suoi poteri non sono morti. Non nego che gli uomini, semplicemente per motivi utilitaristici, possano essere molto buoni e morali. Ci sono stati molti grandi uomini in questo mondo perfettamente saldi, morali e buoni semplicemente per motivi utilitaristici. Ma coloro che smuovono il mondo, gli uomini che apportano, per così dire, una massa di magnetismo al mondo, il cui spirito opera su centinaia e migliaia di persone, la cui vita accende gli altri di un fuoco spirituale—tali uomini, scopriamo sempre, hanno un bagaglio spirituale. La loro forza motrice proviene dalla religione. La religione è la più grande forza motrice per realizzare quell'infinita energia che rappresenta il diritto di nascita e la natura di ogni uomo. Nel costruire il carattere, nel produrre ogni cosa che è buona e grande, nel portare la pace agli altri e al proprio sé, la religione costituisce la massima forza motrice e, pertanto, dovrebbe essere studiata da questo punto di vista. La religione dovrebbe essere studiata in modo più diffuso rispetto ai tempi passati. Tutte le idee limitate, contrastanti della religione devono andare via. Tutte le idee di sette e tribù o di nazioni di religione devono essere abbandonate. Il fatto che ogni tribù o nazione debba avere il proprio Dio specifico e pensare che ogni altro è sbagliato è un pregiudizio che dovrebbe appartenere al passato. Tutte le idee di questo tipo devono essere abbandonate.

Così come la mente umana estende i propri orizzonti, così si estendono anche i passi spirituali. È già giunto il tempo in cui un uomo non può annotare un pensiero senza che raggiunga tutti gli angoli della terra; attraverso mezzi puramente fisici, siamo entrati in contatto col mondo intero; così le religioni future del mondo dovranno essere altrettanto universali, altrettanto vaste.

Gli ideali religiosi del futuro devono comprendere tutto ciò che esiste al mondo ed è buono e grande e, allo stesso tempo, avere una motivazione infinita per lo sviluppo futuro. Tutto quello che c'era di buono nel passato va conservato; e le porte devono restare aperte per le aggiunte future al deposito già esistente. Le religioni devono anche essere inclusive e non guardarsi dall'alto in basso con disprezzo solo perché i loro ideali specifici di Dio sono diversi. Nella mia vita ho visto molti grandi uomini spirituali, moltissime persone ragionevoli, che non credevano affatto in Dio, cioè, non come lo intendiamo noi. Forse comprendevano Dio meglio di noi. L'idea Personale di Dio o l'Impersonale, l'Infinito, la Legge Morale, o l'Uomo Ideale — tutti questi devono rientrare nella definizione di religione. E quando le religioni sono diventate vaste, il loro potere di fare del bene sarà centuplicato. Le religioni, che hanno in sé un enorme potere, hanno spesso fatto più male che bene all'uomo, semplicemente a causa della loro piccolezza e delle loro limitazioni.

Persino oggi troviamo che molte sette e società, con quasi le stesse idee, si fanno la guerra, perché l'una non vuole esprimere quelle idee esattamente nello stesso modo dell'altra. Pertanto, le religioni dovranno estendersi. Le idee religiose dovranno diventare universali, vaste e infinite; e solo allora vedremo il ruolo attivo della religione, poiché la forza della religione ha a malapena cominciato a manifestarsi nel mondo. A volte si dice che le religioni si stanno estinguendo, che le idee spirituali stanno scomparendo dal mondo. A me sembra che abbiano appena cominciato a svilupparsi. Il potere della religione, vasto e purificato, penetrerà ogni parte della vita umana. Finché la religione era nelle mani di pochi prescelti o di un gruppo di preti, era nei templi, nelle chiese, nei libri, nei dogmi, nei cerimoniali, nelle forme e nei rituali. Ma quando giungiamo al concetto reale, spirituale, universale, allora, e solo allora la religione diventerà viva e reale; entrerà nella nostra vera natura, in ogni nostro movimento, penetrerà in ogni poro della nostra società e sarà per il bene una forza infinitamente più grande di quanto lo sia mai stata prima.

Quello che occorre è un sentimento fraterno tra i diversi tipi di religione, vedendo che tutti costituiscono un tutt'uno, un sentimento fraterno che deriva dalla stima e dal rispetto reciproci, e non dall'espressione condiscendente, indulgente, misera della buona volontà, purtroppo oggi in voga per molti. E soprattutto, questo è necessario tra i tipi di espressione religiosa che provengono dallo studio dei fenomeni mentali — che purtroppo, anche adesso rivendicano un diritto esclusivo sul nome della religione — e quelle espressioni religiose le cui menti, per così dire, penetrano di più nei segreti del paradiso, sebbene i loro piedi siano aggrappati alla terra, intendo dire le cosiddette scienze materialistiche.

Per apportare quest'armonia, entrambe le espressioni religiose dovranno fare concessioni, talvolta grandissime, enormi, talvolta dolorose, ma ognuna si rivelerà la migliore per il sacrificio e la più evoluta in verità. E alla fine la conoscenza, che è limitata nel campo dello spazio e del tempo incontrerà, laddove né la mente né i sensi possono arrivare, ciò che va oltre entrambe e diventerà un tutt'uno con esso — l'Assoluto, l'Infinito, l'Uno senza un secondo.

I modelli utilitaristici non possono spiegare le relazioni etiche degli uomini, perché, in primo luogo, non possiamo ricavare alcuna legge etica dalle considerazioni di utilità. Senza il consenso soprannaturale, come viene definito, o la percezione del superconscio, come preferisco chiamarlo, non può esserci etica. Senza la lotta verso l'Infinito non può esserci nessun ideale. Qualsiasi sistema che voglia vincolare gli uomini ai limiti delle loro società non è capace di trovare una spiegazione alle leggi etiche dell'umanità. L'utilitarista vuole che noi abbandoniamo la lotta per l'Infinito, il raggiungimento del Supersensibile, poiché impraticabile e assurdo, e, al contempo, ci chiede di accettare l'etica e di fare del bene alla società. Perché dovremmo fare del bene? Fare del bene è una considerazione secondaria. Dobbiamo avere un ideale. L'etica stessa non è lo scopo, ma il mezzo per raggiungere lo scopo. Se lo scopo non c'è, perché dovremmo essere etici? Perché dovrei fare del bene ad altri uomini e non ferirli? Se la felicità è l'obiettivo dell'umanità, perché non dovrei rendermi felice e rendere gli altri infelici? Che cosa me lo impedisce? In secondo luogo, la base dell'utilità è troppo stretta. Tutte le forme e i metodi sociali attuali sono tratti dalla società, poiché essa esiste, ma quale diritto ha l'utilitarista di presumere che quella società sia eterna? La società non esisteva secoli fa, possibilmente non esisterà secoli dopo. Molto probabilmente si tratta di uno degli stadi di passaggio attraverso i quali procediamo verso un'evoluzione maggiore, e ogni legge proveniente soltanto dalla società non può essere eterna, non può coprire l'intero terreno della natura dell'uomo. Nel migliore dei casi, tuttavia, le teorie utilitaristiche possono funzionare nelle condizioni sociali attuali. Altrimenti non hanno alcun valore. Ma la moralità, un codice etico, proveniente dalla religione e dalla spiritualità, ha come motivazione l'uomo infinito. Accetta l'individuo, ma le sue relazioni sono con l'infinito, e accetta anche la società — perché la società non è altro che una quantità di questi individui riuniti insieme; e poiché si applica all'individuo e alle sue relazioni eterne, deve necessariamente applicarsi a tutta la società, in qualunque condizione possa essere a ogni dato momento. Pertanto vediamo che l'umanità ha sempre la necessità della religione spirituale. L'uomo non può sempre pensare alla materia, per quanto essa sia piacevole.

Capitolo II
La Vera Natura dell'Uomo

Esposto a Londra

Grande è la tenacia con la quale l'uomo si aggrappa ai sensi. Tuttavia, sebbene egli pensi che il modo esterno in cui vive e si muove sia fondamentale, arriva un momento nelle vite degli individui e delle razze in cui, involontariamente, chiedono «Questo è reale?» Anche per la persona che non trova mai un momento per mettere in dubbio i requisiti dei suoi sensi, che è continuamente occupata con qualche tipo di appagamento dei sensi—anche per lei arriva la morte e anche lei è obbligata a chiedere «Questo è reale?» La religione comincia con questa domanda e finisce con la sua risposta. Persino nel remoto passato, laddove la storia testimoniata non può aiutarci, alla misteriosa luce della mitologia, già al pallido crepuscolo della civiltà, scopriamo che veniva posta la stessa domanda «Cosa diviene di ciò? Cos'è reale?»

Una delle più poetiche Upanishad, la Katha Upanishad, comincia con il quesito: «Quando un uomo muore, c'è una disputa. Una parte dichiara che se ne sia andato per sempre, l'altra insiste sul fatto che sia ancora vivo. Quale delle due affermazioni è vera?» Sono state date varie risposte. L'intera sfera della metafisica, filosofia e religione è davvero piena di varie risposte a questa domanda. Al contempo, sono stati fatti tentativi per eliminarlo, per porre fine all'agitazione della mente che chiede, «Cosa c'è dopo? Cos'è reale?» Ma finché resta la morte, tutti questi tentativi volti all'eliminazione si dimostreranno vani. Possiamo anche parlare del fatto che non vediamo niente oltre e limitare tutte le nostre speranze e aspirazioni al momento presente e sforzarci duramente di non pensare a qualunque cosa che sia oltre il mondo dei sensi; e, forse, qualunque cosa esterna può aiutarci a mantenerci limitati entro i suoi stretti vincoli. Il mondo intero può unirsi per impedirci di estenderci oltre il presente. Tuttavia, finché c'è la morte, la domanda si ripeterà continuamente, «È forse la morte la fine di tutte le cose alle quali siamo aggrappati, come se fossero la più vera delle realtà, la più sostanziale di tutte le sostanze?» Il mondo svanisce e un momento dopo non c'è più. Stando sull'orlo di un precipizio, oltre il quale c'è l'abisso spalancato e infinito, ogni mente, per quanto insensibile, è destinata a indietreggiare e a chiedere «Questo è reale?» Le speranze di una vita, costruite a poco a poco con tutte le energie di una grande mente, spariscono in un secondo. Sono reali? Questa domanda deve avere una risposta. Il tempo non riduce la sua forza; d'altro canto la rafforza.

Poi c'è il desiderio di essere felici. Rincorriamo qualsiasi cosa per diventare felici; perseguiamo la nostra pazza carriera nel mondo esterno dei sensi. Se chiedete al giovane la cui vita è prospera, dichiarerà che è reale; e lo pensa davvero. Forse, quando lo stesso uomo invecchia e scopre che la fortuna gli sfugge sempre, affermerà allora che è il destino. Alla fine scopre che i suoi desideri non possono essere realizzati. Dovunque vada, trova davanti a sé un muro adamantino oltre il quale non può passare. Ogni attività dei sensi produce una reazione. Tutto è evanescente. Piacere, sofferenza, lusso, ricchezza, potere e povertà, persino la vita stessa, sono tutti evanescenti.

Due posizioni restano all'umanità. Una è credere insieme ai nichilisti che tutto è nulla, che non sappiamo niente, che non potremo mai sapere nulla sul futuro, sul passato o persino sul presente. Poiché dobbiamo ricordarci che colui che nega il passato e il futuro e vuole attenersi al presente è semplicemente un pazzo. Si può anche rinnegare il padre e la madre e rivendicare il figlio. Sarebbe altrettanto logico. Per rinnegare il passato e il futuro, anche il presente deve essere rinnegato di conseguenza. Questa è una posizione, quella dei nichilisti. Non ho mai visto un uomo che sia riuscito a diventare nichilista per un solo minuto. È molto facile parlare.

Poi c'è l'altra posizione — cercare una spiegazione, cercare il reale, scoprire nel bel mezzo di questo mondo eternamente mutevole ed evanescente qualunque cosa sia reale. In questo corpo, che è un insieme di molecole della materia, c'è qualcosa di vero? Questa è stata la ricerca per tutta la storia della mente umana. Nei tempi molto antichi, spesso ritroviamo barlumi di luce provenienti dalle menti degli uomini. Scopriamo che l'uomo, persino allora, procede di un passo oltre il proprio corpo, trova qualcosa che non è il suo corpo esterno, sebbene sia molto simile a esso, molto più completo, molto più perfetto, e che rimane persino quando il suo corpo è dissolto. Leggiamo negli inni dei Rig-Veda, rivolti al Dio del Fuoco che brucia un corpo morto, «Portalo, o fuoco, delicatamente nelle tue braccia, dagli un corpo perfetto, un corpo luminoso, portalo dove vivono i padri, dove non c'è più sofferenza, dove non c'è più morte». La stessa idea la ritroverete presente in ogni religione. E noi ne deriviamo un'altra idea. È un fatto significativo che tutte le religioni, senza alcuna eccezione, sostengano che l'uomo sia una degenerazione di quello che era, sia che condiscano il concetto con parole mitologiche, sia che lo rendano nel linguaggio chiaro della filosofia o nelle belle espressioni della poesia. Questo è un fatto che emerge da ogni scrittura e da ogni mitologia, ossia che l'uomo che è sia una degenerazione di quello che era. Questa è l'essenza della verità nella storia della caduta di Adamo nella scrittura ebraica. Questo viene ripetuto continuamente nelle scritture degli indù; il sogno di un periodo che definiscono l'Età della Verità, quando nessun uomo moriva a meno che non lo desiderasse, quando poteva conservare il suo corpo quanto voleva e la sua mente era pura e forte. Non c'era né male né tristezza; e l'era presente è una corruzione di quello stato di perfezione. Di pari passo con ciò, troviamo la storia del diluvio ovunque. Quella stessa storia è la prova che quest'epoca presente è considerata da ogni religione una corruzione di un'era precedente. Continuò divenendo sempre più corrotta, finché il diluvio non tolse di mezzo gran parte dell'umanità e di nuovo cominciarono le serie ascendenti. Sta salendo di nuovo lentamente per raggiungere ancora una volta quel precedente stato di purezza. Siete tutti a conoscenza della storia del diluvio nell'Antico Testamento. La stessa storia era presente tra i babilonesi, gli Egizi, i cinesi, gli indù. Manu, un grande e vecchio saggio stava pregando sulla riva del Gange, quando una piccola sanguinerola venne da lui per cercare protezione e lui la mise in una pentola d'acqua che aveva davanti a sé. «Che cosa vuoi?» chiese Manu. La piccola sanguinerola dichiarò di essere inseguita da un pesce più grande e voleva protezione. Manu portò a casa il pesciolino e la mattina era diventato grande quanto la pentola e disse «Non posso più vivere in questa pentola». Manu lo mise in una vasca e il giorno dopo era grande quanto la vasca e dichiarò di non potere più vivere lì. Così Manu lo dovette portare in un fiume e il giorno dopo il pesce riempì il fiume. Allora Manu lo portò nell'oceano e gli dichiarò «Manu, sono il Creatore dell'universo. Ho assunto questa forma per venire ad avvisarti che allagherò il mondo. Costruisci un'arca e mettici una coppia di ogni animale e fai entrare la tua famiglia nell'arca, e lì il mio corno comparirà dall'acqua. Fissa l'arca al mio corno; e quando il diluvio si sarà placato, vieni fuori e popola la terra». Così il mondo fu inondato e Manu salvò la propria famiglia e due animali e due semi di piante di ogni tipo. Quando il diluvio si placò, venne e popolò il mondo; e siamo tutti chiamati «uomini»(n.d.t. in originale «man»), perché siamo la progenie di Manu.

Adesso, il linguaggio umano è il tentativo di esprimere la verità che c'è dentro. Sono del tutto persuaso del fatto che un neonato, il cui linguaggio consiste di suoni incomprensibili, tenti di esprimere la più alta filosofia, soltanto che il neonato non ha gli organi per esprimerla né i mezzi. La differenza tra il linguaggio dei più alti filosofi e le parole dei neonati è una differenza di grado e non di tipo. Quello che chiamate il linguaggio corretto, sistematico, matematico dei giorni nostri e il linguaggio vago, mistico, mitologico degli antichi si distinguono solo per grado. Tutti questi hanno un'idea straordinaria alla base, che è, per così dire, la lotta per esprimersi; e spesso dietro tutte queste mitologie vi sono grandi verità; e spesso, mi dispiace dirlo, dietro le espressioni eleganti, ricercate dei moderni non c'è altro che spazzatura. Pertanto, non occorre che lanciamo una cosa in mare perché è infarcita di mitologia, perché non corrisponde alle nozioni del signor tal dei tali e della signora tal dei tali dei tempi moderni. Se le persone ridono della religione perché molte religioni dichiarano che gli uomini devono credere nelle mitologie insegnate da quello o da quell'altro profeta, dovrebbero ridere ancora di più di questi moderni. Ai giorni nostri, se un uomo cita un Mosè o un Buddha o un Cristo, viene deriso; ma se cita il nome di un Huxley, un Tindall, o un Darwin, viene ascoltato senza batter ciglio. «Lo ha detto Huxley» è sufficiente per molti. Infatti siamo liberi dai pregiudizi! Quella era una superstizione religiosa, e questa è una superstizione scientifica; soltanto che attraverso quella superstizione vennero le idee vitali di spiritualità; attraverso questa superstizione moderna nascono la lussuria e l'avidità. Quella superstizione era la venerazione di Dio e questa superstizione è la venerazione del guadagno sporco, della fama o del potere. Quella è la differenza.

Tornando alla mitologia, dietro tutte queste storie ritroviamo un'idea dominante — che l'uomo è una degenerazione di quello che era. Tornando al tempo presente, la ricerca moderna sembra rinnegare assolutamente questa posizione. Pare che gli evoluzionisti siano completamente in disaccordo con quest'affermazione. Secondo loro, l'uomo è l'evoluzione del mollusco; e, pertanto, quello che sostiene la mitologia non può essere vero. In India, tuttavia, esiste una mitologia in grado di riconciliare entrambe le posizioni. La mitologia indiana ha una teoria dei cicli, che tutta la progressione è in forma di onde. Ogni onda è accompagnata da una caduta e questa da un'ascesa un attimo dopo, quest'ultima da una caduta nel momento successivo e di nuovo da un'altra ascesa. Il movimento è ciclico. Ovviamente è vero, anche sulla base della ricerca moderna, che l'uomo non può essere semplicemente un'evoluzione. Ogni evoluzione presuppone un'involuzione. L'uomo scientifico moderno vi dirà che da una macchina potete soltanto ottenere la quantità di energia che avete precedentemente messo in essa. Qualcosa non può essere prodotto dal nulla. Se un uomo è l'evoluzione del mollusco, allora l'uomo perfetto — l'uomo Buddha, l'uomo Cristo — era il mollusco involuto. Se non è così, da dove vengono queste personalità colossali? Qualcosa non può venir fuori dal nulla. Pertanto ci troviamo nella posizione di riconciliare le scritture con l'era moderna. Quell'energia che si manifesta lentamente attraverso vari stadi finché non diventa l'uomo perfetto non può venire fuori dal nulla. Esisteva da qualche parte; e se il mollusco o il protoplasma rappresenta il primo punto nel quale si può rintracciare, quel protoplasma, in un modo o nell'altro, deve aver contenuto quell'energia.

C'è una grande discussione in atto sul fatto che l'insieme di materiali che chiamiamo corpo sia la causa della manifestazione della forza che chiamiamo anima, pensiero, ecc. o se sia il pensiero a manifestare questo corpo. Le religioni del mondo ovviamente sostengono che la forza chiamata pensiero manifesti il corpo e non il contrario. Ci sono scuole moderne di pensiero che sostengono che ciò che chiamiamo pensiero sia semplicemente il risultato della modifica delle parti della macchina che chiamiamo corpo. Se ci affidiamo alla seconda posizione, secondo la quale l'anima o la massa di pensiero, o comunque la si voglia chiamare, è il risultato di questa macchina, il risultato delle combinazioni chimiche e fisiche che compongono il corpo e il cervello, la domanda rimane aperta. Da cosa è composto il corpo? Quale forza combina le molecole nella forma corporea? Quale forza c'è che prende il materiale dalla massa di materia circostante e forma il mio corpo in un modo, un altro corpo in un altro e così via? Che cosa rende infinite queste distinzioni? Dire che la forza chiamata anima sia il risultato delle combinazioni molecolari del corpo equivale a mettere il carro davanti ai buoi. Come sono nate le combinazioni? Dov'era la forza che le ha create? Se dite che qualche altra forza era la causa di queste combinazioni, e l'anima era il risultato di quella materia, e che l'anima — che combinava una certa massa di materia — era essa stessa il risultato delle combinazioni, non è una risposta. Si dovrebbe prendere in considerazione quella teoria che spiega la maggior parte dei fatti, se non tutti, e che non entra in contraddizione con le altre teorie esistenti. È più logico dire che la forza che compone la materia e forma il corpo sia la stessa che si manifesta attraverso quel corpo. Ciò vale a dire, dunque, che le forze del pensiero manifestate dal corpo sono il risultato della disposizione delle molecole e non hanno un'esistenza indipendente né significato. Né la forza può svilupparsi a partire dalla materia. Piuttosto è possibile dimostrare che ciò che chiamiamo materia non esiste affatto. È solo un certo stato di forza. Si può dimostrare che la solidità, la durezza o ogni altro stato della materia è il risultato del movimento. L'aumento del moto vorticoso impartito ai fluidi dà loro la forza dei solidi. Una massa d'aria in moto vorticoso, come quella presente in un tornado, diventa come un solido e grazie al suo impatto rompe o taglia i solidi. Il filo di una ragnatela, se potesse essere mosso a una velocità quasi infinita, sarebbe forte come una catena di ferro e taglierebbe una quercia. Secondo questa prospettiva, sarebbe più facile dimostrare che ciò che chiamiamo materia non esiste. Ma il contrario non può essere dimostrato.

Qual è la forza che si manifesta attraverso il corpo? È ovvio a tutti noi, qualunque sia quella forza, questa assorbe le particelle, per così dire, e da esse manipola le forme: il corpo umano. Nessun altro qui viene a manipolare i corpi per me e per voi. Non ho mai visto nessuno mangiare il cibo per me. Devo assimilarlo, produrre sangue e ossa da quel cibo. Qual è questa forza misteriosa? Le idee sul futuro e sul passato a molti sembrano terrificanti. A molti sembrano pure congetture.

Considereremo il tema attuale. Che cos'è questa forza che adesso sta operando attraverso di noi? Sappiamo come, nei tempi antichi, in tutte le antiche scritture, si riteneva che questa forza, questa manifestazione di forza, fosse una sostanza luminosa che aveva la forma di questo corpo e che rimaneva anche dopo che il corpo moriva. In seguito, tuttavia, troviamo un'altra idea — ovvero che questo corpo luminoso non rappresentava la forza. Qualsiasi cosa abbia forma deve essere il risultato della combinazione di particelle e ha bisogno di qualcos'altro che la muova. Se questo corpo ha bisogno di qualcosa che non sia il corpo per essere manipolato, anche il corpo luminoso, per la stessa necessità, avrà bisogno di qualcosa diverso da sé per essere manipolato. Quindi, quel qualcosa era chiamato anima, l'Atman in sanscrito. Era l'Atman che, attraverso il corpo luminoso, per così dire, operava sul corpo grezzo esterno. Il corpo luminoso è considerato il ricettacolo della mente, e l'Atman va oltre esso. Non è nemmeno la mente; lavora la mente, e attraverso la mente lavora il corpo. Voi avete un Atman, io ne ho un altro, ognuno di noi ha un Atman distinto e un corpo fine distinto e attraverso quello operiamo sul corpo grezzo esterno. Furono quindi poste domande su questo Atman, sulla sua natura. Cos'è questo Atman, quest'anima dell'uomo che non è né il corpo né la mente? Seguirono grandi discussioni. Furono fatte ipotesi, ebbero origine vari filoni di ricerca filosofica; e proverò a proporvi alcune delle conclusioni raggiunte riguardo a questo Atman.

Le diverse filosofie sembrano concordare sul fatto che questo Atman, qualunque sia, non ha né sagoma né forma, e ciò che non ha né sagoma né forma deve essere onnipresente. Il tempo comincia con la mente anche lo spazio è nella mente. La causazione non può fare a meno del tempo. Il tempo, lo spazio e la causazione, pertanto, sono nella mente, e poiché questo Atman è oltre la mente ed è informe, deve essere oltre il tempo, oltre lo spazio e oltre la causazione. Ora, se è oltre il tempo, lo spazio e la causazione deve essere infinito. Allora entra in gioco la più alta congettura della nostra filosofia. L'infinito non può essere doppio. Se l'anima è infinita, può esserci solo un'Anima, e tutte le idee delle varie anime — il fatto che voi abbiate un'anima e che io ne abbia un'altra, e così via — non sono reali. Il Vero Uomo, quindi, è unico e infinito, lo Spirito onnipresente. E l'uomo apparente è solo una limitazione di quell'Uomo Vero. In questo senso le mitologie sono vere, poiché l'uomo apparente, per quanto grande possa essere, è solo un pallido riflesso dell'Uomo Vero che sta oltre. L'Uomo Vero, lo Spirito, essendo oltre la causa e l'effetto, non vincolato dal tempo e dallo spazio, deve, pertanto, essere libero. O nel linguaggio di alcuni dei nostri filosofi, sembra essere vincolato, ma in realtà non lo è. Questa è la realtà nelle nostre anime, questa onnipresenza, questa natura spirituale, questa infinità. Ogni anima è infinita, di conseguenza non vi sono dubbi riguardo alla nascita e alla morte.

Stavano esaminando alcuni bambini. L'esaminatore pose loro domande piuttosto difficili, tra le quali c'era questa: «Perché la terra non cade?» Voleva evocare risposte relative alla gravità. La maggior parte dei bambini non fu affatto in grado di rispondere; pochi risposero che era per la gravità o qualcosa del genere. Una ragazzina intelligente rispose con un'altra domanda: «Dove dovrebbe cadere?» La domanda non ha senso. Dove dovrebbe cadere la terra? Non è possibile che la terra cada o che si sollevi. In uno spazio infinito non esiste né giù né su; esiste solo nel relativo. Da dove proviene e dove va l'infinito? Da dove proviene e dove dovrebbe andare?

Così, quando le persone smettono di pensare al passato o al futuro, quando abbandonano l'idea del corpo, perché il corpo è labile e limitato, allora si sono elevate a un ideale più alto. Il corpo non è l'Uomo Vero, né lo è la mente, poiché la mente ha i suoi alti e bassi. È lo Spirito che è oltre, l'unico che può vivere per sempre. Il corpo e la mente mutano continuamente e sono, di fatto, solo i nomi di una serie di fenomeni mutevoli, come fiumi le cui acque sono in uno stato di flusso costante, e tuttavia conservano l'apparenza di torrenti ininterrotti. Ogni particella di questo corpo è in continuo mutamento; nessuno ha lo stesso corpo per molti minuti. E tuttavia lo consideriamo lo stesso corpo. Ciò vale anche per la mente; in un momento è felice, in un altro è infelice; in un momento è forte, in un altro è debole; in un vortice in continua evoluzione. Il corpo non è lo Spirito, che è infinito. Il cambiamento può solo avvenire in modo limitato. Dire che l'infinito cambia in ogni modo è assurdo; non può essere. Voi potete muovervi e io posso muovermi, come corpi limitati; ogni particella di questo universo è in continua evoluzione, ma se si considera l'universo come un'unità, come un tutto, non può muoversi, non può mutare. Il movimento è sempre una cosa relativa. Mi muovo in relazione a qualcos'altro. Ogni particella di questo universo può muoversi in relazione a ogni altra particella; ma se considerate l'universo come uno, in relazione a cosa può muoversi? Non c'è nulla oltre a esso. Così quest'Unità Infinita è immutabile, inamovibile, assoluta, è questo il Vero Uomo. La nostra realtà, quindi, consiste nell'Universale e non nel limitato. Queste sono vecchie illusioni, per quanto comode, pensare che siamo piccoli esseri limitati, in continuo mutamento. Le persone sono spaventate quando viene loro detto che sono Esseri Universali, presenti ovunque. Attraverso ogni azione che compite, ogni passo che muovete, ogni labbro con cui parlate, ogni cuore che sentite.

Le persone sono spaventate quando viene detto loro questo. Vi chiederanno sempre se non manterranno la propria individualità. Che cos'è l'individualità? Mi piacerebbe vederla. Un neonato non ha baffi; quando diventa un uomo, può avere i baffi e la barba. La sua individualità sarebbe persa, se risiedesse nel corpo. Se perdessi un occhio, se perdessi una mano, la mia individualità andrebbe persa se risiedesse nel corpo. Allora, un alcolizzato non dovrebbe smettere di bere perché perderebbe la propria individualità. Un ladro non dovrebbe essere un uomo buono perché così perderebbe la propria individualità. Nessun uomo dovrebbe cambiare le proprie abitudini per paura di ciò. Non c'è nessuna individualità, se non nell'Infinito. Quella è l'unica condizione che non cambia. Tutto il resto è in uno stato di continua evoluzione. Né l'individualità può essere contenuta nella memoria. Supponiamo che, per via di un colpo in testa, dimentico tutto riguardo al mio passato; allora ho perso tutta la mia individualità; me ne sono andato. Non ricordo due o tre anni della mia infanzia, e se la memoria e l'esistenza sono un tutt'uno, allora tutto quello che dimentico se n'è andato. Quella parte della mia vita che non ricordo, non la vivo. Questa è un'idea molto limitata dell'individualità.

Non siamo ancora individui. Lottiamo per l'individualità, e questa è l'Infinito, questa è la vera natura dell'uomo. Vive soltanto colui la cui vita è in tutto l'universo e più noi concentriamo le nostre vite sulle cose limitate, più velocemente corriamo verso la morte. Viviamo soltanto quei momenti in cui le nostre vite sono nell'universo, in altri; e vivere questa piccola vita equivale alla morte, semplicemente alla morte, ed è per questo che sopraggiunge la paura della morte. La paura della morte può essere vinta solo quando l'uomo capisce che finché c'è una vita in questo universo, egli sta vivendo. Quando riesce a dire «Io sono tutto, in tutti, sono in tutte le vite, io sono l'universo», solo allora sopraggiunge lo stato di coraggio. Parlare dell'immortalità nelle cose in continuo mutamento è assurdo. Un vecchio filosofo sanscrito dice: È solo lo spirito che è l'individuo, perché è infinito. Nessuna infinità può essere divisa; l'infinità non può essere fatta a pezzi. È la stessa, unità assoluta per sempre e questo è l'uomo individuale, l'Uomo Reale. L'uomo apparente è semplicemente una lotta per esprimere, manifestare questa individualità che è oltre; e l'evoluzione non è nello Spirito. Questi cambiamenti che sono in atto—il male che diventa bene, l'animale che diventa uomo, considerateli in qualunque modo—non sono nello Spirito. Sono l'evoluzione della natura e della manifestazione dello Spirito. Supponiamo che ci sia uno schermo che vi nasconda a me, in cui ci sia un piccolo buco attraverso il quale posso vedere alcuni volti davanti a me, soltanto alcuni volti. Adesso supponiamo che il buco cominci ad allargarsi e, mentre si allarga, si rivela una parte sempre più grande della scena davanti a me e, quando alla fine l'intero schermo è scomparso, mi ritrovo faccia a faccia con tutti voi. Non siete cambiati affatto in questo caso; è stato il buco che si stava allargando, e voi vi manifestavate a poco a poco. Ciò vale anche per lo Spirito. Nessuna perfezione verrà raggiunta. Siete già liberi e perfetti. Cosa stanno ricercando per l'aldilà queste idee di religione e di Dio? Perché l'uomo cerca Dio? Perché l'uomo, di ogni nazione, di ogni stato sociale, vuole un ideale perfetto da qualche parte, che sia nell'uomo, in Dio o da un'altra parte? Perché quell'idea è dentro di voi. Era il vostro cuore che batteva e voi non lo sapevate; lo stavate scambiando con qualcosa di esterno. È il Dio che è nel vostro sé che vi sta incitando a cercarLo, a comprenderLo. Dopo lunghe ricerche qua e là, nei templi e nelle chiese, nelle terre e nei cieli, alla fine tornate, completando il cerchio dal quale avete cominciato, alla vostra anima e scoprite che Colui che avete cercato in tutto il mondo, Colui per il quale avete pianto e pregato nelle chiese e nei templi, al quale guardavate come il mistero di tutti i misteri avvolto nelle nuvole, è il più vicino di tutti, è il vostro Sé, la realtà della vostra vita, corpo e anima. Quella è la vostra natura. Affermatela, manifestatela. Non diventate puri, lo siete già. Non dovete essere perfetti, lo siete già. La natura è come quello schermo che nasconde la realtà che sta oltre. Ogni buon pensiero che avete o ogni atto che compite squarcia semplicemente il velo, per così dire; e la purezza, l'infinità, il Dio che sta dietro, si manifesta sempre di più.

Questa è tutta la storia dell'uomo. Il velo diventa sempre più sottile, la luce che vi è dietro brilla sempre di più, perché è la sua natura brillare. Non può essere conosciuto; tentiamo di conoscerlo invano. Se fosse conoscibile, non sarebbe quello che è, perché è il soggetto eterno. La conoscenza è una limitazione, la conoscenza è oggettivazione. È il soggetto eterno di tutto, l'eterna testimonianza in questo universo, il vostro Sé. La conoscenza è, per così dire, un gradino inferiore, una degenerazione. Siamo già il soggetto eterno. Come facciamo a saperlo? È la vera natura di ogni uomo ed egli lotta per esprimerla in vari modi; altrimenti, perché ci sono così tanti codici etici? Qual è la spiegazione di tutta questa etica? Un'idea risalta come il fulcro di tutti i sistemi etici, espressa in varie forme, ossia fare del bene agli altri. Il filo conduttore dell'umanità dovrebbe essere la carità verso gli uomini, la carità verso tutti gli animali. Ma queste sono tutte varie espressioni della verità eterna, secondo la quale, «Io sono l'universo; questo universo è uno.» O ancora, qual è la ragione? Perché dovrei fare del bene ai miei fratelli? Perché dovrei fare del bene agli altri? Cosa mi costringe a farlo? È la compassione, il sentimento di unicità ovunque. A volte il cuore più duro prova compassione per altri esseri. Persino l'uomo che si spaventa se gli viene detto che quest'individualità presunta è in realtà un'illusione, che è ignobile provare ad aggrapparsi a quest'individualità apparente, quello stesso uomo vi dirà che l'assoluta abnegazione è il fulcro di tutta la moralità. E cos'è la perfetta abnegazione? Corrisponde all'abnegazione del sé apparente, l'abnegazione di ogni egoismo. Quest'idea dell'«io e ciò che è mio»—Ahamkara e Mamata—è il risultato della superstizione precedente, e più questo sé attuale svanisce, più il vero Sé diventa manifesto. Questa è vera abnegazione, il fulcro, la base, l'essenza di ogni insegnamento morale; sia che l'uomo sappia o meno che tutto il mondo la sta lentamente raggiungendo, praticandola più o meno. Soltanto che la stragrande maggioranza dell'umanità lo fa inconsciamente. Facciamo sì che lo facciano consciamente. Che compino poi il sacrificio, consapevoli del fatto che questo «io e ciò che è mio» non è il vero Sé, ma solo una limitazione. Ma uno scorcio di quell'infinita realtà che sta oltre—ma una scintilla di quel fuoco infinito che è il Tutto—rappresenta l'uomo attuale; l'infinito è la sua vera natura.

Qual è l'utilità, l'effetto, il risultato di questa conoscenza? In questi giorni dobbiamo misurare tutto con l'utilità—con gli scellini e i penny che essa rappresenta. Quale diritto ha una persona di chiedere che la verità debba essere giudicata secondo il criterio dell'utilità o del denaro? Supponete che non ci sia nessuna utilità, sarebbe meno vero? L'utilità non è la dimostrazione della verità. Tuttavia, in essa risiede la maggiore utilità. Vediamo che tutti ricercano la felicità, ma la maggior parte della gente la ricerca in cose evanescenti e irreali. Nessuna felicità è mai stata trovata nei sensi. Non c'è mai stata una persona che abbia trovato la felicità nei sensi o nell'appagamento dei sensi. La felicità si trova soltanto nello Spirito. Pertanto la maggiore utilità per la gente consiste nel trovare questa felicità nello Spirito. Il prossimo argomento è che l'ignoranza è la grande madre di tutta la tristezza, e l'ignoranza più grande è pensare che l'Infinito piange e grida, che Egli sia finito. Questo è il fondamento di tutta l'ignoranza, ossia che noi, gli immortali, i sempre puri, lo Spirito perfetto, crediamo di essere piccole menti, di essere piccoli corpi; è la madre di tutto l'egoismo. Non appena penso di essere un piccolo corpo, voglio conservarlo, proteggerlo, mantenerlo bene, a scapito di altri corpi; allora io e voi diveniamo distinti. Non appena sopraggiunge l'idea della distinzione, essa apre la porta a ogni malizia e conduce all'infelicità. L'utilità consiste nel fatto che, se oggi una piccolissima parte frazionaria di esseri umani viventi potesse mettere da parte l'idea di egoismo, di limitatezza e di piccolezza, questa terra diventerebbe un paradiso domani; ma soltanto con le macchine e con i progressi della conoscenza materiale, non lo sarà mai. Questi aumenteranno solo la tristezza, così come la benzina versata sul fuoco alimenta sempre di più la fiamma. Senza la conoscenza dello Spirito, tutta la conoscenza materiale aggiunge soltanto benzina sul fuoco, contribuendo solo a dare nelle mani dell'uomo egoista uno strumento in più per prendere ciò che appartiene ad altri, per vivere sulle spalle degli altri, invece di dare la propria vita per gli altri.

È concreta?—è un'altra domanda. Può essere praticata nella società moderna? La Verità non rende omaggio ad alcuna società, antica o moderna che sia. La società deve rendere omaggio alla Verità o morire. Le società dovrebbero essere plasmate sulla verità e la verità non dovrebbe adattarsi alla società. Se tale nobile verità come l'altruismo non può essere praticata nella società, è meglio che l'uomo abbandoni la società e vada nella foresta. Questo è l'uomo coraggioso. Ci sono due tipi di coraggio. Uno è il coraggio di affrontare il cannone. E l'altro è il coraggio della convinzione spirituale. A un Imperatore che invase l'India il suo maestro disse di andare a trovare alcuni saggi lì. Dopo averne ricercato uno a lungo, trovò un uomo vecchissimo seduto su un blocco di pietra. L'Imperatore parlò un po' con lui e rimase molto colpito dalla sua saggezza. Chiese al saggio di andare con lui nel suo paese. «No» disse il saggio «Sono abbastanza soddisfatto qui nella mia foresta». L'Imperatore disse, «Ti darò soldi, una posizione, ricchezza. Sono l'Imperatore del mondo». «No» rispose l'uomo. «Non mi interessano queste cose». L'Imperatore rispose «Se non verrai, ti ucciderò». L'uomo sorrise serenamene e disse «È la cosa più sciocca che voi abbiate mai detto, Imperatore. Non potete uccidermi. Il sole non mi può seccare, il fuoco non mi può bruciare, la spada non mi può uccidere, poiché io sono colui che non è nato, che è immortale, l'onnipotente eterno, onnipresente Spirito.» Questo è il coraggio spirituale, mentre l'altro è il coraggio di un leone o di una tigre. Nell'Ammutinamento del 1857 c'era uno Swami, un'anima grandissima, che un ammutinato maomettano accoltellò gravemente. Gli ammutinati induisti catturarono l'uomo e lo portarono dallo Swami, proponendogli di ucciderlo. Ma lo Swami lo guardò con calma e disse «Fratello mio, tu sei Lui, tu sei Lui!» ed esalò l'ultimo respiro. Questo è un altro esempio. Cosa c'è di buono nel parlare della forza dei vostri muscoli, della superiorità delle vostre istituzioni occidentali, se non potete far sì che la Verità sia in accordo con la vostra società, se non potete costruire una società nella quale possa adattarsi la massima Verità? Cosa c'è di buono nel vantarvi della vostra magnificenza e grandezza, se dite chiaro e forte «Questo coraggio non è concreto». Non c'è niente di concreto a parte le sterline, gli scellini e i penny? Se è così, perché vantarvi della vostra società? La società più grande è quella in cui le massime verità diventano concrete. Questo è il mio parere; e se la società non è adatta alle massime verità, rendetela tale; e prima è, meglio è. Alzatevi, uomini e donne, in questo spirito, osate credere nella Verità, osate praticare la Verità!

Il mondo ha bisogno di poche centinaia di uomini e donne coraggiosi. Praticate quel coraggio che osa conoscere la Verità, che osa mostrare la Verità nella vita, che non trema davanti alla morte, anzi la accoglie, fa sapere a un uomo che lui è lo Spirito, che in tutto l'universo niente può ucciderlo. Allora voi sarete liberi. Allora conoscerete la vostra vera Anima. «Questo Atman è il primo a essere udito, poi i pensieri riguardo a esso e poi le riflessioni.»

Nei tempi moderni c'è una grande tendenza a parlare troppo dell'azione e a denigrare il pensiero. Fare è molto bene, ma il fare proviene dal pensiero. Le piccole manifestazioni di energia attraverso i muscoli sono chiamate azioni. Ma dove non c'è pensiero, non ci sarà azione. Riempite quindi il cervello con pensieri alti, con i più alti ideali, proponeteveli giorno e notte, e da quello verrà fuori una grande azione. Non parlate dell'impurità, ma dite che siamo puri. Ci siamo ipnotizzati in questo pensiero che siamo piccoli, che siamo nati e che moriremo, e in uno stato di paura costante.

C'è una storia di una leonessa che era incinta e che andava in giro in cerca di una preda; e vedendo un gregge di pecore, balzò su di loro. Morì per lo sforzo; e il piccolo leoncino era nato senza madre. Venne accudito dalle pecore e le pecore lo allevarono e lui crebbe con loro, mangiò l'erba e belò come le pecore. E anche se, col passare del tempo, diventò un grande leone adulto, pensava di essere una pecora. Un giorno un altro leone venne in cerca di preda e rimase stupito nello scoprire che in mezzo a questo gregge di pecore c'era un leone, che scappava come le pecore all'avvicinarsi del pericolo. Tentò di avvicinarsi alla pecora-leone per dirgli che non era una pecora, ma un leone; ma il povero animale scappò al suo arrivo. Tuttavia, egli cercò l'occasione giusta e un giorno trovò la pecora-leone che dormiva. Le si avvicinò e disse, «Sei un leone». «Io sono una pecora» gridò l'altro leone e non riusciva a convincersi del contrario e belò. Il leone lo trascinò vicino a un lago e disse «Guarda qui, qui c'è il mio riflesso e il tuo». Poi giunse il paragone. Guardò il leone, poi il suo riflesso e tutto a un tratto giunse l'idea che era un leone. Il leone ruggì, il belato non c'era più. Siete leoni, siete anime, pure, infinite e perfette. La potenza dell'universo è dentro di voi. «Perché piangi, amico mio? Non c'è nascita né morte per te. Perché piangi? Non c'è malattia né tristezza per te, ma tu sei come il cielo infinito; le nuvole di vari colori passano in esso, giocano per un momento, poi svaniscono. Ma il cielo è sempre dello stesso blu eterno.» Perché vediamo la malvagità? C'era il troncone di un albero e, nella notte, un ladro andava per quella strada e disse «Quello è un poliziotto». Un giovane uomo che aspettava la sua amata lo vide e pensò che si trattasse della sua innamorata. Un bambino, a cui erano state raccontate storie di fantasmi, lo scambiò per un fantasma e iniziò a strillare. Ma per tutto il tempo era stato il troncone di un albero. Vediamo il mondo per come siamo. Supponiamo che ci sia un neonato in una stanza con una borsa d'oro e che un ladro venga a rubare l'oro. Il neonato saprebbe di essere stato derubato? Vediamo fuori quello che abbiamo dentro. Il neonato non ha il ladro dentro di sé e non vede il ladro fuori. Ciò vale per ogni conoscenza. Non parlate della malvagità del mondo e di tutti i suoi peccati. Piangete per il fatto che siete ancora costretti a vedere la malvagità. Piangete per il fatto che siete costretti a vedere il peccato ovunque e, se volete aiutare il mondo, non condannatelo. Agli uomini viene insegnato fin da piccoli che sono deboli e peccatori. Insegnate loro che sono tutti gloriosi figli dell'immortalità, persino coloro che sono i più deboli a manifestarsi. Fate sì che il pensiero positivo, forte, utile entri nei loro cervelli sin dall'infanzia. Apritevi a questi pensieri e non a quelli debilitanti e paralizzanti. Dite alle vostre menti «Io sono Lui, io sono Lui». Fatelo risuonare giorno e notte nelle vostre menti come una canzone, e al punto di morte dichiarate «Io sono lui». Quella è la Verità; l'infinita forza del mondo è vostra. Cacciate la superstizione che ha coperto le vostre menti. Diventiamo coraggiosi. Conosciamo la Verità e pratichiamo la Verità. L'obiettivo può essere distante, ma svegliatevi, elevatevi e non fermatevi finché non avrete raggiunto l'obiettivo.

Capitolo III
Maya e Illusione

Esposto a Londra

Quasi tutti voi avrete sentito la parola Maya. Generalmente è impiegata, sebbene in modo incorretto, per indicare l'illusione, o l'errata convinzione, o qualcos'altro di simile. Ma la teoria del Maya costituisce uno dei pilastri su cui poggia il Vedanta. È quindi necessario che mi ascoltiate attentamente affinché io possa essere capito appieno. Vi chiedo un po' di pazienza, perché c'è il grande rischio che la teoria sia fraintesa. L'antichissimo concetto di Maya che ritroviamo nella letteratura vedica è il senso di illusione, ma allora non si era scoperta la vera teoria. Troviamo passaggi come « Indra attraverso il Maya assunse varie forme ». Qui è vero che la parola Maya significa qualcosa come magia e troviamo diversi passaggi in cui assume sempre lo stesso significato. La parola Maya poi è stata persa completamente di vista. Ma, nel frattempo, l'idea si stava sviluppando. In seguito, è stata sollevata la questione : « Perché non possiamo conoscere il segreto dell'universo ? » e la risposta fornita fu molto eloquente : « Perché parliamo di cose vane e perché siamo soddisfatti delle cose sensibili e perché inseguiamo i desideri. Pertanto, copriamo, per così dire, la realtà di nebbia ». In questo caso la parola Maya non è affatto utilizzata, ma ne inferiamo l'idea che la causa della nostra ignoranza è una sorta di nebbia che si è frapposta tra noi e la Verità. Molto più tardi, in una delle ultime Upanishad, vediamo che la parola Maya riappare, ma, questa volta, in lei ha avuto luogo una trasformazione e una serie di nuovi significati le sono stati associati. Sono state proposte e ripetute teorie, altre sono state accolte, fin quando infine l'idea di Maya si è fissata. Leggiamo nella Shvetashvatara Upanishad « Sappiate che la natura è Maya e il Governatore di questo Maya è il Signore Stesso ». Arrivando ai nostri filosofi, scopriamo che il termine Maya è stato alterato in vari modi, finché non arriviamo alla grande Shankaracharya. La teoria del Maya è stata manipolata leggermente anche dai buddisti, ma nelle loro mani divenne molto più simile a ciò che viene definito Idealismo e questo è generalmente il senso attribuito alla parola Maya. Quando gli indù dicono che il mondo è Maya, le persone comprendono subito l'idea che il mondo è un'illusione. Tale interpretazione ha fondamento, poiché è passata attraverso i filosofi buddisti, perché c'era una parte dei filosofi che non credeva per niente nel mondo esterno. Ma il Maya del Vedanta, nell'ultima forma che ha assunto, non è né Idealismo né Realismo, né è una teoria. Si tratta di una semplice constatazione: ciò che siamo e ciò che vediamo attorno a noi.

Come vi ho spiegato prima, le menti delle persone dalle quali i Veda sono scaturiti erano intente a seguire i principi, a scoprire i principi. Non avevano tempo per lavorare sui dettagli o aspettarli, non volevano andare a fondo, nel cuore delle cose. Qualcosa oltre li chiamava, per così dire, e non potevano aspettare. Disseminati nelle Upanishad, vediamo che i dettagli degli argomenti che oggigiorno chiamiamo scienze moderne sono spesso errati, ma, nello stesso tempo, i loro principi sono corretti. Per esempio, l'idea di etere, che è una delle più recenti teorie della scienza moderna, si ritrovare nella nostra antica letteratura in forme molto più particolareggiate rispetto alla moderna teoria scientifica di etere, ma era in linea di principio. Quando hanno cercato di dimostrare lo snodo di tale principio, hanno commesso molti errori. La teoria del principio di vita onnicomprensivo, di cui tutta la vita in quest'universo è soltanto una diversa manifestazione, era inteso nell'epoca dei Veda; si trova nei Brahmana. C'è un lungo inno nelle Samhita che elogia il Prana di cui tutta la vita è solo una manifestazione. Per inciso, potrebbe essere per alcuni di voi interessante sapere che, nella filosofia vedica, esistono teorie circa l'origine della vita su questa Terra molto simili a quelle che sono state avanzate da alcuni scienziati europei. Tutti voi naturalmente sapete che c'è una teoria secondo la quale la vita proviene da altri pianeti. È una dottrina consolidatasi con alcuni filosofi vedici che la vita viene quindi dalla luna.

Arrivando ai principi, riteniamo questi pensatori vedici molto coraggiosi e incredibilmente audaci nel proporre teorie ampie e generalizzate. La loro soluzione al mistero dell'universo, proveniente dal mondo esterno, fu quanto più possibile soddisfacente. I procedimenti dettagliati della scienza moderna non arrivano nemmeno leggermente più vicino alla soluzione, poiché i principi erano erronei. Se la teoria dell'etere non è riuscita a portare a una soluzione del mistero dell'universo nei tempi antichi, trovare i dettagli di quella teoria non ci porterebbe più vicino alla verità. Se la teoria della vita onnicomprensiva non funzionava come teoria di quest'universo, non avrebbe significato di più se sviluppata nei dettagli, poiché i dettagli non cambiano il principio dell'universo. Quello che voglio dire è che nella loro indagine sul principio, i pensatori indù erano audaci, e in alcuni casi molto più audaci, rispetto ai moderni. Hanno compiuto alcune delle più grandi generalizzazioni che si siano mai raggiunte e alcune di esse rimangono tuttora teorie, le quali non sono neanche state ancora considerate come teorie dalla scienza moderna. Per esempio, essi non sono solo giunti alla teoria dell'etere, ma sono andati oltre e hanno anche classificato la mente come etere ancor più rarefatto. Oltre anche a ciò, hanno scoperto un etere ancor più rarefatto. Tuttavia non c'era una soluzione, non ha risolto il problema. Nessuna conoscenza del mondo esterno poteva risolvere il problema. «Ma» dice lo scienziato «abbiamo appena cominciato a conoscere: bisogna attendere qualche migliaio di anni e avremo la soluzione.» «No» dice il vedantino, giacché ha dimostrato, senza ombra di dubbio, che la mente è limitata, che non può andare oltre certi limiti ¬– oltre tempo, spazio e causazione. Siccome nessun uomo può uscire dal proprio sé, allora nessuno può andare oltre i limiti che gli sono stati imposti dalla legge del tempo e dello spazio. Ogni tentativo di trovare una soluzione alle leggi di causazione, tempo e spazio sarebbe infruttuoso, perché proprio quel tentativo dovrebbe essere compiuto dando per scontata l'esistenza di questi tre. Che cosa significa allora l'asserzione dell'esistenza del mondo? «Questo mondo non ha esistenza.» Che cosa significa? Significa che non ha esistenza assoluta. Esiste solamente in relazione alla mia mente, alla vostra mente, alla mente di chiunque altro. Vediamo questo mondo attraverso i cinque sensi, ma se ne esistesse un altro, vedremmo in esso qualcosa di più. Se esistesse ancora un altro senso, apparirebbe ulteriormente diverso. Non ha pertanto esistenza reale, non è immutabile, immobile, infinita esistenza. Non può neanche essere definito non esistenza visto che esiste e noi fatichiamo per agire in e attraverso di esso. Si tratta di un miscuglio di esistenza e non esistenza.

Passando dalle astrazioni alla pratica, i dettagli quotidiani della nostra vita, vediamo che tutta la nostra vita è una contraddizione, un misto di esistenza e non esistenza. Esiste questa contraddizione nella conoscenza. Sembra che l'uomo possa conoscere tutto, se solo lo desidera, ma prima di muovere alcuni passi, si trova un muro adamantino che non può superare. Tutto il suo agire è in un cerchio e non può andare oltre questo cerchio. I problemi che gli sono più vicini e cari, lo stimolano e gli richiedono, notte e giorno, una soluzione, ma lui non può risolverli perché non può andare oltre il suo intelletto. Tuttavia questo desiderio è fortemente radicato in lui. Eppure sappiamo che solo il bene si ottiene con il controllo di esso. Ogni respiro, ogni impulso del nostro cuore ci chiede di essere egoisti. Allo stesso tempo, c'è qualche forza al di là di noi che dice che è l'altruismo l'unico bene. Ogni bambino è un inguaribile ottimista, sogna fantasie d'oro. In gioventù diventa ancora più ottimista. È difficile per un ragazzo credere che esistano cose come la morte, come la sconfitta o la degradazione. Quando arriva la vecchiaia, la vita è un ammasso di rovine. I sogni sono svaniti nell'aria e l'uomo diventa pessimista. Quindi andiamo da un estremo all'altro, tormentati dalla natura, senza sapere dove stiamo andando. Mi riporta alla mente un celebre canto del Lalita Vistara, la biografia di Buddha. Buddha è nato, racconta il libro, come salvatore dell'umanità, ma si è perso nel lusso del suo palazzo. Vennero alcuni angeli e gli cantarono una canzone per risvegliarlo. E tutto il significato della canzone è che stiamo galleggiando lungo il fiume della vita che si modifica continuamente, senza sosta e senza riposo. Ugualmente le nostre vite sono, vanno avanti senza conoscere riposo. Che cosa dobbiamo fare? L'uomo che ha abbastanza da mangiare e da bere è un ottimista ed evita di far accenno alla miseria, perché lo spaventa. Non parlategli dei dolori e delle sofferenze del mondo; andate da lui e diteglielo che tutto è bene. «Sì, sto bene» dice. «Guardami! Ho una bella casa in cui vivere. Non ho paura del freddo e della fame, quindi non mostrarmi queste immagini orribili.» Ma, d'altro canto, altri muoiono di fame e di freddo. Se andate a insegnare loro che tutto è bene, non vi ascolteranno. Come possono desiderare per gli altri la felicità quando loro sono tristi? Di conseguenza oscilliamo tra ottimismo e pessimismo.

Poi c'è l'impressionante realtà della morte. Il mondo intero va verso la morte, tutto muore. Tutti i nostri progressi, la nostra vanità, le nostre riforme, i nostri lussi, la nostra ricchezza, la nostra conoscenza, hanno una fine, la morte. È tutto ciò che è certo. Le città vanno e vengono, gli imperi sorgono e cadono, i pianeti si disgregano e si sbriciolano in polvere che sarà spazzata in giro per le atmosfere di altri pianeti. Così è stato da tempo immemore. La morte è la fine di tutto. La morte è la fine della vita, della bellezza, della ricchezza, del potere, anche della virtù. Santi e peccatori muoiono, muoiono re e mendicanti. Tutti vanno verso la morte e tuttavia esiste questo tremendo attaccamento alla vita. In qualche modo, non sappiamo perché, noi ci aggrappiamo alla vita, non vi possiamo rinunciare. E questo è il Maya.

La madre allatta un bambino con grande attenzione: tutta la sua anima, la sua vita sono in quel bambino. Il bambino cresce, diventa un uomo e magari diventa un mascalzone e un bruto, la prende a calci e la picchia ogni giorno. E ancora la madre resta attaccata al bambino. E quando la sua ragione si risveglia, lo nasconde con l'idea di amore. Lei pensa che sia amore, che sia qualcosa che le ha bloccato i nervi, che non può scrollarsi di dosso. Per quanto ci possa provare, non riesce a liberarsi del vincolo in cui si trova. E questo è il Maya.

Siamo tutti in caccia del vello d'oro. Ognuno di noi ritiene che sarà suo. Ogni uomo ragionevole sa la sua possibilità è, probabilmente, una su venti milioni e tuttavia tutti lottano per quello. E questo è il Maya.

La morte ci segue giorno e notte sulla nostra Terra, ma allo stesso tempo crediamo di poter vivere in eterno. Una volta venne posta una domanda a re Yudhishthira: «Qual è la cosa più bella su questa Terra?» e il re rispose «Ogni giorno muoiono persone accanto a noi e tuttavia pensano di non morire mai». E questo è il Maya.

Queste enormi contraddizioni nel nostro intelletto, nella nostra conoscenza, anzi in tutte le circostanze della nostra vita ci ostacolano sotto ogni aspetto. Spunta un riformatore che vuole rimediare ai mali che sono presenti in una certa nazione e, prima che vengano sanati, mille altri mali sono sorti in un altro posto. È come una vecchia casa che sta per crollare, la riparate in una zona e i danni si estendono a un'altra. In India, i nostri riformatori si oppongono e predicano contro i mali della vedovanza forzata. In Occidente, il non matrimonio è il grande male. Aiutate le donne nubili da un lato, soffrono. Aiutate le vedove dall'altro, soffrono. È come il reumatismo cronico: va via dalla testa e va nel corpo, lo togliete da lì e va ai piedi. I riformatori si ergono e predicano che l'insegnamento, la ricchezza e la cultura non dovrebbero essere nelle mani di pochi eletti e fanno del loro meglio per renderli accessibili a tutti. Questo potrebbe portare più felicità ad alcuni, ma, forse, quando c'è cultura, diminuisce la felicità fisica. La conoscenza della felicità comporta la conoscenza dell'infelicità. In che direzione andremo? Il minimo benessere materiale di cui godiamo causa la stessa quantità di sofferenza altrove. Questa è la legge. Il giovane, forse, non lo vede distintamente, ma coloro che hanno vissuto abbastanza a lungo e coloro che hanno lottato abbastanza lo capiranno. E questo è il Maya. Queste cose perdurano, giorno e notte, ed è impossibile trovare una soluzione a questo problema. Perché deve essere così? È impossibile rispondere, perché la domanda non può essere formulata logicamente. Non c'è né come né perché difatti; sappiamo soltanto che è così e noi non possiamo impedirlo. Anche comprenderlo, disegnarne un'immagine esatta nella nostra mente è al di fuori del nostre capacità. Come possiamo risolvere il problema allora?

Il Maya è un'asserzione della realtà di questo universo, di come va avanti. Le persone generalmente sono spaventate quando si dicono loro queste cose. Ma dobbiamo essere audaci. Nascondere i fatti non è il modo di trovare un rimedio. Come tutti voi sapete, una lepre braccata dai cani abbassa la testa e si sente al sicuro; così, quando ci si imbatte nell'ottimismo, facciamo proprio come la lepre, ma non è un rimedio. Ci sono alcune obiezioni a ciò, ma voi potete commentare che provengono da persone che hanno molte cose buone nella loro vita.

In questo Paese (Inghilterra) è molto difficile diventare un pessimista. Tutti mi raccontano di come il mondo va avanti in modo meraviglioso, in modo progressista, ma ciò che loro sono, è il loro mondo. Si sollevano alcuni vecchi interrogativi: il Cristianesimo dev'essere l'unica vera religione al mondo perché le nazioni cristiane sono prosperose! Ma quest'affermazione è contraddittoria, giacché la prosperità della nazione cristiana dipende dalla sfortuna delle nazioni non cristiane. Ci deve essere qualcosa da continuare a predare. Supponete, per esempio, che il mondo intero fosse diventato cristiano, allora le nazioni cristiane sarebbero divenute più povere, perché non ci sarebbero state delle nazioni non cristiane da predare. Così l'argomento si estingue da sé. Gli animali vivono di vegetali, gli uomini di animali e, nel peggiore dei casi, uno dell'altro, il forte del debole. Questo accade ovunque. E questo è il Maya. Quale soluzione trovate a questo? Ogni giorno sentiamo molte spiegazioni e ci viene detto che alla lunga tutto sarà bene. Dando per scontato che ciò è possibile, perché deve esistere questo modo diabolico di fare del bene? Perché il bene non può essere compiuto tramite il bene, anziché per mezzo di questi metodi infernali? I discendenti degli esseri umani di oggi saranno felici, ma perché ci deve essere tutta questa sofferenza adesso? Non c'è soluzione. Questo è il Maya.

Ancora, spesso sentiamo dire che è una delle caratteristiche dell'evoluzione che cancella il male e, essendo questo male eliminato continuamente dal mondo, alla fine rimarrà soltanto la buona volontà. È molto piacevole da sentire ed è in linea con la vanità di coloro che hanno abbastanza beni in questo mondo, che non hanno da affrontare una dura lotta ogni giorno e non vengono schiacciati dalla ruota della cosiddetta evoluzione. È molto bello e rassicurante sicuramente per queste persone fortunate. Il gregge comune potrebbe soffrire, ma loro non se ne preoccupano; lasciateli morire, non sono di nessuna importanza. Molto bello, e tuttavia questo ragionamento è fallace dall'inizio alla fine. Si dà per scontato, innanzitutto, che il bene e il male manifestati in questo mondo siano due realtà assolute. In secondo luogo, è un'ipotesi ancor peggiore che la quantità di bene è in aumento e la quantità di male è decrescente. Così, se il male viene eliminato in questo modo da ciò che chiamano evoluzione, ci sarà un momento in cui tutto questo male sarà eliminato e ciò che resterà sarà tutto bene. Molto facile da dire, ma si può dimostrare che il male è una quantità in calo? Prendiamo come esempio l'uomo che vive in una foresta, che non sa come allenare la mente, non sa leggere un libro, non ha sentito parlare di cose come la scrittura. Se è gravemente ferito, presto starà di nuovo bene, mentre noi moriamo se ci facciamo un graffio. Le macchine rendono le cose più economiche, rendendo possibile progresso ed evoluzione, ma milioni di persone vengono schiacciati e uno potrebbe diventare ricco. Mentre uno diventa ricco, allo stesso tempo, migliaia di persone diventano sempre più povere e intere masse di esseri umani sono ridotte in schiavitù. Questo è quel che accade. L'uomo animale vive dei sensi. Se non trova abbastanza da mangiare è infelice o se accade qualcosa al suo corpo è infelice. Nei sensi sia la sua sofferenza che la sua felicità iniziano e finiscono. Non appena quest'uomo progredisce, non appena il suo orizzonte di felicità aumenta, il suo orizzonte di infelicità cresce proporzionalmente. L'uomo della foresta non sa cosa significa essere gelosi, essere in tribunale, pagare le tasse, essere accusato dalla società, essere governato giorno e notte dalla più grande tirannia che la cattiveria umana abbia mai inventato, che si impiccia dei segreti di ogni cuore umano. Egli non sa come l'uomo possa diventare mille volte più cattivo di qualsiasi altro animale, con tutta le sua conoscenza vana e l'orgoglio. Eppure è così, quando usciamo dai sensi, sviluppiamo maggiori capacità di godimento e, al tempo stesso, dobbiamo sviluppare maggiori capacità di soffrire. I nervi diventano più fini e reggono di più la sofferenza. In ogni società, spesso ci accorgiamo che l'ignorante, l'uomo comune, quando maltrattato, non sente molto, ma sente una buona dose di botte. Ma il gentiluomo non riesce a sopportare una singola parola di abuso, è diventato così finemente temprato. La sofferenza è aumentata con la sua sensibilità alla felicità. Questo non va a dimostrare molto la posizione dell'evoluzionista. Quando aumentiamo la nostra capacità di essere felici, incrementiamo anche quella di soffrire e talvolta tendo a pensare che se aumentiamo la nostra capacità di diventare felici in progressione aritmetica, incrementeremo, d'altra parte, la nostra capacità di diventare tristi in progressione geometrica. Noi che progrediamo sappiamo che più miglioriamo, più strade si aprono al dolore così come al piacere. E questo è il Maya.

Di conseguenza vediamo che il Maya non è una teoria per spiegare il mondo. Si tratta semplicemente di un'asserzione della realtà dei fatti così come sono, che il fondamento del nostro essere è contraddittorio, che ovunque dobbiamo passare per quest'enorme contraddizione, che ovunque ci sia il bene c'è anche il male e ovunque ci sia il male ci deve essere qualcosa di buono, dove c'è vita, deve seguire la morte come sua ombra, e tutti coloro che sorridono dovranno piangere e viceversa. A questo stato delle cose non si può porre rimedio. Invero si può immaginare che vi sarà un luogo dove ci sarà soltanto bene e niente male, dove potremo sorridere senza mai piangere. È impossibile per la natura stessa delle cose, perché le condizioni rimangono le stesse. Dove c'è la forza di produrre un sorriso in noi, là si cela il potere di far sgorgare lacrime. Dove c'è la forza di produrre felicità, da qualche parte là si cela la forza di renderci infelici.

Pertanto la filosofia del Vedanta non è né pessimista né ottimista. Esprime entrambi i punti di vista e prende le cose per come sono. Sostiene che questo mondo sia un misto di bene e male, felicità e tristezza, e che per aumentarne una, si deve necessariamente aumentare l'altra. Non ci sarà mai un mondo perfettamente buono o cattivo, perché l'idea stessa è una contraddizione. Il grande segreto rivelato da quest'analisi è che bene e male non sono due realtà prestabilite e separate. Non c'è una sola cosa al mondo che si possa definire come bene e bene soltanto e non c'è una singola cosa all'universo che si possa etichettare come cattiva e cattiva soltanto. Lo stesso fenomeno che sembra essere positivo ora, domani può apparire come cattivo. La stessa cosa che provoca sofferenza in qualcuno, può produrre felicità in qualcun altro. Il fuoco che scotta il bambino, può permettere all'uomo affamato di cucinare un buon pasto. Gli stessi nervi che veicolano sensazioni di sofferenza portano anche le sensazioni di felicità. L'unico modo per fermare il male, quindi, è fermare anche il bene, non c'è altro modo. Per fermare la morte, dovremo interrompere anche la vita. Vita senza morte e felicità senza sofferenza sono contraddizioni e non si possono trovare senza l'opposto, poiché ognuna di queste è soltanto una diversa manifestazione della stessa cosa. Ciò che intendevo come bene ieri, ora non credo sia bene. Quando mi guardo indietro e analizzo la mia vita, vedo quali sono stati i miei vari ideali in tempi diversi, e questo me ne è il risultato. Un tempo il mio ideale era condurre una coppia di forti cavalli, in un altro momento ho pensato che, se potevo creare un determinato tipo di caramella, sarei stato perfettamente felice; più avanti ho immaginato che sarei stato completamente soddisfatto se avessi avuto moglie e figli e un sacco di soldi. Oggi mi viene da ridere pensando a tutti questi ideali come mera assurdità infantile.

Il Vedanta afferma che ci sarà un momento in cui potremo guardarci indietro e ridere degli ideali che ci fanno temere di rinunciare alla nostra individualità. Ognuno di noi vuole conservare questo corpo per un tempo indefinito, pensando che si debba essere molto contenti, ma verrà un momento in cui si riderà di quest'idea. Ora, se tale è la verità, siamo in una condizione di disperata contraddizione — né esistenza né non esistenza, né sofferenza né felicità, ma un misto di queste. Allora, qual è l'utilità del Vedanta e di tutte le altre filosofie e religioni? E, soprattutto, dov'è l'utile nel compiere buone azioni? Questa è una domanda che mi viene da porre. Se è vero che non è possibile fare del bene senza fare del male e ogni volta che si tenta di creare felicità si arrecherà sempre sofferenza, vi chiederanno: «Qual è il senso di fare bene?» La risposta è, in primo luogo, che dobbiamo agire per alleviare le sofferenze, giacché questo è l'unico modo per renderci felici. Ognuno di noi prima o poi lo capisce nella propria vita. Le persone brillanti lo scoprono un po' prima e gli sciocchi un po' più tardi. Gli stolti pagano a caro prezzo la scoperta e le persone brillanti meno. In secondo luogo, dobbiamo fare la nostra parte, perché è l'unico modo per uscire da questa vita contraddittoria. Sia le forze del bene che quelle del male mantengono l'universo in vita per noi, finché non ci sveglieremo dal nostro sogno e rinunceremo a questa creazione, simile a una torta di fango. Questa è la lezione che dobbiamo imparare e ci vorrà moltissimo tempo per apprenderla.

In Germania sono stati compiuti alcuni tentativi per costruire un sistema filosofico sulla base secondo la quale l'Infinito è diventato finito. Tali sforzi sono stati fatti anche in Inghilterra. E l'analisi della posizione di questi filosofi è che l'Infinito sta cercando di manifestarsi in quest'universo e che ci sarà un momento in cui riuscirà a farlo. Ciò è molto positivo e abbiamo usato le parole Infinito e manifestazione e espressione e via discorrendo, ma i filosofi richiedono naturalmente una base logica per affermare che il finito può esprimere completamente l'Infinito. L'Assoluto e l'Infinito possono diventare questo universo solo con delle limitazioni. Tutto ciò che passa attraverso i sensi deve essere limitato, o che passa attraverso la mente, o attraverso l'intelletto. E per ciò che è limitato è semplicemente assurdo diventare illimitato e non può essere così. Il Vedanta, al contrario, sostiene che è vero che l'Assoluto o l'Infinito cercano di esprimersi nel finito, ma ci sarà un momento in cui si renderà conto che è impossibile e ci sarà allora un battere in ritirata e questo arretrare significa rinuncia, che è il vero inizio della religione. Oggigiorno è molto difficile anche parlare di rinuncia. Di me, è stato detto in America che ero un uomo spuntato da una terra già morta e sepolta da cinquemila anni e che ha parlato di rinuncia. Così affermano, forse, i filosofi inglesi. Ma è pur vero che questa è l'unica via per la religione. Rinunciare e lasciare da parte. Che cosa dice Cristo? «Colui che avrà perduto la sua vita per me, la troverà.» Ancora una volta ha predicato la rinuncia come unica strada per la perfezione. Arriva un momento in cui la mente si risveglia dal lungo e triste torpore — il bambino smette di giocare e vuole tornare da sua madre. Scopre la verità dell'asserzione «Il desiderio non viene mai soddisfatto dal piacere dei desideri, non fa che aumentare di più, come il fuoco, quando viene versato burro su di esso».

Questo è vero per ogni piacere dei sensi, per ogni piacere intellettuale e per ogni piacere di cui la mente umana è capace. Non sono nulla, sono nel Maya, all'interno di questa rete oltre la quale non possiamo andare. Possiamo stare in questo stato per tempo infinito e non avere mai fine e ogni volta che ci sforziamo per ottenere un momento di piacere, ricade su di noi una grande quantità di sofferenza. Quant'è terribile! E quando ci penso non posso fare a meno di considerare che questa teoria del Maya, quest'asserzione che tutto è Maya, è la migliore e unica spiegazione. Che grande quantità di sofferenza che c'è al mondo. E se viaggiate in varie nazioni, scoprirete che una nazione tenta di curare i suoi mali in un modo, e un'altra diversamente. Lo stesso male è stato preso in considerazione da diverse etnie e sono stati compiuti tentativi di controllarlo in modi diversi e tuttavia nessuna nazione ci è riuscita. Se da una parte è stato minimizzato, da un'altra si è accumulata un'immensa quantità di male. È così che accade. Gli indù, per mantenere un livello alto di castità nella razza, hanno sancito il matrimonio da bambini, che a lungo andare ha degradato il popolo. Allo stesso tempo, non posso negare che questo tipo di matrimonio rende la popolazione più casta. Che cosa otterreste? Se si desidera un Paese più casto, si indeboliscono fisicamente gli uomini e le donne attraverso il matrimonio da bambini. D'altro canto, in Inghilterra state meglio? No, perché la castità è la vita di una nazione. Non vedete che, nella storia, il primo segno di morte di una nazione è stata l'impurezza? Una volta che si è presentata, la fine del popolo è in vista. Dove possiamo trovare una soluzione a queste sofferenze? Se i genitori selezionano mariti e mogli per i loro figli, allora il male è ridotto al minimo. Le bambine indiane sono più pragmatiche che sentimentali. Ma nelle loro vite rimane molta poca poesia. Anche in questo caso se la gente seleziona i propri mariti e mogli, questo non sembra portare molta più felicità. La donna indiana è generalmente molto felice. Non ci sono molti casi di litigi tra marito e moglie. D'altra parte, negli Stati Uniti, dove la massima libertà ha la meglio, è alto il numero di famiglie e matrimoni infelici. L'infelicità è qui, là e ovunque. Che cosa indica? Che, dopotutto, non si è acquisita grande felicità con tutti questi ideali. Tutti lottiamo per la felicità e non appena ne otteniamo un pochino da una parte, dall'altra sorge l'infelicità.

Allora non dobbiamo agire per fare del bene? Sì, con più zelo che mai, ma ciò che questa conoscenza farà sarà abbattere il nostro fanatismo. L'inglese non sarà più fanatico e non maledirà più gli indù. Imparerà a rispettare gli usi e i costumi delle diverse nazioni. Ci sarà meno fanatismo e più lavoro reale. I fanatici non possono agire, sprecano tre quarti della loro energia. È l'uomo equilibrato a livello mentale e calmo, pratico quello che lavora. Così, la forza di azione aumenterà a partire da questo concetto. Sapendo che tale è lo stato delle cose, ci sarà più pazienza. Vedere la sofferenza o il male non spezzerà il nostro equilibrio e non ci farà rincorrere le ombre. Pertanto acquisiremo pazienza, sapendo che il mondo dovrà continuare nel suo modo. Se, per esempio, tutti gli uomini sono diventati buoni, gli animali si saranno nel frattempo evoluti in uomini e dovranno attraversare la stessa condizione e ugualmente per le piante. Ma una sola cosa è certa : il fiume potente scorre veloce verso l'oceano e tutte le gocce che costituiscono il flusso, col tempo, saranno inghiottite da quell'oceano sconfinato. Così, in questa vita, con tutte le sue sofferenze e i dolori, le sue gioie e i sorrisi e le lacrime, una sola cosa è certa, ossia che tutte le cose vanno verso il loro obiettivo ed è soltanto una questione di tempo e, prima o poi, io e voi, le piante e gli animali e tutte le particelle di vita esistenti devono raggiungere l'Infinito Oceano della Perfezione, devono guadagnare la libertà, Dio.

Permettetemi di ripetere ancora una volta che la posizione vedantica non è né di pessimismo né di ottimismo. Non sostiene che questo mondo è tutto negativo o tutto positivo. Dice che il nostro male non è di minor valore rispetto al bene e il nostro bene di non più alto valore del nostro male. Essi sono legati insieme. Questo è il mondo e, sapendo ciò, si opera con pazienza. Per fare cosa ? Perché dovremmo agire ? Se questo è lo stato delle cose, che cosa possiamo fare ? Perché non diventare agnostici ? Anche i moderni agnostici sanno che non c'è una soluzione al problema, nessuna via di fuga dal male del Maya, come diciamo nel nostro linguaggio. Pertanto essi ci dicono di essere soddisfatti e di godersi la vita. Anche qui e di nuovo c'è un errore, un errore enorme, un errore più illogico. Ed è questo : cosa si intende per vita ? Intendete solo la vita dei sensi ? In questo, ognuno di noi differisce soltanto leggermente dai bruti. Sono certo che nessuno degli astanti crede che la vita sia solo dei sensi. Allora questa vita significa qualcosa di più. I nostri sentimenti, pensieri e aspirazioni fanno parte integrante della nostra vita e non è la lotta verso quella zona, l'ideale, verso la perfezione, uno degli elementi più importanti di ciò che chiamiamo vita ? Secondo gli agnostici, dobbiamo godere della vita per come è. Ma questa vita rappresenta soprattutto questa ricerca dell'ideale ; l'essenza della vita va verso la perfezione. Dobbiamo capirlo e pertanto non possiamo essere agnostici oppure considerare il mondo per come appare. La posizione agnostica considera questa vita, tolta la sua componente ideale, come tutto ciò che esiste. E questo è ciò che dichiara l'agnostico e non può essere raggiunto, di conseguenza deve interrompere la ricerca. Questo è ciò che è chiamato Maya — questa natura, questo universo.

Tutte le religioni tentano, più o meno, di andare oltre la natura — i più rozzi o i più evoluti l'hanno espresso attraverso la mitologia e la simbologia, storie di dèi, di demoni, o storie di santi e puri, grandi uomini e profeti o con l'astrazione della filosofia –, tutti hanno questo scopo, tutti cercano di andare oltre queste limitazioni. In una parola, tutti lottano per la libertà. L'uomo si sente, consciamente o inconsciamente, vincolato, ma non è quello che vuole essere. Gli è stato insegnato proprio nel momento in cui ha cominciato a guardarsi attorno. In quello stesso istante egli apprese che era vincolato e anche che c'è qualcosa in lui che voleva andare oltre, dove il corpo non può arrivare, ma che era ancora assoggettato a questa limitazione. Anche nelle idee religiose più semplici, in cui vengono adorati antenati scomparsi e altri spiriti—i più violenti e crudeli, che si annidano nelle case dei loro amici, assetati di sangue e di bevande forti—anche qui si trova un fattore comune, la libertà. L'uomo che vuole adorare gli dèi vede in essi, sopra ogni cosa, maggiore libertà rispetto a se stesso. Se una porta è chiusa, lui pensa che gli dèi possano attraversarla e che i muri non siano per loro limitazioni. Quest'idea di libertà cresce finché non arriva all'ideale di un Dio Personale, il cui concetto centrale è che Egli è un Essere oltre i limiti della natura, del Maya. Vedo davanti ai miei occhi, per così dire, che in alcuni luoghi solitari nella foresta questa questione è stata discussa dagli antichi saggi dell'India, e tra di loro, dei quali anche il più antico e il più sacro non riesce a raggiungere le soluzioni, un giovane si alza in mezzo a loro e dichiara: «Ascoltate, o figli dell'immortalità, ascoltate colui che vive nei luoghi più alti, ho trovato il modo. Conoscendo Colui che è al di là delle tenebre si può andare oltre la morte».

Il Maya è ovunque. È terribile. Ancora dobbiamo superarlo. L'uomo che dice che si impegnerà quando il mondo sarà diventato tutto buono per poi godere allora della beatitudine ha la stessa probabilità di successo dell'uomo che siede sulle rive del Gange e dice: «Guaderò il fiume quando tutta l'acqua sarà diventata oceano». La strada giusta non è attraverso il Maya, ma contro di esso. Questa è un'altra cosa da imparare. Non siamo nati come aiutanti della natura, ma concorrenti di essa. Siamo i padroni del suo vincolo, ma ci leghiamo a essa. Perché questa casa è qui? La natura non l'ha costruita. La natura dice di andare a vivere nella foresta. L'uomo dice: costruirò una casa e lotterò contro la natura, e lo fa. Tutta la storia dell'umanità è una continua lotta contro le cosiddette leggi della natura e l'uomo alla fine vince. Arrivando al mondo interiore, anche in questo caso è in corso la stessa lotta, la lotta tra l'uomo animale e l'uomo spirituale, tra la luce e l'oscurità. E anche in questo caso l'uomo diventa vincente. Egli, per così dire, si ritaglia la sua via d'uscita dalla natura verso la libertà.

Vediamo quindi che oltre questo Maya i filosofi del Vedanta trovano qualcosa di non vincolato dal Maya e se vi possiamo arrivare, noi non saremo legati da esso. Quest'idea è, in una forma o nell'altra, il terreno comune di tutte le religioni. Ma, con il Vedanta, è solo l'inizio della religione e non la fine. L'idea di un Dio Personale, il Governatore e Creatore di quest'universo, come Lui lo ha progettato, il Dominatore del Maya, o della natura, non è lo scopo dei principi vedantici. Questo è solo l'inizio. L'idea nasce e cresce fino a quando il vedantino costata che Colui che, come lui credeva, stava all'esterno, è lui stesso ed è in realtà dentro di lui. È l'unico a essere libero, ma che attraverso la limitazione ha pensato di essere vincolato.

Capitolo IV
Il Maya e l'Evoluzione della Concezione di Dio

Esposto a Londra, il 20 ottobre 1896

Abbiamo visto come l'idea del Maya — che costituisce, per così dire, una delle dottrine fondamentali dell'Advaita Vedanta –, è da ritrovarsi *in nuce* anche nelle Samhita, e che in realtà tutte le idee che vengono sviluppate nelle Upanishad si trovano già nelle Samhita in forme diverse. Attualmente la maggior parte di voi sono ormai abituati al concetto d Maya e sanno che talvolta è indicato erroneamente come illusione, così quando si dice che l'universo è Maya, si deve spiegare anche che è un'illusione. La traduzione della parola non è né appropriata né corretta. Il Maya non è una teoria; si tratta semplicemente di un'asserzione di fatti circa l'universo esistente e al fine di comprendere cos'è il Maya dobbiamo tornare alle Samhita e cominciare con la concezione in origine.

Abbiamo visto com'è sorta l'idea dei Deva. Allo stesso tempo sappiamo che i Deva inizialmente erano soltanto esseri potenti, niente di più. La maggior parte di voi inorridisce leggendo le antiche scritture, che siano esse dei Greci, degli Ebrei, dei Persiani, o di altri, che gli antichi dèi a volte hanno compiuto azioni che, per noi, sono molti ripugnanti. Ma quando leggiamo questi libri, ci dimentichiamo completamente che viviamo nel diciannovesimo secolo e questi dèi sono esistiti migliaia di anni fa. Dimentichiamo anche che le persone che adoravano gli dèi non vedevano nulla di incoerente nel loro carattere, nulla che li spaventasse, perché essi erano molto simili a loro stessi. Vorrei inoltre far notare che questa è una grande lezione che dobbiamo imparare, per tutta la vita. Quando giudichiamo gli altri, li giudichiamo sempre in base ai nostri ideali. Cosa che non dovrebbe essere così. Ognuno deve essere giudicato secondo il suo ideale e non in base a quello di altri. Nei rapporti con i nostri pari agiamo costantemente con questo errato criterio e io sono del parere che la stragrande maggioranza delle nostre discussioni nasca semplicemente per questa ragione, ossia che cerchiamo sempre di giudicare gli dèi degli altri in base ai nostri dèi, gli ideali degli altri in base ai nostri ideali e le motivazioni degli altri in base alle nostre. In determinate circostanze potrei compiere una determinata cosa e, quando vedo un'altra persona che fa lo stesso, credo che anche lei abbia lo stesso incentivo a compiere l'azione, non ipotizzando che, sebbene l'effetto possa essere lo stesso, tuttavia ci sono molte altre cause che possono produrre la stessa cosa. Egli può aver messo in atto l'azione con un motivo un po' diverso da quello che ha spinto me a farlo. Pertanto nel giudicare quelle antiche religioni non dobbiamo assumere la posizione cui siamo inclini, ma dobbiamo metterci nell'inclinazione di pensiero e di vita di quei tempi passati.

L'idea di Geova crudele e spietato dell'Antico Testamento ha spaventato molte persone, ma perché? E che diritto hanno di supporre che il Geova degli antichi Ebrei rappresenta l'idea convenzionale di Dio di oggi? E allo stesso tempo non dobbiamo dimenticare che ci saranno uomini dopo di noi che rideranno delle nostre idee di religione e Dio nello stesso modo in cui noi ridiamo di quelle degli antichi. Ancora, attraverso tutte queste diverse concezioni corre il filo dorato dell'unità ed è lo scopo del Vedanta scoprire questo filo. «Io sono il filo conduttore di tutte queste varie idee, ognuna delle quali è come una perla» dice il Signore Krishna ed è compito del Vedanta stabilire questo filo conduttore, per quanto incoerenti o disgustose possano sembrare queste idee giudicate in rapporto alle concezioni di oggi. Queste idee, nel contesto dei tempi passati, erano armoniose e non più terribili delle nostre idee attuali. È solo quando cerchiamo di estrapolarle dal loro contesto e di applicarle alla nostra situazione attuale che la bruttura diventa evidente. Poiché l'antico ambiente è morto e sepolto. Proprio come gli antichi Ebrei si sono evoluti negli Ebrei moderni, diligenti e intelligenti e gli antichi Ari negli indù intellettuali, parimenti si sono sviluppati Geova e i Deva.

Il grande errore sta nell'ammettere l'evoluzione dei fedeli, mentre non riconosciamo l'evoluzione dell'Adorato. A Egli non è attribuito il progresso che i suoi devoti hanno fatto. Vale a dire che io e voi, che rappresentiamo idee, siamo cresciuti. Gli dèi, che rappresentano idee, sono cresciuti. Questo può sembrarvi un po' strano, ossia che Dio possa crescere. Egli non può. Egli è immutabile. Nello stesso senso, l'uomo reale non cresce. Ma le idee dell'uomo riguardo a Dio sono in costante mutamento e diffusione. Vedremo in seguito come il vero uomo dietro ognuna di queste manifestazioni è immobile, immutabile, puro e sempre perfetto; e allo stesso modo l'idea che abbiamo di Dio è una semplice manifestazione, una nostra creazione. Dietro ciò c'è il vero Dio, che non cambia mai, sempre puro, immutabile. Ma la manifestazione è in continuo mutamento e rivela sempre più la realtà retrostante. Quando rivela maggiormente ciò che c'è dietro, si definisce progressione, quando nasconde di più il fatto retrostante si chiama regressione. Così, man mano che cresciamo, crescono anche gli dèi. Dal punto di vista comune, proprio come ci riveliamo, evolviamo e così anche gli dèi si rivelano.

Saremo ora in grado di comprendere la teoria del Maya. In tutte le regioni del mondo l'unica domanda che si propone di discutere è la seguente: perché c'è disarmonia nell'universo? Perché esiste il male nell'universo? Non troviamo questa domanda alla base di ogni idea primitiva, perché il mondo non appare incongruo all'uomo primitivo. Le circostanze non erano disarmoniche per lui, non c'era nessuna opinione, per lui non c'era l'antagonismo tra bene e male. Aveva soltanto un sentimento nel cuore di qualcosa che diceva sì e qualcosa no. L'uomo primitivo era un uomo d'impulso. Faceva ciò che gli capitava, e cercava di far emergere, attraverso i suoi muscoli, qualsiasi pensiero gli venisse in mente e non ha mai smesso di giudicare e raramente ha cercato di controllare i suoi impulsi. Ugualmente per gli dèi, anch'essi erano creature d'impulso. Indra viene e scatena le forza dell'inferno. Geova è soddisfatto di qualcuno e deluso da qualcun altro, per quale motivo non si sa e non si chiede. Allora non è nata l'abitudine all'indagine e tutto ciò che facesse veniva considerato come giusto. Non esisteva il concetto di bene e male. I Deva hanno compiuto molte azioni malvagie nei nostri confronti; più e più volte Indra e altri dèi hanno commesso azioni molto brutte, ma per gli adoratori di Indra le idee di malvagità e di male non esistevano e così non l'hanno messo in discussione.

Con l'avanzare delle idee etiche venne la lotta. Nacque un determinato senso nell'uomo, chiamato in diverse lingue e nazioni con nomi diversi. Chiamatelo la voce di Dio o il risultato della passata istruzione, o qualsiasi altra cosa preferiate, ma l'effetto è stato che ha avuto potere di controllo sugli impulsi naturali dell'uomo. Nella nostra mente c'è un impulso che dice «Fallo». Dopo quell'impulso sorge un'altra voce che dice «Non farlo». C'è una serie di idee nella nostra mente che cerca sempre di uscire all'esterno attraverso i canali dei sensi, e dietro ciò, sebbene possa essere flebile e debole, c'è una voce infinitamente delicata che dice «Non andare fuori». Le due bellissime parole in sanscrito per questi fenomeni sono Pravritti e Nivritti, «ruotare verso l'esterno» e «ruotare verso l'interno». È questo andare verso l'esterno che generalmente governa le nostre azioni. La religione inizia con questo ruotare verso l'interno. La religione inizia con questo «Non farlo». La spiritualità inizia con questo «Non farlo». Quando non c'era il «Non farlo», non è sorta nessuna religione. E questo «Non farlo» arrivò facendo sviluppare le idee degli uomini, nonostante la lotta con gli dèi che avevano adorato.

Si risvegliò un po' d'amore nel cuore umano. Era poco in realtà e anche ora non è molto maggiore. Inizialmente era confinato a una tribù e probabilmente abbracciava membri della stessa tribù. Questi dèi amavano le loro tribù e ogni dio era un dio tribale, il protettore della tribù. E talvolta i membri di una tribù pensavano di essere i discendenti del loro dio, come le famiglie nelle varie nazioni pensano di essere i discendenti comuni dell'uomo fondatore del clan. Nei tempi antichi c'erano, e ci sono tutt'oggi, persone che sostengono di essere discendenti non solo delle divinità tribali, ma anche del Sole e della Luna. Leggete negli antichi libri sanscriti dei grandi ed eroici imperatori delle dinastie solare e lunare. Furono i primi devoti al Sole e alla Luna e gradualmente sono arrivati a pensarsi discendenti del dio del Sole, della Luna, e via dicendo. Così, quando queste idee tribali hanno cominciato a svilupparsi, è nato un po' d'amore, una leggera idea di dovere verso gli altri, una piccola organizzazione sociale. Poi, naturalmente, l'idea divenne: Come possiamo vivere insieme senza sopportare e pazientare? Un uomo come può vivere con un altro senza dover controllare, in un momento o in un altro, i suoi impulsi, frenarsi, trattenersi dal fare cose che la sua mente lo indurrebbe a fare? È impossibile. Nasce così l'idea di freno. L'intero tessuto sociale si basa su quest'idea di moderazione e tutti noi sappiamo tutti che l'uomo o la donna che non ha imparato la grande lezione della sopportazione e pazienza conduce una vita tristissima.

Ora, quando nacquero queste idee di religione, un assaggio di qualcosa superiore, più etico, spuntò nell'intelletto umano. Gli antichi dèi erano considerati incoerenti—questi dèi chiassosi, combattenti, bevitori, carnivori degli antenati—giacché il loro piacere stava nell'odore di carne sul fuoco e delle libagioni di liquore forte. Talvolta Indra ha bevuto così tanto da cadere a terra e parlare in modo incomprensibile. Quegli dèi non potevano più essere tollerati. Era sorta l'idea di indagare le motivazioni e questi dèi dovevano rientrare nella ricerca. È stata richiesta la ragione di tale e talaltra azione e la ragione mancava. Di conseguenza l'uomo ha abbandonato questi dèi, o meglio si svilupparono idee superiori riguardo a loro. Hanno fatto un sondaggio, per così dire, di tutte le azioni e le qualità degli dèi e hanno scartato quelle che non potevano essere armonizzate e conservarono quelle che potevano comprendere e le hanno combinate, le hanno classificate con un nome, Deva-deva, il Dio degli dèi. Il dio da adorare non era più un semplice simbolo di potere, si richiedeva qualcosa di più. Era un dio etico, amava l'umanità e ha compiuto del bene per essa. Ma l'idea di dio sussisteva ancora. Hanno aumentato la sua importanza etica e incrementato anche il suo potere. Divenne l'essere più etico dell'universo e anche quasi onnipotente.

Ma tutto questo mosaico non era sufficiente. Man mano che la spiegazione assumeva dimensioni maggiori, la difficoltà che cercava di risolvere faceva lo stesso. Se le qualità di dio sono aumentate in progressione aritmetica, le difficoltà e i dubbi sono cresciuti in progressione geometrica. La difficoltà di Geova era molto poca rispetto alla difficoltà del Dio dell'universo e, infatti, questa questione perdura al giorno d'oggi. Perché sotto il regno di un onnipotente e amorevole Dio dell'universo dovrebbero poterci essere cose malvagie? Perché più sofferenza che felicità e molta più cattiveria che bene? Possiamo fingere di non vedere tutto ciò, ma resta il fatto che questo mondo è un mondo orribile. Nella migliore delle ipotesi è l'inferno di Tantalo. Qui viviamo con forti impulsi e desideri ancora più ardenti per i piaceri sensoriali, ma non possiamo soddisfarli. Si alza un'onda che ci spinge in avanti nonostante la nostra volontà e, non appena muoviamo un passo, arriva una sferzata. Siamo tutti condannati a vivere qui come Tantalo. Ci vengono in mente ideali al di là dei nostri ideali sensoriali, ma quando cerchiamo di esprimerli, non riusciamo a farlo. D'altro canto, siamo schiacciati dall'insieme impetuoso che ci circonda. Eppure, se lascio da parte ogni ideale e lotto semplicemente per questo mondo, la mia esistenza è quella di un bruto e con ciò degenero e degrado me stesso. Non è in nessun modo felicità. L'infelicità è il destino di coloro che si accontentano di vivere in questo mondo, nato come loro. Migliaia di volte una sofferenza più grande è il destino di chi ha il coraggio di andare verso la verità e altre grandi cose e di chi osa chiedere qualcosa di più di una mera esistenza bruta. Questi sono i fatti, ma non c'è nessuna spiegazione, non vi può essere alcuna spiegazione. Ma il Vedanta mostra la via d'uscita. Dovete tenere a mente che devo dirvi cose che talvolta potrebbero spaventarvi, ma se ricordate ciò che dico, pensateci, assimilate, sarà vostro e vi innalzerà a un livello superiore e vi renderà in grado di comprendere e di vivere nella verità.

Ora, è un dato di fatto che questo mondo è l'inferno di Tantalo, che non conosciamo nulla di questo universo, ma al tempo stesso non possiamo dire di non conoscere. Non posso dire che questa catena esiste, quando penso di non conoscerla. Può essere una totale illusione del mio cervello. Potrei sognare tutto il tempo. Sogno che vi parlo e che voi mi ascoltate. Nessuno può dimostrare che non si tratta di un sogno. Il mio cervello stesso può essere un sogno e, a questo riguardo, nessuno ha mai visto il proprio cervello. Lo diamo tutti per scontato. Così per tutto. Do per scontato Il mio corpo. Al tempo stesso non posso dire che non lo conosco. Questa posizione tra conoscenza e ignoranza, questo crepuscolo mistico, il miscuglio di verità e menzogna — e dove si incontrano — nessuno conosce. Avanziamo in mezzo a un sogno. A metà dormienti, a metà coscienti, trascorriamo la nostra vita nella nebbia: questo è il fato di ognuno di noi. Questo è il destino di tutta la conoscenza dei sensi. Questo è il destino della filosofia, della scienza millantata, della conoscenza umana millantata. Questo è l'universo.

Ciò che voi chiamate materia, o spirito, o mente, o come preferite chiamarli, il fatto rimane lo stesso: non si può dire che sono, non si può dire che non sono. Non possiamo dire che sono uno, non possiamo dire che non sono molti. Questo eterno gioco di luci e di ombre — indistinte, indistinguibili, inseparabili — è sempre presente. Una realtà, ma allo stesso tempo non una realtà, cosciente e allo stesso tempo dormiente. È un dato di fatto ed è ciò che viene definito Maya. Siamo nati in questo Maya, ci viviamo, in esso pensiamo, in esso sogniamo. In esso siamo filosofi, siamo uomini spirituali, anzi siamo demoni in questo Maya e siamo anche dèi in questo Maya. Sviluppate le vostre idee fin quando potrete renderle sempre più alte, chiamate infinite o con qualsiasi altro nome preferiate, anche queste idee sono nel Maya. Non può essere diversamente e l'intera conoscenza umana è una generalizzazione del Maya che cerca di conoscerlo per come appare. Questa è l'opera di Nama-Rupa, nome e forma. Tutto ciò che ha forma, tutto ciò che richiama un'idea nella vostra mente è nel Maya; poiché tutto ciò che è vincolato dalle leggi di tempo, spazio, e causazione è nel Maya.

Ma torniamo un po' alle prime idee di Dio per vedere cosa ne è stato di loro. Subito notiamo che l'idea di un Essere che ci ama eternamente — eternamente disinteressato e onnipotente, che governa l'universo — non poteva essere soddisfacente. «Dov'è il dio giusto e misericordioso?» chiese il filosofo. Non vede milioni e milioni di Sue creature perire, in forma di uomini e animali, perché chi può vivere qui un qualche tempo senza uccidere gli altri? Si può emettere un respiro senza distruggere migliaia di vite? Vivete, perché milioni muoiono. In ogni attimo della vostra vita, ogni respiro che fate è morte per migliaia di esseri; ogni movimento compiuto è morte di milioni di persone. Ogni boccone mangiato è morte per milioni. Perché dovrebbero morire? C'è un vecchio sofisma secondo cui loro sono esistenze molto basse. Supponendo che lo siano — che è discutibile, perché chi può dire se la formica è superiore all'uomo o l'uomo alla formica? — chi può dimostrare che sia così o meno? A prescindere da tale questione, anche dando per scontato che questi siano esseri molto bassi, tuttavia perché dovrebbero morire? Se sono inferiori hanno ragione di vivere. Perché no? Perché vivono maggiormente nei sensi, sentono il piacere e il dolore mille volte di più di quanto voi o io possiamo fare. Chi di noi mangia con lo stesso appetito di un cane o di un lupo? Nessuno, perché le nostre energie non sono nei sensi. Sono nell'intelletto, nello spirito. Ma negli animali, tutta l'anima è nei sensi provano immenso gusto e godimento per cose che noi esseri umani non ci sogneremmo mai e il dolore è commisurato al piacere. Il piacere e il dolore sono distribuiti in egual misura. Se il piacere provato dagli animali è più fine di quello percepito dall'uomo, ne consegue che il senso di dolore degli animali è fine tanto quanto se non di più rispetto all'uomo. Il fatto è che il dolore e la sofferenza degli uomini nella morte sono intensificati di mille volte negli animali e tuttavia noi li uccidiamo senza preoccuparci della loro sofferenza. Questo è il Maya. E se supponiamo che esista un Dio Personale come essere umano che ha creato tutto, le cosiddette spiegazioni e teorie che cercano di dimostrare che dal male deriva il bene non sono sufficienti. Permettete che esistano ventimila cose buone, ma perché dovrebbero venire dal male? Secondo questo principio potrei tagliare la gola agli altri perché desidero un piacere completo dei cinque sensi. Questo non è un motivo valido. Perché il bene dovrebbe venire dal male? La domanda rimane senza risposta e non può averne una. La filosofia dell'India è stata costretta ad ammetterlo.

Il Vedanta era (ed è) il sistema religioso più audace al mondo. Non si è fermato mai e ha avuto un beneficio. Non esisteva alcun gruppo sacerdotale che cercava di reprimere ogni uomo che ha provato a dire la verità. C'è sempre stata assoluta libertà religiosa. In India, il vincolo del pregiudizio è di natura sociale, qui in Occidente la società è molto libera. Le questioni sociali in India sono molto rigide, ma c'è libertà d'opinione religiosa. In Inghilterra un uomo può vestirsi come preferisce o mangiare ciò che vuole, nessuno ha da obiettare, ma se dimentica di andare a messa, allora la signora Grundy lo rimprovera. Egli deve conformarsi prima di tutto a ciò che la società dice in materia di religione e successivamente può pensare alla verità. In India, d'altro canto, se un uomo cena con una persona che non appartiene alla sua casta, la società lo punisce con tutte le sue terribili forze e lo schiaccia seduta stante. Se vuole vestire in maniera leggermente diversa dal modo in cui vestivano i suoi antenati secoli fa è spacciato. Ho sentito di un uomo che era stato cacciato dalla società perché aveva percorso diversi chilometri per vedere il primo convoglio ferroviario. Beh, si deve presumere che non fosse vero! Ma nella religione vediamo convivere atei, materialisti e buddisti, credi, opinioni e speculazioni in ogni fase e di ogni sorta, alcuni dei quali della natura più sorprendente. Predicatori di tutte le sette circolano per raccogliere seguaci e alle porte dei templi degli dèi, i bramini — è detto in loro onore — consentono anche ai materialisti di partecipare e dare la loro opinione.

Buddha morì in età molto tarda. Ricordo un mio amico, un grande scienziato americano, che amava leggere la sua vita. Egli gli piaceva la morte del Buddha perché non è stato crocifisso. Che idea sbagliata! Come se per essere grande un uomo dovesse essere ucciso! Tali idee non sono mai prevalse in India. Questo grande Buddha viaggiò per tutta l'India, condannando i suoi dèi e anche il Dio dell'universo, e tuttavia visse a lungo. Ha vissuto per ottant'anni e ha convertito metà del Paese.

Poi, c'erano i Charvaka che predicavano cose orribili, il peggiore e malcelato materialismo, che nel XIX secolo non osavano predicare apertamente. A questi Charvaka era permesso predicare di tempio in tempo, di città in città, che la religione era un'assurdità, che era un'invenzione dei preti, che i Veda erano parole e scritti di stolti, furfanti e demoni e che non esisteva nessun Dio né nessun'anima eterna. Se c'era l'anima, perché non tornava dopo la morte, richiamata dall'amore della moglie e dei figli? La loro idea era che, se esisteva l'anima, doveva amare ancora dopo la morte e desiderare cose buone da mangiare e bei vestiti. E tuttavia nessuno offese questi Charvaka.

In questo modo l'India ha sempre avuto questa magnifica idea di libertà religiosa e voi dovete ricordare che la libertà è la prima condizione necessaria al progresso. Ciò che non rendete libero, non crescerà mai. L'idea che si possa far crescere gli altri e favorire la loro crescita, che è possibile guidarli e consigliarli, sempre conservando per sé la libertà dell'insegnante è un'assurdità, una pericolosa bugia che ha ritardato il progresso di milioni e milioni di esseri umani in questo mondo. Facciamo in modo che gli uomini abbiano la luce della libertà. È l'unica condizione per la crescita.

Noi, in India, consentivamo la libertà in materia spirituale e abbiamo un'incredibile forza spirituale nella religione. Oggi voi garantite la stessa libertà nelle questioni sociali e quindi avete una splendida organizzazione sociale. Non abbiamo dato libertà alla crescita delle questioni sociali e la nostra è una società soffocante. Voi non avete mai concesso libertà in materia religiosa ma avete imposto le vostre convinzioni col ferro e col fuoco e il risultato è che la religione ha un progresso stantio e degenerato nella mentalità europea. In India dobbiamo togliere i freni della società; in Europa, bisogna levare le catene ai piedi della crescita spirituale. Allora ci sarà un meraviglioso sviluppo dell'uomo. Se scopriamo che c'è un'unità che accomuna tutti questi sviluppi—spirituale, morale e sociale–, vediamo che la religione, nel senso più completo del termine, deve entrare nella società e nella nostra vita quotidiana. Alla luce del Vedanta capirete che tutte le scienze sono solo manifestazioni della religione e così tutto ciò che esiste al mondo.

Si può notare, quindi, che la scienza è stata costruita attraverso la libertà e in essa abbiamo due diverse correnti: da una parte quella materialista e di denuncia e dall'altra quella positiva e costruttiva. È un fatto curioso che si possano trovare in ogni società. Supponendo che ci sia un male nella società, troverete subito un gruppo che si erge per denunciarlo in maniera astiosa, che a volte degenera in fanatismo. In ogni società ci sono fanatici e le donne spesso si uniscono a queste grida di protesta a causa della loro natura impulsiva. Ogni fanatico che si erge e denuncia qualcosa può garantire un seguito. È molto facile lamentarsi. Un folle può rompere qualsiasi cosa gli piaccia, ma sarebbe difficile per lui costruire qualcosa. Questi fanatici possono anche fare qualcosa di buono, secondo la loro visione, ma molti più danni. Perché le istituzioni sociali non si fanno in un giorno e cambiarle significa rimuovere la causa. Supponete che esista un male: denunciarlo non lo farà scomparire, ma dovete agire alla radice. Prima bisogna individuarne la causa, poi rimuoverlo e così sarà rimosso anche l'effetto. Semplici grida di protesta non producono alcun effetto a meno che, in realtà, producano sfortuna.

Ci sono altri che avevano compassione nei loro cuori e che hanno compreso l'idea che si debba approfondire la causa, questi erano i grandi santi. Dovete ricordare una cosa, ossia che tutti i grandi maestri del mondo hanno dichiarato di essere venuti non per distruggere ma per realizzare. Molte volte non si è capito e la loro pazienza è stata intesa come un indegno compromesso con le opinioni popolari esistenti. Anche adesso talvolta si sente dire che questi profeti e grandi maestri erano piuttosto codardi e non osavano dire e fare ciò che ritenevano giusto; ma non era così. I fanatici mal comprendevano l'infinita forza dell'amore nel cuore di questi grandi saggi che guardavano agli abitanti di questo mondo come loro figli. Loro sono stati i veri padri, i veri dèi, pieni di compassione infinita e pazienza per chiunque; ed erano pronti a sopportare e pazientare. Essi sapevano come deve progredire la società umana e lentamente e con pazienza, sicuramente, applicando le loro soluzioni, non denunciando e spaventando le persone, ma conducendole delicatamente e gentilmente verso l'alto, passo dopo passo. Tali furono gli scrittori delle Upanishad. Sapevano perfettamente bene che le antiche idee di Dio non erano conciliabili con le idee etiche d'avanguardia di quei tempi. Sapevano bene che ciò che gli atei predicavano conteneva una buona dose di verità, anzi, grandi verità; ma, allo stesso tempo, hanno capito che tutti coloro che volevano tagliare il filo che teneva insieme il rosario, che volevano costruire una società nuova in aria, avrebbero fallito completamente.

Non costruiremo mai nuovamente, cambiamo soltanto posizione; non ci può essere nulla di nuovo, dobbiamo solo cambiare la posizione delle cose. Il seme cresce nell'albero, con pazienza e con dolcezza. Dobbiamo dirigere le nostre energie alla verità e realizzare la verità che esiste, non provare a creare nuove verità. Così, invece di denunciare le antiche idee di Dio come inadatte ai tempi moderni, gli antichi saggi cominciarono a cercare la realtà che c'era in loro. Il risultato è stato la filosofia del Vedanta e dalle vecchie divinità, dal Dio monoteistico, il Governatore dell'universo, hanno scoperto idee ancora più alte in ciò che viene chiamato l'Assoluto Impersonale. Hanno trovato l'unicità in tutto l'universo.

Colui che vede in questo mondo di molteplicità l'Uno in tutto, in questo mondo di morte colui che scopre quell'Unica Vita Infinita, e in questo mondo di mancanza di sensibilità e ignoranza colui che trova quell'Unica Luce e Conoscenza, a lui appartiene la pace eterna. A nessun altro, a nessun altro.

Capitolo V
Maya e Libertà

Esposto a Londra, il 22 ottobre 1896

«Seguendo le nuvole della gloria arriviamo» dice il poeta. Non tutti noi, tuttavia, arriviamo seguendo le nuvole della gloria, alcuni di noi seguono la scura nebbia; non c'è alcun dubbio al riguardo. Ma ognuno di noi entra in questo mondo per combattere, come in un campo di battaglia. Siamo venuti qui in lacrime per aprirci la strada, come meglio possiamo, e per creare un percorso attraverso questo oceano infinito di vita. Man mano che procediamo, ci lasciamo dietro lunghi secoli e ci troviamo davanti un'immensa distesa. E così andiamo avanti, finché non arriva la morte e ci mette fuori combattimento: vittoriosi o sconfitti, non si sa. E questo è il Maya.

La speranza domina il cuore dell'infanzia. Il mondo intero è una visione dorata agli occhi del bambino. Egli pensa che la sua volontà è suprema. Quando si muove, a ogni passo la natura si staglia come un muro adamantino che ostacola il suo futuro progresso. Egli può opporsi, ancora e ancora, cercando di sfondarlo. Più avanti va, più l'ideale si allontana, finché non sopraggiunge la morte e porta riposo, forse. E questo è il Maya.

Un uomo di scienza nasce, è assetato di conoscenza. Nessun sacrificio è troppo grande, nessuna lotta troppo disperata per lui. Egli procede scoprendo la natura, segreto dopo segreto, cercando i segreti del suo cuore più intimo, e per cosa? A che scopo tutto ciò? Perché dovremmo dargli gloria? Perché dovrebbe avere fama? La natura non fa infinitamente di più rispetto a quanto qualsiasi uomo possa fare? E la natura è vuota, inanimata. Perché dovrebbe essere glorioso imitare il vuoto, l'inanimato? La natura può scagliare un fulmine di qualsiasi potenza a qualsiasi distanza. Se un uomo può fare anche solo una piccola parte di ciò, lo lodiamo e lo innalziamo al cielo. Perché? Perché dovremmo lodarlo se imita la natura, imita la morte, imita l'inerzia, imita l'inanimato? La forza di gravitazione può ridurre in pezzi la più grande massa mai esistita e tuttavia è inanimata. Cosa c'è di positivo nell'imitare l'insenziente? Eppure tutti ci sforziamo per questo. E questo è il Maya.

I sensi trascinano l'anima dell'uomo. Egli è alla ricerca di piacere e di felicità in un luogo in cui non si potranno mai trovare. Per innumerevoli secoli ci è stato insegnato che è vano e inutile, qui non c'è felicità. Ma non riusciamo a imparare; per noi è impossibile farlo, se non attraverso l'esperienza. Quando viviamo un'esperienza, arriva un colpo. Allora impariamo? Neanche in quel momento. Come falene che si avventano sulla fiamma, ci lanciamo sempre nel piacere dei sensi, sperando di trovarvi soddisfazione. E ci torneremo nuovamente con energia rinnovata. Così continuiamo, finché, indeboliti e ingannati, moriamo. E questo è il Maya.

Così per il nostro intelletto. Nel desiderio di risolvere i misteri dell'universo, non riusciamo a interrompere la nostra ricerca, sentiamo che dobbiamo conoscere e non possiamo credere che non si riesca ad acquisire alcuna conoscenza. Dopo pochi passi appare la parete del tempo infinito, senza inizio né fine, che non possiamo superare e il tutto è irrevocabilmente vincolato dalle pareti di causa ed effetto. Non possiamo andare oltre. Ma ci sforziamo e dobbiamo ancora sforzarci. E questo è il Maya.

A ogni respiro, a ogni pulsazione cardiaca, con ognuno dei nostri movimenti pensiamo di essere liberi ed esattamente in quel momento ci viene dimostrato che non lo siamo: schiavi del vincolo, schiavi del vincolo della natura, nel corpo, nella mente, in tutti i nostri pensieri, in tutti i nostri sentimenti. E questo è il Maya.

Non c'è mai stata una madre che non credesse che suo figlio fosse un genio nato, il bambino più straordinario che sia mai nato. Lei stravede per il suo bambino. La sua anima è nel bambino. Il figlio cresce, forse diventa un ubriacone, un bruto, maltratta la madre e più la maltratta, più il suo amore cresce. Il mondo lo elogia come amore disinteressato della madre, senza pensare che la madre è una schiava nata, essa non lo può impedire. Preferirebbe mille volte scrollarsi di dosso il fardello, ma non può. E così lo riveste di rose e fiori e lo definisce meraviglioso amore. E questo è il Maya.

Nel mondo siamo tutti così. Una leggenda racconta che una volta Narada disse a Krishna: «Signore, mostrami il Maya». Passò qualche giorno e Krishna chiese a Narada di fare un viaggio con lui attraverso il deserto e, dopo aver camminato per diversi chilometri, Krishna disse: «Narada, ho sete. Potresti recuperare un po' di acqua per me?» «Vado subito a prendere dell'acqua, signore.» Così Narada ci andò. A poca distanza c'era un villaggio, vi entrò in cerca di acqua e bussò a una porta, che venne aperta da una ragazzina meravigliosa. Alla vista di lei dimenticò immediatamente che il suo Signore era in attesa dell'acqua, magari morente per mancanza della stessa. Si dimenticò di tutto e cominciò a parlare con la ragazza. Per tutto il giorno non tornò dal suo Signore. Il giorno successivo era nuovamente a parlare a casa della ragazza. Quel parlare si trasformò in amore; chiese al padre la mano della figlia e si sposarono, vissero insieme lì ed ebbero dei bambini. Così passarono dodici anni. Il suocero morì, lui ereditò i suoi beni. Egli visse, come sembrava credere, una vita felice con moglie e figli, i suoi campi e il suo bestiame e così via. Poi ci fu il diluvio. Una notte il fiume crebbe finché non straripò dagli argini e inondò l'intero villaggio. Crollarono le case, uomini e animali furono spazzati via e annegati e tutto galleggiava nel flusso del fiume. Narada dovette fuggire. Con una mano teneva sua moglie e con l'altra due dei bambini; un altro figlio era sulle sue spalle e cercava di guadare quella tremenda inondazione. Dopo pochi passi capì che la corrente era troppo forte e il bambino sulle spalle cadde e venne portato via dal fiume. Un grido di disperazione uscì dalla bocca di Narada. Nel tentativo di salvare il bambino, perse la presa di uno degli altri e anche quello fu perso. Infine la moglie, che stringeva con tutta la sua forza, fu spazzata via dalla corrente e lui fu gettato sulla riva, in lacrime e amari lamenti. Dietro di lui si sentì una voce dolce: «Figlio mio, dove è l'acqua? Sei andato a prendere una brocca d'acqua e io ti sto aspettando, sei stato via quasi mezz'ora». «Mezz'ora!» esclamò Narada. Nella sua mente passarono dodici anni e tutte quello era accaduto in mezz'ora! E questo è il Maya.

In una forma o nell'altra, ci siamo dentro tutti. È una realtà delle cose molto difficile e complessa da capire. È stato predicato in ogni Paese, insegnato ovunque, ma soltanto pochi ci hanno creduto, perché finché non avremo esperienza in prima persona non riusciamo a crederci. Che cosa dimostra? Qualcosa di veramente terribile. Perché tutto è inutile. Arriva il tempo, vendicatore di ogni cosa, e non lascia niente. Divora il santo e il peccatore, il re e il contadino, il bello e il brutto: non lascia nulla. Tutto scorrono inesorabilmente verso quell'unico obiettivo, la distruzione. La nostra conoscenza, le nostre arti, le scienze, tutto corre verso di essa. Nessuno può arginare la marea, nessuno può controllarla per un instante. Possiamo anche cercare di dimenticare, nello stesso modo in cui le persone in una città colpita da una piaga cercano di creare oblio bevendo, ballando e con altri vani tentativi, diventando così paralizzati. Cerchiamo dunque di dimenticare, tentando di creare oblio con ogni sorta di piacere dei sensi. E questo è il Maya.

Sono stati proposti due metodi. Un metodo, che tutti conoscono, è molto comune ed è: «Può essere vero, ma non ci credo. «Batti il ferro finché è caldo» come dice il proverbio. È tutto vero, è un dato di fatto, ma non importa. Approfitta dei pochi piaceri possibili, fa' quel poco che puoi, non guardare al lato oscuro dell'immagine, ma sempre verso la speranza, il lato positivo». In questo c'è della verità, ma c'è anche un rischio. La verità è che si tratta di un buon motivo. La speranza e un ideale positivo sono motivazioni molto forti per la nostra vita, ma vi è un certo pericolo. Il pericolo sta nel rinunciare e cedere alla disperazione. È questo il caso di coloro che predicano «Prendete il mondo com'è, sedetevi comodamente e con la massima serenità e siate contenti di tutte queste sofferenze. Quando si ricevono colpi, dite che non sono colpi ma fiori e quando siete trasportati come schiavi dite che siete liberi. Giorno e notte raccontate bugie alle vostre e altrui anime, perché questo è l'unico modo di vivere felici». Questa è la cosiddetta saggezza pratica e non è mai stata così diffusa al mondo come nel diciannovesimo secolo; perché non vi sono mai stati colpi così duri come nel tempo presente, mai una competizione più assidua, mai gli uomini sono stati così crudeli verso i loro simili come ora. E, pertanto, si deve offrire questa consolazione. È presentato nel modo più efficace in questo momento; ma fallisce, come sempre deve fallire. Non possiamo nascondere una carogna con delle rose; è impossibile. Non servirebbe a lungo, poiché non appena le rose sfioriscono la carogna sarà peggio che mai. Così con la nostra vita. Possiamo tentare di coprire le nostre vecchie piaghe putrescenti con panni d'oro, ma arriva un giorno in cui il tessuto d'oro viene rimosso e le piaghe si riveleranno in tutta la loro bruttezza.

Allora non c'è speranza? È vero che siamo tutti schiavi del Maya, siamo nati nel Maya e viviamo nel Maya. Non c'è alcuna via d'uscita, allora, nessuna speranza? È risaputo da secoli e secoli che siamo tutti tristi, che questo mondo è una vera prigione, che anche il nostro cosiddetto perseguimento della bellezza non è altro che un carcere e anche il nostro intelletto e la nostra mente lo sono. Non c'è mai stato un uomo, non c'è mai stata un'anima umana che non si siano sentiti in questo modo prima o poi, per quanto si possa dire. E gli anziani lo percepiscono maggiormente, perché in essi è l'esperienza accumulata di una vita intera, perché non possono essere facilmente ingannati dalle menzogne della natura. Non c'è via d'uscita? Vediamo che con tutto ciò, con questa terribile realtà davanti a noi, nel mezzo del dolore e della sofferenza, anche in questo mondo in cui vita e morte sono sinonimi, anche qui, c'è una piccola voce che chiama attraverso i secoli, in ogni Paese e nel cuore di tutti: «Questa Mio Maya è divino, è composto di qualità e molto difficile da attraversare. Tuttavia, coloro che vengono da me, attraversano il fiume della vita». «Venite da me tutti voi che siete affaticati e oppressi e io vi darò pace.» Questa è la voce che ci porta avanti. L'uomo l'ha sentita e la sente attraverso i secoli. Questa voce arriva agli uomini quando tutto sembra perduto e la speranza è svanita, quando è stata soppressa la dipendenza dell'uomo dalle sue stesse forze e tutto sembra sbriciolarsi tra le sue dita e la vita è una disperata rovina. Allora ode la voce. Questa è detta religione.

Da un lato, quindi, è un'audace asserzione sostenere che tutto ciò è assurdo, che questo è il Maya, ma accanto a essa c'è la più fiduciosa affermazione che oltre il Maya esiste una via d'uscita. D'altro canto, gli uomini pragmatici ci dicono «Non arrovellatevi su tali assurdità come la religione e la metafisica. Dovete vivere qui, è vero è un mondo cattivo, ma fate del vostro meglio», che in parole povere significa vivete un'esistenza ipocrita e di menzogna, una vita di continuo imbroglio, cercando di nascondere al meglio tutte le piaghe. Andare a mettere cerotto su cerotto, finché tutto non è perduto e voi siete soltanto un ammasso di toppe, come un patchwork. Questa è definita vita pratica. Coloro che sono soddisfatti da questo patchwork non ricorreranno mai alla religione. La religione comincia con un'immensa insoddisfazione per lo stato attuale delle cose, per la nostra vita e con un odio, un odio intenso, per questo riparare nella vita, un infinito disgusto per l'imbroglio e la menzogna. Può essere religioso soltanto colui che osa dire, come il grande Buddha disse una volta sotto l'albero della Bodhi, quando a lui appare quest'idea di praticità e vede che è una sciocchezza ma tuttavia non è in grado di trovare una via d'uscita. Quando a lui viene la tentazione di abbandonare la sua ricerca della verità, per tornare nel mondo e vivere la vecchia vita di inganno, in cui chiama le cose con nomi sbagliati, racconta bugie a se stesso e a tutti gli altri, lui, il gigante, la supera e dice: «La morte è meglio di una vita ignorante in cui si vegeta; è meglio morire sul campo di battaglia invece di vivere una vita di sconfitta». Questa è la base della religione. Quando un uomo accoglie questa posizione, egli è sulla strada per trovare la verità, è sulla strada verso Dio. Quella determinazione deve essere il primo impulso per diventare religiosi. Io mi farò strada da solo. Conoscerò la verità e darò la vita tentando. Poiché da questo punto di vita, non è niente, è svanita e sfugge ogni giorno. La persona giovane, bella e promettente di oggi è il veterano di domani. Le speranze, le gioie e i piaceri moriranno come boccioli con la brinata dell'indomani. Questa è una prospettiva. L'altra sostiene che vi è il grande fascino della conquista, le vittorie su tutti i mali della vita, la vittoria sulla vita stessa, la conquista dell'universo. Gli uomini possono adottare questa posizione. Coloro che osano, pertanto, lottare per la vittoria, per la verità, per la religione, sono sulla strada giusta. E questo è ciò che predicano i Veda: non disperate, il percorso è molto arduo, come camminare sul filo del rasoio; ma non perdetevi d'animo, alzatevi, prendete consapevolezza e trovate l'ideale, lo scopo.

Ora tutte queste varie manifestazioni della religione, in qualsiasi forma siano pervenute all'umanità, hanno una base comune. È il predicare la libertà la via d'uscita da questo mondo. Non sono mai venute a riconciliare il mondo e la religione, ma per recidere il nodo gordiano, per stabilire la religione nel suo ideale senza compromessi con il mondo. È ciò che predica ogni religione e il compito del Vedanta è armonizzare tutte queste aspirazioni, rendere manifesto il terreno comune tra tutte le religioni del mondo, le più alte e le più basse. Ciò che chiamiamo pregiudizio assoluto e somma filosofia hanno veramente l'obiettivo condiviso per cui entrambi cercano una via d'uscita dalla stessa difficoltà e, nella maggior parte dei casi, questa via d'uscita è attraverso l'aiuto di qualcuno che non sia vincolato dalle leggi della natura, in una parola, una persona libera. Nonostante tutte le difficoltà e le differenze di opinione riguardo alla natura dell'unico essere libero, se è un Dio personale o un essere senziente come l'uomo, se maschile, femminile, o neutro — le discussioni al riguardo sono infinite —, il concetto di base è lo stesso. Nonostante le contraddizioni quasi croniche dei diversi sistemi, troviamo il filo dorato che li unisce tutti e, in questa filosofia, è stato seguito questo filo d'oro che ha rivelato qualcosa poco a poco ai nostri occhi e il primo passo di questa rivelazione è il terreno comune per cui tutti vanno verso la libertà.

Un fatto curioso presente tra tutte le nostre gioie e i dolori, tra le difficoltà e le lotte, è che siamo sicuramente in cammino verso la libertà. La domanda era praticamente la seguente: «Che cos'è questo universo? Da che cosa nasce? Dove va?» e la risposta fu «Nella libertà nasce, nella libertà giace e nella libertà si dissolve». Questa è l'idea di libertà cui non si può rinunciare. Le vostre azioni, la vostra vita sarà persa senza di essa. In ogni istante la natura ci dimostra che siamo schiavi e non liberi. Eppure, contemporaneamente sorge l'altra idea secondo la quale noi siamo ancora liberi. A ogni passo il Maya, per così dire, ci sconfigge e ci dimostra che siamo vincolati e ancora, nello stesso momento, insieme a questo colpo, insieme alla sensazione che siamo legati sorge l'altra sensazione che siamo liberi. Una qualche voce interiore ci dice che noi siamo liberi. Ma se cerchiamo di realizzare la libertà, di renderla manifesta incontriamo difficoltà quasi insormontabili. Tuttavia, nonostante ciò, continua a farsi valere interiormente: «Io sono libero, sono libero». E se studiate tutte le varie religioni del mondo vi ritroverete questo concetto. Non solo la religione — non dovete intendere la parola in senso stretto — ma l'intera vita della società è affermazione di quest'unico principio di libertà. Tutti i movimenti sono affermazione di libertà. Quella voce è stata udita da tutti, che lo sappiano o no, ed essa dice: «Venite da Me tutti voi che siete affaticati e oppressi». Non può essere espressa nella stessa lingua o nello stesso discorso, ma in una forma o nell'altra, quella voce che reclama la libertà è stata con noi. Sì, siamo qui grazie a questa voce. Ogni nostro movimento è per lei. Stiamo tutti inseguendo la libertà, stiamo seguendo quella voce, senza saperlo o coscientemente. Come i bambini del villaggio attratti dalla musica del pifferaio, noi tutti seguiamo la musica della voce, senza saperlo.

Quando seguiamo questa voce siamo morali. Non solo l'animo umano, ma tutte le creature, dalla più bassa alla più nobile, hanno sentito la voce e stanno correndo verso di essa. E nello sforzo, si alleano o si scalzano a vicenda. Così nascono la competizione, le gioie, le angosce, la vita, il piacere e la morte e tutto l'universo non è altro che il risultato di questo sforzo strenuo per raggiungere la voce. Questa è la manifestazione della natura.

Che cosa succede poi? Lo scenario comincia a cambiare. Non appena si conosce la voce e si capisce ciò che è, l'intera scena muta. Lo stesso mondo che è stato l'orribile campo di battaglia del Maya è ora trasformato in qualcosa di buono e bello. Non malediciamo più la natura, né diciamo che il mondo è orribile e che tutto è vano. Non c'è più bisogno di piangere e disperarsi. Non appena comprendiamo la voce, vediamo riaffermato il motivo per cui questo sforzo debba esistere, perché debbano esistere questa lotta, la competizione, la difficoltà, la crudeltà, questi piccoli piaceri e le gioie. Ci rendiamo conto che sono nella natura delle cose, perché senza di loro non ci sarebbe avanzamento verso la voce, per raggiungere ciò cui siamo destinati, sia che lo si sappia o meno. Tutta la vita umana e tutta la natura, pertanto, lottano per ottenere la libertà. Il sole si muove verso la meta, così come la terra attorno al sole, così come la luna ruota attorno alla Terra. Verso tale scopo si muove il Pianeta e l'aria soffia. Tutto è sforzo per guadagnare quella direzione. Il santo è diretto verso quella voce, non può impedirlo, non gli dà fama. Così per il peccatore. L'uomo caritatevole va dritto verso quella voce e non può essere ostacolato. L'avaro va sempre verso la stessa destinazione: colui che compie la massima quantità di bene sente dentro di sé la stessa voce e non può resisterle, deve andare verso quella voce. Così pure per il peggiore pigro. Uno inciampa più di un altro e colui che incespica di più viene definito cattivo, colui che esita meno lo chiamiamo buono. Buoni e cattivi non sono mai due cose diverse, sono un'unica cosa. La differenza non è nel genere, ma nel grado.

Ora, se la manifestazione di questa forza della libertà governa davvero tutto l'universo, applicando questo discorso alla religione, al nostro studio particolare, scopriamo che quest'idea è sempre stata ovunque l'unica asserzione. Prendete la forza più bassa di religione in cui vengono venerati gli antenati defunti o determinati dèi potenti e crudeli. Qual è l'idea più importante delle divinità o degli antenati defunti? Che sono superiori alla natura, non sono vincolati dalle sue limitazioni. Il devoto ha, senza dubbio, idee molto limitate della natura. Lui stesso non può passare attraverso un muro, né volare in cielo, ma gli dèi che adora possono fare queste cose. Filosoficamente che cosa si intende con ciò ? Che l'asserzione della libertà è presente, che gli dèi che lui adora sono superiori alla natura per come egli la conosce. Ugualmente con coloro che adorano esseri ancora superiori. Man mano che si estende l'idea di natura, il concetto di anima superiore alla natura si espande, finché non si arriva al cosiddetto monoteismo, che sostiene che ci sia il Maya (natura) ed esiste un Essere che è il Governatore del Maya.

Qui comincia il Vedanta, dove queste idee monoteiste sono prima apparse. Ma la filosofia del Vedanta richiede ulteriori spiegazioni. Questa spiegazione — che esiste un Essere oltre tutte le manifestazioni del Maya, che è superiore e indipendente dal Maya, e che ci attrae verso di Sé e che noi tutti andiamo verso di Lui — è molto valida, dice il Vedanta, ma la percezione non è ancora chiara, la visione è debole e opaca, sebbene non contraddica direttamente la ragione. Proprio in una vostra preghiera si dice : « Più vicino a te è il mio Dio » e lo stesso inno sarebbe molto giusto per il vedantino, solo che lui cambierebbe una parola, facendolo diventare « Più vicino a me il mio Dio ». L'idea è che l'obiettivo è lontano, al di là della natura, e che ci attira verso di sé e deve essere avvicinato sempre di più, senza degradarlo o degenerarlo. Il Dio del paradiso diventa il Dio nella natura e il Dio nella natura diventa il Dio che è natura e il Dio che è natura diventa il Dio all'interno del tempio del corpo e il Dio che dimora nel tempio del corpo finalmente diventa il tempio stesso, diventa l'anima e l'uomo e lì si raggiunge l'ultima parola che possa insegnare. Colui che i saggi hanno cercato in tutti questi luoghi è nel nostro cuore. La voce che avete sentito è giusta, dice il Vedanta, ma la direzione che vi ha dato era sbagliata. L'ideale di libertà che avete percepito era corretto, ma voi lo avete proiettato al di fuori di voi ed è stato qui l'errore. Avvicinatelo sempre più, finché non scoprite che è stato sempre dentro di voi, è stato il Sé del vostro sé, che la libertà era la vostra natura e il Maya non vi ha mai vincolati. La natura non ha potere su di voi. Come un bambino impaurito sognavate che vi strozzava e il sollievo da questa paura è l'obiettivo : non solo vederlo a livello intellettuale, ma percepirlo, realizzarlo, molto più di quanto percepiate questo mondo. Allora sapremo che siamo liberi. Allora e allora soltanto tutte le difficoltà svaniranno, allora tutte le perplessità del cuore saranno alleviate, tutta la disonestà diventerà giusta, allora svanirà l'illusione del molteplice e della natura. E il Maya, anziché essere un sogno orrendo e disperato, per com'è ora diventa bellissimo e questa Terra, anziché essere una prigione, sarà un parco giochi e anche i pericoli e le difficoltà, tutte le sofferenze saranno deificati e ci mostreranno la loro vera natura, ci mostreranno che dietro a tutto, come sostanza di tutto, c'è Lui, che è l'Unico vero Sé.

Capitolo VI
L'Assoluto e la Manifestazione

Esposto a Londra, 1896

L'unica domanda, che è la più difficile da cogliere nella filosofia Advaita, e l'unica domanda che verrà sempre ripetuta e che rimarrà sempre è: come ha fatto l'Infinito, l'Assoluto, a diventare finito? Ora esaminerò questa domanda e, per spiegarla, utilizzerò una figura.

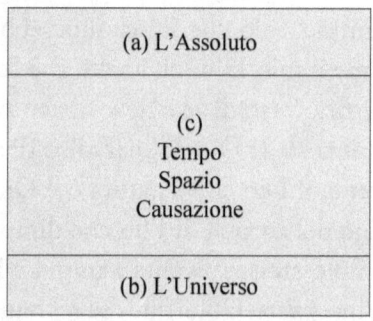

C'è l'Assoluto (a) e l'universo (b). L'Assoluto è diventato l'universo. Con ciò non si intende solo il mondo materiale, ma anche quello mentale e spirituale: paradiso e Terra e in realtà tutto ciò che esiste. Mente è il nome di un cambiamento e corpo il nome di un altro cambiamento e così via, tutti questi cambiamenti compongono il nostro universo. Questo Assoluto (a) è diventato l'universo (b) passando attraverso tempo, spazio e la causazione (c). Questa è l'idea centrale della Advaita. Tempo, spazio e causazione sono come il vetro attraverso cui vediamo l'Assoluto e quando lo si guarda nel suo aspetto più basso, appare come universo. Ora da ciò si desume immediatamente che nell'Assoluto non vi è né tempo, né spazio, né causazione. L'idea di tempo non può esistervi, dal momento che non c'è mente, non ci sono pensieri. L'idea di spazio non può esistervi, dal momento che non ci sono cambiamenti esterni. Ciò che definite movimento e causazione non esistono laddove è presente un solo Uno. Dobbiamo capire questo concetto e fissarlo nelle nostre menti: ciò che chiamiamo causazione comincia in seguito, se così possiamo dire, alla degenerazione dell'Assoluto nel fenomeno e non prima di ciò, cioè la nostra volontà, il desiderio e cose simili vengono sempre dopo questo passaggio. Penso che la filosofia di Schopenhauer abbia commesso un errore nell'interpretazione del Vedanta, poiché ha cercato di rendere tutto volontà. Schopenhauer posiziona la volontà al posto dell'Assoluto. Ma l'assoluto non può essere presentato come volontà, dato che la volontà è qualcosa di mutevole e fenomenico, e oltre la linea tracciata sopra tempo, spazio e causazione non c'è cambiamento o movimento; è soltanto sotto questa linea che avvengono il movimento esterno e quello interno, denominato pensiero. Non ci può essere volontà dall'altro lato e la volontà quindi non può essere la causa di questo universo. Entrando nel dettaglio, vediamo che la volontà non è la causa di ogni movimento nel nostro corpo. Sposto una sedia: la mia volontà è la causa di questo movimento e questa volontà si manifesta come movimento muscolare all'altra estremità. Ma la stessa forza che sposta la sedia sta alimentando il cuore, i polmoni e così via, ma non con la volontà. Poiché la forza è la stessa, diventa volontà solo quando affiora al piano della coscienza ed è improprio chiamarla volontà prima che raggiunga questo piano. Questo crea molta confusione nella filosofia di Schopenhauer.

Una pietra cade e noi chiediamo perché? Questa domanda è possibile solo partendo dal presupposto che niente avviene senza una causa. Vi invito a chiarire questo concetto nelle vostre menti, poiché, ogni volta che ci chiediamo perché una cosa accade, diamo per scontato che tutto ciò che avviene deve avere un motivo, vale a dire, tale evento deve essere stato preceduto da qualcosa che abbia agito in quanto causa.

Questi precedere e seguire sono ciò che definiamo legge di causazione. Significa che tutto nell'universo è, a sua volta, causa ed effetto. È la causa di determinate cose conseguenti ed è in sé l'effetto di qualcos'altro precedente. Questa è denominata legge di causazione ed è una condizione necessaria di tutto il nostro pensare. Crediamo che ogni particella nell'universo, qualunque essa sia, sia collegata a ogni altra particella. Il modo in cui quest'idea è nata è stato oggetto di dibattito. In Europa, ci sono stati filosofi intuitivi che hanno creduto fosse innato nell'umanità, altri credevano che derivasse dall'esperienza, ma la questione non è mai stata risolta. Vedremo più avanti che cosa dice il Vedanta a questo proposito. Ma innanzitutto dobbiamo capire che proprio il chiedere «perché» presuppone che tutto intorno a noi sia stato preceduto da determinate cose e sarà seguito da altre. L'altra credenza implicata in questa questione è che nulla nell'universo è indipendente, su tutto agiscono cose esterne a quella determinata cosa. L'interdipendenza è la legge dell'intero universo. Commettiamo un errore enorme chiedendo che cosa ha causato l'Assoluto! Per poter porre questa domanda si deve supporre che anche l'Assoluto sia legato a qualcosa, ossia che sia dipendente da qualcosa e nel fare questa supposizione, retrocediamo l'Assoluto al livello dell'universo. Perché nell'Assoluto non c'è né tempo, né spazio, né causazione. È un tutt'uno. Ciò che esiste di per sé non può avere una causa. Ciò che è libero non può avere alcuna causa, altrimenti non sarebbe libero, ma vincolato. Ciò che ha relatività non può essere libero. Pertanto vediamo che la domanda stessa, perché l'Infinito è diventato finito, è impossibile, dato che è contraddittoria. Passando dai dettagli alla logica del nostro piano comune, al buonsenso, possiamo vederlo da un altro punto di vista, quando cerchiamo di sapere come l'Assoluto sia diventato relativo. Ammesso di conoscere la risposta, l'Assoluto rimarrebbe l'Assoluto? Sarebbe diventato relativo. Che cosa si intende con conoscenza nella nostra idea secondo il senso comune? È soltanto qualcosa che è stato limitato dalla nostra mente, che conosciamo, e quando è oltre la nostra mente, non è conoscenza. Ora se l'Assoluto diventa limitato dalla mente, non è più l'Assoluto, è diventato finito. Qualsiasi cosa limitata dalla mente diventa finita. Pertanto conoscere l'Assoluto è ancora una contraddizione. Ecco perché non si è mai data una risposta a questa domanda, perché se si potesse rispondere, non ci sarebbe più nessun Assoluto. Un Dio conosciuto non è più Dio: è diventato finito come noi. Non può essere conosciuto: è sempre l'Inconoscibile.

Ma ciò che dice l'Advaita è che Dio è più che conoscibile. È una grande lezione da imparare. Non dovete andare a casa con l'idea che Dio è inconoscibile per come lo intendono gli agnostici. Per esempio, c'è una sedia, è conosciuta. Ma ciò che c'è oltre l'etere o se le persone esistono là o no è probabilmente inconoscibile. Ma Dio non è né conosciuto né inconoscibile in questo senso. È qualcosa di ancora superiore rispetto al conosciuto; ossia ciò che si intende con Dio è sconosciuto e inconoscibile. L'espressione non è usata nel senso con cui si potrebbe dire che alcune questioni sono sconosciute o inconoscibili. Dio è più del conosciuto. Questa sedia è conosciuta, ma Dio è intensamente più di questo perché in e attraverso Lui dobbiamo conoscere la sedia stessa. Lui è il Testimone, il Testimone eterno di tutta la conoscenza. È l'Essenza del nostro Io. È l'Essenza di questo ego, questo Io e noi non possiamo conoscere niente se non in e attraverso questo Io. Di conseguenza dovete conoscere tutto in e attraverso il Brahman. Per conoscere la sedia dovete conoscerla in e attraverso Dio. Quindi Dio è infinitamente più vicino a noi che la sedia, ma tuttavia Lui è infinitamente più alto. Né conosciuto, né sconosciuto, ma qualcosa di infinitamente più alto del resto. Lui è il vostro Io. «Chi vivrebbe un secondo, respirerebbe un secondo in questo universo se il Benedetto non lo stesse pervadendo?» Poiché in e attraverso Lui respiriamo, in e attraverso Lui esistiamo. Lui non è colui che sta da qualche parte e fa scorrere il mio sangue. Il significato è che Lui è l'Essenza di tutto, unisce l'Anima con la mia anima. In nessun caso potete dire di conoscerLo: sarebbe degradarlo. Non potete uscire da voi, in modo da conoscerLo. La conoscenza è oggettivazione. Per esempio, nella memoria oggettivate molte cose, le proiettate fuori da voi. Tutti i ricordi, tutto ciò che ho visto e che conosco sono nella mia mente. Le immagini, le impressioni di queste cose sono nella mia mente e quando provo a pensarle, conoscerle, il primo atto di conoscenza sarebbe proiettarle all'esterno. Non si può fare con Dio, perché Lui è l'Essenza delle nostre anime, non possiamo proiettarLo fuori di noi. Di seguito uno dei passaggi più intensi del Vedanta: «Lui è l'Essenza della vostra anima, Lui è la verità, Lui è l'Io, tu sei questo, o Shvetaketu». Questo è cosa significa «Tu sei Dio». Non potete descriverLo in nessun'altra lingua. Tutti i tentativi linguistici, chiamarLo padre, o fratello, o il nostro più caro amico, sono tentativi di oggettivare Dio, cosa che non può essere fatta. Lui è l'Eterno Soggetto di tutto. Io sono il soggetto di questa sedia; io vedo la sedia; così Dio è l'Eterno Soggetto della mia anima. Come potete oggettivare Lui, l'Essenza delle vostre anime, la Realtà di tutto? Allora, lo ripeto ancora una volta, Dio non è né conoscibile né inconoscibile, ma qualcosa di infinitamente più alto di questi due concetti. Lui è uno con noi e colui che è uno con noi non è né conoscibile né inconoscibile, proprio come il nostro io. Non potete conoscere il vostro io, non potete spostarlo all'esterno e renderlo un oggetto da osservare, perché voi siete quello e non potete separarvene. Non è neanche inconoscibile, perché cosa conoscete meglio di voi stessi? È il vero centro della nostra conoscenza. Esattamente nello stesso senso, Dio non è né inconoscibile né conosciuto, ma infinitamente più alto di entrambi, poiché Lui è il nostro Io reale.

In primo luogo, vediamo allora che la domanda «Che cosa ha causato l'Assoluto?» è una contraddizione e secondariamente vediamo che l'idea di Dio nella Advaita è questa Unicità; e pertanto non possiamo oggettivarLo, dato che viviamo e ci muoviamo sempre in Lui, sia che lo sappiamo o meno. Qualsiasi cosa facciamo è sempre attraverso Lui. Ora la domanda è: Che cosa sono tempo, spazio e causazione? Advaita significa non-dualità; non ci sono due, ma uno. Tuttavia vediamo che qui c'è un'asserzione per cui l'Assoluto si manifesta come molti, attraverso il velo del tempo, dello spazio e della causazione. Di conseguenza sembra che siano due, l'Assoluto e il Maya (la somma di tempo, spazio e causazione). Sembra apparentemente molto convincente che siano due. A questo l'advaitista risponde che non può essere definito come due. Per avere dualità, dobbiamo avere due esistenze assolute indipendenti che non possono essere causate. Innanzitutto il tempo, lo spazio e la causazione non possono dirsi esistenze indipendenti. Il tempo è completamente un'esistenza dipendente, cambia a ogni cambiamento della nostra mente. Talvolta nel sogno si immagina che uno abbia vissuto diversi anni, altre volte sono passati parecchi mesi in un secondo. Così il tempo dipende interamente dal nostro stato mentale. In secondo luogo, l'idea di tempo svanisce del tutto, a volte. Ugualmente con lo spazio. Non possiamo sapere che cos'è lo spazio. Tuttavia è là, indefinibile, e non può esistere separatamente da altro. Così per la causazione.

L'unico attributo particolare che troviamo in tempo, spazio e causazione è che non possono esistere separatamente da altre cose. Provate a pensare allo spazio senza colore, o limiti, o qualsiasi collegamento con le cose circostanti: è solo spazio astratto. Non si può. Dovete pensare a esso come lo spazio fra due confini o fra tre oggetti. Deve essere collegato a un certo oggetto per avere esistenza. Così per il tempo, non potete avere alcun'idea di tempo astratto, ma dovete considerare due eventi, uno che precede e l'altro che segue e unirli con un'idea di successione. Il tempo dipende da due eventi, proprio come lo spazio deve essere collegato agli oggetti esterni. E l'idea di causazione è inseparabile da tempo e da spazio. La cosa peculiare di questi è che non hanno esistenza indipendente. Non hanno neanche l'esistenza che possiedono sedia e muro. Sono come ombre intorno a tutto ciò che non potete afferrare. Non hanno esistenza reale, tuttavia non sono inesistenti, visto che attraverso di loro tutte le cose si manifestano come universo. Così vediamo, in primo luogo, che la combinazione di tempo, spazio e causazione non ha né esistenza né non esistenza. Secondo, spesso svanisce. Per dare un esempio, prendiamo un'onda nell'oceano. L'onda è la stessa dell'oceano ovviamente, ma tuttavia sappiamo che è un'onda e in quanto tale diversa dall'oceano. Che cosa fa la differenza? Il nome e la forma, cioè l'idea nella mente e nella forma. Ora, possiamo pensare a una forma d'onda come qualcosa di separato dall'oceano? Certamente no. È sempre associata all'idea dell'oceano. Se l'onda si abbassa, la forma svanisce in un momento ma comunque la forma non era un'illusione. Finché l'onda esisteva la forma era presente e voi eravate costretti a vedere la forma. Questo è il Maya.

L'intero universo, pertanto, è, per così dire, una forma peculiare; l'Assoluto è quell'oceano mentre voi e io, e il sole e le stelle, e ogni altra cosa sono varie onde in quest'oceano. E che cosa rende le onde differenti? Soltanto la forma e quella forma è tempo, spazio e causazione, tutto assolutamente dipendente dall'onda. Non appena l'onda va via, sparisconoNon appena l'individuo abbandona questo Maya, per lui sparisce e diventa libero. L'intera lotta è per liberarsi da quest'attaccamento a spazio, tempo e causazione, che sono sempre ostacoli sul nostro percorso. Che cos'è la teoria dell'evoluzione? Che cosa sono i due fattori? Una forza potenziale tremenda che cerca sempre di esprimere se stessa e le circostanze che la trattengono, le condizioni che non le permettono di esprimersi. Così, per combattere con questi ambienti, la forza prende sempre nuovi corpi. Un'ameba, nella lotta, ottiene un altro corpo e vince alcuni ostacoli, poi ottiene un altro corpo e così via, fino a che non diventa uomo. Ora, se portate questa idea alla sua conclusione logica, deve arrivare un tempo in cui quella forza che era presente nell'ameba e che si è evoluta in uomo avrà vinto tutti gli sbarramenti che la natura le abbia potuto mettere difronte e così scapperà da tutti i suoi ambienti. Questa idea espressa in metafisica prenderà questa forma: ci sono due componenti in ogni azione, il soggetto e l'oggetto e l'unico scopo della vita è rendere il soggetto padrone dell'oggetto. Per esempio, mi sento triste perché un uomo mi rimprovera. La mia lotta sarà diventare forte abbastanza da conquistare l'ambiente, di modo che lui potrà rimproverarmi e io non ne risentirò. Questo è il modo in cui tutti noi cerchiamo di vincere. Che cosa significa moralità? Rendere il soggetto forte armonizzandolo all'Assoluto, di modo che la natura finita cessi di avere controllo su di noi. È una conclusione logica della nostra filosofia, deve arrivare un tempo in cui avremo conquistato tutti gli ambienti, perché la natura è finita.

C'è un'altra cosa da imparare. Come sapete che la natura è finita? Potete saperlo soltanto attraverso la metafisica. La natura è l'Infinito con limitazioni. E quindi è finita. Così, deve arrivare un tempo in cui in cui avremo conquistato ogni ambiente. Come possiamo conquistarli? Forse non possiamo conquistare tutti gli ambienti oggettivi. Non possiamo. Il pesciolino vuole scappare dai suoi nemici nell'acqua. Come può farlo? Sviluppando le ali e diventando un uccello. Il pesce non ha cambiato acqua o aria: il cambiamento era in sé. Il cambiamento è sempre soggettivo. Per ogni evoluzione vedete che ogni conquista della natura viene dal cambiamento nel soggetto. Applicate questo concetto alla religione e alla moralità e vedrete che la conquista del male viene cambiando soltanto nella soggettività. Questo è il modo in cui il sistema della Advaita ottiene tutta la sua forza, nella soggettività dell'uomo. Parlare di male e di sofferenze è un'assurdità perché questi non esistono all'esterno. Se sono immune alla rabbia, non mi sento mai arrabbiato. Se sono a prova di odio, non provo mai odio.

Questo è, quindi, il processo con il quale realizzare questa conquista: con la soggettività, perfezionando il soggettivo. Potrebbe essere esagerato dire che l'unica religione d'accordo, sia nelle linee morali che fisiche è l'Advaita—e che vada un po' oltre le moderne ricerche—e questo è il motivo per cui si rivolge così fortemente agli scienziati moderni. Loro credono che le vecchie teorie dualistiche non siano abbastanza, non soddisfano le loro necessità. Un uomo non deve avere solo fede, ma anche fede intellettuale. Ora, in quest'ultima parte del diciannovesimo secolo, l'idea—come che la religione derivante da qualsiasi altra fonte rispetto alla propria religione ereditaria deve essere falsa—mostra che c'è ancora debolezza e tali idee devono essere abbandonate. Non intendo dire che questo è il caso di solo questo Paese, è così in tutti gli Stati e in nessun posto più che nel mio. All'Advaita non è mai stato permesso di arrivare alle persone. Inizialmente alcuni monaci l'hanno presa e portata nella foresta e così prese il nome di «filosofia della foresta». Per grazia del Signore, il Buddha venne a predicarla alle masse e l'intera Nazione diventò buddista. Molto tempo dopo, quando gli atei e gli agnostici ebbero distrutto di nuovo la Nazione, si scoprì che quella Advaita era l'unico modo di salvare l'India dal materialismo.

Così l'Advaita ha salvato l'India dal materialismo ben due volte. Prima dell'avvento di Buddha, il materialismo si era diffuso in misura terrificante ed era ben più tremendo, non come quello di oggi ma di natura ben peggiore. Io sono un materialista in un certo senso, perché credo che ci sia solo Uno. Questo è ciò che il materialista vuole far credere; solo che lui lo chiama materia e io Dio. I materialisti riconoscono che da questa materia siano venute ogni speranza, ogni religione e tutto il resto. Io dico che tutto ciò è venuto dal Brahman. Ma il materialismo che prevaleva prima di Buddha era quel rozzo materialismo che «Mangiate, bevete e siate allegri; non c'è Dio, anima o cielo; la religione è un miscuglio di cattivi preti». Ha insegnato il sistema morale per cui finché si vive, si deve cercare di vivere serenamente; mangiare, anche se si deve chiedere soldi in prestito per il cibo, e senza preoccuparsi di rimborsarli. Questo era il vecchio materialismo e questo genere di filosofia si è diffuso così ampiamente che anche oggi conserva il nome di «filosofia popolare». Buddha ha portato alla luce il Vedanta, lo ha dato alla gente e ha salvato l'India. Un migliaio di anni dopo la sua morte uno stato delle cose simile è prevalso ancora. Le folle, le masse e le varie razze si sono convertite al buddismo; naturalmente gli insegnamenti di Buddha sono degenerati nel tempo, perché la maggior parte delle persone era molto ignorante. Il buddhismo non ha designato nessun Dio, nessun sovrano dell'universo, così le masse gradualmente hanno tirato fuori di nuovo i loro dèi, demoni e folletti e si è creato un tremendo calderone di buddismo in India. Il materialismo è uscito allo scoperto, assumendo la forma del permesso per le classi più nobili e della superstizione per le quelle inferiori. Allora comparse lo Shankaracharya che ridiede vita alla filosofia del Vedanta. La rese una filosofia razionalistica. Nelle Upanishad le discussioni sono spesso molto oscure. Buddha pose l'accento sul lato morale della filosofia e Shankaracharya sul lato intellettuale. Ha risolto, razionalizzato e messo davanti agli uomini il sistema fantastico e coerente della Advaita

Oggi in Europa il materialismo ha la meglio. Potete pregare per la salvezza degli scettici moderni, ma loro non si arrendono, vogliono la ragione. La salvezza dell'Europa dipende da una religione razionalistica e l'Advaita — la non dualità, l'Unicità, l'idea del Dio Impersonale — è l'unica religione che può avere presa su qualunque persona intellettuale. Succede ogni volta che la religione sembra scomparire e la non religione sembra prevalere e questo è il motivo per cui ha guadagnato terreno in Europa e in America.

Vorrei dire un'altra cosa riguardo a questa filosofia. Nelle antiche Upanishad troviamo poesie sublimi; gli autori erano poeti. Platone dice che l'ispirazione arriva alle persone attraverso la poesia e sembra come se questi antichi Rishi, veggenti della verità, si siano innalzati al di sopra dell'umanità per mostrare queste verità con la poesia. Non hanno mai predicato, né filosofato, né scritto. La musica veniva dai loro cuori. In Buddha abbiamo avuto il cuore grande e universale e infinita pazienza, che ha prodotto una religione pratica e l'ha portata alla porta di ciascuno. In Shankaracharya abbiamo visto una forza intellettuale incredibile, che stendeva la luce cocente della ragione su ogni cosa. Oggi desideriamo che il sole splendente dell'intellettualità si unisca con il cuore di Buddha, il cuore infinito e meraviglioso di amore e di misericordia. Questa unione ci darà la più alta filosofia. La scienza e la religione si incontreranno e si daranno la mano. La poesia e la filosofia diventeranno amiche. Questa sarà la religione del futuro e, se possiamo realizzarla, possiamo stare certi che sarà per tutti i tempi e per tutte le persone. Questo è l'unico modo per dimostrarla accettabile alla scienza moderna, dato che in larga parte è derivata da quest'ultima. Quando l'insegnante di scienze asserisce che tutte le cose sono la manifestazione di una sola forza, non vi ricorda Dio di cui si sente parlare nelle Upanishad: «Come l'unico fuoco che entra nell'universo si esprime in diverse forme, così l'Unica Anima si manifesta in ogni anima e tuttavia rimane infinitamente oltre»? Non vedete verso dove tende la scienza? La Nazione indù ha proceduto attraverso lo studio della mente, con la metafisica e la logica. Le Nazioni europee cominciano dalla natura esterna e ora anche loro stanno arrivando agli stessi risultati. Vediamo che, cercando con la mente, alla fine arriviamo all'Unicità, a quell'Uno Universale, all'Anima Interiore di ogni cosa, Essenza e Realtà di tutto, il Sempre Libero, il Sempre Beato, il Sempre Esistente. Con la scienza materiale arriviamo alla stessa Unicità. La scienza oggi ci dice che tutte le cose sono soltanto manifestazione di una sola energia, che è la somma di tutto ciò che esiste, e la tensione dell'umanità è verso la libertà e non verso il vincolo. Perché gli uomini dovrebbero essere morali? Poiché la moralità è il percorso verso la libertà e l'immoralità comporta dei vincoli.

Un'altra caratteristica del sistema della Advaita è che fin dal principio è non distruttivo. Questa è un altro punto di forza, l'audacia nel predicare «Non disturbate la fede di nessuno, anche di coloro che con l'ignoranza si sono attaccati alle forme più basse di culto». Questo è quel che dice, non disturbate, ma aiutate chiunque ad arrivare sempre più in alto; includete l'intera umanità. Questa filosofia predica un Dio che è una somma. Se cercate una religione universale che possa applicarsi a tutti, quella religione non deve comporsi soltanto di parti, ma deve essere sempre la loro somma e includere tutti i gradi di sviluppo religioso.

Questa idea non si trova chiaramente in altri sistemi religiosi. Sono tutte parti che lottano ugualmente per ottenere il tutto. L'esistenza della parte è soltanto per questo. Così, dai primissimi tempi, la Advaita non ha avuto antagonisti nelle varie sette esistenti in India. Oggi esistono dualisti e il loro numero, finora, è il più alto in India, perché il dualismo si rivolge naturalmente alle menti meno istruite. È una spiegazione dell'universo molto comoda, naturale, di senso comune. Ma con questi dualisti, la Advaita non ha a che fare. Uno pensa che Dio sia fuori dall'universo, da qualche parte in paradiso, e l'altro che Lui è la sua Anima e che sarebbe blasfemo chiamarLo qualcosa di più lontano. Ogni idea di separazione sarebbe terribile. Lui è il più vicino del vicino. Non ci sono parole in una lingua qualsiasi per esprimere questa prossimità tranne la parola Unicità. L'advaitista non è soddisfatto da ogni altra idea proprio come il dualista è scosso dal concetto della Advaita e pensa che sia blasfema. Allo stesso tempo l'advaitista sa che queste altre idee devono esistere e così non ha motivi di contrasto con il dualista che è sulla strada giusta. Dal suo punto di vista, il dualista dovrà vederne molte. È una necessità innata del suo punto di vista. Lasciate che ne abbia. L'advaitista sa che qualsiasi possano essere le sue teorie, sa che lui va verso la sua stessa meta. In questo differisce completamente dal dualista che è portato dal suo punto di vista a credere che tutte le posizioni diverse siano errate. I dualisti in tutto il mondo credono naturalmente in un Dio Personale che è puramente antropomorfo, che come un grande sovrano di questo mondo è soddisfatto con alcune persone e contrariato da altre. È soddisfatto arbitrariamente da alcune persone o razze e le ricopre di benedizioni. Ovviamente il dualista giunge alla conclusione che Dio ha delle persone favorite e spera di essere uno di loro. Vedrete che in quasi tutte le religioni è presente quest'idea: «Siamo i favoriti del nostro Dio e, solo credendo come facciamo noi, potete entrare nelle Sue grazie». Alcuni dualisti sono così ottusi da insistere che soltanto i pochi predestinati al favore di Dio possono essere salvati; i restanti posso anche sforzarsi a lungo, ma non saranno accettati. Vi sfido a mostrarmi una religione dualistica che non abbia più o meno questa esclusività. E, pertanto, nella natura delle cose, le religioni dualistiche sono costrette alla lotta e alla discussione tra di loro ed è ciò che hanno sempre fatto. Di nuovo, questi dualisti ottengono il favore popolare facendo appello alla vanità dei non istruiti. A loro piace sentire che godono di privilegi esclusivi. Il dualista pensa che si possa essere morali finché non si abbia un Dio con una verga in mano, pronto per punire. Le masse non pensanti sono generalmente dualiste e, povera gente, sono stati perseguitati per centinaia di anni in ogni Paese; e la loro idea di salvezza è, di conseguenza, la libertà dal timore della punizione. In America, un sacerdote mi ha chiesto: «Cosa?! Non c'è nessun Diavolo nella tua religione?. Non può essere!» Ma scopriamo che i più grandi e i migliori al mondo hanno agito con questa nobile idea impersonale. È dell'Uomo che disse «Io e mio Padre siamo Uno» la forza che è discesa su milioni di persone. Per migliaia di anni ha sempre lavorato. E sappiamo che lo stesso Uomo, giacché non era dualista, era misericordioso con gli altri. Alle masse che non potevano concepire niente di superiore al Dio Personale egli diceva «Pregate il vostro Padre in paradiso». Agli altri che potevano afferrare un'idea più alta diceva «Io sono la vite e voi i rami», ma ai suoi discepoli, ai quali si era rivelato più apertamente, annunciò la verità massima «Io e mio Padre siamo Uno».

Era il grande Buddha, che non si è mai occupato degli dèi dualisti e che è stato denominato ateo e materialista, ma che tuttavia era pronto a rinunciare al corpo per una povera capra. Questo Uomo mise in moto gli ideali morali più nobili che una Nazione possa avere. Ogni volta che esiste un codice morale è un raggio di luce proveniente da questo Uomo. Non possiamo costringere i grandi cuori del mondo in limiti stretti e tenerli là, in particolare in questo periodo storico dell'umanità in cui c'è un grado di sviluppo intellettuale inimmaginabile centinaia di anni fa, quando si è verificata un'ondata di sapere scientifico che nessuno, anche cinquant'anni fa, si sarebbe mai sognato. Cercando di costringere le persone in limiti stretti, li degradate al livello di animali e masse ignoranti. Uccidete la loro vita morale. Ciò che si vuole ora è una combinazione del cuore più grande e della più alta intellettualità, di amore infinito e infinita conoscenza.

Il Vedantista non dà altri attributi a Dio eccetto i tre seguenti: Lui è Esistenza Infinita, Infinita Conoscenza e Infinita Beatitudine, ed egli li considera Uno. Non può esserci esistenza senza conoscenza e amore, non può esserci conoscenza senza amore e amore senza conoscenza. Ciò che desideriamo è l'armonia di Esistenza, Conoscenza e Infinita Beatitudine. Ed è possibile avere l'intelletto di un Shankara con il cuore di un Buddha. Spero che tutti lotteremo per raggiungere questa combinazione benedetta.

Capitolo VII
Dio in Tutto

Esposto a Londra, il 27 ottobre 1896

Abbiamo visto quanto è grande la porzione della nostra vita che deve essere per necessità piena di male, ma, per quando possiamo resistere, questa massa di male è praticamente infinita. Lottiamo per un rimedio a ciò sin dall'inizio dei tempi, tuttavia rimane tutto uguale. Più scopriamo rimedi, più ci troviamo soggiogati a questi mali. Abbiamo inoltre visto che tutte le religioni propongono un Dio come unico modo di scappare dalle difficoltà. Ogni religione ci dice che se prendiamo il mondo per quello che è, come le persone più pratiche ci consiglierebbero di fare di questi tempi, allora niente ci rimarrà eccetto il male. Inoltre loro asseriscono che c'è qualcosa oltre questo mondo. Questa vita dei cinque sensi, la vita nel mondo materiale non è tutto. È solo una piccola porzione, meramente superficiale. Dietro e oltre c'è l'infinito in cui non c'è male. Alcune persone lo chiamano Dio, alcune Allah, alcune Jehovah, Jove e così via. Il Vedanta lo chiama Brahman.

La prima impressione che abbiamo del consiglio dato dei religiosi è che faremmo meglio a porre fine alla nostra esistenza. La risposta apparente alla domanda su come curare il male della vita è abbandonare la vita. Questo riporta alla memoria una vecchia storia. Una zanzara si fermò sulla testa di un uomo è un amico, per uccidere la zanzara, gli diede un tale schiaffo che uccise sia l'uomo che la zanzara. Il rimedio al male sembra suggerire un simile corso di azione. La vita è piena di malattie, il mondo è pieno di male. Questo è un fatto che nessuna persona vecchia abbastanza da conoscere il mondo può negare.

Ma qual è il rimedio proposto da tutte le religioni? Che questo mondo è niente. Oltre questo mondo c'è qualcosa di veramente reale e qui viene la difficoltà. Il rimedio sembra distruggere tutto. Come può essere quindi un rimedio? C'è una via di fuga allora? Il Vedanta dice che ciò che ogni religione propone è perfettamente vero, ma dovrebbe essere capito appropriatamente. Spesso viene male interpretato perché le religioni non sono molto chiare nel loro significato. Ciò che vogliamo davvero è la combinazione di testa e cuore. Infatti il cuore è grande. È attraverso il cuore che viene la grande ispirazione della vita. Preferirei mille volte avere un cuore piccolo e niente cervello che essere tutto cervello e niente cuore. La vita è possibile, il progresso è possibile per colui che ha cuore. Ma colui che non ha cuore ma solo cervello muore nell'aridità.

Allo stesso tempo sappiamo che colui il cui motore è soltanto il cuore deve attraversare molte malattie, poiché spesso è possibile che debba cadere nelle insidie. Ciò che vogliamo è la combinazione di cuore e testa. Non intendo dire che un uomo dovrebbe compromettere il suo cuore per il cervello o viceversa. Ma ogni persona dovrebbe possedere un'infinita quantità di cuore e sentimento e allo stesso tempo un'infinita quantità di ragione. C'è qualche limite a ciò che desideriamo in questo mondo? Il mondo non è infinito? C'è spazio per una quantità infinita di sentimento e anche di cultura e ragione. Lasciate che si uniscano senza limiti, lasciate che operino insieme, per così dire, in linee parallele uno con l'altro.

Molte religioni capiscono questo fatto, ma l'errore in cui sembrano cadere è lo stesso. Sono portati via dal cuore, dai sentimenti. C'è male nel mondo. Abbandonate il mondo: questo è il grande insegnamento, e l'unico insegnamento senza dubbio. Abbandonate il mondo. È inconfutabile che per capire la verità ognuno di noi deve rinunciare all'errore. È inconfutabile che ognuno di noi per avere il bene deve lasciare da parte il male. È inconfutabile che ognuno di noi per vivere deve abbandonare ciò che è morte.

Ma tuttavia che cosa ci rimane, se la teoria implica abbandonare la vita dei sensi, la vita per come la conosciamo. E cosa altro si intende per vita? Se abbandoniamo questa cosa rimane?

Questo lo capiremo meglio più avanti quando affronteremo la sezione più filosofica del Vedanta. Ma per il momento desidero dichiarare che nel Vedanta troviamo una soluzione razionale del problema. Qui posso soltanto mostrarvi cosa cerca di insegnare il Vedanta, ossia la deificazione del mondo. In realtà il Vedanta non denuncia il mondo. L'idea della rinuncia non ha mai raggiunto tale importanza da nessuna parte come negli insegnamenti del Vedanta. Ma, allo stesso tempo, non si intende consigliare un arido suicidio. Significa davvero deificazione del mondo — lasciare il mondo per come lo intendiamo, per come lo conosciamo, per come ci appare — e conoscere ciò che è realmente. Deificatelo, è solo Dio. Leggiamo l'incipit di una delle più antiche Upanishad: «Qualsiasi cosa esista in questo universo deve essere ricoperta dal Signore».

Dobbiamo ricoprire qualsiasi cosa con il Signore stesso, non con un falso ottimismo, non diventando ciechi al male, ma vedendo davvero Dio in ogni cosa. Perciò dobbiamo abbandonare il mondo e quando lo avremo fatto che cosa rimarrà? Potete avere una moglie; non significa che dovete abbandonarla, ma che dovete vedere Dio nella moglie. Rinunciate ai vostri bambini; cosa significa?

Metterli alla porta, come alcuni bruti fanno in ogni Paese? Certamente no. Questo è satanismo, non è religione. Ma vedete Dio nei vostri bambini. E così in tutto. Nella vita e nella morte, nella felicità e nella sofferenza, il Signore è ugualmente presente. Il mondo intero è colmo del Signore. Aprite gli occhi e Lo vedrete. Questo è ciò che il Vedanta insegna. Abbandonate il mondo che avete congetturato, perché la vostra congettura era basata su un'esperienza molto parziale, su un ragionamento molto sbagliato e sulla vostra debolezza. Abbandonatelo. Il mondo a cui abbiamo a lungo pensato, il mondo a cui siamo stati legati per tanto, è un mondo falso di nostra invenzione. Abbandonatelo; aprite gli occhi e vedete che non è mai esistito in quanto tale, era un sogno, Maya. Ciò che esisteva era il Signore. È Lui nel bambino, nella moglie e nel marito; è Lui nel bene e nel male, Lui è nel peccato e nel peccatore, Lui è nella vita e nella morte.

È una tremenda asserzione effettivamente! Tuttavia questo è l'argomento che il Vedanta vuole dimostrare, insegnare e predicare. È solo il tema d'apertura.

Così evitiamo i pericoli della vita e le sue malvagità. Non desiderate niente. Che cosa ci rende tristi? La causa di tutte le nostre sofferenze è il desiderio. Desiderate qualcosa e il desiderio non è soddisfatto, il risultato è il dolore. Se non c'è desiderio, non c'è sofferenza. Ma anche qui c'è il pericolo che io venga frainteso. Pertanto è necessario spiegare che cosa intendo con la rinuncia al desiderio e il diventare liberi da ogni sofferenza. I muri non hanno desideri e non soffrono mai. Vero, ma non evolvono mai. Questa sedia non ha desideri, non soffre mai, ma è sempre una sedia. C'è gloria nella felicità, c'è gloria nella sofferenza. Se mi è permesso dire così, c'è un'utilità anche nel male. Tutti conosciamo la grande lezione della sofferenza. Ci sono centinaia di cose che abbiamo fatto nella nostra vita che vorremmo non aver compiuto, ma che, allo stesso tempo, sono state di grande insegnamento. Quanto a me, sono felice di aver fatto qualcosa di buono e molte cose cattive; sono felice di aver fatto qualcosa di giusto e di aver commesso molti errori, perché ognuno di questi è stato di grande lezione. Io, per come sono ora, sono la risultante di ciò che ho fatto, di ciò che ho pensato. Ogni azione e pensiero hanno avuto il loro effetto e queste conseguenze rappresentano la somma del mio progresso.

Tutti capiamo che i desideri sono sbagliati, ma che cosa significa rinunciare ai desideri? Come può continuare la vita? Sarebbe lo stesso consigliare il suicidio, uccidendo il desiderio e anche l'uomo. La soluzione è questa. Non che non dobbiate avere delle proprietà, cose necessarie e oggetti che sono addirittura lussi. Abbiate tutto ciò che desiderate e di più, conoscete però la verità e realizzatela. La ricchezza non appartiene a nessuno. Non abbiate l'idea della proprietà, del possesso. Voi non siete nessuno, e neanche io, né chiunque altro. Tutto appartiene al Signore, perché il verso d'apertura ci ha detto di mettere il Signore in tutto. Dio è nella ricchezza di cui godete. Lui è nel desiderio che cresce nella vostra mente. È nelle cose che comprate per soddisfare il vostro desiderio, è nei vostri bei vestiti, nei vostri magnifici accessori. Questa è la linea di pensiero. Tutti subiremo la metamorfosi non appena comincerete a vedere le cose in questa luce. Se mettete Dio in ogni vostro movimento, nelle vostre conversazioni, nella vostra forma, in tutto, l'intera scena cambia e il mondo, invece di apparire come un luogo di dolore e sofferenza, si trasformerà in paradiso.

«Il regno dei cieli è dentro di voi», dice Gesù. Il Vedanta dice lo stesso e così ogni grande insegnante. Il Vedanta dimostra che la verità a lungo ricercata è reale ed era sempre stata in noi. Nella nostra ignoranza, abbiamo pensato di averla persa e siamo andati in giro per il mondo a piangere e lamentarci, lottando per cercare la verità, mentre dimorava nei nostri cuori fin dal principio. Solo lì possiamo trovarla.

Se intendiamo la rinuncia al mondo nel suo antico e puro senso, allora avremo: che non dobbiamo agire, che dobbiamo oziare, stare fermi come cumuli di terra, senza pensare né fare niente, ma diventare fatalisti, spinti alla deriva da ogni circostanza, ordinati dalle leggi della natura, alla deriva da un posto all'altro. Sarebbe questo il risultato. Ma questo non è ciò che intendo. Dobbiamo agire. L'umanità ordinaria, guidata ovunque da falsi desideri, che cosa sa dell'agire? L'uomo mosso dai sentimenti e dai suoi sensi, che cosa sa dell'agire? Lavora colui che non è mosso dai desideri, da qualsiasi sorta di egoismo. Lavora colui che non ha mete più lontane in vista. Lavora colui che non ha niente da guadagnare dal lavoro.

A chi piace il quadro, al venditore o al profeta? Il venditore è occupato dai suoi affari, calcola quale sarà il suo profitto, quanti soldi farà con quel dipinto. Il suo cervello è pieno di questo. Guarda il martello e le offerte. È intento a sentire con quale velocità le offerte aumentano. L'uomo che gode del quadro è colui che è andato là senza alcun'intenzione di acquistare o di vendere. Guarda il quadro e ne trae godimento. Così questo intero universo è un dipinto e, quando questi desideri saranno spariti, gli uomini godranno del mondo e allora avranno fine acquisti, vendite e tutte queste idee insensate del possesso. Spariti il finanziatore, il compratore, il venditore, rimane il quadro che è il mondo, un quadro meraviglioso. Non ho mai letto nessuna idea di Dio più bella della seguente: «Lui è il Sommo Poeta, l'Antico Poeta; l'intero universo è la sua poesia, concretatosi in versi e rime e ritmo, scritto nella beatitudine infinita». Quando abbiamo rinunciato ai desideri, solo allora potremo leggere e apprezzare questo universo di Dio. Tutto allora sarà deificato. Cantucci e angoli, strade secondarie e posti ombrosi, che ritenevano scuri ed empi, saranno deificati. Riveleranno tutti la loro vera natura e noi sorrideremo a noi stessi e penseremo che tutto quel piangere e lagnarsi siano stati solo una bambinata e staremo in disparte, a guardare.

Quindi fate il vostro lavoro, dice il Vedanta. Innanzitutto ci consiglia come lavorare—rinunciando—rinunciando all'apparenza, al mondo illusorio. Cosa si intende con ciò? Vedere Dio ovunque. Perciò lavorate. Desiderate di vivere cent'anni, abbiate tutti i desideri materiali, se lo volete, deificateli soltanto, convertiteli in paradiso. Abbiate il desiderio di vivere una lunga vita di disponibilità, di beatitudine e attività sulla Terra. Così, lavorando, troverete l'uscita. Non c'è altro modo. Se un uomo si tuffa a capofitto nei lussi insensati del mondo senza conoscere la verità, ha perso il suo appoggio, lui non può raggiungere la meta. E se un uomo maledice il mondo, entra in una foresta, mortifica la sua carne e si uccide pian piano col digiuno, rende il suo cuore uno sterile spreco, annienta tutti i sentimenti e diventa duro, severo e inaridito, anche quest'uomo ha perso la strada. Questi sono i due estremi, i due errori da entrambe le parti. Entrambi hanno perso la strada, entrambi hanno mancato l'obiettivo.

Quindi lavorate, dice il Vedanta, mettendo Dio in tutto e sapendo che Lui è in tutto. Lavorate incessantemente, considerando la vita come qualcosa di deificato, come Dio Stesso, e sapendo che è tutto ciò che dobbiamo fare, è tutto ciò che dovremmo chiedere. Dio è in tutto, in quale altro posto dovremmo andare per trovarLo? È già in ogni lavoro, in ogni pensiero, in ogni sensazione. Sapendo ciò, dobbiamo lavorare: questo è l'unico modo, non ce ne sono altri. Così gli effetti del lavoro non ci vincoleranno. Abbiamo visto come i falsi desideri sono la causa di tutta la sofferenza e del male che viviamo, ma quando sono deificati, purificati, attraverso Dio, non comportano male, non portano sofferenza. Coloro che non hanno imparato questo segreto dovranno vivere in un mondo demoniaco finché non lo scoprono. Molti non sanno che c'è una riserva infinita di beatitudine in loro, attorno a loro, ovunque; non l'hanno ancora scoperto. Che cos'è un mondo demoniaco?

Moriamo di sete seduti sulle rive del fiume più grande. Moriremo di fame seduti vicino ad ammassi di cibo. Questo è l'universo di beatitudine, ma ancora non l'abbiamo capito. Viviamo sempre in esso e lo fraintendiamo sempre. La religione si propone di capirlo per noi. Il desiderio di questo universo beato è in tutti i cuori. È stato la ricerca di tutte le Nazioni, è l'unico obiettivo della religione e questo ideale è espresso in varie lingue nelle diverse religioni. È soltanto la differenza di linguaggio che crea queste apparenti divergenze. Un linguaggio esprime un pensiero in un modo, l'altro in uno leggermente diverso, tuttavia forse ogni lingua intende dire esattamente ciò che le altre esprimono in un linguaggio differente.

In relazione a ciò sorgono altre domande. È molto facile parlarne. Dalla mia giovinezza, ho sentito parlare di vedere Dio ovunque e in ogni cosa, e solo allora posso godere realmente del mondo, ma non appena mi mescolo al mondo e ricevo da esso qualche colpo, l'idea svanisce. Cammino per strada pensando che Dio è in ogni uomo e compare un uomo forte che mi dà una spinta e io cado disteso sul marciapiede. Quindi mi rialzo coi pugni serrati, il sangue alla testa, e la riflessione è sparita. Sono diventato improvvisamente matto. Viene tutto dimenticato. Invece di incontrare Dio, vedo il diavolo. Da quando siamo nati ci hanno sempre detto di vedere Dio in tutto. Ogni religione insegna a vedere Dio in tutto e ovunque. Ricordate nel Nuovo Testamento come Cristo spiega ciò? A tutti è stato insegnato, ma è quando arriva l'aspetto pratico che le difficoltà cominciano. Tutti ricordate come, nella favola di Esopo, un bellissimo cervo che si guarda riflesso in un lago e dice al suo piccolo «Guarda come sono forte, guarda che belle corna, guarda le mie zampe come sono forti e muscolose e come posso correre veloce». Nel frattempo sente alcuni cani abbaiare in lontananza e immediatamente se la dà a gambe e, dopo aver corso per svariate miglia, torna ansimante. Il piccolo dice: «Hai appena parlato di quanto sei forte, com'è possibile che quando hai sentito i cani abbaiare sei scappato?» «Sì, figlio mio, ma quando i cani abbaiano, tutta la mia sicurezza svanisce.» Questo è il nostro caso. Pensiamo bene dell'umanità, ci sentiamo forti e valorosi, abbiamo grandi propositi, ma quando i «cani» dei fastidi e della tentazione abbaiano, siamo come il cervo della favola. Allora, se questo è il caso, a cosa serve l'insegnamento di tali cose? È di immensa utilità. Lo scopo di ciò è la perseveranza che alla fine conquisteremo. Nulla può essere fatto in un giorno.

«Questo Io deve essere prima di tutto sentito, poi pensato, e infine si deve meditare su di esso.» Chiunque può vedere il cielo, anche il peggior verme che striscia sulla terra vede il cielo azzurro, ma com'è lontano! Ugualmente è per i nostri ideali. Sono lontani, senza dubbio, ma allo stesso tempo, sappiamo che dobbiamo averli. Dobbiamo avere addirittura i più alti ideali. Sfortunatamente in questa vita la maggior parte delle persone brancola nel buio della vita senza alcun ideale. Se un uomo con un ideale commette migliaia di errori, sono certo che un uomo senza ideali ne commette cinquanta mila. Pertanto è meglio avere un ideale. E questo ideale dobbiamo sentirlo più che possiamo, finché non entra nei nostri cuori, nel nostro cervello, nelle vene, finché non freme in ogni goccia di sangue e permea in ogni poro del corpo. Dobbiamo riflettere su questo. «La bocca parla con la pienezza del cuore» e con la pienezza del cuore lavorano anche le mani.

È il pensiero la nostra forza motrice. Riempite la mente con i più alti pensieri, sentiteli giorno dopo giorno, pensateli mese dopo mese. Non preoccupatevi degli insuccessi, sono assolutamente naturali, sono la bellezza di vita questi insuccessi. Che cosa sarebbe la vita senza? Non varrebbe la pena di averli se non fosse per la lotta. Dove sarebbe la poesia della vita? Non preoccupatevi delle lotte, degli errori. Non ho mai sentito una mucca dire una bugia, ma è soltanto una mucca: mai un uomo. Quindi non preoccupatevi degli insuccessi, di queste piccole ricadute; conservate quell'ideale mille volte e se fallite altrettante volte, fate un altro tentativo. L'ideale dell'uomo è vedere Dio in tutto. Ma se riuscite a vederLo in tutto, vediateLo in ogni cosa, in ciò che amate di più, e poi nel resto. Così potrete andare avanti. C'è una vita infinita davanti all'anima. Prendetevi il vostro tempo e raggiungerete la vostra meta.

«Lui, l'Uno, che vibra più veloce della mente, che raggiunge più velocità di quanto possa fare la mente, colui che non viene raggiunto neanche dagli dèi, che nessun pensiero coglie, Lui che muove, muove tutto. In Lui esiste tutto. Lui si muove. Lui è anche inamovibile. Lui è vicino e lontano. È all'interno di tutto. È fuori di ogni cosa, pervade tutto. Chiunque veda in ogni essere lo stesso Atman e chiunque veda il tutto in questo Atman, non si allontana mai da questo Atman. Quando in questo Atman si vedono l'intera vita e tutto l'universo, solo allora l'uomo avrà raggiunto il segreto. Non ci sono più delusioni per lui. Dove potrebbe esserci sofferenza per colui che vede l'Unicità nell'universo?»

C'è un altro grande tema del Vedanta, questa Unicità di vita, questa Unicità di tutto. Vedremo come dimostra che tutta la nostra sofferenza viene dall'ignoranza e questa ignoranza è l'idea della molteplicità, questa separazione fra uomo e uomo, fra Nazione e Nazione, fra Terra e Luna, fra Luna e Sole. Da quest'idea di separazione fra atomo e atomo viene la sofferenza. Ma il Vedanta sostiene che questa separazione non esiste, non è reale. È puramente apparente, in superficie. Al contrario, nel cuore delle cose c'è Unità. Se andate al di sotto della superficie, troverete quest'Unità fra uomo e uomo, razze e razze, alto e basso, ricco e povero, dei e mortali, uomini e animali. Se andate abbastanza in profondità, si vedrà tutto soltanto come variazioni dell'Unicità e colui che ha raggiunto questa concezione dell'Unicità non ha più delusioni. Cosa può deluderlo? Conosce la realtà di tutto, il segreto di tutto. Dove potrebbe trovare sofferenza costui? Cosa desidera? Ha seguito le tracce della realtà di tutto fino al Signore, il Centro, l'Unità di tutto che è Eterna Esistenza, Conoscenza Eterna, Eterna Beatitudine. Non esistono né morte o malattia, né dolore, sofferenza, né malcontento. Tutto è Unione Perfetta e Perfetta Beatitudine. Per chi dobbiamo portare il lutto allora? Nella Realtà non c'è morte, non c'è sofferenza. Nella Realtà non c'è nessuno da piangere, nessuno per cui dispiacersi. Lui ha pervaso tutto, il Puro, l'Amorfo, l'Incorporeo, l'Immacolato. Lui il Sapiente, Lui il Sommo Poeta, l'Auto-Esistente, Lui che dà a tutti ciò che meritano. Brancola nel buio chi adora questo mondo ignorante, il mondo che viene prodotto dall'ignoranza, e che pensa a esso come Esistenza, e coloro che vivono l'intera vita in questo mondo e non trovano niente di migliore o più alto brancolano in un buio ancora più fitto. Ma colui che conosce il segreto della natura, che vede Colui che è oltre la natura tramite il sostegno a quest'ultima, attraversa la morte e con l'aiuto di Colui che è oltre la natura, gode dell'Eterna Beatitudine. «Tu sole, che hai coperto la Verità con il tuo disco dorato, fa' cadere il velo, cosicché io possa vedere la Verità che è dentro di te. Ho conosciuto la Verità che è dentro di te, ho conosciuto il vero significato dei tuoi raggi e della tua gloria e ho visto Colui che brilla in te; la Verità in te io vedo e Lui che è dentro di te è dentro di me, e io sono Lui.»

Capitolo VIII
Realizzazione

Esposto a Londra, 29 ottobre 1896

Vi leggerò una delle Upanishad. Si chiama Katha Upanishad. Alcuni di voi, forse, hanno letto la traduzione di Sir Edwin Arnold intitolata «il segreto nella morte». Nella nostra ultima [ossia precedente] lezione abbiamo visto come l'interrogativo cominciato con l'origine del mondo e la creazione dell'universo, senza che questo abbia potuto ottenere una risposta soddisfacente e come allora si è rivolto interiormente. Questo libro psicologicamente coglie quel suggerimento, andando a indagare la natura interna dell'uomo. Innanzitutto ci si chiese chi creò il mondo esterno e come venne in essere.eOra la domanda è: che cosa è nell'uomo, che cosa lo fa vivere e muovere e che cosa ne diviene quando muore? I primi filosofi studiarono la sostanza materiale e cercarono di raggiungere il sommo attraverso questo. Nel migliore dei casi, hanno trovato un governatore personale dell'universo, essere umano immensamente magnificato, ma tuttavia per i suoi intenti e i suoi propositi un essere umano. Questa non può essere tutta la verità; nel migliore delle ipotesi, può essere solo una verità parziale. Vediamo questo universo come esseri umani e il nostro Dio è la nostra umana spiegazione all'universo.

Supponete che una mucca fosse filosofica e avesse una religione, avrebbe un universo da mucca, e una soluzione da mucca al problema e non sarebbe possibile che vedesse il nostro Dio. Supponete che i gatti diventino filosofi, avrebbero un universo da gatto e una soluzione da gatto al problema dell'universo e un gatto al governo. Pertanto vediamo da ciò che la nostra spiegazione dell'universo non è tutte le soluzioni. E nemmeno la nostra concezione copre l'intero universo. Sarebbe un grande errore accettare questa posizione tremendamente egoista che l'uomo tende ad avere. La soluzione al problema universale per come la possiamo ottenere dagli sforzi esterni in questa difficoltà che prima di tutto è che l'universo che vediamo è il nostro universo particolare, la nostra visione della Realtà. Questa Realtà che non riusciamo a vedere attraverso i sensi non possiamo comprenderla. Conosciamo soltanto l'universo dal punto di vista di esseri dai cinque sensi. Supponete di avere un altro senso, l'intero universo dovrà cambiare per noi. Supponete di avere un senso magnetico, è abbastanza possibile che allora potremo trovare milioni e milioni di forze esistenti che ora non conosciamo, e per cui non abbiamo nessun senso o sensazione presenti.

I nostri sensi sono limitati, molto limitati in realtà ed entro queste limitazioni esiste ciò che noi chiamiamo il nostro universo, e il nostro Dio è la soluzione di quest'universo, ma questa non può essere la soluzione all'intero problema. Ma l'uomo non può fermarsi qui. Egli è un essere pensante che vuole trovare una soluzione che possa spiegare globalmente tutti gli universi. Vuole vedere un mondo che sia all'istante il mondo degli uomini e degli dèi, e di tutti gli esseri possibili, e trovare una soluzione che possa spiegare tutti i fenomeni.

Allora dobbiamo prima trovare l'universo che include tutti gli universi, dobbiamo trovare qualcosa che, in se stesso, possa essere il materiale che passa per tutti i vari piani dell'esistenza, sia che noi lo comprendiamo attraverso i sensi o meno. Se potessimo potenzialmente trovare qualcosa che si possa conoscere come proprietà comune del mondo inferiore così come di quello superiore, allora il nostro problema sarebbe risolto. Anche se soltanto attraverso la pura forza della logica possiamo capire che deve esistere una base di tutte le esistenze, allora il nostro problema potrebbe avvicinarsi a qualche sorta di soluzione; ma questa soluzione non si può sicuramente ottenere soltanto attraverso il mondo che noi vediamo e conosciamo, poiché è solo una visione parziale dell'intero.

Rimane allora solo la nostra speranza a penetrare più a fondo. I primi pensatori scoprirono che più lontani erano dal centro, più marcate erano le variazioni e le differenziazioni e che più si avvicinavano al centro, più vicini erano all'unità. Più siamo vicini al centro di un cerchio, più siamo sul terreno comune in cui tutti i raggi si incontrano e più lontani siamo, più la nostra linea radiale è divergente dalle altre. Il mondo esterno è molto lontano dal centro e quindi non c'è terreno comune in esso dove tutti i fenomeni dell'esistenza possano incontrarsi. Nel migliore dei casi, il mondo esterno è soltanto una parte dell'interezza dei fenomeni. Ci sono altre parti, quella mentale, morale e intellettuale — i vari piani dell'esistenza — e accettarne solamente uno, e trovare una soluzione globale partendo da questo soltanto è semplicemente impossibile. Innanzitutto quindi vogliamo trovare da qualche parte un centro da cui, per così dire, partono tutti gli altri piani dell'esistenza e, stando fermi lì, dovremmo provare a trovare una soluzione. Questa è la proposta. E dov'è questo centro? È dentro di noi. Gli antichi saggi andarono sempre più in profondità finché non trovarono che il nucleo più interno dell'animo umano è il centro dell'intero universo. Tutti i piani gravitano attorno a questo unico punto. Questo è il terreno comune e soltanto stando lì possiamo trovare una soluzione comune. Quindi la domanda «chi ha creato questo mondo» non è molto filosofica e la sua soluzione non vale niente.

Questo è ciò che dice la Katha Upanishad nel suo linguaggio molto metaforico. Nei tempi antichi, c'era un uomo molto ricco che fece un certo sacrificio che consisteva nel dare via tutto ciò che possedeva. Ora, questo uomo non era sincero. Voleva avere fama e gloria per aver compiuto il sacrificio, ma regalava soltanto le cose che non gli servivano più: mucche vecchie, sterili, cieche e zoppicanti. Aveva un figlio di nome Nachiketas. Questo ragazzo vide che suo padre non stava facendo il giusto, che trasgrediva il suo voto, ma non sapeva cosa dirgli. In India, padre e madre sono dèi viventi per i loro bambini. E così il ragazzo si avvicinò al padre con immenso rispetto e umilmente gli chiese «Padre, a chi mi darete? Dal momento che il sacrificio richiede che sia data via ogni cosa». Il padre fu molto infastidito da questa domanda e rispose: «Cosa intendi, figlio mio?» Un padre che dà via il suo bambino?» Il ragazzo pose la domanda due o tre volte e allora il padre rispose arrabbiato: «Ti do alla Morte (Yama)». E la storia continua raccontando che il ragazzo andò da Yama, il dio della morte. Yama fu il primo uomo a morire. Andò in paradiso e divenne il sovrano di tutti i Pitri. Tutti quelli che muoiono vanno a vivere con lui per un lungo periodo. È una persona molto pura e santa, casta e buona, come vuole il suo nome (Yama).

Così il ragazzo andò nel mondo di Yama. Ma talvolta anche gli dèi non sono a casa e il ragazzo dovette aspettare lì per tre giorni. Dopo il terzo giorno, Yama ritornò. «O saggio», disse Yama, «hai aspettato qui per tre giorni senza cibo, sei un ospite degno di rispetto. Saluti a te, oh bramino, e salute a me! Mi dispiace molto di non essere stato a casa. Ma per questo farò ammenda. Chiedimi tre desideri, uno per ogni giorno.» E il ragazzo chiese: «Il mio primo desiderio è che a mio padre passi la rabbia nei miei confronti, che sia gentile e mi accetti quando mi permetterai di partire». Yama lo accordò pienamente. Il desiderio successivo era che voleva sapere di un certo sacrificio che portava le persone in paradiso. Ora abbiamo visto che la più antica idea presente nella sezione dei Veda, la Samhita, era soltanto relativa al paradiso in cui si hanno corpi brillanti e si vive con i padri. Gradualmente si ebbero altre idee, ma non erano soddisfacenti. C'era ancora la necessità di qualcosa di superiore. Vivere in paradiso non sarebbe molto diverso dal vivere in questo mondo. Nella migliore delle ipotesi, sarebbe soltanto una vita da uomo molto ricco e in salute, con moltissimi piaceri dei sensi e un corpo sano che non conosce malattia. Sarebbe questo mondo materiale, solo un po' più raffinato e abbiamo visto la difficoltà per cui il mondo esterno non potrebbe mai risolvere il problema. Pertanto nessun paradiso può risolvere il problema. Se questo mondo non può risolvere il problema, nessuna moltiplicazione di questo mondo può farlo, perché dobbiamo sempre ricordare che questa materia è solo una parte infinitesima dei fenomeni della natura. La maggior parte dei fenomeni che vediamo realmente non è materia. Per esempio, in ogni istante della nostra vita quale grande parte giocano i pensieri e i sentimenti rispetto ai fenomeni materiali esterni?! Quant'è vasto questo mondo interiore con la sua incredibile attività! Rispetto a esso i fenomeni dei sensi sono piccola cosa. La soluzione del paradiso commette questo errore, insiste che tutti i fenomeni sono solo nel tatto, nel gusto, nella vista, ecc. Per questo, quest'idea di paradiso non dà piena soddisfazione a tutto. Tuttavia Nachiketas chiede, come secondo desiderio, del sacrificio con cui le persone possono raggiungere questo paradiso. Nei Veda era presente l'idea per cui questi sacrifici erano graditi agli dèi e portavano gli esseri umani in paradiso.

Studiando tutte le religioni noterete il fatto che qualunque cosa sia vecchia diventa sacra. Per esempio i nostri antenati in India scrivevano sulla corteccia di betulla, ma col tempo hanno imparato a produrre la carta. Tuttavia si vede ancora la corteccia di betulla come molto sacra. Quando gli utensili con cui si soleva cucinare nei tempi antichi furono migliorati, quelli vecchi diventarono sacri e non si sostiene quest'idea da nessuna parte come in India. I vecchi metodi, vecchi di nove o diecimila anni, come lo sfregare due rametti insieme per accendere il fuoco, sono ancora in voga. Al tempo del sacrificio nessun altro metodo funzionerà. Ugualmente con gli altri rami degli ari asiatici. Ai loro moderni discendenti piace ancora avere il fuoco dai fulmini, mostrando che loro erano soliti fare il fuoco in questo modo. Anche quando impararono altri usi e costumi, continuarono a impiegare i vecchi, che allora diventarono sacri. Così con gli Ebrei. Scrivevano su pergamena. Ora scrivono su carta, ma la pergamena è molto sacra. Ugualmente per tutte le Nazioni. Ogni rito che ora considerate sacro era semplicemente una vecchia usanza e di questa natura era il sacrificio vedico. Nel corso del tempo, quando trovarono metodi migliori di vita, le loro idee furono molto perfezionate; queste antiche forme rimanevano ancora e di tanto in tanto venivano praticate e ricevevano un significato sacro.

Allora, un gruppo di uomini ha fatto diventare un impegno portare avanti questi sacrifici. Questi erano i sacerdoti, che speculavano sui sacrifici e i sacrifici per loro divennero tutto. Gli dèi vennero a godere della fragranza dei sacrifici e si considerava che qualsiasi cosa al mondo potesse essere ottenuta con il potere dei sacrifici. Se venivano offerte oblazioni, cantati inni, realizzate particolari forme di altare, gli dèi avrebbero concesso qualsiasi cosa. Così Nachiketas chiese con

CAPITOLO VIII : REALIZZAZIONE

quale forma di sacrificio un uomo può andare in paradiso. Il secondo desiderio era stato prontamente concesso da Yama il quale promise che quel sacrificio da quel momento in avanti avrebbe preso il nome di Nachiketas.

Poi venne il terzo desiderio e con questo comincia la vera Upanishad. Il ragazzo disse: «C'è questa difficoltà: quando un uomo muore alcuni dicono che è, altri dicono che non è. Attraverso il tuo insegnamento desidero capire ciò». Ma Yama era spaventato. Era stato molto contento di esaudire gli altri due desideri. Ora disse «Gli dèi dei tempi antichi erano confusi su questo punto. Questa sottile legge non è facile da capire. Scegli un altro desiderio, o Nachiketas, non insistere su questo punto, lasciami libero».

Il ragazzo era determinato e disse «Ciò che hai detto è vero, o Morte, che anche gli dèi hanno dubbi su questo punto e non è una questione facile da capire. Ma non posso avere un altro interprete come te e non c'è nessun altro desiderio pari a questo».

La Morte disse «Chiedi di figli e nipoti che vivano cent'anni, bestiame, elefanti, oro e cavalli. Chiedi un impero su questa Terra e vivi quanto vuoi. O scegli qualsiasi altro desiderio che pensi possa eguagliare questi, ricchezza e lunga vita. O di essere re, o Nachiketas, su questa grande Terra. Farò di te colui che gode di tutti i desideri. Esprimi questi desideri che sono difficili da avere al mondo. Queste fanciulle divine con carrozze e musica, che non possono essere possedute da un uomo, sono tue. Lascia che ti servano. O Nachiketas, ma non chiedermi che cosa c'è dopo la morte».

Nachiketas disse «Queste sono soltanto cose di un giorno, o Morte, consumano l'energia di tutti gli organi di senso. Anche la vita più lunga è molto corta. Questi cavalli e carrozze, danze e canzoni, rimarranno con Te. L'uomo non può essere soddisfatto dalla ricchezza. Possiamo conservare la ricchezza quando contempliamo Te? Dovremmo vivere solo quanto Tu desideri. Soltanto il desiderio che ho domandato è quello da me scelto».

Yama era contento di questa risposta e disse «La perfezione è una cosa e il piacere un'altra. Questi hanno scopi differenti, impegnano gli uomini in modo diverso. Colui che sceglie la perfezione diventa puro. Colui che sceglie il piacere non riesce nel vero scopo. Sia perfezione che piacere si presentano all'uomo. L'uomo saggio, avendoli esaminati entrambi, riesce a distinguerli. Sceglie la perfezione come essere superiore al piacere, ma il pazzo sceglie il piacere per il piacere del corpo. O Nachiketas, avendo riflettuto sulle cose che sono solo apparentemente desiderabili, tu le hai saggiamente abbandonate». La Morte così procedette a educare Nachiketas.

Ora vediamo un'idea molto sviluppata della rinuncia e della moralità vedica, che finché un uomo non ha conquistato i desideri del piacere, in lui la verità non brillerà. Se questi desideri vani dei nostri sensi protestano e ci trascinano verso l'esterno in ogni momento, rendendoci schiavi di qualsiasi cosa fuori — un colore, un sapore, un tocco - nonostante tutte le nostre pretese, come può la verità esprimersi nei nostri cuori?

Yama disse «Ciò che è oltre non si presenta mai alla mente di un bambino spensierato ingannato dalla pazzia dei ricchi. «Questo mondo esiste, l'altro no», pensando in questo modo rientrano ancora sotto il mio potere. Capire questa verità è molto difficile. Molte persone, anche sentendolo in continuazione, non lo capiscono, poiché l'oratore deve essere magnifico e così anche l'ascoltatore. L'insegnante deve essere magnifico e così anche il discepolo. E neanche la mente deve essere disturbata dalle discussioni inutili, poiché non è più una questione di discussione, è una questione di fatto.» Abbiamo sempre sentito dire che ogni religione insiste sul nostro avere fede. Ci è stato insegnato a credere ciecamente. Bene, questa idea di fede cieca è discutibile, senza dubbio, ma analizzandola, troviamo che dietro a ciò c'è una grande verità. Ciò che significa realmente è quel che leggiamo ora. La mente non deve essere turbata da inutili discussioni, perché la discussione non ci aiuterà a conoscere Dio. È una questione di fatto e non di discussione. Tutte le discussioni e i ragionamenti devono essere basati su determinate percezioni. Senza queste non ci può essere alcuna discussione. Il ragionamento è il metodo di confronto tra determinati fatti che abbiamo già percepito. Se questi fatti percepiti non sono già presenti, non ci può essere alcun ragionamento. Se questo è vero per i fenomeni esterni, perché non dovrebbe essere uguale per quelli interni? Il chimico prende alcuni elementi chimici e ottiene determinati risultati. Questo è un fatto: lo vedete, lo percepite e fate di questo la base su cui sviluppare tutte le vostre discussioni chimiche. Così per i fisici, così per tutte le altre scienze. Tutta la conoscenza deve poggiarsi sulla percezione di determinati fatti e su questo dobbiamo costruire il nostro ragionamento. Ma, piuttosto stranamente, la maggior parte dell'umanità pensa, in particolare attualmente, che nessuna percezione simile sia possibile nella religione, che la religione può soltanto essere insegnata attraverso inutili discussioni. Di conseguenza ci viene detto di non disturbare la mente con discussioni inutili. La religione è una questione di fatto, non di discorso. Dobbiamo analizzare le nostre anime e scoprire che cosa c'è là. Dobbiamo capirlo che e mettere in pratica ciò che abbiamo capito. Questa è religione. Nessun discorso fa la religione. Pertanto la domanda se esiste un Dio o non può non mai essere dimostrata con discorsi, dato che le discussioni al riguardo propendono tanto per una opzione quanto per l'altra. Ma se c'è un Dio, Lui è nei nostri cuori. Lo avete mai visto? La domanda se questo mondo esiste o no non è stata ancora risolta e il dibattito tra gli idealisti e i realisti è infinito. Tuttavia sappiamo che il mondo esiste, che continua. Cambiamo soltanto il significato delle parole. Così, con tutte le domande della vita, dobbiamo venire ai fatti. Ci sono determinati fatti religiosi che, come nella scienza esterna, devono essere percepiti e su di loro si svilupperà la religione. Naturalmente, l'asserzione estrema per cui dovete credere a ogni dogma della religione degrada la mente umana. L'uomo che vi chiede di credere a tutto si degrada e, se credete, degrada anche voi. I saggi del mondo hanno soltanto il diritto di dirci che hanno analizzato le loro menti e hanno scoperto questi fatti e se facciamo lo stesso, anche noi crederemo, ma non prima di ciò. Questo è tutto ciò che c'è nella religione. Ma dovete sempre ricordarlo, che come dato di fatto il 99, 9 per cento di coloro che attaccano la religione non ha mai analizzato le loro menti, non ha mai lottato per raggiungere i fatti. Così le loro discussioni non hanno alcun peso contro la religione, ci interesserebbero non più delle parole di un uomo cieco che grida «Voi siete tutti pazzi che credono nel sole».

È una grande idea da imparare e da tenere a mente, quest'idea di realizzazione. Quest'agitazione e la lotta e la differenza nelle religioni cesseranno soltanto quando capiremo che la religione non è nei libri e nei templi. È una percezione reale. Solo l'uomo che ha percepito realmente Dio e l'anima ha religione. Non c'è reale differenza tra il più grande gigante ecclesiastico che può parlare attraverso un tomo e il più basso, il materialista più ignorante. Siamo tutti atei; confessiamolo. La mera approvazione intellettuale non ci rende religiosi. Prendete un cristiano, o un musulmano, o un seguace di qualunque altra religione al mondo. Chiunque abbia realizzato veramente la verità del Sermone sul Monte sarebbe perfetto e diventerebbe immediatamente un dio. Tuttavia si dice che ci siano diversi milioni di cristiani nel mondo. Ciò che voglio dire è che ogni tanto l'umanità può provare a realizzare quel Sermone. Non uno su venti milioni è un vero cristiano.

Così in India, si dice che ci siano trecento milioni di vedantini. Ma se ce ne fosse uno su mille che avesse veramente realizzato la religione, questo mondo verrebbe subito ampiamente cambiato. Siamo tutti atei e tuttavia cerchiamo di lottare contro l'uomo che lo ammette. Brancoliamo tutti nel buio; la religione è per noi un'asserzione puramente intellettuale, una mera discussione, un mero niente. Spesso consideriamo un uomo religioso che sa parlare bene. Ma questa non è religione. «Meravigliosi metodi di unire le parole, forza retorica, spiegare i testi dei libri in vari modi — questi sono soltanto i piaceri dell'erudito, non religione.» La religione è quando comincia la vera realizzazione nelle nostre anime. Sarà questa la nascita della religione e soltanto allora saremo morali. Ora non siamo più morali degli animali. Siamo soltanto scoraggiati dalle fruste della società. Se la società oggi dice «Non vi punirò per aver rubato», faremo soltanto una corsa per avere la proprietà di qualcun altro. È il poliziotto che ci rende morali. È l'opinione sociale che ci rende morali e in realtà siamo solo un pochino meglio degli animali. Capiamo quanto questo sia presente nel segreto dei nostri cuori. Quindi non siamo ipocriti. Confessiamo che non siamo religiosi e non abbiamo il diritto di guardare gli altri dall'alto in basso. Siamo tutti fratelli e saremo veramente morali quando avremo realizzato la religione. Se vedete una determinata Nazione e un uomo vi forza a dire che non l'avete vista, comunque nel profondo del vostro cuore sapete di averlo fatto. Allora avete fede vera. Questo è ciò che si intende con le parole del Gospel «Se avrete fede pari a un granello di senape». Allora conoscerete la Verità perché siete diventati la Verità.

Questa è la parola d'ordine del Vedanta: realizzare la religione, parlarne non lo farà. Ma viene fatto con difficoltà grande. Lui si è nascosto all'interno dell'atomo, quest'Antico Uno che risiede nei recessi più reconditi di ogni cuore umano. I saggi Lo hanno realizzato con il potere dell'introspezione e sono andati oltre gioie e sofferenze, oltre ciò che denominiamo virtù e vizio, oltre le azioni buone e cattive, oltre essere e non-essere; colui che ha visto Lui, ha visto la Realtà. Ma allora il paradiso? Era l'idea di felicità meno l'infelicità. Vale a dire ciò che desideriamo sono le gioie di questa vita senza i relativi dispiaceri. Senza dubbio, è un'idea bellissima, va da sé. Ma è un completo errore, perché non esiste niente come il bene assoluto, né come il male assoluto.

Tutti voi avrete sentito parlare di quell'uomo ricco a Roma che un giorno è venuto a sapere che gli era rimasto soltanto circa un milione di sterline di proprietà; lui disse «Che cosa farò domani?» e si suicidò immediatamente. Un milione di sterline per lui erano povertà. Che cos'è la gioia e cosa il dolore? È una quantità che svanisce, svanisce continuamente. Quando ero bambino pensavo che se avessi potuto essere un tassista, sarebbe stato per me il massimo della felicità guidare. Non la penso così ora. A quale gioia vi attaccherete? Questo è l'unico punto che tutti dovremmo cercare di capire ed è l'ultima superstizione a lasciarci. L'idea di piacere di ognuno è differente. Ho visto un uomo che non era felice a meno che non assumesse una dose giornaliera di oppio. Poteva sognare un paradiso dove la terra fosse fatta di oppio. Quello sarebbe un paradiso sbagliato per me. Molte volte nella poesia araba leggiamo di un paradiso con bellissimi giardini, percorsi da fiumi. Ho speso parte della mia vita in una Nazione in cui c'è troppa acqua. Molti villaggi vengono inondati e migliaia di vite sacrificate ogni anno. Perciò il mio paradiso non avrebbe giardini in cui scorrono fiumi, sarebbe una terra in cui cade pochissima pioggia. I nostri piaceri cambiano costantemente. Se un giovane sogna il paradiso, sogna di un cielo in cui avrà una moglie stupenda. Quando quello stesso uomo diventa adulto non desidera una moglie. Sono le nostre necessità a comporre il nostro paradiso e questo cambia al mutare delle nostre necessità. Se avessimo un paradiso come quello desiderato da coloro il cui scopo di vita è il piacere dei sensi, allora non progrediremmo. Sarebbe la peggiore maledizione a cui si possa condannare l'anima. È questo tutto ciò che possiamo avere? Un po' di pianti e danze, e poi morire come cani! Che maledizione scagliate sull'umanità desiderando queste cose! È ciò che fate quando reclamate le gioie di questo mondo, giacché non sapete cos'è la vera gioia. Ciò su cui insiste la filosofia non è rinunciare alle gioie, ma conoscere cos'è realmente la gioia. Il paradiso norvegese è un tremendo campo di battaglia in cui tutti siedono al cospetto di Odino. Vanno a caccia di cinghiali e poi in guerra e si massacrano. Ma in un modo o nell'altro, dopo qualche ora di combattimento, le ferite sono tutte guarite ed entrano in una sala in cui il cinghiale viene arrostito e fanno baldoria. E di nuovo il cinghiale prende vita, pronto per essere cacciato il giorno seguente. È quasi la stessa cosa con il nostro paradiso, non un cavallo bianco, solo che le nostre idee potrebbero essere un pochino più raffinate. Desideriamo cacciare cinghiali e avere un posto dove poter continuare le gozzoviglie, proprio come il norvegese immagina che ogni giorno il cinghiale viene cacciato e mangiato, e l'azione si ripeterà il giorno seguente.

Ora, la filosofia insiste che esiste una gioia assoluta, che non cambia mai. Questa gioia non può essere quella gioia e quei piaceri della vita, e tuttavia il Vedanta indica che tutto ciò che è felice in questa vita è soltanto una particella della gioia reale, perché è l'unica gioia esistente. Ogni momento godiamo realmente della beatitudine assoluta, nonostante il nascosto, il malcompreso e il caricaturale. Ovunque ci sia benedizione, beatitudine o gioia, persino la gioia del ladro nel rubare, c'è quella beatitudine assoluta che emerge, soltanto che era stata oscurata, confusa, per così dire, con ogni sorta di circostanza estranea, e malcompresa. Ma per capire ciò dobbiamo passare per la negazione e allora comincerà il lato positivo. Dobbiamo lasciare da parte l'ignoranza e tutto ciò che è falso e allora la verità comincerà a rivelarsi a noi. Quando avremo afferrato la verità, le cose cui abbiamo inizialmente rinunciato assumeranno una nuova forma, ci appariranno in una nuova luce e diventeranno deificate. Diventeranno sublimate e allora le coglieremo nella loro vera luce. Ma per capirle, dobbiamo prima dare un'occhiata alla verità; dobbiamo innanzitutto rinunciarvi e così le riavremo indietro deificate. Dobbiamo abbandonare tutte le nostre sofferenze e i dispiaceri, tutte le nostre piccole gioie.

«Ciò che dichiarano tutti i Veda, lodato da ogni penitenza, nella ricerca del quale gli uomini conducono una vita di continenza, ve lo descriverò con una sola parola: è l'«Om».» Vedrete la parola «Om» molto elogiata nei Veda, è ritenuto molto sacro.

Ora Yama risponde alla domanda: «Che cosa ne sarà di un uomo quando il suo corpo muore?» «Il Saggio non muore mai, non è mai nato, nasce dal niente e niente nasce da Lui. Non Nato, Eterno, Sempiterno, questo Antico non può essere mai distrutto con la distruzione del corpo.

Se l'assassino pensa di poter uccidere, o se l'assassinato pensa di essere assassinato, entrambi non conoscono la verità, poiché l'Io non uccide né è ucciso.» Una posizione tremenda. Vorrei portare la vostra attenzione sull'aggettivo alla prima linea, che è «saggio». Procedendo dovremmo scoprire che l'ideale del Vedanta è che ogni saggezza e purezza sono già nell'anima, espresse vagamente o chiaramente: la differenza è tutta qui. La differenza tra uomo e uomo e tutte le cose dell'intero creato non è in natura ma soltanto in grado. L'ambiente, la realtà di ognuno sono sempre l'Eterno, il Sempre Beato, il Sempre Puro, il Sempre Perfetto. È l'Atman, l'Anima, nel santo e nel peccatore, nel felice e nel misero, nel bello e nel brutto, negli uomini e negli animali, è lo stesso dappertutto. È lo Splendente. La differenza è causata dalla forza di espressione. In alcune cose Lui è più espresso, in altre meno, ma questa differenza di espressione non ha alcun effetto sull'Atman. Se nel modo di vestire un uomo mostra di più il suo corpo rispetto a un altro, non fa alcuna differenza per i loro corpi: la differenza è nel loro vestito. Faremmo bene a ricordare qui che, in tutta la filosofia del Vedanta, non c'è niente di buono o cattivo, non sono due cose differenti; la stessa cosa è sia buona che cattiva, la differenza è soltanto nel grado. Ciò che oggi definisco piacevole, domani in circostanze migliori posso definirlo dolore. Il fuoco che ci scalda può anche consumarci: non è colpa del fuoco. Quindi, poiché l'Anima è pura e perfetta, l'uomo che fa del male mente a se stesso, non conosce la propria natura. L'Anima pura è anche nell'assassino, non muore. Era il suo errore, non poteva manifestarLa; La aveva mascherata. Neanche nell'uomo che pensa di essere stato ucciso l'Anima viene uccisa: è eterna. Non può non essere mai uccisa, mai distrutta. «Infinitamente più piccolo del piccolo, infinitamente più grande del grande, questo Signore di tutti è presente nel profondo di ogni cuore umano. Il senza peccato, privato di tutta la sofferenza, Lo vede con la misericordia del

Signore; il Senza Corpo, ma che dimora nel corpo; il Senza Spazio, che tuttavia sembra occupare spazio; l'Infinito, l'Onnipresente: sapendo che tale è l'Anima, i saggi non sono mai tristi.»

«Questo Atman non deve essere realizzato con la forza della parola, né con un ampio intelletto, né attraverso lo studio dei Veda.» Questa è un'enunciazione molto audace. Come ho detto precedentemente, i saggi erano pensatori molto audaci, che non si fermavano mai. Ricorderete che in India questi Veda sono considerati molto più importanti di quanto anche i cristiani considerano la loro Bibbia. La vostra idea di rivelazione è che un uomo è stato ispirato da Dio, ma in India l'idea è che le cose esistono perché sono nei Veda. L'intero creato è avvenuto nei e con i Veda. Ogni parola è sacra ed eterna, eterna come l'anima, senza inizio e senza fine. Per così dire, l'intera mente del Creatore è in questo libro. Questa è la luce che irraggia i Veda. Perché questa cosa è morale? Perché i Veda lo dicono. Perché questa cosa è immorale? Perché i Veda lo dicono. Nonostante ciò, guardate l'audacia di questi saggi che hanno proferito che la verità non è da ricercarsi attraverso il troppo studio dei Veda. «A colui che è nelle grazie del Signore Lui si manifesta.» Ma allora l'obiezione che si può muovere è che è qualcosa di fazioso. Ma come Yama spiega «Coloro che fanno del male, le cui menti non sono tranquille, non potranno mai vedere la Luce. È a coloro che sono puri di cuore, puri nelle azioni, i cui sensi sono controllati, che questo Sé si manifesta.»

Qui c'è un'immagine bellissima. Immaginate allora il Sé come il passeggero e il corpo come la carrozza, l'intelletto come l'auriga, la mente come le redini e i sensi i cavalli. Colui i cui cavalli sono ben domati, le cui redini sono forti e salde nelle mani dell'auriga (l'intelletto) raggiunge l'obiettivo che è il Suo stato, dell'Onnipresente. Ma l'uomo i cui cavalli (i sensi) non sono controllati, né le redini (la mente) ben trattenute bene, va verso la distruzione. Questo Atman in tutti gli esseri non si manifesta alla vista o ai sensi, ma coloro le cui menti sono diventate purificate e raffinate Lo realizzano. Oltre ogni suono, vista, oltre la forma, l'assoluto, oltre il gusto e il tatto, infinito, senza inizio e senza fine, anche oltre la natura, l'Immutabile; colui che lo realizza, si libera dalle grinfie della morte. Ma è molto difficile. È, per così dire, camminare sul filo del rasoio; la strada è lunga e perigliosa, ma continuate a lottare, non disperate. Destatevi, crescete e non fermatevi finché non avete raggiunto la meta.

L'idea centrale in tutte le Upanishad è quella di realizzazione. Di tanto in tanto sorgeranno molte grandi domande, e specialmente per l'uomo moderno. Ci sarà la questione dell'utilità, ci saranno varie altre domande, ma in tutto vedremo che siamo spinti dalle nostre associazioni passate. È l'associazione di idee che ha una così forte influenza sulle nostre menti. A coloro che sin dall'infanzia hanno sempre sentito parlare di un Dio Personale e della personalità della mente, queste idee sembreranno naturalmente molto rigide e dure, ma se le ascoltassero e ci riflettessero, diverrebbero parte della loro vita e non li spaventerebbero più. La grande questione che generalmente sorge è l'utilità della filosofia. A questo ci può essere soltanto una risposta: se, su base utilitaristica, per gli uomini è un bene ricercare il piacere, perché coloro i cui piaceri sono nella speculazione religiosa non dovrebbero ricercarlo? Poiché il piacere dei sensi appaga molti, loro lo ricercano, ma potrebbero esserci altre persone che non ne vengono soddisfatte, che desiderano un piacere più alto. Il piacere del cane è soltanto nel mangiare e nel bere. Il cane non può capire il piacere dello scienziato che rinuncia a tutto e, forse, dimora in cima a una montagna per osservare la posizione di determinate stelle. I cani riderebbero di lui e penserebbero che sia pazzo. Forse questo povero scienziato non ha mai avuto abbastanza neanche per sposarsi e vivere con molta semplicità. Può essere, il cane ride di lui. Ma lo scienziato dice «Caro cane, il piacere che provi è soltanto nei sensi e non conosci niente oltre questo, ma per me questa vita è la più appagante e se tu hai il diritto di ricercare il piacere a modo tuo, anche io ho il mio». L'errore è che desideriamo legare il mondo intero al nostro livello di pensiero e rendere la nostra mente la misura dell'universo. Per voi, le vecchie cose dei sensi sono, forse, il piacere più grande, ma non è necessario che il mio piacere debba essere lo stesso e quando insistete su questo io differisco da voi. Questa è la differenza fra il mondano utilitarista e l'uomo religioso. Il primo dice «Guardate come sono felice. Ho i soldi, ma non mi preoccupo della religione. È troppo impenetrabile e io sono felice senza». Fin qui tutto bene, bene per tutti gli utilitaristi. Ma questo mondo è terribile. Se un uomo trae felicità in qualsiasi modo eccetto ferendo i suoi simili, augurategli buona fortuna; ma quando questo uomo viene a dirmi «Anche tu dovresti fare queste cose, sei un pazzo a non farle» io rispondo «Ti sbagli, perché le cose stesse, che sono piacevoli per voi, per me non hanno la benché minima attrattiva. Se dovessi correre dietro a poche manciate di oro, la mia vita non varrebbe la pena di essere vissuta! Dovrei morire». Questa è la risposta che il religioso darebbe. Il fatto è che la religione è possibile soltanto per coloro che hanno smesso con le cose più basse. Dobbiamo fare le nostre esperienze, dobbiamo fare il nostro percorso completo. È soltanto quando abbiamo concluso questo percorso che si apre l'altro mondo.

    I piaceri dei sensi talvolta presuppongono un'altra fase che è pericolosa e seducente. Sentirete sempre dire—in periodi molto antichi, in ogni religione—che verrà un tempo in cui cesseranno tutte le sofferenze dalla vita e rimarranno soltanto le gioie e i piaceri e questa Terra si trasformerà in un paradiso. Io non ci credo. Questa Terra rimarrà sempre lo stesso mondo. È una delle cose più terribili da dire, tuttavia io non vedo la mia via d'uscita da lì. La sofferenza nel mondo è come i reumatismi cronici nel corpo; li togli da una parte e vanno in un'altra, li togli là e li sentirete da un'altra parte ancora. Qualunque cosa facciate, sono sempre lì. Nei tempi antichi le persone vivevano nella foresta e si mangiavano tra di loro è mangiata; nei tempi moderni non mangiano la carne degli altri, ma si truffano. Interi Paesi e città sono rovinati dal truffare. Non dimostra molto progresso. Non vedo che ciò che denominate progresso nel mondo è diverso dal moltiplicarsi dei desideri. Se una cosa è per me evidente è che i desideri portano sofferenza. È la condizione del mendicante, che elemosina sempre qualcosa ed non è capace di vedere una cosa qualsiasi senza il desiderio di possederla, brama sempre, brama di più. Se la forza di soddisfare i nostri desideri è aumentata in progressione aritmetica, la forza del desiderio è aumentata di progressione geometrica. La somma di felicità e sofferenza in questo mondo è almeno la stessa dappertutto. Se un'onda si alza nell'oceano crea un vuoto da qualche parte. Se arriva la felicità a un uomo, l'infelicità colpisce un altro o, forse, qualche animale. Gli uomini aumentano in numero e alcuni animali diminuiscono; li stiamo uccidendo e stiamo prendendo le loro terre, prendiamo ogni mezzo di sussistenza da loro. Come possiamo dire, allora, che la felicità aumenta? La razza forte mangia la più debole, ma pensate che la razza forte sia molto felice? No, cominceranno a uccidersi l'un l'altro. Non vedo, con motivi pratici, come questo mondo possa trasformarsi in paradiso. I fatti sono contrari a ciò. Anche su basi teoretiche vedo che non può esserlo.

La perfezione è sempre infinita. Noi siamo già questo infinito e proviamo a manifestare questa infinità. Io e voi, tutti gli esseri viventi cercano di manifestarla. Fin qui è tutto giusto. Ma da questo fatto alcuni filosofi tedeschi hanno derivato una particolare teoria, ossia che questa manifestazione diventerà sempre più alta finché non raggiungeremo la manifestazione perfetta, finché non siamo diventati esseri perfetti. Cosa si intende con manifestazione perfetta? Perfezione significa l'infinità e la manifestazione significa limite e significa che diventeremo limitati illimitati, che è una contraddizione. Tale teoria potrebbe appagare i bambini, ma sta avvelenando le loro menti con bugie e ciò è molto brutto per la religione. Ma sappiamo che questo mondo è degradazione, che l'uomo è degradazione di Dio e che Adamo ha peccato. Oggi non esiste religione che non insegni che l'uomo è degradazione. Siamo stati degradati all'animale e ora stiamo riguadagnando posizioni, per toglierci da questo vincolo. Ma non potremo mai essere completamente capaci di manifestare l'Infinito qui. Lotteremo duramente, ma verrà un tempo in cui scopriremo che è impossibile essere perfetti qui, essendo limitati dai sensi. E allora suonerà la marcia per tornare al nostro stato originale di Infinità.

Questo è rinuncia. Dovremo uscire dalla difficoltà invertendo il processo tramite il quale ci siamo entrati e allora cominceranno la moralità e la carità. Qual è la parola d'ordine di ogni codice etico? «Non io, ma tu» e questo «io» è il risultato dell'Infinito retrostante, che prova a manifestarsi nel mondo esterno. Questo piccolo «io» è il risultato e dovrà tornare indietro e unirsi all'Infinito, la sua natura. Ogni volta che dite «non io, mio fratello, ma tu» state provando a tornare indietro e ogni volta che dite «io e non tu» fate il passo falso di cercare di manifestare l'Infinito attraverso il mondo dei sensi. Questo porta lotte e male nel mondo, ma dopo un po' di tempo la rinuncia dovrà arrivare, rinuncia eterna. Questo piccolo «io» è bello che morto. Perché curarsi tanto per questa piccola vita? Tutti questi desideri inutili di vivere e di godere questa vita, qui o in un determinato altro posto, portano morte.

Se ci siamo evoluti dagli animali, gli animali possono anche essere uomini degradati. Come sapete che non è così? Avete visto che la dimostrazione dell'evoluzione è semplicemente questa: trovate una serie di corpi dal più basso al più alto che crescono in una scala gradualmente ascendente. Ma da ciò come potete sostenere che procede sempre dal basso verso l'alto e mai dal più alto verso il basso? La discussione usa entrambi i versi e, se qualcosa è vero, io credo che sia che la serie si ripete andando su e giù. Come potete avere eluzione senza involuzione? La nostra lotta per la vita più alta indica che siamo stati degradati da uno stato alto. Deve essere così, può variare solo nei particolari. Sono sempre dell'idea espressa all'unisono da Cristo, Buddha e dal Vedanta, che dobbiamo tutti arrivare a perfezione col tempo, ma soltanto abbandonando questa imperfezione. Questo mondo è niente. Al massimo è soltanto una mostruosa caricatura, un'ombra della Realtà. Dobbiamo arrivare alla Realtà. La rinuncia vi ci porterà. La rinuncia è la base stessa della nostra vita; ogni momento di bontà e di vita vera di cui godiamo è quando non pensiamo a noi stessi. Questo piccolo Io separato deve morire. Allora vedremo che siamo nel Reale e che la Realtà è Dio e Lui è la nostra vera natura ed è sempre in noi e con noi. Viviamo in Lui e siamo in Lui. È l'unico stato felice dell'esistenza. La vita sul piano dello Spirito è l'unica vita, cerchiamo tutti di raggiungere questa realizzazione.

Capitolo IX
Unità Nella Diversità

Esposto a Londra, il 3 novembre 1896

« L'Esistente da sé ha proiettato i sensi all'esterno e, pertanto, un uomo guarda verso l'esterno e non dentro di sé. Un certo saggio, desiderando l'immortalità, con i sensi invertiti, ha percepito il Sé all'interno. » Come ho già detto, la prima indagine che ritroviamo nei Veda riguardava le cose esterne e allora venne proposta una nuova idea, ossia che la realtà delle cose non è da ricercarsi nel mondo esteriore; non guardando fuori, ma rivolgendo gli occhi, inteso letteralmente, verso l'interno. E la parola impiegata per l'Anima è molto significativa : è Lui che è andato verso l'interno, la realtà più intima del nostro essere, il centro del cuore, il nucleo, da cui, per così dire, tutto deriva; il sole centrale di cui la mente, il corpo, gli organi di senso e tutto ciò che abbiamo sono soltanto raggi verso l'esterno. « Gli uomini dall'intelletto infantile, le persone ignoranti rincorrono i desideri esterni e cadono nella grande trappola della morte, ma il saggio, comprendendo l'immortalità, non cerca mai l'Eterno in questa vita di cose finite. » La stessa idea è qui espressa chiaramente: in questo mondo esterno, pieno di cose finite, è impossibile vedere e trovare l'Infinito. L'Infinito deve essere ricercato soltanto in ciò che è infinito e l'unica cosa infinita, al di sopra di noi e che è dentro di noi, è la nostra anima. Né il corpo, né la mente, neanche i nostri pensieri, né il mondo che vediamo attorno a noi sono infiniti. Il Profeta, Colui cui tutti appartengono, l'Anima dell'uomo, Lui che è cosciente nell'uomo interiore, solo Lui è infinito e per cercare la Causa Infinita di tutto questo universo dobbiamo andare là. Soltanto nell'Anima Infinita possiamo trovarlo. « Ciò che è qui è anche là e ciò che è la è anche qui. Colui che vede il molteplice va dalla morte alla morte. » Abbiamo visto come inizialmente c'era il desiderio di andare in paradiso. Quando questi antichi Ari furono insoddisfatti del mondo attorno a loro naturalmente pensarono che dopo la morte sarebbero andati in qualche posto dove ci sarebbe stata solo felicità e niente sofferenza; questi posti li hanno moltiplicati e denominati Svarga — la parola può essere tradotta con paradisi — dove ci sarebbe stata gioia eterna, il corpo sarebbe diventato perfetto così come la mente e là avrebbero vissuto con i loro antenati. Ma non appena arrivò la filosofia, gli uomini scoprirono che ciò era impossibile e assurdo. L'idea stessa di un infinito in un luogo sarebbe una contraddizione, poiché un luogo deve cominciare e continuare nel tempo. Di conseguenza hanno dovuto abbandonare quest'idea. Hanno scoperto che gli dèi che hanno vissuto in questi paradisi erano stati una volta esseri umani sulla Terra, che attraverso le buone azioni sono diventati dei e la deità, come la chiamano loro, era in diverse condizioni e differenti posizioni. Nessuno degli dèi citati nei Veda è un individuo durevole.

Per esempio, Indra e Varuna non sono i nomi di determinate persone, ma i nomi delle posizioni come governatori e così via. Indra che aveva vissuto precedentemente non è la stessa persona dell'Indra di oggi; è venuto a mancare e un altro uomo della Terra ha occupato il suo posto. Così con tutti gli altri dèi: sono determinate posizioni, che vengono occupate successivamente dalle anime umane che si sono innalzate allo stato di dèi, ma tuttavia anche loro muoiono. Nell'antico Rigveda troviamo la parola «immortalità» impiegata in merito a questi dèi, ma più avanti è stata completamente abbandonata, giacché hanno scoperto che non si può parlare di immortalità, che è oltre tempo e spazio, in relazione a qualsiasi forma fisica, per quanto fine possa essere. Per quanto fine possa essere, deve avere un inizio nel tempo e nello spazio, poiché i fattori necessari che agiscono nella composizione della forma sono nello spazio. Provate a pensare a una forma senza spazio: è impossibile. Lo spazio è uno dei materiali, per così dire, che compongono la forma ed è in costante evoluzione. Lo spazio e il tempo sono nel Maya e quest'idea è espressa nel verso «Anche ciò che è vuoto esiste». Se esistono questi dèi, devono essere limitati dalle stesse leggi che si applicano qui e ogni legge implica sempre la distruzione e il successivo rinnovamento ciclico. Queste leggi modellano la materia in forme diverse e ancora le annientano. Tutto ciò che è nato deve morire e così, se esiste il paradiso, là devono sussistere le stesse leggi.

In questo mondo vediamo che tutta la felicità è seguita dalla sofferenza come sua relativa ombra. La vita ha la sua ombra, la morte. Devono andare di pari passo, perché non sono contraditorie, non due esistenze separate, ma manifestazioni diverse della stessa unità, vita e morte, dolore e felicità, bene e male. La concezione dualistica che bene e male siano due entità separate e che entrambi proseguono per l'eternità è assurda in rapporto a quanto appena detto. Sono le varie manifestazioni di un unico e stesso fatto, una volta appare negativo e un'altra positivo. La differenza non esiste nella natura, ma soltanto nel grado. Differiscono l'uno dall'altro nel grado d'intensità. Vediamo con certezza che i sistemi nervosi veicolano ugualmente buone e cattive sensazioni e, quando i nervi sono danneggiati, non ci arriva nessuna sensazione. Se un determinato nervo è paralizzato, non abbiamo la sensazione piacevole che di solito ci arrivava attraverso questi conduttori e allo stesso tempo non proviamo neanche sensazioni di dolore. Non sono mai due, ma uno. Ancora, la stessa cosa produce piacere e dolore in momenti diversi della vita. Lo stesso fenomeno produrrà piacere in un momento e dolore in un altro. Il consumo di carne porta piacere a un uomo, ma dolore all'animale che viene mangiato. Non è mai esistito niente che portasse piacere a tutti contemporaneamente. Alcuni sono soddisfatti, altri insoddisfatti. E sarà sempre così. Quindi, è negata questa dualità dell'esistenza. E che cosa viene dopo? Vi ho detto nella mia ultima lezione che in definitiva non possiamo mai avere tutto il bene sulla Terra e niente di male. Questo potrebbe aver deluso e spaventato alcuni di voi, ma non posso evitarlo e sono disposto a ricredermi quando mi verrà dimostrato il contrario; ma finché non mi verrà dimostrato, e non potrò dire che è vero, non posso che dire questo.

La prova generale contro la mia dichiarazione, e apparentemente molto convincente, è che, nel corso dell'evoluzione, tutto ciò che è male in quel che vediamo attorno a noi è stato gradualmente eliminato e il risultato è che, se quest'eliminazione continua per migliaia di anni, verrà un tempo in cui tutto il male sarà stato estirpato e rimarrà soltanto il bene. È apparentemente una prova molto valida. Lo sarebbe anche per Dio se fosse vera! Ma c'è un errore in essa ed è che dà per scontato che sia bene che male siano cosa eternamente fissate. Dà per scontato che c'è una quantità infinita di male, che potrebbe essere rappresentato da un centinaio, e altrettanto di bene, e che questa quantità di male diminuisce ogni giorno, lasciando soltanto il bene. Ma è così? La storia del mondo indica che il male è un'entità sempre in crescita, così come il bene. Prendete l'uomo più basso; vive nella foresta. Il suo senso di piacere è molto ridotto e così anche la possibilità di soffrire. La sua sofferenza è completamente sul piano dei sensi. Se non ha abbondanza di cibo, è triste; ma se gli date abbondante cibo e la libertà di andare in giro a cacciare, egli è assolutamente felice. La sua felicità consiste soltanto nei sensi e così anche la sua sofferenza. Ma se quell'uomo incrementa la sua conoscenza, aumenterà anche la sua felicità, l'intelletto si aprirà a lui e il suo piacere dei sensi evolverà in appagamento intellettuale. Trarrà piacere dalla lettura di una poesia meravigliosa e un problema matematico susciterà in lui un interesse coinvolgente. Ma, con questi, i nervi interni diventeranno sempre più suscettibili alle sofferenze del dolore mentale, a cui il selvaggio non pensa. Considerate un'immagine molto semplice. Nel Tibet non esiste il matrimonio e non c'è gelosia, tuttavia sappiamo che il matrimonio è uno stato molto più alto. I tibetani non hanno conosciuto l'immenso piacere, la benedizione della castità, la felicità di avere una moglie casta e virtuosa, o un marito casto e virtuoso. Queste persone non posso provare queste sensazioni. E ugualmente non provano la gelosia della moglie o del marito casti, o la sofferenza causata dall'infedeltà di uno dei due, con tutto il rancore e il dispiacere che vivono coloro che credono nella castità. Da un lato, questi ultimi ottengono la felicità, ma d'altro canto, soffrono.

Prendete in considerazione il vostro Paese che è il più ricco al mondo e che è più lussuoso degli altri e notate quanto la sofferenza è intensa, quanti pazzi ci sono, rispetto agli altri popoli, solo perché i desideri sono così ardenti. Un uomo deve continuare ad avere un livello elevato di vita e la quantità di soldi che egli spende in un anno rappresenterebbe una fortuna per un uomo in India. Non potete predicare a lui di una vita umile perché la società gli richiede moltissimo. La ruota della società sta girando, non si arresta né per i pianti delle vedove né per i lamenti degli orfani. Ovunque questo è lo stato delle cose. Il vostro senso di piacere è sviluppato, la vostra società è molto più bella di altre. Avete molte più cose di cui godere. Ma coloro che ne hanno meno, hanno molta meno sofferenza. Potete quindi sostenerlo per tutto, più alto è l'ideale nella vostra testa, più grande è il vostro piacere, più è profonda la vostra sofferenza. L'uno è come l'ombra dell'altro. Che il male viene eliminato può essere vero, ma, se così fosse, anche il bene dovrebbe venire meno. Ma non è il male che si moltiplica velocemente e il bene che diminuisce, se posso metterla in questi termini? Se il bene aumenta in progressione aritmetica, il male aumenta in progressione geometrica. E questo è il Maya. Non è né ottimismo né pessimismo. Il Vedanta non assume la posizione per cui questo mondo è soltanto misero. Sarebbe falso. Allo stesso tempo, è un errore dire che questo mondo è pieno di felicità e beatitudine. Pertanto è inutile dire ai bambini che questo mondo è tutto buono, tutto fiori, latte e miele. È ciò che tutti noi abbiamo sognato. Allo stesso tempo è errato pensare, perché un uomo ha sofferto più di un altro, che tutto è male. È questa dualità, questo gioco di buono e cattivo che compone il nostro mondo delle esperienze. Allo stesso tempo il Vedanta dice «Non pensate che bene e male siano due, due essenze separate, poiché sono la stessa unica cosa, che si manifesta in gradi differenti e in varie forme e produce differenti sensazioni nella stessa mente». Quindi, il primo pensiero del Vedanta è l'individuazione dell'unità nell'esterno; l'Unica Esistenza che si manifesta, per quando diversa possa apparire nella sua manifestazione. Pensate all'antica dura teoria dei persiani: due dèi creano questo mondo, il dio buono fa tutto ciò che è buono e quello cattivo, tutto il cattivo. Proprio in questo vedete l'assurdità, dato che, se potesse essere realizzato, ogni legge della natura dovrebbe avere due parti, di cui una è manovrata da un dio e poi scompare e l'altro dio manipola l'altra. La difficoltà è che entrambe agiscono nello stesso mondo e questi due dèi si mantengono in armonia danneggiando una parte e facendo del bene all'altra. È un caso semplicistico naturalmente, il modo più rozzo di esprimere la dualità dell'esistenza. Ma, prendetene uno più avanzato, la teoria più astratta che questo mondo è in parte buono e in parte cattivo. Anche questo è assurdo, sostenendo la stessa posizione. È la legge di unità che ci dà il cibo ed è la stessa legge che uccide molte persone con incidenti o disavventure.

Vediamo, allora, che questo mondo non è né ottimista né pessimistico: è un misto di entrambe le cose e, man mano che procediamo, troveremo che tutta la colpa viene tolta dalla natura e scaricata sulle nostre spalle. Allo stesso tempo il Vedanta ci mostra l'uscita, ma non attraverso la negazione del male, perché analizza nitidamente il fatto per ciò che è e non cerca di nascondere niente. Non è disperato, non è agnostico. Scopre un rimedio, ma desidera basare questo rimedio su fondamenti adamantini: non chiude la bocca al bambino e acceca i suoi occhi con qualcosa di non vero e che il bambino scoprirà entro qualche giorno. Mi ricordo che, quando ero giovane, il padre di un giovane morì e lo lasciò in cattive condizioni, con una grande famiglia da sostenere e scoprì che gli amici di suo padre non erano disposti ad aiutarlo. Ha avuto una conversazione con un prete che gli ha offerto questo conforto «Oh, è tutto bene, tutto è fatto per il nostro bene». Questo è il vecchio metodo di provare a mettere un pezzo di foglia dorata su una vecchia piaga. È una confessione di debolezza, di assurdità. Il giovane andò via e, sei mesi dopo, il prete ebbe un figlio e diede una festa di ringraziamento alla quale il giovane fu invitato. Il prete pregò «Grazie a Dio per la Sua misericordia». E il giovane si alzò e disse «Smettetela, questa è tutta sofferenza». Il religioso chiese «Perché?» «Poiché quando mio padre morì voi avete detto che era bene, anche se apparentemente male; così ora, questo è apparentemente bene, ma in realtà male.» È questo il modo per curare la sofferenza del mondo? Siate buoni e abbiate misericordia per coloro che soffrono. Non provate a ripararlo, niente curerà questo mondo. Andate oltre.

È un mondo di bene e di male. Ovunque ci sia il bene, segue il male, ma oltre e dietro tutte queste manifestazioni, tutte queste contraddizioni, il Vedanta scopre quell'Unità. Dice «Lasciate da parte ciò che è male e ciò che è bene». Allora che cosa rimane? Dietro al bene e al male sta qualcosa che è vostro, il vero Io, oltre ogni male e anche oltre ogni bene ed è ciò che si manifesta come bene e male. Sappiate innanzitutto ciò e poi e solo allora sarete veri ottimisti, non prima di allora; poiché allora sarete in grado di controllare tutto. Controllate queste manifestazioni e sarete liberi di manifestare il vero «Io». Prima di tutto siate padroni di voi stessi, levatevi e siate liberi, andate oltre il limite di queste leggi, poiché queste leggi non vi governano assolutamente, sono soltanto parte del vostro essere. Prima di tutto, vedete che non siete schiavi della natura, mai lo siete stati e mai lo sarete; che questa natura, infinita come potete pensarla, è soltanto limitata, una goccia nell'oceano e la vostra Anima è l'oceano. Siete oltre le stelle e il sole. Sono come mere bolle paragonate al vostro essere infinito. Riconoscetelo e controllerete sia il bene che il male. Solo allora la visione globale cambierà e vi alzerete per dire «Quanto è bello il bene e quanto meraviglioso il male!»

Questo è ciò che il Vedanta insegna. Non propone alcun rimedio sciatto come coprire le ferite con una foglia d'oro e più la ferita va in suppurazione, più si mettono sopra foglie d'oro. Questa vita è una dura realtà. Apritevi la vostra strada in essa con audacia, benché possa essere adamantina; non importa, l'anima è più forte. Sulle spalle degli dèi poco importanti non pesa nessuna responsabilità, perché siete voi gli artefici della vostra fortuna. Vi fate soffrire, compite bene e male e siete voi a mettere le mani sugli occhi e a dire che è buio. Togliete le mani e vedete la luce; siete splendenti, siete già perfetti, fin dal principio. Ora capiamo il verso: «Va dalla morte alla morte colui che vede il molteplice qui». Vedete quell'Uno e siate liberi.

Come possiamo vederlo? Questa mente, così illusa, così debole, così facilmente in balia di altro, persino questa mente può essere forte e può intravedere un pizzico di quella conoscenza, di quell'Unicità, che ci salva dal morire ancora e ancora. Come la pioggia cade su una montagna scorre a valle in vari ruscelli attraverso i pendii, così tutte le energie che qui vedete provengono da questa Unità. È diventata molteplice ricadendo sul Maya. Non rincorrete il molteplice, andate verso l'Uno. «Lui è in tutto ciò che si muove, è in tutto ciò che è puro, riempie l'universo, è nel sacrificio, è l'ospite in casa, è nell'uomo, nell'acqua, negli animali, nella verità. Lui è il Sommo. Come il fuoco che entra in questo mondo si manifesta in varie forme, anche l'Anima dell'universo si manifesta in tutte queste forme. Come l'aria che entra in questo universo si manifesta in varie forme, nondimeno l'Anima Unica di tutte le anime, di tutti gli esseri, si manifesta in tutte le forme.» Questo è vero per voi quando avete compreso quest'Unità, non prima di allora. Allora sarà tutto ottimismo, perché si vedrà Lui in tutto. La domanda è che se tutto questo fosse vero che il Puro—il Sé, l'Infinito—ha permeato tutto, com'è che Lui soffre, com'è che Lui diventa triste e impuro? Non avviene, dicono le Upanishad. «Giacché il sole è la causa della capacità visiva di ogni essere, tuttavia non è difettosa per via di un difetto dell'occhio, nondimeno il Sé di tutti non è influenzato dalle sofferenze del corpo, o da alcuna sofferenza attorno a voi.» Posso avere qualche tipo di malattia e vedere tutto giallo, ma il sole non è influenzato da ciò. «Lui è l'Unico, il Creatore di tutto, il Governatore di tutti, l'Anima Intima di ogni essere vivente — Lui rende la Sua Unicità molteplice. Pertanto i saggi che lo riconoscono come l'Anima delle loro anime, a loro appartiene la pace eterna; a nessun altro, a nessun altro. Colui che in questo mondo di fugacità scopre Colui che mai cambia, che in questo universo di morte trova l'Unica Vita, che in questa molteplicità trova l'Unicità e tutti coloro che Lo considerano come l'Anima delle loro anime, a loro spetta la pace eterna, a nessun altro, a nessun altro. Dove trovare Lui nel mondo esterno, dove trovare Lui nei soli, nelle lune, nelle stelle? Là il sole non può illuminare, né la luna, né le stelle, né il fulmine può illuminare quel posto. Cosa dire di questo fuoco mortale? Se Lui splende, tutto il resto splende. È la Sua luce che loro hanno preso in prestito e Lui brilla attraverso di loro.» Di seguito un'altra bellissima similitudine. Chi di voi è stato in India e ha visto come l'albero di baniano spunta da una radice e si sparge lontano capirà. Lui è quell'albero di baniano; è la radice di tutti e ha ramificato all'esterno finché non è diventato questo universo e, per quanto si possa estendere, ognuno dei suoi tronchi e rami è connesso con gli altri.

Nelle sezioni Brahmana dei Veda si parla di diversi paradisi, ma l'insegnamento filosofico delle Upanishad mette da parte l'idea di andare in paradiso. La felicità non è in questo o quel paradiso, è nell'anima; i luoghi non significano nulla. Di seguito propongo un altro passaggio che indica i vari stadi di realizzazione: «Nel paradiso degli antenati, come un uomo vede le cose in sogno, così si vede la Verità Reale». Come nei sogni vediamo le cose in modo vago e non ben distinto, là vediamo la Realtà nello stesso modo. Esiste un altro paradiso chiamato il Gandharva, in cui c'è ancora meno chiarezza; come un uomo vede il suo riflesso nell'acqua, così là si vede la Realtà. Il paradiso più alto tra quelli concepiti dagli Indù è denominato Brahmaloka e qui la Verità è vista in modo molto più chiaro, come luce e ombra, ma non ancora del tutto distintamente. Ma come un uomo vede il suo viso in uno specchio, perfetto, distinto e chiaro, così la Verità splende nell'anima dell'uomo. Il paradiso più alto, quindi, è nelle nostre anime. Il tempio di culto più importante è l'anima umana, più grande di ogni paradiso, sostiene il Vedanta, poiché in nessun paradiso possiamo comprendere la realtà in modo così distinto e chiaro come in questa vita, nella nostra anima. Cambiare posto non aiuta molto. Quando ero in India, ho pensato che la grotta mi avrebbe fornito una visione più nitida. Ho scoperto che non era così. Allora ho pensato che potesse farlo la foresta, poi Varanasi. Ma la stessa difficoltà esisteva ovunque, perché siamo noi che facciamo il nostro mondo. Se sono cattivo, il mondo intero è cattivo con me. Questo è ciò che dicono le Upanishad. E la stessa cosa si applica a ogni mondo. Se muoio e vado in paradiso, dovrei trovare la stessa cosa, dato che finché non sono puro è inutile andare nelle grotte, o nelle foreste, o a Varanasi, e se ho lucidato il mio specchio, non importa dove vivo, ho la Realtà proprio per quella che è. Così è inutile correre di qua e di là sprecando energie invano, che dovrebbero essere spese soltanto per lucidare lo specchio. Ancora viene espressa la stessa idea: «Nessuno vede Lui, nessuno vede la Sua forma con gli occhi. È nella mente, nella mente pura, che si vede Lui e si guadagna quest'immortalità».

Coloro che erano presenti alle conferenze estive sul Raja-Yoga saranno interessati a sapere che ciò che è stato insegnato allora era un diverso tipo di Yoga. Lo Yoga che stiamo ora prendendo in considerazione consiste principalmente nel controllo dei sensi. Quando i sensi sono trattenuti come schiavi dall'anima umana, quando non possono più disturbare la mente, allora lo Yogi ha raggiunto l'obiettivo. «Quando si rinuncia a tutti i desideri vani del cuore, allora il mortale diventa immortale, allora lui diventa uno con Dio persino qui. Quando vengono sciolti tutti i nodi del cuore, allora il mortale diventa immortale e gode di Brahman qui.» Qui, su questa Terra, e in nessun posto.

Bisogna spendere qualche parola su questo punto. Sentirete generalmente dire che questo Vedanta, questa filosofia e altri sistemi orientali, guardano soltanto a qualcosa oltre, trascurando i piaceri e le fatiche di questa vita. Quest'idea è assolutamente sbagliata. Quelli che dicono così sono soltanto persone ignoranti che non conoscono niente del pensiero orientale e non hanno mai avuto abbastanza cervello per capire qualcosa del suo vero insegnamento. Al contrario, leggiamo nelle nostre scritture che i nostri filosofi non desiderano andare in altri mondi, ma li sminuiscono come posti in cui la gente piange e ride solo per un brevissimo instante e poi muore. Finché siamo deboli dovremo passare attraverso queste esperienze, ma qualsiasi cosa sia vera è qui ed è nell'anima umana. E si sottolinea anche questo, che attraverso il suicidio non possiamo rifuggire l'inevitabile, non possiamo eluderlo. Ma la strada giusta è difficile da trovare. Gli Indù sono pratici quanto gli occidentali, differiamo soltanto per la visione della vita. Uno dice «Costruiamo una bella casa, lasciateci avere bei vestiti, cibo, cultura intellettuale e così via, poiché la vita è tutta qui». E in questo è assolutamente pratico. Ma l'Indù dice che la vera conoscenza del mondo significa conoscenza dell'anima, metafisica. E vuole godere di questa vita. In America c'era un grande agnostico, un uomo molto nobile, un uomo molto buono e un oratore molto raffinato. Ha tenuto lezioni sulla religione, della quale diceva che è inutile. Perché disturbare le nostre menti con altri mondi? Ha impiegato questa similitudine: abbiamo un'arancia e vogliamo spremerne il succo. Una volta ho incontrato uno che mi ha detto «Sono completamente d'accordo con te. Ho della frutta e anch'io voglio spremerne il succo. La nostra differenza sta nella scelta della frutta. Tu vuoi un'arancia, io preferisco il mango. Tu pensi che sia abbastanza vivere qui e mangiare e bere e avere qualche scarsa conoscenza scientifica, ma non hai diritto di dire che ciò si confà a tutti i gusti. Tale concezione per me non è niente. Se dovessi soltanto imparare come una mela cade sul terreno, o come la corrente elettrica scuote i miei nervi, mi suiciderei. Io voglio comprendere il cuore delle cose, il nocciolo. Il tuo studio è la manifestazione della vita, il mio la vita stessa. La mia filosofia dice che dovete sapere ciò e scacciare dalla vostra mente tutti i pensieri di paradiso e inferno e ogni altra superstizione, anche se esistono nello stesso modo in cui questo mondo esiste. Devo conoscere il cuore di questa vita, la sua vera essenza, ciò che è, non solo come funziona e quali sono le sue manifestazioni. Desidero sapere il perché di tutto e lasciare ai bambini il percome. Come dice uno dei vostri connazionali «Mentre fumo una sigaretta, se dovessi scrivere un libro, sarebbe la scienza della sigaretta». È fantastico essere scientifici, Dio benedica gli scienziati nella loro ricerca, ma quando un uomo dice che è tutto, considera questa cosa in modo sciocco, non preoccupandosi di conoscere la *raison d'être* della vita, non conoscendo mai l'esistenza in sé. Potrei ribattere che ogni conoscenza è senza senso, senza una base. Voi studiate tutte le manifestazioni della vita e, quando vi chiedo che cos'è la vita, dite che non lo sapete. Voi siete liberi di avere il vostro studio, ma lasciate che io abbia il mio.»

Io sono pratico, molto pratico, a modo mio. Così l'idea che soltanto l'ovest è pratico è assurda. Voi siete pratici a modo vostro e io in un altro. Ci sono tipi diversi di uomini e menti. In Oriente, se si dice a un uomo che scoprirà la verità stando in piedi su una gamba sola per tutta la vita, seguirà questo metodo. In Occidente, se gli uomini sentono dire che c'è una miniera d'oro da qualche parte in un Paese non civilizzato, migliaia di persone affronteranno il pericolo là, nella speranza di avere l'oro e, forse, un soltanto ci riuscirà. Gli stessi uomini si sono sentiti dire che hanno un'anima ma sono disposti ad affidarne la cura alla chiesa. Il primo uomo non andrà vicino ai selvaggi, dice che potrebbe essere pericoloso. Ma se gli dicessimo che sulla cima di un'alta montagna vive un saggio fantastico che può offrirgli tutta la conoscenza dell'anima, proverebbe a scalare il monte fino a lui, anche se può morire nel tentativo. Entrambi i generi di uomini sono pratici, ma l'errore sta nel guardare a questo mondo come l'intera vita. Il vostro è il punto evanescente del piacere dei sensi: non c'è niente di permanente in questo, porta soltanto sempre più sofferenza, mentre il mio metodo porta la pace eterna.

Non dico che il vostro punto di vista sia errato, siete liberi di averlo. Ne risultano gran bene e beatitudine, e, per questo, non condannate il mio punto di vista. È pratico a modo suo. Lasciatemi proseguire con i nostri intenti. Tutti noi, con entrambe le visioni, saremmo per Dio ugualmente pratici. Ho visto alcuni scienziati altrettanto pratici, sia come scienziati che come uomini spirituali e ho la grande speranza che, nel corso del tempo, l'intera umanità sarà efficiente nello stesso modo. Quando una pentola d'acqua sta per bollire, se osservate il fenomeno, vedrete comparire prima una bolla e poi un'altra e così via, finché infine si uniscono tutte e si verifica un grande subbuglio. Il mondo è molto simile a ciò. Ogni individuo è come una bolla e le Nazioni assomigliano a tante bolle. Gradualmente queste Nazioni si uniscono e io sono sicuro che verrà un giorno in cui svaniranno tutte le distinzioni e l'Unicità verso la quale tutti tendiamo diverrà manifesta. Deve venire un tempo in cui ogni uomo sarà pratico tanto nel mondo scientifico quanto in quello spirituale e allora quell'Unicità, l'armonia dell'Unicità, pervaderà il mondo intero. Tutta l'umanità diventerà Jivanmuktas, libera mentre vive. Tutti noi lottiamo per raggiungere quest'unico scopo attraverso la nostra gelosia e l'odio, con l'amore e la cooperazione. Un immenso flusso scorre nell'oceano portandoci con lui e, sebbene talvolta galleggiamo senza meta come paglia e pezzi di carta, alla lunga siamo sicuri di unirci all'Oceano della Vita e della Beatitudine.

Capitolo X
La Libertà dell'Anima

Esposto a Londra, il 5 novembre 1896

La Katha Upanishad che studiamo è stata scritta molto dopo rispetto a quella che tratteremo ora: la Chhandogya. La lingua è più moderna e il pensiero più organico. Nelle più vecchie Upanishad la lingua è molto arcaica, come quella dei canti dei Veda, e talvolta si deve passare attraverso a una tale quantità di cose non necessarie per arrivare alle dottrine essenziali. La letteratura ritualistica, di cui vi ho già parlato e che forma la seconda divisione dei Veda, ha lasciato una grande quantità di segni sull'antica Upanishad, tanto che più della metà è ancora ritualistica. C'è, tuttavia, un grande beneficio nello studiare le antichissime Upanishad. Seguite, per così dire, lo sviluppo storico delle idee spirituali. Nelle Upanishad più recenti, le idee spirituali sono state raccolte e messe in un unico posto. Come nel Bhagavad Gita, per esempio, che possiamo, forse, considerare come l'ultima delle Upanishad, non trovate alcun accenno a queste idee ritualistiche. Il Gita è come un bouquet composto dai bellissimi fiori delle verità spirituali raccolte dalle Upanishad. Ma nel Gita non potete studiare la nascita delle idee spirituali, voi non può seguirle fino alla loro fonte. Per fare ciò, com'è stato precisato da molte persone, dovete studiare i Veda. La grande idea di santità che è stata legata a questi libri li ha preservati, più di qualunque altro libro al mondo, dalla mutilazione. In loro sono stati conservati tutti i pensieri al loro più alto grado e al loro più basso, l'essenziale e il non essenziale, gli insegnamenti più nobilitanti e semplici questioni di dettagli stanno fianco a fianco; poiché nessuno ha osato toccarli. I commentatori hanno provato ad appianarli e a derivare nuove fantastiche idee dalle cose vecchie; hanno provato a trovare idee spirituali persino nelle frasi più ordinarie, ma i testi sono rimasti e, in quanto tali, sono il più meraviglioso studio storico. Tutti noi sappiamo che nelle scritture di ogni religione sono stati attuati dei cambiamenti per soddisfare la spiritualità crescente dei periodi più recenti, è stata cambiata una parola qui e scritta un'altra e così via. Ciò, probabilmente, non è stato fatto con la letteratura vedica o, se è stato fatto, è quasi impercettibile. Così abbiamo questo grande vantaggio, possiamo studiare i pensieri nel loro significato originale, per osservare come si sono sviluppati, come dalle idee materialistiche si sono evolute idee spirituali sempre più raffinate, finché non hanno raggiunto il loro culmine nel Vedanta. Sono presenti anche le descrizioni di alcune delle vecchie maniere e abitudini, ma non compaiono molto nelle Upanishad. La lingua usata è originale, concisa, mnemonica.

Gli scrittori di questi libri hanno semplicemente scribacchiato queste righe come aiuto per ricordare determinati fatti che loro hanno supposto fossero già ben noti. In un racconto che stanno narrando, forse, danno per scontato che è noto a tutti coloro cui si rivolgono. Pertanto sorge una grande difficoltà, a malapena conosciamo il vero significato di una qualsiasi di queste storie, perché le tradizioni sono quasi morte e il poco che hanno lasciato è stato ingigantito. Molte nuove interpretazioni si sono sovrapposte su di esse e così quando le trovate ne Puranas sono già diventate poesie liriche. Proprio come in Occidente troviamo questo fatto prominente nello sviluppo politico delle razze occidentali che non possono sopportare leggi assolute, che cercano sempre di evitare che un uomo possa governarle e avanzano gradualmente a idee democratiche sempre più alte, idee di libertà fisica sempre più alte, così, nella metafisica indiana, appare esattamente lo stesso fenomeno nello sviluppo della vita spirituale. La molteplicità di dèi ha dato luogo a un Dio dell'universo e nelle Upanishad c'è una ribellione persino contro questo unico Dio. Non era solo l'idea di molti governatori dell'universo che regolano i loro destini a essere intollerabile, ma anche che ci sia una sola persona a regolare questo universo. Questa è la prima cosa che ci colpisce. L'idea si sviluppa sempre più, finché non raggiunge il climax. In quasi tutte le Upanishad troviamo il climax che arriva alla fine, che è il detronizzare questo Dio dell'universo. La personalità di Dio svanisce e lascia il posto all'impersonalità. Dio non è più una persona, non più un essere umano, per quanto magnificato ed esagerato, che regola questo universo, ma si è trasformato in un principio incarnato in ogni essere, immanente in tutto l'universo . Sarebbe illogico passare dal Dio Personale a quello Impersonale e, allo stesso tempo, considerare l'uomo come persona. Così viene soppiantato l'uomo personale ed è consolidato l'uomo come principio. La persona è soltanto un fenomeno, il principio è dietro. Pertanto, da entrambe le parti, simultaneamente, troviamo il collasso delle personalità e l'approccio ai principi, il Dio Personale che si avvicina all'Impersonale, l'uomo personale che si avvicina all'uomo Impersonale. Allora vengono le fasi successive della convergenza graduale delle due linee parallele del Dio Impersonale e dell'Uomo Impersonale. E le Upanishad rappresentano le fasi attraverso cui queste due linee infine diventano una sola e l'ultima parola di ogni Upanishad è «Tu sei Questo». Esiste solo Un Principio Sempre Beato ed esso si manifesta in tutta questa molteplicità.

Poi arrivarono i filosofi. Il lavoro delle Upanishad sembra essersi concluso a quel punto. L'opera successiva fu cominciata dai filosofi. La cornice era fornita loro dalle Upanishad e loro hanno dovuto aggiungere i dettagli. Quindi potrebbero sorgere naturalmente molte domande. Dando per scontato che c'è solo un Unico Principio Impersonale che si manifesta in tutte queste molteplici forme, come fa questo Uno a diventare molti? È un altro modo di considerare la stessa vecchia domanda che nella sua forma basilare entra nel cuore umano come l'indagine della causa del male e così via. Perché il male esiste nel mondo e qual è la sua causa? Ma la stessa domanda è stata ora affinata, astratta. Non ci si chiede più perché siamo infelici sul piano dei sensi, ma sul piano della filosofia. Come fa questo Unico Principio a diventare molteplice? E la risposta, come abbiamo visto, la risposta migliore che l'India abbia prodotto è la teoria del Maya la quale sostiene che Lui non sia diventato realmente molteplice, che Lui non abbia perso realmente niente della sua vera natura. La molteplicità è soltanto apparente. L'uomo è solo apparentemente una persona, ma in realtà è l'Essere Impersonale. Dio è solo apparentemente una persona, ma in realtà Lui è l'Essere Impersonale.

Anche in questa risposta ci sono state fasi conseguenti e i filosofi hanno cambiato la loro opinione. Tutti i filosofi indiani non hanno riconosciuto questa teoria del Maya. Forse la maggior parte di loro non l'ha fatto. Ci sono i dualisti, con una specie semplicistica di dualismo, che non permetterebbero di porre questa domanda, ma l'hanno repressa fin dalla nascita. Dicono «Non avete il diritto di fare tale domanda, non avete il diritto di chiedere una spiegazione. È semplicemente la volontà di Dio e noi dobbiamo sottostarvi senza obiezioni. Non c'è la libertà per l'anima umana. Tutto è predestinato: cosa faremo, ciò che avremo, ciò di cui godremo e soffriremo e quando si presenta la sofferenza, è nostro dovere sopportare pazientemente. Se non lo faremo, saremo puniti ancora di più. Come lo sappiamo? Perché lo dicono i Veda». E così loro hanno i loro testi e i loro significati e desiderano farli rispettare.

Ci sono altre persone che, nonostante non ammettano la teoria del Maya, hanno una posizione intermedia. Dicono che l'intero creato forma, per così dire, il corpo di Dio. Dio è l'Anima di tutte le anime e di tutta la natura. Nel caso delle anime individuali, fare male causa una contrazione. Quando un uomo compie una cattiva azione, la sua anima comincia a restringersi e il suo potere diminuisce sempre più, finché non compie una buona azione ed essa si espande di nuovo. Sembra esservi un concetto in comune in tutti i sistemi indiani e, penso, in ogni sistema al mondo, che si sappia o meno, ed è ciò che dovrei chiamare la divinità dell'uomo. Non c'è nessun sistema al mondo, nessuna vera religione, che non sostenga l'idea che l'anima umana, qualunque essa sia, o qualunque sia il suo rapporto con Dio, è essenzialmente pura e perfetta: è un concetto espresso nel linguaggio della mitologia, dell'allegoria o della filosofia. La sua vera natura è la beatitudine e la forza, non la debolezza e la sofferenza. In un modo o nell'altro, è arrivata questa sofferenza. I sistemi semplicistici potrebbero definirlo un male personificato, un diavolo, o un Ahriman, per spiegare come sia nata la sofferenza. Altri sistemi possono forse provare a rendere uno solo Dio e diavolo, che rende alcuni tristi e altri felici, senza alcun motivo. Altri ancora, più attenti, mettono in gioco la teoria del Maya e così via. Ma una cosa risalta chiaramente ed è ciò che dobbiamo trattare. Dopotutto, queste idee e questi sistemi filosofici sono soltanto ginnastica per la mente, esercizi intellettuali. L'unica grande idea che a me sembra chiara, e che deriva da insiemi di superstizioni in ogni Paese e in ogni religione, è l'unica illuminante idea che l'uomo è divino, che la divinità è la nostra natura.

Qualsiasi altra cosa ne derivi è mera superimposizione, come il Vedanta la denomina. Qualcosa è stato sovrapposto, ma la natura divina non muore mai. È sempre presente, sia nei più degenerati che nei più puri. Deve essere richiamata e si mostrerà. Dobbiamo chiedere e si manifesterà. Gli antichi sapevano che il fuoco viveva nella selce e nel legno secco, ma era necessario l'attrito per farlo uscire. Così questo fuoco della libertà e della purezza è la natura di ogni anima e non una qualità, perché le qualità possono essere acquisite e di conseguenza perse. L'anima è tutt'uno con la Libertà e l'anima è tutt'uno con l'Esistenza e l'anima è tutt'uno con la Conoscenza. Il Sat-Chit-Ananda — Esistenza, Conoscenza, Beatitudine Assoluta — è la natura, il diritto di nascita dell'Anima e tutte le manifestazioni che vediamo sono sue espressioni, si manifesta vagamente o chiaramente. Anche la morte è solo una manifestazione di quella Vera Esistenza. Nascita e morte, vita e declino, degenerazione e rigenerazione: sono tutte manifestazioni di quell'Unicità. Così, la conoscenza, per come si possa manifestare, sia come ignoranza sia come apprendimento, è solo la manifestazione della Chit stessa, l'essenza della conoscenza. La differenza è soltanto nel grado e non nel genere. La differenza nella conoscenza fra il più basso verme che striscia sotto i nostri piedi e il più alto genio che il mondo può produrre è soltanto rispetto al grado e non al genere. Il pensatore vedantino dice distintamente che i piaceri di questa vita, persino le gioie più depravate, sono soltanto manifestazioni di quell'Unica Divina Beatitudine, l'Essenza dell'Anima.

Questa idea sembra essere saliente nel Vedanta e, come ho detto, mi sembra presente in ogni religione. Devo ancora trovare una religione che non la sostenga. È l'unica idea universale alla base di tutte le religioni. Prendete la Bibbia per esempio. Lì trovate la frase allegorica che il primo uomo Adamo era puro e che la sua purezza è stata annullata dalle sue cattive azioni successive. Da quest'allegoria risulta chiaro che loro pensavano che la natura dell'uomo primordiale fosse perfetta. Le impurità che vediamo, le debolezze che proviamo, sono solo le superimposizioni sulla natura e la conseguente storia della religione cristiana indica che anche loro credono nella possibilità, anzi nella certezza, di riguadagnare quella antica condizione. Questa è tutta la storia della Bibbia, dell'Antico e del Nuovo Testamento. Così con i musulmani: anche loro credevano in Adamo e nella sua purezza e attraverso Maometto si è aperta la strada per riottenere lo stato perduto. Così con i buddisti: credono nello stato denominato Nirvana che sta oltre questo mondo relativo. È esattamente lo stessa cosa del Brahman dei vedantini e l'intero sistema dei buddisti è fondato sull'idea di recuperare lo stato perduto del Nirvana. Troviamo questa dottrina in ogni sistema, non potete avere niente che non fosse già vostro. Non siete in debito con nessuno in questo universo. Reclamate il vostro diritto di nascita, com'è stato più poeticamente espresso da un grande filosofo vedantino, nel titolo di uno dei suoi libri « Il raggiungimento del nostro impero ». Quell'impero è nostro, lo abbiamo perso e dobbiamo riguadagnarlo. Il mayavadino sostiene tuttavia che questa perdita dell'impero fosse un'allucinazione. Non l'avete mai perso. Questa è l'unica differenza.

Sebbene tutti i sistemi concordino fin qui, sul fatto che avessimo un impero e che lo abbiamo perso, ci offrono svariati consigli su come riconquistarlo. Si dice che dovete attuare determinate cerimonie, pagare certe somme di denaro ai certi idoli, mangiare specifici alimenti, vivere in un determinato modo per riavere quell'impero. Altri dicono che se piangete e vi prostrate e chiedete perdono a un certo Essere oltre la natura, riguadagnerete quell'impero. Altri ancora dicono che se amate tale Essere con tutto il vostro cuore, riacquisirete quell'impero. Tutti questi diversi consigli sono presenti nelle Upanishad. Procedendo, vedrete che è così. Ma l'ultimo e migliore suggerimento è che non dovete piangere affatto. Non dovete passare attraverso tutte queste cerimonie e non dovete prestare alcuna attenzione al modo di riguadagnare il vostro impero, perché non lo avete mai perduto. Perché dovreste andare in cerca di ciò che non avete mai perso? Voi siete già puri, voi siete già liberi. Se pensate di essere liberi, siete subito liberi, e se pensate di essere vincolati, sarete vincolati. È una dichiarazione molto audace e, come ho spiegato all'inizio di questo corso, dovrò parlarvi con molta decisione. Ora potrebbe spaventarvi, ma quando ci rifletterete e lo realizzerete nella vostra vita arriverete a capire che ciò che dico è vero. Poiché, ammesso che questa libertà non sia la vostra natura, per nessuna ragione potete diventare liberi. Supponiamo che foste liberi e in qualche modo avete perso la libertà: questo dimostra, tanto per cominciare, che non eravate liberi. Se fosse stati liberi, che cosa potrebbe avervi fatto perdere questo stato? L'indipendente non può mai non essere reso dipendente. Se è davvero dipendente, la sua indipendenza era un'illusione.

Delle due posizioni, allora, quale sceglieresti? Se dite che l'anima era per sua natura pura e libera, ne consegue ovviamente che non c'era niente in questo universo in grado di renderla vincolata o limitata. Ma se ci fosse qualcosa in natura in grado di vincolare l'anima, ne consegue naturalmente che non era libera e la vostra dichiarazione che era libera è un'errata convinzione. Così se ci è possibile raggiungere la libertà, la conclusione inevitabile è che l'anima sia libera per natura. Non può essere altrimenti. Libertà significa indipendenza dalle cose esterne che significa che niente di esterno a essa può agire su di essa in quanto causa. L'anima è senza causa e da ciò derivano tutte le grandi idee che abbiamo. Non potete dimostrare l'immortalità dell'anima, a meno che non ammettiate che è libera per sua natura, ossia che su di essa non può agire niente di esterno. Poiché la morte è un effetto prodotto da una determinata causa esterna. Bevo un veleno e muoio, mostrando così che sul mio corpo può agire qualcosa di esterno chiamato veleno. Ma se è vero che l'anima è libera, ne consegue naturalmente che niente può influenzarla e non può morire mai. Libertà, immortalità, beatitudine, tutto dipende dall'anima che deve essere oltre la legge di causazione, oltre il Maya. Tra queste due opzioni quale sceglieresti? Rendere la prima un'errata convinzione o la seconda. Io sicuramente renderò la seconda un'errata convinzione. È più conforme ai miei sentimenti e aspirazioni. Sono perfettamente conscio di essere libero per natura e non ammetterò che questo vincolo sia vero e la mia libertà un'errata convinzione.

Questa discussione prosegue in tutte le filosofie, sotto forme diverse. Anche nelle filosofie più moderne vedete sorgere la stessa discussione. Ci sono due partiti. Da una parte dicono che non c'è anima, che l'idea di anima è un'illusione prodotta dal transito ripetuto delle particelle o della materia, che determina la combinazione che viene chiamata corpo o cervello; che l'impressione della libertà è il risultato delle vibrazioni e dei movimenti e del transito continuo di queste particelle. Esistevano sette di buddisti che avevano la stessa visione e l'hanno illustrata con questo esempio: se i giovani prendono una torcia e la fanno girare velocemente, ci sarà un cerchio di luce. Questo cerchio non esiste realmente, perché la torcia cambia posto in ogni momento. Siamo soltanto gruppi di piccole particelle che nel loro rapido vorticare producono l'illusione di un'anima permanente. L'altro partito sostiene che nella rapida successione di pensiero, la materia si presenta come illusione e non esiste davvero. Così vediamo una parte sostenere che lo spirito è un'illusione e l'altra che la materia è un'illusione. Da che parte state? Considereremo lo spirito, naturalmente, e negheremo la materia. Le argomentazioni sono simili per entrambi, soltanto che per lo spirito l'argomentazione è un po' più solida. Poiché nessuno ha mai visto cos'è la materia. Possiamo solo percepire noi stessi. Non ho mai conosciuto un uomo che potesse sentire la materia al di fuori di sé. Nessuno è mai stato in grado di saltare fuori di sé. Di conseguenza, la discussione è leggermente più forte dal lato dello spirito. In secondo luogo, la teoria dello spirito spiega l'universo, mentre il materialismo non lo fa. Pertanto la spiegazione materialistica è illogica. Se considerate tutte le filosofie esistenti e le analizzate, scoprirete che si riducono a una o all'altra di queste due posizioni. Pertanto anche qui, in una forma più intricata, in una forma più filosofica, troviamo la stessa domanda circa la purezza e la libertà naturali. Una posizione sostiene che la prima sia un'illusione e l'altra che la seconda sia un'errata convinzione. E, naturalmente, parteggiamo per la seconda, nella convinzione che il nostro vincolo sia un'illusione.

La soluzione del Vedanta è che non siamo legati, siamo già liberi. Non solo, ma dire o pensare che siamo vincolati è pericoloso: è un errore, è autosuggestione. Non appena dite «Sono vincolato», «Sono debole», «Sono indifeso», guai a voi: stringete una nuova catena attorno a voi. Non ditelo, non pensatelo. Ho sentito parlare di un uomo che viveva in una foresta ed era solito ripetere giorno e notte «Shivoham» — Sono il Benedetto — e un giorno una tigre gli piombò addosso e lo trascinò via per ucciderlo. La gente sull'altra riva del fiume lo vide e sentì la sua voce, finché rimase voce in lui, che diceva «Shivoham», persino tra le fauci della tigre. Ci sono stati tanti uomini simili. Ci sono stati casi di uomini che, mentre venivano fatti a pezzi, hanno benedetto i loro nemici. «Io sono Lui, io sono Lui e così anche te. Sono puro e perfetto e così sono anche i miei nemici. Tu sei Lui e anche io.» Questa è la posizione di forza. Tuttavia, ci sono cose fantastiche e meravigliose nelle religioni dei dualisti; meravigliosa è l'idea del Dio Personale oltre la natura, che noi adoriamo e amiamo. Talvolta quest'idea è molto calmante. Ma, dice il Vedanta, calmante è qualcosa come l'effetto che deriva da un narcotico, non naturale. Alla lunga porta debolezza e ciò che il mondo desidera oggi, più che mai, è la forza. È la debolezza, sostiene il Vedanta, la causa di tutta la sofferenza del mondo. La debolezza è l'unica causa di sofferenza. Siamo infelici perché siamo deboli. Mentiamo, rubiamo, uccidiamo e commettiamo altri crimini perché siamo deboli. Soffriamo perché siamo deboli. Moriamo perché siamo deboli. Dove non c'è niente che ci indebolisca, là non c'è morte né dolore. Siamo tristi per le illusioni. Lasciate da parte le illusioni e tutto svanirà. In realtà è semplice e lineare. Attraverso tutte queste discussioni filosofiche e con l'intensa ginnastica mentale approdiamo a questa unica idea religiosa, la più semplice al mondo.

Il Vedanta monistico è la forma più semplice in cui possiate trovare la verità. Insegnare il dualismo era un tremendo errore commesso in India ed altrove, perché le persone osservavano i principi ultimi, ma pensavano soltanto al processo che effettivamente è molto complicato. Per molti, queste straordinarie asserzioni filosofiche e logiche erano preoccupanti. Pensavano che queste cose non potessero essere rese universali, che non potessero essere seguite nella vita pratica di ogni giorno e che, sotto l'apparenza di tale filosofia, sarebbe sorta molta trascuratezza del mondo vivente.

Ma non credo affatto che le idee monistiche predicate al mondo possano produrre immoralità e debolezza. Al contrario, ho ragione di credere che è l'unico rimedio possibile. Se questa è la verità, perché permettete che la gente beva dal canale di scolo quando il torrente della vita scorre vicino? Se questa è la verità, che tutti sono puri, perché non insegnarlo al mondo intero in questo momento? Perché non insegnarlo con voce tonante a ogni uomo nato, ai santi e ai peccatori, uomini, donne e bambini, all'uomo sul trono e all'uomo che spazza le strade?

Ora sempre essere un'impresa immensa e difficile. A molti sembra molto sorprendente, ma è a causa della superstizione, nient'altro. Mangiando ogni genere di cibo cattivo e indigesto, o morendo di fame, siamo incapaci di fare un buon pasto. Abbiamo ascoltato le parole della debolezza fin dalla nostra infanzia. Sentite la gente dire che non credono nei fantasmi, ma, allo stesso tempo, ci sono molto poche persone che non provano una minima sensazione di timore nell'oscurità. È semplicemente superstizione. Così con tutte le superstizioni religiose. Ci sono persone in questo Paese che, se dicessi loro che non esiste un essere come il diavolo, penserebbero che sia morta ogni religione. In molti mi hanno detto com'è può esistere una religione senza diavolo? Come può esserci religione senza qualcuno che ci guidi? Come possiamo vivere senza essere governati da qualcuno? Ci piace essere trattati così, perché ci siamo abituati. Non siamo felici finché non veniamo rimproverati da qualcuno ogni giorno. La stessa credenza! Ma per quanto terribile possa sembrare ora, verrà un tempo in cui ci guarderemo indietro, ognuno di noi, e sorrideremo a ciascuno di quei pregiudizi che hanno offuscato l'anima pura ed eterna e ripeteremo con gioia, con verità e con forza «Sono, ero e sempre sarò libero». Quest'idea monistica deriverà dal Vedanta ed è l'unica idea che merita di vivere. Le scritture possono perire domani. Non importa se questa idea è saltata prima in mente agli Ebrei o alle persone che vivevano nelle regioni artiche. Perché questa è la verità e la verità è eterna. E la verità in sé insegna che non è proprietà riservata di nessun individuo o Nazione. Uomini, animali e dèi sono tutti comuni destinatari di questa verità unica. Perché rendere la vita triste? Perché lasciare la gente cadere in ogni sorta di pregiudizio? Offrirò diecimila vite, se venti di loro lasceranno da parte le loro credenze. Non solo in questo Paese, ma anche nella terra della sua nascita, se dite alle persone questa verità, si spaventano. Dicono «Questa idea è per i sannyasin che abbandonano il mondo e vivono nelle foreste; per loro è tutto giusto. Ma per noi poveri capifamiglia, dobbiamo avere tutti un certo timore, dobbiamo avere riti» e così via.

Le idee dualistiche hanno regolato il mondo abbastanza a lungo e questo è il risultato. Perché non fare un nuovo esperimento? Può volerci un secolo affinché tutte le menti possano accogliere il monismo, ma perché non cominciare subito? Se lo abbiamo detto a venti persone nella nostra vita, abbiamo fatto un lavoro grande.

C'è un'idea che spesso si oppone. È questo. È bene dire «Io sono il Puro, il Benedetto» ma io non posso sempre dimostrarlo nella vita. È vero, l'ideale è sempre molto difficile. Ogni bambino che nasce vede il cielo sopra di lui molto lontano, ma c'è qualche motivo per cui non dovremmo guardare verso il cielo? Seguire le superstizioni rivolverebbe le cose? Se non possiamo avere il nettare, ci risolverebbe le cose bere il veleno? Non ci sarebbe per niente di aiuto, dacché non possiamo realizzare nell'immediato la verità, entrare nell'oscurità e cedere alla debolezza e al pregiudizio?

Non ho nessun'obiezione al dualismo in molte delle sue forme. Di esse mi piace la maggior parte, ma ho da obiettare su ogni forma di insegnamento che instilla la debolezza. Questa è l'unica domanda che pongo a ogni uomo, donna o bambino, quando sono in addestramento fisico, mentale o spirituale. Siete forti? Vi sentite forti? — giacché io so che solo la verità dà forza. So che solo la verità dà vita e nient'altro che andare verso la realtà ci renderà forti e nessuno raggiungerà la verità finché non è forte. Pertanto, ogni sistema che indebolisce la mente rende prevenuti, rende giù di morale, fa desiderare ogni sorta di cose assolutamente impossibili. Misteri e superstizioni non mi piacciono, poiché il loro effetto è dannoso. Tali sistemi non portano mai bene; tali cose generano morbosità nella mente, la rendono debole, così debole che, nel corso di tempo, sarà quasi impossibile ottenere la verità o essere all'altezza di essa. La forza, quindi, è l'unica cosa indispensabile. La forza è la medicina alla malattia del mondo. La forza è la medicina che i poveri devono assumere quando vengono tiranneggiati dai ricchi. La forza è la medicina che l'ignorante deve assumere quando è oppresso dal colto; ed è la medicina che i peccatori devono avere quando sono tiranneggiati da altri peccatori; e niente dà forza come questo concetto di monismo. Niente ci rende così morali come l'idea di monismo. Niente ci fa agire così bene, al nostro meglio, come quando tutta la responsabilità è su noi stessi. Sfido ognuno di voi. Come vi comportate se vi metto un bambino tra le mani? La vostra vita intera cambierà ora. Chiunque siate, dovete diventare altruisti per il momento. Abbandonerete tutte le vostre idee criminali non appena la responsabilità ricadrà su di voi: cambierà tutto il vostro carattere. Quindi se tutta la responsabilità è sulle vostre spalle, dovremo dare tutto il meglio. Quando non abbiamo nessuno da ricercare, nessun diavolo su cui scaricare la nostra colpa, nessun Dio Personale che allevii le nostre difficoltà, quando siamo responsabili solo noi, allora ci eleveremo al meglio.

Sono responsabile del mio destino, sono colui che fa del bene a se stesso, sono colui che fa male. Sono il Puro e il Benedetto. Dobbiamo rifiutare tutti i pensieri che asseriscono il contrario. «Non ho né morte né paura, non ho né casta né credo, non ho padre né madre né fratello, amico o nemico, giacché io sono Esistenza, Conoscenza e Beatitudine Assoluta. Sono il Beato, sono il Beato. Non sono legato a virtù o a vizi, né alla felicità, né alla sofferenza. I pellegrinaggi e i libri sono cerimoniali che non possono mai vincolarmi. Non ho fame né sete; il corpo non è mio, né sono soggetto alle superstizioni e al declino che sopraggiungono al corpo. Io sono esistenza, Conoscenza e Beatitudine Assoluta. Sono il Beato, io sono il Beato.»

Questa, dice il Vedanta, è l'unica preghiera che dovremmo pronunciare. Questo è l'unico senso per raggiungere l'obiettivo, dire a noi e agli altri che siamo divini. E mentre continuiamo a ripeterlo, otteniamo la forza. Colui che esita inizialmente sarà sempre più forte e la voce aumenterà di volume finché la verità non possederà i nostri cuori, non scorrerà nelle nostre vene e pervaderà i nostri corpi. L'illusione svanirà non appena la luce diventa sempre più splendente, l'ignoranza si dileguerà man mano e allora verrà un tempo in cui tutto il resto sarà sparito e solo il Sole brillerà.

Capitolo XI
Il Cosmo: il Macrocosmo

Esposto a New York, il 19 gennaio 1896

I fiori che vediamo tutt'attorno a noi sono belli. Bello è il sorgere del sole mattutino; belle sono le varie tonalità della natura. Tutto l'universo è meraviglioso e l'uomo ne ha goduto fin da quando è comparso sulla Terra. Sublimi e maestose sono le montagne; i giganteschi fiumi che scorrono veloci e si muovono verso il mare, i deserti inesplorati, l'oceano infinito, il cielo stellato — tutto questo è effettivamente sublime, mozzafiato e bellissimo. L'insieme di esistenza che chiamiamo natura agisce sulla mente umana da tempo immemore. Agisce sul pensiero dell'uomo e, come reazione, deriva la domanda seguente: Che cosa sono questi, da dove vengono? Fin dal tempo remotissimo della più vecchia sezione di questa composizione umana antichissima, i Veda, troviamo la stessa domanda: «Da dove viene? Quando non c'era niente di niente e l'oscurità era nascosta nell'oscurità, chi ha progettato questo universo? Come? Chi conosce il segreto?» E la domanda è ricaduta su di noi attualmente. Sono stati compiuti milioni di tentativi per rispondere, tuttavia dovrà avere una risposta ancora milioni di volte. Non è che ogni risposta era un fallimento. Ogni risposta a questa domanda conteneva una parte di verità e questa verità raccoglie la forza con lo scorrere del tempo. Proverò a presentarvi il contesto della risposta che ho raccolto dagli antichi filosofi dell'India, in armonia con la moderna conoscenza.

Vediamo che in questo tra i più vecchi quesiti alcuni punti erano già stati risolti. Il primo è che c'era un periodo in cui non c'era «niente di niente», quando questo mondo non esisteva; la nostra Madre Terra con mari e oceani, fiumi e montagne, specie umane in città e villaggi, animali, piante, uccelli e pianeti e luminari, tutta quest'infinità varietà del creato non esisteva. Siamo sicuri di ciò? Proveremo a ritracciare come si è arrivati a questa conclusione. Che cosa vede l'uomo attorno a sé? Prendete una piantina. Egli getta un seme in terra e dopo vede spuntare la pianta, si innalza lentamente sopra il terreno e cresce e cresce, finché non si trasforma in un albero gigantesco. Poi muore, lasciando soltanto il seme. Completa il ciclo — viene dal seme, diventa albero ed infine torna nuovamente al seme. Osservate un uccello, come salta fuori dall'uovo, vive e poi muore, lasciando altre uova, semi di futuri uccelli. Così per gli animali, così per l'uomo. Tutto in natura comincia, per così dire, da alcuni semi, da certi rudimenti, determinate forme semplici e diventa sempre più grande e si sviluppa, proseguendo in questo modo per qualche tempo, e dopo torna alla sua forma semplice, si placa. La goccia di pioggia in cui gioca il bellissimo raggio di sole è stata portata alla forma di vapore dall'oceano, è andata lontano nell'aria e ha raggiunto una zona in cui si è trasformata in acqua ed è caduta nella sua forma attuale — per essere poi convertita di nuovo in vapore. Questo vale, in natura, per tutto ciò che ci circonda. Sappiamo che su enormi montagne hanno agito i ghiacciai e i fiumi, che lentamente ma inesorabilmente le erodono e le polverizzano in sabbia, che va alla deriva nell'oceano sul cui fondo si deposita, strato dopo strato, diventando dura come roccia, pronta ancora una volta per essere accumulata nelle montagne di successiva formazione. Ancora saranno erose e polverizzate e così prosegue il loro corso. Dalla sabbia nascono le montagne e alla sabbia tornano.

Se è vero che la natura è uniforme ovunque, se è vero — e finora nessun'esperienza umana ha contraddetto questo principio — che lo stesso processo con cui un granellino grano di sabbia viene creato avviene nella generazione di soli e stelle giganti e tutto l'universo, se è vero che l'intero universo è costruito esattamente sullo stesso piano dell'atomo, se è vero che la stessa legge prevale in tutto l'universo, allora, come è sostenuto nei Veda, «Conoscendo un pezzo di argilla, conosciamo la natura di tutta l'argilla presente nell'universo». Prendete una piantina e studiatene la vita e conosciamo l'universo per ciò che è. Se conosciamo un granello di sabbia, capiamo il segreto dell'intero universo. Applicando questo ragionamento ai fenomeni, scopriamo, innanzitutto, che tutto è praticamente simile all'inizio e alla fine. La montagna viene dalla sabbia e torna alla sabbia; il fiume nasce dal vapore e torna al vapore; la vita della pianta deriva dal seme e torna al seme; la vita umana viene dalle cellule germinali umane e torna alle cellule germinali umane. L'universo con le sue stelle e i pianeti si è creato da uno stato nebuloso e deve tornare a esso. Che cosa impariamo da ciò? Che lo stato manifesto o più grossolano è l'effetto e lo stato più fine la causa. Migliaia di anni fa, è stato dimostrato da Kapila, il grande padre grande di ogni filosofia, che distruzione significa tornare alla causa. Se questo tavolo viene distrutto, tornerà alla sua causa, a quelle fini forme e particelle che, combinate, fanno la struttura che definiamo tavolo. Se un uomo muore, tornerà agli elementi che gli hanno dato il corpo. Se la Terra muore, tornerà agli elementi che le hanno dato la forma. È ciò che viene denominato distruzione, tornare alla causa. Pertanto impariamo che l'effetto è uguale alla causa, non diverso. È soltanto in un'altra forma. Questo vetro è un effetto, aveva la sua causa e questa causa è presente nella sua forma. Una determinata quantità di materiale chiamato vetro più la forza della manodopera del produttore sono le cause, gli strumenti e il materiale che, combinati, generano questa forma chiamata vetro. La forza che era nelle mani dell'artigiano è presente nel vetro come forza di adesione, senza la quale le particelle si disgregherebbero; e anche il materiale, il vetro, è presente. Il vetro è soltanto una manifestazione di queste fini cause in una nuova figura e, se viene rotto, la forza che era presente sotto forma di adesione tornerà a unire i suo elementi e le particelle del vetro rimarranno le stesse finché non assumeranno nuove forme.

Di conseguenza vediamo che l'effetto non è mai diverso dalla causa. Questo effetto è soltanto una riproduzione della causa in una forma più grande. Successivamente impariamo che tutte queste forme particolari che chiamiamo piante, animali, o uomini si ripetono ad infinitum, crescono e calano. Il seme genera l'albero. L'albero produce il seme, che di nuovo spunta come un altro albero e così, ancora e ancora: non c'è fine a questo processo. Le gocce d'acqua scendono dalle montagne fino all'oceano e salgono come vapore, tornano alle montagne e di nuovo scendono nell'oceano. Così, crescendo e cadendo, il ciclo continua. Così per tutte le vite, così per ogni esistenza che possiamo vedere, sentire, udire o immaginare. Tutto ciò che è all'interno dei limiti della nostra conoscenza procede nello stesso modo, come l'espirazione e l'inspirazione nel corpo umano. Ogni cosa del creato continua con questo schema, un'onda cresce, un'altra cala, si alza di nuovo e ridiscende. Ogni onda ha il suo rispettivo vuoto, ogni vuoto ha la sua onda. La stessa legge deve essere applicata all'universo considerato nella sua totalità, per via della sua uniformità. Questo universo deve essere risolto nelle sue cause: il sole, la luna, le stelle e la Terra, il corpo e la mente e ogni cosa in questo universo devono tornare alle loro cause più fini, sparire, essere distrutti, per così dire. Ma vivranno nelle cause come forme fini. Da queste fini forme riemergeranno ancora come nuove terre, soli, lune e stelle.

C'è un'altra cosa da imparare riguardo a questo crescere e calare. Il seme viene dall'albero; non si trasforma subito in un albero, ma ha un periodo di inattività, o meglio, un periodo di azione latente e non manifesta. Il seme deve agire per un certo periodo nel sottosuolo. Si rompe, degenera, per così dire, e la rigenerazione nasce da questa degenerazione. All'inizio, l'intero universo deve agire similarmente per un determinato periodo in quella forma minuscola, nascosta e non manifesta, che è denominata caos e dalla quale nasce una nuova proiezione. Tutto il periodo di una manifestazione di questo universo—il suo regredire alla forma più fine, il rimanere in quello stato per un certo tempo e nascere nuovamente –, in sanscrito è denominato Kalpa o Ciclo. Dopo sorge una domanda molto importante in particolare per i tempi moderni. Vediamo che le forme più semplici si sviluppano molto lentamente e gradualmente diventano più evolute. Abbiamo visto che la causa è uguale all'effetto e l'effetto è soltanto la causa in un'altra forma. Di conseguenza questo universo non può essere creato dal nulla. Niente si crea senza una causa e la causa è l'effetto in un'altra forma.

Da che cosa questo universo allora è stato prodotto? Da un universo fine precedente. Da che cosa gli uomini sono stati prodotti? Dalla forma fine precedente. Da che cosa l'albero è stato prodotto? Dal seme, l'intero albero era là nel seme. Esce e diventa manifesto. Così, tutto questo universo è stato creato da questo stesso universo che esisteva in una forma minuta. Ora è stato reso manifesto ora. Tornerà di nuovo alla forma minuta e ancora sarà reso manifesto. Ora vediamo che le forme fini si sviluppano lentamente e diventano sempre più evolute finché non raggiungono il loro limite e quando lo hanno raggiunto tornano sempre più indietro, diventando sempre più semplici. Questo crescere e diventare più grandi, semplicemente cambiando la struttura delle parti, per così dire, è ciò che nella modernità si chiama evoluzione. È vero, perfettamente vero: lo vediamo nelle nostre vite. Nessun uomo razionale può assolutamente muovere obiezioni contro gli evoluzionisti. Ma dobbiamo apprendere un'altra cosa. Dobbiamo andare un passo oltre, cioè? Che ogni evoluzione è preceduta da un'involuzione. Il seme è il padre dell'albero, ma un altro albero era in sé il padre del seme. Il seme è la forma fine da cui viene l'albero grande e un altro albero grande era la forma involuta in quel seme. Tutto l'universo era presente nel fine universo cosmico. La cellula, che in seguito diventa l'uomo, era semplicemente l'uomo involuto ed evolve in uomo. Se ciò è chiaro, non siamo in contrasto con gli evoluzionisti, dato che vediamo che se ammettono questo punto, anziché distruggere la religione, saranno i più grandi sostenitori di esso.

Vediamo allora che niente può essere creato dal nulla. Tutto esiste nell'eternità ed esisterà nell'eternità. Il movimento è soltanto nel susseguirsi di onde e vuoti, tornando alle forme fini e ripresentandosi come grandi manifestazioni. Queste involuzione ed evoluzione avvengono in tutta la natura. Tutta la serie evolutiva che comincia con la manifestazione più bassa di vita e che raggiunge la più alta, l'uomo perfetto, deve essere stata l'involuzione di qualcos'altro. La domanda è: involuzione di che cosa? Che cosa era involuto? Dio. Gli evoluzionisti vi diranno che la vostra idea che fosse Dio è errata. Perché? Poiché vedete che Dio è intelligente, ma sappiamo che l'intelligenza si sviluppa molto più avanti nel corso dell'evoluzione. È nell'uomo e negli animali più alti che troviamo l'intelligenza, ma sono passati milioni di anni in questo mondo prima che arrivasse questa intelligenza. Quest'obiezione degli evoluzionisti non è valida, come vedremo applicandola alla nostra teoria. L'albero nasce dal seme, torna al seme; l'inizio e la fine coincidono. La Terra nasce dalla sua causa e torna a essa. Sappiamo che se possiamo trovare l'inizio possiamo trovare la fine. Per converso, sappiamo che se possiamo trovare la fine possiamo trovare l'inizio. Se così è, prendiamo in considerazione quest'intera serie evolutiva, dal protoplasma, da una parte, all'uomo perfetto, dall'altra, e la serie è una vita. Alla fine troviamo l'uomo perfetto, pertanto all'inizio deve esserci stato lo stesso. Di conseguenza, il protoplasma era l'involuzione della più alta intelligenza. Potreste non vederlo ma quell'intelligenza involuta è ciò che si dispiega finché non diventa manifesta nell'uomo perfetto. Può essere dimostrato scientificamente. Se è vera la legge di conservazione dell'energia, non potete ottenere niente da una macchina a meno che la riforniate prima. La quantità di lavoro che ottenete da un motore è esattamente la stessa che vi avete inserito sotto forma di acqua e carbone, né più né meno. Il lavoro che ora sto compiendo è proprio ciò che ho messo in me, in forma di aria, cibo e altro. È solo una questione di cambiamento e manifestazione. Nell'economia di quest'universo, non può essere aggiunta una singola particella di materia o una libbra piede di forza, né possono una particella di materia o una libbra piede di forza essere eliminate. In tal caso, che cosa è questa intelligenza? Se non era presente nel protoplasma, deve essere venuta all'improvviso, qualcosa che deriva dal niente, che è assurdo. Quindi, ne consegue necessariamente che l'uomo perfetto, l'uomo libero, l'uomo-Dio, che è andato oltre le leggi della natura e ha tutto trasceso, che non deve più passare per questo processo di evoluzione, con la nascita e la morte, l'uomo denominato «l'uomo-Cristo» dai cristiani e l'«uomo-Buddha» dai buddisti e il «Libero» dai yogi, questo uomo perfetto che è alla fine della catena evolutiva era involuto nella cellula del protoplasma, che è all'altra estremità della stessa catena.

Applicando lo stesso ragionamento all'intero universo, vediamo che l'intelligenza deve essere il Signore del creato, la causa. Qual è la nozione più evoluta che l'uomo ha in quest'universo? È l'intelligenza, l'adeguamento di parte a parte, la manifestazione di intelligenza, di cui l'antica teoria del disegno divino era un tentativo di espressione. L'inizio era, quindi, intelligenza. All'inizio quest'intelligenza era involuta e alla fine l'intelligenza si evolve. La somma dell'intelligenza manifestata nell'universo deve, quindi, essere l'intelligenza universale involuta che si dispiega. Quest'intelligenza universale è ciò che denominiamo Dio. Chiamatelo con qualsiasi altro nome, è assolutamente certo che all'inizio c'era quest'Infinita intelligenza cosmica. L'intelligenza cosmica è involuta e si manifesta, evolve, finché non diventa l'uomo perfetto, l'«uomo-Cristo», l'«uomo-Buddha». Allora torna di nuovo alla sua origine. Questo è il motivo per cui tutte le scritture dicono «In Lui viviamo e ci muoviamo e abbiamo il nostro essere». Questo è il motivo per cui tutte le scritture predicano che veniamo da Dio e a Lui torniamo. Non siate spaventati dal discorrere teologico. Se le parole vi spaventano, non siete adatti a essere dei filosofi. Quest'intelligenza cosmica è ciò che i teologi chiamano Dio.

Mi è stato chiesto molte volte «Perché usi questa parola così vecchia, Dio?» Perché è la parola migliore per il nostro scopo. Non si potrebbe trovare parola più adatta di questa, perché tutte le speranze, aspirazioni e la felicità dell'umanità sono incentrate su questa parola. È impossibile ora cambiare il mondo. Parole come queste furono inizialmente coniate da grandi santi che hanno attuato il loro prestito e ne hanno capito il significato. Ma da che sono diventate correnti nella società, gli ignoranti prendono questi termini e il risultato è che perdono il loro spirito e la loro gloria. La parola Dio è stata usata da tempo immemore e l'idea dell'intelligenza cosmica, e tutto ciò che è grande e sacro è associato a essa. Dite che, poiché alcuni stolti dicono che non è giusta, dovremmo buttarla via? Un altro uomo potrebbe venire a dire «Prendete la mia parola» e ancora un altro «Prendete la mia parola». Così non ci sarebbe fine alle parole assurde. Usate la vecchia parola, usatela soltanto con spirito vero, ripulitela dalla superstizione e realizzate appieno ciò che quest'antica parola significa. Se comprendente la forza delle leggi di associazione, sapete che queste parole sono associate a innumerevoli idee maestose e potenti. Sono state usate e adorate da milioni di anime umane e da loro collegate al meglio, a tutto ciò che è razionale, a tutto ciò che è piacevole e a tutto ciò che è grande e supremo nella natura umana. Nascono come suggestioni di queste associazioni e non possono essere smesse. Se provassi a esprimere tutto questo dicendo che Dio ha creato l'universo, non vi trasmetterei alcun significato. Tuttavia, dopo tutta questa lotta, siamo tornati a Lui, l'Antico e Supremo.

Vediamo ora che tutte le varie forme di energia cosmica, come materia, pensiero, forza, intelligenza e così via, sono semplicemente le manifestazioni di quell'intelligenza cosmica, o, come la chiameremo d'ora in avanti, il Signore Supremo. Tutto ciò che vedete, provate o sentite, l'intero universo è la sua creazione, o per essere un po' più preciso, la Sua proiezione; o per essere ancora più esatto, è il Signore Stesso. È Lui che brilla come il sole e le stelle, Lui la Madre Terra. Lui è l'oceano. Viene come la pioggerellina, come l'aria dolce che respiriamo ed è Lui che opera come forza nel corpo. Lui è il discorso pronunciato,

Lui è l'uomo che sta parlando. Lui è il pubblico qui presente. Lui è il palco su cui sto, Lui è la luce che mi permette di vedere i vostri volti. Lui è tutto. Lui è sia il materiale che la causa efficiente di quest'universo e Lui è involuto nella minuscola cellula ed evolve, dall'altra parte, e diventa di nuovo Dio. È lui che scende e si trasforma nell'atomo più basso e lentamente dispiega la Sua natura, si riunisce. Questo è il mistero dell'universo. «Tu sei l'uomo, Tu sei la donna, Tu sei l'uomo forte che cammina nell'orgoglio della sua giovinezza, Tu sei l'uomo anziano che barcolla sul suo bastone, Tu sei in tutto. Tu sei tutto, o Signore.» Questa è l'unica soluzione del Cosmo che soddisfa l'intelletto umano. In una parola, in Lui nasciamo, in Lui viviamo, a Lui torniamo.

Capitolo XII
Il Cosmo: il Microcosmo

Esposto a New York, il 26 gennaio 1896

La mente umana desidera naturalmente andare all'esterno, apparire fuori dal corpo, per così dire, attraverso i canali degli organi. L'occhio deve vedere, l'orecchio sentire, i sensi devono percepire il mondo esterno e naturalmente le meraviglie e la maestosità della natura cattura l'attenzione, prima di tutto, dell'uomo. Le prime domande che sono sorte nell'anima umana riguardavano il mondo esterno. Ci si interrogò sulla soluzione del mistero del cielo, delle stelle, dei corpi celesti, della Terra, dei fiumi, delle montagne, dell'oceano. E nelle religioni antiche troviamo tracce di come la mente umana cercava di afferrare prima di tutto ciò che è esterno. C'era un dio del fiume, un dio del cielo, un dio delle nuvole; il mondo esterno, tutto ciò che ora chiamiamo le forze della natura, divenne metamorfizzato, trasfigurato in volontà, in dèi, in messaggeri celesti. Con l'approfondirsi della questione, queste manifestazioni esterne non riuscivano a soddisfare la mente umana e infine l'energia si riversò all'interno e la domanda finì per riguardare l'anima stessa dell'uomo. Dal macrocosmo la domanda fu riportata al microcosmo, dal mondo esterno la domanda venne riflessa sull'interno. Attraverso l'analisi della natura esterna, l'uomo è portato ad analizzare l'interiorità. Questo interrogarsi sull'uomo interiore nasce con i più alti stadi di civilizzazione, con una comprensione più profonda nella natura, con un più avanzato momento di sviluppo.

Questo pomeriggio, l'argomento di discussione è l'uomo interiore. Nessun'altra questione è più vicina e più cara al sentire umano dell'interiorità dell'uomo. Quanti milioni di volte, in quanti Paesi si è posta questa domanda! I saggi e i re, i ricchi e i poveri, i santi e i peccatori, ogni uomo, ogni donna, tutti hanno posto questa domanda, di tanto in tanto. Non c'è niente di duraturo nell'evanescente vita umana? Non c'è niente, hanno chiesto, che non muoia al venir meno del corpo? Non c'è niente che viva quando la struttura corporea si sgretola in polvere? Non c'è niente che sopravviva al fuoco che riduce il corpo in cenere? E in tal caso qual è il suo destino? Dove va? Da dove è venuto? Queste domande sono state poste diverse volte e, finché ci sarà il creato, finché ci saranno cervelli umani che pensano, questo interrogativo sarà presente. Tuttavia, non è che non ci sia stata risposta. Ogni volta se n'è trovata una, e, col passare del tempo, la risposta guadagnerà sempre più forza. Alla domanda si è risposto una volta soltanto nelle migliaia d'anni passati e in tutto il tempo successivo viene riformulata, chiarita, resa più evidente al nostro intelletto. Ciò che dobbiamo fare, di conseguenza, è riformulare la risposta. Non abbiamo la presunzione di gettare nuova luce su questi problemi totalizzanti, ma soltanto di mettervi davanti all'antica verità nel linguaggio dei tempi moderni, di esporre i pensieri degli antichi nella lingua dei moderni, esporre i pensieri dei filosofi nella lingua della gente, enunciare i pensieri degli angeli nella lingua dell'uomo, enunciare i pensieri di Dio nella lingua della semplice umanità, di modo che l'uomo possa capire. Poiché la stessa essenza divina da cui emanano le idee è sempre presente nell'uomo e, pertanto, lui può sempre capirle.

Vi sto osservando. Quante cose sono necessarie per quest'osservazione? Prima di tutto gli occhi. Poiché se sono perfetto in tutto il resto, ma non ho occhi, non posso vedervi. In secondo luogo, il vero organo della vista. Perché gli occhi non sono organi. Sono solo strumenti della vista e dietro a essi c'è il vero organo, il centro nervoso nel cervello. Se quel centro fosse danneggiato, un uomo potrebbe anche avere gli occhi più limpidi, ma non sarà in grado vedere niente. Quindi è necessario che sia funzionante questo centro, o organo reale. Ugualmente per tutti i nostri sensi. L'orecchio esterno è solo uno strumento che trasporta la vibrazione del suono all'interno, verso il centro. Tuttavia non è sufficiente. Supponete che nella vostra biblioteca stiate leggendo attentamente un libro e l'orologio suona ma non lo sentite. Il suono c'è, la pulsazione nell'aria c'è, ci sono anche l'orecchio e il centro nervoso e queste vibrazioni sono state veicolate attraverso l'orecchio al centro, ma tuttavia non sentite. Che cosa manca? Non c'è la mente. Di conseguenza vediamo che la terza cosa necessaria è che ci deve essere la mente. Prima gli strumenti esterni, poi l'organo cui lo strumento esterno porterà la sensazione e infine l'organo stesso deve unirsi alla mente. Quando la mente non si unisce all'organo, l'organo e l'orecchio possono ricevere l'impressione ma, tuttavia, non ne saremo coscienti. Anche la mente è soltanto il tramite. Deve trasportare la sensazione e presentarla all'intelletto. L'intelletto è la facoltà di determinazione e decide su ciò che gli viene presentato. Questo non è ancora sufficiente. L'intelletto deve trasportare la sensazione e presentare la cosa nella sua interezza al regolatore del corpo, l'anima umana, il re sul trono. È presentata a lui e da lui poi viene l'ordine, cosa fare o cosa non fare. E l'ordine segue la stessa sequenza fino all'intelletto, alla mente, agli organi e gli organi la veicolano agli strumenti e la percezione è completa.

Gli strumenti sono nel corpo esterno, il corpo materiale dell'uomo, ma la mente e l'intelletto non lo sono. Stanno in ciò che è denominato, nella filosofia indù, il corpo più fine; e ciò che, nella teologia cristiana, avete inteso come corpo spirituale dell'uomo; più fine, molto più fine del corpo, ma non anima. Quest'anima è oltre tutto ciò. Il corpo esterno perisce in alcuni anni. Una semplice causa qualsiasi può disturbarlo e distruggerlo. Il corpo più fine non è così facilmente perituro; tuttavia talvolta degenera e altre volte diventa forte. Vediamo come, nell'uomo anziano, la mente perde vigore, come, quando il corpo è vigoroso, la mente diventa vigorosa, come varie medicine e droghe la influenzano, come ciò che è esterno agisce su di essa e come essa reagisce sul mondo esterno. Proprio come il corpo subisce progresso e decadenza, così anche la mente e, pertanto, la mente non è l'anima, perché l'anima non può né decadere né degenerare. Come lo sappiamo? Come facciamo a sapere che c'è qualcosa dietro questa mente? Poiché la conoscenza che s'illumina da sé ed è la base dell'intelligenza non può appartenere alla materia spenta e morta. Non si è mai vista materia tanto generale che avesse intelligenza come sua essenza. Nessuna materia spenta o morta può illuminarsi. È l'intelligenza che illumina tutta la materia. Questa sala è qui soltanto grazie all'intelligenza perché, in quanto sala, la sua esistenza sarebbe sconosciuta a meno che qualche intelligenza non l'abbia costruita. Questo corpo non è luminoso da sé; se così fosse, sarebbe lo stesso anche in un uomo morto. Neanche la mente e il corpo spirituale possono essere luminosi da sé. Non sono dell'essenza dell'intelligenza. Ciò che è luminoso da sé non può decadere. La luminosità di ciò che brilla di luce riflessa va e viene; ma ciò che è luce in sé, cosa può far sì che vada e venga, fiorisca e decada? Vediamo che la luna cresce e cala, perché brilla attraverso la luce mutuata dal sole. Se un pezzo di ferro è messo sul fuoco e reso rovente, risplende e brilla, ma la sua luce sparirà, perché è presa in prestito. Pertanto la decadenza è possibile soltanto per quella luce che è derivata e non è propria della sua essenza.

Ora vediamo che il corpo, la figura esterna, non ha luce propria, non è luminoso da sé e non può conoscersi; neanche la mente. Perché no? Poiché la mente cresce e cala, perché è talvolta vigorosa e talaltra debole, perché su di essa può agire tutto e qualsiasi cosa. Di conseguenza la luce che brilla attraverso la mente non è sua. Di chi è allora? Deve appartenere a ciò che ha luce per propria natura e, in quanto tale, non può mai decadere o morire, mai diventare più forte o più debole. È luminoso da sé, è la luminosità in sé. Non è possibile che l'anima conosca, è conoscenza. Non è possibile che l'anima abbia esistenza, ma è esistenza. Non è possibile che l'anima sia felice, è felicità in sé. Ciò che è felice ha preso in prestito la sua felicità; ciò che ha conoscenza ha ricevuto la sua conoscenza;

e ciò che ha esistenza ha soltanto un'esistenza riflessa. Ovunque ci siano qualità, queste qualità sono state riflesse sulla sostanza, ma l'anima non possiede conoscenza, esistenza e beatitudine come qualità, loro sono l'essenza dell'anima.

Di nuovo, ci si potrebbe domandare perché diamo ciò per assodato? Perché ammettere che l'anima ha conoscenza, beatitudine, esistenza, come sua essenza, e non le ha derivate da altro? Si può argomentare, perché non dire che la luminosità dell'anima, la beatitudine dell'anima, la conoscenza dell'anima, sono prese in prestito come la luminosità del corpo è presa in prestito dalla mente? L'errore nel sostenere ciò è che non ci sarà limite. Da chi sono state mutuate? Se diciamo da una qualche altra fonte, si ripeterà la stessa domanda. Così, alla fine dovremo arrivare a qualcosa che è luminoso da sé. Per farla breve, il percorso logico è fermarsi dove c'è luminosità in sé e non procedere oltre.

Vediamo, quindi, che questo essere umano si compone, innanzitutto, di questa copertura esterna, il corpo; in secondo luogo, il corpo più fine, che consiste in mente, intelletto ed egoismo. Dietro di loro c'è il vero Sé dell'uomo. Abbiamo visto che tutte le qualità e capacità del corpo materiale sono derivate dalla mente e la mente, il corpo più fine, prende le sue capacità e la sua luminosità dall'anima che sta dietro.

Numerose grandi domande ora sorgono sulla natura di quest'anima. Se l'esistenza dell'anima è desunta dall'argomentazione che è luminosa in sé e che conoscenza, esistenza, beatitudine sono la sua essenza, ne consegue naturalmente che quest'anima non può essere stata creata. Un'esistenza luminosa in sé, indipendente da qualsiasi altra esistenza, non può essere mai stata il risultato di niente. È sempre esistita. Non c'è mai stato un tempo in cui non esisteva, perché se l'anima non esistesse, dove sarebbe il tempo? Il tempo è nell'anima. È quando l'anima riflette le sue capacità sulla mente e la mente pensa, che c'è il tempo. Quando non c'era anima, non c'era certamente pensiero e senza pensiero non c'era tempo. Come si può dire, quindi, che l'anima esiste nel tempo, quando il tempo stesso esiste nell'anima? Non nasce né muore, ma attraversa tutte queste diverse fasi. Si manifesta lentamente e gradualmente, dal basso all'alto, e così via. Si esprime nel suo splendore, agendo sul corpo attraverso la mente; e attraverso il corpo coglie il mondo esterno e lo comprende. Prende un corpo e lo usa e, quando quel corpo è venuto a mancare ed è consumato, prende un altro corpo e così via.

Qui sorge una domanda molto interessante, la domanda generalmente nota come reincarnazione dell'anima. Talvolta la gente è spaventata da quest'idea e il pregiudizio è così forte che anche le persone intelligenti credono di essere il risultato di niente e allora, con grandissima logica, cercano di dedurre la teoria che, sebbene siano venuti dal nulla, saranno d'ora in avanti eterni. Coloro che nascono dal nulla dovranno certamente tornare al nulla. Né voi, né io o chiunque altro presente siamo venuti dal nulla e quindi non torneremo al nulla. Eternamente siamo esistiti ed esisteremo e non c'è nessuna forza sotto o sopra il sole che può annullare la vostra o la mia esistenza o rimandarci al nulla. Ora quest'idea di reincarnazione non è solo un'idea non spaventosa, ma è anche la più essenziale per il benessere morale della razza umana. È l'unica conclusione logica a cui possono arrivare gli uomini riflessivi. Se esisterete in eterno in futuro, deve essere che siete esistiti in eterno nel passato: non può essere altrimenti. Proverò a rispondere ad alcune obiezioni che vengono generalmente opposte a questa teoria. Anche se molti di voi penseranno che siano obiezioni molto sciocche, nonostante ciò dobbiamo dare loro una risposta, giacché a volte vediamo che l'uomo più riflessivo è pronto ad avanzare le idee più idiote. È già stato ampiamente detto che non c'è mai stata un'idea tanto assurda da non trovare filosofi che la difendessero. La prima obiezione è: perché non ricordiamo il nostro passato? Ci ricordiamo di tutto il nostro passato in vita? Quanti di voi ricordano cosa facevate da bambini? Nessun di voi ricorda la più tenera infanzia e, se la vostra esistenza dipende dalla memoria, allora questa discussione dimostra che non siete esistiti come bambini, perché non vi ricordate la vostra fanciullezza. È semplicemente completa assurdità dire che la nostra esistenza dipende dal nostro ricordo di essa. Perché dovremmo ricordare il passato? Che il cervello è andato, rotto, ed è stato prodotto un nuovo cervello. Ciò che è arrivato a questo cervello è la risultante, la somma delle impressioni acquisite nel passato, con cui la mente è venuta ad abitare il nuovo corpo.

Mentre sto qui, io sono l'effetto, il risultato, di tutto l'infinito passato che si è fissato in me. E perché è necessario che io ricordi tutto il passato? Quando un grande antico saggio, un veggente, o un profeta dei tempi antichi, che è arrivato faccia a faccia davanti alla verità, dice qualcosa, questi uomini moderni si levano per dire «Oh, era uno sciocco!» Ma usiamo solo un altro nome: «Lo dice Huxley o Tyndall»; allora deve essere vero e lo danno per certo. Al posto delle vecchie superstizioni, loro hanno eretto moderne superstizioni, al posto dei vecchi Papi della religione hanno installato i Papi moderni della scienza. Così vediamo che quest'obiezione riguardo alla memoria non è valida ed è praticamente l'unica obiezione seria che è stata sollevata contro questa teoria. Sebbene abbiamo visto che non è necessario per la teoria che ci sia la memoria delle vite passate, tuttavia, allo stesso tempo, siamo nella posizione di asserire che ci sono casi che indicano che questa memoria si presenta e che ognuno di noi riavrà la memoria nella vita in cui saremo liberi. Solo allora scoprirete che questo mondo è soltanto un sogno. Solo allora vi renderete conto, nell'anima della vostra anima, che siete soltanto attori e che il mondo è un palcoscenico. Solo allora vi arriverà l'idea di non attaccamento con la forza del tuono. Solo allora tutta la sete per il piacere, l'attaccamento alla vita e a questo mondo svaniranno per sempre. Allora la mente vedrà in modo chiaro, come la luce del giorno, quante volte tutte queste cose sono esistite per voi, quanti milioni di volte avete avuto padri e madri, figli e figlie, mariti e mogli, parenti e amici, ricchezza e potere. Sono venute e andate. Quante volte eravate sulla cresta più alta dell'onda e quante volte eravate nell'abisso della disperazione! Quando la memoria vi ridarà tutti questi ricordi, solo allora sarete come eroi e sorriderete quando il mondo vi guarderà male. Solo allora vi alzerete per dire: «Non mi curo neanche di te, o Morte, che paura mi fai?» Questo verrà per tutti.

Ci sono argomenti, prove razionali per questa reincarnazione dell'anima? Finora abbiamo riportato il lato negativo, mostrando gli argomenti contrari per confutare questa teoria. Ci sono prove positive? Ce ne sono e anche molto valide. Nessun'altra teoria, eccetto quella della reincarnazione, giustifica l'ampia divergenza che troviamo fra uomo e uomo nelle loro capacità di acquisire la conoscenza. In primo luogo, consideriamo il processo tramite il quale la conoscenza viene acquisita. Supponiamo che io vada in strada e veda un cane. Come so che è un cane? Lo rinvio alla mia mente e nella mia mente ci sono gruppi di tutte le mie esperienze precedenti, organizzate e classificate, per così dire. Non appena si presenta una nuova impressione, la colgo e la rimando a qualcuna delle classificazioni e, non appena trovo un gruppo di impressioni uguali già esistenti, la inserisco in quel gruppo e sono soddisfatto. So che è un cane perché coincide con le impressioni che ho già. Quando, dentro di me, non trovo l'analogo di questa nuova esperienza divento insoddisfatto. Quando, non trovando l'analogo di un'impressione, diventiamo insoddisfatti, questo stato nella mente è chiamato «ignoranza»; ma, trovando analoghe impressioni già esistenti, siamo soddisfatti; questo è denominato «conoscenza». Quando una mela è caduta, gli uomini sono diventati insoddisfatti. Allora hanno scoperto gradualmente il gruppo. Che cos'era il gruppo che hanno scoperto? Che tutte le mele sono cadute, così la chiamarono «gravitazione». Ora vediamo che, senza una base di esperienza pregressa, sarebbe impossibile ogni nuova esperienza, dato che non ci sarebbe niente a cui riferire la nuova impressione. Così, se, come alcuni dei filosofi europei pensano, un bambino venisse al mondo con ciò che loro denominano tabula rasa, tale bambino non raggiungerebbe mai nessun grado di capacità intellettuale, perché non avrebbe niente cui riferire le sue nuove esperienze. Vediamo che la capacità di acquisizione della conoscenza varia in ciascun individuo e ciò indica che ognuno di noi è nato con un bagaglio proprio di conoscenza. La conoscenza può essere ottenuta in un modo soltanto, con l'esperienza; non c'è nessun altro modo di conoscere. Se non lo abbiamo sperimentato in questa vita, dobbiamo averlo sperimentato in altre vite. Com'è che la paura della morte è ovunque? Un pulcino è appena uscito dal guscio e arriva un'aquila e il pollo vola timoroso dalla sua mamma. Esiste una vecchia spiegazione (dovrei a malapena conferirle la dignità di tale nome). È denominata istinto. Che cosa fa aver paura, a quel pulcino appena uscito dall'uovo, di morire? Com'è che non appena un anatroccolo covato dall'anatra va vicino all'acqua ci salta dentro e nuota? Non ha mai nuotato prima, né visto qualcuno nuotare. La gente lo chiama istinto. È una grande parola, ma ci lascia al punto in cui eravamo prima. Studiamo questo fenomeno dell'istinto. Una bambina comincia a suonare il piano. Inizialmente deve prestare attenzione a ogni tasto che diteggia e man mano che va avanti, per mesi e anni, suonare diventa quasi involontario, istintivo. Ciò che prima era fatto con cosciente volontà più avanti non richiede più uno sforzo della volontà. Questa non è ancora una prova completa. Ne rimane una metà ed è che quasi tutte le azioni che non siano istintive possono essere portate sotto il controllo dalla volontà. Ogni muscolo del corpo può essere controllato. Si sa perfettamente. Quindi la dimostrazione è completa grazie a questo doppio metodo, cioè che ciò che ora denominiamo istinto è la degenerazione delle azioni volontarie; di conseguenza, se applichiamo l'analogia a tutto il creato, se la natura è tutta uniforme, allora ciò che è istinto nei più bassi animali, così come nell'uomo, deve essere la degenerazione della volontà.

Applicando la legge su cui ci siamo soffermati al macrocosmo, che ogni involuzione presuppone un'evoluzione e ogni evoluzione un'involuzione, vediamo che l'istinto è ragione involuta. Ciò che denominiamo istinto negli uomini o negli animali deve quindi essere azioni involute, degenerate, volontarie e le azioni volontarie sono impossibili senza l'esperienza. L'esperienza ha dato inizio a quella conoscenza e la conoscenza è là. La paura della morte, l'anatroccolo che va verso l'acqua e tutte le azioni involontarie nell'essere umano che sono divenute istintive sono i risultati delle esperienze passate. Finora abbiamo proceduto molto chiaramente e finora la più recente scienza è con noi. Ma qui sorge una nuova difficoltà. Gli ultimi uomini di scienza tornano agli antichi saggi e, finché lo fanno, c'è perfetto accordo. Ammettono che ogni uomo e ogni animale è nato con un bagaglio di esperienza e che tutte queste azioni nella mente sono il risultato dell'esperienza passata. «Ma qual è», chiedono loro, «l'utilità nel dire che quest'esperienza appartiene all'anima? Perché non dire che appartiene al corpo e al corpo soltanto? Perché non dire che è trasmissione ereditaria?» Questa è l'ultima domanda. Perché non dire che tutta l'esperienza con cui sono nato è l'effetto risultante di tutta l'esperienza passata dei miei antenati? La somma dell'esperienza dal minuscolo protoplasma fino al più nobile essere umano è dentro di me, ma è passata di corpo in corpo nel corso della trasmissione ereditaria. Dove sarà la difficoltà? Questo problema è molto delicato e ammettiamo una certa percentuale di trasmissione ereditaria. Fin dove? Fino al fornire il materiale. Tramite le nostre azioni passate, ci conformiamo a una determinata nascita in un determinato corpo sicuro e il solo materiale adatto per quel corpo viene dai genitori che si sono resi adatti ad avere quell'anima come loro progenie.

La semplice teoria ereditaria dà per scontata, senza alcuna prova, la più sconvolgente proposta che l'esperienza mentale può essere registrata nei fatti, che l'esperienza mentale può essere involuta nella materia. Quando vi osservo nel lago della mia mente c'è un'onda. L'onda si abbassa, ma rimane nella forma fine, come un'impressione. Comprendiamo un'impressione fisica che resta nel corpo. Ma che prova c'è per supporre che l'impressione mentale può rimanere nel corpo, quando il corpo muore? Che cosa la trasporta? Ammettendo anche che fosse possibile che l'impressione mentale rimanga nel corpo, che ogni impressione, dal primo uomo fino a mio padre, fosse nel corpo di mio padre, come potrebbe essermi trasmessa? Attraverso la cellula bioplasmica? Come può essere? Poiché il corpo del padre non va al bambino in toto. Gli stessi genitori possono avere un certo numero di bambini. Allora, da questa teoria della trasmissione ereditaria, in cui l'impressione e l'impresso (vale a dire il materiale) sono un tutt'uno, ne consegue rigorosamente che con la nascita di ogni bambino i genitori perdono parte delle loro impressioni, o, se i genitori dovessero trasmettere tutte le loro impressioni, allora, dopo la nascita del primo bambino, le loro menti sarebbero vuote.

Di nuovo, se nella cellula bioplasmica è rientrata la quantità infinita di impressioni da sempre avute, dove e come è? È una posizione impossibile e finché questi fisiologi non possono dimostrare come e dove le impressioni vivono nella cellula, e che cosa intendono con impressione mentale latente nella cellula fisica, la loro posizione non può essere data per certa. Finora allora è chiaro che questa impressione è nella mente, che la mente la genera e rigenera e usa il materiale più adeguato per essa e che la mente che si era resa lei stessa adatta a un tipo particolare di corpo dovrà attendere finché non abbia quel materiale. Questo è ciò che capiamo. La teoria allora arriva a dire che c'è trasmissione ereditaria finché c'è il fornimento di materiale all'anima. Ma l'anima migra e produce corpo dopo corpo e ogni pensiero che abbiamo, ogni atto che compiamo sono immagazzinati in essa in forme fini, pronte a risorgere e prendere nuova forma. Quando vi osservo cresce un'onda nella mia mente. Si immerge, per così dire, e diventa sempre più fine, ma non muore. È pronta a rispuntare come onda sotto forma di memoria. Così per tutte le impressioni nella mia mente e quando muoio la loro forza risultante sarà su di me. Qui c'è una palla e ognuno di noi prende una mazza in mano e colpisce la palla da tutti i lati. La palla va da una parte all'altra della stanza e quando raggiunge la porta fugge via. Che cosa porta via con sé? La risultante di tutti i colpi. Ciò gli darà la sua direzione. Così, cosa dirige l'anima quando il corpo muore? La risultante, la somma di tutte le azioni svolte, dei pensieri concepiti. Se la risultante è tale da dover produrre un nuovo corpo per avere ulteriore esperienza, andrà da quei genitori pronti a fornirle materiale adatto per quel corpo. Quindi, andrà da corpo a corpo, a volte in paradiso e di nuovo sulla Terra, diventando uomo, o qualche animale più basso. In questo modo continuerà finché non avrà completato la sua esperienza e chiuso il ciclo. Allora conosce la propria natura, sa che cosa è e l'ignoranza svanisce, le sue capacità diventano manifeste, diventa perfetta. Non c'è più alcuna necessità che l'anima agisca attraverso corpi fisici, né alcuna necessità che lei agisca attraverso corpi più fini o mentali. Brilla di luce propria ed è libera, non deve più nascere, più morire.

Ora non entreremo nei particolari. Ma vi metterò di fronte a un ulteriore punto in relazione a questa teoria della reincarnazione. È la teoria che anticipa la libertà dell'anima umana. È l'unica teoria che non addossa la colpa di tutta la nostra debolezza su qualcun altro, che è un errore comune. Non guardiamo le nostre mancanze. Gli occhi non vedono se stessi, vedono gli occhi degli altri. Noi esseri umani siamo molto riluttanti a riconoscere la nostra debolezza, i nostri difetti, finché possiamo addossare la colpa a qualcun altro. Gli uomini generalmente danno tutta la colpa di vita ai loro pari, o, in mancanza di questo, a Dio, o evocano un fantasma e dicono che è destino. Dov'è il destino e chi è il destino? Raccogliamo quel che seminiamo. Siamo gli artefici del nostro destino. Nessun altro ha la colpa, nessuno ha la lode. Il vento soffia; quelle navi le cui vele sono spiegate lo accolgono e vanno avanti sul loro cammino, ma quelle che hanno le vele ammainate non prendono vento. È colpa del vento? È colpa del Padre misericordioso, il cui vento di grazia soffia senza sosta, giorno e notte, la cui misericordia non conosce declino, è colpa Sua se alcuni di noi sono felici e altri tristi? Siamo noi che creiamo il nostro destino. Il Suo sole splende per i deboli e per i forti. Il Suo vento soffia ugualmente per i santi e per i peccatori. Lui è il Signore di tutti, il Padre di tutti, misericordioso e imparziale. Dite che Lui, il Signore del creato, guarda le cose insignificanti della nostra vita nella stessa luce con cui lo facciamo noi? Che idea degenerata di Dio sarebbe! Noi siamo come cuccioli, lottiamo per la vita e la morte qui e pensiamo scioccamente che anche Dio in persona la prenderebbe sul serio quanto noi. Lui sa cosa significa il gioco dei cuccioli. I nostri tentativi di addossare a Lui la colpa, facendolo diventare colui che punisce o ricompensa, sono folli. Lui non punisce, né ricompensa nessuno. La Sua misericordia infinita è per tutti, sempre, ovunque, in ogni circostanza, incessante, indefettibile. Da noi dipende come la usiamo. Da noi dipende come la impieghiamo. Non incolpate né uomo, né Dio, né chiunque altro al mondo. Quando scoprite che soffrite, incolpate voi stessi e cercate di fare meglio.

Questa è l'unica soluzione al problema. Coloro che incolpano gli altri — e, ahimè, il loro numero aumenta di giorno in giorno — sono generalmente infelici con deboli cervelli. Si sono condotti a questa posizione con i loro errori e incolpano gli altri, ma questo non cambia la loro situazione. Non serve loro in alcun modo. Questo tentativo di scaricare la colpa su gli altri non fa che indebolirli ulteriormente. Pertanto, non incolpate nessuno per le vostre mancanze, state in piedi da soli e prendetevi tutta la responsabilità. Dite «La sofferenza che provo è derivata dal mio solo agire e proprio questo dimostra che solo io potrò invertire il processo». Ciò che ho creato, posso distruggerlo; ciò che è creato da qualcun altro, io non potrò mai annullarlo. Di conseguenza, prendete una posizione, siate audaci, siate forti. Scaricate tutta la responsabilità sulle vostre spalle e sappiate che siete gli artefici del vostro destino. Tutta la forza e l'aiuto che desiderate sono dentro di voi. Quindi, create il vostro futuro. «Lasciate che il passato morto seppellisca i suoi morti.» L'infinito futuro è davanti a voi e dovete sempre ricordare che ogni parola, pensiero e atto, vanno a creare una riserva per voi e che, proprio come i pensieri maligni e le cattive azioni sono pronte a insorgere come tigri, così anche la speranza stimolante che i pensieri buoni e gli atti positivi sono pronti, con la forza di centomila angeli, a difendervi sempre e per sempre.

Capitolo XIII
Immortalità

Esposto in America

Che domanda è stata posta moltissime volte, quale idea ha portato gli uomini a indagare ulteriormente l'universo in cerca di una risposta, quale domanda è più vicina e più cara al cuore umano, quale domanda è più strettamente connessa alla nostra esistenza, se non questa: l'immortalità dell'anima umana? È stato il tema prediletto di poeti e saggi, di preti e profeti; alcuni re sul trono ne hanno discusso, i mendicanti nelle strade l'hanno sognata. Il meglio dell'umanità le si è avvicinato e il peggio l'ha sperata. L'interesse in questo tema non è ancora morto, né morirà finché esisterà la natura umana. Varie risposte sono state presentate al mondo da diverse menti. Migliaia di persone, ancora, in ogni periodo della storia hanno abbandonato la discussione, ma tuttavia la domanda rimane attuale come non mai. Spesso nel tumulto e nella battaglia delle nostre vite sembriamo dimenticarlo, ma improvvisamente qualcuno muore—forse una persona che amavamo, una a noi vicina e cara ci viene strappata via—e la lotta, il frastuono e il tumulto del mondo attorno a noi cessa per un momento e l'anima pone le vecchie domande «Cosa c'è dopo?», «Cosa ne è dell'anima?»

Tutta la conoscenza umana procede dall'esperienza; non possiamo conoscere niente se non tramite l'esperienza. Tutto il nostro ragionamento è basato sull'esperienza generalizzata, tutta la nostra conoscenza è soltanto esperienza armonizzata. Guardandoci attorno che cosa troviamo? Un cambiamento continuo. La pianta esce dal seme, si sviluppa nell'albero, completa il cerchio e ritorna al seme. L'animale nasce, vive per un certo tempo, muore e completa il cerchio. Così anche l'uomo. Le montagne si sgretolano lentamente ma inesorabilmente, i fiumi inaridiscono lentamente ma inesorabilmente, le piogge vengono dal mare e tornano al mare. Ovunque si completano cerchi, nascita, crescita, sviluppo e declino si susseguono con precisione matematica. Questa è la nostra esperienza quotidiana. In tutto questo, dietro a tutto quest'immenso insieme che chiamiamo vita, di milioni di forme e strutture, milioni e milioni di specie, dal più basso atomo all'uomo più spirituale, troviamo una certa unità. Ogni giorno vediamo che crolla il muro che si pensava dividesse una cosa da un'altra e tutta la materia viene gradualmente considerata dalla scienza moderna come unica sostanza, che si manifesta in modi differenti e in varie forme: l'unica vita che scorre attraverso tutto come una catena continua, della quale le varie forme rappresentano gli anelli, anello dopo anello si estendono quasi infinitamente, ma appartengono sempre alla stessa catena. È quel che viene denominato evoluzione. È un'antica, antichissima idea, antica quanto la società umana, diventa sempre più attuale man mano che la conoscenza umana progredisce. C'è un'altra cosa che gli antichi hanno colto, ma che nei tempi moderni non è percepita ancora in modo così distinto: è l'involuzione. Il seme diventa pianta; un granello di sabbia non si trasforma mai in pianta. È il padre che diventa un bambino; un pezzo di argilla non si trasforma mai in bambino. Da cosa viene quest'evoluzione, è la domanda. Che cos'era il seme? Era uguale all'albero. Tutte le potenzialità di un futuro albero sono in quel seme. Tutte le potenzialità di un futuro uomo sono nel bambino. Tutte le potenzialità di ogni vita futura sono nel germe. Che cos'è? Gli antichi filosofi indiani la chiamavano involuzione. Scopriamo allora che ogni evoluzione presuppone un'involuzione. Niente che non sia già presente può evolversi. Su questo punto la scienza moderna ci viene ancora in aiuto. Sapete, sulla base del ragionamento matematico, che la somma dell'energia mostrata nell'universo è la stessa ovunque. Non potete togliervi un atomo di materia o una libbra piede di forza. Non potete aggiungere nell'universo un atomo di materia o una libbra piede di forza. Essendo in questo modo, l'evoluzione non nasce dal nulla. Allora da dove viene? Dall'involuzione precedente. Il bambino è l'uomo involuto e l'uomo il bambino evoluto. Il seme è l'albero involuto e l'albero il seme evoluto. Tutte le potenzialità di vita sono nel germe. La questione diventa un po' più chiara. Aggiungeteci la prima idea di continuazione della vita. Dal più basso protoplasma all'essere umano perfetto c'è in realtà soltanto un'unica vita. Proprio come in una singola vita ci sono così tante fasi di espressione — il protoplasma che si sviluppa in bambino, il bambino, il giovane, l'uomo anziano –, così, dal protoplasma all'uomo perfetto, abbiamo una sola vita continua, una catena. È evoluzione, ma abbiamo visto che ogni evoluzione presuppone un'involuzione. Tutta questa vita che si manifesta lentamente evolve dal protoplasma all'essere umano perfetto — l'Incarnazione di Dio sulla Terra –, tutta la serie è una sola vita e la sua manifestazione deve essere stata involuta proprio in quel protoplasma. Questa vita, Dio in persona sulla Terra, era involuta in esso e lentamente è uscita, si è manifestata, lentamente, lentamente, lentamente. La più alta espressione doveva essere là nello stato di germe, nella forma minuscola; quindi quest'unica forza, l'intera catena, è l'involuzione di quella vita cosmica che è ovunque. È quest'unico insieme di intelligenza che, dal protoplasma fino all'uomo perfetto, si dispiega lentamente. Non cresce. Toglietevi dalla testa ogni idea di crescita. All'idea di crescita è collegato qualcosa di esterno, qualcosa di estraneo, che smentirebbe la verità che l'Infinito che giace latente in ogni vita è indipendente dalle condizioni esterne. Può non mai crescere mai. Era sempre là e si manifesta soltanto.

L'effetto è la causa manifestata. Non c'è fondamentale differenza fra l'effetto e la causa. Prendete questo bicchiere, per esempio. C'era il materiale e il materiale più la volontà dell'artigiano hanno creato il bicchiere e queste due cose erano le sue cause e sono sempre presenti in esso. In che forma la volontà è presente? Come forza di adesione. Se non ci fosse la forza, ogni particella si allontanerebbe. Allora cos'è l'effetto? È uguale alla causa, soltanto sotto altra forma, con una composizione differente. Quando la causa è cambiata e limitata per un determinato tempo si trasforma in effetto. Dobbiamo ricordarcene. Applicando questo concetto alla nostra idea di vita, l'intera manifestazione di quest'unica serie, dal protoplasma fino all'uomo perfetto, deve essere esattamente la stessa cosa della vita cosmica. Prima è involuta e diventa più fine. E da questo fine qualcosa, che era la causa, si è evoluta, manifestandosi e diventando più materiale.

Ma la questione dell'immortalità non è ancora stata risolta. Abbiamo visto che ogni cosa dell'universo è indistruttibile. Non c'è niente di nuovo, non ci sarà niente di nuovo. La stessa serie di manifestazioni si presenta alternatamente come una ruota, va su e scende. Ogni movimento nell'universo è sotto forma di onde, che salgono e successivamente scendono. Dalle forme fini derivano corpi e corpi, che si evolvono e assumono forme più grandi, e di nuovo di fondono, per così dire, e tornano alle forme fini. Di nuovo sorgono da quelle, si evolvono per un determinato periodo e lentamente tornano alla causa. Così per tutta la vita. Ogni manifestazione di vita viene e va via ancora. Che cosa va via? La forma. La forma si rompe, ma risorge. In un certo senso i corpi e persino le forme sono eterni. Come? Supponete di prendere dei dadi e di lanciarli prendiamo e otteniamo questa sequenza di numeri: 6, 5, 3, 4. Prendiamo di nuovo i dadi e li lanciamo diverse volte. Ci deve essere un momento in cui compariranno nuovamente gli stessi numeri. Deve tornare la stessa combinazione. Ora ogni particella, ogni atomo in questo universo, io li considero come un dado e questi vengono lanciati e combinati ancora e ancora. Tutte queste forme davanti a voi sono una combinazione. Qui ci sono le forme di un bicchiere, di un tavolo, di una caraffa d'acqua, e così via. È una combinazione; col tempo, si romperà. Ma deve venire un periodo in cui tornerà esattamente la stessa combinazione, quando sarete qui e questa forma sarà qui, questo argomento sarà discusso e questa caraffa sarà nella stessa posizione . Questo è avvenuto un numero infinito di volte e un numero infinito di volte si ripeterà. Finora con le forme fisiche.

Che cosa scopriamo? Che persino la combinazione delle forme fisiche si ripete in eterno.

Una delle conclusioni più interessanti che deriva da questa teoria è la spiegazione di fatti come questi: forse alcuni di voi hanno visto un uomo che sa leggere la vita passata degli altri e sa predire il futuro. Com'è possibile per qualcuno vedere cosa sarà il futuro, a meno che non ci sia un futuro regolare? Gli effetti del passato ricorreranno nell'avvenire e vediamo che è così. Avete visto la grande ruota panoramica a Chicago. La ruota gira e le piccole cabine della ruota si susseguono regolarmente; un gruppo di persone vi entra e dopo, aver fatto un giro completo, esce e un nuovo insieme di persone sale. Ognuno di questi gruppi è come una di queste manifestazioni, dai più bassi animali all'uomo più alto. La natura è come la serie della ruota panoramica, interminabile e infinita, e le piccole carrozze sono i corpi o le forme in cui nuovi gruppi di anime entrano, andando sempre più in alto finché non diventano perfetti e scendono dalla ruota. Ma la ruota va avanti. E fino a quando ci sono corpi sulla ruota, si può prevedere con certezza matematica dove andranno, ma non è così per le anime. Pertanto è possibile leggere il passato e il futuro della natura con precisione. Vediamo, allora, che c'è ricorrenza degli stessi fenomeni materiali in determinati periodi e che le stesse combinazioni hanno luogo in eterno. Ma questo non vale per l'immortalità dell'anima. Nessuna forza può morire, nessuna materia può essere annichilita. Che cosa n'è di essa? Continua a cambiare, indietro e avanti, finché non torna alla fonte da cui è venuta. Non c'è movimento in una linea retta. Tutto si muove in cerchio. Una linea retta, all'infinito, si trasforma in un cerchio. In tal caso, non può esserci degenerazione eterna per nessuna anima. Non può essere. Tutto deve completare il cerchio e ritornare alla sua fonte. Che cosa siamo io, voi e tutte queste anime? Nel nostro discorso su evoluzione e involuzione, abbiamo visto che voi e io dobbiamo essere parte della coscienza cosmica, della vita cosmica, della mente cosmica che era involuta e deve completare il suo ciclo e tornare all'intelligenza cosmica che è Dio. Quest'intelligenza cosmica è ciò che la gente chiama Signore, o Dio, o Cristo, o Buddha, o Brahman, ciò che i materialisti percepiscono come forza e gli agnostici come infinito, l'inesprimibile al di fuori della loro comprensione. E noi ne facciamo parte.

Questo è il secondo concetto e tuttavia non è sufficiente. Ci saranno ancora più dubbi. È bene dire che non c'è distruzione per qualsiasi forza. Ma tutte le forze e le forme che vediamo sono combinazioni. La forma che abbiamo davanti agli occhi è una composizione di diversi elementi e così ogni forza che vediamo è ugualmente composita. Se considerate l'idea scientifica di forza e la chiamate somma totale, la risultante di diverse forze, che cosa ne sarebbe della vostra individualità? Tutto ciò che è composto deve presto o tardi tornare alle sue parti costituenti. Qualsiasi cosa che nell'universo sia il risultato della combinazione della materia o della forza deve presto o tardi tornare ai suoi elementi. Qualsiasi cosa che sia il risultato di determinate cause deve morire, deve essere distrutta. Si rompe, si disperde e si risolve nei suoi componenti. L'anima non è una forza e nemmeno il pensiero lo è. Chi produce il pensiero lo è, non il pensiero in sé, chi produce il corpo, non il corpo in sé. Perché è così? Vediamo che il corpo non può essere l'anima. Perché no? Poiché non è intelligente. Un cadavere non è intelligente e neanche un pezzo di carne in macelleria. Che cosa intendiamo con intelligenza? Capacità reattiva. Desideriamo approfondire un po' questo punto. La caraffa è qui, la vedo. Come? I raggi di luce dalla caraffa penetrano nei miei occhi e creano un'immagine sulla mia retina, che viene veicolata al cervello. Tuttavia non c'è visione. Ciò che i fisiologi denominano nervi sensitivi trasportano quest'impressione all'interno. Ma fin qui non c'è nessuna reazione. Il centro nervoso del cervello trasporta l'impressione alla mente e la mente reagisce e, non appena avviene questa reazione, si vede la caraffa. Prendiamo un esempio più ordinario. Supponete che mi state ascoltando attentamente e una zanzara vi si posa sulla punta del naso dandovi quella sensazione piacevole che solo le zanzare sanno dare; Ma siete così intenti ad ascoltarmi che non sentite affatto la zanzara. Cos'è accaduto? La zanzara ha punto una determinata zona della vostra pelle e lì ci sono specifici nervi. Essi hanno veicolato una determinata sensazione al cervello e l'impressione è là, ma la mente, essendo occupata diversamente, non reagisce, e quindi non siete coscienti della presenza della zanzara. Quando si presenta una nuova impressione, se la mente non reagisce, non saremo coscienti di essa, ma quando la reazione avviene percepiamo, vediamo, sentiamo, e così via. Con questa reazione viene l'illuminazione, come i filosofi del Samkhya la denominano. Vediamo che il corpo non può illuminare, perché in assenza di attenzione non è possibile alcuna sensazione. Sono noti casi in cui, in particolari circostanze, un uomo che non aveva mai imparato una determinata lingua è stato in grado di parlarla. Indagini successive hanno dimostrato che l'uomo, da bambino, aveva vissuto fra gente che parlava quella lingua ed erano rimaste delle impressioni nel suo cervello. Queste impressioni sono rimaste immagazzinate là, finché per qualche causa la mente non ha reagito ed è venuta un'illuminazione, così quell'uomo era in grado di parlare quella lingua. Ciò indica che la mente da sola non è sufficiente, che la mente in sé è uno strumento nelle mani di qualcuno. Nel caso del ragazzo, la mente conteneva quella lingua, anche se lui non lo sapeva, ma più avanti venne un momento in cui ne è venuto a conoscenza. Indica che c'è qualcuno oltre alla mente. E quando il ragazzo era un bambino, quel qualcuno non ha usato la capacità, ma quando il ragazzo è cresciuto, ne ha tratto profitto e l'ha usata. Innanzitutto c'è il corpo, secondariamente la mente, o strumento di pensiero e, terzo, dietro la mente c'è il Sé dell'uomo. La parola in sanscrito è Atman. Poiché i filosofi moderni hanno identificato il pensiero attraverso i cambiamenti molecolari nel cervello, non sanno spiegare tale situazione e generalmente la negano. La mente è strettamente collegata al cervello che muore ogni volta che cambia il corpo. Il Sé è ciò che illumina e la mente è lo strumento nelle Sue mani e tramite questo strumento raggiunge lo strumento esterno e così avviene la percezione. Gli strumenti esterni ricevono le impressioni e le trasportano agli organi, poiché dovete sempre ricordarvi che gli occhi e le orecchie sono soltanto ricevitori. Sono gli organi interni, i centri cerebrali che agiscono. In sanscrito questi centri sono denominati Indriya e veicolano le sensazioni alla mente e la mente le presenta oltre a un altro stadio della mente, che in sanscrito è definito Chitta e là vengono organizzate in volontà e tutti questi le presentano al Re dei re interno, il Regolatore sul Suo trono, il Sé dell'uomo. Allora Lui vede e dà i Suoi ordini. Allora la mente subito agisce sugli organi e gli organi sul corpo esterno. Colui che percepisce realmente, il vero Regolatore, il Governatore, il Creatore, il Manipolatore di tutto è il Sé dell'uomo.

Vediamo, quindi, che il Sé dell'uomo non è il corpo e neanche il pensiero. Non può essere composto. Perché no? Poiché tutto ciò che è composto non può essere visto o immaginato. Ciò che non possiamo immaginare o percepire, ciò che non possiamo mettere insieme, non è forza o materia, causa o effetto e non può essere composto. Il dominio dei composti esiste solo fin dove si estende il nostro universo mentale, il nostro universo di pensiero. Oltre ciò non è valido. È finché vale la legge e, se c'è qualcosa oltre la legge, non può essere affatto composto. Essendo il Sé dell'uomo oltre la legge di causazione, non è composto. È sempre libero ed è il Governatore di tutto ciò che sottostà alla legge. Non morirà mai, perché morte significa tornare alle parti costituenti e ciò che non è mai stato composto non può morire. È assurdità pura dire che muore.

Ora stiamo percorrendo un terreno sempre più fine e forse alcuni di voi saranno spaventati. Abbiamo visto che questo Sé, essendo oltre il piccolo universo di materia, forza e pensiero, è semplice; e in quanto semplice non può morire. Ciò che non muore non può vivere. Perché vita e morte sono il risvolto e il rovescio della stessa medaglia. Vita è un altro nome per morte e morte per vita. Un determinato modo di manifestazione è ciò che denominiamo vita; un altro modo particolare di manifestazione della stessa cosa è ciò che chiamiamo morte. Quando l'onda si alza è vita e quando si abbassa fino a creare un vuoto è morte. Se c'è qualcosa oltre la morte, vediamo naturalmente che deve essere anche oltre la vita. Devo ricordarvi della prima conclusione, che l'anima dell'uomo è parte dell'energia cosmica esistente, che è Dio. Ora vediamo che è oltre la vita e la morte. Voi non siete mai nati e mai morirete. Che cosa sono la nascita e la morte che vediamo attorno a noi? Queste appartengono al corpo soltanto, perché l'anima è onnipresente. «Come può essere?», potreste chiedere. «C'è così tanta gente seduta qui e tu dici che l'anima è onnipresente?» Che cosa, chiedo io, limita qualcosa che sia oltre la legge, oltre la causazione? Il bicchiere è limitato; non è onnipresente, perché la materia circostante lo costringe ad assumere questa forma, non gli permette di espandersi. È condizionato da ciò che lo circonda, e pertanto è limitato. Ma ciò che è oltre la legge, dove non c'è niente che possa agire su di esso, come può essere limitato? Deve essere onnipresente. Voi siete ovunque nell'universo. Com'è possibile allora che io sono nato e morirò e tutto il resto? Questi sono discorsi da ignoranti, illusioni del cervello. Voi non siete nati e né morirete. Non avete avuto nascita, né avrete rinascita, né vita, incarnazione, né nient'altro. Che cosa si intende con andare e venire? Una vuota assurdità. Voi siete ovunque. Allora che cos'è questo andare e venire? È l'illusione prodotta dal cambiamento di questo fine corpo che chiamate mente. Che continua. Solo una nuvoletta che passa nel cielo. Mentre continua a muoversi, può produrre l'illusione che il cielo si muova. Talvolta vedete una nube muoversi davanti alla luna e pensate che sia la luna a muoversi. Quando siete in treno pensate che la terra stia scorrendo veloce, o quando siete in barca, pensate che l'acqua si muova. In realtà voi non state procedete né tornate, non nascete, non rinascerete. Siete infiniti, onnipresenti, oltre la causazione e sempre liberi. Tale questione è fuori luogo, è completo nonsenso. Come potrebbe esserci mortalità quando non c'è stata nascita?

Dovremo fare un passo avanti per arrivare alla conclusione logica. Non ci sono tappe intermedie. Siete metafisici e non c'è da chiedere pietà. Se allora siamo oltre ogni legge, dobbiamo essere onniscienti, sempre; ogni conoscenza deve essere in noi così come la forza e la beatitudine. Ovviamente. Voi siete onniscienti. Esseri onnipresenti nell'universo. Ma di tali esseri possono essercene molti? Possono esserci centomila milioni di esseri onnipresenti? Certamente no. Allora, cosa ne è di noi? Voi siete soltanto uno. C'è un unico Sé e quel Sé siete voi. Dietro a questa piccola natura c'è ciò che definiamo Anima. C'è soltanto un Unico Essere, Un'Esistenza, il sempre beato, l'onnipresente, l'onnisciente, il mai nato, il mai morto. «Sotto il Suo controllo il cielo si espande, con il Suo controllo l'aria soffia, con il Suo controllo il sole splende e con il Suo controllo tutto vive. È la Realtà in natura, Lui è l'Anima delle vostre anima, anzi, di più, voi siete Lui, voi siete uno con Lui.» Dove c'è due, c'è paura, pericolo, c'è conflitto, disputa. Quando è un tutt'Uno, chi c'è da odiare, con chi combattere? Quando è tutto Lui, con chi potete lottare? Questo spiega la vera natura della vita, spiega la vera natura dell'essere. È perfezione, è Dio. Finché vedete il molteplice, siete nell'illusione. «In questo mondo di molteplicità colui che vede l'Uno, in questo mondo in continuo mutamento, colui che lo vede Colui che mai cambia, poiché Anima della sua anima, è libero, è benedetto, ha raggiunto l'obiettivo.» Di conseguenza sappiate che voi siete Lui, voi siete il Dio di quest'universo, «Tat Tvam Asi» (Ciò voi siete). Tutte le varie idee che io sono un uomo o una donna, o malato o sano, o forte o debole, o che odio o amo, o ho poche capacità sono soltanto illusioni. Tolto ciò, cosa vi rende deboli? Che cosa vi fa paura? Voi siete l'Unico Essere dell'universo. Che cosa vi spaventa? Alzatevi e siate liberi. Sappiate che ogni pensiero e parola che vi indebolisce in questo mondo è l'unico male esistente. Qualsiasi cosa renda gli uomini deboli e timorosi è l'unico male che dovrebbe essere evitato. Che cosa può spaventarvi? Se i soli calano e le lune si sgretolano in polvere e corpi su corpi vengono annichiliti, che cosa rappresenta per voi? Siate saldi come roccia; siete indistruttibili. Siete il Sé, il Dio dell'universo. Dite «Sono Esistenza Assoluta, Beatitudine Assoluta, Conoscenza Assoluta, io sono Lui» e come un leone che rompe la gabbia, spezzate la vostra catena e diventate liberi per sempre. Che cosa vi spaventa, che cosa vi trattiene? Soltanto l'ignoranza e l'illusione: nient'altro può legarvi. Siete il Puro, il Sempre Benedetto.

Gli sciocchi vi dicono che siete peccatori e voi vi sedete in un angolo a piangere. È stupidità, debolezza, ingiustizia totale dire che siete peccatori! Siete tutti Dio. Non vedete Dio e Lo chiamate uomo? Di conseguenza, se osate, basatevi su questo: modellate tutta la vostra vita su questo. Se un uomo vi taglia la gola, non dite no, dato che tagliate la gola a voi stessi. Quando aiutate un uomo povero, non provate il minimo orgoglio. Sarebbe adulazione di voi stessi e non motivo di orgoglio. Non siete voi tutto l'universo? Dov'è che esiste qualcuno che non sia voi? Siete l'Anima di questo universo. Siete il sole, la luna e le stelle, siete voi che splendete ovunque. L'intero universo è voi. Chi odierete o combatterete? Sappiate, allora, che voi siete Lui e modellate la vostra vita di conseguenza. E colui che sa ciò e modella la sua vita di conseguenza non brancolerà più nell'oscurità.

Capitolo XIV
L'Atman

Esposto in America

Molti di voi hanno letto il celebre libro di Max Müller, «Three Lectures on the Vedanta Philosophy» (N.d.t. Tre Lezioni sulla Filosofia del Vedanta), e alcuni di voi, forse, hanno letto, in tedesco, il libro del Professor Deussen sulla stessa filosofia. In ciò che viene scritto e insegnato in Occidente circa il pensiero religioso dell'India, è rappresentata principalmente una scuola di pensiero indiano, chiamata advaitismo, il lato monistico della religione indiana e talvolta si pensa che quest'unico sistema di filosofia contenga tutti gli insegnamenti dei Veda. Esistono, tuttavia, diversi periodi del pensiero indiano e, forse, questa forma non dualista è la minoranza rispetto agli altri periodi. Sin dai tempi più antichi sono esistite varie sette di pensiero in India e, poiché non c'è mai stata una chiesa strutturata o riconosciuta o un uomo qualsiasi che designasse le dottrine in cui ogni scuola doveva credere, le persone si sentivano libere di scegliere la propria forma, creavano la loro filosofia e le loro sette religiose. Abbiamo visto, quindi, che sin dai tempi più antichi l'India pullulava di sette. Attualmente non so quante centinaia di sette siano attive in India e ogni anno ne nascono moltissime di nuova formazione. Sembra che l'attività religiosa di questa Nazione sia semplicemente infaticabile.

Con queste varie sette, innanzitutto, si può compiere una suddivisione principale in due gruppi: gli ortodossi e i non ortodossi. Coloro che credono nelle scritture induiste, i Veda, come eterne rivelazioni della verità sono chiamati ortodossi, e coloro che si basano su altre autorità, rifiutando i Veda, sono gli eterodossi in India. Le principali sette della moderna eterodossia induista sono i giainisti e i buddisti. Tra gli ortodossi alcuni sostengono che le scritture siano di più grande autorità rispetto alla ragione. Altri ancora affermano che si dovrebbe conservare soltanto la sezione razionale delle scritture e il resto deve essere rifiutato.

Delle tre divisioni ortodosse — Sankhya, Naiyayika, Mimamsaka –, le prime due, benché esistessero come scuole filosofiche, non sono riuscite a formare una setta. L'unica setta che oggigiorno è diffusa in India è quella dei Mimamsaka o vedantisti. La loro filosofia è chiamata vedantismo. Tutte le scuole di pensiero induista partono dal Vedanta o dalle Upanishad, ma i monisti assunsero questo nome come se fosse una cosa speciale, perché loro volevano basare l'intera teologia e filosofia unicamente sul Vedanta. Nel corso del tempo il Vedanta è prevalso e le varie sette in India ora esistenti possono essere ricondotte a una o all'altra delle scuole. Tuttavia, tali scuole non sono unanimi nelle loro opinioni.

Riteniamo che ci siano tre principali differenze tra i vedantisti. Su un punto concordano tutti ed è che tutti credono in Dio. Tutti questi vedantisti credono anche che i Veda siano la parola rivelata di Dio, forse non esattamente nello stesso senso in cui lo intendono i cristiani e i musulmani, ma in un senso molto particolare. La loro idea è che i Veda sono espressione della conoscenza di Dio e, giacché Dio è eterno, la Sua conoscenza è eternamente con Lui, e di conseguenza sono eterni anche i Veda. C'è un altro terreno comune di credo: quello della creazione in cicli, che l'intero creato compare e scompare, che viene proiettato e diventa sempre più materiale e, alla fine di un periodo inestimabile, diventa sempre più fine, quando si dissolve e cala, e poi sopraggiunge a un periodo di riposo. E di nuovo: comincia ad apparire e segue lo stesso processo. Essi postulano l'esistenza di un materiale che chiamano Akasha, qualcosa di simile all'etere per gli scienziati, e una potenza che si chiama Prana. Riguardo al Prana sostengono che attraverso la sua vibrazione è prodotto l'universo. Quando un ciclo termina, tutta questa manifestazione della natura diventa sempre più fine e si dissolve nell'Akasha, che non può essere visto o percepito, ma da cui tutto viene creato. Tutte le forze che vediamo in natura — come la gravitazione, l'attrazione e la repulsione, o sotto forma di pensiero, sensazione, movimento del sistema nervoso –, tutte queste varie forze si risolvono nel Prana e la sua vibrazione cessa. Rimane in questo stato fino all'inizio del ciclo successivo. Allora il Prana comincia a vibrare e la vibrazione agisce sull'Akasha e tutte queste forme vengono prodotte in regolare successione.

La prima scuola di cui vi racconto è denominata scuola dualista. I dualisti credono che Dio, che è il creatore dell'universo e suo regolatore, è eternamente separato dalla natura, eternamente separato dall'anima umana. Dio è eterno, la natura è eterna, così come lo sono tutte le anime. La natura e le anime possono manifestarsi e cambiare, ma Dio rimane uguale. Ancora, secondo i dualisti questo Dio è personale in quanto ha qualità, non perché ha corpo. Lui ha attributi umani: Lui è misericordioso, Lui è giusto, Lui è potente, Lui è onnipotente, Lui non può essere avvicinato, Lo si può pregare, Lo si può amare, Lui ama a Sua volta e così via. In una parola, è un Dio umano, solo infinitamente migliore dell'uomo; egli non ha nessuno dei difetti dell'uomo. «È dispensa di un numero infinito di qualità benedette», è la loro definizione. Lui non è in grado di creare senza materiale e la natura è il materiale con cui Lui crea l'intero universo. Ci sono alcuni dualisti non vedantisti, detti «atomisti», che credono che la natura sia soltanto un infinito numero di atomi e la volontà di Dio, che agisce su questi atomi, crea. I vedantisti rifiutano la teoria atomista, dicono che è assolutamente illogica. Gli atomi indivisibili sono punti geometrici, senza importanza o grandezza; ma ciò che è senza importanza o grandezza, se moltiplicato un numero infinito di volte, rimarrà lo stesso. Tutto ciò che non ha importanza non creerà mai niente che abbia importanza; qualsiasi numero di zeri sommato non darà un numero intero. Pertanto, se questi atomi sono tali da non avere importanza o grandezza, la creazione dell'universo è ovviamente impossibile a partire da tali atomi. Di conseguenza, secondo i dualisti vedantisti, esiste ciò che loro chiamano natura indiscreta o indifferenziata ed è da questa che Dio crea l'universo. La maggioranza degli indiani è dualista. La natura umana generalmente non può concepire niente di più alto. Vediamo che il novanta per cento della popolazione sulla Terra che crede in una religione qualsiasi è dualista. Tutte le religioni dell'Europa e dell'Asia Occidentale sono dualiste; devono esserlo. L'uomo comune non può pensare a niente che non sia concreto. Naturalmente egli preferisce attaccarsi a ciò che il suo intelletto può cogliere. Vale a dire che egli può concepire i più alti concetti spirituali soltanto portandoli sul suo stesso piano. Può comprendere pensieri astratti solo rendendoli concreti. Questa è la religione delle masse di tutto il mondo. Credono in un Dio totalmente separato da loro, un grande re, un monarca nobile e potente, per così dire. Allo stesso tempo lo rendono più puro dei sovrani della Terra. Gli conferiscono buone qualità e cancellano da lui gli attributi negativi. Come se fosse possibile che il bene esista senza il male, come se si potesse concepire la luce senza avere una concezione dell'oscurità!

In tutte le teorie dualiste la prima difficoltà è: com'è possibile che sotto il controllo di un Dio giusto e misericordioso, dispensa di un numero infinito di buona qualità, possa esistere così tanto male nel mondo? La questione è stata sollevata in tutte le religioni dualiste, ma gli induisti non si sono mai inventati un Satana come risposta a ciò. Gli indù, all'unanimità, danno la colpa all'uomo e per loro era facile farlo. Perché? Perché, come vi ho appena detto, loro non credono che le anime siano state create dal nulla. Vediamo che in questa vita possiamo dare forma e struttura al nostro futuro, ognuno di noi, ogni giorno, cerca di plasmare l'indomani. Oggi fissiamo il destino del domani, domani fisseremo il destino del giorno dopo, e così via. E' assolutamente logico che questo ragionamento può essere applicato a ritroso. Se con le nostre azioni modelliamo il nostro destino nel futuro, perché non applicare la stessa regola al passato? Se, in una catena infinita, un certo numero di anelli si ripetono in modo alternato, allora, se uno dei gruppi di anelli può essere spiegato, si può spiegare tutta la catena. Così, nell'infinita lunghezza del tempo, se possiamo ritagliarne una porzione e spiegarla e comprenderla, allora, se è vero che la natura è uniforme, la stessa spiegazione deve applicarsi a tutta la catena temporale. Se è vero che forgiando il nostro destino qui, in questo breve lasso di tempo, se è vero che ogni cosa ha una causa, come vediamo ora, deve essere anche vero che ciò che siamo ora è l'effetto di tutto il nostro passato. Pertanto, per forgiare il nostro destino non è necessaria nessun'altra persona se non l'uomo stesso. I mali presenti nel mondo sono causati soltanto da noi. Noi abbiamo prodotto tutto questo male e, proprio come vediamo continuamente la sofferenza che deriva da cattive azioni, così possiamo anche vedere che gran parte dell'attuale sofferenza terrena è l'effetto della passata malvagità dell'uomo. Solo l'uomo, allora, secondo questa teoria, è responsabile. Non deve essere incolpato Dio. Lui, l'eterno Padre misericordioso, non ha affatto colpa. «Raccogliamo quel che seminiamo.»

Un'altra particolare dottrina dei dualisti è che ogni anima deve giungere infine alla salvezza. Nessuno sarà escluso. Attraverso varie vicissitudini, attraverso varie sofferenze e piaceri, ognuno di loro uscirà alla fine. Uscire da cosa? Un'idea comune di tutte le sette indù è che tutte le anime devono uscire da quest'universo. Né l'universo che noi vediamo e percepiamo e neppure uno immaginario possono essere giusti, non sono quello vero, perché in entrambi sono mescolati bene e male. Secondo i dualisti, oltre quest'universo c'è un luogo pieno soltanto di felicità e bene e quando viene raggiunto, non ci sarà più necessità di essere nati e rinati, di vivere e di morire. Quest'idea è a loro molto cara. Più nessuna malattia, niente più morte. Ci sarà felicità eterna e loro saranno in presenza di Dio per sempre e godranno di Lui per sempre. Essi ritengono che tutti gli esseri viventi, dal più basso verme ai più alti angeli e dèi, tutti, prima o poi, di raggiungeranno quel mondo dove non ci sarà più sofferenza. Ma il nostro mondo non finirà mai, prosegue all'infinito, anche se si muove a onde. Anche se il muoversi in cicli non finisce mai. Il numero di anime che dovranno essere salvate, che sono da perfezionare, è infinito. Alcune sono nelle piante, alcune negli animali più bassi, alcune negli uomini, alcune negli dèi, ma tutte, anche le più alte divinità, sono imperfette, sono vincolate. Cos'è la schiavitù? La necessità di essere nato e la necessità di morire. Anche i più alti dèi muoiono. Cosa sono questi dèi? Intendono determinati stati, determinati ruoli. Per esempio, Indra, il re degli dèi, rappresenta un ruolo specifico. Alcune anime molto alte sono andate a occupare questo posto in questo ciclo e, dopo questo ciclo, sono rinate come uomo e sono scese sulla Terra, e l'uomo molto buono in questo nuovo ciclo andrà a occupare quel posto nel ciclo successivo. Così per tutte le divinità. Ci sono alcune posizioni che sono state occupate in modo alternato da milioni e milioni di anime che, dopo aver preso quel posto, sono tornate a diventare uomini. Coloro che compiono buone azioni in questo mondo e aiutano gli altri, ma guardando a una ricompensa, con la speranza di raggiungere il cielo o ottenere la lode dei loro pari, devono, quando muoiono, raccogliere i benefici di queste buone azioni — diventano gli dèi. Ma questa non è la salvezza. La salvezza non arriverà mai se si ha la speranza di essere ricompensati. Qualsiasi cosa l'uomo desideri che il Signore gli dia. Gli uomini desiderano potere, desiderano prestigio, desiderano piaceri da dèi e i loro desideri vengono soddisfatti, ma l'effetto non potrà essere eterno. L'effetto si esaurirà dopo un certo periodo di tempo. Può essere l'eternità, ma quando sarà svanito e questi dèi dovranno scendere nuovamente sulla Terra e diventare uomini e dovranno trovare un'altra occasione di liberazione. Gli animali più bassi si eleveranno e diventeranno uomini, forse dèi, poi torneranno uomini, o regrediranno agli animali, fino al tempo in cui si libereranno di tutti i desideri di piacere, sete di vita, l'attaccamento all'«Io e ciò che è mio». Questo «Io e ciò che è mio» è la radice di tutti i mali del mondo. Se chiedete a un dualista «Questo bambino è tuo?» dirà «È di Dio. La mia proprietà non è mia, è di Dio». Tutto dovrebbe essere considerato come di Dio.

Ora, queste sette dualiste in India sono grandi vegetariani, grandi predicatori della non uccisione degli animali. Ma la loro idea al riguardo è piuttosto diversa da quella dei buddisti. Se chiedete a un buddista «Perché predicate contro l'uccisione degli animali?» egli risponderà: «Non abbiamo il diritto di togliere una vita qualsiasi» e se chiedete a un dualista «Perché non uccidete gli animali?» egli risponde «Perché sono del Signore». Così il dualista dice che questo «Io e ciò che è mio» deve essere applicato a Dio e a Dio soltanto. Lui è l'unico «Io» ed è tutto Suo. Quando un uomo ha raggiunto lo stato in cui non c'è più «Io e ciò che è mio», quando tutto è offerto al Signore, quando ama tutti ed è pronto a dare persino la sua vita per un animale, senza alcun desiderio di ricompensa, allora il suo cuore sarà purificato e quando il cuore sarà stato purificato, in quel cuore ci sarà l'amore di Dio. Dio è il centro di attrazione di ogni anima e la dualista afferma «Un ago ricoperto di argilla non sarà attirato da una calamita, ma non appena sarà rimossa l'argilla sarà attratto». Dio è la calamita e l'anima umana è l'ago e la sue cattive azioni lo sporco e la polvere che lo ricoprono. Quando l'anima è pura, andrà per naturale attrazione a Dio e rimarrà con Lui per sempre, rimanendo però eternamente separati. L'anima perfetta, se lo desidera, può assumere qualsiasi forma. È in grado di entrare in un centinaio di corpi, se lo desidera o non averne nessuno, se così vuole. Diventa quasi onnipotente, eccetto il fatto che non può creare: questo potere appartiene unicamente a Dio. Nessuno, per quanto perfetto sia, può gestire gli eventi dell'universo: tale funzione appartiene a Dio. Ma tutte le anime, quando diventano perfette, diventano per sempre felici e vivono eternamente con Dio. Questa è la posizione dualista.

Espongo un'altra idea che predicano i dualisti. Loro protestano contro l'idea di pregare Dio: «Signore, dammi questo, dammi quello». Pensano che non debba essere fatto. Se un uomo deve richiedere qualche dono materiale, dovrebbe chiederlo a esseri inferiori, chiederlo a uno di questi dèi, o angeli o a un essere perfetto per le cose temporanee. Dio è solo da amare. È quasi una bestemmia pregare Dio dicendo «Signore, dammi questo, dammi quello». Secondo i dualisti, pertanto, ciò che l'uomo vuole, prima o poi l'avrà, pregando uno degli dèi. Ma se vuole la salvezza, deve adorare Dio. Questa è la religione delle masse in India.

La vera filosofia del Vedanta inizia con coloro che sono noti come non dualisti qualificati. Essi dichiarano che l'effetto non è mai diverso dalla causa. L'effetto è soltanto la causa riprodotta in altra forma. Se l'universo è l'effetto e Dio la causa, deve essere Dio stesso — non può essere che questo. Partono asserendo che Dio è sia la causa efficiente che la causa materiale dell'universo, che Lui Stesso è il creatore e Lui Stesso il materiale da cui tutta la natura è proiettata. La parola «creazione» nella vostra lingua non ha equivalenti in sanscrito, perché non c'è nessuna setta indiana che creda nella creazione, così com'è concepita in Occidente, come qualcosa che deriva dal nulla. Sembra che un tempo c'erano alcune persone con quest'idea, ma sono stati rapidamente zittiti. Attualmente non conosco nessuna setta che vi creda. Ciò che intendiamo con creazione è la proiezione di ciò che già esiste. Ora, l'intero universo, secondo questa setta, è Dio Stesso. Egli è il materiale dell'universo. Leggiamo nei Veda: «Come l'Urnanabhi (il ragno) tesse la sua tela dal corpo… così anche tutto l'universo è venuto dall'Essere».

Se l'effetto è la causa riprodotta, la domanda è la seguente: «Com'è possibile che vediamo quest'universo materiale, vuoto, non intelligente come prodotto di un Dio che non è materiale, ma intelligenza eterna? Se la causa è pura e perfetta, come può l'effetto essere così diverso?» Che cosa sostengono questi non dualisti qualificati? La loro è una teoria molto particolare. Dicono che queste tre esistenze, Dio, la natura e l'anima, sono un tutt'uno. Dio è, per così dire, l'Anima, e la natura e le anime sono il corpo di Dio. Proprio come io ho un corpo e un'anima, così l'intero universo e tutte le anime sono il corpo di Dio e Dio è l'Anima delle anime. Pertanto, Dio è la causa materiale dell'universo. Il corpo può cambiare — può essere giovane o vecchio, forte o debole –, ma questo non pregiudica affatto l'anima. È la stessa eterna esistenza, che si manifesta attraverso il corpo. I corpi vanno e vengono, ma l'anima non cambia. Ciò nonostante, l'intero universo è il corpo di Dio e in questo senso è Dio. Ma il cambiamento nell'universo non interessa Dio. Dal materiale Lui crea l'universo e, alla fine di un ciclo, il Suo corpo diventa più fine, si contrae. All'inizio di un altro ciclo diventa di nuovo espanso e sviluppa tutti questi diversi mondi.

Ora, sia i dualisti che i non dualisti qualificati ammettono che l'anima è per sua natura pura, ma attraverso le azioni diventa impura. Il non dualista qualificato lo esprime in modo più elegante rispetto ai dualisti, dicendo che la purezza e la perfezione dell'anima si contraggono e si manifestano e ciò che ora stiamo cercando di fare è manifestare di nuovo l'intelligenza, la purezza, il potere che è naturale nell'anima. Le anime hanno moltissime qualità, ma non l'onnipotenza e l'onniscienza. Ogni cattiva azione contrae la natura dell'anima e ogni buon'azione la fa espandere e queste anime sono tutte parte di Dio. «Come da un fuoco ardente sfavillano milioni di scintille della stessa natura, anche da questo Essere Infinito, Dio, sono venute le anime.» Ognuno ha lo stesso scopo. Il Dio dei non dualisti qualificati è anche un Dio Personale, dispensa di un numero infinito di qualità benedette, solo Lui compenetra tutto nell'universo. Lui è immanente in ogni cosa e ovunque; e quando le scritture affermano che Dio è tutto, significa che Dio compenetra tutto, non che Dio è diventato il muro, ma che Dio è nel muro. Non esiste particella o atomo nell'universo in cui Lui non sia presente. Le anime sono tutte limitate, non sono onnipresenti. Quando si espandono grazie alle loro capacità e diventano perfette, non c'è più nascita e morte per loro. Vivono per sempre con Dio.

Ora arriviamo all'Advaitismo, l'ultimo e, noi pensiamo, il più bello dei fiori della filosofia e della religione che ogni Paese di ogni epoca abbia prodotto, in cui il pensiero umano raggiunge la sua massima espressione e va persino oltre il mistero che sembra impenetrabile. Questo è il Vedantismo non dualista. È troppo astruso, troppo elevato per poter essere la religione delle masse. Persino in India, la sua culla, dove è regnato sovrano per ultimi tremila anni, non è stato in grado di permeare le masse. Proseguendo ci renderemo conto che è difficile anche per le donne e gli uomini più riflessivi di ogni Paese comprendere l'Advaitismo. Ci siamo resi così deboli, ci siamo resi così bassi. Potremmo fare dichiarazioni importanti ma naturalmente vogliamo fare affidamento su qualcun altro. Siamo come pianticelle, piccole e deboli, sempre in cerca di un appoggio. Quante volte mi è stata chiesta una «religione comoda»! Pochi hanno chiesto la verità, addirittura pochissimi hanno osato apprendere la verità e una minuscola parte di loro ha osato seguirla in tutti i suoi aspetti pratici. Non è colpa loro, è tutta debolezza del cervello. Qualsiasi nuovo pensiero, soprattutto di alto livello, crea una perturbazione, cerca di creare un nuovo canale, per così dire, nella materia cerebrale e ciò scardina il sistema, fa perdere agli uomini il loro equilibrio. Loro sono abituati a determinati ambienti e devono superare una grande quantità di antichi pregiudizi, pregiudizi ancestrali, pregiudizi di classe, pregiudizi di città, pregiudizi di Paese, e dietro a tutto questo, l'immenso complesso di superstizioni innato in ogni essere umano. Tuttavia, vi sono alcune anime coraggiose al mondo che osano concepire la verità, osano accoglierla e seguirla fino alla fine.

Che cosa sostiene l'advaitista? Dice che, se c'è un Dio, Dio deve essere sia causa materiale che causa efficiente dell'universo. Lui è non solo il creatore, ma è anche il creato. Lui Stesso è questo universo. Come può essere? Dio, il puro, lo spirito, è diventato universo? Sì, apparentemente è così. Quello che tutte le persone ignoranti vedono come universo non esiste realmente. Cosa siamo io e voi e tutte le cose che vediamo? Mero autoillusionismo. C'è un'unica Esistenza, l'Infinito, il Sempre Benedetto. In quell'Esistenza noi sogniamo tutti queste varie fantasie. È l'Atman, oltre tutto, l'Infinito, al di là del conosciuto, al di là del conoscibile: in Lui e attraverso Lui vediamo l'universo. È l'unica realtà. È il tavolo, è il pubblico davanti a me, è il muro, è tutto, meno il nome e la forma. Togliete la forma del tavolo, togliete il nome: ciò che rimane è Lui. Il vedantista non gli dà un genere, non lo chiama né Lui né Lei — queste sono finzioni, illusioni del cervello umano–, non c'è sesso nell'anima. Le persone che vivono nell'illusione, che sono diventate come animali, vedono una donna o un uomo; gli dèi viventi non vedono uomini o donne. Com'è possibile che coloro che stanno oltre tutto abbiano il concetto di sesso? Tutti e tutto è l'Atman — il Sé –, senza sesso, il puro, il sempre benedetto. Sono il nome, la forma, il corpo, a essere materiali e che fanno la differenza. Se eliminate queste due differenze di nome e forma, l'intero universo è uno. Non ci sono due, ma un uno ovunque. Voi e io siamo uno. Non c'è né natura, né Dio, né l'universo, solo quell'unica Infinita Esistenza, dalla quale, attraverso nome e forma, tutti questi vengono prodotti. Come si può conoscere il Conoscitore? Non può essere conosciuto. Come si può vedere il proprio Sé? Potete soltanto specchiarvi. Così tutto questo universo è il riflesso di quell'Unico Essere Eterno, l'Atman, e come il riflesso coinvolge riflettori buoni o cattivi, così vengono trasmesse immagini buone o cattive. Pertanto, nell'assassino, il riflettore è cattivo e non il Sé. Nel santo il riflettore è puro. Il Sé — l'Atman — è per sua natura puro. È lo stesso, quell'unica Esistenza dell'universo che si riflette dal più basso verme al più alto e perfetto essere. Tutto l'universo è un'Unità, un'Esistenza, fisicamente, mentalmente, moralmente e spiritualmente. Consideriamo quest'unica Esistenza in forme diverse e aggiungiamo immagini su di Lui. All'essere che si è limitato alla condizione di uomo, Lui appare come il mondo umano. All'essere che sta sul piano più alto dell'esistenza, potrebbe sembrare paradiso. C'è una sola Anima nell'universo, non due. Non va e non torna. Non è nato, non muore, né si reincarna. Come può morire? Dove può andare? Tutti questi paradisi, tutte queste Terre, e tutti questi luoghi sono vana immaginazione della mente. Non esistono, non sono mai esistiti in passato e mai esisteranno in futuro.

Io sono onnipresente, eterno. Dove posso andare? Dove non sono già? Leggo il libro della natura. Pagina dopo pagina, finisco e vado avanti e si allontana un sogno di vita dopo l'altro. Giro un'altra pagina della vita; si presenta un altro sogno di vita e se ne va, scorrendo via, e quando ho terminato la lettura, lo lascio andare e sto in disparte, butto via il libro e tutto è finito. Cosa predica l'advaitista? Detronizza tutti gli dèi che sono esistiti, o che esisteranno nell'universo e posiziona su quel trono il Sé dell'uomo, l'Atman, più alto del sole e della luna, più elevato del paradiso, più grande di questo stesso universo. Nessun libro, né le scritture, nessuna scienza può mai immaginare la gloria del Sé che appare come l'uomo, il più glorioso Dio che ci sia mai stato, il solo Dio che sia mai esistito, esiste ed esisterà. Devo adorare, quindi, nient'altro che me stesso. «Adoro il mio Sé» dice l'advaitista. A chi mi inchino? Riverisco il mio Sé. Presso chi posso cercare sostegno? Chi può aiutare me, l'Essere Infinito dell'universo? Questi sono sogni insensati, allucinazioni. Chi ha mai aiutato ogni persona? Nessuno. Ogni volta che vedete un uomo debole, un dualista, che piange e implora aiuto da qualche parte oltre il cielo, è perché egli non sa che il cielo è anche in lui. Chiede aiuto al cielo e l'aiuto arriva. Vediamo che arriva, ma viene da dentro di sé e lui lo confonde con qualcosa che proviene dall'esterno. A volte un malato steso a letto può sentire un colpo alla porta. Si alza, apre e non trova nessuno. Torna a letto e di nuovo sente bussare. Si alza e apre la porta. Non c'è nessuno. Alla fine scopre che era il suo battito cardiaco che ha immaginato fosse un colpo alla porta. L'uomo, pertanto, dopo questa vana ricerca di diversi dèi al di fuori di sé, completa il ciclo e torno al punto di partenza ¬– l'anima umana e scopre che il Dio che cerca per mari e monti, che cerca in ogni libro, in ogni tempio, in chiese e paradisi, quel Dio che aveva persino immaginato seduto in paradiso a governare il mondo, è il suo Sé. Io sono Lui e Lui è me. Nessun altro se non io sono Dio e questo piccolo Io non è mai esistito.

Tuttavia, come può essere stato ingannato questo Dio perfetto? Non lo è mai stato. Come può aver sognato un Dio perfetto? Non ha mai sognato. La verità non sogna mai. La questione sulla provenienza di quest'illusione è assurda. L'illusione deriva soltanto dall'illusione. Non vi sarà più alcuna illusione nel momento in cui si vede la verità. L'illusione si basa sempre sull'illusione. Non si basa mai su Dio, la Verità, l'Atman. Non siete mai nell'illusione; è l'illusione che è in voi, davanti a voi. C'è una nuvola, se ne presenta un'altra e spinge via la prima e prende il suo posto. Poi ancora un'altra arriva e manda via quest'ultima. Come nell'eterno cielo azzurro compaiono nuvole di varie tonalità e colori, rimangono per un breve periodo e svaniscono, lasciando sempre lo stesso azzurro, così anche voi, eternamente puri, eternamente perfetti. Voi siete gli Dèi veri dell'universo, anzi, non sono due: ce n'è solo Uno. È sbagliato dire «Io e voi», dite «Io». Sono io che mangio con milioni di bocche. Come posso avere fame? Sono io che opero con un numero infinito di mani. Come posso essere inattivo? Sono io che vivo la vita di tutto l'universo. Dove è la morte per me? Io sono oltre ogni la vita, oltre ogni morte. Dove devo cercare la libertà? Sono libero per natura. Chi mi può legare—il Dio dell'universo? Le scritture del mondo sono soltanto piccoli schemi, che aspettano di delineare la mia gloria, a me che sono l'unica esistenza dell'universo. Allora cosa sono questi libri per me? In questo modo parla l'advaitista.

«Conoscete la verità e siate subito liberi.» Tutta l'oscurità allora svanirà. Quando l'uomo si è visto come un tutt'uno con l'Essere Infinito dell'universo, quando ogni distinzione è caduta, quando tutti gli uomini e le donne, gli dèi e gli angeli, tutti gli animali e le piante, e l'intero universo sono fusi in una sola Unicità, allora scompare ogni paura. Posso farmi male? Posso uccidermi? Posso ferire me stesso? Di chi avere paura? Potete avere paura di voi stessi? Allora ogni dolore scomparirà. Che cosa mi può causare dolore? Io sono l'Unica Esistenza dell'universo. Allora tutte le gelosie scompariranno. Di chi essere geloso? Di me stesso? Allora tutti i sentimenti negativi spariranno. Nei confronti di chi posso avere sentimenti negativi? Nei confronti di me stesso? Nell'universo ci sono solo io. E questa è l'unica strada, dice il vedantista, per la Conoscenza. Annientate questa distinzione, annientate il pregiudizio del molteplice. «Colui che in questo mondo di molteplicità vede L'Uno, colui che in questa massa di non sensibilità vede quell'Essere Senziente, colui che in questo mondo di ombre coglie la Realtà, a lui appartiene la pace eterna, a nessun altro, a nessun altro.»

Questi sono i punti salienti delle tre fasi che il pensiero religioso indiano ha adottato rispetto a Dio. Abbiamo visto che è cominciato con il Dio Personale, extra-cosmico. È passato dal corpo cosmico esterno a quello interno, Dio immanente nell'universo, e si è concluso con l'identificazione dell'anima stessa e Dio e con il rendere l'unica Anima un'unità di tutte le varie manifestazioni dell'universo. Questa è l'ultima parola dei Veda. Si comincia con il dualismo, si passa per un monismo qualificato e termina con il monismo perfetto. Sappiamo quante poche persone al mondo possono arrivare a quest'ultima fase, o addirittura osare credere in essa, e ancora meno osano agire in conformità a essa. Ma noi sappiamo che in essa sta la spiegazione di ogni etica, di ogni morale e di ogni spiritualità nell'universo. Perché tutti dicono «Fare del bene agli altri»? Dove è la spiegazione? Perché tutti i grandi uomini hanno predicato la fratellanza dell'umanità e gli uomini più grandi la fratellanza delle vite? Perché se ne erano consapevoli o meno, dietro tutto ciò, tramite le loro personali superstizioni irrazionali, appariva pian piano la luce eterna del Sé che nega ogni molteplicità e asserisce che l'universo è uno soltanto.

Ancora, l'ultima parola ci ha dato un universo, che attraverso i sensi possiamo vedere come materia, attraverso l'intelletto come anime e attraverso lo spirito come Dio. Per l'uomo che si copre con un velo, che il mondo chiama cattiveria o male, questo universo cambierà e diventerà un luogo orribile. Per un altro uomo, che vuole il piacere, questo universo cambierà il suo aspetto e diventerà un paradiso e per l'uomo perfetto tutto svanirà e diventerà il suo Sé.

Ora, poiché la società attualmente esiste, tutte e tre le fasi sono necessarie. L'una non nega l'altra, è semplicemente la realizzazione dell'altra. L'advaitista o l'advaitista qualificato non dice che il dualismo è errato. È una visione corretta, ma inferiore. È sulla via per la verità. Quindi lasciate che ognuno trovi la propria visione di quest'universo, secondo le proprie idee. Non offendete nessuno, non rifiutate la posizione di nessuno. Prendere l'uomo dove è e, se potete, dategli una mano di sostegno e mettetelo su una piattaforma più alta, ma non feritelo o non distruggetelo. Tutto arriverà alla verità, alla fine. «Quando tutti i desideri del cuore saranno vinti, allora questo mortale diventerà immortale» — allora l'uomo diventerà Dio.

Capitolo XV
L'Atman, Vincolo e Libertà

Esposto in America

Secondo la filosofia Advaita, c'è soltanto una cosa reale nell'universo, che si chiama Brahman. Tutto il resto è irreale, manifestato e prodotto a partire dal Brahman attraverso la forza del Maya. Il nostro obiettivo è raggiungere nuovamente il Brahman. Ognuno di noi è quel Brahman, quella Realtà, sommato al Maya. Se riusciamo a liberarci del Maya o ignoranza, allora diventiamo ciò che siamo realmente. Secondo questa filosofia, ogni uomo consiste di tre parti — il corpo, l'organo interno o mente e, dietro di questa, ciò che è denominato l'Atman, il Sé. Il corpo è il rivestimento esterno e la mente è quello interno dell'Atman, che è colui che percepisce davvero, che gode davvero, l'essere nel corpo che lo plasma per mezzo dell'organo interno o mente.

L'Atman è l'unica esistenza immateriale nel corpo umano. Poiché è immateriale, non può essere un composto e poiché non è un composto, non obbedisce alla legge di causa ed effetto e pertanto è immortale. Ciò che è immortale non ha inizio perché tutto quello che ha un inizio deve avere una fine. Ne consegue inoltre che deve essere senza forma: non ci può essere alcuna forma senza materia. Tutto ciò che ha forma deve avere un inizio e una fine. Nessuno di noi ha mai visto una forma che non avesse inizio e che non avrà fine. Una forma nasce da una combinazione di forza e di materia. Questa sedia ha una forma specifica, vale a dire che su una determinata quantità di materia agisce una determinata quantità di forza che le fa assumere una determinata forma. La forma è il risultato di una combinazione di materia e di forza. La combinazione non può essere eterna; per ogni combinazione arriverà un momento in cui si dissolverà. Quindi tutte le forme hanno un inizio e una fine. Sappiamo che il nostro corpo perirà. Ha avuto un inizio e avrà una fine. Ma il Sé che non ha forma non può essere limitato dalla legge d'inizio e di fine. Esiste da tempo infinito. Proprio come il tempo è eterno, così è eterno il Sé dell'uomo. In secondo luogo, deve essere onnicomprensivo. È soltanto la forma a essere condizionata e limitata dallo spazio, ciò che è senza forma non può essere confinato nello spazio. Pertanto, secondo l'Advaita Vedanta, il Sé, l'Atman in voi, in me, in ogni persona, è onnipresente.

Ora siete tanto nel sole quanto in questa Terra, tanto in Inghilterra quanto in America. Ma il Sé agisce attraverso la mente e il corpo e, dove questi sono presenti, la sua azione è visibile.

Ogni atto che svolgiamo, ogni pensiero che abbiamo producono un'impressione sulla mente, chiamata in sanscrito Samskara, e la somma di queste impressioni si trasforma in quella forza tremenda detta «carattere». Il carattere di un uomo è ciò che si è creato. È il risultato delle azioni mentali e fisiche che ha compiuto nella sua vita. La somma totale delle Samskara è la forza che dà all'uomo la direzione dopo la morte. Un uomo muore, il corpo si spegne e torna agli elementi, ma la Samskara rimane, aderendo alla mente che, essendo costituita di materiale fine, non si dissolve, perché più fine è il materiale, più è persistente. Ma anche la mente alla lunga si dissolve e questo è ciò per cui stiamo lottando. A questo proposito, l'immagine migliore che mi venga in mente è una spira di vento. Le varie correnti d'aria provenienti da sensi diversi entrano in contatto e nel punto di incontro si uniscono e continuano a roteare; mentre vorticano producono un corpo di polvere, tirando dentro pezzi di carta, paglia, ecc., in un posto, per poi lasciarli cadere e andare da un'altra parte e continuano a vorticare, crescendo e formando corpi a partire dai materiali che trovano intorno a loro. Ugualmente fanno le forze, denominate Prana in sanscrito, si uniscono e formano il corpo e la mente a partire dalla materia e continuano finché il corpo non si spegne, allora solleveranno altri materiali per formare un altro corpo e, quando questo morirà, un altro nascerà e così il processo andrà avanti. La forza non può viaggiare senza materia. Così quando il corpo si spegne, la sostanza mentale rimane, è Prana sotto forma di Samskara che agisce su di essa. E allora va in un altro punto, innalza un altro vortice a partire da nuovi materiali e comincia un altro movimento. E così viaggia da un posto all'altro finché non si esaurisce tutta la forza, e poi si spegne, concluso. Così quando la mente avrà fine, sarà divisa interamente in parti, senza lasciare alcuna Samskara, noi saremo completamente liberi e fino ad allora siamo vincolati; fino ad allora l'Atman è coperto dal vortice della mente e immagina si essere portato da un posto all'altro. Quando il vortice svanisce, l'Atman scopre che è onnicomprensivo. Può andare dove vuole, è completamente libero e anche in grado di produrre quanti corpi e menti desidera, ma fino ad allora può muoversi soltanto con il vortice. Questa libertà è l'obiettivo verso cui noi tutti tendiamo.

Supponete che, in questa stanza, ci sia una palla e che ciascuno di noi abbia una mazza in mano e cominci a colpirla, dandole centinaia di colpi, indirizzandola da un punto all'altro, finché, infine, non esce dalla stanza. Con quale forza e in quale direzione uscirà? Queste saranno determinate dalle forze che hanno agito su di essa all'interno della stanza. Tutti i vari colpi che le sono stati assestati avranno i loro effetti. Ognuna delle nostre azioni, mentali e fisiche, è un colpo simile. La mente umana è la palla che viene colpita. Veniamo sempre colpiti in questa stanza del mondo e il nostro passaggio per uscire da esso è determinato dalla forza di tutti questi colpi. In ogni caso, la velocità e la direzione della palla sono determinate dai colpi che ha ricevuto. Così tutte le nostre azioni in questo mondo determineranno la nostra futura nascita. La nostra vita attuale, quindi, è il risultato del nostro passato. Prendiamo questo esempio: supponete che io vi dia una catena infinita, in cui sono alternati un anello nero e uno bianco, senza inizio e senza fine, e supponete che io vi chieda circa la natura della catena. Inizialmente avrete difficoltà a determinare la sua natura, essendo la catena infinita a entrambe le estremità, ma lentamente scoprirete che è una catena. Presto scoprirete che questa catena infinita è una ripetizione dei due anelli, nero e bianco, e questi moltiplicati all'infinito diventano una catena intera. Se conoscete la natura di uno di questi anelli, conoscete la natura di tutta la catena, perché è una ripetizione perfetta. Tutte le nostre vite, passate, presenti e future, formano, per così dire, una catena infinita, senza inizio e senza fine: ogni anello di essa è una vita, con due estremità, nascita e morte. Ciò che siamo e facciamo qui si ripete diverse volte, ma con qualche variazione. Quindi se conosciamo questi due anelli, conosceremo tutti i passaggi che dovremo affrontare in questo mondo. Vediamo, pertanto, che il nostro passaggio in questo mondo è stato determinato esattamente dai nostri passaggi precedenti. Similmente siamo in questo mondo per le nostre azioni. Proprio come quando moriamo portiamo su di noi la somma totale delle nostre azioni presenti, ugualmente vediamo che nasciamo con la somma totale delle nostre azioni passate; ciò che ci fa uscire è esattamente la stessa cosa che ci fa entrare. Che cosa ci fa entrare? Che cosa ci porta fuori? Le nostre stesse azioni e così andiamo avanti. Come il bruco che tesse la tela dalla sua bocca e costruisce il suo bozzolo e infine si trova intrappolato all'interno di esso, anche noi ci siamo vincolati attraverso le nostre stesse azioni, abbiamo gettato la rete delle nostre azioni su noi stessi. Abbiamo stabilito la legge di causazione e troviamo difficile svincolarci da essa. Abbiamo messo in moto la ruota e veniamo schiacciati da essa. Pertanto questa filosofia ci insegna che siamo uniformemente vincolati dalle nostre azioni, buone o cattive.

L'Atman mai viene e mai va, mai nasce né muore. È la natura che si muove davanti all'Atman e il riflesso del suo movimento è sull'Atman e l'Atman pensa, stupidamente, che si stia muovendo lui e non la natura. Quando l'Atman pensa ciò è vincolato, ma quando arriva a capire che non si muove mai, è onnipresente, e allora arriva la libertà. L'Atman vincolato è denominato Jiva. Così vedete che quando si dice che l'Atman viene e va, si dice soltanto per semplicità e facile comprensione, proprio come per convenzione, nello studio dell'astronomia, vi si chiede di supporre che sia il sole a girare attorno alla Terra, benché non sia così. Così la Jiva, l'anima, arriva agli stati più alti o più bassi. Questa è la ben nota legge di reincarnazione ed è la legge che vincola tutto il creato.

La gente in questo Paese pensa che sia orribile che l'uomo debba derivare da un animale. Perché? Quale sarà la fine di questi milioni di animali? Sono niente? Se abbiamo un'anima, ce l'hanno anche loro, e se non ne hanno, neanche noi. È assurdo dire che unicamente l'uomo ha un'anima e gli animali nessuna. Ho visto uomini peggiori degli animali.

L'anima umana ha dimorato nelle forme più basse e più alte, migrando da una all'altra, secondo le Samskara o impressioni, ma è soltanto nella forma più alta, in quanto uomo, che raggiunge la libertà. La forma umana è superiore persino alla forma di angelo e di tutte le forme è la più alta. L'uomo è l'essere più alto nel creato, perché raggiunge la libertà.

Tutto questo universo era in Brahman ed era, per così dire, proiettato fuori da Lui e si muove per tornare alla fonte che lo ha proiettato, come l'elettricità che viene dalla dinamo, completa il circuito, e torna a essa. È lo stesso caso dell'anima. Proiettata dal Brahman, è passata attraverso ogni sorta di forma vegetale e animale, e infine è nell'uomo e l'uomo è il limite più vicino al Brahman. Tornare al Brahman da cui siamo stati proiettati è la grande lotta di vita. Se la gente lo sa o meno non importa. Nell'universo, qualunque cosa vediamo di moto, di contrasti in minerali o piante o animali è uno sforzo per ritornare al centro e riposare. C'era un equilibrio ed è stato distrutto. E tutti le parti e gli atomi e le molecole stanno lottando per ritrovare nuovamente l'equilibrio perso. In questa lotta si combinano e si riformano, dando vita ai fantastici fenomeni della natura. Ogni lotta e competizione nella vita animale, nella vita vegetale e in ogni altra cosa, tutte le lotte e le guerre sociali sono soltanto espressione di quella lotta eterna per riguadagnare l'equilibrio.

Andare dalla nascita alla morte, questo viaggiare, è denominato Samsara in sanscrito, letteralmente il ciclo di nascita e morte. Tutto il creato, passando attraverso questo ciclo, presto o tardi diventerà libero. La domanda che potrebbe sorgere è che se tutti otterremo la libertà, perché dovremmo lottare per raggiungerla? Se ognuno sarà libero, ci sederemo e aspetteremo. È vero che ogni essere diverrà libero, presto o tardi; nessuno può essere dimenticato. Niente può essere distrutto, tutto deve rinascere. Se questo è il caso, dov'è l'utilità del lottare? Innanzitutto, la lotta è l'unico modo che ci porterà al centro e, in secondo luogo, non sappiamo perché lottiamo. Dobbiamo farlo. «Di migliaia di uomini alcuni hanno preso coscienza dell'idea che diverranno liberi.» Le grandi masse di uomini sono soddisfatte dalle cose materiali, ma ci sono alcuni che sono coscienti e desiderano tornare, coloro che ne hanno avuto abbastanza di questo gioco qui. Queste persone lottano coscientemente, mentre il resto lo fa inconsciamente.

L'alfa e l'omega della filosofia del Vedanta è «abbandonare il mondo», abbandonare ciò che non è reale e accogliere il reale. Coloro che sono innamorati del mondo potrebbero chiedere «Perché dovremmo tentare di uscire da esso, tornare di nuovo al centro? Supponete che siamo tutti venuti da Dio, ma scopriamo che questo mondo è piacevole e carino. Perché allora non dovremmo piuttosto provare a ottenere sempre di più dal mondo? Perché dovremmo provare a uscire da esso?» Dicono, guardate i fantastici miglioramenti che avvengono ogni giorno nel mondo, quanto lusso si produce per esso. È molto piacevole. Perché dovremmo andare via e arrancare per qualcosa che non è questo? La risposta è che il mondo con certezza morirà, sarà diviso in parti e che molte volte noi abbiamo avuto gli stessi piaceri. Tutte le forme che vediamo ora si sono manifestate diverse volte e il mondo in cui viviamo è già stato, molte volte. Io sono stato qui e ho parlato con voi molte volte prima d'ora. Sapete che deve essere così e le stesse parole che ora state ascoltando, le avete già sentite molte volte prima. E molte altre volte sarà uguale. Le anime non erano mai differenti, i corpi si sono costantemente dissolti e sono ritornati. In secondo luogo, queste cose avvengono periodicamente. Supponete di avere tre o quattro dadi, quando li lanciamo esce un cinque, un quattro, l'altro fa tre, e un altro due. Se continuate a lanciarli, dovrà arrivare un momento in cui ricorreranno esattamente gli stessi numeri. Non si può asserire con quanti tiri torneranno. Questa è la legge della probabilità. La stessa nascita, mangiare e bere e poi la morte, tornano ancora e ancora. Alcune persone non trovano mai niente di più nobile dei piaceri del mondo, ma coloro che desiderano spiccare il volo e arrivare più in alto considerano questi piaceri mai definitivi, ma soltanto come incidentali.

Ogni forma, diciamo, che comincia dal vermiciattolo e si conclude con l'uomo, è come una delle carrozze della ruota panoramica, è sempre in movimento, ma gli occupanti cambiano. Un uomo entra nella cabina, si muove con la ruota ed esce. Un'anima entra in una forma, risiede in essa per un determinato periodo, poi la abbandona e va in un'altra e lascia anche questa per una terza. Così continua il ciclo finché non esce dalla ruota e diventa libera.

Sono note capacità sorprendenti di lettura del passato e del futuro della vita di un uomo in ogni Paese e in ogni epoca. La spiegazione è che, finché l'Atman è nel regno di causazione — sebbene la sua innata libertà non sia completamente persa e può farsi valere, fino al punto di portare l'anima fuori dalla catena causale, come fa nel caso degli uomini che diventano liberi –, le sue azioni sono ampiamente influenzate dalla legge causale e ciò pertanto rende possibile per gli uomini, dotati dell'intelligenza per tracciare la sequenza degli effetti, predire passato e futuro.

Se c'è desiderio o volontà, è un chiaro segno che c'è imperfezione. Un essere perfetto e libero non può avere alcun desiderio. Dio non può volere niente. Se desidera, non può essere Dio. Sarà imperfetto. Così tutti i discorsi su Dio che vuole questo e quello e che talvolta si arrabbia e talaltra è soddisfatto sono discorsi infantili e non significano niente. Di conseguenza tutti gli insegnanti hanno spiegato «Non desiderate niente, lasciate da parte tutti i desideri e siate perfettamente soddisfatti».

Un bambino entra nel mondo gattonando e senza denti e l'uomo anziano esce dal mondo senza denti e gattonando. Gli estremi sono simili, ma uno non ha esperienza della vita a lui precedente, mentre l'altro ci è passato. Quando le vibrazioni dell'etere sono molto basse, non vediamo la luce, c'è il buio, quando sono alte, il risultato è sempre il buio. Gli estremi sembrano generalmente essere gli stessi, benché siano tra essi distanti quanto i poli. Il muro non ha desideri, così pure l'uomo perfetto. Ma il muro non è abbastanza senziente per desiderare, mentre per l'uomo perfetto non c'è niente da volere. Ci sono stupidi che non hanno desideri in questo mondo, perché il loro cervello è imperfetto. Allo stesso tempo, la condizione più alta è quando non abbiamo desideri, ma i due sono poli opposti della stessa esistenza. Uno è vicino all'animale e l'altro vicino a Dio.

Capitolo XVI
L'Uomo Reale e Apparente

Esposto a New York

Noi stiamo qui e i nostri occhi guardano verso qualcosa a miglia di distanza davanti a noi. L'uomo l'ha sempre fatto da quando ha cominciato a pensare. Guarda sempre oltre, davanti. Vuole sapere dove va anche dopo la dissoluzione del corpo. Diverse teorie sono state proposte, sono stati avanzati sistemi su sistemi per suggerire delle spiegazioni. Alcune sono state rifiutate, mentre altre accettate e così si continuerà, finché ci sarà l'uomo, finché l'uomo penserà. C'è una qualche verità in ognuno di questi sistemi. C'è una buona dose di non verità in tutti. Proverò a presentarvi la somma e la sostanza, il risultato, delle indagini svolte in India in questa direzione. Cercherò di armonizzare i vari pensieri sull'argomento, come sono emersi di tanto in tanto tra i filosofi indiani. Proverò a equilibrare gli psicologi e i metafisici e, se possibile, li adatterò anche ai moderni pensatori scientifici.

Un tema della filosofia del Vedanta è la ricerca dell'unità. La mente indù non si preoccupa per il particolare. È sempre in cerca del generale, anzi, dell'universale. «Che cos'è questo, sapendo che tutto il resto deve essere noto?» Questo è l'unico tema. «Come attraverso la conoscenza di un pezzo di argilla si conosce tutta l'argilla, così, che cos'è quello, sapendo che quest'universo sarà noto?» Questa è l'unica ricerca. Tutto questo universo, secondo i filosofi indù, può essere risolto in un materiale, che loro denominano Akasha. Tutto ciò che vediamo attorno a noi, percepiamo, tocchiamo, gustiamo, è semplicemente una manifestazione differente di questo Akasha. È totalizzante, fine. Tutto ciò che chiamiamo solidi, liquidi, o gas, figure, forme, o corpi, la Terra, il sole, la luna e le stelle—tutto si compone di questo Akasha.

Quale forza agisce su questo Akasha e crea questo universo a partire da esso? Insieme all'Akasha esiste la forza universale. Tutto ciò che è potere nell'universo, che si manifesta come forza o attrazione—o meglio, anche come pensiero—è soltanto una diversa manifestazione di quell'unica forza che gli indù definiscono Prana. Questo Prana, che agisce sull'Akasha, crea l'intero universo. All'inizio di un ciclo, questo Prana, per così dire, dorme nell'oceano infinito dell'Akasha.

All'inizio era immoto. Poi si presenta il movimento in quest'oceano dell'Akasha tramite l'azione del Prana e, quando questo Prana comincia a muoversi, a vibrare, da quest'oceano derivano i vari sistemi celesti, i soli, le lune, le stelle, la Terra, gli esseri umani, gli animali, le piante e le manifestazioni di tutte le varie forze e dei fenomeni. Ogni manifestazione di forza, quindi, secondo loro, è Prana. Ogni manifestazione materiale è Akasha. Quando questo ciclo si concluderà, tutto ciò che chiamiamo solido si fonderà nella forma successiva, nella forma seguente, più fine o liquida, che passerà allo stato gassoso e quest'ultimo diverrà vibrazioni di calore più fini e più uniformi e tutto si fonderà di nuovo e tornerà nuovamente all'originale Akasha e ciò che ora denominiamo attrazione, repulsione e movimento, si risolverà lentamente nel Prana originale. Allora si dice che questo Prana dorma per un periodo, emerga di nuovo e si liberi di tutte quelle forme. E quando questo periodo sarà finito, tutto si calmerà nuovamente. Così questo processo di creazione va giù e torna su, oscillando indietro e avanti. Nella lingua della scienza moderna, diventa statico per un periodo e durante un altro diventando dinamico. In un momento è in potenza e nel periodo successivo diventa attivo. Questa variazione è avvenuta in eterno.

Tuttavia questa analisi è soltanto parziale. Questo è ciò che è noto anche alla moderna fisica. Oltre a ciò, la ricerca della scienza fisica non può arrivare. Ma l'indagine non si arresta di conseguenza. Non abbiamo ancora trovato quell'unità, sapendo che tutto il resto sarà conosciuto. Abbiamo risolto l'intero universo in due componenti, che sono definiti come materia ed energia, o che gli antichi filosofi dell'India hanno denominato Akasha e Prana. Il passo successivo è risolvere il Akasha e il Prana nella loro origine. Entrambi possono essere risolti nell'ancora più alta entità denominata mente. È dalla mente, il Mahat, la forza-pensiero universalmente esistente, che questi due sono stati creati. Il pensiero è una manifestazione ancora più fine sia dell'Akasha che del Prana. È il pensiero che si scinde in questi due. Il pensiero universale esisteva all'inizio e si è manifestato, è cambiato, è evoluto in questi due Akasha e Prana: dalla combinazione di queste due forze è stato generato l'intero universo.

Passiamo ora alla psicologia. Vi sto osservando. Le sensazioni esterne mi sono veicolate attraverso gli occhi, sono trasportate dai nervi sensitivi al cervello. Gli occhi non sono gli organi della vista. Sono soltanto strumenti esterni, perché il vero organo retrostante, che porta le sensazioni al cervello, è distrutto, potrei avere venti occhi e tuttavia non vedere. L'immagine sulla retina può essere la più completa possibile e tuttavia non vi vedrei. Pertanto, l'organo è diverso dai suoi strumenti. Dietro agli strumenti, gli occhi, deve esserci un organo. Così è per tutte le sensazioni. Il naso non è il senso dell'odorato. È solo uno strumento e dietro di esso c'è l'organo. Con ogni senso che possediamo, c'è prima lo strumento esterno del corpo fisico, dietro questo, sempre nel corpo fisico, c'è l'organo, ma questi non bastano. Supponete che io vi stia parlando e voi stiate ascoltando con assidua attenzione. Succede qualcosa, per dire, suona una campana. Probabilmente voi non la sentirete. Le pulsazioni di quel suono sono arrivate all'orecchio, hanno colpito il timpano, il nervo ha veicolato l'impressione al cervello; se tutto il processo è stato completato fino al trasporto dell'impulso al cervello, perché non avete sentito? Manca qualcos'altro: la mente non era connessa all'organo. Quando la mente si distacca dall'organo, quest'ultimo può veicolare qualsiasi informazione a essa, ma la mente non la riceverà. Quando si connette all'organo, solo allora è possibile che la mente riceva l'informazione. Tuttavia anche questo non completa il processo. Lo strumento può portare la sensazione dall'esterno, gli organi possono veicolarla all'interno, la mente si può connettere all'organo e tuttavia la percezione può non essere completa. È necessario un altro fattore, deve esserci una reazione interna. Da questa reazione deriva la conoscenza. Ciò che è esterno invia, per così dire, il flusso dell'informazione al mio cervello. La mente la coglie e la presenta all'intelletto, che la raggruppa in base a impressioni pre-percepite e invia un flusso di reazione e con questa reazione avviene la percezione. Qui, allora, c'è volontà. Lo stato mentale che reagisce è chiamato Buddhi, l'intelletto. Tuttavia anche questo non completa il processo. È necessario un passaggio ulteriore. Supponete che ci sia una macchina fotografica e un pezzo di stoffa e che io cerchi di scattare un'immagine di questo tessuto. Cosa devo fare? Devo volgere vari raggi luminosi attraverso la macchina per farli comparire sulla stoffa e farli raggruppare lì. Qualcosa è necessario per avere l'immagine scattata, che non si muove. Non posso creare un'immagine di qualcosa in movimento; quel qualcosa deve essere immobile, perché i raggi di luce che veicolo su di esso si muovono e questi raggi mobili di luce devono essere riuniti, unificati, coordinati e diretti su qualcosa che sia stazionario. Simile è il caso delle sensazioni che questi nostri organi veicolano all'interno e presentano alla mente e che la mente, a sua volta, presenta all'intelletto. Questo processo non sarà concluso a meno che non ci sia qualcosa di permanente nello sfondo su cui l'immagine, per così dire, possa formarsi, su cui possiamo unificare tutte le varie impressioni. Cos'è che dà unità alla totalità del nostro essere in cambiamento? Cos'è che tiene insieme l'identità della cosa in movimento, attimo dopo attimo? Su cosa le nostre varie impressioni vengono messe insieme, su cosa le percezioni, per così dire, si uniscono, risiedono e formano un tutt'uno? Abbiamo scoperto che a questo fine deve esserci qualcosa, e anche noi capiamo che quel qualcosa deve esserci, immoto rispetto al corpo e alla mente. Il pezzo di stoffa di cui la macchina fotografica scatta l'immagine è, relativamente ai raggi di luce, immoto, altrimenti non ci sarebbe foto. Vale a dire che colui che percepisce deve essere un individuo. Quel qualcosa di cui la mente dipinge l'immagine, quel qualcosa su cui le nostre sensazioni, trasportate dalla mente e dall'intelletto, sono rivolte e raggruppate e fuse in un'unità, è ciò che viene chiamato l'anima dell'uomo.

Abbiamo visto che è la mente cosmica universale che si separa in Akasha e Prana e, oltre la mente, abbiamo trovato in noi l'anima. Nell'universo, oltre la mente universale, esiste un'Anima chiamata Dio. Nell'individuo c'è l'anima dell'uomo. In quest'universo, nel cosmo, proprio come la mente universale evolve in Akasha e Prana, anche noi possiamo vedere che l'Anima Universale diventa evoluta come mente. È proprio così con l'uomo? È la sua mente il creatore del suo corpo e la sua anima il creatore della sua mente? Vale a dire, il suo corpo, la sua mente e la sua anima sono tre diverse esistenze o sono tre in uno o, ancora, sono stadi differenti dell'esistenza dello stesso essere unitario? Cercheremo gradualmente di trovare una risposta a questo interrogativo. La nostra prima conquista è questa: c'è il corpo esterno, dietro questo corpo esterno ci sono gli organi, la mente, l'intelletto e dietro l'anima. In prima battuta abbiamo scoperto, per così dire, che l'anima è separata dal corpo, separata dalla mente stessa. Le opinioni in ambito religioso si sono divise su questo punto e il punto di partenza è questo. Tutte le posizioni religiose che generalmente passano per dualismo sostengono che quest'anima è qualificata, cioè che ha varie qualità, che tutte le sensazioni e i piaceri e i dolori appartengono all'anima. I non dualisti rifiutano che l'anima abbia tali qualità. Loro affermano che è non qualificata.

Permettetemi di prendere in considerazione i dualisti, cerco di presentarvi la loro posizione a proposito di anima e destino, in seconda battuta, il sistema che li contraddice e, infine, cerchiamo di vedere l'equilibrio che ci porta il non dualismo. L'anima dell'uomo, poiché è separata dalla mente e dal corpo, poiché non è composta di Akasha e Prana, deve essere immortale. Perché? Cosa si intende con mortalità? Decomposizione. E questa è possibile soltanto per le cose che sono il risultato di una composizione. Ogni cosa che sia fatta di due o tre ingredienti deve diventare decomposta. Solo ciò che non è il risultato di composizione non può mai decomporsi e, pertanto, non può morire. È immortale. È sempre esistito attraverso l'eternità. Non è stato creato. Ogni elemento della creazione è semplicemente una composizione. Nessuno ha mai visto il creato derivare dal nulla. Tutto ciò che conosciamo del creato è la combinazione di cose già esistenti in forme nuove. Per questo, l'anima dell'uomo, essendo semplice, deve essere esistita da sempre e per sempre esisterà. Quando il corpo si spegne, l'anima continua a vivere. Secondo i vedantisti, quando il corpo si dissolve, le forze vitali dell'uomo tornano alla sua mente e la mente si dissolve, per così dire, nel Prana e quel Prana entra nell'anima dell'uomo e l'anima dell'uomo esce, per così dire, rivestita di ciò che loro chiamano il corpo fine, il corpo mentale, o corpo spirituale, come preferite chiamarlo. In questo corpo ci sono le Samskara dell'uomo. Cosa sono le Samskara? Questa mente è come un lago e ogni pensiero come un'onda nel lago. Proprio come nel lago si alzano le onde e poi calano e scompaiono, così questi pensieri-onda si innalzano in continuazione nella sostanza mentale e poi svaniscono, ma non scompaiono per sempre. Diventano sempre più fini, ma sono sempre là, pronti a ripartire in un altro momento, quando sono richiamati a farlo. La memoria semplicemente richiama, sotto forma di onde, alcuni di quei pensieri che si erano trasformati in stati più fini dell'esistenza. Di conseguenza, tutto ciò che è stato pensato, ogni azione compiuta è ospitata nella mente. Sono tutti lì nella forma fine e quando un uomo muore, la somma totale di queste impressioni è nella mente, che agisce ancora su quel fine materiale come mezzo. L'anima, per così dire, rivestita di queste impressioni e dal corpo fine, viene meno e il destino dell'anima è guidato dalla risultante di tutte quelle varie forze rappresentate delle diverse impressioni. Secondo noi, ci sono tre diversi scopi per l'anima.

Coloro che sono molto spirituali, quando muoiono, seguono i raggi solari e raggiungono ciò che viene denominato sfera solare, attraverso la quale raggiungono ciò che è chiamato sfera lunare attraverso la quale raggiungono ciò che è definito sfera del lampo e là entrano in contatto con un'altra anima già benedetta che guida il nuovo arrivato verso la più alta di tutte le sfere, chiamata Brahmaloka, la sfera del Brahma. Là queste anime ottengono onniscienza e onnipotenza, diventano quasi potenti e scienti quanto Dio Stesso e risiedono là per sempre, secondo i dualisti, o, secondo i non dualisti, diventano un tutt'uno con l'Universale alla fine del ciclo. La successiva categoria di persone, che hanno compiuto buone azioni con motivi egoisti, è portata, tramite i risultati delle loro buone azioni, quando muoiono, a ciò che è denominato sfera lunare, dove vi sono diversi paradisi e acquisiscono corpi fini, i corpi degli dèi. Diventano dèi e vivono là e godono della beatitudine del cielo per un lungo periodo e quando quel periodo è terminato, il vecchio Karma è di nuovo su di loro e così cadono ancora sulla Terra. Scendono attraverso le sfere dell'aria e delle nubi e tutte le varie regioni e, infine, raggiungono la Terra attraverso le gocce di pioggia. Sulla

Terra si fissano ad alcuni cereali che alla fine vengono mangiati da qualche uomo adatto a sostituirli con il materiale per creare un nuovo corpo. L'ultima categoria, ossia i cattivi, quando muoiono diventano fantasmi o demoni e vivono da qualche parte a metà tra la sfera lunare e questa Terra. Alcuni cercano di disturbare l'umanità, altri sono amichevoli. Dopo aver vissuto là per qualche tempo, anche loro ricadono sulla Terra e diventano animali. Dopo aver vissuto qualche tempo nel corpo animale vengono liberati e tornano e ridiventano uomini e così ottengono una nuova possibilità di agire per la loro salvezza. Vediamo, quindi, che coloro che hanno quasi raggiunto la perfezione, in coloro nei quali rimane soltanto pochissima impurità, vanno al Brahmaloka attraverso i raggi del sole. Coloro che erano una specie di via di mezzo, che hanno compiuto alcune buone azioni con l'idea di andare in paradiso, vanno in paradiso nella sfera lunare e là ottengono i corpi degli dèi, ma devono di nuovo tornare uomini e quindi hanno un'ulteriore possibilità per diventare perfetti. Coloro che sono molto cattivi diventano fantasmi e demoni e allora possono diventare animali. Dopo ciò, tornano uomini e hanno una nuova possibilità di perfezionarsi. Questa Terra è chiamata la Karma-Bhumi, la sfera del Karma. Soltanto qui l'uomo compie il Karma, buono o cattivo. Quando un uomo vuole andare in paradiso e compie buone azioni a tal fine, lui diventa buono quanto le sue azioni e in quanto tale non conserva nessun Karma cattivo. Trae beneficio degli effetti delle buone azioni che ha compiuto sulla Terra. E quando questo Karma positivo è esaurito, allora arriva su di lui la forma risultante di tutto il Karma negativo che aveva precedentemente immagazzinato in vita e questo lo riporta di nuovo sulla Terra. Allo stesso modo, coloro che diventano fantasmi rimangono in quello stato, non dando vita a nessun nuovo Karma, ma soffrono dei risultati negativi dei loro misfatti passati e rimangono per un periodo nel corpo animale senza generare alcun nuovo Karma. Quando finisce questo momento, anche loro tornano a essere uomini. Gli stati di ricompensa e punizione dovuti al Karma positivo o negativo sono privi della forza che genera nuovi Karma. Di questi si può solo godere o soffrire. Se c'è un Karma straordinariamente buono o estremamente cattivo, questo dà i suoi frutti molto velocemente. Per esempio, se un uomo ha commesso molte cose cattive nella sua vita, ma fa una buona azione, il risultato di quell'atto positivo comparirà immediatamente, ma quando quel risultato sarà superato, anche tutti gli atti malvagi produrranno i loro risultati. Tutti gli uomini che compiono alcune grandi azioni buone, ma il cui tenore generale di vita non è stato corretto, diverranno dèi. Dopo aver vissuto per un certo periodo nel corpo degli dèi, godendo delle capacità degli dèi, dovranno di nuovo tornare uomini.

Quando la forza delle buone azioni sarà poi finita, l'antico male tornerà a galla per essere risolto. Coloro che compiono atti straordinariamente cattivi devono assumere i corpi di fantasmi o demoni e, quando l'effetto delle cattive azioni sarà terminato, le poche azioni buone che rimangono a loro associate, li faranno tornare uomini. Il percorso al Brahmaloka, da cui non c'è più caduta o ritorno, è denominato il Devayana, ossia il percorso per Dio. Il cammino verso il paradiso è conosciuto come Pitriyana, cioè il percorso verso gli antenati.

L'uomo, quindi, secondo la filosofia del Vedanta, è il più grande essere presente nell'universo e questo mondo di azione è il posto migliore all'interno di esso, perché è soltanto qui che c'è più grande e migliore possibilità affinché lui diventi perfetto. Gli angeli o gli dèi, o come preferite chiamarli, devono tutti diventare uomini, se vogliono divenire perfetti. Questo è il grande centro, lo splendido equilibrio e la meravigliosa opportunità: questa vita umana.

Arriviamo ora all'altro aspetto della filosofia. Ci sono buddisti che negano l'intera teoria dell'anima che ho appena proposto. «Che utilità ha», sostiene il buddista, «immaginare qualcosa come sostrato, come basamento di questo corpo e della mente? Perché non possiamo lasciare che i pensieri vadano avanti? Perché ammettere una terza sostanza oltre questo organismo, composto da mente e corpo, una terza sostanza chiamata anima? Che utilità ha? L'organismo non basta a spiegare se stesso? Perché considerare ancora una terza cosa?» Queste argomentazioni sono molto efficaci. Questo ragionamento è molto solido. Fin dove arriva la ricerca esteriore, vediamo che quest'organismo è una spiegazione sufficiente di se stesso, o almeno, molti di noi la vedono in questa ottica. Perché allora c'è bisogno di un'anima come sostrato, come qualcosa che non è né mente né corpo ma funge da base sia per la mente che per il corpo? Lasciate che ci siano solo mente e corpo. Corpo è il nome del flusso di materia in continuo mutamento. Mente è il nome del flusso di coscienza o pensiero in continuo mutamento. Cosa produce l'unità apparente tra questi due? Quest'unità non esiste realmente, diciamo. Prendere, per esempio, una torcia accesa e sventolatela rapidamente davanti a voi. Vedrete un cerchio di fuoco. Il cerchio non esiste realmente, ma poiché la torcia è in continuo movimento, all'apparenza è un cerchio. Pertanto non c'è unità in questa vita. È una massa di materia che scorre con forza e l'insieme di questa materia si può chiamare unità, ma nient'altro. Così per la mente: ogni pensiero è separato da ogni altro pensiero, è soltanto il flusso che lascia dietro di sé l'illusione dell'unità. Non c'è nessun bisogno di una terza sostanza. Il fenomeno universale del corpo e della mente è tutto ciò che realmente è. Non ipotizzate niente dietro di esso. Vedrete che questo pensiero buddista è stato preso in considerazione da alcune sette e alcune scuole odierne, e tutte loro asseriscono che è nuovo, una loro invenzione. Questa è stata l'idea centrale della maggior parte delle filosofie buddiste, ossia che questo mondo è autosufficiente, che non c'è bisogno di chiedere affatto alcun fondamento; tutto ciò che è, è questo universo sensibile: dov'è l'utilità nel pensare a qualcosa come sostegno di quest'universo? Tutto è un aggregato di qualità. Perché dovrebbe esserci un'ipotetica sostanza in cui esse sono innate? L'idea della sostanza deriva dal rapido interscambio di qualità, non da qualcosa di immutabile che esiste dietro di loro. Vediamo quanto siano meravigliose alcune di queste argomentazioni, fanno facilmente leva sull'esperienza ordinaria dell'umanità; infatti, non una persona su un milione sa pensare ad altro rispetto a questi fenomeni. Per la maggior parte degli uomini la natura appare soltanto come un'entità di mutamento, che cambia, che vortica, che si combina, che si mischia. Pochi di noi danno mai un'occhiata al mare calmo retrostante. Per noi è sempre agitato dalle onde, quest'universo ci appare soltanto come una turbolenta massa di onde. Così vediamo queste due opinioni. Una è che c'è qualcosa dietro sia al corpo che alla mente che è una sostanza immutabile e immobile. E l'altra è che non c'è inamovibilità e immutabilità nell'universo. È tutto cambiamento e nient'altro che cambiamento. La soluzione di questa differenza arriva nel passaggio successivo di pensiero, ossia quello non dualistico.

Si sostiene che i dualisti hanno ragione a cercare qualcosa dietro tutto, come fondamento che non cambia. Non possiamo concepire il cambiamento senza che ci sia qualcosa di immutabile. Possiamo soltanto immaginare qualcosa che sia mutabile, conoscendo qualcosa che sia meno variabile e anche questo deve sembrare più mutabile rispetto al resto che è meno mutabile, e così via, finché non siamo costretti ad ammettere che deve essere qualcosa che non cambia mai, per niente. L'insieme di questa manifestazione deve essere stato in una condizione di non manifestazione, calma e silente, essendo l'equilibrio di forze opposte, per certi versi, quando non operava nessuna forza, perché la forza agisce quando subentra un'interferenza dell'equilibrio. L'universo si affanna sempre per ritornare di nuovo a quello stato di equilibrio. Se siamo sicuri di qualcosa, di questo siamo certi. Quando i dualisti affermano che c'è qualcosa di immutabile hanno perfettamente ragione, ma la loro analisi per cui è un qualcosa che sta alla base, che non è né il corpo né la mente, un qualcosa separato da entrambi, è erronea. Finché i buddisti dicono che l'intero universo è una massa di cambiamento hanno perfettamente ragione. Finché io sono separato dall'universo, finché io sto in disparte e guardo qualcosa davanti a me, finché ci sono due cose—l'osservatore e la cosa considerata—sembrerà sempre che l'universo è un mondo di cambiamento, sempre in continuo mutamento. Ma la realtà è che c'è sia cambiamento che immutabilità in questo universo. Non è che l'anima e la mente e il corpo sono tre esistenze separate, poiché quest'organismo composto di questi tre è realmente uno. È la stessa cosa che appare come corpo, come mente e come la cosa retrostante a mente e corpo, ma che non è, allo stesso tempo, tutti. Colui che vede il corpo non vede anche la mente, colui che vede la mente non vede ciò che viene chiamato anima, e per colui che vede l'anima mente e corpo sono svaniti. Colui che vede solo moto non vede mai calma assoluta e per colui che vede calma assoluta, per lui il moto è svanito. Una corda viene scambiata per un serpente. Per colui che vede la corda come un serpente, la corda è svanita e quando cessa l'illusione e guarda la corda, il serpente è scomparso.

Allora c'è soltanto un'esistenza onnicomprensiva e quest'unica appare come molteplice. Il Sé o Anima o Sostanza è tutto ciò che esiste nell'universo. Il Sé o Sostanza o Anima è, nel linguaggio del non dualismo, il Brahman che appare come molteplice attraverso l'interposizione di nome e forma. Osservate le onde nel mare. Nessun'onda è davvero diversa dal mare, ma cos'è che rende le onde apparentemente diverse? Il nome e la forma. La forma dell'onda e il nome che le diamo, «onda». Questo è ciò che la rende differente dal mare. Quando nome e forma non ci sono, è lo stesso mare. Chi può fare una vera distinzione tra onda e mare? Pertanto quest'universo è quell'unica Esistenza Unitaria. Il nome e la forma hanno creato tutte queste varie distinzioni. Come quando il sole splende su milioni di particelle d'acqua, su ogni particella si vede una rappresentazione più perfetta del sole, ugualmente l'unica Anima, l'unico Sé, l'unica Esistenza dell'universo, essendo riflesso su tutte queste particelle con nomi e forme variabili, appare come molteplice. Ma in realtà è uno soltanto. Non c'è «Io» o «Voi», è tutto uno. Non c'è né tutto «Io» o tutto «Voi». L'idea di dualità, due metà, è completamente falsa e l'intero universo, per come comunemente lo conosciamo, è il risultato di questa falsa conoscenza. Quando avviene il discernimento e l'uomo capisce che non ci sono due ma un'unità, scopre che lui stesso è l'universo. «Sono io quest'universo per com'è ora, una continua massa di cambiamento. Sono io oltre tutti questi mutamenti, oltre tutte le qualità, l'eternamente perfetto, l'eternamente beato.»

C'è pertanto un solo Atman, un Sé, eternamente puro, eternamente perfetto, immutabile, immutato. Non è mai cambiato. Tutti questi vari mutamenti nell'universo sono unicamente apparenze in quest'unico Sé.

Su di esso nomi e forme hanno dipinto tutti questi sogni. È la forma che rende l'onda diversa dal mare. Supponete che l'onda si abbassi, la forma rimarrà? No, svanirà. L'esistenza dell'onda era totalmente dipendente dall'esistenza del mare, ma l'esistenza del mare non era affatto dipendente dall'esistenza dell'onda. La forma esiste fin quando l'onda esiste, ma non appena l'onda la abbandona, scompare, non può rimanere. Il nome e la forma sono il risultato di ciò che viene chiamato Maya. È questo Maya che fa apparire diversi, l'uno dall'altro, gli individui. Tuttavia non ha esistenza. Non si può dire che il Maya esista. Non si può dire che la forma esista, perché dipende dall'esistenza di un'altra cosa. Non si può dire che non esiste, visto che crea questa differenza. Secondo la filosofia Advaita, allora, questo Maya o ignoranza—o nome e forma, o, com'è stato chiamato in Europa, «tempo, spazio e causalità»—è esterno a quest'unica Esistenza Infinita e ci mostra la molteplicità dell'universo. In sostanza, l'universo è uno. Finché qualcuno pensa che ci siano due somme realtà è nell'errore. Quando è arrivato a capire che ce n'è soltanto una è nel giusto. Questo è ciò che ci è stato dimostrato ogni giorno, sul piano fisico, sul piano mentale e anche su quello spirituale. Oggi è stato dimostrato che voi e io, il sole, la luna e le stelle sono soltanto nomi diversi e punti diversi nello stesso oceano di materia e che questa materia è in continuo mutamento nella sua struttura. La particella di energia che era nel sole svariati mesi fa potrebbe essere ora nell'essere umano; domani forse in un animale, dopodomani potrebbe essere in una pianta. Va e torna in continuazione. È una massa ininterrotta e infinita di materia, differenziata soltanto per il nome e per la forma. Un punto viene chiamato sole, un altro luna, un altro ancora le stelle, un altro uomo, un altro animale, un altro pianta e così via. Tutti questi nomi sono fittizi. Non hanno realtà perché l'insieme è una massa di materia in continuo cambiamento. Esattamente lo stesso universo, da un'altra prospettiva, è un oceano di pensiero in cui ognuno di noi è un punto definito come una specifica mente. Voi siete una mente, io sono una mente, ognuno è una mente. Esattamente lo stesso universo visto dalla prospettiva della conoscenza, quando gli occhi sono stati ripuliti dalle illusioni, quando la mente è diventata pura, appare come completo Essere Assoluto, il sempre puro, immutabile e immortale.

Cosa ne è allora di quest'escatologia tripartita del dualista, che quando un uomo muore va in paradiso, o va in quella o quell'altra sfera e che le persone cattive diventano fantasmi e diventano animali e via dicendo? Nessuno viene e nessuno va, dice il non dualista. Come si può andare e venire? Voi siete infiniti. In quale posto potreste andare? In alcune scuole sono stati esaminati un certo numero di bambini. L'esaminatore ha stupidamente posto ogni sorta di domande difficili ai bambini. Tra le altre c'era questa domanda: «Perché la Terra non cade?» Nei confronti dei bambini, la sua intenzione era di tirare fuori l'idea di gravitazione o qualche altra intricata verità scientifica. La maggior parte di loro non riuscì nemmeno a capire la domanda e così diedero ogni sorta di risposta sbagliata. Ma una brillante ragazzina rispose con un'altra domanda: «Dove dovremmo cadere?» La domanda dell'esaminatore era senza senso rispetto a quest'ultima. Non c'è su e giù nell'universo, l'idea è soltanto relativa. Lo stesso vale per l'anima. La domanda sulla vita e la morte in relazione a essa è completamente assurda. Chi va e viene? Dove non siete? Dov'è il paradiso in cui non siete già? Onnipresente è il Sé dell'uomo. Dove deve andare? Dove non deve andare? È ovunque. Così tutti i sogni infantili e le illusioni puerili della nascita e della morte, del paradiso e dei paradisi più alti e dei mondi più bassi, tutti svaniranno immediatamente per il perfetto. Per il quasi perfetto tutto svanisce dopo essere passato per i vari luoghi fino al Brahmaloka. Tutto permane per l'ignorante.

Com'è possibile che tutto il mondo crede nell'andare in paradiso e nel morire e nell'essere nati? Studio un libro, leggo pagina dopo pagina e vado avanti. Arriva un'altra pagina e viene girata. Chi cambia? Chi va e viene? Non io, ma il libro. Tutta la natura è un libro per l'anima, viene letto capitolo dopo capitolo e voltata pagina e di tanto in tanto si apre una scena. Che viene letta e superata. Se ne presenta una nuova, ma l'anima è sempre la stessa, eterna. È la sua natura che cambia, non l'anima dell'uomo. Questa non cambia mai. La nascita e la morte sono nella natura, non in voi. Tuttavia l'ignorante è illuso. Proprio come in un'illusione pensiamo che sia il sole a muoversi e non la Terra, esattamente nello stesso modo pensiamo che siamo noi a morire, non la natura. Queste sono tutte, pertanto, errate convinzioni. Proprio com'è un'errata convinzione quando pensiamo che i campi si muovano e non il vagone ferroviario, ugualmente illusorie sono nascita e morte. Quando gli uomini sono in una determinata condizione mentale, vedono questa esistenza come la Terra, come il sole, la luna, le stelle. E tutti coloro che sono nello stesso stato mentale vedono le stesse cose. Tra voi e me ci possono essere milioni di esseri su piani differenti dell'esistenza. Non ci vedranno mai e noi mai vedremo loro. Noi vediamo soltanto coloro che sono nel nostro stesso stato mentale e sullo stesso piano. Rispondono quegli strumenti musicali che hanno la stessa accordatura di vibrazione, per così dire. Se lo stato di vibrazione, che loro chiamano «vibrazione-uomo», dovesse essere cambiato, non si vedrebbero più uomini qui. Tutto l'«universo-uomo» svanirebbe e, al posto di quello, avremmo davanti agli occhi un altro scenario, forse un universo di dèi o di dio, o forse, per gli uomini cattivi, demoni e mondo diabolico. Ma sarebbero soltanto visioni differenti dell'unico universo. È questo universo che, sul piano umano, viene visto come Terra, sole, luna, stelle e cose simili — è proprio in questo universo che, visto sul piano della malvagità, appare come luogo di punizione. Ed è visto come paradiso da coloro che desiderano vederlo come paradiso. Coloro che sognano di arrivare presso Dio seduto sul trono e di stare a pregarLo per tutta la vita, quando muoiono vedranno semplicemente ciò che era nelle loro menti. Quest'universo si trasformerà semplicemente in un grande paradiso, con ogni sorta di essere alato che vola in giro e con Dio seduto sul trono. Questi paradisi sono tutte creazioni dell'uomo. Di conseguenza quel che dice il dualista è vero, dice l'advaitista, ma è tutto semplicemente di sua invenzione. Queste sfere e i demoni e gli dèi e la reincarnazione e la trasmigrazione sono tutti mitologia. Così come questa vita umana. Il grande errore che gli uomini commettono sempre è pensare che solo questa vita sia vera. Capiscono abbastanza bene quando altre cose vengono definite miti, ma non sono mai disposti ad ammettere lo stesso della loro posizione. La cosa per come appare è mera mitologia e la più grande delle bugie è che noi siamo corpi, che non siamo mai stati e mai potremo essere. È la più grande delle bugie che siamo meri uomini: noi siamo il Dio dell'universo. Adorando Dio abbiamo sempre adorato il nostro Sé nascosto. La peggiore bugia che potete mai raccontarvi è che siete nati peccatori o uomini cattivi. Solo colui che vede il peccatore in un altro uomo è un peccatore. Supponete che ci sia un bambino e che mettiate una borsa d'oro sul tavolo. Supponete che arrivi un ladro e porti via l'oro. Per il bambino è tutto uguale. Poiché non c'è ladro dentro di lui, non c'è ladro all'esterno. Per i peccatori e gli uomini spregevoli, c'è nefandezza all'esterno, ma non per gli uomini buoni. Così il cattivo vede quest'universo come inferno e il parzialmente buono lo vede come paradiso, mentre gli esseri perfetti lo intendono come Dio Stesso. Solo allora cade il velo dagli occhi e l'uomo, purificato e ripulito, vede cambiata la sua visione. Gli incubi che lo hanno torturato per migliaia di anni, svaniranno tutti e colui che pensava di essere un uomo, o un dio, o un demone, colui che pensava a se stesso come una persona che viveva nei posti più bassi, nei posti più alti, sulla Terra, in paradiso e così via, scopre che in realtà è onnipresente. Che tutto il tempo è in lui e che lui non è nel tempo. Che tutti i paradisi sono in lui, che lui non è in nessun paradiso. E che tutti gli dèi che l'uomo abbia mai adorato sono in lui e che lui non è in nessuno di questi dèi. Lui era il creatore di dèi e demoni, di uomini e piante e animali e rocce e la vera natura dell'uomo ora è a lui manifesta in quanto essere più alto del paradiso, più perfetto di questo nostro universo, più infinito del tempo infinito, più onnipresente dell'etere onnipresente. Così soltanto l'uomo è senza paura e diventa libero. Allora cessano tutte le illusioni, svaniscono le sofferenze, le paure terminano per sempre. Scompare la nascita e con lei la morte, il dolore fugge e con lui vanno via i piaceri, la Terra svanisce e con lei svanisce il paradiso, spariscono i corpi e con loro anche le menti. Per quell'uomo si dissolve l'intero universo, per così dire. Questa ricerca, il movimento, la lotta incessante delle forze si arresta per sempre e ciò che si manifestava come forza e materia, come conflitti della natura, come la natura stessa, come paradiso e Terra e piante e animali e uomini e angeli, tutto questo diventa trasfigurato in un'unica esistenza infinita, indistruttibile, immutabile e l'uomo che conosce scopre che lui è l'unico a possedere quest'esistenza. «Proprio come nubi di vari colori si presentano nel cielo, rimangono per un attimo e poi svaniscono», così arrivano tutte queste idee all'anima, della Terra e del paradiso, della luna e degli dèi, dei piaceri e dei dolori; ma tutti passano e vanno lasciando l'unico cielo infinito, azzurro e immutabile. Il cielo non cambia mai, sono le nuvole che cambiano. È un errore pensare che il cielo sia cambiato. È un errore pensare che noi siamo impuri, che siamo limitati, che siamo separati. L'uomo reale è l'unica Esistenza Unitaria.

Ora sorgono due domande. La prima è: «È possibile rendersene conto? Fintanto che è dottrina, filosofia, è possibile capirlo?» Lo è. Ci sono uomini che ancora vivono in questo mondo per i quali l'illusione è svanita per sempre. Muoiono immediatamente dopo averlo realizzato? Non così presto come si può credere. Due ruote unite da un asse scorrono insieme. Se trattengo una delle ruote e, con un'ascia, taglio l'asse, la ruota che non ho tenuto si ferma, ma sull'altra ruota c'è il suo momentum passato, e così continua per un attimo e poi cade. Questo essere puro e perfetto, l'anima, è una ruota e l'illusione esterna del corpo e della mente sono l'altra ruota, unite da un asse di azione, di Karma. La conoscenza è l'ascia che troncherà il legame tra le due e la ruota dell'anima si fermerà — smetterà di pensare che viene e va, che vive e muore, smetterà di pensare che è la sua natura e che ha desideri e necessità e scoprirà che è perfetta, senza desideri. Ma sull'altra ruota, quella del corpo e della mente, ci sarà un momentum degli atti passati. Così vivrà per qualche tempo, finché l'impulso dell'opera passata è esaurito, finché l'impulso non va via e allora il corpo e la mente cadono e l'anima diventa libera. Non c'è più nessun andare in paradiso e tornare, neanche andare al Brahmaloka, o a qualcuna delle spere più alte, poiché da dove deve venire, o deve andare? L'uomo che in vita ha raggiunto questo stato, per lui, per un minuto almeno, l'idea ordinaria di mondo è cambiata e la realtà è divenuta manifesta, lui è definito «Colui che vive Libero». Questo è lo scopo del vedantino, raggiungere la libertà vivendo.

Una volta nell'India occidentale viaggiavo in una regione deserta sulla costa dell'Oceano Indiano. Per giorni e giorni viaggiai a piedi attraverso il deserto, ma fu con sorpresa che vidi ogni giorno un bellissimo lago, con alberi tutt'attorno e le ombre degli alberi riflesse e vibranti nell'acqua. «Com'è bello, e la chiamano regione deserta!» mi dissi. Viaggiai per quasi un mese, vedendo questi laghi meravigliosi e gli alberi e le piante. Un giorno avevo una grande sete e volevo bere un po' d'acqua, così iniziai ad andare verso uno di quei bellissimi e limpidi laghi e, mentre mi avvicinavo, scomparve. E come un fulmine mi venne in mente «Questo è il miraggio di cui ho letto per tutta la mia vita» e con ciò venne anche l'idea che per l'intero mese, ogni giorno, avevo visto il miraggio e non lo sapevo. Il mattino seguente cominciai la mia marcia. C'era ancora il lago, ma con lui era presente anche l'idea che era un miraggio e non un lago vero. Così per tutto quest'universo. Tutti noi viaggiamo in questo miraggio del mondo, giorno dopo giorno, mese dopo mese, anno dopo anno, senza sapere che è un miraggio. Un giorno si interromperà, ma tornerà di nuovo. Il corpo deve rimanere sotto il potere del Karma passato e così il miraggio tornerà. Questo mondo tornerà per noi finché siamo vincolati dal Karma: uomini, donne, animali, piante, il nostro attaccamento e il dovere, tutto ci tornerà, ma non con la stessa forza. Sotto l'influenza della nuova conoscenza, la forza del Karma sarà diminuita, il suo veleno perso. Diventa trasformata, poiché con esso si presenta l'idea che ora conosciamo, che la dura distinzione tra la realtà e il miraggio è nota.

Questo mondo allora non sarà lo stesso mondo di prima. C'è, tuttavia, un pericolo in questo. Vediamo in ogni Paese gente che accoglie questa filosofia e dice «Sono oltre tutti i vizi e le virtù, pertanto non sono legato da nessuna legge morale, posso fare quel che voglio». Di questi tempi, potreste trovare molti sciocchi in questo Paese che dicono «Non sono vincolato, sono Dio Stesso; lasciatemi fare qual che desidero». Questo non è corretto, sebbene sia vero che l'anima è oltre ogni legge — fisica, mentale o morale. Entro la legge c'è il limite, oltre la legge c'è la libertà. È inoltre vero che la libertà è nella natura dell'anima, è il suo diritto di nascita: quella libertà reale dell'anima splende attraverso i veli della materia nella forma di libertà apparente dell'uomo. Ogni momento della vostra vita sentite che siete liberi. Non possiamo vivere, parlare o respirare per un momento senza sentire che siamo liberi, ma, allo stesso tempo, un semplice pensiero ci indica che siamo come macchine e non siamo liberi. Che cosa è vero allora? Quest'idea di libertà è un'illusione? Da una parte si sostiene che l'idea di libertà è un'illusione, dall'altra dicono che l'idea di vincolo è un'illusione. Come succede? L'uomo è libero davvero, l'uomo reale non può che essere libero. È quando entra nel mondo del Maya, con nome e forma, che comincia il vincolo. Libero arbitrio è una denominazione errata. La volontà non potrà mai essere libera.

Come potrebbe esserlo? È soltanto quando l'uomo reale è divenuto vincolato che la sua volontà viene in essere e non prima. La volontà dell'uomo è legata, ma ciò che è il fondamento di questa volontà è eternamente libero. Così, anche nello stato di vincolo che noi chiamiamo vita umana o vita da dio, sulla Terra o in paradiso, ci rimane tuttavia quel ricordo di libertà che è nostra per diritto divino. E consciamente o inconsciamente tutti stiamo lottando per ottenerla. Quando un uomo ha raggiunto la sua libertà, come può essere limitato da una legge qualsiasi? Nessuna legge nell'universo lo può vincolare, poiché lui stesso è questo universo.

Lui è l'intero universo. Lui è l'intero universo è come dire che per lui non c'è universo. Come si possono avere allora tutte queste grette idee riguardo al sesso e al Paese? Come può dire «Sono un uomo», «Sono una donna», «Sono un bambino»? Non sono bugie? Lui sa che lo sono. Come può dire che questi sono diritti dell'uomo e quegli altri diritti della donna? Nessuno ha diritti. Nessuno esiste separatamente. Non c'è né uomo né donna. L'anima è senza sesso, eternamente pura. È una bugia dire che io sono un uomo o una donna, o dire che appartengo a questo Paese o a quell'altro. Tutto il mondo è il mio Paese, l'intero universo è mio, poiché esso mi ricopre come corpo. Ma vediamo che ci sono persone al mondo che sono pronte ad asserire queste dottrine e allo stesso tempo compiono azioni che noi definiremmo indegne. E se chiediamo loro perché lo fanno, loro rispondono che è una nostra illusione e che loro non possono fare nulla di sbagliato. Qual è la prova attraverso la quale loro dovranno essere giudicati? La prova è qui.

Sebbene bene e male siano entrambi manifestazioni condizionate dell'anima, tuttavia il male è il rivestimento più esterno e il bene il rivestimento più vicino all'uomo reale, il Sé. E a meno che un uomo non squarci lo strato del male, non può raggiungere lo strato del bene e finché non è passato per entrambi gli strati di bene e male, non può arrivare al Sé. A colui che raggiunge il Sé che cosa rimane? Un po' di Karma, un pochino del momentum della vita passata, ma solo tutto positivo. Finché l'impulso cattivo non è completamente superato e le passate impurità totalmente consumate, è impossibile per chiunque vedere e realizzare la verità. Così, ciò che rimane attaccato all'uomo che ha raggiunto il Sé e ha visto la verità sono le rimanenti impressioni positive della vita passata, il momentum buono. Anche se vive nel corpo e agisce incessantemente, lavora soltanto per fare del bene. Le sue labbra proferiscono solo parole di benedizione a tutti. Le sue mani compiono solo cose positive, la sua mente può avere soltanto pensieri buoni, la sua presenza è una benedizione, ovunque vada. Lui stesso è una benedizione vivente. Tale uomo, con la sua presenza, trasformerà anche la persona più cattiva al mondo in un santo. Anche se non parla, la sua sola presenza sarà una benedizione per l'umanità. Tali uomini possono fare del male, possono compiere cattive azioni? Dovete ricordare che tra realizzazione e mero parlare c'è tutta la distanza esistente tra i due poli. Qualsiasi stupido può parlare. Anche i pappagalli parlano. Parlare è una cosa, realizzare un'altra. Filosofie e dottrine, e argomentazioni, libri e teorie, e chiese e sette, tutte queste cose sono buone a modo loro. Ma quando arriva quella realizzazione, queste cose crollano. Per esempio, le cartine sono positive, ma quando vedi il Paese stesso e riguardi la cartina, che grande differenza ci trovi! Così coloro che hanno realizzato la verità non richiedono il raziocinio della logica e delle altre ginnastiche dell'intelletto per far sì che capiscano la verità. È per loro la vita delle vite, concretata, resa più che tangibile. È, come dicono i saggi del Vedanta, «Anche come un frutto nella tua mano», puoi alzarti e dire «è qui», così coloro che hanno realizzato la verità si leveranno per dire «Qui c'è il Sé». Potreste obiettare loro by the year, ma loro vi sorrideranno. Considereranno le vostre obiezioni come discorsi infantili. Lasceranno che il bambino parli a vanvera. Hanno realizzato la verità e sono completi. Supponete che abbiate visto un Paese e un altro uomo viene da voi e cerca di obiettare che quello Stato non è mai esistito, potrebbe continuare sempre a opporsi, ma la vostra unica attitudine mentale verso di lui deve essere sostenere che quell'uomo sia adatto al manicomio. Così l'uomo della realizzazione dice «Tutti questi discorsi al mondo sulle religioni sono soltanto ciarle. La realizzazione è l'anima, la vera essenza della religione». La religione può essere realizzata. Siete pronti? Lo volete? Avrete la realizzazione se agite e allora sarete veri religiosi. Finché non avete raggiunto la realizzazione non c'è differenza tra di voi e gli atei. L'ateo è sincero, ma l'uomo che dice di credere nella religione e non cerca mai di realizzarla non è sincero.

La prossima questione riguarda sapere cosa avviene dopo la realizzazione. Supponete di aver realizzato quest'unicità dell'universo, che noi siamo quell'unico Essere Infinito e supponete di aver realizzato che questo Sé è soltanto Esistenza e che è lo stesso Sé che si manifesta in varie forme fenomeniche, cosa ne è di noi dopo di questo? Diventeremo inattivi, ci metteremo in un angolo a sedere e moriremo? «Quale bene farà al mondo?» Antica domanda! Innanzitutto, perché dovrebbe fare del bene al mondo? C'è qualche motivo per cui dovrebbe? Quale diritto si ha di fare la domanda «Quale bene farà al mondo?» Che cosa significa? Al bambino piacciono le caramelle. Supponete che stiate conducendo delle ricerche su argomenti come l'elettricità e il bambino vi chiede «Compra le caramelle?» «No», voi rispondete. «Allora che bene fa?» chiede il bambino. Allora gli uomini si levano e dicono «Quale bene farà al mondo, ci porterà soldi?» «No.» «Allora che vantaggio c'è?» Questo è ciò che gli uomini intendono con fare del bene al mondo. Tuttavia la realizzazione religiosa fa tutto il bene possibile al mondo. La gente ha paura che quando la raggiungono, quando si rendono conto che ce n'è soltanto una, le fontane dell'amore saranno prosciugate, che tutto nella loro vita sarà andato perso e tutto il loro amore scomparirà per loro, per così dire, in questa vita e nella vita a venire. Le persone non smettono mai di pensare che coloro che hanno rivolto il minimo pensiero alla loro individualità sono stati grandi uomini nel mondo. Solo allora un uomo ama davvero, quando scopre che l'oggetto del suo amore non è una cosa bassa, piccola, mortale. Solo allora un uomo ama, quando scopre che l'oggetto del suo amore non è una zolla di Terra, ma Dio vero e proprio. La moglie amerà di più il marito quando penserà che il marito è Dio Stesso. Il marito amerà di più la moglie quando saprà che la moglie è Dio Stesso. La madre amerà di più i suoi bambini se pensa che i bambini sono Dio Stesso. Quell'uomo amerà il suo più grande nemico se sa che quel nemico è Dio Stesso. Quell'uomo amerà un uomo santo se sa che l'uomo santo è Dio Stesso e quell'uomo amerà anche il meno santo degli uomini perché sa che la base di quegli uomini per niente santi è sempre Lui, il Signore. Tale uomo diventa colui che muove il mondo, per il quale il suo piccolo sé è morto e Dio sta al suo posto. L'intero universo diverrà trasfigurato per lui. Tutto ciò che è doloroso e triste svanirà. Le lotte cesseranno tutte. Invece di essere una casa-prigione, il luogo in cui ogni giorno lottiamo e combattiamo e competiamo per un tozzo di pane, quest'universo sarà allora per noi un parco giochi. Allora l'universo sarà meraviglioso! Solo tale uomo ha il diritto di levarsi e dire «Quant'è bello questo mondo!» Solo lui ha il diritto di dire che è tutto bene. Questo sarà il grande bene per il mondo che risulta dalla realizzazione, ossia che il mondo anziché continuare con i suoi attriti e scontri, se tutta l'umanità oggi realizzasse solo un pochino di quella grande verità, l'aspetto del mondo intero sarebbe cambiato e, al posto di lotte e discussioni, ci sarebbe un regno di pace. La necessità indecente e brutale che ci obbliga ad andare più avanti degli altri sarà allora svanita dal mondo. Con essa svanirà ogni conflitto, con essa svanirà ogni odio, con essa svanirà ogni gelosia, e tutto il male svanirà per sempre. Allora gli dèi vivranno sulla Terra. Proprio questa Terra diverrà allora un paradiso e quale male può esserci quando gli dèi giocano con gli dei, quando gli dèi lavorano con gli dèi, e gli dèi amano gli dèi? Questo è il grande vantaggio della realizzazione divina. Ogni cosa che vedete nella società sarà cambiata e trasfigurata allora. Non penserete più all'uomo come male e questa è la prima grande conquista. Non vi alzerete più e lancerete sarcasticamente un'occhiata al pover'uomo o alla povera donna che ha commesso un errore. Mai più, voi signore, guarderete dall'alto al basso con disprezzo la povera donna che cammina per strada di notte, perché vedrete persino là Dio Stesso. Non penserete più alla gelosia e alle punizioni. Svanirà tutto. E l'amore, il grande ideale di amore, sarà così potente che nessuna frusta o corda sarà necessaria per guidare l'umanità verso il giusto.

Se una milionesima parte degli uomini e delle donne che vivono in questo mondo si sedessero semplicemente e per qualche minuto dicessero «Voi siete tutti Dio, o voi uomini, o voi animali ed esseri viventi, voi siete tutti manifestazioni dell'unica Divinità vivente!», tutto il mondo sarà cambiato in mezz'ora.

Anziché lanciare tremende bombe di odio in ogni angolo, anziché proiettare flussi di gelosia e pensieri maligni, in ogni Paese le persone penseranno che tutto è Lui. Lui è tutto ciò che sentite e vedete. Come potete vedere il male finché c'è male in voi? Come potete vedere un ladro, a patto che lui ci sia, seduto nel cuore dei cuori? Come potete vedere l'assassino fin tanto che voi stessi siete assassini? Siate buoni e il male svanirà per voi. Tutto l'universo sarà così cambiato. Questa è la più grande conquista della società. Questa è la grande conquista per l'organismo umano. Queste idee furono pensate, attuate tra individui dei tempi antichi in India. Per varie ragioni, data l'esclusività degli insegnanti e della conquista straniera, non si permise che questi pensieri si diffondessero. E tuttavia sono grandi verità. E ovunque abbiano agito, l'uomo è diventato divino. Tutta la mia vita è cambiata grazie al tocco di uno di questi uomini divini, di cui vi parlerò domenica prossima; sta per arrivare il momento in cui questi pensieri saranno mandati in circolazione per il mondo intero. Anziché vivere nei monasteri, anziché essere confinati in libri di filosofia per essere studiati soltanto dagli eruditi, anziché essere possesso esclusivo di sette e dei pochi colti, saranno disseminati e trasmessi in tutto il mondo, cosicché possano diventare proprietà comune dei santi e dei peccatori, degli uomini, delle donne e dei bambini, degli eruditi e degli ignoranti. Allora permeeranno l'atmosfera del mondo e l'aria che respiriamo dirà a ognuna delle sue pulsazioni «Voi siete Ciò». E tutto l'universo con la sua miriade di soli e lune, attraverso ciò con cui parla, dirà all'unisono «Voi siete Ciò».

RAJA YOGA
LA VIA DELLA CONOSCENZA DI SÉ

Prefazione

Sin dagli albori della storia, sono molti i fenomeni straordinari che gli esseri umani hanno visto verificarsi. In tempi moderni non mancano le testimonianze che attestano tali avvenimenti, anche nelle società che vivono sotto il cielo illuminato della moderna scienza. Molti di questi fenomeni sono ritenuti inattendibili in quanto riportati da persone ignoranti e superstiziose, o da truffatori. In molti casi i cosiddetti miracoli sono imitazioni. Ma cosa imitano? Ripudiare qualcosa che non sia stato debitamente indagato non è un segnale di genuino spirito scientifico. Gli scienziati di superficie, incapaci di spiegare i numerosi fenomeni mentali straordinari, si sforzano di ignorarne l'esistenza. Sono quindi molto più colpevoli di coloro che pensano che le loro preghiere vengano esaudite da un essere—o da esseri—oltre le nuvole, o di coloro che credono che per effetto delle loro suppliche questi esseri cambieranno il corso dell'universo. Questi ultimi hanno l'attenuante dell'ignoranza, o almeno di un sistema educativo carente che ha trasmesso loro l'idea di dipendenza da certi esseri, dipendenza che è diventata parte integrante della loro natura degenerata. I primi invece non hanno questa scusa.

Per migliaia di anni fenomeni di questo tipo sono stati studiati, indagati e generalizzati, è stato analizzato l'intero ambito delle facoltà religiose dell'uomo, e il risultato concreto è la scienza del Raja-Yoga. A differenza dell'imperdonabile linea di condotta assunta da alcuni scienziati moderni, il Raja-Yoga non nega l'esistenza di fatto di fenomeni difficili da spiegare; d'altro canto dice ai superstiziosi, in modo gentile ma con chiarezza, che i miracoli, l'esaudimento delle preghiere e i poteri della fede, ritenuti veri come fatti reali, non si rendono comprensibili attraverso la spiegazione fornita dalla superstizione che ne individua la causa in un essere o in esseri oltre le nuvole. Il Raja-Yoga afferma che ogni individuo è solo un condotto per l'infinito oceano di forza e conoscenza soggiacente all'essere umano. Insegna che i desideri e i bisogni sono intrinseci nell'uomo, ma nell'uomo è intrinseco anche il potere di soddisfarli; e che quando un desiderio, un bisogno o una preghiera vengono esauditi, è da questa infinita risorsa che viene la risposta, e non da esseri soprannaturali. L'idea del soprannaturale nell'uomo può stimolare in una certa misura la forza delle sue azioni; ma è anche portatrice di decadenza spirituale. Porta dipendenza, porta paura, porta superstizione. E degenera nell'orribile idea della naturale debolezza dell'uomo. Non esiste il soprannaturale, dice lo Yogi, ma esistono in natura manifestazioni grezze e manifestazioni sottili. Quelle sottili sono le cause, quelle grezze sono gli effetti. Le manifestazioni grezze vengono facilmente percepite attraverso i sensi, ma non quelle sottili. La pratica del Raja-Yoga porterà all'acquisizione delle percezioni più sottili.

Tutti i sistemi ortodossi di filosofia indiana hanno un obiettivo, la liberazione dell'anima attraverso la ricerca della perfezione. Il metodo è quello dello Yoga. La parola Yoga copre un ambito immenso, ma sia la scuola Sankhya che quella del Vedanta si riferiscono allo Yoga, in una forma o in un'altra.

Il tema del presente libro è quella forma di conosciuta come Raja-Yoga. Le sue più alte autorità sono riconosciute negli aforismi di Patañjali e nel suo libro. Altri filosofi, sebbene si siano talvolta discostati in alcuni punti dalla filosofia di Patañjali, hanno di norma aderito con deciso consenso al suo metodo di pratica. La prima parte del libro comprende varie letture che il presente scrittore ha tenuto durante i corsi a New York. La seconda parte è una traduzione piuttosto libera degli aforismi [sutra] di Patañjali con commento. Ho cercato di evitare i tecnicismi, per quanto possibile, e di attenermi allo stile semplice e spontaneo della conversazione. Nella prima parte vengono fornite alcune semplici e specifiche indicazioni a coloro che vogliono apprendere la pratica dello Yoga studiandola; soprattutto a loro però si ha lo scrupolo di ricordare che, tranne rare eccezioni, lo Yoga può essere imparato solo a diretto contatto con l'insegnante. Se questa introduzione ha avuto il merito di suscitare il desiderio di altre informazioni sul tema, il maestro non si sottrarrà.

Il sistema di Patajñali si rifa a sua volta al sistema dei Sankhya, essendo i punti di divergenza assai ridotti. Delle due differenze principali, la prima consiste nel fatto che Patañjali ammette un Dio personale individuato nel primo maestro, mentre l'unico Dio ammesso dai Sankhya è un essere quasi perfetto, che si fa carico temporaneamente del ciclo della creazione. La seconda differenza consiste nel fatto che per gli Yogi la mente è omnipervasiva come lo spirito, o Purusha, mentre per i Sankyha non lo è.

Swami Vivekananda

—*Ogni anima è potenzialmente divina.*

—*L'obiettivo è che questa Divinità si manifesti dentro, attraverso il controllo della natura, esterna e interna.*

—*Persegui questo fine col lavoro, o col culto, col controllo fisico o con la filosofia—con una, più o tutte queste cose—e sii libero.*

—*Questa è tutta la religione. Le dottrine, i dogmi, i rituali, i libri, i templi, le forme, sono solo dettagli secondari.*

Capitolo I
Introduzione

Ogni nostra conoscenza si basa sull'esperienza. Quella che chiamiamo conoscenza inferenziale, ovvero quella in cui si procede dal particolare al generale o dal generale al particolare, ha il suo fondamento nell'esperienza. Se è facile trovare la verità nelle cosiddette scienze esatte, è perché queste fanno riferimento alle esperienze proprie di ogni essere umano. Lo scienziato dispone di risultati che derivano dalla sua esperienza e quando attraverso il ragionamento giunge a conclusioni che ci chiede di accogliere come vere, fa appello ad alcune esperienze umane universali. In ogni scienza esatta c'è una base comune all'intera umanità, cosicché possiamo immediatamente renderci conto della verità o della fallacia delle conclusioni che vengono tratte. Ora, il punto è: la religione si fonda su basi di questo tipo? La mia risposta a questa domanda è sia affermativa che negativa.

L'idea condivisa ovunque è che la religione si fondi sulla fede e sulle credenze, e che nella maggior parte dei casi le religioni consistano ognuna in un determinato insieme di teorie; di qui le divergenze tra le une e le altre. Queste teorie, a loro volta, si fondano sulla fede. C'è chi crede in un Essere Superiore che dal cielo tiene le redini dell'universo, e chiede di essere creduto sulla sola base della sua parola; c'è chi professa le proprie idee chiedendo agli altri di aderirvi, ma se gliene viene chiesta la ragione non è in grado di fornire spiegazione alcuna. È per questo che la religione e la metafisica non godono di un'ottima reputazione al giorno d'oggi. Le persone istruite sembrano dire «insomma, queste religioni sono solo schemi teorici senza che vi sia un criterio con cui giudicarle e ognuno predica le sue idee perorando la propria causa». Tuttavia la religione poggia su una base di credenze universali, soggiacenti a tutte le diverse teorie e correnti in ogni angolo del mondo. Andando alle radici, scopriamo che anche le religioni si fondano su esperienze universali.

In primo luogo, se si osservano le varie religioni del mondo si vede che si dividono in due classi: quelle che hanno un libro sacro e quelle prive di un testo scritto. Le religioni che si fondano su un testo sacro sono le più solide e contano il maggior numero di credenti, mentre quelle prive di testi si sono estinte o, per le più recenti, che sono comunque rare, hanno pochi seguaci. Tutte però hanno un elemento in comune, in quanto ritengono che le verità professate siano il frutto dell'esperienza di determinate persone. Il cristiano invita a credere nella sua religione, a credere in Cristo e nell'incarnazione di Dio nel suo corpo, a credere in Dio, nell'anima e in un aldilà — migliore — per l'anima. Se gli si chiede perché, risponde che è per fede. Ma se si risale alle origini del Cristianesimo, si vede che anch'esso affonda le sue radici nell'esperienza; Cristo disse di aver visto Dio, i suoi discepoli dissero di averlo sentito, e così a seguire. Analogamente, il buddismo di rifà all'esperienza del Buddha; egli esperì alcune verità, le vide, vi entrò in contatto e le predicò al mondo. Lo stesso accade per gli induisti. Nei loro libri i Rishi, o saggi, dichiarano di aver esperito alcune verità ed è queste che predicano. È evidente che tutte le religioni del mondo sono state edificate sulle uniche, universali e incorruttibili fondamenta della nostra conoscenza: l'esperienza diretta. Tutti i maestri hanno visto Dio; hanno visto le loro anime, hanno visto il loro futuro, hanno contemplato l'eternità, e ciò che hanno visto, lo hanno predicato. Da tutte queste religioni, specialmente in tempi moderni, viene però una precisazione, ovvero che tali esperienze oggi sarebbero impossibili; solo pochi uomini le hanno vissute, e questi hanno così fondato le religioni che portano il loro nome. Oggi queste esperienze sono obsolete, quindi alle religioni si deve aderire per atto di fede. Ebbene, io questo lo rifiuto in toto. Se in questo mondo si è data un'esperienza in un particolare ambito della conoscenza, ne segue che questa esperienza è stata possibile milioni di volte prima e sarà ripetibile in eterno. L'uniformità è una rigorosa legge della natura: ciò che è accaduto una volta può ripetersi sempre.

I maestri della scienza yoga, perciò, ritengono che la religione non si basi solo su esperienze di tempi antichi e che nessun uomo possa essere religioso senza aver esperito in prima persona quelle stesse percezioni; lo yoga è la scienza che insegna come raggiungerle e provarle. Non serve a molto parlare di religione fin quando non la si è esperita. Perché ci sono tante dispute, tanto disaccordo, tante lotte in nome di Dio? È stato versato più sangue in suo nome che per molte altre cause, perché i popoli non sono mai andati alla fonte; si sono accontentati di aderire con ossequio a quanto veniva loro trasmesso dagli avi cercando di diffonderlo ad altri. Che diritto ha l'uomo di affermare di avere un'anima senza averla esperita, o di dire che c'è un Dio senza averlo visto? Se un Dio esiste dobbiamo poterlo vedere, se c'è un'anima dobbiamo poterla percepire; altrimenti è meglio non crederci. È meglio essere schiettamente atei piuttosto che ipocriti. L'idea moderna è da un lato, per i «dotti», che la religione e la metafisica siano futili forme di ricerca di un Essere Superiore; dall'altro, per i semi-istruiti, è che queste non abbiano fondamento alcuno e che il loro unico valore consista nel fornire una potente forza propulsiva per le buone azioni: se gli uomini credono in Dio possono diventare buoni, morali e quindi comportarsi da buoni cittadini. Non possiamo biasimare coloro che hanno queste idee, quando vediamo che il solo insegnamento che ne traggono è credere in eterne formule fatte di parole, senz'alcuna sostanza alla base. A costoro viene chiesto di vivere di parole; possono farlo? Se lo facessero, non dovrei avere il minimo riguardo per la natura umana. L'uomo vuole la verità, vuole esperirla da sé stesso; quando l'afferra, quando ne prende coscienza, quando la sente dentro di sé, nel più profondo del cuore, allora — dicono i Veda — tutti i dubbi scompaiono, le tenebre si dissipano, ogni increspatura si distende. «Figli dell'immortalità, anche voi che vivete nelle supreme sfere, è stato trovato il cammino; c'è una via per uscire dall'oscurità, ed è l'ascolto di Colui che è al di là delle tenebre. Non c'è altra strada».

La scienza del Raja-Yoga presenta all'umanità intera un metodo pratico e scientificamente studiato per raggiungere questa verità. In primo luogo, ogni scienza deve avere un suo metodo di ricerca. Se vuoi diventare astronomo e ti metti a gridare «Astronomia! Astronomia!», non raggiungerai mai il tuo obiettivo. Lo stesso vale per la chimica. Va seguito un metodo specifico. Devi recarti in laboratorio, prendere le diverse sostanze, mescolarle, farle reagire, sperimentare, e solo da questo verrà la conoscenza della chimica. Se vuoi diventare astronomo devi andare in un osservatorio, prendere un telescopio, studiare le stelle e i pianeti, e solo poi diventerai un astronomo. Ogni scienza deve avere i suoi propri metodi. Potrei predicare migliaia di sermoni, ma non basteranno a farti diventare credente finché non avrai conosciuto il metodo da te stesso, praticandolo. Queste sono le verità dei saggi di ogni nazione e di ogni epoca, di uomini puri e disinteressati che non avevano nessun'altra motivazione se non quella di fare del bene al mondo. Tutti loro affermano di aver trovato una verità più alta di quella testimoniata dai sensi, e ci invitano a verificare. Ci chiedono di intraprendere il metodo e praticarlo con onestà e solo allora, se non avremo attinto ad alcuna verità superiore, avremo il diritto di affermare che non c'era nessuna verità da rivendicare, ma fin quando non lo si sia provato non è razionale rifiutare la veridicità delle loro asserzioni. Dunque il lavoro deve essere svolto fedelmente e attenendosi al metodo prescritto, e la luce verrà.

Nell'acquisizione della conoscenza si ricorre alla generalizzazione, e la generalizzazione si basa sull'osservazione. Prima si osservano i fatti, poi si generalizza, quindi si traggono le conclusioni o principi. Non si può raggiungere la conoscenza della mente, della natura interiore dell'uomo, del pensiero, se prima non si è raggiunto il potere di osservare i fenomeni interiori. Disponendo dei numerosi strumenti che sono stati concepiti per questo fine, è comparativamente più semplice osservare i fenomeni del mondo esterno; per i fenomeni interiori invece, non v'è strumento che ci venga in soccorso. Sappiamo però che l'osservazione è indispensabile per costruire una vera scienza. Senza un'analisi adeguata, la scienza è senza speranza — si riduce a mera teoria. Ed è questa la ragione per cui gli psicologi sono sempre stati in disaccordo tra di loro, tranne quei rari casi in cui venivano individuati degli strumenti di osservazione.

La scienza del Raja-Yoga vuole anzitutto fornirci i mezzi per osservare gli stati interiori. Lo strumento per farlo è la mente stessa. Il potere dell'attenzione, quando è guidata adeguatamente e rivolta verso il mondo interiore, analizza la mente e ne illumina i fenomeni. I poteri della mente sono come raggi di luce dissipati; se sono concentrati, illuminano. Questo è il nostro unico mezzo di conoscenza. Tutti lo usiamo, nel mondo esterno e per il mondo interiore; gli psicologi però precisano che al mondo interiore deve essere rivolta la stessa minuziosa attenzione che lo scienziato rivolge al mondo esterno e per far ciò, è necessaria una grande pratica. Sin dall'infanzia ci è stato insegnato a prestare attenzione ai fenomeni esterni, ma non a quelli interiori; così la maggior parte di noi ha quasi perso la capacità di osservare i meccanismi e le dinamiche interne. Anzitutto per riportare la mente al mondo interiore, va inibito il suo rivolgersi all'esterno; poi, per portarla a concentrare tutti i suoi poteri e proiettarli su sé stessa affinché possa conoscere la sua vera natura, ovvero l'autoanalisi, è richiesto ancora un duro lavoro. Eppure è l'unico modo per avere un approccio scientifico in merito.

A che serve tale tipo di conoscenza? Anzitutto, la più alta ricompensa della conoscenza è la conoscenza stessa; ma c'è anche un'utilità, in quanto essa ci permetterà di abbandonare ogni stato di sofferenza. Quando l'uomo, analizzando la propria mente, verrà a trovarsi faccia a faccia con qualcosa di indistruttibile, qualcosa che per sua stessa natura è eternamente puro e perfetto, si libererà da ogni miseria interiore e smetterà di essere infelice. L'infelicità deriva dalla paura e dai desideri insoddisfatti. Quando capirà che non muore, l'uomo smetterà di temere la morte; quando saprà di essere perfetto non nutrirà più vani desideri. Una volta eliminate entrambe le cause, l'infelicità sarà dissolta e in lui vi sarà solo perfetta beatitudine, anche durante la vita terrena.

C'è solo un metodo per raggiungere quella forma di conoscenza chiamata concentrazione. Il chimico in laboratorio concentra tutte le sue energie mentali in una direzione e le fa convergere sui materiali che analizza; è così che ne scopre i segreti. L'astronomo concentra tutte le sue energie della sua mente e le proietta verso il cielo attraverso il telescopio; è così che le stelle, il sole e la luna gli rivelano i loro segreti. Più io concentro i miei pensieri sul tema di cui ti parlo, più questo ti risulterà chiaro. Mentre mi ascolti, più i tuoi pensieri sono concentrati su ciò che dico, più il mio discorso ti sarà chiaro.

Come è stata raggiunta la conoscenza che abbiamo del mondo se non attraverso la concentrazione dei poteri della mente? Il mondo è pronto a svelarci i suoi segreti se solo sappiamo come chiederglieli, se gli poniamo la domanda nel modo giusto. La forza e il potere della domanda derivano dalla concentrazione. Non ci sono limiti al potere della mente umana. Maggiore è la sua concentrazione, più forza è in grado di indirizzare su di un determinato punto; è questo il segreto.

È facile dirigere la concentrazione della mente sulle cose esteriori poiché essa è per natura rivolta verso l'esterno. Non è lo stesso nel caso della religione, della psicologia o della metafisica, dove il soggetto e l'oggetto coincidono: qui l'oggetto di studio è un oggetto interno, ovvero la mente; è quindi la mente a studiare sé stessa. Questa, come sappiamo, è dotata del potere della riflessione. Mentre ti parlo, è come se allo stesso tempo fossi anche lì accanto, come se fossi una seconda persona, che sa e ascolta quello che dico. Mentre tu lavori e contemporaneamente pensi, c'è una porzione della tua mente che si fa da parte e vede ciò a cui stai pensando. I poteri della mente dovrebbero essere concentrati e rivolti verso la mente stessa, e così come i luoghi più oscuri rivelano i loro segreti quando i raggi del sole giungono a rischiararli, allo stesso modo la concentrazione della mente penetrerà i suoi stessi e più intimi segreti. Così perverremo alle radici del credere, alla vera e autentica religione. Sperimenteremo noi stessi se abbiamo un'anima, se il tempo della vita sono cinque minuti o l'eternità, se c'è un solo Dio nell'universo o più d'uno. Tutto ci si svelerà. Questo è quanto il Raja-Yoga si propone d'insegnare. Il suo insegnamento mira a farci comprendere anzitutto come raggiungere la concentrazione mentale, poi come scoprirne i più intimi recessi, come generalizzarne i contenuti e infine, a partire da questi, come formare le nostre conclusioni. Per il Raja-Yoga quindi non conta la religione di appartenenza; se siamo atei o deisti, cristiani, ebrei o buddisti non importa. Siamo esseri umani e questo basta; ogni essere umano ha il diritto e la facoltà di cercare una religione. Ogni essere umano ha il diritto di chiedere la ragione, di chiedere il perché e di rispondere da solo a questa domanda, se gli sta a cuore.

Fin ora, quindi, vediamo che lo studio del Raja-Yoga non richiede fede o credenze. Non credere a nulla finché non provi in prima persona: è questo che ci insegna. La verità non ha bisogno di puntelli per stare in piedi. Per caso i fatti della veglia necessitano dei sogni o dell'immaginazione per essere confermati?

Certamente no. Lo studio del Raja-Yoga richiede molto tempo e una pratica costante, e se una parte di questa pratica è fisica, la maggior parte del lavoro è mentale. A mano a mano scopriremo quanto intimamente la mente e il corpo siano collegati. Se riteniamo che la mente sia semplicemente una parte più fine del corpo e che la mente agisca su di esso, è ragionevole pensare che anche il corpo possa influenzare la mente. Se il corpo è malato, anche la mente si ammala; se il corpo è in salute, la mente rimane sana e forte. Quando ci si arrabbia, la mente subisce un turbamento; analogamente, quando la mente è turbata, il corpo ne risente. Nella maggior parte degli uomini la mente, non essendo assai sviluppata, è saldamente controllata dal corpo. Gli esseri umani, per la maggioranza, non sono così dissimili dagli animali e in molti casi il loro potere di controllo sulla mente è appena superiore a quello degli animali inferiori. Generalmente non possediamo alti livelli di padronanza della nostra mente. Quindi, per portare in essere queste capacità e imparare a dominare il corpo e la mente, dobbiamo agire anzitutto sul piano fisico. Una volta raggiunto un sufficiente livello di controllo sul corpo, possiamo provare a manipolare la mente; manipolando la mente, saremo in grado di portarla sotto il nostro controllo, di farla funzionare come vogliamo e di indurla a concentrare i suoi poteri nel modo in cui desideriamo.

Secondo il Raja-Yoga, il mondo esterno non è altro che la forma grezza di quello interno, o di quello sottile. La sostanza sottile è sempre la causa, mentre quella grezza è sempre l'effetto; così il mondo esterno è l'effetto, quello interno è la causa. Allo stesso modo le forze esterne sono semplicemente le manifestazioni più grezze, di cui quelle interne sono l'espressione più fine. L'uomo che ha scoperto le forze interne e ha imparato a manipolarle, condurrà la natura sotto il suo dominio. Il compito che lo Yogi si propone non è altro che quello di dominare l'intero universo, l'intera natura. Vuole pervenire al punto in cui le cosiddette «leggi di natura» non avranno più effetto su di lui e sarà in grado di andare oltre quelle leggi. Sarà padrone del mondo, interno ed esterno. Cos'altro sono il progresso e la civilizzazione della razza umana, se non appunto il dominio della natura?

Ogni popolo mette in atto un determinato processo per governare la natura. Proprio come all'interno della società alcuni individui vogliono aggiudicarsi il controllo della realtà esterna e altri di quella interiore, così tra i vari popoli ce ne sono alcuni che mirano al dominio della natura esterna e altri che vogliono controllare quella interna. Alcuni sostengono che avendo il controllo della natura interiore si ha il controllo di qualsiasi cosa; per altri si ha il dominio di tutto se si domina la natura esterna. Portate all'estremo, entrambe le posizioni sono corrette, perché in natura tale divisione tra interno ed esterno non sussiste. Si tratta di una delimitazione fittizia, che in realtà non è mai esistita. Interioristi ed esterioristi sono destinati a incontrarsi nello stesso punto quando raggiungeranno le vette della loro conoscenza. Come il fisico, che quando spinge la sua conoscenza ai limiti la vede sconfinare nella metafisica, così il metafisico vedrà che ciò che chiama mente e materia non sono altro che distinzioni apparenti, essendo la realtà unica ed Una.

Ogni scienza ha come fine e meta l'individuazione dell'unità, dell'Uno da cui emana il molteplice, l'Uno che si dà come molteplice e che esiste nella molteplicità. Il Raja-Yoga propone di partire dal mondo interiore per studiare la natura interna e attraverso ciò giungere a dominare entrambe, la realtà interna così come quella esterna. Si tratta di una ricerca antichissima. L'India ne è stata la roccaforte per eccellenza, ma anche altri popoli hanno tentato questo cammino. In Occidente veniva considerato misticismo, e chi voleva praticarlo veniva arso vivo o condannato a morte per stregoneria. In India, per varie ragioni, questo sapere è caduto nelle mani di gente che lo ha distrutto al novanta per cento e che ha cercato di occultare ciò che ne rimaneva. I cosiddetti maestri di oggi sono peggiori di quelli dell'India, perché mentre questi ultimi sapevano qualcosa, gli esponenti moderni non sanno nulla.

Tutto ciò che viene tenuto segreto e oscuro in questi sistemi di Yoga dovrebbe essere respinto. La miglior guida nella vita è la forza. Nella religione, come in ogni ambito, rifiuta tutto ciò che t'indebolisce, non averci nulla a che fare. Il traffico di misteri debilita il cervello umano. Ha quasi distrutto lo Yoga, una delle più grandi e nobili tra le scienze. Dal tempo in cui fu scoperto, più di quattromila anni fa, lo Yoga è stato perfettamente delineato, formulato e predicato in India. Colpisce particolarmente il fatto che più i commentatori sono recenti, più grandi sono i loro errori, a fronte della razionalità degli scrittori antichi. Gli autori moderni, per la maggior parte, parlano di ogni sorta di misteri. Lo Yoga è così caduto nelle mani di quei pochi che hanno voluto farne un segreto invece di lasciarlo risplendere, illuminato dalla luce del giorno e dalla ragione. E lo hanno fatto per essere i soli detentori dei poteri dello Yoga.

Anzitutto voglio dire che in ciò che insegno non v'è alcun mistero. Quel poco che so, ve lo insegnerò. Procederò col ragionamento fin quando mi sarà possibile, ma per quanto riguarda ciò che non so, mi limiterò a riportarvi quanto dicono i libri. È sbagliato credere ciecamente; bisogna invece esercitare la ragione e la facoltà di giudizio. Si deve praticare per avere esperienza diretta delle cose; lo studio dello Yoga dovrebbe essere intrapreso e affrontato esattamente come ogni altra scienza. In esso non vi sono misteri, né pericoli. Fintanto che si tratti del vero Yoga, potrà essere divulgato nelle pubbliche vie e alla luce del sole. Ogni tentativo di mistificazione comporta invece un grande rischio.

Prima di continuare voglio fare un accenno alla filosofia Sankhya, sulla quale si fonda tutto il Raja-Yoga. Secondo la filosofia Sankhya, la genesi della percezione è la seguente: le affezioni o stimoli da parte degli oggetti esteriori sono trasmessi per mezzo di strumenti esterni ai rispettivi centri cerebrali, o organi; gli organi trasmettono gli stimoli alla mente, la mente li porta alla facoltà preposta, e da questa giungono al Purusha (l'anima) dando luogo alla percezione. Poi questo rinvia l'ordine, per così dire, ai centri motori che fanno il necessario. Ad eccezione del Purusha, tutti questi elementi sono materiali, ma la mente è costituita da una materia molto più fine rispetto a quella degli strumenti esterni. La materia di cui è composta la mente costituisce anche la materia sottile chiamata Tanmatras, che poi a sua volta va a formare la materia esterna. Questa è la psicologia Sankhya. Tra l'intelletto e la materia grezza che compone il mondo esterno quindi c'è solo una differenza di grado. Il Purusha è l'unico elemento immateriale. La mente, che costituisce lo strumento attraverso cui l'anima coglie gli oggetti esterni, è in costante mutamento e in perpetua oscillazione; a seconda del grado di perfezione raggiunto, la mente può collegarsi a più organi, a uno solo o a nessuno. Potrei ad esempio concentrarmi sul ticchettio di un orologio con tale attenzione da non vedere nulla, nonostante i miei occhi siano aperti, a dimostrazione del fatto che la mia mente è connessa all'organo dell'ascolto ma è scollegata da quello visivo. Raggiunto un certo livello di perfezione la mente può entrare in contatto con tutti gli organi simultaneamente, esercitando il potere riflessivo di rivolgersi verso sé stessa, in profondità. Ebbene, ciò che lo Yogi vuole raggiungere è questo potere riflessivo; concentrando i poteri della sua mente e volgendoli verso il mondo interno, vuole giungere alla conoscenza di quanto accade interiormente. Non è affatto questione di fede, si tratta bensì del punto di analisi a cui sono pervenuti alcuni filosofi. La moderna fisiologia ci dice che l'organo deputato alla visione non ha sede nell'occhio, ma in uno dei centri nervosi del cervello, e lo stesso vale per gli altri sensi; i fisiologi ci dicono anche che questi centri nervosi sono fatti della stessa materia di cui è formato il cervello. Ora, il Sankhya sostiene esattamente la stessa cosa; l'unica differenza è che quanto afferma la fisiologia attiene al piano fisico, mentre il Sankhya si muove sul piano psicologico. Il nostro campo di ricerca va oltre.

Lo Yogi si propone di raggiungere un livello di percezione tale da poter esperire tutti i diversi stati della mente. Deve esserci una percezione mentale per ognuno di questi; si può avere la percezione di come una sensazione viene trasmessa, di come la mente la riceve, di come giunge alla facoltà preposta e di come quest'ultima la trasmette al Purusha. Come ogni altra scienza, anche il Raja-Yoga richiede una fase di preparazione e un metodo specifico che deve essere seguito per poter essere compreso.

Alcune norme alimentari si rendono quindi necessarie; è fondamentale nutrirsi dei cibi che ci aiutino a depurare la mente. In un serraglio si può avere una chiara dimostrazione di quanto il cibo faccia la differenza: vedrete che gli elefanti sono animali enormi, ma docili e calmi, mentre le tigri e i leoni sono agitati e irrequieti. Tutte le forze di cui dispone il corpo sono prodotte dal cibo, e ce ne accorgiamo ogni giorno. Se si comincia a digiunare, il corpo inizierà anzitutto a sentirsi stanco e le forze fisiche ne risentiranno; poi, nel giro di poco tempo, anche le energie mentali inizieranno a subirne le conseguenze. La prima a indebolirsi sarà la memoria, poi subentreranno difficoltà nel ragionamento. All'inizio quindi è fondamentale prestare attenzione ai cibi di cui ci nutriamo; potremo abbassare la guardia a questo rispetto solo quando disporremo di forze a sufficienza e avremo raggiunto uno stadio avanzato nella pratica del metodo. Quando una pianta sta ancora crescendo la si circonda con protezioni affinché non si danneggi, ma quando diventa un albero le protezioni vanno rimosse; è diventata forte abbastanza per resistere alle aggressioni.

Uno Yogi deve evitare i due estremi di lusso e austerità. Non deve digiunare, né torturare la propria carne. Chi lo fa, dice il Gita, non può diventare uno Yogi: colui che digiuna, colui che rimane sveglio, colui che dorme troppo, colui che lavora troppo o colui che non lavora, nessuno di questi potrà essere uno Yogi (Gita, VI.16).

Capitolo II
I Primi Passi

Il Raja-Yoga si compone di 8 fasi. La prima è lo Yama: non violenza, veracità, astensione dal furto, contegno, rifiuto di doni e del possesso. La seconda è il Niyama: pulizia e purezza, contentezza, austerità o ascesi, studio, abbandono alla divinità. Poi vengono la postura, o Asana; il Pranayama, che consiste nel controllo del Prana (energia vitale) e il Pratyhara, ovvero la capacità dei sensi di prescindere dagli oggetti esterni. La fase successiva è il Dharana, la concentrazione, a cui segue il Dhyana, la meditazione, e infine il Samadhi, la sovracoscienza. Lo Yama e il Niyama, come si vede, riguardano la sfera morale e costituiscono i pilastri imprescindibili per la pratica dello Yoga; senza queste basi il lavoro non porterà frutti. Uno Yogi non farà del male a nessuno, né col pensiero, né con le parole, né con le sue azioni. La clemenza non dovrebbe riguardare solo gli uomini, ma dovrebbe estendersi a tutto l'universo.

La fase successiva è l'Asana, la postura. Occorre praticare quotidianamente una serie di esercizi fisici e mentali fino al raggiungimento di determinati stati, perciò è necessario trovare una posizione in cui poter rimanere a lungo. Ognuno dovrebbe scegliere la posizione che gli è più congeniale e questa varia da persona a persona. Ci accorgeremo via via che il lavoro sulla psiche implica una notevole attività anche a livello fisico. Le attività nervose saranno spostate su un nuovo canale e s'inizieranno a generare nuovi tipi di vibrazioni; così l'intera struttura dell'individuo verrà rimodellata. Poiché la parte più rilevante dell'attività avrà luogo nella colonna vertebrale, è fondamentale che questa sia libera e che da seduti si trovi in posizione eretta, tenendo il torace, il collo e la nuca ben allineati. Lasciate che tutto il peso del corpo sia allineato lungo le vertebre per raggiungere una postura naturale, dove la colonna sia dritta; vi accorgerete facilmente che se il torace è incassato, l'attività mentale ne risentirà. Nella fase Asana si riscontrano alcune similitudini con l'Hatha Yoga, il cui obiettivo è il rafforzamento del corpo. La nostra pratica però se ne discosta nella misura in cui l'Hahta Yoga si occupa unicamente della dimensione fisica, consta di esercizi molto difficili che necessitano di più tempo per essere appresi, e in fondo non genera grande crescita spirituale. In Delsarte e altri maestri troverete molti di questi esercizi con varie posizioni, ma attengono tutti al piano fisico e non a quello psicologico. Non c'è un solo muscolo su cui l'uomo non possa esercitare un perfetto controllo; si può controllare il battito cardiaco decidendo di arrestarlo e nello stesso modo si può agire su tutti gli organi del corpo.

Il risultato di questa branca dello Yoga è l'aumento della longevità. Il punto cardine è la salute ed è questo l'obiettivo dell'Hatha-Yogi. Per costui l'importante è non ammalarsi, e non si ammala mai; vive molto a lungo, 1 secolo per lui non è nulla e all'età di 150 anni è ancora giovane e in forma, senza neppure un capello bianco. Ma è tutto qui. Il baniano è un albero che può vivere 5000 anni, ma resta pur sempre un albero baniano e nient'altro. Analogamente, un uomo longevo è solo un animale sano. Una o due lezioni di Hatha-Yoga sono senz'altro molto utili; chi soffre di emicrania ad esempio troverà molto efficace l'irrigazione nasale con acqua fredda al risveglio. È una tecnica semplice: si aspira dell'acqua dalle narici e la si fa scorrere nelle cavità nasali respirando con la bocca; in questo modo la mente rimarrà fresca e libera per tutto il giorno.

Dopo aver consolidato la postura eretta, secondo alcune scuole di Yoga si deve passare alla depurazione del sistema nervoso. Questa parte è stata respinta da alcuni come non appartenente al Raja-Yoga, ma dato che un maestro autorevole come Shankaracharya la consiglia, ritengo opportuno menzionarla citando il suo commento del Shvetashvatara Upanishad: «la mente da cui il Pranayama abbia eliminato le impurità si fissa nel Brahman; solo quando le vie nervose sono state depurate si è pronti per il Pranayama. Chiudendo la narice destra col pollice, s'inspira dalla narice sinistra secondo le propria capacità; subito dopo si espira dalla narice destra chiudendo quella sinistra. Si ripete l'inalazione dalla narice destra per esalare con la sinistra, secondo le capacità; ripetendo questa pratica tre o cinque volte al dì, nei quattro orari della giornata — prima dell'alba, a mezzogiorno, al tramonto e a mezzanotte — in 2 settimane o un mese si raggiunge la depurazione dei nervi e inizia il Pranayama».

Nel Raja-Yoga la pratica è assolutamente necessaria. Potreste restare seduti ad ascoltarmi parlare per ore ed ore, ma senza la pratica non compirete alcun passo avanti. Tutto dipende dalla pratica. Queste cose non sono comprensibili fin quando non le proviamo. Dovremo esperirle dentro noi stessi in prima persona; il mero ascolto di spiegazioni e teorie non produce nessun progresso. Sono molti però gli impedimenti che possono intervenire. Il primo deriva dal corpo: se non è sano, costituisce un ostacolo per la pratica. Perciò, è molto importante che il corpo sia in buona salute e che prestiamo attenzione all'alimentazione e a ciò che facciamo. Bisogna ricorrere allo sforzo della mente, generalmente conosciuto come scienza cristiana, per avere un corpo forte. Questo è tutto, per quanto attiene al piano fisico. Ma non dobbiamo dimenticare che la salute fisica è solo un mezzo per conseguire il fine. Se la salute fosse il fine saremmo come gli animali, che infatti si ammalano di rado.

Il secondo ostacolo viene dal dubbio, dall'incertezza. Siamo sempre perplessi rispetto a ciò che non possiamo vedere. L'uomo non può vivere di parole, per quanto possa provarci. Ci troviamo a dubitare quando si tratta di stabilire se queste cose sono vere o no; anche i migliori a volte dubitano. Una volta intrapresa la pratica dello Yoga, nel giro di pochi giorni inizierete a intravedere qualcosa, quel che basterà a darvi speranza e incoraggiarvi. Come dice un commentatore della filosofia Yoga, «quando si è avuta una prova, per piccola che possa essere, ci darà fiducia nell'insegnamento che stiamo seguendo». Dopo i primi mesi di pratica ad esempio, inizierete a vedere che sarete in grado di leggere nei pensieri altrui; li visualizzerete sottoforma di immagini. Percepirete ciò che accade a grande distanza da voi quando sarete mentalmente concentrati sul desiderio di sentire. Queste percezioni, all'inizio più frammentarie e sporadiche, costituiranno un elemento di fiducia, di forza e di speranza. Ad esempio vedrete che concentrandovi sulla punta del naso, in pochi giorni inizierete a percepire profumi deliziosi: questo vi darà la prova che alcune percezioni mentali sono esperibili a prescindere dal contatto con gli oggetti fisici. Non dimentichiamo però che questi sono solo i mezzi; il fine e la meta della nostra pratica è la liberazione dell'anima. Giungere al controllo assoluto della natura: questo è l'obiettivo. Dobbiamo esserne i padroni, e non gli schiavi. Né il corpo né la mente devono dominarci. Ricordiamolo sempre: è il corpo che mi appartiene, non sono io che appartengo al corpo.

Un giorno un dio e un demone si recarono da un grande saggio per ricevere insegnamenti sul Sé. Avevano studiato a lungo con lui. Il saggio disse loro: «siete voi l'Essere che state cercando». Entrambi pensarono che l'Essere in questione, il Sé, fosse il loro corpo. Quando tornarono dalla loro gente, soddisfatti, proclamarono: «abbiamo imparato tutto quanto c'era da imparare. Mangiate, bevete e siate felici; siamo noi il Sé. Non esiste nulla oltre noi». Il demone, essendo di indole ottusa e ignorante, non si preoccupò di indagare oltre, era anzi pago dell'idea di essere Dio e che il Sé s'identificasse col suo stesso corpo. La natura dell'altro, invece, era più pura. In un primo momento fece l'errore di pensare: «io, questo corpo, sono Brahman. Lo terrò in salute e forte, ben vestito, e gli procurerò ogni genere di piaceri». Dopo pochi giorni però si rese conto che il saggio, il suo maestro, non poteva intendere questo; doveva esserci qualcosa di più alto e degno. Quindi tornò dal saggio e gli disse: «Maestro, mi hai insegnato che il Sé è il corpo? Se è così, io vedo che tutti i corpi muoiono, mentre il Sé non può morire». Il saggio rispose: «scoprilo da solo; sei tu quello che cerchi». La divinità quindi pensò che il maestro si riferisse alle forze vitali che animano il corpo. Ma dopo un po' constatò che le forze vitali erano presenti solo quando mangiava; se non si nutriva, si affievolivano. Allora tornò dal saggio e gli chiese: «Signore, intendevi che il Sé sono le forze vitali?». Il maestro rispose «scoprilo da solo; sei tu quello che cerchi». La divinità se ne andò pensando che forse il saggio intendeva dire che fosse la mente, il Sé. Si accorse presto però che la mente era troppo mutevole e instabile per essere il Sé. Tornò dal saggio chiedendogli: «Maestro, non credo che il Sé sia la mente; è questo che intendevi?»—«No», rispose, «sei tu quello che cerchi, scoprilo da te stesso». La divinità se ne andò e alla fine capì che il Sé era lui, al di là di ogni pensiero, al di là della nascita e della morte, lui che non sarebbe potuto essere trafitto dalla spada né arso dal fuoco, lui che non poteva essere essiccato dall'aria né trascinato dall'acqua; colui che non ha fine né inizio, l'eterno, l'immutabile, l'onnisciente, l'Essere onnipotente. Non si trattava né del corpo né della mente, ma di ciò che v'è oltre. Così si sentì soddisfatto. Mentre il povero demone, che si era fermato al corpo, non giunse mai alla verità.

Al mondo vi sono molte nature demoniache, ma ve ne sono anche di divine. Chi vuole divulgare forme di sapere che abbiano come fine il godimento dei sensi, troverà grandi folle pronte ad accoglierne gli insegnamenti. A chi invece vuole mostrare la via per il supremo obiettivo pochi prestano ascolto. Sono rari coloro che hanno la forza di cogliere ciò che vi è di più alto; ancora più rari sono quelli che hanno la pazienza di perseguirlo. E sono anche in pochi a sapere che, nonostante il corpo possa essere tenuto in vita per millenni, il risultato è lo stesso. Quando le forze che lo tengono insieme si dissolvono, il corpo si disfa. Nessun uomo ha mai potuto sottrarre il proprio corpo al cambiamento, neppure per un istante. Il corpo non è altro che il nome di una serie di fasi di mutamento. «Come in un fiume, dove le masse d'acqua che hai davanti cambiano continuamente e si succedono l'una con l'altra, sempre diverse, ma prendendo ogni volta una forma simile; così avviene nel corpo». Tuttavia il corpo deve essere sempre mantenuto forte e in salute, perché è il più valido strumento di cui disponiamo.

Non c'è corpo al mondo più perfetto del corpo umano, così come non c'è creatura nell'universo più grandiosa dell'essere umano. L'uomo è più elevato degli animali e di tutti gli angeli; nessuno gli è superiore. Anche i Deva (gli dei) dovranno discendere in un corpo umano per ottenere la salvezza. L'uomo è l'unico a raggiunge la perfezione; neanche i Deva possono aspirarvi. Secondo la religione ebraica e quella musulmana, Dio creò prima gli angeli e le cose del mondo, poi creò l'uomo. Quando Dio disse agli angeli di andare a rendergli omaggio tutti lo fecero, tranne Iblis; Dio allora lo maledisse e Iblis divenne Satana. Dietro a questa allegoria risiede una suprema verità: la nascita dell'uomo è la più grande e nobile delle nascite. Le creature inferiori, gli animali, sono ottuse e sono state create a partire dal Tamas. Gli animali non hanno la facoltà di concepire pensieri elevati; né possono gli angeli o i Deva attingere alla libertà se non attraverso la nascita dell'uomo. Nella società umana l'eccesso di ricchezza o di povertà costituiscono un impedimento allo sviluppo dell'anima. I grandi del mondo sono sempre provenuti dalla classe media, perché qui le forze sono ben equilibrate e bilanciate.

Tornando al nostro argomento, la fase successiva è il Pranayama, il controllo della respirazione. Cos'ha a che fare con la concentrazione dei poteri mentali? La respirazione sta al nostro corpo come il volano sta alla sua macchina; in un motore complesso, il movimento iniziale parte dal volano e poi è trasmesso alle componenti via via più piccole, fino ad essere veicolato anche agli ingranaggi più minuti e delicati. Questa è la funzione che svolge la respirazione, fornendo e regolando la forza motrice in ogni parte e per ogni attività del nostro corpo.

C'era una volta un ministro di un grande re. Un giorno il re lo punì, facendolo rinchiudere in cima a un'alta torre, e il ministro fu abbandonato là a morire. Questi però aveva una moglie fedele, che ogni notte si recava alla torre e lo chiamava per domandargli se potesse fare qualcosa per lui. Il ministro una volta le disse di tornare la notte seguente e di portare con lei una lunga corda, un laccio robusto, dello spago, un filo di seta, uno scarabeo e un po' di miele. Pensosa, la donna ubbidì e tornò con quanto le aveva chiesto. Il marito le disse di legare bene lo scarabeo al filo di seta, di bagnargli le antenne nel miele e poi lasciarlo andare sulla torre, rivolto verso l'alto. La moglie eseguì tutte le istruzioni e lo scarabeo iniziò la sua lunga arrampicata. Guidato dal profumo del miele dinanzi a sé, procedeva lentamente verso l'alto sperando che continuando a salire lo avrebbe raggiunto; quando arrivò in cima il ministro prese il filo di seta. A quel punto disse alla moglie di legarne l'altra estremità allo spago, e una volta preso anche lo spago le disse di ripetere la stessa operazione col laccio robusto e poi con la corda; dopodiché il resto fu semplice. Il ministro scese dalla torre per mezzo della corda e riuscì a liberarsi. Nel nostro organismo il respiro è come il filo di seta: cogliendolo e imparando a controllarlo, afferriamo il filo di seta delle nostre correnti nervose, da queste il laccio robusto dei pensieri e infine la corda del

Prana, il controllo del quale ci rende liberi.

Noi non sappiamo nulla del nostro corpo, non possiamo saperne nulla. Per osservarne l'anatomia interna possiamo al massimo fare a pezzi un cadavere e studiarlo; alcuni lo fanno anche con gli animali vivi, sezionandoli per vedere come sono fatti all'interno. Eppure, neanche questo ci dice molto sui nostri corpi, dei quali continuiamo a sapere davvero poco. Ma perché ne abbiamo una così scarsa conoscenza? La ragione è che la nostra attenzione non è abbastanza acuta da discernere i sottilissimi movimenti che hanno luogo dentro di noi. Per imparare a percepirli, dobbiamo iniziare dalle percezioni più grossolane. Dobbiamo entrare in possesso di ciò che mette in moto l'intera macchina, ovvero il Prana, la cui più evidente manifestazione è il respiro. Poi, proprio con la respirazione, dobbiamo poco a poco penetrare nel nostro corpo per giungere a percepire le forze sottili, le correnti nervose che si muovono in tutto l'organismo. Queste forze mettono in moto anche la mente e alla fine dovremmo raggiungere uno stato di perfetto controllo su entrambi; la mente e il corpo saranno nostri servitori. Per ottenere questo potere dobbiamo iniziare a controllare il Prana, attraverso il Pranayama. Il Pranayama richiede una trattazione estesa; la affronteremo in più lezioni per illustrarlo a fondo.

Per ogni esercizio dovremo individuare il motivo e le forze che si attivano nel nostro corpo. Riusciremo, a condizione che la pratica sia costante. Solo con l'esercizio potremo avere i riscontri; non c'è discorso o teoria che possa fornircene, se non siamo noi stessi a sperimentarli in prima persona. Vedrete che appena inizierete a percepire le correnti attive in tutto il corpo, le perplessità svaniranno; ma questo potrà avvenire solo attraverso una pratica quotidiana, da ripetere almeno due volte al giorno e preferibilmente di primo mattino e alla sera presto. Nei momenti di transizione dalla notte al giorno e dal giorno alla notte si generano stati di calma, quindi il primo mattino e la sera presto sono gli orari più adatti. Sono i momenti in cui il corpo godrà di uno stato di maggiore serenità ed è bene sfruttare queste condizioni naturalmente favorevoli per dedicarsi alla pratica. Fate vostra la norma di non mangiare prima; in questo modo supererete la pigrizia. In India i bambini vengono educati a non mangiare finché non abbiano terminato gli esercizi o le preghiere; col tempo diventa naturale e si abituano a non sentire fame fino a quel momento.

Per chi ne ha la possibilità, è preferibile adibire una stanza esclusivamente alla pratica dello Yoga; è un luogo che va tenuto sacro. Non usatelo per dormirci e non entrateci prima di esservi lavati: dovete essere puliti, nel corpo e nella mente. Adornate la stanza con immagini piacevoli e con dei fiori, che costituiscono la migliore ambientazione per uno Yogi, e bruciatevi dell'incenso al mattino e alla sera. Lasciate fuori ogni pensiero litigioso, astioso o impuro e accoglietevi solo persone che nutrono sentimenti analoghi ai vostri. In questo modo l'atmosfera si farà pura e sacra; e quando vi sentirete tristi, preoccupati, insicuri o nervosi, il solo fatto di entrare nella stanza vi calmerà. Era questo lo spirito originario dei templi e della chiese, anche se oggi nella maggior parte di questi luoghi è andato perduto. L'idea è che la presenza di vibrazioni sacre preserva e illumina l'ambiente. Chi invece non dispone di una stanza a parte può praticare ovunque gli piaccia. Sedetevi tenendo la schiena dritta e per prima cosa indirizzate una corrente di pensieri pii verso tutto il creato. Ripetetevi mentalmente «fa che tutti siano felici; che tutti gli esseri siano in pace; fa che tutti siano beati». Fatelo rivolti verso est, verso sud, verso nord e verso ovest. Più lo fate meglio vi sentirete voi stessi. Capirete che il modo migliore per stare in salute è vedere che gli altri sono sani e il miglior modo per essere felici è vedere la gioia negli altri. Dopo ciò, chi è credente dovrebbe rivolgere una preghiera a Dio—non per i soldi, non per la salute, né per il paradiso. Pregate per la luce e la conoscenza; ogni altra preghiera sarà egoista. Poi pensate al vostro corpo, percepitene la tempra e la forza; è il migliore strumento di cui possiate disporre. Pensatelo forte e indistruttibile, come ciò che vi condurrà attraverso l'oceano dell'esistenza. Non sono mai i deboli a raggiungere la libertà. Liberatevi di ogni debolezza; dite al vostro corpo e alla vostra mente che sono forti e nutriate sconfinata speranza e fiducia in voi stessi.

Capitolo III
Prana

A differenza di quanto pensano in molti, il Pranayama ha poco a che vedere con la respirazione, che è solo uno degli esercizi attraverso cui raggiungere il vero Pranayama. Pranayama significa controllo del Prana. Secondo i filosofi indiani, l'universo è composto da due elementi. Uno è l'Akasha, l'essenza onnipresente e omnipervasiva. Ogni cosa che abbia una forma o che sia il risultato di una combinazione, è un'evoluzione dell'Akasha. È l'Akasha che si estrinseca nell'aria, nei liquidi, nei solidi, nel sole e nella luna, nella terra, nelle stelle e nelle comete; l'Akasha pervade e costituisce il corpo umano, quello degli animali, il mondo vegetale, tutto ciò che vediamo e che esperiamo attraverso i sensi, ogni cosa esistente. Ma non può essere percepito in sé stesso. È tanto sottile da trovarsi al di là di ogni forma di percezione ordinaria, cosicché può darsi ai nostri sensi solo quando acquista un corpo grezzo, prendendo forma. Al principio della creazione, esiste solo l'Akasha; alla fine del ciclo i liquidi, i solidi e i gas tornano a fondersi nell'Akasha e la creazione successiva si ripete secondo un'evoluzione analoga, ricominciando dall'Akasha.

Quale forza fa sì che l'Akasha vada a costituire l'universo? È la forza del Prana. Proprio come l'Akasha è la materia infinita e omnipervasiva di questo universo, così il Prana è l'infinita e onnipresente manifestazione delle forze che lo animano. Come all'inizio e alla fine di un ciclo tutte le cose fanno capo all'Akasha, così tutte le forze si risolvono nel Prana; ad ogni ciclo, è sempre dal Prana che si sviluppa l'energia. Il Prana si estrinseca in ogni tipo di forza, manifestandosi come movimento, magnetismo o forza di gravità. Le azioni del corpo, le correnti nervose e la forza del pensiero sono manifestazioni del Prana. Ed è nel Prana che si risolve la somma di tutte le forze dell'universo, fisiche e mentali. «Quando non c'era nulla, quando le tenebre coprivano le tenebre, cosa esisteva? L'Akasah esisteva senza movimento». Il moto fisico del Prana non era in atto, ma esisteva ugualmente.

Alla fine di un ciclo accade che le energie precedentemente dispiegate nell'universo si sopiscono e tornano a uno stato potenziale. All'inizio del ciclo successivo tornano in atto, raggiungono l'Akasha e da questo si evolvono le varie forme; così come muta l'Akasha, anche il Prana si manifesta nelle diverse forme di energia. Il vero significato del Pranayama è la conoscenza e il controllo del Prana.

Questo ci dà accesso a un potere quasi illimitato. Colui che giungesse a comprendere e controllare perfettamente il Prana, entrerebbe in possesso di ogni potere esistente. Sarebbe capace di spostare il sole e le stelle; controllerebbe ogni elemento dell'universo, dal più grande degli astri al più piccolo degli atomi, perché ha imparato a controllare il Prana. È questo l'obiettivo del Pranayama. Quando lo Yogi avrà raggiunto la perfezione, nulla in natura potrà sfuggire al suo controllo. Se ordinerà agli dei o alle anime dei defunti di tornare, torneranno. Tutte le forze della natura gli obbediranno docilmente. L'ignorante chiama questi poteri miracoli. Un tratto peculiare della mentalità induista è quello di attingere al principio il più generale possibile, per elaborare i dettagli in un secondo momento. La questione viene sollevata nei Veda: «Qual è quella cosa conoscendo la quale possiamo conoscere tutto?». Così, l'obiettivo di ogni libro e di ogni filosofia che siano stati scritti è di individuare quell'elemento la cui conoscenza dà accesso alla conoscenza d'ogni altra cosa. Un uomo che volesse conoscere questo universo in ogni sua intima parte, dovrebbe conoscerne ogni granello di sabbia, ma questo richiederebbe un tempo infinito; non potrà conoscerli tutti, uno ad uno. Come ha luogo allora la conoscenza? Come può l'uomo diventare onnisciente? Lo Yogi sa che dietro ogni manifestazione o fenomeno particolare c'è un principio generale. Dietro ogni idea particolare c'è n'è una generale e astratta; è quella che va colta, e si sarà compreso tutto. Nei Veda l'universo è stato riportato a un principio unico, a un'unica Esistenza Assoluta, e chi è in grado di coglierla potrà cogliere tutto l'universo; analogamente, colui che riesca a cogliere il Prana avrà colto ogni forza esistente, poiché tutte le forze, fisiche e mentali, sono riconducibili e generalizzabili nel Prana. Chi controlla il Prana ha il controllo della propria e di ogni altra mente esistente. Chi controlla il Prana controlla il proprio corpo e ogni altro corpo, poiché il Prana è la manifestazione generalazzata della forza.

Il Pranayama quindi è lo studio di come giungere al controllo del Prana. L'allenamento e gli esercizi mirano a quest'obiettivo. Ognuno deve iniziare dal punto in cui si trova, imparando a esercitare il controllo anzitutto sulle cose più vicine. Nessuno degli oggetti esterni è più vicino a noi del nostro corpo, e lo stesso vale per la nostra mente. Analogamente, il Prana più vicino a noi è quello che anima il nostro corpo e la nostra mente. Il flusso di Prana che costituisce le nostre energie fisiche e mentali è l'onda più prossima dell'immenso oceano del Prana. Se riusciamo a controllare questo flusso, potremo allora sperare di imparare a controllare l'intero Prana. Lo Yogi che giunge a questo stadio raggiunge la perfezione e non sarà più soggetto ad alcun'altra forza. Diventa quasi onnipotente ed onnisciente. In ogni paese ci sono stati tentativi di procedere in questa direzione; negli Stati Uniti ci sono mind-healers (guaritori mentali), faith-healers (guaritori religiosi), spiritualisti, scientologi, ipnotisti. A ben vedere però, al di là delle differenze hanno tutti in comune il controllo del Prana, consapevolmente o meno. L'elemento soggiacente a ognuna di queste teorie, se le riduciamo a un denominatore comune, è il Prana; ricorrono tutte a uno stesso ed unico potere, ma lo fanno senza saperlo. Tali teorie sono incappate nella scoperta di un potere che usano inconsapevolmente senza conoscerne la natura, ma si tratta della stessa cosa che fa lo Yogi, dello stesso potere che gli deriva dal Prana.

Il Prana è la forza vitale che anima ogni essere. Il pensiero è la più sottile ed elevata della azioni esercitate dal Prana. Ma non c'è solo il pensiero, come vediamo. Esiste anche quello che chiamiamo istinto o pensiero inconsapevole, al livello più basso. Se ci accorgiamo che una zanzara ci sta pungendo, la scacciamo automaticamente con la mano, con un gesto istintivo. Questa è un'espressione del pensiero inconsapevole e tutte le azioni riflesse del corpo si collocano su questo stesso piano. C'è poi il livello del pensiero conscio, nell'ambito del quale pensiamo, giudichiamo, ragioniamo e compiamo valutazioni, ma non si esaurisce tutto qui. Sappiamo che la ragione è limitata e può arrivare solo fino a un certo punto. Il circolo all'interno di cui si muove è molto limitato, eppure collochiamo ciò che accade all'interno di questo stesso circolo. Come le comete, alcune cose entrano in questo circolo; sappiamo con certezza che provengono da una zona al di fuori del limite che la nostra ragione non può superare. Le cause che fanno penetrare i fenomeni all'interno di questo limitato circolo si collocano quindi al di fuori di esso. Ma esiste un altro livello di pensiero, la supercoscienza. Quando la mente raggiunge questo stadio, chiamato Samadhi — concentrazione perfetta, supercoscienza — supera i limiti della ragione e viene a trovarsi dinanzi a fenomeni che né l'istinto né la ragione potrebbero mai conoscere. Esercitando l'azione su queste forze sottili del corpo, che sono manifestazioni del Prana, la mente riceve una spinta per elevarsi a supercoscienza e agire da questo livello.

L'universo è pervaso da un'unica sostanza continua, in ogni piano dell'esistenza. Dal punto di vista fisico questo universo è uno ed unico: non v'è alcuna differenza tra te e il sole. Lo scienziato dirà che sostenere il contrario è errato. Tra me e il tavolo non esiste nessuna reale differenza; il tavolo è un punto nella massa della materia ed io un altro. Ogni forma costituisce uno degli infiniti vortici di un immenso oceano di materia, nessuno dei quali è costante. Non c'è mai la stessa acqua in ognuno dei milioni di vortici di un fiume impetuoso: nel turbinio costante scorre incessantemente per essere sostituita ad ogni istante da una nuova massa d'acqua. Ebbene, accade lo stesso in tutto l'universo, che è un'unica massa di materia in perpetuo mutamento e dove ogni forma di esistenza è un vortice. Una massa di materia entra in un vortice, in un corpo umano ad esempio. Dopo un periodo questa si modifica e passa ad un altro corpo, questa volta a quello di un animale, dal quale nuovamente, dopo un certo numero di anni, si sposterà per entrare in un altro vortice, per esempio in un blocco di minerali. Il cambiamento è perpetuo, nessun corpo è costante. Non esiste nulla di uguale al mio corpo, o al tuo, eccetto che a parole. Di questa unica enorme massa, un punto è chiamato luna, un altro sole, uno uomo e un altro terra, uno è una pianta, un altro un minerale, ma nessuno di questi è costante dato il perenne comporsi e disgregarsi della materia. Lo stesso vale per la mente; in questa dimensione la materia è costituita dall'etere. Quando il Prana esercita l'azione più sottile, in un finissimo stato di vibrazione, l'etere va a costituire la mente essendo sempre parte di quell'unica materia continua. Una volta giunti a quella sottile vibrazione, percepirete che tutto l'universo è composto da vibrazioni sottili. Alcune droghe hanno il potere di portarci a questo stato di percezione. Molti di voi ricorderanno il famoso esperimento di Sir Humphrey Davy: le inalazioni di gas esilarante gli provocarono la perdita del movimento e stati di beatitudine in seguito ai quali affermò che l'universo fosse fatto di idee. Trattandosi di stati in cui le vibrazioni grossolane s'interrompevano, egli percepiva solo le vibrazioni sottili che chiamava idee. Attorno a lui vedeva solo questo tipo di vibrazioni ed ogni cosa diventava pensiero. L'universo nella sua totalità, egli stesso e chiunque altri, erano vortici di pensiero.

Così, anche nell'universo di pensiero si ritrova l'unità, e quando giungiamo al Sé vediamo che il Sé non può che essere unico. Al di là delle vibrazioni della materia, nelle sue manifestazioni sottili o grossolane, e al di là del movimento, c'è l'Uno. Anche nel movimento manifesto c'è solo unità. E questo non può essere negato. Anche la fisica moderna ha dimostrato che la somma totale delle energie presenti nell'universo è la stessa dappertutto e che esiste in due forme: allo stato potenziale, in una condizione di quiete, e in atto quando torna a manifestarsi nei diversi tipi di forza. Da questo stato torna ad essere in potenza e poi di nuovo a manifestarsi, alternando perpetuamente evoluzione ed involuzione. Il controllo del Prana, come detto prima, è il significato di Pranayama.

La manifestazione più palese del Prana nel corpo umano è il movimento dei polmoni. Se questo si arresta, di norma, si fermano immediatamente anche tutte le altre forze che possono manifestarsi nel corpo. Ma ci sono persone che si allenano per far sì che il loro corpo sopravviva nonostante la cessazione dell'attività polmonare; alcuni si seppelliscono per giorni e continuano a vivere anche senza respirare. Per raggiungere la dimensione sottile si deve partire da quella grezza, per poi avvicinarsi progressivamente al punto cui si vuole arrivare. Pranayama significa controllare il movimento dei polmoni, movimento che è associato al respiro. Ma non è il respiro a produrre il movimento dei polmoni, bensì il contrario. Attraverso questo movimento si inspira aria, ed è il Prana a imprimere il movimento ai polmoni. La forza muscolare viene trasmessa dai nervi ai muscoli e da questi ai polmoni, determinandone il movimento. Questa stessa forza, che dobbiamo controllare nell'esercizio del Pranayama, è il Prana. Imparare a controllarlo significherà raggiungere il controllo di qualsiasi altra azione esercitata dal Prana nel nostro corpo. Io stesso ho visto uomini in grado di esercitare un perfetto controllo su ogni muscolo del loro corpo. Se posso controllare alcuni muscoli, per quale ragione non dovrei riuscire a controllarli tutti? Che impedimento c'è? Se abbiamo perso questa capacità di controllo e i movimenti sono diventati automatici, se non sappiamo muovere le orecchie a nostro piacimento — mentre gli animali riescono a farlo — è perché non esercitiamo tale potere. Questo è ciò che chiamiamo atavismo.

Ebbene, sappiamo che il moto allo stadio potenziale o di latenza può tornare a manifestarsi. Attraverso un duro lavoro di esercizio, porteremo alcuni movimenti latenti del corpo sotto il nostro stretto controllo. Il ragionamento quindi ci porta a concludere che lungi dal trattarsi di una cosa impossibile, abbiamo anzi ogni probabilità di riuscire a esercitare il più perfetto controllo su ogni parte del corpo. Ed è questo che lo Yogi fa attraverso il Pranayama. Come alcuni di voi forse già sanno, nel Pranayama, quando inspirate, dovete interamente riempire il corpo di Prana. Dato che nelle traduzioni inglesi Prana è stato reso con respiro, potreste chiedervi come sia possibile riempirsi di respiro; ma si tratta di un errore di traduzione. Ogni parte del corpo può essere pervasa dalla forza vitale che è il Prana, e quando si è imparato a farlo si acquisisce il controllo di tutto il corpo. Non solo si dominerà ogni malattia o dolore percepito fisicamente, ma si imparerà a controllare anche il corpo altrui. Ogni cosa a questo mondo è contagiosa, buona o cattiva che sia. Se siete in uno stato di tensione fisica, con ogni probabilità trasmetterete agli altri questa stessa tensione. Se la vostra condizione è sana e vigorosa, chi vi sta intorno svilupperà di riflesso la tendenza ad essere sano e forte. Analogamente può trasmettersi uno stato di debolezza e malattia. Anche nel caso degli antichi guaritori, il principio era quello di trasferire il proprio stato di salute alla persona da curare. La salute, consapevolmente o meno, può essere trasmessa. Un uomo forte che vive con uno debole, lo renderà un po' più forte, che lo sappia oppure no. Se si tratta di una trasmissione operata consapevolmente, il risultato sarà più rapido e migliore. Può succedere anche che una persona in sé non particolarmente forte possa comunque veicolare salute agli altri: se la persona in questione ha un maggiore controllo sul Prana, può attivarlo a un certo livello di vibrazione e trasmetterlo ad altri.

Questa trasmissione può avvenire anche a distanza; ma la distanza non è da intendersi come una frattura. In realtà non esiste alcuna distanza che implichi rottura. C'è forse un'interruzione tra te e il sole? La massa della materia è continua: il sole ne occupa un punto, tu un altro. Esiste per caso una frattura tra una riva di un fiume e l'altra? Perché allora le energie non dovrebbero propagarsi? I casi di guarigione a distanza sono assolutamente veri e reali; il Prana può essere trasmesso a grande distanza. Ma è pur vero che per un caso autentico ce ne sono centinaia di fraudolenti. Tale processo di cura non è semplice come si pensa. Nei casi più ordinari i guaritori sfruttano la naturale condizione di salute del corpo umano. I medici classici curano il colera somministrando ai pazienti medicine allopatiche. Gli omeopati usano i medicinali omeopatici, che forse curano meglio dell'allopatia perché non sono invasivi e lasciano che la natura faccia il suo corso. I guaritori religiosi curano in modo ancora più efficace, perché attraverso la forza della loro mente risvegliano il Prana sopito della persona malata.

I guraitori religiosi commettono però un errore costante pensando che sia la fede a curare direttamente. La fede da sola non copre tutto lo spettro: ci sono malattie il cui peggior sintomo è che la persona che ne è affetta non si accorge di essere malata. La smisurata fede del paziente costituisce di per sé un sintomo della malattia ed è spesso indice di una morte prossima. In questi casi il principio in base al quale la guarigione avverrebbe grazie alla fede è smentito; se bastasse la fede infatti, il paziente guarirebbe. La vera guarigione risiede nel Prana. Un uomo puro, che abbia imparato a controllare il suo Prana, può portarlo ad uno stato di vibrazione tale da poterlo trasmettere ad altre persone risvegliando in loro vibrazioni simili. Lo si può constatare nella vita di tutti i giorni: cos'è che faccio mentre ti parlo? Cerco di attivare un certo stato di vibrazioni nella mia mente, ed è da questo che dipende il grado di ricezione che avrai delle mie parole. Allo stesso modo, nelle giornate in cui sono entusiasta le mie lezioni vi risulteranno piacevoli, ma un mio stato di apatia inficerebbe anche il vostro entusiasmo nel recepire l'insegnamento.

I grandi del mondo, dotati d'immensa forza di volontà, sanno portare il loro

Prana a stati di vibrazione tanto elevati e potenti da esercitare un forte potere attrattivo anche sugli altri. I grandi profeti hanno raggiunto il più perfetto controllo del Prana, che ha dato loro un'incredibile forza spirituale. Hanno saputo portare il loro Prana al più elevato livello divibrazione, ed è questo che ha dato loro il potere di smuovere il mondo. Ogni manifestazione di forza deriva dal controllo. L'uomo può anche ignorarne il segreto, ma la spiegazione è questa. Quando la gravitazione del Prana si concentra in una parte del corpo piuttosto che in altre, si crea un'alterazione dell'equilibrio del Prana e ciò dà luogo alla malattia. La cura consisterà nel ripristinare l'equilibrio, sottraendo Prana dove ve ne sia in eccesso o aumentandolo laddove sai carente. Questo, ancora una volta, è il Pranayama: imparare a riconoscere se si verificano squilibri nella distribuzione del Prana. Si acquisirà una capacità di percezione talmente sottile da riuscire a sentire se nella punta di un dito c'è più o meno Prana di quanto dovrebbe esservene e ripristinare l'equilibrio. Questa è una delle funzioni del Pranayama. Vanno apprese in modo lento e graduale; come vedrete, lo scopo del Raja-Yoga è insegnare il controllo del Prana su tutti i piani, in ogni suo livello. Quando si riescono a concentrare le energie, si è padroni del Prana nel proprio corpo; lo stesso accade nella meditazione.

Un oceano ha onde grandi come montagne, ne ha di medie, di piccole e di più piccole ancora, fino alle bolle che si formano nell'acqua; ma fanno tutte parte dello stesso, infinito oceano. La bolla si colloca a un estremo, l'onda gigantesca a quello opposto. Analogamente, un uomo può essere un gigante o una piccola bolla del mare, ma entrambi sono parte dello stesso sterminato oceano d'energia, che è l'elemento comune ad ogni forma di esistenza. Dove c'è vita, c'è quell'elemento comune e fondamentale che è l'energia. Procedendo come i funghi e a partire da una microscopica bolla, alimentandosi sempre da quell'infinito serbatoio di energia, la forma si modifica lentamente e in modo costante fino a divenire una pianta, poi un animale, poi uomo e infine Dio. Quest'evoluzione si è compiuta in milioni di eoni, ma cos'è il tempo? Un aumento di velocità, un aumento di forza può colmarne l'abisso. Lo Yogi insegna che ciò che richiede naturalmente moltissimo tempo, può essere accelerato incrementando l'intensità dell'azione. L'uomo può procedere lentamente attingendo all'infinita massa di energia presente nell'universo; potrebbero volerci centinaia di anni perché diventi un Deva, gli ci vorrebbero forse cinquecentomila anni per elevarsi ancora e forse ancora cinque milioni di anni per raggiungere la perfezione. Con una crescita rapida, il tempo diminuirebbe. Perché non dovrebbe essere possibile, con uno sforzo adeguato, raggiungere questa perfezione in sei mesi o sei anni? Non c'è nessun limite, e la ragione ce lo dimostra. Se un motore percorre due miglia all'ora con una certa quantità di carbone, aumentando la quantità di carbone potrà percorrere la stessa distanza in minor tempo. Analogamente, perché l'anima non dovrebbe raggiungere la perfezione in questa esistenza intensificando i suoi sforzi e la sua azione? Tutti alla fine raggiungono l'obiettivo, lo sappiamo. Ma perché aspettare miliardi di anni? Perché non raggiungerla immediatamente, con e dentro questo corpo, in forma umana? Perché dovrei rinunciare a un'infinita conoscenza, a un'infinita forza, se posso raggiungerle?

Lo Yogi e la scienza Yoga vogliono insegnare all'uomo come intensificare il potere di assimilazione per raggiungere la perfezione in meno tempo, invece di procedere lentamente aspettando che tappa dopo tappa la specie umana si perfezioni. Cos'hanno fatto i grandi Profeti, i santi e i veggenti di tutto il mondo? Hanno vissuto nell'arco di una sola vita tutta la vita dell'umanità, attraversando tutto il lasso di tempo di cui l'umanità ordinaria avrebbe bisogno per perfezionasi. Loro hanno raggiunto la perfezione in una vita, non hanno pensato ad altro e non hanno mai abbandonato quell'idea; così hanno ridotto il tempo del loro percorso. È questo che intendo quando parlo di concentrazione e di intensificare i poteri di assimilazione per diminuire il tempo necessario. Il Raja-Yoga è la scienza che ci insegna come raggiungere il potere della concentrazione.

Cos'ha a che vedere il Pranayama con lo spiritualismo? Anche lo spiritualismo è una manifestazione del Pranayama. Se è vero che le anime dei defunti esistono anche se non possiamo vederle, è probabile che ce ne siano centinaia di milioni tra di noi, senza che ce ne accorgiamo. Forse passiamo ripetutamente attraverso di loro e neppure loro si accorgono di noi. È un circolo dentro un circolo, universo dentro universo. Noi abbiamo cinque sensi e rappresentiamo un certo stato di vibrazione del Prana. Tutti gli esseri nello stesso stato di vibrazione riescono a vedersi l'un l'altro; ma non possono percepire le esistenze che si trovano su un livello più alto. Possiamo aumentare l'intensità di una luce fino a non vederla più, ma gli esseri con occhi più potenti continuano a vederla. Analogamente, se le vibrazioni sono troppo basse noi non le percepiamo, mentre animali come i gatti e i gufi riescono a vederle. Il nostro range di visione copre soltanto un livello del Prana. L'atmosfera, ad esempio, è composta da una serie di strati; quelli più vicini alla terra sono più densi, mentre salendo in altezza sono più rarefatti. Similmente nell'oceano, man mano che si scende in profondità la pressione aumenta, e gli animali che abitano i fondali non possono salire in superficie.

Pensiamo all'universo come un infinito oceano di etere composto di vari strati, ognuno con un suo grado di vibrazione sotto l'azione del Prana; lontano dal centro le vibrazioni diminuiscono, mentre avvicinandosi s'intensificano. Ogni livello di vibrazione corrisponde a uno strato. Supponiamo poi che i livelli di vibrazioni siano suddivisi in vari piani, a mano a mano più elevati, ognuno dei quali ha un'estensione di milioni di miglia. È probabile che coloro che vivono su un determinato piano e in un certo stato di vibrazione sappiano riconoscersi tra di loro, ma non sapranno riconoscere gli esseri che si collocano su di un piano superiore. Un po' come accade col telescopio o col microscopio, che ci permettono di incrementare la capacità di visione, lo Yoga ci fa giungere allo stato di vibrazione di un altro piano, permettendoci di vedere ciò che vi accade. Supponiamo che questa stanza sia piena di persone che non riusciamo a vedere. Poniamo che esse rappresentino il Prana in uno stato di vibrazione più breve, mentre noi rappresentiamo lo stato più lungo. Siamo tutti parte dello stesso oceano di Prana, l'unica differenza sta nel ritmo delle vibrazioni. Se arrivo a quelle più veloci, il mio piano cambierà immediatamente: non vi vedrò più, voi svanirete e saranno gli altri, gli esseri del nuovo stato, ad apparirmi. Forse alcuni di voi sanno che quanto dico è vero. Il passaggio della mente da un livello a un più alto stato di vibrazione ha un nome nello Yoga: Samadhi. Gli stati di vibrazione superiori, le vibrazioni della supercoscienza, ricadono sotto il nome di Samadhi, e gli strati più bassi del Samadhi ci danno la visione di questi esseri. Il grado più alto del Samadhi è quello che ci fa vedere la realtà, la materia di cui sono composti tutti gli esseri appartenenti ai diversi gradi; una volta percepita quella materia, abbiamo colto la matrice dell'intero universo.

Così vediamo che il Pranayama include anche tutto ciò che c'è di vero nello spiritualismo. Vedrete che ogni setta o individuo che si cimenti nella ricerca dell'occulto, del mistico, non fa altro che esercitare lo Yoga, ovvero il tentativo di controllare il Prana. Vedrete che dove c'è un grande dispiegamento di forza, si tratta della manifestazione del Prana. Anche le scienze fisiche possono rientrare nel Pranayama. Cos'è che fa muovere un motore a vapore? Il Prana, che agisce tramite il vapore. Cos'altro sono i fenomeni dell'elettricità e di ogni altra forma di energia, se non il Prana? E cos'è la scienza fisica, se non la scienza del Pranayama praticata con mezzi esterni? Il Prana, manifestandosi come potere mentale, può essere controllato solo dalla mente. Quindi quella parte del Pranayama che cerca di controllare le manifestazioni del Prana per mezzo di strumenti fisici si chiama scienza fisica; quella che vuole controllare le manifestazioni del Prana in quanto forza mentale con gli strumenti della mente si chiama Raja-Yoga.

Capitolo IV
Il Prana Psichico

Secondo lo Yoga, nella colonna vertebrale si situano due correnti nervose, Pingala e Ida, e un canale concavo chiamato Sushumna, che risale lungo il midollo spinale. In fondo alla colonna vertebrale si trova il «Loto del Kundalini», che gli Yogi descrivono secondo la loro simbologia come una forma triangolare, e avvolto attorno al loto risiede il potere del Kundalini. Quando questo si risveglia, si fa strada forzando un passaggio lungo il canale spinale e progressivamente lo risale; la mente allora si apre a infinite visioni e lo Yogi acquista immensi poteri. Quando il Kundalini giunge al cervello, lo Yogi si è perfettamente dissociato dalla mente e dal corpo e raggiunge la liberazione dell'anima. La spina dorsale ha una configurazione peculiare. Se ruotiamo il segno del numero otto in orizzontale (∞) individuiamo due parti, tra loro connesse al centro. Immaginiamo che la spina dorsale sia composta da una serie di questi otto orizzontali posti l'uno sull'altro; abbiamo l'Ida a sinistra, Pingala a destra, e il canale che corre lungo il midollo spinale è il Sushuma. Il midollo spinale, in corrispondenza del punto in cui termina nelle vertebre lombari, ha un'estensione fibrosa e il canale del Sushumna, seppur assottigliandosi, continua a scorrere anche lungo questa parte filamentosa. La terminazione è situata all'altezza del plesso sacrale, che secondo la moderna fisiologia presenta una forma triangolare. I diversi plessi dislocati lungo il midollo spinale corrispondono ai diversi «loti» dello Yogi.

Nello Yoga quindi parliamo di più centri, a partire dal più basso, il Muladhara, fino al Sahasrara, detto «loto dai mille petali», che ha sede nel cervello. In base alla corrispondenza tra i loti e i plessi, il linguaggio Yoga può essere facilmente compreso nei termini della fisiologia moderna. In queste correnti nervose hanno luogo due tipi di attività, l'una afferente, l'altra efferente; una è sensoria e centripeta, l'altra motoria e centrifuga. Una si occupa di trasmettere le sensazioni al cervello, l'altra fa giungere gli impulsi dal cervello alle varie parti del corpo. Tutte queste azioni, o vibrazioni, sono sempre collegate al cervello. Ci sono altri elementi da tenere in considerazione prima di procedere. A livello encefalico il midollo spinale termina nel bulbo rachideo, o midollo allungato, che non è attaccato al cervello, ma si trova in posizione libera, circondato dal fluido cerebrospinale. Quest'ultimo svolge un importante ruolo di protezione del bulbo, poiché in caso di urti le vibrazioni si disperdono nel liquido. Vanno anche ricordati i tre centri fondamentali, che sono il Muladhara (la base), il Sahasrara (il loto dai mille petali situato nel cervello) e il Manipura (il loto ombelicale).

Dobbiamo adesso fare riferimento a un fenomeno della fisica che conosciamo tutti, ovvero l'elettricità e le forze che le sono connesse. In realtà nessuno sa cosa sia veramente l'elettricità; ad ogni modo la si considera come una sorta di movimento. Ma in cosa l'elettricità differisce dagli altri tipi di moto esistenti? Immaginiamo che questo tavolo sia dotato di una motilità propria e che le molecole che lo compongono siano in movimento, in direzioni diverse; ebbene, se si muovessero tutte nella stessa direzione si avrebbe un flusso elettrico. L'elettricità si manifesta quando le molecole di un corpo si muovono ognuna nella stessa direzione. Analogamente, se tutte le molecole di una stanza si muovessero nella stessa direzione, la stanza costituirebbe un enorme accumulatore di energia elettrica. Dalla fisiologia sappiamo che il centro che regola l'apparato respiratorio esercita una sorta di controllo su tutto il sistema delle correnti nervose, e questo è un altro elemento da tener presente.

Quanto detto dovrebbe permetterci di capire meglio la respirazione. Anzitutto, il ritmo della respirazione imprime alle molecole un movimento omogeneo, per cui si muovono tutte nella stessa direzione. Quando la mente esercita la volontà, le correnti nervose assumono uno stato di moto simile a quello dei flussi elettrici, ed è stato provato che sotto l'azione delle correnti elettriche i nervi si polarizzano. Questo dimostra che quando la volontà si trasforma in corrente nervosa si origina qualcosa di simile all'elettricità. Una volta che tutti i movimenti del corpo diventano perfettamente ritmici, il corpo si trasforma in un enorme accumulatore di forza di volontà. E ciò che lo Yogi vuole raggiungere è esattamente questo infinito potere della volontà. Ecco dunque la spiegazione psicologica del controllo della respirazione. Con questo esercizio, che tende a generare un'azione ritmica nel corpo, grazie al controllo del centro respiratorio riusciremo a controllare anche gli altri centri. Qui l'obiettivo del Pranayama è di destare quel potere avvolto attorno al centro Muladhara, ovvero il Kundalini.

Noi percepiamo nello spazio qualsiasi cosa che vediamo, pensiamo o immaginiamo. Questo spazio della percezione ordinaria, o spazio fisico elementare, si chiama Mahakasha. Quando lo Yogi legge nei pensieri di un'altra persona o quando esperisce oggetti sovrasensibili, li visualizza in uno spazio di tipo diverso, chiamato Chittakasha, ovvero lo spazio mentale. Quando la percezione si sgancia dall'oggetto e quando l'anima risplende nella sua natura, parliamo di

Chidakasha, lo spazio della conoscenza. Così, quando il Kundalini si risveglia e passa dal canale del Sushumna, tutte le percezioni avvengono nello spazio mentale; quando il Kundalini giunge alla fine del canale e si schiude nel cervello, la percezione senza oggetto ha luogo nello spazio della conoscenza. Riprendendo l'analogia con l'elettricità, vediamo che gli umani possono trasmettere un flusso di corrente solo attraverso un canale (il lettore ricorderà che è quanto si diceva prima dell'invenzione della telegrafia senza fili), ma la natura non ha bisogno di fili per trasmettere i suoi potenti flussi di energia. Questo dimostra che il canale di trasmissione in realtà non è necessario; siamo noi ad essere incapaci di farne a meno.

Le sensazioni e i movimenti del corpo vengono inviati al cervello e ritrasmessi dallo stesso in modo analogo, attraverso il canale delle fibre nervose. I fasci di fibre sensorie e motorie situate nella spina dorsale, l'Ida e il Pingala, sono i canali principali attraverso cui si veicolano le correnti efferenti e quelle afferenti. Ma per quale ragione la mente non dovrebbe essere in grado di inviare input o reagire a uno stimolo senza ricorrere a un canale? Questo in natura accade; quando impareremo a farlo anche noi, ci libereremo dalla costrizione della materia. Come farlo? Se riuscirete a far passare la corrente attraverso il Sushumna, al centro del canale spinale, avrete centrato l'obiettivo. La mente ha costituito la rete di trasmissione del sistema nervoso, ma per non esserne più schiava deve romperlo. Allora raggiungeremo una dimensione di sapere totale e non saremo più asserviti al corpo. Ecco perché è così importante imparare a controllare il Sushumna. Gli Yogi ci dicono che si può accedere a questa dimensione solo quando si riesca a far fluire le correnti nervose attraverso il Sushumna, senza che le fibre nervose fungano da canali di trasmissione, e ci dicono anche che questo è possibile.

Normalmente il Sushumna è chiuso all'estremità inferiore, per cui attraverso di esso non passa nessuna azione. L'esercizio che propone lo Yogi mira invece a farlo aprire affinché le correnti nervose possano scorrervi. Quando una sensazione raggiunge un centro, ne genera la reazione; nel caso dei centri involontari o automatici, alla reazione segue un movimento riflesso, mentre nei centri coscienti la reazione è seguita anzitutto dalla percezione, e poi dal movimento. Ogni percezione è una reazione ad un'azione esterna. Come sorgono allora le percezioni oniriche? Nel sogno non v'è alcuna azione esercitata dall'esterno; i movimenti sensoriali devono quindi risiedere da qualche parte. Per fare un esempio, nel momento in cui vedo una città, tale visione risulta dalla reazione alle sensazioni esterne; questo avviene perché il flusso trasmesso dai nervi afferenti, generato dagli oggetti esterni, provoca a sua volta il movimento delle molecole cerebrali. Così anche a distanza di tempo ho il ricordo della città; tale ricordo è anch'esso un fenomeno percettivo, ma in una forma più debole. Da dove viene l'azione che mette in modo questo tipo di vibrazioni a livello cerebrale? Non certo dalle percezioni primarie. Devono dunque esserci sensazioni immagazzinate da qualche parte che, attivandosi, generano quella debole reazione che chiamiamo sogno, o percezione onirica.

Il centro in cui vengono conservate tutte queste percezioni residuali è il Muladhara, il ricettacolo fondamentale, mentre l'energia immagazzinata è il Kundalini, «l'avvolto». È molto probabile che nello stesso centro risieda anche l'energia motrice residuale, dato che in seguito alla meditazione o a un profondo esercizio di concentrazione sugli oggetti esterni, la parte del corpo in cui si trova il Muladhara (il plesso sacrale), si riscalda. Ora, se si attiva questa energia giacente e la si fa consapevolmente scorrere per il canale del Sushumna, toccando tutti i centri uno dopo l'altro, si determina una reazione fortissima. Se a passare lungo le fibre nervose e a generare la reazione dei diversi centri è solo una piccola quantità di energia, la percezione che ne risulta è il sogno o l'immaginazione. Ma se grazie al potere di una lunga meditazione interiore si attiva tutta l'energia immagazzinata e la si fa scorrere attraverso il Sushumna, toccando i vari centri, la reazione sarà enorme, immensamente superiore a quella del sogno o dell'immaginazione e immensamente più intensa della reazione alla percezione dei sensi; si avrà una percezione sovrasensoriale. Quando viene raggiunto il cervello, che è il centro fondamentale di tutte le sensazioni, la reazione che ne scaturisce è la fiamma dell'illuminazione, la percezione del Sé. Quando il potere del Kundalini scorre toccando tutti i centri, la mente si schiude strato dopo strato e percepisce l'universo nella sua materia più sottile, nella sua forma causale. Una volta che lo Yogi conosce le cause dell'universo — sensazione e reazione — nella loro essenza, acquisisce la conoscenza di ogni cosa. Conoscere le cause significa conoscere anche tutti gli effetti.

Il risveglio del Kundalini è il solo ed unico modo per raggiungere la Saggezza Divina, la percezione sovracosciente, la realizzazione dello spirito. Il risveglio può avvenire in vari modi; attraverso l'amore di Dio, attraverso la misericordia dei più grandi saggi o col potere della forza analitica del filosofo. Ovunque vi sia una manifestazione di ciò che è comunemente chiamato potere sovrannaturale o saggezza, è segno che almeno una piccola corrente di Kundalini deve essersi messa in moto trovando un varco nel Sushumna. Solo che nella maggior parte dei casi le persone, senza rendersene conto, hanno a che fare con pratiche che liberano solo una minima parte del Kundalini. Ogni genere di culto raggiunge questo fine, consapevolmente o meno. Coloro che credono di ricevere una risposta alle loro preghiere non sanno che il risultato in realtà proviene dalla loro stessa natura, dal potere mentale che, in forma di preghiera, è in grado di destare una parte dell'infinita forza che risiede in ognuno. Ciò che gli uomini venerano con reverenziale timore e tribolazione sotto vari nomi, in realtà altro non è che la forza sopita in ognuno di noi. È la madre dell'eterna felicità; il punto è sapere come destarla. Questo è quanto lo Yogi vuole insegnare al mondo. Il Raja-Yoga è la scienza della religione, la razionalità che presiede a ogni culto, a ogni preghiera, rito, cerimonia o miracolo.

Capitolo V
Il Controllo del Prana Psichico

In questo capitolo ci dedicheremo agli esercizi del Pranayama. Abbiamo visto che per gli Yogi il primo passo è controllare il movimento dei polmoni, con l'obiettivo di giungere a percepire i più sottili movimenti che hanno luogo nel corpo. Essendosi esteriorizzata, la mente ha perso di vista la dimensione interiore; ma dal momento in cui fossimo in grado percepire quei sottili movimenti interni, inizieremmo a poterli controllare. Noi non percepiamo le correnti nervose che fluiscono nel nostro corpo portando vitalità ed energia a tutti i muscoli, ma lo Yogi ci dice che possiamo riuscire a farlo. In che modo? Imparando a controllare il movimento dei polmoni per una certa quantità di tempo, saremo in grado di controllare anche i più sottili movimenti interni.

Veniamo ora agli esercizi. Sedete con la schiena in posizione ben eretta. Il midollo spinale, sebbene non sia attaccato alla spina dorsale, scorre in essa. La colonna dunque deve essere dritta per restare in posizione libera; meditare a schiena curva vi produrrà un danno. Il petto, il collo e la nuca devono essere sempre allineati e con un po' di pratica questa posizione vi risulterà semplice e naturale come respirare. Il secondo passo è raggiungere il controllo sui nervi. Come abbiamo detto, il centro che controlla l'apparato respiratorio esercita un effetto di controllo anche sugli altri centri nervosi: da qui la necessità d'imparare a respirare ritmicamente. In realtà il modo in cui respiriamo normalmente non ha tanto a che vedere con la vera respirazione, perché è molto irregolare e in più ci sono forti differenze tra gli uomini e le donne.

Il primo esercizio consiste nel respirare in maniera regolare, inspirando ed espirando, per armonizzare il sistema respiratorio. A questa pratica, una volta consolidata, aggiungerete la ripetizione dell'Om o di altre parole sacre. In India invece di contare numericamente, usiamo alcune parole simboliche. Lasciate che queste parole fluiscano dentro e fuori insieme al respiro, in modo ritmico e armonioso; vedrete che tutto il corpo si sintonizzerà sulla ritmicità di movimento. Poi imparerete cos'è il riposo e a paragone, il sonno vi sembrerà poca cosa. Quando ne avrete trovata la chiave, i nervi più tesi si rilasseranno e sentirete che prima di allora non avevate mai sperimentato il vero riposo.

Il primo effetto di questi esercizi consisterà nel cambiamento dei tratti facciali. Avrete i lineamenti più distesi e la serenità dei pensieri si rifletterà nell'espressione del viso. Poi vi sarà un cambiamento a livello vocale. Non ho mai incontrato uno Yogi che avesse una voce rauca o gracchiante. Questi effetti si vedranno con qualche mese di pratica. Dopo aver svolto per qualche giorno gli esercizi di respirazione descritti pocanzi, dovreste iniziare ad aumentare il livello. Riempite i polmoni respirando lentamente attraverso l'Ida, con la narice sinistra, e concentratevi allo stesso tempo sulla corrente nervosa. In questo modo la fate fluire lungo la colonna vertebrale fino a farla impattare con l'ultimo plesso, il loto fondamentale con forma triangolare, in cui giace il Kundalini. Mantenete la corrente in quel punto per un po'. Fate poi fluire la corrente nervosa al Pingala, lentamente, espirando con la narice destra. Questo esercizio potrebbe risultare un po' difficile. Per facilitarlo potete chiudere la narice destra col pollice ed inspirare con la sinistra, poi tappate entrambe le narici col pollice e l'indice e immaginate di inviare la corrente nervosa verso il basso fino a farle colpire la base del Sushumna; a questo punto sollevate il pollice ed espirate dalla narice destra. Dopodiché inalate lentamente, sempre con la narice destra, tenendo la sinistra chiusa con l'aiuto del dito indice; poi chiudetele entrambe, come prima. Svolgere questo esercizio come gli Indù è molto difficile, perché sono abituati a praticarlo sin dall'infanzia e quindi i loro polmoni sono predisposti. Per gli altri è bene partire da una durata iniziale di quattro secondi per poi aumentarla. Inspirate per quattro secondi, trattenete l'aria per sedici secondi e poi espirate in otto secondi. Questo è Pranayama. Allo stesso tempo concentratevi sul Muladhara, il loto della base a forma triangolare; l'immaginazione può essere di grande aiuto per visualizzarlo. Quindi inspirate lentamente ed espirate altrettanto lentamente subito dopo; buttata fuori l'aria fermate la respirazione per lo stesso numero di secondi indicati sopra. L'unica differenza è che nel primo caso trattenete il respiro dopo aver inspirato, nel secondo — che risulterà più facile — dopo aver espirato. Il passaggio in cui trattenete l'aria nei polmoni non deve essere praticato troppo, fatelo solo quattro volte al mattino e quattro la sera. Dopo qualche tempo potrete iniziare ad aumentare il numero di ripetizioni e la durata. Vedrete che riuscirete a farlo e che ne trarrete piacere e benessere. Conformemente a quanto sentite di poter fare, con molta attenzione e senza forzare, passate da quattro a sei ripetizioni. Praticate gli esercizi regolarmente onde evitare danni.

Dei tre processi di purificazione dei nervi descritti sopra, il primo e l'ultimo non sono difficili né pericolosi. Per quanto riguarda il primo, più lo praticate, maggiore è la serenità che ve ne deriverà. Concentrandovi sull'«Om» potete effettuarlo anche quando siete seduti a lavoro; ne avrete grande giovamento. Vedrete ch con un duro esercizio, il Kundalini si risveglierà. Chi pratica una o due volte al giorno guadagnerà serenità fisica e mentale, in una certa misura, oltre a notare maggiore armonia nella voce. Ma il risveglio del Kundalini avverrà solo in chi persisterà intensificando l'esercizio; vedrete la natura modificarsi e le porte della conoscenza vi si spalancheranno. Non avrete più bisogno di consultare alcun testo per conoscere, perché la vostra stessa mente diventerà il libro in cui è scritto tutto il sapere. Ho già parlato delle correnti dell'Ida e del Pingala che fluiscono lungo la colonna vertebrale e del Sushumna, all'interno del canale centrale del midollo spinale. Queste tre correnti o linee di azione sono presenti in tutti gli animali vertebrati. Lo Yogi tuttavia ci segnala che in un individuo ordinario il Sushumna è chiuso e la sua azione non si manifesta, mentre le correnti di Ida e Pinagala sono attive e trasmettono forza alle varie parti del corpo.

Lo Yogi è l'unico in cui il canale del Sushumna si schiude. Quando ciò accade e la corrente inizia a scorrervi, si raggiunge una dimensione sovrasensoriale e sovracosciente, al di là dei sensi e al di là dell'intelletto, laddove il ragionamento non può arrivare. L'apertura del Sushumna è quindi l'obiettivo primario dello Yogi. Lungo il Sushumna sono dislocati i vari centri, o loti—per usare il linguaggio più figurativo dello Yoga. Il loto più basso, che si colloca all'altezza della terminazione inferiore del midollo spinale, è chiamato Muladhara; poi in ordine, salendo, troviamo il Svadhishthana, il terzo è Manipura, il quarto Anahata, il quinto Vishuddha, il sesto è Ajna e l'ultimo, che si trova nel cervello, è Sahasrara, il loto «dai mille petali». Per ora è bene concentrarci sul più basso, il Muladhara, e su quello superiore, il Sahasrara. Dalla sua sede nel Muladhara, l'energia deve essere portata al Sahasrara. Per gli Yogi, tra tutte le energie che fluiscono nel corpo umano la più alta è quella chiamata «Ojas». Questa è immagazzinata nel cervello, e più se ne possiede, più si è fisicamente, intellettualmente e spiritualmente potenti. Ci sono persone che esprimono pensieri sofisticati usando un bel linguaggio, eppure non colpiscono chi li ascolta; altre invece esercitano grande fascino senza ricorre a belle parole ed ogni loro movimento è pregno di forza; questo è il potere dell'Ojas.

Immagazzinata in ognuno di noi c'è una quantità più o meno abbondante di Ojas; tutte le forze attive nel corpo al più alto stadio diventano Ojas. Non dimentichiamo che è solo questione di trasformazione. Come la stessa forza che agisce all'esterno sottoforma di elettricità o magnetismo si trasforma in energia interna, così la forza presente come energia muscolare si trasforma in Ojas. L'energia umana espressa come forza sessuale e pensiero sessuale, se controllata e guidata può facilmente essere trasformata in Ojas. Il Muladhara è il centro vitale che regola la forza sessuale ed è per questo che lo Yogi vi concentra molta della sua attenzione. Egli infatti attinge a tutte le sue energie sessuali per trasformarle in Ojas, e solo una persona casta può attivare l'Ojas per immagazzinarla nel cervello; ecco perché la castità è sempre stata considerata come la più elevata delle virtù. Nell'uomo dissoluto, la spiritualità, il vigore mentale e la forza morale svaniscono; è questa la ragione per cui negli ordini religiosi fondati da grandi maestri spirituali troverete sempre la regola della castità. La castità deve essere la cifra dei pensieri, delle parole e delle azioni; senza di essa la pratica del Raja-Yoga può essere pericolosa e portare alla follia. È impensabile praticare il Raja-Yoga conducendo allo stesso tempo una vita impura; così non si diventerà mai Yogi.

Capitolo VI
Pratyahara e Dharana

Il passo successivo è chiamato Pratyâhâra. Che cos'è? Sapete come nascono le percezioni. Innanzitutto ci sono gli strumenti esterni, poi gli organi interni che agiscono nel corpo attraverso i centri cerebrali e infine c'è la mente. Quando questi si incontrano e si uniscono a qualche oggetto esterno, allora lo percepiamo. Allo stesso tempo è molto difficile concentrare la mente e collegarla ad un organo e collegarla solo ad un organo soltanto; la mente è una schiava.

Sentiamo «Siate buoni», «Siate buoni», e ancora «Siate buoni», insegnato in ogni parte del mondo. Difficilmente c'è un bambino, nato in qualsiasi paese al mondo, a cui non sia stato detto «Non rubare», «Non dire le bugie», ma nessuno gli ha detto come possa farlo. Parlare non lo aiuterà. Perché non dovrebbe diventare un ladro? Non gli insegniamo come fare a non rubare, semplicemente gli diciamo «Non rubare». Solo quando gli insegniamo a controllare la mente, lo aiutiamo davvero. Ogni azione, interna o esterna, si verifica quando la mente si collega a determinati centri, chiamati organi. Volontariamente o meno, è portata a unirsi ai centri e questo è il motivo per cui per il quale le persone compiono azioni folli e si sentono tristi, cose che, se la mente fosse sotto controllo, non farebbero. Quale sarebbe il risultato del controllo della mente? Allora non sarebbe unirsi ai centri della percezione e, naturalmente, sentire e volere sarebbero sotto controllo. Fino a qui è chiaro. È possibile? È assolutamente possibile. Lo vedete nei tempi moderni: i santoni i guaritori insegnano alle persone a negare la sofferenza, il dolore e il male. La loro filosofia è piuttosto intricata ma è una parte dello Yoga su cui sulla quale, in qualche modo, hanno inciampato sono inciampati in qualche modo. Dove riescono a rendere una persona libera dalla sofferenza negandola, usano effettivamente una parte del Pratyahara, poiché rendono la mente della persona forte abbastanza da ignorare i sensi. Gli Similmente gliipnotisti in modo simile, con la loro suggestione, eccitano nel paziente una specie di Pratyahara morboso per il momento per un dato momento. La cosiddetta suggestione ipnotica può agire soltanto su una mente debole. E finché l'operatore, per mezzo di uno sguardo fisso o in qualche altro modo, non sarà riuscito a mettere ad indirizzare la mente del soggetto in verso una sorta di condizione passiva e morbosa, la sua suggestione mai funzionerà non funzionerà mai.

Ora, il controllo dei centri stabilito determinato da un operatore in un paziente ipnotico o in un paziente di santoni di un guaritore per un periodo, è riprovevole, perché porta alla rovina definitiva. Non è controllare realmente i centri cerebrali con il potere della volontà ma è, per così dire, sbalordire la mente del paziente per un momento per un pò, con improvvisi colpi che la volontà di un qualcun altro assesta a questa. Non è controllare per mezzo di redini e forza muscolare la carriera pazza di una squadra impetuosa, ma piuttosto chiedendo a un altro di dare pesanti colpi sulle teste dei cavalli, per in modo da stordirli per un instante e ammansirli. In ognuno di questi processi l'uomo coinvolto ha perduto una parte delle sue energie mentali, finchè alla fine, la mente, invece di guadagnare il potere del perfetto controllo, si trasforma in una massa senza forma informe e senza forza, e l'unica meta del paziente è il manicomio.

Ogni tentativo di controllo che non sia volontario, ossia con il controllo della propria mente, non è solo disastroso, ma annulla lo scopo. L'obiettivo di ogni anima è la libertà, la padronanza: la libertà dalla schiavitù di materia e pensiero, la padronanza della natura esterna e interna. Invece di condurre verso ciò, ogni corrente di volontà di un altro, in qualsiasi forma sia si manifesti, o come controllo diretto degli organi o come costrizione a controllarli in una circostanza morbosa, incatena ancora più saldamente al pesante vincolo già esistente dei pensieri passati, delle superstizioni passate dei pensieri e delle superstizioni passate. Pertanto, state attenti a come permettete che gli altri agiscano su di voi/fate attenzione a come permette agli altri di trattarvi. State attenti a come portate un altro alla rovina inconsapevolmente. È vero, alcuni riescono a fare del bene a molti per un determinato periodo, dando una nuova tendenza alle loro inclinazioni, ma allo stesso tempo, portano alla rovina milioni di persone con gli inconsapevoli suggerimenti che elargiscono dispensano, destando negli uomini e nelle donne quello stato morboso, passivo, ipnotico che, alla fine, li rende quasi privi di sentimento. Perciò Chiunque, chieda a qualcuno di credere ciecamente o o costringa le persone a seguirlo con la forza di controllo della sua volontà superiore, ferisce l'umanità, benché magari senza volerlo/magari anche senza volerlo.

Perciò usate le vostre menti, controllate voi stessi, il vostro corpo e la vostra mente, ricordate che finché non sarete malati, nessuna volontà estranea può agire su di voi; evitate chiunque vi chieda di credere ciecamente, per quanto grande e buono possa essere. Ovunque nel mondo ci sono sette che danzano, saltano e urlano, che si spargono diffondono come virus quando cominciano a cantare e ballare e predicare; anch'essi somigliano a degli ipnotisti. Esercitano un controllo particolare sulle persone sensibili per un periodo, ahimè, spesso sul lungo termine, per degenerare intere razze. Oh, è più sano per l'individuo o la razza che rimangano rimanere cattivi piuttosto che siano essere resi apparentemente buoni tramite tale controllo morboso ed estraneo. Il cuore si strugge al pensiero della quantità di ferite inferte all'umanità da tali irresponsabili fanatici religiosi dalle buone intenzioni. Essi si rendono poco conto che le menti che raggiungono uno sconvolgimento spirituale improvviso a causa delle loro suggestioni, con musica e preghiere, si stanno semplicemente rendendo passive, morbose e impotenti e si aprono a qualsiasi altra suggestione, sia mai così cattiva. Fanno poco questi ignoranti, le persone ingannate sognano che mentre si stanno congratulando con se stesse per il loro potere miracoloso di trasformare i cuori umani, potere che pensano sia riversato in loro da qualche Entità soprannaturale, gettano i semi del decadimento futuro, del crimine, della follia e della morte. Di conseguenza, state attenti a tutto ciò che vi toglie la libertà. Sappiate che è pericoloso ed evitatelo con tutti i mezzi in vostro potere.

Colui che è riuscito a collegare o distaccare la sua mente ai o dai centri a comando, è riuscito nel Pratyahara, che significa «riunire verso», controllando le energie in uscita dalla mente, liberandola dalla soggezione dei sensi. Quando lo sapremo fare, avremo realmente carattere; solo allora avremo compiuto un lungo passo verso la libertà; prima di ciò siamo mere macchine.

Quanto è difficile controllare la mente! È stata ben paragonata alla scimmia impazzita. C'era una scimmia, agitata per sua natura, proprio come lo sono tutte le scimmie. Come se non bastasse, qualcuno le fece bere abbondante vino e così diventò ancora più agitata. Poi uno scorpione la punse. Quando un uomo viene punto da uno scorpione, salta qua e là per un'intera giornata; così la povera scimmia era si trovava in una condizione peggiore che mai. Per completare la sua sofferenza, entrò in lei un demone. Quale lingua può descrivere l'agitazione incontrollabile di quella scimmia? La mente umana è come quella scimmia, incessantemente attiva per natura; che poi si ubriaca di con il vino del desiderio, aumentando così la sua turbolenza. Dopo che il desiderio la sopraffà, c'è la puntura dello scorpione dell'invidia del successo degli altri ed infine il demone dell'orgoglio entra nella mente, facendole pensare di essere importantissima. Com'è difficile controllare una tale mente!

La prima lezione allora, è sedere per qualche tempo e lasciare scorrere la mente. La mente ribolle sempre. È come quella scimmia che salta qua e là. Lasciate che la scimmia salti quanto può; semplicemente attendete e osservate. «La conoscenza è potere», dice il proverbio, ed è vero. Finché non saprete cosa fa la mente non

CAPITOLO VI : PRATYAHARA E DHARANA

potrete controllarla. datele le redini : possono affiorare alla mente molti pensieri spaventosi, vi stupirete di aver potuto avere tali pensieri. Ma vedrete che come ogni giorno le stravaganze della mente diventeranno sempre meno violente, come giorno per giorno, si calmerà. Nei primi mesi vedrete noterete che la mente avrà moltissimi pensieri, successivamente diminuiranno un pò, e nel giro di qualche mese saranno diventati molti meno, fino al momento in cui la mente non sarà sotto perfetto controllo ; ma dobbiamo esercitarci pazientemente ogni giorno. Non appena la locomotiva viene azionata, il motore deve funzionare ; non appena le cose sono davanti ai nostri occhi, dobbiamo percepirle ; così un uomo, per dimostrare che non è una macchina, deve dimostrare di non essere sotto nessun controllo. Questo controllare la mente non permettendole di unirsi ai centri, è il Pratyahara. Come si pratica ? È un lavoro tremendo enorme, che non può essere fatto in un solo giorno., Solo dopo anni di lotta paziente ed assidua, ci si può riuscire.

Dopo che vi sarete esercitati nel Pratyahara per un certo periodo, fate il passo successivo, il Dhâranâ, tenendo la mente fissa fissando la mente su determinati punti. Che cosa significa tenere la mente fissare la mente su determinati punti ? Forzare la mente a sentire determinate parti del corpo escludendone altre. Per esempio, provate a sentire soltanto la mano, escludendo le altre parti del corpo. Quando la Chitta, o sostanza mentale, è confinata e limitata a un determinato posto è il Dharana. Questo Dharana è di vari tipi e con esso è bene mettere in atto un gioco giochinod'immaginazione. Per esempio, bisognerebbe fare in modo che la mente pensi a un punto nel cuore. È molto difficile, un modo più facile è immaginarvi un loto. Questo loto è pieno di luce, luce splendente fulgida luce. Portate indirizzate la mente là. O pensate al loto nel cervello come pieno di luce, o ai centri differenti nella Sushumna precedentemente accennata.

Lo Yogin deve esercitarsi sempre. Dovrebbe provare a vivere da solo : la compagnia di ogni sorta di persone distrae la mente ; non dovrebbe parlare molto, perché parlare distrae la mente ; non dovrebbe lavorare molto, perché troppo lavoro distrae la mente ed essa non può essere controllata dopo una giornata di duro lavoro. Colui che osserva le regole sopraelencate diventa uno Yogin. Il potere dello Yoga è tale che anche in minima quantità porterà grandi benefici. Non danneggerà nessuno, beneficierà a tutti. In primo luogo, attenuerà la tensione nervosa, porterà la calma, ci permetterà di vedere le cose più chiaramente. Il temperamento sarà migliore e così anche la salute. Essere in salute sarà uno dei primi segni a cui seguirà una voce armoniosa. I difetti della voce verranno mutati. Sarà il primo dei molti effetti che avremo. Coloro che si esercitano duramente otterranno molti altri risultati. A volte ci saranno suoni, come uno scampanio in lontananza, che si mescolano e arrivano all'orecchio come un suono continuo. A volte si vedranno le cose come piccole macchiette di luce che fluttuano e che diventano sempre più grandi; quando avvengono queste cose, saprete che state progredendo velocemente.

Coloro che desiderano diventare uno Yogin e si esercitano assiduamente, devono curare dapprima la dieta. Ma per coloro che desiderano soltanto poca un po' di pratica per gli impegni quotidiani della vita, fate in modo che non mangino troppo; altrimenti possono mangiare qualsiasi cosa vogliano. Per coloro che desiderano realizzare veloci progressi ed esercitarsi duramente, è assolutamente necessaria una dieta rigorosa. Troveranno conveniente vivere soltanto di latte e cereali per alcuni mesi. Man mano che l'organizzazione diventa più precisa, si vedrà all'inizio che la minima irregolarità rompe l'equilibrio. Un boccone di cibo in più o in meno disturberà l'intero sistema, finché non si raggiunge il controllo perfetto e allora si potrà mangiare quanto si vuole.

Quando una persona comincia a concentrarsi, uno spillo che cade sembrerà un fulmine che attraversa il cervello. Man mano che gli organi diventano più sensibili, le percezioni diventano più fini. Queste sono le fasi attraverso cui dobbiamo passare e tutti coloro che perseverano ci riusciranno. Lasciate da parte ogni qualsiasi argomentazione e altre distrazioni. C'è qualcosa nell'arido gergo intellettuale? Compromette soltanto l'equilibrio della mente e la disturba. Devono essere realizzate cose di livelli più raffinati. Parlarne, farà in modo che accada? Allora lasciate da parte qualsiasi inutile conversazione. Leggete solo quei libri che sono stati scritti da persone che l'hanno realizzato.

Siate come la perla dell'ostrica. C'è una graziosa una favola indiana che racconta narra che se piove quando la stella Svâti è nell'ascendente e una goccia di pioggia cade in un'ostrica, la goccia si trasforma in una perla. Le ostriche lo sanno, allora salgono in superficie quando quella stella brilla, aspettano di cogliere quella goccia preziosa. Quando una goccia cade dentro di loro, le ostriche chiudono rapidamente la conchiglia e si immergono in fondo al mare, per trasformare lì, pazientemente, la goccia in perla. Dovremmo essere così. Innanzitutto dovete sentire, quindi capire e infine, lasciando da parte ogni distrazione, chiudere la vostra mente alle influenze esterne e dedicarvi a sviluppare la verità dentro di voi. C'è il pericolo che sprechiate le vostre energie accogliendo un'idea soltanto per la sua novità e abbandonandola poi per un'altra. Cominciare una cosa, farla e vederne la conclusione e, prima che ne abbiate vista la fine, non abbandonatela. Prendete una cosa, fatela e concludetela: non abbandonatela prima di vederne la fine. Colui che diventa pazzo per un'idea, egli soltanto vede la luce. Quelli che fanno le cose a metà, saltando di palo in frasca, non raggiungeranno mai niente. Solleticano i nervi per un momento, ma finirà lì. Saranno schiavi nelle mani della natura e non andranno mai oltre i sensi.

Coloro che desiderano realmente essere Yogin devono abbandonare, una volta per tutte, questo fare le cose a metà. Prendete un'idea. Rendetela l'unica della vostra vita: pensateci, sognatela, vivete di quest'idea. Lasciate che cervello, muscoli, nervi, ogni parte del vostro corpo siano pieni di quell'idea e lasciate stare ogni altro pensiero. Questa è la strada per il successo e questo è il modo in cui nascono i giganti spirituali. Gli altri sono mere macchine parlanti. Se vogliamo davvero essere benedetti e fare del bene agli altri, dobbiamo andare in profondità. Il primo passo è non disturbare la mente e non socializzare con persone le cui idee sono un disturbo. Tutti voi sapete che alcune persone, determinati alcuni e alcuni cibi, vi disgustano. Evitateli. E coloro che vogliono arrivare in alto, devono evitare ogni sorta di compagnia, positiva o negativa. Esercitatevi assiduamente; se vivete o morite non importa. Dovete immergervi gettarvi a capofitto e lavorare nel lavoro, senza pensare al risultato. Se siete abbastanza coraggiosi, in sei mesi sarete perfetti Yogin. Ma coloro che fanno solo un pezzo di tutto non fanno progressi ma coloro che fanno sono una parte di questo e un altro po' di qualcos'altro, non progrediscono. È semplicemente inutile prendere delle lezioni. Per coloro che sono pieni di Tamas, ignoranti e vuoti—quelli le cui menti non riescono a fissarsi su nessuna idea, che desiderano ardentemente qualcosa che li diverta soltanto divertirsi—religione e filosofia sono semplicemente oggetti di intrattenimento. Questi sono gli indecisi. Sentono un discorso, pensano che sia molto gradevole poi tornano a casa e se ne dimenticano. Per riuscirci, devono possedere una straordinaria perseveranza, i immensa forza di volontà. «Berrò l'oceano», dice l'anima perseverante, «per mia volontà le montagne si sgretoleranno.» Abbiate questo genere di energia, di volontà, lavorate duramente e raggiungerete l'obiettivo.

Capitolo VII
Dhyana e Samadhi

Abbiamo dato una rapida occhiata alle diverse fasi del Râja-Yoga, eccetto le più importanti, l'allenamento alla concentrazione, che è l'obiettivo a cui il Raja-Yoga ci condurrà. Vediamo, come esseri umani, che tutta la nostra conoscenza, denominata razionale, si riferisce alla coscienza. La mia consapevolezza di questo tavolo e della vostra presenza mi fa sapere che voi e il tavolo siete qui. Allo stesso tempo, esiste una parte molto grande della mia esistenza di cui non sono cosciente. Tutti i vari organi del corpo, le diverse parti del cervello: nessuno è cosciente di questi.

Quando mangio, lo faccio consapevolmente; quando assimilo il cibo, lo faccio inconsapevolmente. Quando questo viene processato nel sangue, è fatto inconsapevolmente. Quando le varie parti del corpo sono corroborate dal sangue, avviene inconsapevolmente. Eppure sono io a fare tutto ciò, non ci possono essere venti persone in un unico corpo. Come so che sono io a farlo e nessun altro? Si potrebbe dire che il mio compito è solo mangiare e assimilare il cibo e che rinvigorire il corpo attraverso il cibo sia un'azione compiuta da qualcun altro. Cosa che non può essere, perché si può dimostrare che quasi ogni azione di cui ora non siamo consapevoli può essere trasposta al piano della consapevolezza. Il cuore batte apparentemente senza il nostro controllo. Qui nessuno di noi è in grado di controllare il cuore; va avanti da solo. Ma con la pratica gli uomini possono arrivare persino a controllarlo, finché non batterà soltanto a comando, lentamente, o veloce, o quasi fino a fermarsi. Quasi ogni parte del corpo può essere controllata. Questo che cosa dimostra? Che sono svolte da noi anche le funzioni inconsce, solo che lo facciamo inconsapevolmente. Esistono, quindi, due livelli su cui la mente umana lavora. Innanzitutto il piano conscio, in cui ogni lavoro è accompagnato sempre dal senso di egoismo. Dopo c'è il piano inconscio, dove ogni lavoro non è accompagnato dal senso di egoismo. Quella parte di lavoro mentale non accompagnato dal senso di egoismo è lavoro inconscio e quella parte che è accompagnata dal senso di egoismo è lavoro conscio. Negli animali più bassi questo lavoro inconscio è denominato istinto. Negli animali più alti, e nel più alto degli animali, ossia l'uomo, prevale ciò chiamiamo lavoro conscio.

Ma non finisce qui. Esiste ancora un livello più alto in cui la mente può funzionare. Può andare oltre la consapevolezza. Proprio come il lavoro inconscio è sotto la consapevolezza, così c'è un altro lavoro che è sopra la consapevolezza e che non è accompagnato dal senso di egoismo. L'egoismo si trova solo nel piano intermedio. Quando la mente è sopra o sotto quella linea, non c'è il senso dell'«Io» ma la mente funziona lo stesso. Quando la mente va oltre la linea di consapevolezza di sé, questo stato è denominato Samâdhi o supercoscienza. Per esempio, come facciamo a sapere che un uomo in Samadhi non sia sotto la consapevolezza, non sia degenerato al posto di migliorare? In entrambi i casi il lavoro non è accompagnato dall'egoismo. La risposta è che dagli effetti e dai risultati del lavoro conosciamo ciò che è sotto e ciò che è sopra. Quando un uomo entra in sonno profondo, entra in un piano al di sotto della coscienza. Fa funzionare sempre il corpo, respira, si muove, forse, nel sonno, senza alcun senso di ego; è inconscio e quando si sveglia è lo stesso uomo che ci è entrato. La somma totale della conoscenza che aveva prima di dormire rimane lo stessa; non aumenta affatto. Non avviene nessuna illuminazione. Ma quando un uomo entra nel Samadhi, se ci entra da pazzo, ne esce da saggio.

Che cosa fa la differenza? Da uno stato l'uomo esce esattamente uguale a quando ci era entrato e dall'altro ne esce illuminato, un profeta, un santo, con il carattere completamente cambiato, la vita cambiata, illuminata. Questi sono i due effetti. Ora poiché gli effetti sono diversi, le cause devono essere differenti. Poiché questa illuminazione con cui l'uomo ritorna dal Samadhi è di gran lunga superiore rispetto a quanto possa derivare dall'inconsapevolezza, o molto superiore a quanto si possa ottenere attraverso la ragione nello stato cosciente, deve essere pertanto supercoscienza e questo stato è denominato Samadhi.

In poche parole, questa è l'idea del Samadhi. Qual è la sua applicazione? L'applicazione è qui. Il campo della ragione, o dei meccanismi consapevoli della mente, è ristretto e limitato. C'è un piccolo cerchio in cui deve muoversi la ragione umana. Non può andare oltre. Ogni tentativo di andare oltre è impossibile, tuttavia è oltre questo cerchio di ragione il luogo in cui si trova tutta l'intelligenza umana a noi tanto cara. Tutte queste domande—se esiste un'anima immortale, se esiste un Dio, se esiste alcuna intelligenza suprema che guida quest'universo o meno—sono al di là dell'ambito della ragione. La ragione non può mai rispondere a queste domande. Che cosa dice la ragione? Dice «Sono agnostica; non conosco pro o contro». Tuttavia queste domande sono molto importanti per noi. Senza un'adeguata risposta, la vita umana sarà senza scopo. Tutte le nostre teorie etiche, tutte le nostre attitudini morali, tutti ciò che c'è di buono e grande nella natura umana, sono stati modellati sulle risposte che venivano da oltre il cerchio. È molto importante, quindi, avere risposte a queste domande. Se la vita è soltanto un gioco breve, se l'universo è soltanto «una combinazione fortuita di atomi», allora perché dovrei fare del bene agli altri? Perché dovrebbero esserci misericordia, giustizia, o fraternità? La cosa migliore per questo mondo sarebbe battere il ferro finché è caldo, ognuno per sé. Se non c'è speranza, perché voler bene a mio fratello e non tagliargli la gola? Se non c'è niente oltre, se non c'è libertà, ma soltanto leggi rigorose, dovrei provare soltanto a essere felice qui. Troverete persone che dicono, al giorno d'oggi, che hanno delle basi utilitaristiche come fondamento della moralità. Che cosa è questo fondamento? Procurare la massima quantità di felicità al maggior numero di persone possibili. Perché dovrei farlo? Perché non dovrei rendere infelici varie persone, se questo serve al mio scopo? Gli utilitaristi come risponderebbero a questa domanda? Come sapete cosa è giusto e cosa sbagliato? Io sono spinto dal mio desiderio di felicità e lo raggiungo, ed è nella mia natura: non conosco niente oltre. Ho questi desideri e devo portarli a termine. Perché lamentarsi? Da dove vengono tutte queste verità sulla vita umana, sulla moralità, sull'anima immortale, su Dio, sull'amore e la compassione, sull'essere buoni e, soprattutto, sull'essere altruisti?

Ogni etica, ogni azione umana e ogni pensiero si reggono su quest'unica idea di altruismo. L'intera idea della vita umana può essere racchiusa in questa unica parola: altruismo. Perché dovremmo essere altruisti? Dove sono il bisogno, la forza, l'energia, del mio essere altruista? Potete dirvi uomini razionali, pratici; ma se non mi mostrate un motivo a sostegno dell'utilità, dico che siete irrazionali. Mostratemi la ragione per la quale non dovrei essere egoista. Chiedere a qualcuno di essere altruista può essere bello quanto la poesia, ma la poesia non è ragione. Datemi un motivo. Perché dovrei essere altruista e buono? Se i signori Così-così dicono questo, per me non conta. Dove è l'utilità dell'essere altruista? La mia utilità è essere egoista se utilità significa la maggior quantità possibile di felicità. Qual è la risposta? L'utilitarista non può darla. La risposta è che questo mondo è soltanto una goccia in un oceano infinito, un anello di una catena infinita. Dove hanno trovato quest'idea coloro che hanno predicato l'altruismo e l'hanno insegnato alla specie umana? Sappiamo che non è istintivo: gli animali, che hanno l'istinto, non lo conoscono. Non è neanche razionale: la ragione non conosce niente di queste idee. Da dove viene allora?

Scopriamo, studiando storia, un fatto in comune tra tutti i grandi insegnanti di religione che il mondo abbia mai avuto. Tutti loro dichiarano di aver ottenuto la verità dall'oltre, soltanto alcuni di loro non sapevano da dove l'avessero ricavata.

Per esempio, uno potrebbe dire che un angelo è sceso sotto forma d'umano, con le ali, e gli ha detto «Ascolta, uomo, questo è il messaggio». Un altro dice che un Deva, un essere splendente, gli è apparso. Un terzo dice che ha sognato che il suo antenato andava a dirgli determinate cose. Non conosce nulla oltre a ciò. Ma l'elemento comune è che tutti sostengono che la conoscenza sia venuta dall'oltre, non dalla loro forza di ragionamento. Che cosa insegna la scienza dello Yoga? Insegna che aveva ragione a sostenere che tutta la conoscenza venisse da oltre il ragionamento, ma in realtà viene da dentro di loro.

Lo Yogi insegna che la mente in sé possiede uno stato più alto di esistenza, oltre la ragione, uno stato superconscio, e quando la mente entra in questo stato più alto, allora l'uomo raggiunge la conoscenza, oltre la ragione. La conoscenza metafisica e trascendentale si presenta all'uomo. Questo stato di andare oltre la ragione, trascendendo la natura umana ordinaria, può talvolta succedere per caso a un uomo che non capisce la sua scienza; lui, per così dire, inciampa in esso. Quando inciampa, lo interpreta generalmente come qualcosa che viene dall'esterno. Così questo spiega perché un'ispirazione, o la conoscenza trascendentale, possono essere uguali in Paesi differenti, ma in un solo Paese sembrerà arrivare attraverso un angelo, in un altro con un Deva ed nel terzo attraverso Dio. Che cosa significa? Significa che la mente ha portato alla conoscenza per sua natura e che la scoperta della conoscenza è stata interpretata secondo la credenza e l'educazione della persona attraverso cui è venuta. Il fatto reale è che questi vari uomini, per così dire, hanno inciampato in questo stato superconscio.

Lo Yogi dice che vi è un grande pericolo nell'inciampare in questo stato. In alcuni casi positivi c'è il rischio per il cervello che venga sconvolto e, in generale, vedrete che tutti questi uomini, per quanto grandi fossero, che hanno inciampato in questo stato supercoscio senza capirlo, hanno brancolato nel buio e hanno avuto generalmente, insieme alla conoscenza, curiosa superstizione. Si sono aperti alle allucinazioni. Maometto ha sostenuto che l'Angelo Gabriele fosse andato in una grotta, un giorno, a prenderlo con un cavallo celeste, Harak, e ha visitato il cielo. Ma con tutto ciò, Maometto ha proferito alcune verità meravigliose. Se leggete il Corano, troverete straordinarie verità mescolate alla superstizione. Come lo spiegate? Quell'uomo è stato ispirato, senza dubbio, ma quell'ispirazione era, per così dire, casuale. Non era un Yogi allenato e non ha conosciuto il motivo di ciò che stava facendo. Pensate al bene che Maometto ha fatto al mondo e pensate alla malvagità che è stata fatta con il suo fanatismo! Pensate ai milioni di persone massacrate con i suoi insegnamenti, madri private dei figli, bambini resi orfani, interi paesi distrutti, milioni e milioni di persone uccise!

Così vediamo questo pericolo studiando le vite dei grandi insegnanti come Maometto e altri. Tuttavia scopriamo, allo stesso tempo, che tutti loro erano ispirati. Ogni volta che un profeta è entrato nello stato supercoscio intensificando la sua natura emotiva, non ha portato con sé solo alcune verità, ma anche una certa dose di fanatismo, alcune superstizioni che hanno danneggiato il mondo quanto la grandezza dell'insegnamento l'ha aiutato. Per ottenere razionalità da quella massa di incongruenze che chiamiamo vita, dobbiamo trascendere la nostra ragione, ma dobbiamo farlo scientificamente, con lentezza, con pratica costante, e dobbiamo scacciare ogni superstizione. Dobbiamo cominciare lo studio della supercoscienza proprio come ogni altra scienza. Dobbiamo porre le nostre fondamenta sulla ragione, dobbiamo seguire la ragione fin dove ci conduce, e quando fallisce, la ragione stessa ci mostrerà la strada per il piano più alto. Quando sentite un uomo dire «Sono ispirato» ma poi comincia a parlare irrazionalmente, allontanatelo. Perché? Poiché questi tre stati — istinto, ragione e supercoscienza o l'inconscio, il conscio e il superconscio — appartengono a una stessa mente. Non ci sono tre menti in un uomo, ma ogni stato della mente si sviluppa negli altri. L'istinto si sviluppa in ragione, la ragione nella coscienza trascendentale; di conseguenza, nessuno degli stati contraddice gli altri. L'ispirazione reale non contraddice mai la ragione, ma la applica e porta a termine. Proprio come i grandi profeti dicono «Non vengo per distruggere ma per realizzare», così l'ispirazione viene sempre per realizzare la ragione ed è in armonia con essa.

Tutti le varie fasi dello Yoga sono intese a portarci scientificamente allo stato superconscio, o Samadhi. Inoltre, c'è un punto ancora più cruciale da capire, che l'ispirazione è nella stessa quantità nella natura di ogni uomo come era per gli antichi profeti. Questi profeti non erano unici; erano uomini come voi o me. Erano grandi Yogi. Avevano raggiunto questa supercoscienza come possiamo farlo noi. Non erano persone particolari. Il fatto stesso che un uomo abbia raggiunto questo stato dimostra che è possibile per chiunque. Non solo è possibile, ma ogni uomo deve, alla fine, arrivare a quello stato, e quella è religione. L'esperienza è l'unico insegnante che abbiamo. Possiamo parlare e ragionare per tutta la vita, ma non capiremo una sola parola di verità, finché non siamo noi stessi a esperirla. Non potete sperare di far diventare un uomo un chirurgo dandogli semplicemente qualche libro. Non potete soddisfare la mia curiosità di vedere un Paese mostrandomi una cartina; devo fare reale esperienza. Le cartine possono suscitare in noi soltanto la curiosità di ottenere una conoscenza più perfetta. Oltre ciò, non hanno alcun valore. Stare attaccati ai libri degenera soltanto la mente umana. C'è mai stata blasfemia più orribile della dichiarazione che tutta la conoscenza di Dio è racchiusa in questo o quel libro? Come osano gli uomini chiamare Dio infinito, ma poi provano a comprimerlo all'interno della copertina di un libricino! Milioni di persone sono state uccise perché non hanno creduto a ciò che dicevano i libri, perché non volevano vedere tutta la conoscenza di Dio racchiusa nella copertina di un libro. Naturalmente questi eccidi e omicidi sono passati, ma il mondo è ancora immensamente legato alla credenza dei libri.

Per raggiungere il superconscio in modo scientifico è necessario passare per le varie fasi del Raja-Yoga che vi insegno. Dopo il Pratyâhâra e la Dhâranâ, si arriva alla Dhyâna, la meditazione. Quando la mente è stata allenata a rimanere fissa su una determinata posizione, interna o esterna, sviluppa la capacità di scorrere in un flusso ininterrotto, per così dire, verso quel punto. Questo stato è definito come Dhyana. Quando una persona ha così tanto intensificato la forza della Dhyana da essere in grado di rifiutare l'aspetto esterno della percezione e medita soltanto sulla parte interna, il significato, arriva allo stato denominato Samadhi. I tre insieme—Dharana, Dhyana e Samadhi—sono chiamati Samyama. Cioè, se la mente è capace di concentrarsi innanzitutto su un oggetto, e poi è in grado di proseguire la concentrazione per un determinato tempo, e poi, attraverso la concentrazione continua, di soffermarsi solo sulla parte interna della percezione di cui l'oggetto è l'effetto, tutto rientra sotto il controllo di tale mente.

Questo stato meditativo è il più alto dell'esistenza. Finché c'è desiderio, non può esserci nessuna felicità reale. È solo lo studio contemplativo, e come da spettatori, degli oggetti che ci porta vero godimento e felicità. L'animale ha la sua felicità nei sensi, l'uomo nel suo intelletto e Dio nella contemplazione spirituale. Solo per l'anima che ha raggiunto questo stato contemplativo il mondo diventa realmente bello. Per colui che non desidera niente, e non si mischia con questi, i molteplici cambiamenti della natura sono una visione di bellezza e sublime.

Queste idee devono essere comprese nella Dhyana, o meditazione. Sentiamo un suono: prima c'è la vibrazione esterna; in secondo luogo, l'azione del nervo la trasporta alla mente; terzo, la reazione della mente, insieme ai bagliori di conoscenza dell'oggetto che era la causa esterna di questi vari cambiamenti dalle vibrazioni eteree alle reazioni mentali. Nello Yoga, questi tre passaggi sono denominati Shabda (suono), Artha (significato) e Jnâna (conoscenza). Nella lingua dei fisici e della fisiologia sono denominati vibrazione eterea, movimento nel nervo e nel cervello e reazione mentale. Ora questi, benché siano processi distinti, si sono mescolati in tal modo da essere diventati quasi indistinti. Infatti, noi non possiamo percepire nessuno di questi, percepiamo unicamente il loro effetto combinato, che chiamiamo oggetto esterno. Ogni atto di percezione include questi tre passaggi e non c'è ragione per cui non dovremmo essere capaci di distinguerli.

Quando, tramite l'esercizio precedente, diventa forte e controllata e ha la forza della percezione più acuta, la mente deve essere impiegata per la meditazione. Questa meditazione deve cominciare con gli oggetti più semplici e innalzarsi lentamente a quelli più fini, finché non diventi senza oggetto. Bisogna usare la mente per percepire prima le cause esterne delle sensazioni, poi i moti interni, e infine la reazione. Quando è riuscita a percepire le cause esterne delle sensazioni, la mente acquisirà la capacità di percepire tutte le fini esistenze materiali, tutti i corpi particolari e le forme. Quando riesce a percepire i moti interni, avrà il controllo di tutte le onde mentali, in sé o in altri, persino prima che si traducano in energia fisica; e quando potrà percepire la reazione mentale, lo Yogi otterrà la conoscenza di tutto, poiché ogni oggetto sensibile e ogni pensiero sono il risultato di questa reazione. Allora avrà visto le vere fondamenta della sua mente e sarà perfettamente sotto controllo. Lo Yogi acquisirà diverse capacità e se cederà alla tentazione di queste, la sua strada verso l'ulteriore progresso sarà sbarrata. Questo è il male di rincorrere i piaceri. Ma se è forte abbastanza da rigettare anche questi poteri miracolosi, raggiungerà lo scopo dello Yoga, l'annullamento totale delle onde nell'oceano della mente. Brillerà allora di incredibile fulgore la gloria dell'anima, indisturbata dalle distrazioni della mente, o dai movimenti del corpo. E lo Yogi ritroverà se stesso come è sempre stato, l'essenza della conoscenza, immorale, generale.

Samadhi è la proprietà di ogni essere umano, anzi, di ogni animale. Dall'animale più basso al più alto angelo, prima o poi, tutti dovranno arrivare a questo stato e solo allora, comincerà per loro la vera religione. Fino ad allora sarà solo una lotta verso questa condizione. Non c'è differenza ora fra noi e coloro che non hanno religione, perché non abbiamo esperienza. A cosa serve la concentrazione, se non portarci a quest'esperienza? Ciascuno dei passaggi per raggiungere il Samadhi è stato ragionato, adeguatamente aggiustato, organizzato in modo scientifico, e, una volta praticato con fede, certamente ci condurrà al fine sperato. Allora cesseranno i dolori, le sofferenze svaniranno. I semi per le azioni saranno bruciati e l'anima sarà libera per sempre.

Capitolo VIII
Il Râja Yoga in Breve

Quello che segue è un riassunto del Râja-Yoga liberamente tradotto dal Kurma Purâna.

Il fuoco dello Yoga brucia la gabbia del peccato che intrappola l'uomo. La conoscenza viene purificata ed è raggiunto direttamente il Nirvana. Lo Yogi si serve proprio della conoscenza che deriva dallo Yoga. Colui che abbraccia in sé questi ultimi due elementi suscita il favore del Signore. Coloro che praticano il Mahâyoga, anche una sola volta al giorno, o due, o tre, o sempre, vanno considerati come degli dei. Lo Yoga si divide in due parti. La prima è chiamata Abhâva e l'altra Mahâyoga. Nel primo tipo si medita sul sé come se lo si azzerasse e lo si deprivasse delle sue qualità; questo è chiamato Abhâva. Nell'altro, il sé viene visto come ricolmo di beatitudine e scevro di ogni impurità, in unità con Dio, ed è detto Mahâyoga. Lo Yogi, tramite ognuno di essi, realizza il Sé. Gli altri Yoga di cui leggiamo o sentiamo parlare non meritano di essere collocati alla pari del Mahâyoga, in cui lo Yogi riconosce sé stesso e l'intero universo come Dio. Questo è il più alto di tutti gli Yoga.

Yama, Niyama, Âsana, Prânâyâma, Pratyâhâra, Dhârâna, Dhyâna, and Samâdhi sono i passi del Raja Yoga. La non violenza, la veridicità, l'assenza di avidità, la castità e il non accettare nulla dagli altri sono chiamati, nell'insieme, Yama. Ciò purifica l'anima, detta Chitta. Non arrecare mai dolore ad alcun essere vivente tramite pensieri, parole e atti, è ciò che viene chiamato Ahimsâ, non violenza. Non vi è virtù più alta di essa. Non esiste felicità più alta di quella che un uomo ottiene con la sua attitudine a non recare offesa ad alcun elemento del creato. Attraverso la verità otteniamo i frutti del lavoro. Tramite questa arriviamo a tutto. In essa si fonda ogni cosa. Dire le cose per come sono: questa è verità. Non prendere ciò che è degli altri con il furto o con la forza è ciò che è chiamato Asteya, l'assenza di avidità. La castità in pensieri, parole e atti, sempre, e in ogni condizione, è ciò che è chiamato Brahmacharya. Non ricevere alcun dono dagli altri, neanche quando si soffre terribilmente, è quello che si intende con Aparigraha. L'idea è che, quando un uomo riceve un regalo da qualcun altro, il suo cuore diviene impuro, si rende subordinato e perde la sua indipendenza, diventando vincolato e limitato dall'obbligo.

Quelli che seguono sono aiuti per riuscire nello Yoga e sono chiamati Niyama, o abitudini regolari e osservanze: Tapas, austerità; Svâdhyâya, studio; Santosha, contentezza; Shaucha, purezza; Ishvara-pranidhâna, l'adorazione di Dio. Digiunare, o controllare il corpo in altri modi, è detto Tapas fisico. Ripetere i Veda e altri Mantra, attraverso i quali il materiale Sattva presente nel corpo è purificato, è chiamato studio, Svadhyaya. Ci sono tre tipi di ripetizione di questi Mantra. Il primo è il tipo verbale, il secondo è il semi-verbale, e il terzo è quello mentale. La tipologia verbale o udibile è la più bassa, mentre quella inudibile è la più alta di tutte. La ripetizione sonora è quella verbale; la seconda è quella in cui si muovono solo le labbra, ma non si avverte alcun suono. La ripetizione inudibile del Mantra, accompagnata alla riflessione sul suo significato, è chiamata «ripetizione mentale», ed è al livello più elevato. I saggi hanno detto che vi sono due tipi di purificazione, una esterna e l'altra interna. Quella che viene praticata con l'acqua, la terra, o altri materiali, è la purificazione esterna—un esempio è rappresentato dal bagno. La purificazione della mente attraverso la verità e tutte le altre virtù è ciò che è chiamato purificazione interna. Entrambe sono necessarie. Non è sufficiente che un uomo sia puro internamente e sporco all'esterno. Quando non possono essere ottenute insieme, la purezza interna è preferibile, ma nessuno sarà uno Yogi finché non avrà ottenuto entrambe. L'adorazione di Dio si attua con la lode, il pensiero e la devozione.

Abbiamo parlato di Yama e Nyiama. La tappa successiva è Asana (postura). L'unica cosa da capire su di essa è che bisogna lasciare libero il corpo, tenendo il petto, le spalle e la testa dritti. Viene poi Pranayama. Prana indica le forze vitali del nostro corpo, Âyâma significa saperle controllare. Ci sono tre tipi di Pranayama, il più semplice, il mediano, e quello superiore. Pranayama si divide in tre parti: il riempimento, il trattenimento e lo svuotamento. Quello in cui si comincia con dodici secondi è il Pranayama più basso, quando si inizia con ventiquattro si ha il mediano; il Pranayama in cui si parte con trentasei secondi è il migliore. Nel tipo più basso vi è la traspirazione, nel mediano si ha il tremito del corpo, e in quello superiore la levitazione e l'afflusso della grande beatitudine. Vi è un Mantra chiamato Gâyatri. Esso corrisponde a un verso molto sacro dei Veda. «Meditiamo sulla gloria di quell'Essere che ha creato l'universo; che Egli possa illuminare le nostre menti.» L'Om viene aggiunto ad esso all'inizio e alla fine. In un Pranayama si recitano tre Gayatri. In tutti i libri si parla della divisione del Pranayama in Rechaka (esalazione, portare fuori), Puraka (inalazione), e Kurnbhaka (trattenimento, ritenzione) Gli Indriyas, gli organi di senso, agiscono esteriormente ed entrano in contatto con oggetti esterni. Porli sotto il controllo della volontà è ciò che è detto Pratyhara, o raccoglimento in se stessi. Fissare la mente sul fiore di loto del cuore o sul centro della testa viene chiamato Dharana. Concentrandosi su un unico punto, e facendo di questo una base, si solleva un certo tipo di onde mentali; esse non vengono inglobate dagli altri tipi di onde, ma divengono per gradi preminenti, mentre tutte le altre recedono fino a scomparire. In seguito, la molteplicità di queste cede il posto all'unità e solo un'onda resta nella mente. Questo è Dhyana, meditazione. Quando non è più necessaria alcuna base, quando la totalità della mente si è risolta in un'unica onda, un'unica forma, si parla di Samadhi. Con la privazione di ogni aiuto da parte di luoghi e centri, resta presente solo il significato del pensiero. Se la mente può essere fissata sul centro per dodici secondi si ha il Dharana, dodici Dharana fanno un Dhyana, e dodici di queste ultime costituiscono un Samadhi.

Lo Yoga non deve essere praticato in presenza di un fuoco, di acque e di un terreno disseminato di foglie secche, dove vi sono molti formicai, animali selvatici o pericoli, all'incrocio fra quattro strade, dove c'è parecchio rumore, in luoghi in cui ci sono molte persone malvagie. Ciò vale in maniera particolare per l'India. Non esercitatevi quando il corpo si sente pigro o malato, o quando la mente è angosciata e afflitta. Andate in un posto ben appartato, dove la gente non verrà a disturbarvi. Non scegliete posti che siano immondi. Scegliete piuttosto un incantevole paesaggio o una stanza bellissima della vostra casa. Quando fate pratica, salutate per prima cosa tutti gli antichi Yogi, il vostro Guru e Dio, e poi cominciate.

Il Dhyana è stato spiegato, e vi fornisco alcuni esempi su ciò su cui meditare. State a sedere dritti e guardate la punta del vostro naso. Più oltre, arriveremo a capire come concentrare la mente e come, controllando i due nervi ottici, si possa fare un gran passo in avanti nel controllo dell'arco di reazione e di conseguenza della volontà. Eccovi qualche esempio di meditazione. Immaginate un loto che sovrasta la testa, più in alto di qualche centimetro, con la virtù come suo centro e la conoscenza come gambo. Gli otto petali del loto sono gli otto poteri dello Yogi. All'interno, gli stami e i pistilli rappresentano la rinuncia. Se lo Yogi rifiuta i poteri esterni giungerà alla salvezza. Quindi, gli otto petali sono gli otto poteri, ma gli stami e i pistilli interni sono la rinuncia estrema, il sacrificio di tutte queste facoltà. All'interno del loto immaginate l'Uno Aureo, l'Onnipotente, l'Intangibile, Colui il cui nome è Om, l'Ineffabile, circondato da una luce splendente. Meditate su questo. Vi fornisco un altro esempio. Raffiguratevi uno spazio nel vostro cuore, e immaginate una fiamma che arde nel mezzo di quello spazio. Pensate a quella fiamma come alla vostra stessa anima in cui brilla un altra luce fulgida, e ciò è l'Anima della vostra anima, Dio. Meditate su questo nel vostro cuore. La castità, la non violenza, il perdono anche del più grande dei nemici, la verità, la fede nel Signore, questi sono tutti Vritti diversi. Non abbiate paura se non siete perfetti in ognuno di essi; lavorate e questi arriveranno. Colui che ha abbandonato ogni attaccamento, ogni paura e ogni ira, e la cui intera anima è entrata nel Signore, l'uomo che Vi si è rifugiato, rendendo il suo cuore puro, potrà rivolgersi a Lui con qualunque desiderio ed Egli gli concederà di esaudirlo. AdorateLo dunque attraverso la conoscenza, l'amore o la rinuncia.

«Colui che non odia nessuno, che è amico di tutti e misericordioso verso ogni uomo, che non ha niente di proprio ed è libero dall'egoismo, colui la cui mente non cambia con il dolore o il piacere, che è tollerante, sempre soddisfatto, continuamente al lavoro nello Yoga, colui il cui sé è divenuto controllato, dotato di una volontà salda, la cui mente e il cui intelletto si sono arresi a Me, questi è il Mio amato Bhakta. L'uomo che non causa alcun turbamento né può essere turbato dagli altri, che è libero dalla gioia, dalla collera, dalla paura e dall'agitazione, costui è il Mio amato. Colui che non dipende da nulla, che è puro e attivo, al di sopra del bene e del male, l'uomo che mai si angoscia e ha abbandonato tutti gli sforzi per se stesso; colui che è lo stesso nella lode o nel biasimo, dotato di una mente meditativa e silenziosa, che è beato con quel poco che trova nel suo cammino, senza dimora, perché la sua casa è il mondo intero, l'uomo immutabile nelle idee, questi è il Mio amato Bhakta». Solo uomini così divengono Yogi.

C'era un grande saggio divino chiamato Nârada. Proprio come ci sono i saggi all'interno dell'umanità, i grandi Yogi, così troviamo questi ultimi tra gli dei. Nârada era un benevolo e grandissimo Yogi. Questi viaggiava per ogni luogo. Un giorno stava attraversando una foresta, quando vide un uomo che aveva meditato tanto a lungo in quella posizione da permettere alle termiti di costruire un enorme cumulo di sabbia attorno al suo corpo. Questi chiese a Nârada: «Dove stai andando?». Nârada rispose: «Sono diretto in paradiso». «Allora chiedi a Dio quando otterrò la Sua misericordia, quando conquisterò la liberazione.» Più avanti,, Nârada vide un altro uomo. Questi saltellava qua e là, ballando e cantando, e gli chiese: «Dove stai andando?». La sua voce e i suoi gesti erano selvaggi. Nârada disse: «Sono diretto in paradiso». «Allora chiedi per me quando sarò liberato.» Lo Yogi proseguì ancora. Nel corso del tempo si trovò di nuovo sulla stessa strada, e incontrò l'uomo che meditava circondato dal termitaio. Questi disse: «Oh, Nârada, hai chiesto di me al Signore?». «Certo.» «Che cosa ti ha detto?». «Il Signore mi ha riferito che otterrai la liberazione tra altre quattro nascite.» L'uomo inizio quindi a piangere e a lamentarsi, dicendo: «Ho meditato fino a tal punto che un termitaio si è creato intorno a me, e ho ancora quattro nascite!». Nârada andò dall'altro uomo. «Hai chiesto per me ciò che ti avevo detto?». «Certo. Vedi questo tamarindo? Ecco, ti dico che dovrai rinascere tante volte quante sono le sue foglie, prima di raggiungere la liberazione.» L'uomo iniziò a danzare dalla gioia, e disse: «Otterrò la libertà in un tempo tanto breve!». Sì udì allora una voce: «Figlio mio, avrai la liberazione in questo stesso momento». Questo fu il premio per la sua perseveranza. Egli era pronto a lavorare nel corso di tutte quelle rinascite, e niente lo scoraggiava. Al contrario, il primo pensava che anche solo quattro fossero un tempo troppo lungo. Soltanto la perseveranza, come quella dell'uomo disposto ad attendere per l'eternità, porta ai più alti risultati.

AFORISMI DEL PATANJALI YOGA

Introduzione

Prima di introdurre gli aforismi dello yoga, cercherò di affrontare una grande domanda sulla quale poggia l'intera teoria della religione per gli Yogi. Sembra essere opinione condivisa delle grandi menti del mondo, ed è stato quasi dimostrato anche da ricerche sulla natura fisica, che noi siamo il prodotto e la manifestazione di una condizione assoluta che sta dietro alla nostra attuale condizione relativa e che stiamo progredendo per ritornare a questo assoluto. Ammettendo questo fatto, la domanda è: «Che cos'è meglio, l'assoluto o la condizione attuale?» Non mancano persone che pensano che questo stato apparente sia il più alto stato dell'uomo. Pensatori di alto calibro, sono dell'opinione che noi siamo la manifestazione di un essere indifferenziato e che lo stato differenziato è superiore all'assoluto. Essi immaginano che nell'assoluto non ci possa essere nessuna qualità, dev'essere insensato, monotono e senza vita poiché solo l'esistenza può essere goduta e pertanto, dobbiamo aggrapparci ad essa. Prima di tutto vogliamo indagare su altre soluzioni di vita. Una vecchia soluzione a questo problema era che, dopo la morte, rimanesse qualcosa dell'uomo e che tutti i suoi lati positivi, tolti quelli negativi, rimanessero per sempre. Logicamente, ne consegue che l'obiettivo dell'uomo è il mondo. Questo, ha condotto ad una fase superiore e, depurato dai suoi mali, rappresenta lo stato che chiamano paradiso. All'apparenza, questa teoria è assurda e puerile perché non può essere così. Non ci può essere il bene senza il male né il male senza il bene. Vivere in un mondo dove c'è solo il bene e non il male, è ciò che i logici sanscriti chiamano un «sogno nell'aria». In tempi moderni un'altra teoria è stata esposta da varie scuole, e cioè che il destino dell'uomo è quello di andare avanti, migliorandosi e lottando sempre, ma non raggiungendo mai l'obiettivo. Questa affermazione, anche se apparentemente molto bella, è anche assurda perché non esiste alcuna cosa come muoversi secondo una linea retta. Ogni moto è circolare. Se si potesse prendere una pietra e proiettarla nello spazio e poi si vivesse abbastanza a lungo, quella pietra, se non incontra nessun ostacolo, tornerebbe esattamente nella vostra mano. Una linea retta infinitamente allungata, deve terminare in un cerchio. Pertanto, l'idea che il destino dell'uomo stia progredendo sempre e ancora avanti e non si fermi mai, è assurda. Anche se estraneo al soggetto, posso notare come questa idea spieghi la teoria etica che afferma che non bisogna odiare ma amare. Perché, proprio come nel caso dell'elettricità, la moderna teoria è che la corrente lascia la dinamo e completa il cerchio ritornando alla dinamo stessa; lo stesso principio vale per l'odio e l'amore: devono tornare all'origine. Pertanto non odiate nessuno, poiché l'odio che da voi ha origine, nel lungo termine tornerà a voi. Se amate, quell'amore tornerà a voi, completando il cerchio. E' assolutamente certo che tutto l'odio che esce dal cuore di un uomo, gli ritorna in tutta la sua forza, nulla lo può fermare. Allo stesso modo, gli ritorna ogni impulso d'amore.

Tornando sul campo pratico, vediamo come la teoria della progressione eterna sia insostenibile, poiché la distruzione è l'obiettivo di tutto ciò che è terreno. A cosa portano tutte le nostre lotte e speranze, paure e gioie? Tutto si concluderà con la morte. Niente è così certo. Dov'è quindi questo movimento in linea retta, questa infinita progressione? Sta solamente andando avanti per una certa distanza per poi tornare indietro, al centro dal quale è partita. E' come quando dalle nebulose vengono creati il sole, la luna e le stelle; poi si dissolvono e ritornano ad essere nebulose. La stessa cosa sta accadendo ovunque. Le piante prendono sostanza dalla terra, appassiscono e gliela rendono. Ogni cosa in questo mondo viene estratta dagli atomi circostanti e ritorna a questi. Non può essere che la stessa legge agisca differentemente in posti diversi. La legge è uniforme. Nulla è più sicuro di questo. Se questa è la legge della natura, è applicabile anche al pensiero. Il pensiero si dissolverà e tornerà alle origini. Che lo vogliamo o no, dovremo tornare alla nostra origine, chiamata Dio o Assoluto. Deriviamo tutti da Dio e tutti siamo destinati a tornare a Dio. Chiamatelo in qualsiasi modo vi piaccia, Dio, Assoluto o Natura: il principio rimane lo stesso. «Dal quale tutto l'universo deriva, nel quale nasce la vita e al quale tutto ritorna» C'è solamente un fatto certo. La natura lavora sullo stesso piano; il modo di funzionare di una sfera è ripetuto in milioni di sfere. Quello che vedete accadere con i pianeti, lo stesso succederà con la terra, con gli uomini e con tutto il resto. L'enorme onda è una potente fusione di piccole onde, forse di milioni. La vita dell'intero universo è un composto di milioni di piccole vite e la morte dell'intero universo è il prodotto della morte di questi milioni di piccoli esseri.

Ora, sorge una domanda: tornare a Dio, rappresenta lo stato assoluto oppure no? I filosofi della scuola yoga rispondono enfaticamente che lo sia. Affermano che la condizione attuale dell'uomo è una degenerazione. Non c'è nessuna religione sulla faccia della terra che affermi che l'uomo sia un miglioramento. L'idea è che il suo inizio sia perfetto e puro, che degeneri finché non raggiunge il limite, e che dovrà arrivare un momento in cui balza ancora verso l'alto per completare il cerchio. Il cerchio dev'essere completato. Per quando in basso possa arrivare, alla fine egli deve ripiegare verso l'alto per tornare alla sorgente, che è Dio. In origine, l'uomo inizia da Dio, a metà diventa uomo e alla fine ritorna a Dio. Questo è il metodo per collocarlo in una forma dualistica. La forma monistica è che l'uomo è Dio e che a Lui ritorna. Se il nostro stato attuale è quello più elevato, allora perché c'è così tanto orrore e miseria e perché finisce? Se questa è la forma più alta, perché deve finire? Ciò che corrompe e degenera non può rappresentare la condizione più elevata. Perché dovrebbe essere così diabolico, così deludente? E' perdonabile solo se pensiamo che stiamo mirando ad uno stato superiore; dobbiamo passare attraverso di esso in modo da rigenerarci ancora. Pianta un seme nella terra ed esso si disintegra, si dissolve dopo un po di tempo; ciò che deriva da questa dissoluzione è uno splendido albero. Ogni anima deve disintegrarsi per diventare Dio. Quindi, ne consegue che prima usciamo da questo stato che noi chiamiamo «uomo» meglio è; perciò, conviene ricorrere al suicidio per uscire da questa condizione? Assolutamente no. Questa sarebbe la cosa peggiore. Torturare se stessi o condannare il mondo non è il modo di uscirne. Dobbiamo oltrepassare la «Palude della Disperazione» e prima ne saremo fuori, meglio sarà. Dev'essere sempre ricordato che la «condizione umana» non è quella assoluta.

La parte veramente più difficile da capire è che questo stato, l'Assoluto, che è stato chiamato il più alto, non è quello zoofito o della pietra, come molti temono. Secondo questi, ci sono soltanto due stati esistenziali, uno della pietra e l'altro del pensiero. Che diritto hanno di limitare l'esistenza a questi due? Non c'è qualcosa di infinitamente superiore al pensiero? Le vibrazioni della luce, quando sono molto basse, non le vediamo. Quando si fanno un po più intense, diventano luce per noi e quando diventano ancora più forti non le vediamo—per noi è buio. L'oscurità della fine è la stessa di quella dell'inizio? Certamente no. Sono diverse, come i due poli. L'incoscienza della pietra è la stessa incoscienza di Dio? Certamente no. Dio non pensa, non ragiona. Perché dovrebbe? C'è qualcosa a Lui sconosciuta per la quale dovrebbe ragionare? La pietra non può ragionare, Dio non lo fa. Questa è la differenza. Questi filosofi pensano che sia orribile andare oltre il pensiero; loro, non trovano nulla oltre il pensiero.

Ci sono stati più elevati dell'esistenza, oltre il ragionamento. E' veramente oltre l'intelletto che il primo stato di vita religiosa dev'essere trovato. Quando saltate al di là del pensiero, dell'intelletto e di tutti i ragionamenti, allora avete fatto il primo passo verso Dio. E questo è l'inizio della vita. Ciò che comunemente viene chiamata vita, non è altro che uno stadio embrionale.

La prossima domanda sarà: «Quali prove abbiamo, per sostenere che lo stato oltre il pensiero e il ragionamento, è il più alto?» In primo luogo, tutti i grandi uomini del mondo, molto più grandi di quelli che sanno solo parlare, uomini che muovono il mondo, che non hanno mai avuto nessun tipo di pensiero egoistico, hanno dichiarato che questa vita è solo una piccola tappa sulla via verso l'Infinito, che sta al di là. In secondo luogo, non solo lo affermano ma indicano a ciascuno la via da percorrere e spiegano i loro metodi, in modo che tutti possano seguire le loro orme. In terzo luogo, non ci sono altre strade da percorrere. Non c'è altra spiegazione. Dando per scontato che non esiste uno stato più alto, perché continuiamo a passare sempre attraverso questo cerchio? Quale ragione può spiegare il mondo? Il mondo sensibile sarà il limite alla nostra conoscenza se non possiamo andare più in là, se non dobbiamo chiedere nulla di più. Questo è ciò che viene chiamato agnosticismo. Ma quale ragione c'è di credere nella testimonianza dei sensi? Chiamerei veramente agnostico, quell'uomo che rimanesse fermo in strada a lasciarsi morire. Se tutto sommato esiste una causalità, non ci lascia la possibilità di stare in questo estremo di nichilismo. Se un uomo è agnostico per tutto tranne che per il denaro, la fama e il nome, è soltanto un imbroglione. Kant ha dimostrato oltre ogni dubbio, che noi non possiamo penetrare oltre la tremenda e fredda parete della ragione. Ma questa è l'idea su cui tutto il pensiero indiano si basa e osa cercare, e riesce a trovare, qualcosa di più alto della ragione; il solo luogo dove può essere trovata la spiegazione dello stato presente. Questo è il valore dello studio di qualcosa che ci porterà al di là del mondo. «Tu sei nostro padre, e ci porterai sull'altra riva di questo oceano di ignoranza». Questa è la scienza della religione, nient'altro.

Capitolo I
Concentrazione: Il Suo Uso Spirituale

अथ योगानुशासनम् ॥१॥
1. Ora la concentrazione viene spiegata.

योगश्चित्तवृत्तिनिरोधः ॥२॥
2. Yoga è controllare il contenuto della mente (Chitta) dal prendere varie forme (Vritti).

Qui è necessaria una buona dose di spiegazione. Dobbiamo capire che cos'è il Chitta e che cosa sono i Vritti. Io ho gli occhi. Gli occhi non vedono. Asportando il centro del cervello che si trova nella testa, gli occhi rimangono in sede, completi di retina, così come le immagini degli oggetti che si proiettano su di essi; e nonostante ciò, gli occhi non vedranno. Quindi gli occhi sono solo uno strumento secondario, non l'organo della vista. L'organo della vista si trova in un centro nervoso del cervello. I due occhi non saranno sufficienti. Talvolta un uomo è addormentato pur avendo gli occhi aperti. La luce c'è così come l'immagine, ma è necessaria una terza cosa: la mente deve essere connessa all'organo. L'occhio è lo strumento esterno; abbiamo bisogno anche del centro del cervello e dell'azione della mente. I carretti rotolano giù per la strada e voi non li sentite. Perché? Perché la vostra mente non è connessa all'organo dell'udito. In primo luogo c'è lo strumento, poi c'è l'organo e terzo la mente collegata a questi due. La mente si imprime successivamente e presenta questa impressione ad una facoltà di capire — il Buddhi — che reagisce. Insieme a questa reazione, si mostra per un istante l'idea di egoismo. Quindi, questa miscela di azione e reazione viene presentata al Purusha, la vera Anima, che in questo miscuglio percepisce un oggetto. Gli organi (Indriyas) insieme alla mente (Manas), alla facoltà discriminante (Buddhi) e all'egoismo (Ahamkâra), formano il gruppo chiamato l'Antahkarana (lo strumento interno). Essi rappresentano però vari processi nel contenuto della mente, chiamati Chitta. Le onde di pensiero nel Chitta sono chiamate Vritti (letteralmente «vortice»). Che cos'è il pensiero? Il pensiero è una forza, così come è gravitazione o repulsione. Dall'infinito deposito di forze in natura, lo strumento chiamato Chitta prende il sopravvento su alcune, le assorbe e le invia sotto forma di pensiero. La forza ci è fornita dal cibo e attraverso di esso il corpo ottiene il potere di muoversi, ecc. Altre, le forze più sottili, vengono convogliate in ciò che chiamiamo pensiero. Quindi, notiamo come la mente non sia intelligente, eppure sembri esserlo. Perché? Perché l'anima intelligente è dietro di lei. Voi siete i soli esseri senzienti; la mente è solo lo strumento attraverso il quale catturate il mondo esterno. Prendete questo libro. In quanto libro esso non esiste esternamente, ciò che esiste all'esterno è sconosciuto e imperscrutabile. L'imperscrutabilità, fornisce il suggerimento che da una scossa alla mente, ed essa sprigiona la reazione sotto forma di un libro, allo stesso modo in cui una pietra viene gettata in acqua: l'acqua la rimanda sotto forma di onde. L'universo reale è l'occasione per la reazione della mente. La forma di un libro, o quella di un elefante, o quella di un uomo, non esiste esternamente; tutto quello che conosciamo è la nostra reazione mentale al suggerimento esterno. «La materia è la possibilità permanente di sensazioni», dice John Stuart Mill. E' solo la suggestione che esiste al di fuori. Prendete ad esempio, un'ostrica. Voi sapete come sono fatte le perle. Un parassita entra nella conchiglia causando un'irritazione e l'ostrica genera intorno ad essa una sorta di smaltatura; questa dà origine alla perla. L'universo dell'esperienza è, per così dire, il nostro personale smalto e il vero universo è il parassita che funge da nucleo. L'uomo comune non lo capirà mai perché quando prova a farlo, espelle uno smalto e riesce a vedere soltanto quello. Ora noi capiamo cosa si intende con questi Vritti. Il vero uomo sta dietro la mente; la mente è lo strumento nelle sue mani, è la sua l'intelligenza che viene filtrata attraverso la mente. E' solo quando state dietro la mente che questa diventa intelligente. Quando l'uomo rinuncia a stare dietro alla mente, essa cade a pezzi ed è nulla. Perciò capite che cosa si intende con Chitta. E' il contenuto della mente, e il Vritti sono le onde e le increspature che si sollevano quando le cause esterne impattano su di essa. Questi Vritti sono il nostro universo.

Noi non possiamo vedere il fondo di un lago poiché la sua superficie è coperta di increspature. Per noi è possibile vederne il fondo soltanto di sfuggita, quando le increspature si attenuano e l'acqua è calma. Se l'acqua è fangosa o sempre agitata, il fondo non potrà essere visto. Se invece è chiara e non ci sono onde, potremmo vedere il fondo. Il fondo del lago è il nostro vero Io; il lago è il Chitta e le onde il Vritti. E ancora, la mente si trova in tre stati, di cui uno è l'oscurità chiamata Tamas, che si trova negli energumeni e negli stupidi e che agisce solo per ferire. Nessun'altra idea entra in quello stato mentale. Poi c'è lo stato mentale attivo, il Raja, le cui motivazioni principali sono il potere e il piacere. «Vorrei essere potente e dominare gli altri». Poi c'è lo stato chiamato Sattwa, serenità, calma, nel quale cessano le onde e le acque del lago mentale diventano chiare. Non è inattivo, al contrario è intensamente attivo. E' la più grande manifestazione del potere di essere calmi. E' facile essere attivi. Lasciate andare le redini, e i cavalli correranno via con voi. Tutti possono farlo, ma l'uomo veramente forte è colui che può fermare lo slancio dei cavalli. Cosa richiede maggiore forza, lasciar andare o contenere? L'uomo calmo non è l'uomo intorpidito. Non dovete confondere il Sattva con l'ottusità o la pigrizia. L'uomo calmo è colui che controlla le onde della mente. L'attività è la manifestazione della forza inferiore, la calma di quella superiore.

Il Chitta sta sempre provando a tornare indietro al suo stato naturale puro, ma gli organi lo respingono. Contenerlo, controllare questa tendenza verso l'esterno e iniziarlo al viaggio di ritorno verso l'essenza dell'intelligenza, è il primo passo nello yoga; solo in questo modo il Chitta può percorrere la sua giusta strada.

Sebbene il Chitta sia in ogni animale, dal più umile al più elevato, è solo nella forma umana che lo troviamo come intelletto. Finché il contenuto della mente non può prendere la forma dell'intelletto, non gli è possibile ripercorrere tutti questi passi e liberare l'anima. La salvezza immediata è impossibile per la mucca o per il cane anche se hanno una mente, perché il loro Chitta non può ancora prendere quella forma che chiamiamo intelletto.

Il Chitta si manifesta nelle forme seguenti: dispersione, oscuramento, raccolta, pensiero fisso e focalizzato. La forma dispersiva è l'attività. La sua tendenza è di manifestarsi sotto forma di piacere o dolore. La forma oscura è l'ottusità che tende a ferire. Il commentatore dice, la terza forma è naturale per i Deva, gli angeli, mentre la prima e la seconda ai demoni. La forma raccolta è quando combatte per centrarsi. La forma del pensiero fisso è quanto prova a concentrarsi e la forma concentrata è ciò che ci conduce al Samâdhi.

तदा द्रष्टुः स्वरूपेऽवस्थानम् ॥३॥

3. In quel momento (il momento della concentrazione) il veggente (Purusha) riposa nel proprio (invariato) stato.

Non appena le onde si placano e il lago è tornato calmo, possiamo venderne il fondo. Così con la mente: quando è calma, vediamo qual'è la nostra natura; non mischiamo noi stessi ma rimaniamo noi stessi.

वृत्तसारूप्यमितरत्र ॥४॥

4. In altri momenti (altri rispetto a quello della concentrazione) il veggente si identifica con le modificazioni.

Ad esempio, qualcuno mi biasima: ciò produce una modifica, Vritti, nella mia mente, e io mi identifico con essa e il risultato è sofferenza.

वृत्तयः पंचतय्यः क्लिष्टा अक्लिष्टाः ॥५॥

5. Ci sono cinque classi di modifiche, (alcune) dolorose e (altre) non dolorose.

प्रमाण-विपर्यय-विकल्प-निद्रा-स्मृतयः ॥६॥

6. (Queste sono) retta conoscenza, falso sapere, fantasie, sonno e memoria.

प्रत्यक्षानुमानागमाः प्रमाणानि ॥७॥

7. La diretta percezione, l'inferenza e la deduzione competente sono prove.

Noi chiamiamo testimonianza quando due delle nostre percezioni non si contraddicono a vicenda. Sento qualcosa e se questo contraddice qualcosa che ho già percepito, inizio a combatterlo e non ci credo. Ci sono anche tre tipi di testimonianza. Pratyaksha, percezione diretta: qualsiasi cosa vediamo o sentiamo è una prova, qualora non ci sia stato nulla che abbia fuorviato i sensi. Vedo il mondo. Questa è la prova sufficiente della sua esistenza. Secondo, Anumâna, inferenza. Vedete un segno e dal segno arrivate alla cosa corrispondente. Terzo, Âptavâkya, la diretta testimonianza degli yogi, coloro che hanno visto la verità. Tutti noi lottiamo per raggiungere la conoscenza. Ma voi ed io dobbiamo faticare duramente e arrivare alla conoscenza attraverso un lungo e noioso sistema di ragionamento, mentre lo yogi, il puro, è già andato oltre a tutto questo. Al cospetto della sua mente, passato, presente e futuro sono uguali, per lui, un libro da leggere. Egli non ha bisogno di passare attraverso noiosi processi—che noi invece dobbiamo seguire—per arrivare alla conoscenza; le sue parole sono prove perché egli vede la conoscenza in sé stesso. Questi ad esempio, sono gli autori delle sacre scritture, pertanto le scritture sono prove. Se tali persone stanno vivendo questo momento, le loro parole saranno prove. Altri filosofi si addentrano in lunghe discussioni riguardo al Aptavakya ed affermano:« qual'è la prova delle loro parole?». La prova è la loro diretta percezione. Perché qualsiasi cosa io veda è una prova e qualsiasi cosa voi vediate è prova, se ciò non contraddice nessuna conoscenza passata. C'è conoscenza al di là dei sensi e ogni volta che non contraddice la ragione e l'esperienza umana del passato, questa conoscenza è una prova. Qualsiasi folle potrebbe entrare in questa stanza e affermare che, intorno a lui, vede degli angeli: questa non sarebbe una prova. Per prima cosa, deve trattarsi di vera conoscenza e secondariamente, non deve contraddire la conoscenza del passato; terzo, deve dipendere dal carattere dell'uomo che la dispensa. Ho sentito dire che il carattere di un uomo non è di così grande importanza come le cose che potrebbe dire; dobbiamo prima di tutto ascoltare cosa dice. Ciò può essere vero in altre cose. Un uomo potrebbe essere malvagio eppure fare una scoperta astronomica, ma nella religione è diverso perché nessun uomo impuro avrà mai il potere di raggiungere le verità della religione. Di conseguenza, come dobbiamo vedere, prima di tutto colui che dichiara sé stesso un Âpta, è un perfetto altruista e una santa persona. In secondo luogo, è arrivato oltre i sensi e terzo, quello che dice non contraddice la conoscenza passata dell'umanità. Ogni nuova scoperta della verità non contraddice la verità del passato ma si adatta ad essa. E quarto, quella verità deve poter essere verificata. Se un uomo afferma: «Ho avuto una visione» e mi dice che non ho il diritto di vederla, io non gli credo. Tutti devono avere il potere di vederla per sé stessi. Nessuno che venda la propria conoscenza è un Apta. Tutte queste condizioni devono essere soddisfatte. Prima di tutto, dovete considerare che l'uomo sia puro e che non abbia motivazioni egoistiche cioè, che non abbia sete di guadagno o di fama. Secondo, deve dimostrare di essere estremamente consapevole. Deve fornirci ciò che noi non possiamo ottenere dai nostri sensi e che è per il bene del mondo. Terzo, dobbiamo assicurarci che non contraddica altre verità; se contraddice altre verità scientifiche, rifiutatelo subito. Quarto, l'uomo non deve mai essere bizzarro; dovrebbe rappresentare solo ciò che tutti gli uomini possono ottenere. I tre tipi di prova sono quindi, il senso di percezione diretto, la deduzione e le parole di un Apta. Non posso tradurre questo termine in inglese. Non è la parola «ispirato» perché l'ispirazione è credere a qualcosa che viene dall'esterno, mentre questa conoscenza deriva dall'uomo stesso. Il significato letterale è «realizzato».

विपर्ययो मिथ्याज्ञानमतद्रूपप्रतिष्ठम् ॥८॥

8. L'indiscriminazione è falso sapere non corrisponde alla realtà.

La prossima classe di Vritti che si svela, è confondere una cosa per un'altra, come scambiare un pezzo di madreperla per uno d'argento.

शब्दज्ञानानुपाती वस्तुशून्यो विकल्पः ॥९॥
9. Le illusioni verbali derivano da parole che non hanno (una corrispondente) realtà.

C'è un'altra classe di Vritti chiamata Vikalpa. Una parola è pronunciata e noi non dobbiamo attendere di considerarne il significato: saltiamo immediatamente alla conclusione. E' il segno della debolezza del Chitta. Ora potete comprendere la teoria del controllare sé stessi. Più l'uomo è debole, minore autocontrollo ha. Esaminatevi sempre attraverso questa prova. Quando vi state arrabbiando o avvilendo, ragionate sul motivo per il quale alcune notizie che vi sono giunte, stanno gettando la vostra mente nel Vritti.

अभाव-प्रत्ययालम्बना-वृत्तिर्निद्रा ॥१०॥
10. Il sonno è un Vritti che abbraccia il sentimento del vuoto.

La successiva classe di Vritti viene chiamata sonno e sogno. Quando ci svegliamo sappiamo di aver dormito: possiamo solo avere memoria della percezione. Non potremmo mai ricordare ciò che non percepiamo. Ogni reazione è un'onda nel lago. Ora, se durante il sonno la mente non ha onde, non avrebbe nessuna percezione, positiva o negativa e di conseguenza noi non la ricorderemo. L'esatta ragione per la quale ci ricordiamo di aver dormito è che durante il sonno c'è stato un certo movimento di onde mentali. La memoria è un'altra classe del Vritti, chiamata Smriti.

अनुभूतविषयासम्प्रमोषः स्मृतिः ॥११॥
11. La memoria è quando i (Vritti di) soggetti percepiti non scivolano via (e attraverso le impressioni ritornano alla coscienza).

La memoria può derivare da una percezione diretta, falso sapere, immaginazione e sonno. Per esempio, udite una parola. Quella parola è come una pietra gettata nel lago del Chitta; causa una increspatura che dà origine a una serie di altre increspature: questa è la memoria. Così nel sonno. Quando il particolare tipo di increspatura chiamato sonno, getta il Chitta in una piega di memoria, si parla di sogno. Il sogno è un'altra forma di increspatura che nello stato di veglia viene chiamata memoria.

अभ्यासवैराग्याभ्यां तन्निरोधः ॥१२॥
12. Il loro controllo avviene attraverso la pratica e il distacco.

Per ottenere il distacco, la mente dev'essere chiara, buona e razionale. Perché dobbiamo esercitarci? Perché ogni azione è come una pulsazione che freme sulla superficie del lago. Le vibrazioni scompaiono e che cosa rimane? Lo Samskâras, le impressioni residue. Quando un gran numero di queste impressioni viene lasciato nella mente, si fonde e diventa un'abitudine. Si dice « l'abitudine è seconda natura », è anche prima natura e intera natura dell'uomo. Tutto ciò che siamo è il risultato dell'abitudine. Questo ci consola poiché se è solo abitudine, possiamo crearla e disfarla in qualsiasi momento. I Samskara sono lasciati da queste vibrazioni, che passano fuori della nostra mente, ciascuna di esse lasciando le proprie impronte. La nostra personalità è la somma complessiva di queste impronte e, a seconda della prevalenza di una particolare onda, una persona acquisisce quel tono. Se prevale il buono, una persona diventa buona; se prevale la malvagità diventerà malvagia; se prevale la gioia, diventerà felice. L'unico rimedio per le cattive abitudini è contrastarle. Tutte le cattive abitudini che hanno lasciato il loro segno, devono essere controllate dalle buone. Andando avanti, facendo bene, avendo continuamente pensieri devoti; questo è il solo modo per reprimere le impressioni di base. Mai dire che ogni uomo è senza speranza, poiché esso rappresenta un carattere, un insieme di abitudini, che possono essere controllate attraverso consuetudini nuove e migliori. Il carattere è la somma di abitudini ripetute e queste da sole possono cambiare il carattere.

तत्र स्थितौ यत्नोऽभ्यासः ॥१३॥

13. La continua lotta per trattenerli (i Vritti) perfettamente controllati è la pratica.

Che cos'è la pratica? Il tentativo di controllare la mente nella forma di Chitta, per prevenire il suo andarsene tra le onde.

स तु दीर्घकालनैरन्तर्यसत्कारासेवितो दृढभूमिः ॥१४॥

14. Essa si radica saldamente attraverso sforzi lunghi e costanti, con immenso amore (perché il fine venga raggiunto).

Il controllo non arriva in un giorno ma attraverso una lunga e continua pratica.

दृष्टानुश्रविकविषयवितृष्णस्य वशीकारसंज्ञा वैराग्यम् ॥१५॥

15. Quell'effetto che giunge a quelli che hanno rinunciato alla loro brama per le cose materiali, sia viste che sentite, e la cui volontà è controllare gli oggetti, è il distacco.

Le due forze trainanti che ci spingono all'azione sono (1) quello che noi stessi vediamo, (2) l'esperienza degli altri. Queste due forze lanciano la mente, il lago, tra varie onde. La rinuncia, è il potere di lottare contro queste forze e tenere la mente sotto controllo. La loro rinuncia è quello che vogliono vedere. Io attraverso una strada e un uomo arriva e mi porta via l'orologio. Questa è la mia personale esperienza. La vedo da me, e questa esperienza getta immediatamente il mio Chitta in un'onda, sotto forma di rabbia. Non permettete che ciò accada. Se non potete prevenirlo, non siete nulla; se potete, avete il Vairâgya. Ancora, l'esperienza di attaccamento alle cose terrene, ci insegna che il senso di appagamento è l'ideale più alto. Queste sono tentazioni straordinarie. Negarle e non permettere alla mente di assumere la forma di un'onda in relazione ad esse, questa è la rinuncia. Controllare i duplici poteri derivanti dalla mia personale esperienza e dall'esperienza di altri e quindi, evitare che il Chitta ne sia governato, è il Vairagya. Questi dovrebbero essere controllati da me e non io da loro. Questa sorta di forza mentale è chiamata rinuncia. Vairagya è l'unica strada per la libertà.

तत्परं पुरुषख्यातेर्गुणवैतृष्ण्यम् ॥१६॥

16. Questo è estremo distacco che rinuncia anche alle qualità, e arriva dalla conoscenza (la vera natura di) del Purusha.

E' la più alta manifestazione del potere del Vairagya, quando porta via anche la nostra attrazione verso le qualità. Prima di tutto, dobbiamo capire cos'è il Purusha, il Sé, e quali sono le sue qualità. Secondo la filosofia yoga, l'intera natura è costituita da tre qualità o forze: una chiamata Tamas, un'altra Rajas e la terza Sattva. Queste tre qualità si manifestano nel mondo fisico come oscurità o inattività, attrazione o repulsione ed equilibrio delle due. Tutto ciò che è in natura, tutte le manifestazioni, sono combinazioni e ricombinazioni di queste tre forze. La natura è stata divisa dal Sânkhya in varie categorie: il Sé dell'uomo va al di là di tutte, al di là della natura. E' fulgido, puro e perfetto. Qualsiasi intelligenza vediamo è nella natura, ma il riflesso di questo Sé è sopra la natura stessa. La natura stessa è priva di sensibilità. Dovete ricordare che il termine natura include anche la mente; la mente è nella natura, il pensiero è nella natura. Dal pensiero e giù fino alla forma più grossolana della materia, tutto è nella natura, la sua manifestazione. Tale natura ha coperto il Sé dell'uomo e allorché essa toglie la coltre, il sé appare nella Sua gloria. Il distacco, come descritto nell'aforisma 15 (per essere il controllo degli oggetti o della natura) è il maggior aiuto verso la manifestazione del Sé. Il prossimo aforisma definisce il Samadhi, perfetta concentrazione, che è l'obiettivo dello yogi.

वितर्कविचारानन्दास्मितानुगमात् सम्प्रज्ञातः ॥१७॥

17. *La concentrazione, chiamata giusta conoscenza, è quella che viene seguita dal ragionamento, dal discernimento dell'estasi e dall'egoismo incondizionato.*

Lo Samadhi è diviso in due varianti. Uno è chiamata Samprajnâta, l'altro Asamprajnâta. Nel Samprajnâta Samadhi arrivano tutti i poteri di controllo della natura. Sono di quattro tipi. Il primo viene chiamato il Savitarka, quando la mente medita su un oggetto ripetutamente, isolando la sua forma da altri oggetti. Ci sono due tipi di oggetti per la meditazione nelle venticinque categorie del Sankhyas, (1) le ventiquattro insensibili categorie della Natura e (2) l'unica senziente, il Purusha. Questa parte dello yoga si basa interamente sulla filosofia Sankhya, della quale vi ho già parlato. Come ricorderete, egoismo, volontà e mente hanno una base comune, il Chitta o il contenuto mentale, fuori dal quale sono tutti sono costruiti. Il contenuto della mente accoglie le forze della natura e le proietta sotto forma di pensiero. Ci dev'essere qualcosa ancora in cui sia la forza che la materia sono una cosa sola. Questo viene chiamato Avyakta, lo stato non manifesto della natura prima della creazione al quale, dopo la fine di un ciclo, l'intera natura ritorna, per uscire fuori nuovamente dopo un altro ciclo. Oltre a questo c'è il Purusha, l'essenza dell'intelligenza. La conoscenza è potere e quanto prima iniziamo a conoscere una cosa, tanto prima avremo potere su di essa. Quindi anche quando la mente inizia a meditare su vari elementi, guadagna potere su di essi. Questo tipo di meditazione, in cui i grandi elementi esterni sono gli oggetti, è detto Savitarka. Vitarka significa domanda; Savitarka, «con domanda», interrogare gli elementi, com'erano, in modo che possano fornire le loro verità ed i loro poteri all'uomo che medita su di essi. Non vi è alcuna liberazione nell'ottenere potere. E' una ricerca mondana dopo i piaceri, e non c'è alcun piacere in questa vita; qualsiasi ricerca del piacere è vana. Questa è la vecchia, antica lezione che l'uomo trova così difficile da imparare. Quando la impara, esce dall'universo e diventa libero. Il possesso di ciò che viene chiamato potere occulto è solo un esaltare il mondo e alla fine, intensificare la sofferenza. Anche se, in quanto scienziato, Patanjali è destinato a sottolineare le possibilità di questa scienza, non perde mai l'opportunità di metterci in guardia contro questi poteri.

Analogamente, nella stessa meditazione, viene definito Nirvitarka, cioè «senza domanda», quando uno combatte per estrarre gli elementi dal tempo e dallo spazio e pensare ad essi per quello che sono. Quando la meditazione fa un passo in più e prende i Tanmatra come suoi oggetti e pensa ad essi come se fossero nel tempo e nello spazio, ciò viene chiamato Savichâra, cioè «con discernimento». Quando invece, nella stessa meditazione, uno elimina il tempo e lo spazio e pensa agli elementi più sottili così come sono, ciò è chiamato Nirvichâra, cioè «senza discernimento». Il prossimo passo è quando gli elementi, sia piccoli che grandi, sono abbandonati e l'oggetto della meditazione è l'organo interiore, l'organo pensante. Quando l'organo pensante è concepito come privo delle qualità di attività e ottusità, viene chiamato Sânanda, il Samadhi beato. Quando la mente stessa è l'oggetto della meditazione, quando la meditazione diventa molto matura e concentrata, quando qualsiasi idea di materia fine o grossa viene abbandonata, quando solo l'Ego rimane nello stato del Sattva ma si differenzia da tutti gli altri oggetti, ciò viene chiamato Sâsmita Samadhi. L'uomo che ha conseguito questo, ha realizzato quello che nel Veda viene definito «privazione del corpo». Egli può pensarsi privo del suo grosso corpo ovvero dovrà pensarsi come in un corpo fine. Quelli che in questo stato, si fondono con la natura senza conseguire lo scopo, sono chiamati Prakritilayas, mentre coloro che non si fermano qui raggiungono persino l'obiettivo, che è la libertà.

विरामप्रत्यायाभ्यासपूर्वः संस्कारशेषोऽन्यः ॥१८॥

18. C'è un altro Samadi che viene conseguito attraverso la pratica costante della cessazione di qualsiasi attività mentale, nel quale il Chitta trattiene solo le impressioni non manifeste.

Questo è il perfetto «superconscio» Asamprajnata Samadhi, lo stato che ci da libertà. Il primo stato non ci da libertà, non libera l'anima. Un uomo può conseguire tutti i poteri eppure cadere ancora. Non c'è protezione finché l'anima non vada oltre la natura. E' molto difficile farlo anche se il metodo sembra facile. Il metodo è meditare sulla mente stessa, e tutte le volte che il pensiero arriva, stroncarlo, non permettendogli di raggiungere la mente, e in questo modo renderla un vuoto completo. Quando riusciamo veramente a farlo, in quello stesso momento dovremmo ottenere sollievo. Quando le persone senza allenamento e preparazione provano a svuotare le loro menti, è probabile che ci riescano solo coprendo loro stessi con il Tamas, la materia dell'ignoranza, che rende la mente spenta e stupida, e che li porta a pensare che stiano svuotando la mente. Essere veramente in grado di farlo, significa manifestare una grande forza e il controllo più elevato. Quando questo stato, Asamprajnata, supercosciente, viene raggiunto, il Samadhi diventa «senza semi». Che cosa si intende con questo? In una concentrazione dove c'è coscienza, dove la mente riesce solo ad increspare le onde nel Chitta e a tenerle a bada, le onde restano sotto forma di tendenze. Queste tendenze (o semi) a tempo debito diventano ancora onde. Ma quando avete distrutto tutte queste tendenze, distruggete pressoché la mente, quindi il Samadhi diventa senza semi. Non ci sono più semi nella mente per costruire nuovamente questo albero della vita, questo cerchio incessante della nascita e della morte.

Potreste chiedere, quale stato sarebbe quello in cui non c'è mente, non c'è conoscenza? Ciò che chiamiamo conoscenza è lo stato più basso di quello oltre la conoscenza. Dovete sempre tenere a mente che gli opposti si somigliano molto. Se una vibrazione molto bassa di aria è presa come oscurità e uno stato intermedio come luce, una vibrazione molto alta sarà ancora oscurità. Similmente, l'ignoranza è lo stato più basso, la conoscenza è quello intermedio e oltre la conoscenza c'è lo stato assoluto, i due estremi dei quale sembrano gli stessi. La conoscenza stessa è un qualcosa di costruito, una combinazione: non è realtà.

Qual'è il risultato della pratica continua di questa concentrazione superiore? Tutte le vecchie tendenze di irrequietezza e apatia saranno distrutte, così come anche le tendenze di integrità. Il caso è simile a quello dei prodotti chimici usati per togliere lo sporco e far apparire l'oro. Quando il minerale grezzo viene fuso, lo scarto viene bruciato insieme ai prodotti chimici. Perciò, questo costante potere controllato fermerà le tendenze malvagie precedenti ed eventualmente anche le buone. Quelle tendenze buone e cattive si sopprimeranno a vicenda, lasciando solo l'Anima nel suo splendore, svincolata dal buono o dal cattivo, l'onnipresente, onnipotente e onnisciente. Poi l'uomo saprà che non ha avuto né nascita né morte, né bisogno del paradiso o della terra. Saprà che egli non è né venuto né andato, era la natura che si muoveva e questo movimento si rifletteva sull'anima. La forma della luce riflessa dal bicchiere sopra il muro si muove ed il muro pensa stupidamente che si stia muovendo. Lo stesso vale con tutti noi. E' il Chitta che si muove costantemente prendendo varie forme, e noi crediamo di essere quelle varie forme. Tutte queste illusioni svaniranno. Quando questa Anima libera comanderà — non prega o supplica, comanda — allora qualunque cosa Essa desideri verrà immediatamente esaudita; qualsiasi cosa voglia potrà averla. Secondo la filosofia Sankhya, non c'è nessun Dio. Essa afferma che non ci può essere nessun Dio nell'universo perché se ce ne fosse uno, dovrebbe essere un'anima, e un'anima non può essere né legata né libera. Come può, l'anima legata o controllata dalla natura, creare? E' essa stessa una schiava. D'altra parte, perché l'Anima libera dovrebbe creare e manipolare tutte le altre cose? Non ha nessun desiderio quindi, non può avere nessuna necessità di creare. Secondariamente, dice che la teoria di Dio non è necessaria; la natura spiega tutto. Qual'è l'uso di qualsiasi Dio? Ma Kapila insegna che ci sono molte anime le quali, anche se raggiungono quasi la perfezione, cadono dopo poco perché non possono rinunciare completamente a tutti i poteri. Le loro menti per una volta, si fondono in natura per riemergere come suoi maestri. Così sono anche gli dei. Dovremo tutti diventare quasi degli dei e, secondo il Sankhyas, il Dio di cui si parlò nei Veda si riferiva veramente ad uno di questi spiriti liberi. Oltre a loro, non c'è un Creatore dell'universo eternamente libero e beato. Dall'altra parte gli yogi dicono:»Non è così, un Dio c'è. C'è un'anima separata da tutte le altre, e Lui è l'eterno Artista di tutte le creazioni, il sempre libero, il Maestro dei maestri». I maestri di yoga ammettono anche l'esistenza di quelli che il Sankhyas chiama «fusi con la natura». Sono yogi che sono caduti poco prima della perfezione e quindi, per un periodo, esclusi dal raggiungimento dell'obiettivo, rimangono come governanti di parti dell'universo.

भव-प्रत्ययो वदिह-प्रकृतिलियानाम् ॥१९॥

19. (Questo Samadhi quando non seguito da estremo distacco) diventa la causa del manifestarsi nuovamente degli dei e di quelli che diventano un tutt'uno con la natura.

Gli dei, nel sistema filosofico indiano, rappresentano certe alte cariche che vengono successivamente riempite da varie anime. Ma nessuna di loro è perfetta.

श्रद्धा-वीर्य-स्मृति-समाधि-प्रज्ञा-पूर्वक इतरेषाम् ॥२०॥

20. Ad altri (questo Samadhi) arriva attraverso la fede, l'energia, la memoria, la concentrazione e la discriminazione della realtà.

Questi sono coloro che non vogliono la posizione di dei o anche quella di sovrani dei cicli. Essi raggiungono la liberazione.

तीव्रसंवेगानामासन्नः ॥२१॥

21. Il successo è rapido per colui che è estremamente energico.

मृदुमध्याधिमात्रत्वात्ततोऽपि विशेषः ॥२२॥

22. Il successo degli yogi differisce a seconda che mezzi che adottano siano leggeri, medi o intensi.

CAPITOLO I : CONCENTRAZIONE : IL SUO USO SPIRITUALE

ईश्वरप्रणिधानाद्वा ॥२३॥
23. O attraverso la devozione verso Ishvara.

क्लेशकर्मविपाकाशयैरपरामृष्टः पुरुषविशेष ईश्वरः ॥२४॥
24. Ishvara (il Dominatore Supremo) è uno speciale Purusha, non toccato dai tormenti, dalle azioni, dai loro risultati e dai desideri.

Dobbiamo ricordare ancora una volta, che la filosofia del Pâtanjala Yoga si basa sulla filosofia del Sankhya. Solo in quest'ultima non c'è posto per Dio, mentre con gli yogi ha una collocazione. Gli yogi comunque, non accennano a molte idee riguardo Dio, ad esempio la creazione. Dio, come il Creatore dell'universo, non è contemplato dall'Ishvara dei maestri yoga. Secondo il Veda, Ishvara è il Creatore dell'universo; poiché è armonioso, deve essere la manifestazione di una volontà. I maestri yoga vogliono istituire un Dio ma arrivano ad Esso in un modo particolare, che è tutto loro. Dicono:

तत्र निरतिशयं सर्वज्ञत्वबीजम् ॥२५॥
25. In Lui, l'onniscenza che in altri è (solo) un germoglio, diviene infinita.

La mente deve sempre viaggiare tra due estremi. Potete pensare ad uno spazio limitato, ma questa idea immediata vi da anche spazio illimitato. Chiudete gli occhi e pensate ad uno spazio piccolo; nello stesso tempo nel quale percepite il piccolo cerchio, avete un cerchio attorno ad esso di dimensioni illimitate. E' la stessa cosa con il tempo. Provate a pensare ad un secondo : dovrete, con lo stesso gesto percettivo, pensare al tempo, che è illimitato. Così con la conoscenza. In un uomo, la conoscenza è solo un germoglio, ma dovrete pensare all'infinita conoscenza attorno a lui; quindi l'esatta costituzione della nostra mente ci mostra che ci sono conoscenze illimitate e i maestri di yoga chiamano tale illimitata conoscenza Dio.

स पूर्वेषामपि गुरुः कालेनानवच्छेदात् ॥२६॥
26. Egli è il Maestro persino degli antichi maestri, non essendo limitato dal tempo.

E' vero che tutta la conoscenza è dentro di noi, ma questa dev'essere suscitata da un'altra conoscenza. Sebbene la capacità di sapere sia dentro di noi, dev'essere richiamata, e questo richiamo può essere fatto solo, sostiene lo yogi, attraverso un'altra conoscenza. La morte, materia priva di sensibilità non sfida mai la conoscenza, è l'azione del sapere che porta alla luce il sapere stesso. Gli esseri senzienti devono essere con noi per richiamare ciò che è in noi, ecco perché questi maestri erano sempre necessari. Il mondo non era nulla senza di loro e senza di loro nessuna conoscenza può giungere. Dio è il Maestro di tutti i maestri poiché questi ultimi, per quando grandi possano essere stati,—dei o angeli—erano tutti legati e limitati dal tempo, mentre Dio non lo è. Ci sono due particolari deduzioni degli yogi. La prima è che nel considerare il limitato, la mente deve considerare l'illimitato; e che, se una parte di tale percezione è vera allora anche l'altra parte lo sarà, per il fatto che il loro valore è il medesimo in quanto percezioni della mente. Il fatto stesso che un uomo abbia poca conoscenza, mostra che Dio ha una conoscenza illimitata. Se devo prenderne una, perché non le altre? La ragione mi forza a prenderle o a scartarle entrambe. Se credo che ci sia un uomo con poca conoscenza, devo anche ammettere che c'è qualcuno dietro di lui con un sapere illimitato. La seconda deduzione è che nessuna conoscenza può arrivare senza un maestro. E' vero, come dicono i filosofi moderni, che c'è qualcosa nell'uomo che evolve fuori da lui. Tutta la conoscenza è nell'uomo ma alcune condizioni ambientali sono necessarie per evocarla. Non possiamo trovare nessuna conoscenza senza maestri. Se ci sono uomini, dei, o angeli o insegnanti, sono tutti limitati. Chi era il maestro prima di loro? Siamo costretti ad ammettere, in ultima analisi, un maestro che non è limitato dal tempo e che questo Unico Maestro con infinita conoscenza, senza inizio o fine, è chiamato Dio.

तस्य वाचकः प्रणवः ॥२७॥
27. La sua parola di rivelazione è Om.

Ogni idea che avete in mente, trova una corrispondenza equivalente in una parola; la parola e il pensiero sono inseparabili. La parte esterna di qualcosa e la cosa stessa, è ciò che chiamiamo parola, e la parte interna è ciò che chiamiamo pensiero. Nessun uomo può, attraverso l'analisi, separare il pensiero dalla parola. L'idea che il linguaggio fu creato dagli uomini—alcuni uomini seduti insieme per decidere riguardo alle parole—è stata dimostrata come sbagliata. Da quando è esistito l'uomo, sono esistite anche le parole e la lingua. Qual'è la connessione tra un'idea e una parola? Sebbene osserviamo come ci debba essere sempre una parola con un pensiero, non è necessario che lo stesso pensiero richieda la stessa parola. Il pensiero potrebbe essere lo stesso in venti paesi diversi, eppure la lingua è diversa. Dobbiamo avere una parola per esprimere ogni pensiero ma queste parole, non hanno necessariamente bisogno di avere gli stessi suoni. I suoni varieranno a seconda delle nazioni. Il nostro commentatore dice:« benché la relazione tra pensiero e parola sia perfettamente naturale, ciò non significa una rigida connessione tra un suono e un'idea». I suoni variano, eppure la relazione tra suoni e pensieri è la più naturale. Il collegamento tra pensieri e suoni è una buona cosa solo se c'è una reale connessione tra la cosa espressa ed il simbolo. Fino a qui, questo simbolo non entrerà mai nell'uso generale. Un simbolo è la manifestazione della cosa espressa: se questa ha già un'esistenza e se, attraverso l'esperienza, noi sappiamo che il simbolo ha espresso questa cosa molte volte, allora siamo sicuri che ci sia una vera relazione tra di esse. Anche se le cose non sono presenti, ce ne saranno migliaia che saranno conosciute per i loro simboli. Ci deve essere un collegamento naturale tra il simbolo e la cosa espressa. Poi, una volta che il simbolo verrà pronunciato, richiamerà la cosa espressa. Il commentatore dice che la parola manifesta di Dio è Om. Perché enfatizza questa parola? Ci sono centinaia di parole per Dio. Un pensiero è collegato a migliaia di parole. L'idea « Dio » è collegata a centinaia di parole e ciascuna è valida come simbolo di Dio. Molto bene. Ma ci deve essere una generalizzazione tra le parole di tutti i tempi, qualche substrato, qualche terreno comune a tutti questi simboli e ciò che è simbolo comune sarà il migliore, e li rappresenterà davvero tutti. Nel produrre un suono, usiamo la laringe ed il palato come cassa di risonanza. Esiste qualsiasi suono materiale del quale tutti gli altri suoni devono essere manifestazione, uno che sia il suono più naturale? Om (Aum) è questo suono, la base di tutti i suoni. La prima lettera, A, è il suono originario, la chiave, pronunciata senza toccare nessuna parte della lingua o del palato. M, rappresenta l'ultimo suono nella serie, essendo prodotto dalle labbra chiuse e la U, rotola dall'estrema radice fino alla fine della cassa di risonanza della bocca. Così, Om rappresenta l'intero fenomeno della produzione del suono. In quanto tale, dev'essere il simbolo naturale, la matrice di tutti i vari suoni. Denota l'intera gamma e possibilità di tutte le parole che possono essere costruite. Lasciando stare queste speculazioni, vediamo come intorno al termine Om, in India si concentrino tutte le diverse idee religiose. Tutte le varie idee religiose del Veda si sono raccolte intorno a questa parola: Om. Che cosa ha che fare questo con l'America e l'Inghilterra o con qualsiasi altro paese? Semplicemente questo: che la parola è stata mantenuta in ogni fase della crescita religiosa in India, ed è stata manipolata per designare tutte le varie idee riguardo Dio. Monisti, dualisti, mono—dualisti, separatisti ed anche atei accolgono questo Om. Om è diventato l'unico simbolo di aspirazione religiosa della grande maggioranza degli esseri umani. Prendete ad esempio, la parola inglese Dio. Ricopre solo una funzione limitata e se andate oltre, dovrete aggiungere aggettivi, farla diventare Personale o Impersonale o Dio Assoluto. Questo accade con le parole usate per identificare «Dio» in ogni altra lingua. Hanno un significato molto limitato. Comunque, questa parola, Om, ha attorno a sé vari significati. In quanto tale potrebbe essere accettata da tutti.

तज्जपस्तदर्थभावनम् ॥२८॥

28. La ripetizione di questa (Om) e la meditazione sul suo significato (è la via).

Perché ci potrebbero essere ripetizioni? Non abbiamo dimenticato la teoria del Samskaras, che la somma totale delle impressioni vive nella mente. Diventano sempre più latenti ma rimangono lì e non appena ricevono lo stimolo giusto, escono. La vibrazione molecolare non cessa mai. Quando questo universo è distrutto, tutte le vibrazioni intense spariscono. Il sole, la luna, le stelle e la terra collassano ma le vibrazioni rimangono negli atomi. Ogni atomo esegue la stessa funzione dei grandi mondi. Perciò quando le vibrazioni del Chitta diminuiscono, le sue vibrazioni molecolari continuano e nel momento in cui ricevono un impulso, escono nuovamente. Ora, possiamo comprendere il significato di ripetizione. E' il più grande stimolo che può essere dato alla spirituale Samskaras. «Un momento di compagnia con il sacro, permette ad una nave di attraversare questo oceano della vita». Tale è il potere dell'associazione. Quindi questa ripetizione dell'Om, pensando al suo significato, sta tenendo buona compagnia nella vostra mente. Studiate e poi meditate su quanto avete studiato. Così la luce arriverà a voi, il Sé si manifesterà.

Ma una persona deve pensare all'Om e anche al suo significato. Evitate le cattive compagnie, perché le cicatrici di vecchie ferite sono in voi e la cattiva compagnia è proprio ciò che serve per riaprirle. Allo stesso modo, abbiamo detto che la buona compagnia richiama le buone impressioni che sono in noi, ma che sono rimaste latenti. Non c'è nulla di più sacro al mondo che mantenere la buona compagnia, poiché le buone impressioni tenderanno ad emergere.

ततः प्रत्यक्चेतनाधिगमोऽप्यन्तरायाभावश्च ॥२९॥

29. Da ciò è acquisita (la conoscenza di) l'introspezione e la distruzione degli ostacoli.

La prima manifestazione della ripetizione e del pensiero dell'Om è che il potere introspettivo si manifesterà ancora di più, e tutti gli ostacoli mentali e fisici inizieranno a svanire. Quali sono gli ostacoli allo yogi?

CAPITOLO I: CONCENTRAZIONE: IL SUO USO SPIRITUALE

व्याधि-स्त्यान-संशय-प्रमादालस्याविरति-भ्रान्तिदर्शनालब्धभूमिकत्वानवस्थितत्वानि चित्तविक्षेपास्तेऽन्तरायाः ॥३०॥

30. Gli impedimenti di una mente distratta sono: malattia, pigrizia mentale, dubbio, perdita di entusiasmo, letargia, attaccamento al senso di piacere, falsa percezione, incapacità di conseguire la concentrazione, abbandonare lo stato una volta ottenuto.

Malattia. Il corpo è la barca che ci porta sull'altra sponda dell'oceano della vita. Bisogna averne cura. Le persone che non godono di buona salute non possono diventare yogi. La pigrizia mentale ci fa perdere qualsiasi vivo interesse al riguardo, senza il quale non ci sarebbero né la voglia né l'energia per praticare. Sorgeranno dubbi nella mente circa la verità della scienza, per quanto possa essere forte questa convinzione, finché non arrivano alcune particolari esperienze come sentire o vedere a distanza, ecc. Questi barlumi rafforzano la mente e fanno perseverare l'allievo. Abbandonarsi... una volta ottenuto lo stato. Alcuni giorni o settimane durante i quali praticate, la mente sarà calma e facilmente concentrata e vi vedrete avanzare velocemente. Improvvisamente, un giorno il progresso si fermerà e vi troverete, com'è già successo, bloccati. Perseverate. Tutti i progressi avanzano attraverso ascese e cadute.

दुःख-दौर्मनस्याङ्गमेजयत्व-श्वासप्रश्वासा विक्षेपसहभुवः ॥३१॥

31. Dolore, angoscia mentale, tremore del corpo, respiro irregolare, accompagnano la perdita di concentrazione.

La concentrazione porterà un perfetto riposo del corpo e della mente ogni volta che viene praticata. Quando la pratica è stata mal indirizzata o non abbastanza controllata, si presentano questi disturbi. La ripetizione dell'Om e l'auto abbandono al Signore rinforzerà la mente e porterà nuova energia. Gli scuotimenti nervosi arriveranno quasi a tutti. Non preoccupatevene affatto ma continuate a praticare. La pratica li curerà e renderà stabile la seduta (di yoga).

तत्प्रतिषेधार्थमेकतत्त्वाभ्यासः ॥३२॥

32. Per prevenirli, si mediti su un unico principio (dev'essere fatto).

Fare in modo che la mente, per qualche tempo, prenda la forma di un oggetto, distruggerebbe tali ostacoli. Questo è il consiglio generale. Negli aforismi che seguiranno, sarà argomentato e dettagliato. Poiché una pratica non può adattarsi a tutti, saranno sviluppati vari metodi, e ciascuno, partendo dall'esperienza attuale, troverà quello che gli sarà maggiormente di aiuto.

मैत्री-करुणामुदितोपेक्षाणां सुख-दुःखपुण्यापुण्य-विषयाणां भावनातश्चित्तप्रसादनम् ॥३३॥

33. Amicizia, compassione, gioia e indifferenza, essendo pensati in riferimento a soggetti rispettivamente felici, infelici, buoni e cattivi, pacifica il Chitta.

Dobbiamo avere questi quattro tipi di idee. Dobbiamo provare amicizia verso tutti ed essere compassionevoli nei confronti di coloro che sono nella miseria; quando le persone sono felici dobbiamo esserlo anche noi e verso i deboli, dobbiamo essere indifferenti. Quindi, con tutti i soggetti che si presentano dinanzi a noi. Se il soggetto è buono, dovremmo sentirci amichevoli verso di lui; se il soggetto del pensiero è miserevole, dobbiamo essere compassionevoli. Se ciò è buono, dobbiamo essere felici se invece è cattivo dobbiamo rimanere indifferenti. Queste attitudini della mente verso i vari soggetti che si presentano, pacificheranno la mente. La maggior parte delle difficoltà che incontriamo nella nostra vita quotidiana, derivano dall'incapacità di mantenere le nostre menti in questo ordine di idee. Ad esempio, se un uomo si dimostra malvagio nei nostri confronti, istantaneamente reagiamo con malvagità e ogni reazione di cattiveria, mostra che non siamo capaci di tenere a bada il Chitta. Fuoriesce, con onde che vanno contro l'oggetto e noi perdiamo il nostro potere. Ogni reazione sotto forma di disprezzo o cattiveria fa perdere moltissimo alla mente; ed ogni pensiero malvagio o azione spregevole o qualsiasi altro pensiero di reazione, se controllato, potrà essere deposto a vostro favore. Non stiamo perdendo trattenendoci in questo modo: stiamo guadagnando infinitamente più di quanto possiamo pensare. Ogni volta che sopprimiamo il disprezzo, o una sensazione di rabbia, c'è così tanta energia buona che viene conservata in nostro favore. Questa parte di energia sarà convertita nei poteri più elevati.

प्रच्छर्दन-विधिरणाभ्यां वा प्राणस्य ॥३४॥

34. Espirando e trattenendo il Respiro.

Il termine usato è Prâna. Prâna non è esattamente respiro. E' il nome per l'energia che è nell'universo. Tutto ciò che vediamo nell'universo, tutto ciò che si muove o lavora o ha vita, è la manifestazione del Prana. La somma totale dell'energia visibile nell'universo viene chiamata Prana. Prima che inizi un ciclo, questo Prana, rimane in uno stato di quasi immobilità; quando il ciclo inizia, il Prana comincia a manifestarsi. E' questo Prana che viene manifestato come movimento — come il moto nervoso nell'essere umano o animale. Lo stesso Prana è manifestato nel pensiero, e così via. L'intero universo è una combinazione di Prana e Âkâsha, perciò è il corpo umano. Fuori dell'Âkâsha trovate le varie materie che sentite e vedete e fuori dal Prana, tutte le varie forze. Ora questo espellere e trattenere il Prana è ciò che si chiama Pranayama. Patanjali, il padre della filosofia yoga, non da moltissime indicazioni riguardo al Pranayama ma successivamente, altri maestri yoga hanno scoperto varie cose al riguardo e ne hanno fatto una grande scienza. Con Patanjali si rappresenta uno dei tanti modi, ma non ripone molta enfasi su di esso. Intende dire che voi, semplicemente, espirate l'aria, la inspirate e la trattenete per qualche tempo; questo è tutto e con ciò, la mente diventa un po più calma. Ma in seguito, vi accorgerete che fuori da tutto questo si è evoluta una scienza particolare, chiamata Pranayama. Dovremo sentire qualcosa di quello che questi recenti maestri yoga hanno da dire.

Qualcosa di cui vi ho parlato in precedenza, ma una piccola ripetizione servirà a fissarvela in mente. Primo, dovete ricordare che questo Prana non è il respiro; ma ciò che causa il movimento del respiro, ciò che è la vitalità del respiro, è il Prana. Ancora, la parola Prana è usata per tutti i sensi: tutti sono chiamati Prana, la mente è chiamata Prana. Quindi vediamo come questo Prana sia forza. Eppure non possiamo chiamarla forza, perché forza è solo la sua manifestazione. E' ciò che manifesta sé stesso come forza e tutto ciò nella via del movimento. Il Chitta, il contenuto della mente, è il motore che si trascina nel Prana dall'ambiente e che produce, fuori da esso, varie forze vitali — quelle che mantengono il corpo protetto — e il pensiero, la volontà e altri poteri. Tramite i suddetti processi respiratori, possiamo controllare tutti i diversi movimenti corporei e le varie correnti nervose che attraversano il corpo. Per prima cosa, iniziamo a riconoscerli e successivamente prenderemo pian piano il controllo su di essi.

Ora, questi moderni yogi considerano che ci sono nel corpo umano, tre correnti principali del Prana. Una la chiamano Idâ, un'altra Pingalâ e la terza Sushumnâ. Secondo la loro opinione, Pingala si trova nel lato destro della colonna vertebrale e l'Ida in quello sinistro; al centro della colonna c'è il Sushumna, un canale vuoto. Secondo loro, Ida e Pingala sono le correnti che lavorano in ogni uomo e attraverso di esse, noi espletiamo tutte le nostre funzioni vitali. Sushumna è presente in tutti come possibilità, ma lavora solo nei maestri di yoga. Dovete ricordare che lo yoga cambia il corpo. Se continuate a praticarlo il vostro corpo cambia; non è lo stesso corpo che avevate prima di praticare. Ciò è molto razionale e può essere spiegato, perché ogni nuovo pensiero che abbiamo dovuto fare era, per così dire, un nuovo canale attraverso il cervello, e ciò spiega il tremendo conservatorismo della natura umana. La natura umana ama procedere attraverso la routine, perché è semplice. Se pensiamo, solo per il gusto di fare un esempio, che la mente è come un ago e la sostanza celebrale è un morbido grumo inanzi ad essa, allora ogni pensiero che abbiamo crea, per così dire, una strada nel cervello, e questa strada vorrebbe chiudersi se non fosse per la materia grigia, che arriva e ne fa una fodera per tenerlo separato. Se non ci fosse materia grigia, non ci sarebbe memoria, perché memoria significa passare sopra queste vecchie strade, ripercorrendo per così dire, un pensiero. Ora, forse avete notato che quando si parla di qualcosa di cui si hanno alcune idee che sono familiari a tutti, e si combinano e ricombinano, il discorso è facile da seguire, perché questi canali sono presenti nel cervello di tutti, ed è solo necessario farvi riferimento. Ma ogni volta che arriva un nuovo argomento, devono essere costruiti nuovi canali e questo non è immediatamente comprensibile. E' il motivo per il quale il cervello (è il cervello non le persone stesse) rifiuta inconsciamente di agire attraverso nuove idee. Esso resiste. Il Prana sta provando a creare nuovi canali ed il cervello non lo permette. Questo è il segreto del conservatorismo. Meno canali saranno stati scavati nel cervello, meno aghi del Prana avranno fatto questi passaggi, più conservatore sarà il cervello, e più combatterà contro nuovi pensieri. Più l'uomo sarà riflessivo, più complicate saranno le strade nel suo cervello e più facilmente accederà a nuove idee e le capirà. Quindi con ogni nuova idea, noi facciamo una nuova impressione al cervello, scaviamo nuovi canali attraverso il contenuto della mente e questo è il motivo per il quale troviamo che ci sia nella pratica dello yoga (il suo essere una intera nuova gamma di pensieri e ragioni), molta resistenza fisica. Ecco perché, la parte di religione che si occupa del lato naturale del mondo è così ampiamente accettata mentre l'altra parte, la filosofia o la psicologia—che cancella la natura intrinseca dell'uomo—viene così frequentemente trascurata.

Dobbiamo ricordare la definizione di questo nostro mondo. E' solo l'Infinita Esistenza proiettata a livello di coscienza. Una piccola parte dell'Infinito è proiettata nel conscio ed è quella che chiamiamo il nostro mondo. Poi, oltre c'è un Infinito. E la religione deve accordarsi con entrambi, con il piccolo mucchio che chiamiamo mondo e con l'Infinito oltre la comprensione. Qualsiasi religione che si occuperà di uno solo di questi due, sarà imperfetta. E' necessario occuparsi di entrambi. L'aspetto della religione che si occupa della parte dell'Infinito che è arrivato sul piano della coscienza, prenderà sé stesso, per così dire, a livello di coscienza, nella gabbia del tempo, dello spazio e della casualità; per noi è abbastanza familiare in quanto lo siamo già, e le idee riguardo questo mondo ci accompagnano da tempi immemorabili. L'aspetto della religione che si occupa dell'infinito che va oltre la comprensione, è un concetto interamente nuovo per noi e ottenere idee su di esso, crea nuovi canali nel cervello, disturbando l'intero sistema; questo è il motivo per il quale nella pratica yoga, trovate che le persone normali, in un primo momento, escono dalla loro routine. Al fine di ridurre il più possibile questi disturbi, tutti questi metodi sono concepiti dal Patanjali, in modo che possiamo praticarne uno qualsiasi, il più adeguato a noi.

वषियवती वा प्रवृत्तरिुत्पन्ना मनसः स्थतिनिबन्धनी ॥३५॥

35. Quelle forme di concentrazione che portano straordinarie percezioni dei sensi provocano perseveranza della mente.

Ciò avviene naturalmente con Dhâranâ, concentrazione; gli yogi dicono: se la mente si concentra sulla punta del naso, si cominciano a sentire, dopo pochi giorni, fantastici profumi. Se ci si concentra alla radice della lingua, si inizieranno a sentire suoni; sulla punta della lingua invece, si assaporeranno magnifici gusti. Se in mezzo alla lingua, ci si sentirà come se fossimo entrati in contatto con qualcosa. Se si dirige la propria attenzione al palato, si cominceranno a vedere cose particolari. Se l'uomo la cui mente è disturbata, vuole accogliere alcune di queste pratiche yoga, pur dubitando della loro verità, potrà placare i suoi dubbi placati quando, dopo un po di pratica, queste cose gli arriveranno e lui persevererà.

वशोिका वा ज्योतष्मिती ॥३६॥

36. Oppure (attraverso la meditazione su) la Fulgida Luce, che sta oltre tutte le pene.

Questo è un altro tipo di concentrazione. Pensate al loto del cuore, con i petali verso il basso che corrono attraverso di esso, il Sushumna. Inspirate e, mentre espirate, immaginate che il loto stia rivolgendo i petali verso l'alto e dentro di esso ci sia una fulgida luce. Meditate su questo.

वीतरागवषियं वा चत्तिम् ॥३७॥

37. Oppure (attraverso la meditazione su) il cuore che ha rinunciato a qualsiasi attaccamento al senso — oggetto.

Prendete un santo, una qualche grande persona che riverite, qualche santo che sapete essere perfettamente distaccato e pensate al suo cuore. Il cuore è divenuto imperturbabile, meditate su di esso; calmerà la mente. Se non potete farlo, questa è la prossima via:

स्वप्ननिद्राज्ञानालम्बनं वा ॥३८॥

38. *Oppure, meditando sulla conoscenza che arriva durante il sonno.*

Talvolta un uomo sogna di aver visto gli angeli venirgli incontro e parlargli, perciò si trova in una condizione estatica poiché ha ascoltato musica fluttuare attraverso l'aria. In quel sogno, si trova in una condizione di beatitudine e quando si sveglia, ciò gli fa una profonda impressione. Pensate a questo sogno come alla realtà e meditate su di esso. Se non potete farlo, meditate su qualsiasi cosa sacra vi piaccia.

यथाभिमतध्यानाद्वा ॥३९॥

39. *O attraverso la meditazione su tutto ciò che richiama qualcosa come il bene.*

Questo non significa qualsiasi soggetto fantasioso, ma qualsiasi cosa buona che vi piace, qualsiasi posto amiate di più, qualsiasi scenario, qualsiasi idea amiate di più, qualsiasi cosa che concentrerà la mente.

परमाणु परममहत्त्वान्तोऽस्य वशीकारः ॥४०॥

40. *La mente degli yogi così meditativa, diventa libera dall'atomo all'infinito.*

La mente, attraverso questa pratica, contempla facilmente le cose più piccole, così come quelle più grandi. Così le onde della mente diventano vaghe.

क्षीणवृत्तेरभिजातस्येव मणेर्ग्रहीतृ-ग्रहण-ग्राह्येषु
तत्स्थ-तदञ्जनता समापत्तिः ॥४१॥

41. *Gi yogi il cui Vritti è diventato così impotente (controllato) ottengono nel ricevente (lo strumento di) ricezione, e il ricevuto (il Sé, la mente e gli oggetti esterni), concentrazione, arida monotonia come il cristallo (di fronte a vari oggetti colorati).*

Che cosa risulta da questa costante meditazione? Dobbiamo ricordare come in un aforisma precedente, Patanjali procedeva in vari stati meditativi, dei quali il primo sarebbe stato quello grezzo, il secondo quello affinato e da questi, l'avanzamento significava continuare a raffinare gli oggetti. Il risultato di queste meditazioni è che noi possiamo meditare facilmente sia sugli oggetti raffinati che su quelli grezzi. Qui i maestri yoga vedono tre cose, il ricevente, il ricevuto e lo strumento di ricezione corrispondente all'Anima, a oggetti esterni e alla mente. Ci sono tre oggetti di meditazione che ci vengono dati. Il primo, le cose grezze, come i corpi o gli oggetti materiali; il secondo, le cose raffinate come la mente, il Chitta; e terzo, il Purusha qualificato, non il Purusha fine a sé stesso, ma l'Egoismo. In pratica, il maestro yoga ottiene la conferma in tutte queste meditazioni. Ogni volta che medita, può lasciare fuori tutti gli altri pensieri; egli si identifica con quello sul quale sta meditando. Quando medita è come un pezzo di cristallo. Prima dei fiori, il cristallo si identifica con i fiori. Se il fiore è rosso, il cristallo sembrerà rosso, se il fiore è blu, il cristallo sembrerà blu.

तत्र शब्दार्थज्ञानविकल्पैः सङ्कीर्णा सवितर्का समापत्तिः ॥४२॥

42. Suono, significato e conoscenza derivata, se mescolati, sono (chiamati) Samadhi «con domanda».

Il suono qui significa vibrazione, significa il nervo corrente che lo conduce; e conoscenza, reazione. Il Patanjali chiama Savitarka (meditazione con domanda), tutti i vari tipi di meditazione che abbiamo avuto finora. Successivamente egli ci darà un Dhyânas sempre più alto. In queste che vengono chiamate «con domanda», prendiamo la dualità del soggetto e dell'oggetto, che sono il risultato della mescolanza di mondo, significato e conoscenza. Questa è la prima eterna vibrazione, la parola che, trasportata verso l'interno dalle correnti dei sensi, è il significato. Dopo questo arriva un'onda reazionaria nel Chitta, che è la conoscenza, ma la mescolanza di queste tre inventa ciò che noi chiamiamo conoscenza. In tutte le meditazioni fino a qui, abbiamo questa mescolanza in quanto oggetti di meditazione. Il prossimo Samadhi è avanzato.

स्मृतिपरिशुद्धौ स्वरूपशून्येवार्थमात्रनिर्भासा निर्वितर्का ॥४३॥

43. Il Samadhi chiamato «senza domanda» (giunge) quando la memoria è purificata, o svuotata dalle qualità, che esprime solo il significato (dell'oggetto meditato).

E' praticando la meditazione di queste tre che arriviamo allo stato nel quale le stesse non si mescolano. Possiamo sbarazzarci di loro. Dovremo per prima cosa capire che cosa sono. Qui c'è il Chitta; dovrete sempre ricordare la similitudine tra il contenuto della mente e il lago, e la vibrazione, la parola, il suono, come una pulsazione che arriva sopra di esse. Avete dentro di voi questo lago calmo, ed io pronuncio una parola, «mucca». Nel momento in cui attraversa le vostre orecchie, c'è insieme ad essa, un'onda prodotta nel vostro Chitta. Perciò essa rappresenta l'idea della mucca, la forma o il significato che richiamiamo. La mucca visibile come la conoscete è veramente l'onda nel contenuto mentale che arriva come reazione alle vibrazioni interne ed esterne. Con il suono, l'onda svanisce; non può mai esistere senza una parola. Potreste chiedere com'è, quando pensiamo solo alla mucca e non udiamo il suono. Questo suono lo fate voi. State dicendo «mucca» debolmente, nella vostra mente, e con questa arriva un'onda. Non ci può essere nessuna onda senza questo impulso sonoro; e quando non viene dall'esterno, è dall'interno e quando il suono svanisce, l'onda svanisce. Cosa rimane? Il risultato della reazione che è la conoscenza. Queste tre sono così strettamente legate nella nostra mente che non le possiamo separare. Quando arriva il suono, i sensi vibrano e le onde, per reazione, si alzano; esse si susseguono molto da vicino, una sopra l'altra senza possibilità di staccarle. Quando questo tipo di meditazione viene praticata per molto tempo, la memoria, il ricettacolo di tutte le impressioni, si purifica e noi siamo capaci di distinguere chiaramente queste onde da altre. Ciò viene chiamato Nirvitarka, concentrazione senza domanda.

एतयैव सवचारा नर्विचारा च सूक्ष्मवषिया व्याख्याता ॥४४॥

44. Attraverso questo processo (la concentrazione) con discriminazione e senza discriminazione, i cui oggetti sono raffinati, sono (anche) spiegati.

Un processo simile al precedente è applicato ancora. Soltanto che gli oggetti che devono essere discussi nelle prime meditazioni sono grezzi mentre in questa sono raffinati.

सूक्ष्मवषियत्वञ्चालङ्डिग-पर्यवसानम् ॥४५॥

45. Gli oggetti raffinati finiscono con il Pradhâna.

Gli oggetti grezzi sono solo gli elementi e tutto ciò che è costruito, sta al di fuori di essi. Gli oggetti raffinati iniziano con il Tanmatras o particelle fini. Gli organi, la mente (la mente, o il comune apparato sensorio, l'aggregato di tutti i sensi), l'egoismo, il contenuto della mente (la causa di tutte le manifestazioni), lo stato di equilibrio del Sattva, il Rajas e i materiali Tamas — chiamati Pradhâna (capo), Prakriti (natura) o Avyakta (non manifesto) — sono tutti inclusi all'interno della categoria degli oggetti raffinati; eccetto il solo Purusha (l'Anima).

CAPITOLO I: CONCENTRAZIONE: IL SUO USO SPIRITUALE

ता एव सबीजः समाधिः ॥४६॥

46. Queste concentrazioni sono «con semi».

Ciò non distrugge i semi delle passate azioni e così non può dare liberazione, ma quello che prendono dagli yogi è dichiarato nel seguente aforisma.

निर्विचार-वैशारद्येऽध्यात्मप्रसादः ॥४७॥

47. La concentrazione «senza discriminazione» essendo purificata, fissa saldamente il Chitta.

ऋतम्भरा तत्र प्रज्ञा ॥४८॥

48. La conoscenza in ciò è detta «riempita con la Verità»

Il prossimo aforisma lo spiegherà.

श्रुतानुमानप्रज्ञाभ्यामन्यविषया विशेषार्थत्वात् ॥४९॥

49. La conoscenza ottenuta dalla testimonianza e dall'inferenza riguarda gli oggetti comuni. Ciò dal Samadhi appena menzionato è di un ordine molto superiore, essendo capace di penetrare laddove le inferenze e le testimonianze non possono andare.

L'idea è quella che noi dobbiamo ottenere la nostra conoscenza degli oggetti ordinari tramite la percezione diretta, attraverso la conseguente inferenza e dalla testimonianza delle persone che sono competenti. Per «persone competenti», i maestri di yoga intendono i Rishi o i Veggenti dei pensieri registrati nelle scritture — i Veda. Secondo questi, l'unica prova delle scritture è che essi furono riconosciuti come persone competenti eppure, dicono, le scritture non ci possono portare alla realizzazione. Possiamo leggere tutto il Veda, però non realizzeremo nulla; ma quando pratichiamo i loro insegnamenti, allora raggiungiamo questo stato che realizza ciò che dicono le scritture, che penetra dove né la ragione, né la percezione, né l'inferenza possono andare e dove la testimonianza degli altri non può essere avvalorata. Questo è il significato di questo aforisma.

La realizzazione è vera religione, tutto il resto è solo preparazione — ascoltare le letture o leggere libri, o ragionare — significa soltanto preparare il terreno. Non è religione. L'assenso e il dissenso intellettuale non sono religione. L'idea centrale dei maestri yoga è che nello stesso modo in cui siamo venuti a contatto con gli oggetti dei sensi, così anche la religione può essere direttamente percepita attraverso un senso molto più intenso. Le verità della religione, come Dio e l'Anima, non possono essere percepite dai sensi esterni. Non posso vedere Dio con i miei occhi così come non lo posso toccare con le mie mani; noi sappiamo anche che nulla può oltre i sensi. La ragione ci lascia in un punto abbastanza indeciso; potremmo ragionarci per tutta la vita, così come il mondo è stato creato per migliaia di anni, e il risultato è che ci ritroviamo incompetenti nel provare e riprovare i fatti della religione. Ciò che percepiamo direttamente lo prendiamo come base e da questa, ragioniamo. Quindi è ovvio che questo ragionamento deve correre entro questi legami di percezione. Non può mai passare oltre. L'intero scopo della realizzazione, comunque, è oltre la percezione dei sensi. I maestri yoga dicono, che l'uomo può andare oltre il suo diretto senso della percezione e anche oltre la sua ragione. L'uomo ha in sé la facoltà, il potere, di trascendere perfino il suo intelletto, un potere che è in ogni essere, in ogni creatura. Con la pratica dello yoga questo potere cresce e poi l'uomo trascende i limiti ordinari della ragione, e percepisce direttamente le cose che stanno oltre ad essa.

तज्जः संस्कारोऽन्यसंस्कारप्रतिबन्धी ॥५०॥
50. L'impressione risultante da questo Samadhi ostruisce tutte le altre impressioni.

Abbiamo visto nei precedenti aforismi che la sola via per raggiungere questa super coscienza è la concentrazione e abbiamo visto anche, che ciò che ostacola la mente dalla concentrazione sono i Samskaras passati, le impressioni. Ciascuno di voi ha potuto osservare come, quando sta cercando di concentrarsi, i suoi pensieri vaghino. Quando state provando a pensare a Dio, questllo è proprio il momento in cui appaiono questi Samskara. In altri momenti non sono così attivi; ma quando non li volete, si assicurano di essere presenti, facendo del loro meglio per affollarsi nella vostra mente. Perché dovrebbe essere così? Perché essi dovrebbero essere molto più potenti al momento della concentrazione? E' perché li state reprimendo e loro reagiscono con tutte le loro forze. In altri momenti non reagiscono. Per quanto innumerevoli possano essere le impressioni del passato, tutte alloggiano da qualche parte nel Chitta, pronte, aspettando come tigri, di saltare fuori. Devono essere soppresse poiché la sola idea che vogliamo far sorgere, esclude tutte le altre. Invece stanno contemporaneamente combattendo per uscire. Questi sono i vari poteri che possiede il Samskaras per intralciare la concentrazione della mente. Perciò questo Samadhi che è stato appena dato, è il migliore da praticare, proprio per il suo potere di sopprimere il Samskara. Il Samskara che sorgerà da questo tipo di concentrazione sarà così potente che

CAPITOLO I : CONCENTRAZIONE : IL SUO USO SPIRITUALE

intralcerà l'azione degli altri, e li terrà in scacco.

तस्यापि निरोधे सर्वनिरोधान्निर्बीजः समाधिः ॥५१॥

51. Anche dal controllo di questo (impressione, che ostruisce tutte le altre impressioni), tutto sarà controllato, arriverà il Samadhi « senza seme ».

Ricordate che il nostro obiettivo è perseguire l'Anima stessa. Non possiamo perseguire l'Anima, perché essa si è mescolata con la natura, con la mente e con il corpo. L'uomo ignorante pensa che il suo corpo sia l'Anima. L'uomo istruito pensa che la sua mente sia l'Anima. Ma entrambi stanno sbagliando. Cosa fa in modo che l'Anima di mescoli con tutto questo? Varie onde nel Chitta si alzano e la coprono; noi vediamo solo un piccolo riflesso di essa attraverso queste onde. Quindi, se l'onda è un'onda di rabbia, vediamo l'Anima arrabbiata; « Sono arrabbiato » si dice. Se è un'onda d'amore, vedremo noi stessi riflessi in quest'onda e diciamo che stiamo amando. Se quest'onda è un'onda di debolezza e l'Anima vi si riflette, pensiamo di essere deboli. Queste varie idee scaturiscono da queste impressioni, questi Samskara che coprono l'Anima. La vera natura dell'Anima non è percepita come se fosse una singola onda nel lago del Chitta. Questa vera natura non sarà mai percepita finché tutte le onde non si saranno calmate. Quindi per prima cosa, Patanjali ci insegna il significato di queste onde; secondo, la miglior via per reprimerle e terzo, come fare in modo che un'onda sia così forte da sopprimere tutte le altre come dire, fuoco mangia fuoco. Quando ne rimane solo una, sarà anche più facile sopprimerla e quando se ne sarà andata, questo Samadhi o concentrazione viene chiamato senza semi. Non lascia nulla e l'Anima è manifestata così com'è, nella sua gloria. Solo allora sapremo che l'Anima non è un composto : è la sola, semplice ed eterna nell'universo e per questo, non può nascere e non può morire; è immortale, indistruttibile, l'essenza vivente dell'intelligenza.

Capitolo II
Concentrazione: la Sua Pratica

तपः-स्वाध्यायेश्वरप्रणिधानानि क्रियायोगः ॥१॥
1. Mortificazione, studio e affidamento dei frutti del lavoro a Dio, sono chiamati Kriyâ-yoga.

Quei Samâdhi con i quali abbiamo chiuso il nostro ultimo capitolo, sono molto difficili da conseguire; pertanto li dobbiamo accogliere gradualmente. Il primo passo, il passo preliminare, è chiamato Kriya—yoga. Letteralmente significa «lavoro», lavorare per lo Yoga. Gli organi sono i cavalli, la mente è la briglia, l'intelletto è il cocchiere, l'anima è il cavaliere e il corpo è la carrozza. Il padrone di casa, il Re, il Sé dell'uomo, è seduto in questa carrozza. Se i cavalli sono molto forti e non obbediscono alla briglia, se il cocchiere—l'intelletto—non sa come controllarli, allora la carrozza si danneggerà. Ma se gli organi—i cavalli—sono ben controllati e se la briglia—la mente—è tenuta saldamente nelle mani del cocchiere—l'intelletto—la carrozza raggiungerà l'obiettivo. Cosa si intende pertanto, con questa «mortificazione»? Impugnare saldamente la briglia mentre si guidano il corpo e gli organi, non lasciandoli fare ciò che vogliono ma tenendoli entrambi sotto un adeguato controllo. Studiare. In questo caso, cosa si intende per studiare? Non studiare racconti o libri di storia ma, studiare quelle opere che insegnano la liberazione dell'Anima. E ancora, questo studiare non significa in nessun caso studiare materie controverse. Si suppone che lo Yogin abbia concluso il suo periodo di disputa. Ne ha avuto abbastanza di questo e si ritiene soddisfatto. Studia soltanto per intensificare le proprie convinzioni. Vâda e Siddhânta—questi sono i due tipi di conoscenza delle scritture—Vada (il polemico) e Siddhanta (il risoluto). Quando un uomo è completamente ignorante, accetta il primo di questi: il polemico combatte e ragiona sui pro e sui contro e quando ha finito, accoglie il Siddhanta, il risoluto, arrivando ad una conclusione. Non basta arrivare a questa conclusione, è necessario intensificarla. I libri sono innumerevoli e il tempo è breve; perciò il segreto della conoscenza è di cogliere ciò che è essenziale. Prendete questo e cercate di esserne all'altezza. Una vecchia leggenda indiana racconta che se mettete di fronte a Râja-Hamsa (cigno) una tazza di latte e acqua, egli prenderà tutto il latte e lascerà l'acqua. In quel modo, noi dovremmo prendere ciò che conta nella conoscenza e lasciare gli scarti. Per prima cosa è necessaria la ginnastica intellettuale. Non dobbiamo buttarci alla cieca dentro qualsiasi cosa. Lo Yogin ha passato lo stato polemico ed è arrivato ad una conclusione che, come le rocce, è irremovibile. L'unica cosa che ora cerca di fare, è intensificare questa conclusione. Non discutere, dice; se qualcuno vi impone una discussione, state in silenzio. Non rispondete a nessuna discussione ma andatevene con calma, poiché le dispute hanno il solo scopo di disturbare la mente. L'unica cosa necessaria è esercitare l'intelletto, qual'è l'utilità di allarmarlo per niente? L'intelletto non è che un debole strumento e può fornirci solo conoscenza limitata attraverso i sensi. Lo Yogin vuole andare oltre i sensi, per questo l'intelletto non gli è di nessuna utilità. E' sicuro di ciò e di conseguenza, è silenzioso e non discute. Ogni discussione sbilancia la sua mente, crea confusione nel Chitta e un disordine è un inconveniente. Le discussioni e la ricerca del motivo, sono solo incidentali. Oltre a loro, ci sono cose molto più elevate. L'intera vita, non è fatta per i bisticci tra studenti e le società di discussione. « Affidare i frutti del lavoro a Dio » significa non prendere per se stessi né i meriti né le colpe, ma renderle entrambe al Signore ed essere in pace.

समाधि-भावनार्थः क्लेश-तनूकरणार्थश्च ॥२॥

2. (E' per) l'esercizio del Samadhi e per minimizzare gli ostacoli che portano sofferenza.

Molti di noi trattano le proprie menti come bambini viziati, permettendogli di fare qualsiasi cosa vogliano. Di conseguenza, è necessario che il Kriya—yoga debba essere costantemente praticato in modo da guadagnare il controllo della mente e soggiogarla. Gli ostacoli allo Yoga, emergono dalla mancanza di controllo e ci causano dolore. Possono essere rimossi solo negando la mente e tenendola a bada attraverso i mezzi del Kriya—yoga.

अवदियास्मिता-राग-द्वेषाभिनिविशाः क्लेशाः ॥३॥

3. Gli ostacoli che portano sofferenza sono: ignoranza, egoismo, dipendenza, avversione e tenace attaccamento la vita.

Questi sono i cinque dolori, il quintuplo legame che ci lega alle cose terrene delle quali l'ignoranza ne è la causa e le altre quattro ne sono l'effetto. E' la sola cagione della nostra infelicità. Cos'altro può renderci infelici? La natura dell'Anima è l'eterna beatitudine. Cosa può renderla triste a parte l'ignoranza, l'allucinazione, l'illusione? Tutto il dolore dell'Anima è semplicemente illusione.

अविद्याक्षेत्रमुत्तरेषां प्रसुप्त-तनु-विच्छिन्नोदाराणाम् ॥४॥
4. L'ignoranza è il campo produttivo di tutti questi che seguono, sia che siano inattivi, ridotti, sopraffatti o ampliati.

L'ignoranza è la causa di: egoismo, dipendenza, avversione e lotta per la vita. Queste impressioni esistono in vari stati. Talvolta sono latenti. Spesso sentite l'espressione:»innocente come un bambino» eppure nel bambino ci possono essere le potenzialità di un demone o di un dio, che gradualmente appariranno. Nello Yogin queste impressioni, i Samskâra lasciati dalle azioni passate, sono attenuate, il che significa che esistono in uno stato molto sottile e che le può controllare, non permettendo loro di manifestarsi. «Sopraffatte», significa che talvolta una serie di impressioni viene repressa per un po di tempo da altre che sono più forti, ma esse riemergono quando questa causa repressiva viene rimossa. L'ultimo stato è quello «ampliato», quando i Samskara trovandosi in un ambiente favorevole, raggiungono una grande attività, sia buona che cattiva.

अनित्याशुचि-दुःखानात्मसु नित्य-शुचि-सुखात्मख्यातिरविद्या ॥५॥
5. L'ignoranza confonde il non—eterno, l'impuro, il doloroso e il non Sé, (rispettivamente) con l'eterno, il puro, il felice e l'Âtman o Sé.

Tutti i vari tipi di impressione hanno una sola sorgente: l'ignoranza. Prima di tutto dobbiamo imparare cos'è l'ignoranza. Tutti noi pensiamo:»Io sono il corpo e non il Sé, il puro, il fulgido, il sempre beato» e questa è ignoranza. Noi pensiamo all'uomo e vediamo l'uomo come corpo. Questa è la grande illusione.

दृग्दर्शनशक्त्योरेकात्मतेवास्मिता ॥६॥
6. L'egoismo è l'identificazione di colui che vede con gli strumenti della vista.

L'osservatore è realmente il Sé, quello puro, il sempre santo, l'infinito, l'immortale. Questo è il Sé dell'uomo. E quali sono gli strumenti? Il Chitta o contenuto della mente, il Buddhi o facoltà determinativa, il Manas o mente e l'Indriyas o organi sensoriali. Questi sono gli strumenti che ha per vedere il mondo esterno e, l'identificazione del Sé con gli strumenti, è ciò che viene chiamato ignoranza dell'egoismo. Noi diciamo:»Io sono la mente», «Io sono pensiero», «Io sono arrabbiato» oppure: »Io sono felice». Come possiamo essere arrabbiati e come possiamo odiare? Dovremmo identificare noi stessi con il Sé che non può cambiare. Se è immutabile, come può essere un momento felice e un attimo dopo infelice? Egli è amorfo, infinito, onnipresente. Cosa può cambiarlo? E' oltre tutte le leggi. Cosa può colpirlo? Nulla nell'universo può produrre un effetto su di esso. Ma per ignoranza, identifichiamo noi stessi con il contenuto della mente, pensando di sentire piacere o dolore.

सुखानुशयी रागः ॥७॥
7. La dipendenza è ciò che dimora nel piacere.

Noi troviamo il piacere in alcune cose e la mente, come una corrente, fluisce verso di loro; e questo seguire — per così dire — il centro del piacere, viene chiamata dipendenza. Noi non proviamo mai attaccamento per le cose che non ci procurano piacere. Talvolta, riscontriamo il piacere in cose molto bizzarre ma il principio rimane lo stesso: ovunque troviamo piacere, qui ci appigliamo.

दुःखानुशयी द्वेषः ॥८॥
8. L'avversione è ciò che dimora nel dolore.

Cerchiamo immediatamente di fuggire da ciò che ci causa dolore.

स्वरसवाही विदुषोऽपि तथारूढोऽभिनिवेशः ॥९॥
9. Scorrendo attraverso la propria natura e dimostrato anche negli eruditi, è il tenace attaccamento alla vita.

Il tenace attaccamento alla vita lo vedete manifestato in ogni animale. Su di esso sono stati fatti molti tentativi per costruire la teoria di una vita futura, poiché gli uomini sono così innamorati della vita che ne desiderano anche una futura. E' naturalmente inutile affermare che questo argomento è privo di grande valore, ma la parte più curiosa è che, nei paesi occidentali, l'idea che questo tenace attaccamento indichi una possibilità di vita futura, si applica solo agli uomini ma non include gli animali. In India, questo tenace attaccamento alla vita è stato uno degli argomenti per dimostrare l'esperienza e l'esistenza passata. Ad esempio, se fosse vero che tutta la nostra conoscenza è derivata dall'esperienza, allora sarebbe assodato che non possiamo immaginare o comprendere ciò che non abbiamo sperimentato. Non appena i polli schiudono le uova, iniziano a mangiare. E' stato visto molte volte, laddove le anatre sono state covate da galline che, non appena uscivano dalle uova, volavano in acqua e la madre pensava che sarebbero annegate. Se l'esperienza è la sola fonte di conoscenza, dove hanno imparato questi polli a prendere da mangiare o come sapevano gli anatroccoli, che l'acqua era il loro elemento naturale? Se dite che è istinto non significa nulla — è semplicemente attribuire una parola — ma non è una spiegazione. Che cos'è l'istinto? In noi stessi coabitano molti istinti. Per esempio, molte di voi signore, suonate il piano e ricordate, quando l'avete fatto per la prima volta, quanto attentamente avete dovuto appoggiare le dita sui tasti bianchi e neri, uno dopo l'altro. Ma ora, dopo molti anni di esercizio, potete parlare con i vostri amici mentre le vostre dita suonano meccanicamente. E' diventato un istinto. Così con ogni lavoro che facciamo: con l'esercizio diventa istinto, diventa automatico. Ma per quanto ne sappiamo, tutti i casi che ora consideriamo come automatici sono ragioni degenerate. Nel linguaggio degli Yogin, l'istinto è ragione complessa. La discriminazione diventa complessa ed ottiene di essere un Samskara automatico. Di conseguenza, è perfettamente logico pensare che tutto ciò che in questo mondo noi chiamiamo istinto, è semplicemente ragione complessa. E poiché la ragione non può sopraggiungere senza esperienza, tutto l'istinto è quindi il risultato di un'esperienza passata. I polli temono il falco e gli anatroccoli amano l'acqua: questi sono entrambi il risultato dell'esperienza passata. Quindi la questione è: se l'esperienza appartenga ad un'anima in particolare o semplicemente al corpo; se questa esperienza, che giunge all'anatra, appartiene all'esperienza dei suoi antenati o alla sua personale. Moderni uomini di scienza ritengono che appartenga al corpo, ma i maestri yoga credono che questa sia l'esperienza della mente, trasmessa attraverso il corpo. Questa è chiamata teoria della reincarnazione.

Abbiamo visto che tutta la nostra conoscenza, sia che la chiamiamo percezione, o ragione, o istinto, deve giungere attraverso quell'unico canale chiamato esperienza e, tutto quello che ora definiamo istinto, è il risultato dell'esperienza passata, degenerata nell'istinto e che quest'ultimo si rigenera ancora nella ragione. E così via per tutto l'universo e su questo in India, è stato sviluppato uno degli argomenti chiave per la reincarnazione. Le ricorrenti esperienze di varie paure, col passare del tempo producono questo tenace attaccamento alla vita. Questo è il motivo per il quale il bambino è istintivamente impaurito, perché in lui risiede la passata esperienza di dolore. Anche negli uomini più istruiti, consapevoli che questo corpo se ne andrà e che dicono: »non preoccuparti, abbiamo avuto centinaia di corpi, l'anima non può morire», anche in loro, con tutte le loro convinzioni intellettuali, continuiamo a riscontrare questo tenace attaccamento alla vita. Perché c'è questo tenace attaccamento alla vita? Abbiamo visto che è diventato istintivo. Nel linguaggio psicologico degli Yogin è diventato Samskara. I Samskara, sottili e invisibili, stanno dormendo nel Chitta. Tutte queste passate esperienze di morte, tutto ciò che chiamiamo istinto, è esperienza diventata subconscio. Essa vive nel Chitta e non è inattiva, ma sta lavorando sotto.

Il Chitta—Vritti, le onde della mente che sono grosse, noi le possiamo apprezzare e sentire. Possono essere più facilmente controllate, ma che dire degli istinti più sottili? Come possono essere controllati? Quando sono arrabbiato, tutta la mia mente diventa un'enorme onda di rabbia. La sento, la vedo, la tocco, la posso facilmente manipolare, posso battermi con essa; ma non riuscirò completamente nella lotta finché non potrò scendere laggiù, alle sue cause (le cause che l'hanno scatenata). Un uomo mi dice qualcosa di molto ostile ed io inizio a sentire che mi sto infervorando; lui continua, finché nonmi arrabbio completamente e dimentico me stesso, identificandomi con la rabbia. Quando questi inizia oltraggiarmi, io penso :»mi sto arrabbiando». La rabbia era una cosa e io un'altra ma, quando mi sono arrabbiato, ero rabbia. Questi sentimenti devono essere controllati all'origine, alla radice, nella loro forma sottile, prima che diventiamo consapevoli del fatto che stanno agendo su di noi. Nella stragrande maggioranza dell'umanità, gli stati sottili di queste passioni non sono neanche conosciuti poiché si tratta di condizioni che emergono dal subconscio. Quando una bolla sta salendo dal fondo del lago, noi non la vediamo, nemmeno quando si sta avvicinando alla superficie: è solo quando scoppia e crea un'increspatura che sappiamo che c'è. Potremmo avere successo nello scontro con le onde, solo quando potremo comprenderle nello loro cause più sottili; finché non potrete capirle e domarle, prima che diventino grosse, non c'è alcuna speranza di conquistare completamente nessuna passione. Per controllare le nostre passioni dobbiamo governarle fin dalle loro radici più profonde; solo allora saremo in grado di bruciare i loro stessi semi. Così come i semi bruciati sparsi nel terreno non germoglieranno mai, così queste passioni mai spunteranno.

ते प्रतिप्रसवहेयाः सूक्ष्माः ॥१०॥

10. I Saskara sottili devono essere conquistati riportandoli al loro stato causale.

I Samskara sono le impressioni sottili che si manifestano successivamente in forme grosse. Questi sottili Samskara, come possono essere controllati? Risolvendo l'effetto nella loro causa. Quando il Chitta, che è un effetto, viene risolto nella sua causa, Asmitâ o Egoismo, solo allora le impressioni sottili muoiono insieme ad essa. La meditazione non le può distruggere.

ध्यानहेयास्तद्वृत्तयः ॥११॥

11. Attraverso la meditazione, le loro (grosse) modifiche devono essere respinte.

La meditazione è uno dei grandi mezzi per controllare l'aumento di queste onde. Attraverso la meditazione, potete fare in modo che la mente le soggioghi; se continuate con la pratica per giorni, mesi, anni, finché non sarà diventata un'abitudine, finché lo stato di meditazione non arriva spontaneamente a dispetto di voi stessi, rabbia e odio saranno controllati e tenuti in scacco.

क्लेशमूलः कर्माशयो दृष्टादृष्टजन्मवेदनीयः ॥१२॥

12. Il «ricettacolo delle opere» ha le proprie radici in questi ostacoli che portano sofferenza e la loro esperienza è in questa vita visibile o in quella invisibile.

Con l'espressione «ricettacolo delle opere», si intende la somma totale dei Samskara. Qualsiasi opera compiamo, la mente viene gettata in un'onda e, una volta conclusa l'opera, noi pensiamo che l'onda se ne sia andata. No. E' solamente diventata sottile ma continua a rimanere lì. Quando proviamo a ricordare l'opera, ritorna ancora e diventa un'onda. Quindi era lì: se così non fosse, non ci sarebbe stata memoria. Così ogni azione, ogni pensiero buono o cattivo, va semplicemente a fondo e diventa sottile e là viene conservato. I pensieri, sia felici che infelici, sono chiamati ostacoli che portano sofferenza poiché secondo gli Yogin, nel lungo periodo portano dolore. Tutta la felicità che giunge dai sensi, alla fine porterà dolore. Tutto il piacere ci renderà ancora più desiderosi di provarlo e questo porta, come risultato, dolore. Non c'è limite ai desideri dell'uomo; egli continua a desiderare e quando arriva ad un punto in cui il desiderio non può essere soddisfatto, il risultato è il dolore. Pertanto gli Yogin considerano la somma totale delle impressioni, buone o cattive, ostacoli che portano sofferenza in quanto bloccano la via per la libertà dell'Anima.

E' lo stesso con il Samskara, le sottili radici di tutto il nostro lavoro: sono le cause che porteranno ancora effetti, sia in questa vita che in quelle che verranno. In casi eccezionali, quando questi Samskara sono molto forti, danno presto i loro frutti. Straordinari atti di malvagità o di bontà, portano i loro frutti anche in questa vita. Gli Yogin ritengono che gli uomini capaci di acquisire un enorme potere di buon Samskara non debbano morire ma, anche in questa vita, possano cambiare i loro corpi in corpi divini. Ci sono diversi casi del genere citati dai maestri di yoga nei loro libri. Questi uomini cambiano proprio la parte materiale dei loro corpi; essi riorganizzano le molecole in modo tale da non avere più malattie e, ciò che noi chiamiamo morte, per loro non sopraggiunge. Perché non potrebbe essere? Il significato fisiologico del cibo è assimilazione di energia dal sole. L'energia ha raggiunto la pianta, la pianta viene mangiata da un animale e l'animale dall'uomo. La parte scientifica di questo meccanismo è che noi prendiamo abbastanza energia dal sole per farla diventare parte di noi stessi. Essendo questo il caso, perché ci dovrebbe essere solo un modo di assimilarla? Il modo della pianta non è uguale al nostro; il processo di assimilazione dell'energia del suolo è diverso dal nostro. Ma tutti, in una forma o in un'altra, assimiliamo energia. Gli Yogin dicono di essere capaci di assimilare energia attraverso il potere della sola mente, poiché essi possono attirarne quanta ne desiderano, senza ricorrere ai metodi ordinari. Così come un ragno tesse la sua ragnatela fuori dal suo corpo, diventa vincolato ad essa e non può andare da nessun'altra parte se non lungo le linee di questa ragnatela, allo stesso modo noi abbiamo proiettato fuori dalla nostra essenza questa rete chiamata «i nervi» e non possiamo operare se non attraverso i canali di quei nervi. Gli Yogin dicono che non abbiamo bisogno di essere legati da questo.

Allo stesso modo, noi possiamo inviare elettricità in qualsiasi parte del mondo, ma dobbiamo farlo con l'ausilio di cavi. La natura può inviare una vasta massa di elettricità senza nessun cavo. Perché noi non possiamo fare lo stesso? Noi possiamo inviare elettricità mentale. Ciò che chiamiamo mente, è molto, molto simile all'elettricità. E' chiaro che questo fluido nervoso ha una certa quantità di elettricità perché è polarizzato e risponde a tutte le regole dei sistemi elettrici. Noi possiamo inviare la nostra elettricità solo attraverso questi canali nervosi. Perché non inviare l'elettricità mentale senza questo aiuto? Gli Yogin dicono che è perfettamente possibile e praticabile e che quando potrete farlo, opererete in tutto l'universo. Sarete in grado di lavorare con qualsiasi corpo, dappertutto, senza l'aiuto del sistema nervoso. Quando l'anima agisce attraverso questi canali, diciamo che un uomo sta vivendo; quando questo lavorio cessa, si dice che un uomo è morto. Ma quando un uomo è capace di agire con o senza questi canali, per lui nascita e morte non avranno senso. Tutti i corpi nell'universo sono fatti di Tanmâtra, la loro differenza risiede nella disposizione di quest'ultimo Se voi siete l'organizzatore, potete disporre un corpo in un verso o in un altro. Tranne voi, chi compone questo corpo? Chi mangia il cibo? Se un altro mangia il cibo al posto vostro, non vivrete a lungo. Chi produce sangue partendo dal cibo? Voi, sicuramente. Chi purifica il sangue e lo reimmette attraverso le vene? Voi. Noi siamo i padroni del corpo e viviamo in esso. Solo che abbiamo perso la conoscenza di come ringiovanirlo. Siamo diventati automatici, degenerati. Abbiamo dimenticato il processo di organizzazione delle sue molecole. Pertanto, ciò che facciamo automaticamente dev'essere fatto consapevolmente. Noi siamo i padroni e dobbiamo regolare questa organizzazione; quanto prima riusciremo a farlo, tanto prima saremo capaci di ringiovanirlo così, come ci piace. E poi non avremo né nascita, né malattia, né morte.

सति मूले तद्विपाको जात्यायुर्भोगाः ॥१३॥

13. Essendo qui la radice, la maturazione arriva (nella forma di) specie, vita ed esperienza di piacere e dolore.

Le radici—le cause—risiedendo qui il Samskara, si manifestano e formano gli effetti. La causa morendo/estinguendosi, diventa l'effetto: l'effetto, assottigliandosi diviene la causa dell'effetto successivo. Un albero trasporta un seme che a sua volta diventa la causa di un altro albero e così via. Adesso, tutte le nostre opere sono gli effetti del passato Samskara. E ancora, questi lavori diventando Samskara saranno le cause delle azioni future e così continuiamo. Dunque, questo aforisma afferma che la causa risiede qui, il frutto deve maturare sotto forma di specie di creature: una sarà un uomo, un'altra un angelo, un'altra un animale, un'altra un demone. Nella vita poi, ci sono vari effetti del Karma. Un uomo vive cinquant'anni, un altro cento, un altro muore in due anni e non raggiunge mai la maturità. Nella vita tutte queste differenze sono regolate dal precedente Karma. Un uomo è nato, per così dire, per piacere. Se seppellisce sé stesso in una foresta, il piacere lo seguirà lì. Un altro uomo ovunque vada, è seguito dal dolore: per lui tutto diventa doloroso. Questo è il risultato del loro passato. Secondo la filosofia dei maestri yoga, tutte le azioni virtuose portano piacere, mentre tutte quelle cattive portano dolore. Qualsiasi uomo che compia azioni malvagie è sicuro di raccoglierne i frutti sotto forma di dolore.

ते ह्लादपरितापफलाः पुण्यापुण्यहेतुत्वात् ॥१४॥

14. Essi danno frutti come piacere o dolore, causati da vizi o da virtù.

परिणामताप-संस्कारदुःखैर्गुणावृत्तविरोधाच्च दुःखमेव सर्वं विवेकिनः ॥१५॥

15. Al discriminato, tutto è per così dire, doloroso, a causa di tutto ciò che porta dolore sia come conseguenza o come anticipazione della perdita della felicità, o come fresco desiderio che emerge dalle impressioni di felicità e anche, come neutralizzazione delle qualità.

Gli Yogin dicono che l'uomo che ha poteri di discriminazione, l'uomo di buon senso, vede attraverso tutto ciò che è chiamato piacere e dolore e sa che arrivano a tutti, e che l'uno segue e si fonde con l'altro. Egli vede questi uomini seguire un fuoco fatuo per tutte le loro vite, non riuscendo mai a realizzare i loro desideri. Il grande re Yudhishthira una volta disse che la cosa più bella nella vita è che in ogni momento, intorno a noi, vediamo persone morire e nonostante ciò, pensiamo che noi non moriremo mai. Da ogni lato attorniati da folli, pensiamo di essere le uniche eccezioni, gli unici uomini istruiti. Circondati da qualsiasi tipo di esperienza di volubilità, noi pensiamo che il nostro amore sia l'unico senza fine. Come può essere? Anche l'amore è fine a sé stesso e lo Yogin dice che alla fine, troveremo che anche l'amore tra coniugi, bambini e amici, lentamente tramonterà. In questa vita, la decadenza si impadronirà di tutto. E' solo quando tutto — anche l'amore — fallisce, che l'uomo in un lampo, scopre quanto vano, quanto simile a un sogno sia questo mondo. Allora egli intravede il Vairâgya (rinuncia), intravede l'Oltre. E' soltanto rinunciando a questo mondo che gli altri (mondi) arrivano: mai attraverso il restare aggrappati a questo. Non è ancora mai esistita una grande anima che non abbia rifiutato i piaceri dei sensi e il godimento, per acquisire la sua grandezza. La causa dell'infelicità è il conflitto tra le diverse forze della natura, una che trascina da una parte e l'altra da un'altra parte, rendendo impossibile una felicità permanente.

हेयं दुःखमनागतम् ॥१६॥

16. L'infelicità futura è da evitare.

Alcuni Karma li abbiamo già esercitati, alcuni li stiamo esercitando ora, nel presente, e alcuni stanno aspettando di dare il loro frutti nel futuro. Il primo tipo è passato e trascorso. Il secondo, lo dobbiamo esercitare ed è solo quello che sta aspettando di dare i suoi frutti nel futuro che possiamo conquistare e controllare e verso il quale, alla fine, confluiscono tutte le nostre forze. Questo è ciò che Patanjali intende quando dice che i Samskara sono controllati risolvendoli nel loro stato causale (II.10).

द्रष्टृदृश्ययोः संयोगो हेयहेतुः ॥१७॥

17. La causa di ciò che dev'essere evitata, è il collegamento tra colui che vede e la cosa vista.

Chi è colui che vede? Il Sé di un uomo, il Purusha. Cos'è la cosa vista? L'intera natura iniziando con la mente, fino alla materia grezza. Tutto il piacere e il dolore emergono dal collegamento tra questo Purusha e la mente. Dovete ricordare che il Purusha, secondo questa filosofia, è puro; quando si unisce alla natura sembra che esso provi, di riflesso, piacere o dolore.

प्रकाश-क्रिया-स्थितिशीलं भूतेन्द्रियात्मकं भोगापवर्गार्थं दृश्यम: ॥१८॥

18. La cosa sperimentata è composta da elementi ed organi, è della natura dell'illuminazione, azione ed inerzia e serve per l'esperienza e la liberazione (di colui che vive l'esperienza)

La cosa sperimentata, che è la natura, è composta da elementi e organi—gli elementi, grossi e sottili, che compongono l'intera natura e gli organi dei sensi, la mente, ecc. ed è della natura dell'illuminazione (Sattva), dell'azione (Raja) e dell'inerzia (Tamas). Qual'è lo scopo della natura nel suo insieme? Che il Purusha possa acquisire esperienza. Il Purusha ha, per così dire, dimenticato la sua possente, divina natura. C'è una storia nella quale il re degli dei, Indra, una volta diventò un maiale che sguazzava nel pantano. Aveva una scrofa e molti maialini ed era molto felice. Poi alcuni dei videro la sua brutta situazione e andarono da lui dicendogli:»Tu sei il re degli dei, tutti loro sono sotto il tuo comando». Perché sei qui?» Ma Indra disse:»Non preoccupatevi, sto bene qui. Non mi importa del paradiso finché ho questa scrofa e questi maialini». I poveri dei non sapevano più che pesci pigliare. Dopo un po di tempo, decisero di ammazzare tutti i maiali, uno dopo l'altro. Quando furono tutti morti, Indra iniziò a piangere e a essere in lutto. Poi, gli dei squarciarono e aprirono il suo corpo di maiale, egli uscì e iniziò a sorridere, quando si rese conto quale detestabile sogno aveva avuto: lui, il re degli dei per essere diventato un maiale e per pensare che quella vita da suino fosse l'unica! E non solo! ma per aver voluto che l'intero universo fosse parte della sue vita da maiale! Il Purusha, quando identifica sé stesso con la natura, dimentica di essere puro e infinito. Il Purusha non ama, è lui stesso amore. Non esiste, è lui stesso esistenza. L'Anima non conosce, è essa stessa conoscenza. E' un errore dire l'Anima ama, esiste o conosce. Amore, esistenza e conoscenza, non sono le qualità del Purusha, ma la sua essenza. Quando si riflettono su qualcosa, potreste chiamarle «le qualità» di questo qualcosa. Esse non sono qualità ma l'essenza del Purusha, il grande Atman, l'Essere Infinito, senza nascita o morte, fondato nella propria gloria. Sembra che sia diventato così degenerato che se lo avvicinate per dirgli:»tu non sei un maiale», inizia a gridare e a mordere.

Così è con tutti noi in questo Mâyâ, questo mondo dei sogni, dove tutto è infelicità, pianto e lamento, dove alcune sfere dorate vengono fatte rotolare e il mondo si affanna nell'inseguirle. Voi non siete mai stati legati ad alcuna legge, la natura non ha mai avuto alcun legame con voi. Questo è ciò che gli Yogin vi dicono. Abbiate la pazienza di impararlo. E lo Yogin mostra come, congiungendosi con la natura ed identificandosi con la mente e con il mondo, il Purusha si crede infelice. Poi, lo Yogin continua a mostrarvi che la via di uscita è attraverso l'esperienza. Dovete ottenere tutta questa esperienza, ma finire in fretta. Noi ci siamo posizionati in questa rete e dovremo uscirne. Ci siamo presi in trappola e dovremo esercitare la nostra libertà. Quindi, fare questa esperienza di mariti, mogli, amici e piccoli amori: ci passerete attraverso in modo sicuro se non dimenticate mai cosa siete veramente. Non scordate che questo è solo uno stato momentaneo e noi dobbiamo oltrepassarlo. L'esperienza è l'unica grande insegnante — esperienza di piacere e di dolore — ma sappiate che è solo esperienza. Conduce, passo dopo passo, a quello stato dove tutte le cose diventano piccole e il Purusha diventa talmente grande che l'intero universo sembra quasi una goccia nell'oceano e diventa insignificante. Dobbiamo passare attraverso diverse esperienze ma non dimentichiamoci mai l'ideale.

विशेषाविशेष-लिङ्गमात्रालिङ्गानि गुणपर्वाणि ॥१९॥

19. Gli stati delle qualità sono il definito, l'indefinito il solo espresso ed il senza segno.

Come vi ho detto in precedenza, il sistema dello Yoga è costruito interamente sulla filosofia del Sânkhya, e qui ancora una volta, vi devo ricordare della cosmologia della filosofia Sânkhya. Secondo gli Sânkhya, la natura è sia il materiale sia la causa efficiente dell'universo. In natura ci sono tre tipi di materiali, il Sattva, il Raja ed il Tamas. Il materiale chiamato Tamas, è tutto ciò che è scuro, ignorante e pesante. Il Raja è attività. Il Sattva è calma, luce. La natura, prima della creazione, viene da essi chiamata Avyakta — indefinita o indiscreta — nella quale non ci sono distinzioni di forma o nome; è uno stato nel quale questi tre materiali sono mantenuti in perfetto equilibrio. Successivamente l'equilibrio viene disturbato, i tre materiali iniziano a mischiarsi in vari tipi di forme e il risultato è l'universo. Anche in ogni uomo esistono questi tre materiali. Quando prevale il materiale Sattva giunge la conoscenza; quando prevale il Raja, l'attività, e quando prevale il Tamas l'oscurità, la spossatezza, l'ozio e l'ignoranza. Secondo la teoria Sankhya, la più alta manifestazione della natura consistente nei tre materiali, è ciò che chiamano Mahat o intelligenza, intelligenza universale, della quale fa parte ogni umano intelletto. Nella psicologia Sankhya, c'è una netta distinzione tra il Manas, la funzione mentale, e la funzione del Buddhi, l'intelletto. La funzione mentale è semplicemente quella di raccogliere e trasportare impressioni e presentarle al Buddhi, il Mahat individuale, che decide su di essa. Dal Mahat origina l'egoismo e ancora da questo, sopraggiungono i materiali sottili. Questi, si mescolano e diventano esternamente materiali grossi, l'universo esterno. La filosofia Sankhya afferma che, iniziando con l'intelletto e giù fino al blocco di pietra, tutto è il prodotto di una sostanza, diversa solo per i più sottili o i più grossi stati dell'esistenza. Il più sottile è la causa e il più grosso l'effetto. Secondo la filosofia Sankhya, il Purusha sta oltre l'intera natura, che non è per nulla materiale. Il Purusha non è affatto simile a nessun'altra cosa, né al Buddhi, né alla mente, o al Tanmatras o ai materiali grossi. Non corrisponde a nessuno di questi, è interamente separato, completamente diverso nella sua natura e da questo essi concludono che il Purusha deve essere immortale, perché non è il risultato della combinazione. Ciò che non è il risultato della combinazione non può morire. I Purusha o anime, sono di numero infinito.

Ora dovremo capire l'aforisma, che gli stati delle qualità sono definiti, indefiniti, solo espressi e senza segno. Con il «definito», sono intesi gli elementi grossi, che noi possiamo percepire. Con l'»indefinito», sono intesi i materiali molto sottili, i Tanmatra, che non possono essere percepiti dagli uomini comuni. Se praticate lo Yoga comunque, dice Pantajali, dopo un po le vostre percezioni diventeranno così sottili, che potrete effettivamente vedere il Tanmatra. Per esempio, avete sentito dire come ogni uomo abbia una certa luce intorno a lui; ogni essere vivente emette una certa luce e questa, lui dice, può essere vista dai maestri di yoga. Non tutti la vediamo, ma tutti possiamo spargere questo Tanmatra proprio come un fiore, che continuamente emana fine particolato che ci permette di sentirne il profumo. Ogni giorno della nostra vita, noi spargiamo un mucchio di bene e male e, dovunque andiamo, l'atmosfera è piena di questi materiali. E' così che è giunta alla mente umana, inconsciamente, l'idea di costruire templi e chiese. Perché l'uomo dovrebbe costruire chiese nella quali adorare Dio? Perché non adorarlo ovunque? Anche se lui non conosceva la ragione, l'uomo constatò che il luogo nel quale le persone adoravano Dio, si riempiva di buoni Tanmatra. Ogni giorno la gente si reca lì e più ci va, più diventa devota e più questo luogo diventa sacro. Se qualsiasi uomo che in sé, non abbia molto Sattva si reca lì, il luogo lo influenzerà e stimolerà la sua qualità di Sattva. Qui comunque, sta il significato di tutti i templi e luoghi sacri, ma dovete ricordare che la loro sacralità dipende dalle devote persone che qui si riuniscono. La difficoltà con l'uomo è che dimentica il significato originario e mette il carro davanti ai buoi. Furono gli uomini che resero questi luoghi sacri e poi l'effetto diventò la causa e fece sì che essi diventassero santi. Se solo i malvagi fossero andati lì, sarebbe diventato un luogo così malvagio come nessun altro. Non è l'edificio, ma le persone che fanno una chiesa: questo è ciò che dimentichiamo sempre. Ecco perché i saggi e i santi, che posseggono molta di questa qualità Sattva, possono esternarla ed esercitare una grande influenza, giorno e notte, sul loro ambiente. Un uomo può diventare così puro che la sua purezza diventerà tangibile. Chiunque entri in contatto con lui diventa puro.

Il successivo, «il solo espresso» intende il Buddhi, l'intelletto. «Il solo espresso» è la prima manifestazione della natura: da essa proseguono tutte le altre manifestazioni. L'ultimo è «il senza segno». Su questo punto, sembra esserci una enorme differenza tra la scienza moderna e tutte le religioni. Ogni religione è dell'idea che l'universo scaturisca dall'intelligenza. La teoria di Dio, prendendola nel suo significato psicologico all'infuori di qualsiasi idea di personalità, è che l'intelligenza sia la prima in ordine di creazione e che da essa derivi ciò che noi chiamiamo materia grezza. I filosofi moderni dicono che l'intelligenza è l'ultima ad arrivare. Affermano che le cose prive di intelligenza evolvono lentamente negli animali e da questi, all'uomo. Invece di pensare che tutto scaturisca dall'intelligenza, essi affermano che l'intelligenza sia l'ultima ad arrivare. Entrambe le dichiarazioni, religiose e scientifiche, sebbene apparentemente opposte, sono vere. Prendete una serie infinita, A-B-A-B-A-B, ecc. La domanda è:»qual'è la prima, A o B?» Se prendete le serie come A—B direte che A è la prima; ma se la prendete come B—A, direte che B è la prima. Dipende dal modo in cui le guardiamo. L'intelligenza subisce delle modifiche e diventa il materiale grosso; questo ancora si fonde nell'intelligenza stessa e così il processo continua. I Sankhya ed altri sostenitori della teoria religiosa, mettono prima l'intelligenza e le serie diventano intelligenza, poi materia. L'uomo di scienza mette le dita nella materia e dice materia, poi intelligenza. Entrambe indicano la stessa catena. La filosofia indiana comunque, va oltre sia all'intelligenza che alla materia e trova un Purusha—o Sé—che è oltre l'intelligenza e del quale l'intelligenza non è altro che luce riflessa.

दरष्टा दृशिमात्रः शुद्धोऽपि परत्ययानुपश्यः ॥२०॥

20. Colui che vede è solo intelligenza e, sebbene puro, vede attraverso il colorito dell'intelletto.

Questa è ancora, filosofia Sankhya. Abbiamo visto dalla stessa filosofia, che a partire dalla forma più bassa fino raggiungere l'intelligenza, tutto è natura; oltre la natura ci sono i Purusha (anime), che non hanno qualità. E poi, come può l'anima apparire felice o infelice? Di riflesso. Se un fiore rosso è messo vicino ad un pezzo di puro cristallo, il cristallo sembrerà rosso; allo stesso modo le apparenze di felicità o infelicità dell'anima, non sono altro che riflessi. L'anima stessa non ha colorito. E' separata dalla natura. La natura è una cosa, l'anima un'altra, eternamente separate. I Sankhya dicono che l'intelligenza è una combinazione, che cresce e declina, che cambia così come cambia il corpo e che la sua natura è quasi la stessa di quella del corpo. Come un'unghia fa parte del corpo, così è il corpo per l'intelligenza. L'unghia è una parte del corpo ma può essere accorciata centinaia di volte e il corpo sopravviverà. Allo stesso modo l'intelligenza rimarrà per millenni, mentre questo corpo può essere «accorciato», spazzato via. Eppure l'intelligenza non può essere immortale perché cambia, crescendo e diminuendo. Qualsiasi cosa si trasformi, non può essere immortale. Certamente l'intelligenza è prodotta e questo semplice fatto ci dimostra che deve esserci qualcosa oltre. Non può essere libera, tutto ciò che è connesso con la materia è nella natura e quindi, legato per sempre. Chi è libero? Il libero deve certamente stare oltre la causa e l'effetto. Se dite che l'idea di libertà è una illusione, io potrei dire che l'idea di schiavitù è anch'essa una illusione. Due fatti giungono alla nostra coscienza e si escludono a vicenda. Questi sono le nostre nozioni di schiavitù e libertà. Se vogliamo oltrepassare una parete e la nostra testa le sbatte contro, ci accorgiamo che essa ci limita. Contemporaneamente, troviamo la forza di volontà e pensiamo di poterla dirigere ovunque. Ad ogni passo ci giungono queste idee contraddittorie. Dobbiamo credere di essere liberi e ciononostante, in ogni momento ci accorgiamo di non esserlo. Se un'idea è illusione, l'altra è anch'essa una illusione e se una è vera anche l'altra lo è, perché entrambe sono sullo stesso piano: la coscienza. Lo Yogin dice che entrambe sono vere, che noi siamo vincolati nella misura in cui l'intelligenza lo è e che siamo liberi nella misura in cui lo è la nostra anima. E' la vera natura dell'uomo, l'anima, il Purusha che sta al di sopra di tutte le leggi di causalità. La sua libertà è filtrata attraverso strati di materia in varie forme, intelligenza, mente, ecc. E' la sua luce che splende attraverso tutto. L'intelligenza non ha una luce propria. Ogni organo ha un particolare centro nel cervello; non è che tutti gli organi abbiano un centro, ognuno di essi è separato. Perché tutte le percezioni si armonizzano? Dove prendono la loro unità? Se fosse stata nel cervello, sarebbe stato necessario per tutti gli organi, gli occhi, il naso, le orecchie, ecc. avere solo un centro, invece sappiamo per certo che per ciascuno ci sono diversi centri. Un uomo può vedere e sentire contemporaneamente, quindi ci dev'essere una unità alla base dell'intelligenza. L'intelligenza è collegata al cervello, ma dietro di essa sta anche il Purusha, l'unità, dove tutte le diverse sensazioni e percezioni si uniscono e diventano una cosa sola. L'anima in sé è il centro nel quale tutte le varie percezioni convergono e si unificano. Quest'anima è libera, ed è la sua libertà che vi dice in ogni momento che anche voi lo siete. Ma sbagliate, e mischiate sempre quella libertà con l'intelligenza e la mente. Cercate di attribuire quella libertà all'intelligenza e immediatamente, vi accorgete che l'intelligenza non è libera. Attribuite quella libertà al corpo e immediatamente, la natura vi dice che state sbagliando di nuovo. Ecco perché allo stesso tempo, c'è questo senso confuso di libertà e schiavitù. Lo Yogin analizza sia cos'è libero e sia cos'è vincolato e la sua ignoranza svanisce. Egli ritiene che il Purusha sia libero, è l'essenza di quella conoscenza che, giungendo attraverso il Buddhi, diventa intelligenza e in quanto tale, è legata.

तदर्थ एव दृश्यस्यात्मा ॥२१॥
21. La natura della cosa sperimentata è per lui.

La natura di per sé non ha luce propria. Finché il Purusha è presente in essa, essa appare come una luce. Ma questa è riflessa, così come si riflette la luce della luna. Secondo gli Yogin, tutte le manifestazioni della natura sono causate dalla natura stessa, ma essa non ha scopi in vista, tranne liberare il Purusha.

कृतार्थं प्रति नष्टमप्यनष्टं तदन्यसाधारणत्वात् ॥२२॥
22. Sebbene la cosa vista sia distrutta per colui il cui scopo è stato raggiunto, essa è integra per gli altri, essendo elemento comune a tutti.

L'intera attività della natura è fare in modo che l'anima sappia di essere interamente separata dalla natura. Quando l'anima lo capisce, la natura non la attrae più. Ma l'intera natura svanisce solo per quell'uomo che è diventato libero. Rimarrà sempre un numero infinito di altri per i quali la natura continuerà a lavorare.

स्वस्वामिशक्त्योः स्वरूपोपलब्धिहेतुः संयोगः ॥२३॥
23. Il congiungimento è la causa della realizzazione della natura, di entrambi i poteri, della cosa sperimentata e del suo Signore.

Secondo questo aforisma, entrambi i poteri di anima e natura si manifestano quando sono congiunti. Successivamente, tutte le manifestazioni vengono eliminate. L'ignoranza è la causa di questa congiunzione. Vediamo ogni giorno come la causa del nostro dolore o del nostro piacere derivi sempre dall'unire noi stessi con il corpo. Se fossi stato assolutamente certo di non essere questo corpo, non dovrei accorgermi del caldo e del freddo o di qualsiasi cosa di questo tipo. Questo corpo è una combinazione. E' solo una finzione dire che io ho un corpo, voi un altro ed il sole un altro ancora. L'intero universo è un oceano di materia e voi siete il nome di una piccola particella, io un altro, ed il sole un altro. Sappiamo che questa materia è in cambiamento continuo. Ciò che un giorno genera il sole, domani potrebbe generare la materia del vostro corpo.

तस्य हेतुरविद्या ॥२४॥

24. L'ignoranza è la sua causa.

Attraverso l'ignoranza abbiamo connesso noi stessi con un particolare corpo e perciò ci siamo aperti all'infelicità. Questa idea di corpo è una semplice superstizione. E' la superstizione che ci rende felici o infelici. E' la superstizione dovuta all'ignoranza che ci fa sentire caldo e freddo, dolore e piacere. E' nostro compito rimanere al di sopra di questa superstizione e i maestri di yoga ci mostrano come possiamo farlo. E' stato dimostrato che, sotto certe condizioni mentali, un uomo può essere bruciato e ciò nonostante non sentire nessun dolore. La difficoltà è che questo improvviso sconvolgimento della mente, arriva in un istante come un turbinio e l'istante dopo se ne va. Se comunque noi lo otteniamo attraverso lo Yoga, dovremo realizzarlo permanentemente con la separazione del Sé dal corpo.

तदभावात् संयोगाभावो हानं तद्दृशेः कैवल्यम् ॥२५॥

25. Essendoci mancanza di quella (ignoranza), c'è assenza di congiungimento, che è la cosa da evitare, che è l'indipendenza di colui che osserva.

Secondo la filosofia Yoga, è a causa dell'ignoranza che l'anima è stata unita alla natura. Lo scopo è quello di sbarazzarsi del controllo della natura su di noi. Quello è l'obiettivo di tutte le religioni. Ogni anima è potenzialmente divina. Il fine, è di manifestare la sua divinità all'interno, controllando la natura, esterna ed interna. Farlo con il lavoro o con la preghiera, o con il controllo psichico, o con la filosofia—attraverso uno, più di uno o tutti questi sistemi—ed essere libero. Questa è tutta la religione. Dottrine, dogmi, rituali, libri, templi o forme non sono altro che dettagli minori. Lo Yogin prova a raggiungere questo obiettivo attraverso il controllo psichico. Finché non possiamo liberarci dalla natura, siamo schiavi: ciò che lei comanda, noi lo dobbiamo eseguire. Lo Yogin afferma che colui che controlla la mente controlla anche la materia. La natura interna è molto più elevata di quella esterna e molto più difficile da affrontare, molto più difficile da controllare. Per questo, colui che ha conquistato la natura interna controlla l'intero universo: questo diventa il suo servo. Il Raja—Yoga propone i metodi per acquisire questo controllo. Forze superiori a quelle che conosciamo nella natura fisica dovranno essere controllate. Questo corpo è solo lo strato esterno della mente. Non sono due cose diverse: sono proprio come l'ostrica e la sua conchiglia. Sono però due aspetti di un'unica cosa: la sostanza interna dell'ostrica, prende la materia dall'esterno e produce la conchiglia. Allo stesso modo, le forze interne sottili, chiamate mente, prendono la materia grossa dall'esterno e da questa costruiscono questa conchiglia esterna, il corpo. Se poi noi abbiamo il controllo interiore è molto facile avere anche quello esteriore. E ancora, queste forze non sono diverse. Non è che alcune forze sono fisiche ed alcune mentali. Le forze fisiche sono però le manifestazioni grosse delle forze sottili, così come il mondo fisico è solo la manifestazione grossa del mondo sottile.

विवेकख्यातिरविप्लवा हानोपायः ॥२६॥

26. Il mezzo di distruzione dell'ignoranza è la pratica ininterrotta della discriminazione.

Questo è il vero obiettivo della pratica—la discriminazione tra il reale e l'irreale—sapendo che il Purusha non è natura, che non è né materia né mente e proprio perché non è natura, non può assolutamente cambiare. E' solo la natura che cambia, combinando e ricombinando, dissolvendosi continuamente. Quando, attraverso la pratica costante, iniziamo a discriminare, l'ignoranza sparirà ed il Purusha inizierà a splendere nella sua reale natura: onnisciente, onnipotente, onnipresente.

तस्य सप्तधा प्रान्तभूमिः प्रज्ञा ॥२७॥

27. La sua conoscenza è sette volte più alta della terra.

Quando arriva questa conoscenza: arriverà per così dire, per sette gradi, uno dopo l'altro. E quando uno di questi inizia, noi sappiamo che stiamo acquisendo conoscenza. Il primo a comparire sarà che abbiamo conosciuto ciò che bisognava conoscere. La mente cesserà di essere insoddisfatta. Poiché siamo consapevoli della sete di conoscenza, iniziamo a cercare qui e là, dovunque pensiamo di poter ottenere un po di verità e non riuscendo a trovarla, diventiamo insoddisfatti e cerchiamo in una nuova direzione. Qualsiasi ricerca è vana finché non iniziamo a percepire che la conoscenza è dentro di noi, che nessuno ci può aiutare, che siamo noi a dover aiutare noi stessi. Quando iniziamo a praticare il potere della discriminazione, il primo segnale che ci fa capire di essere vicini alla verità, sarà che questo stato di insoddisfazione svanirà. Ci sentiremo abbastanza sicuri di aver trovato la verità e che quella non è nient'altro che la verità. Poi potremo sapere che il sole sta sorgendo, che il mattino si sta aprendo per noi e, prendendo coraggio, dobbiamo perseverare finché l'obiettivo non sarà raggiunto. Il secondo grado, sarà l'assenza di tutti i dolori. Non sarà possibile per nessuno nell'universo, esterno o interno, causarci dolore. Il terzo, sarà il conseguimento della piena conoscenza. L'onniscenza sarà nostra. Il quarto, sarà il raggiungimento della fine di tutti i doveri attraverso la discriminazione. Poi arriverà quella che viene chiamata «libertà del Chitta». Dovremo realizzare che tutte le difficoltà e i sacrifici, tutte le titubanze della mente, saranno cadute, così come una pietra rotola dalla cima della montagna a valle e non ritorna mai più su. Il prossimo sarà che il Chitta stesso si renderà conto che svanirà nelle sue cause, ogniqualvolta lo desideriamo. Infine, troveremo di essere fondati in noi stessi, che siamo stati soli in ogni parte dell'universo, né il corpo né la mente erano mai stati uniti e ancor meno uniti a noi. Essi stavano esercitando la loro propria strada e noi, attraverso l'ignoranza, abbiamo unito noi stessi a loro. Ma siamo stati soli, onnipotenti, onnipresenti, sempre in stato di grazia. Il nostro Sé era così puro e perfetto che non avevamo bisogno di nessun altro. Non avevamo bisogno di nessun altro che ci facesse felici perché eravamo la felicità stessa. Troveremo che questa conoscenza non dipenda da nient'altro; ovunque nell'universo non ci può essere nulla che non diventi fulgido di fronte al nostro sapere. Questo sarà l'ultimo stato e lo Yogin diventerà pacifico e calmo, non sentirà mai più dolore, non sarà più illuso, non sarà più toccato dalla tristezza. Saprà di essere sempre benedetto, sempre perfetto, onnipotente.

योगाङ्गानुष्ठानादशुद्धिक्षये ज्ञानदीप्तिरा विविकख्यातेः ॥२८॥

28. Attraverso la pratica delle varie parti dello Yoga, le impurità saranno distrutte, la conoscenza splenderà fino alla discriminazione.

Ora giunge la conoscenza pratica. Ciò di cui abbiamo appena parlato è molto elevato. E' lontano, sopra le nostre teste, ma è l'ideale. Prima di tutto, è necessario ottenere il controllo fisico e mentale. Poi la realizzazione diventerà costante in quell'ideale. Una volta riconosciuto, ciò che rimane è praticare il metodo per raggiungerlo.

यम-नियमासन-प्राणायाम-प्रत्याहार-धारणा-ध्यान-समाधयोऽष्टावङ्गानि ॥२९॥
29. *Yama, Niyama, Âsana, Prânâyâama, Pratyâhâra, Dhâranâ, Dhyâna, e Samâdhi sono le otto membra dello Yoga.*

अहिंसा-सत्यास्तेय-ब्रह्मचर्यापरिग्रहा यमाः ॥३०॥
30. *Non uccidere, veridicità, non rubare, continenza e non ricevere vengono chiamati Yamas.*

Un uomo che vuole essere uno Yogin perfetto, deve abbandonare l'idea del sesso. L'anima è asessuata. Perché dovrebbe degradare sé stessa con idee di sesso? Successivamente capiremo meglio perché queste idee devono essere abbandonata. La mente dell'uomo che riceve doni, agisce attraverso la mente del donatore, perciò il ricevente rischia di diventare degenerato. Ricevere doni tende a distruggere l'indipendenza della mente, rendendoci schiavi. Di conseguenza, non ricevere doni.

एते जाति-देश-काल-समयानवच्छिन्नाः सार्वभौमा महाव्रतम् ॥३१॥
31. *Questi, ininterrotti da tempo, luogo, scopo e regole di casta, sono grandi voti (universali).*

Queste pratiche—non uccidere, veridicità, non rubare, castità e non ricevere—devono essere esercitate da ogni uomo, donna e bambino; da ogni anima, indipendentemente dalla nazione, dal paese o dalla posizione.

शौच-सन्तोष-तपःस्वाध्यायेश्वरप्रणिधानानि नियमाः ॥३२॥
32. *La purificazione interna ed esterna, l'appagamento, la mortificazione, lo studio e la venerazione di Dio, sono i Niyama.*

La purificazione esterna mantiene il corpo puro: un uomo sporco non sarà mai uno Yogin. Ci dev'essere anche la purificazione interna. Questa è ottenuta attraverso le virtù citate nel capitolo I.33. Naturalmente, la purezza interna ha un valore maggiore di quella esterna, ma entrambe sono necessarie e la purezza esterna, senza quella interna, non è di nessuna utilità.

वितर्कबाधने प्रतिपक्षभावनम् ॥३३॥

33. Per ostacolare pensieri che sono nocivi allo Yoga, dovrebbero essere evocati pensieri contrari.

Questa è la strada per praticare le virtù che sono state indicate. Per esempio, quando una grande onda di rabbia è arrivata alla mente, come la controlliamo? Semplicemente alzando un'onda contraria. Pensate all'amore. Talvolta una madre è molto arrabbiata con suo marito e, mentre si trova in questo stato, il bambino entra e lei lo bacia. La vecchia onda scompare ed una nuova emerge, l'amore per il bambino. Quella sopprime l'altra. L'amore è opposto alla rabbia. Similmente, quando arriva l'idea di rubare, il non rubare dev'essere evocato; quando giunge l'idea di ricevere doni, sostituitela con un pensiero contrario.

वितर्का हिंसादयः कृतकारितानुमोदिता लोभक्रोधमोहपूर्वका मृदुमध्याधिमात्रा दुःखाज्ञानानन्तफला इति प्रतिपक्षभावनम् ॥३४॥

34. Gli ostacoli allo Yoga sono uccidere, falsità, ecc., se commessi, causati o approvati; sia attraverso l'avarizia, o la rabbia, o l'ignoranza; se scarsi, medi o grandi; e sfoceranno in infinita ignoranza e tristezza. Questo è (il metodo di) pensare il contrario.

Se dico una bugia o faccio in modo che la dica un altro, o approvo che un altro lo faccia, è ugualmente immorale. Anche se si tratta di una piccola bugia, rimane comunque una falsità. Ogni pensiero vizioso sarà ripreso, ogni idea di odio che potreste mai aver pensato, anche in una caverna, è immagazzinata e un giorno ritornerà a voi con un potere grandissimo, sotto forma di una qualche tristezza. Se progettate odio e gelosia, rimbalzeranno su di voi con gravati di interessi. Nessun potere li può evitare: una volta che li avete attivati dovrete farvene carico. Ricordarlo, vi eviterà di fare cose malvagie.

अहिंसाप्रतिष्ठायां तत्सन्निधौ वैरत्यागः ॥३५॥

35. Essendo stabilito non uccidere, in sua presenza cessano tutte le ostilità (in altri).

Se un uomo raggiunge l'ideale di non ferire gli altri, di fronte a lui anche gli animali che per loro natura sono feroci, diverranno pacifici. Davanti a quello Yogin la tigre e l'agnello giocheranno insieme. Quando sarete giunti a quello stato, solo allora capirete che sarete diventati saldi nel principio del non ferire.

सत्यप्रतिष्ठायां क्रयाफलाश्रयत्वम् ॥३६॥

36. Avendo raggiunto la veridicità, il maestro yoga ottiene il potere di realizzare, per sé stesso e per gli altri, i frutti del lavoro senza lavoro.

Quando questo potere di verità si costituirà in voi, allora anche in sogno, non mentirete mai. Sarete sinceri nel pensiero, nella parola e nell'azione. Qualsiasi cosa direte sarà verità. Potreste dire a un uomo: »Sii benedetto» ed esso lo sarà. Se un uomo è ammalato e voi gli dite: »Guarisci» egli guarirà immediatamente.

अस्तेयप्रतिष्ठायां सर्वरत्नोपस्थानम् ॥३७॥

37. Attraverso il raggiungimento del non rubare tutta la ricchezza giungerà allo Yogin.

Più volate via dalla natura più ella vi seguirà; e se non vi curate per niente di lei diventerà la vostra schiava.

ब्रह्मचर्यप्रतिष्ठायां वीर्यलाभः ॥३८॥

38. Avendo raggiunto la continenza, l'energia è ottenuta.

La mente casta ha una grandissima energia ed una gigantesca forza di volontà. Senza castità non ci può essere forza spirituale. La continenza da un controllo meraviglioso sul genere umano. I capi spirituali degli uomini sono stati molto continenti e questo è ciò che ha dato loro potere. Di conseguenza lo Yogin dev'essere continente.

अपरिग्रहस्थैर्ये जन्मकथन्तासंबोधः ॥३९॥

39. Quando egli è stabile nel principio del non—ricevere, acquisisce memoria della vita passata.

Quando un uomo non riceve regali, non si sente in obbligo verso gli altri ma rimane indipendente e libero. La sua mente diventa pura. Con ogni regalo è come se ricevesse i mali del donatore. Se non riceve, la mente è purificata e il primo potere che porta è la memoria della vita passata. Solo allora lo Yogin diventa assolutamente irremovibile nel suo ideale. Egli vede che è andato e venuto molte volte ed in questo modo egli è sicuro che questa volta sarà libero, che non andrà più avanti e indietro e non sarà schiavo della Natura.

शौचात्स्वाङ्गजुगुप्सा परैरसंसर्गः ॥४०॥

40. Avendo raggiunto la pulizia interna ed esterna, qui cresce il disgusto per il proprio corpo e il non contatto fisico con altri.

Quando c'è reale purificazione del corpo, interna ed esterna, qui si manifesta la trascuratezza del corpo e l'idea di mantenerlo bello svanisce. Un viso che altri definiscono il più bello, apparirà allo Yogin come puramente animale, se dietro non c'è intelligenza. Ciò che il mondo chiama un viso molto comune, egli lo considera come celestiale, se, dietro di esso, lo spirito brilla. Questa sete di ricerca del corpo è la grande rovina della vita umana. Quindi, il primo segno della costituzione della purezza è che non vi preoccuperete più di pensare che siete un corpo. Accade solo quando giunge la purezza che ci liberiamo dall'idea del corpo.

सत्त्वशुद्धि-सौमनस्यैकाग्र्येन्द्रियजयात्मदर्शन-योग्यत्वानि च ॥४१॥

41. Qui cresce anche la purificazione del Sattva, allegria della mente, concentrazione, conquista degli organi e adattamento per la realizzazione del Sé.

Attraverso la pratica della pulizia, prevale la materia del Sattva e la mente diventa concentrata e allegra. Il primo segno che state diventando religiosi è che state diventando allegri. Quando un uomo è depresso, potrebbe essere dispepsia, ma non è religione. Un sentimento di gradevolezza è la natura del Sattva. Tutto è gradevolezza all'uomo Sâttvika e quando ciò avviene, sappiate che state progredendo nello Yoga. Tutto il dolore è causato dal Tamas, quindi dovete disfarvene; la scontrosità è uno dei «Giubili del Tamas». Solo il forte, il ben saldo, il giovane, il sano, l'ardito sono adatti a diventare Yogin. Agli occhi dello Yogin tutto è beatitudine, ogni volto umano che vede gli dona allegria. Questo è il simbolo di un uomo virtuoso. La tristezza è causata dal peccato e da nessun altro motivo. Cosa avete a che fare con quelle facce scure? E' terribile. Se avete un volto scuro non uscite quel giorno, chiudetevi nella vostra stanza. Che diritto avete di portare questo malessere nel mondo? Quando la vostra mente è diventata controllata, voi avete il controllo sull'intero corpo; invece di essere uno schiavo per questa macchina, essa è la vostra schiava. Invece di permettere a questa macchina di infangare l'anima, essa diventi la sua più grande assistente.

सन्तोषादनुत्तमः सुखलाभः ॥४२॥

42. Dall'appagamento deriva felicità suprema.

CAPITOLO II : CONCENTRAZIONE : LA SUA PRATICA

कायेन्द्रियसिद्धिरशुद्धिक्षयात्तपसः ॥४३॥

43. Il risultato della mortificazione è prendere potere dagli organi e dal corpo, distruggendo l'impurità.

I risultati della mortificazione sono immediatamente visibili, talvolta attraverso alti poteri di visione, sentendo cose a distanza e così via.

स्वाध्यायादिष्टदेवतासंप्रयोगः ॥४४॥

44. Attraverso la ripetizione del Mantra giunge la realizzazione della divinità voluta.

Maggiori sono le creature che volete ottenere, più difficile è la pratica.

समाधिसिद्धिरीश्वरप्रणिधानात् ॥४५॥

45. Sacrificando tutto a Ishvara giunge il Samadhi.

Attraverso la rassegnazione al Signore, il Samadhi diventa perfetto.

स्थिरसुखमासनम् ॥४६॥

46. La postura è ciò che è stabile e piacevole.

Ora giunge l'Asana, postura. Finché non avrete raggiunto una seduta stabile non potete praticare la respirazione e gli altri esercizi. Stabilità della seduta significa che non dovete assolutamente percepire il vostro corpo. Normalmente, troverete che non appena vi sedete per qualche minuto, giunge al corpo qualsiasi tipo di agitazione; ma quando avrete ottenuto l'idea di un corpo tangibile, perderete tutto il senso del corpo. Non sentirete né piacere né dolore. E quando lo accoglierete di nuovo, il vostro corpo si sentirà riposato. E' solo una pausa perfetta che potete dare al corpo. Quando avrete avuto successo nel conquistarlo e nel mantenerlo stabile, la vostra pratica rimarrà ferma ma, finché siete disturbati dal corpo, i vostri nervi saranno disturbati e voi non potrete concentrare la mente.

प्रयत्नशैथिल्यानन्तसमापत्तिभ्याम् ॥४७॥

47. Attraverso la diminuzione della tendenza naturale (per l'agitazione) e meditando sull'illimitato, la postura diventa stabile e piacevole.

Possiamo stabilizzare la seduta, pensando all'infinito. Non possiamo pensare all'Infinito Assoluto ma possiamo pensare al cielo infinito.

ततो द्वन्द्वानभिघातः ॥४८॥
48. Conquistata la seduta, le dualità non ostacoleranno.

Le dualità, buono e cattivo, caldo e freddo e tutte le coppie di opposti, allora non vi disturberanno più.

तस्मिन् सति श्वासप्रश्वासयोर्गतिविच्छेदः प्राणायामः ॥४९॥
49. Controllare il movimento dell'espirazione e dell'inspirazione, viene dopo questo.

Quando la postura è stata raggiunta, allora il movimento del Prana deve essere spezzato e controllato. Perciò arriviamo al Pranayama, il controllo delle forze vitali del corpo. Il Prana non è respiro, anche se di solito viene tradotto così. E' la somma totale dell'energia cosmica. E' l'energia che si trova in ogni corpo e la sua manifestazione più evidente è il movimento dei polmoni. Tale movimento è causato dal Prana estratto nel respiro ed è ciò che cerchiamo di controllare nel Pranayama. Iniziamo controllando il respiro in quanto è la via più semplice per ottenere il controllo del Prana.

बाह्याभ्यन्तरस्तम्भवृत्तिः देशकालसंख्याभिः परिदृष्टो दीर्घसूक्ष्मः ॥५०॥
50. Le sue modificazioni sono o esterne, o interne, o senza movimento, regolate attraverso posizione, terna e numero, sia lungo che corto.

I tre tipi di movimento del Pranayama sono: uno con il quale inspiriamo, un altro con il quale espiriamo e la terza azione quando il respiro è trattenuto nei polmoni o gli si impedisce di entrare nei polmoni. Questi ancora cambiano in base al posto e al tempo. Con posto, si intende che il Prana è trattenuto in una particolare parte del corpo. Con tempo, si intende per quanto il Prana dev'essere confinato in un determinato luogo e quindi, stiamo parlando di quanti secondi trattenere un movimento e quanti trattenerne un altro. Il risultato di questo Pranayama è Udghâta, il risveglio del Kundalini.

बाह्याभ्यन्तरविषयाक्षेपी चतुर्थः ॥५१॥
51. Il quarto è restringere il Prana meditando su un oggetto esterno o interno.

Questo è il quarto tipo di Pranayama nel quale il Kumbhaka viene acquisito da una lunga pratica accompagnata dalla meditazione, che è assente negli altri tre.

ततः क्षीयते प्रकाशावरणम् ॥५२॥

52. Da questo, l'offuscamento della luce del Chitta è attenuato.

Il Chitta ha per sua natura, tutta la conoscenza. E' composto da particelle di Sattva ma è offuscato da particelle di Raja e Tamas; attraverso il Pranayama questo offuscamento viene rimosso.

धारणासु च योग्यता मनसः ॥५३॥

53. La mente diventa adatta per il Dharana.

Dopo che questo offuscamento è stata rimosso, siamo in grado di concentrare la mente.

स्वस्वविषयासम्प्रयोगे चित्तस्वरूपानुकार इवेन्द्रियाणां प्रत्याहारः ॥५४॥

54. Il coinvolgimento degli organi avviene attraverso l'abbandono dei loro oggetti e prendendo per così dire, la forma della sostanza mentale.

Gli organi sono stati separati della sostanza mentale. Io vedo un libro. La forma non è nel libro, è nella mente. E' qualcosa all'esterno che richiama questa forma. La vera forma è nel Chitta. Gli organi si identificano con loro stessi e prendono la forma di qualsiasi cosa gli giunga. Se potete impedire al contenuto della mente di prendere queste forme, la mente rimarrà calma. Questo è chiamato Pratyahara.

ततः परमा वश्यतेन्द्रियाणाम् ॥५५॥

55. Da lì si eleva il controllo supremo degli organi.

Quando gli Yogin sono riusciti a fare in modo che gli organi non prendano le forme di oggetti esterni, facendoli rimanere un tutt'uno con il contenuto della mente, allora giunge il perfetto controllo degli organi. Quando gli organi sono perfettamente sotto controllo, ogni muscolo e nervo sarà sotto controllo, perché gli organi sono i centri di tutte le sensazioni e di tutte le azioni. Tali organi sono divisi in organi di lavoro e organi di sensazione. Quando gli organi sono controllati, il maestro yoga può controllare tutte le sensazioni e le azioni; l'intero corpo è sotto il suo controllo. Solo allora si comincia a sentire la gioia nell'essere nati; allora uno può veramente dire :»Benedetto io che sono nato». Quando questo controllo degli organi è ottenuto, noi sentiamo quanto meraviglioso sia veramente questo corpo.

Capitolo III
Poteri

Siamo ora giunti al capitolo nel quale sono descritti i poteri dello Yoga.

देशबन्धश्चित्तस्य धारणा ॥१॥
1. Il Dhâranâ sta fissando la mente su qualche particolare oggetto.

Dharana (concentrazione) è quando la mente si fissa su qualche oggetto, nel corpo o fuori dal corpo, e si mantiene in quello stato.

तत्र प्रत्ययैकतानता ध्यानम् ॥२॥
2. Un flusso continuo di conoscenza in quell'oggetto è il Dhyâna.

La mente prova a pensare ad un oggetto, a fissarsi in un punto particolare, come sopra la testa, nel cuore, ecc., e se riesce a ricevere le sensazioni solo attraverso quella parte del corpo e non attraverso un'altra parte, questo sarebbe il Dharana; e quando la mente riesce a tenere sé stessa in quello stato per un po di tempo, questo stato è chiamato Dhyana (meditazione).

तदेवार्थमात्रनिर्भासं स्वरूपशून्यमिव समाधिः ॥३॥
3. Quando quello, lasciando tutte le sue forme, riflette solo il significato, è il Samâdhi.

Ciò avviene quando nella meditazione la forma o la parte esterna, viene abbandonata. Supponiamo che stessi meditando su un libro e che, gradualmente, io sia riuscito a concentrare su di esso la mente e percepisco solo le sensazioni interne, il significato, inespresso da qualsiasi forma: questo stato di Dhyana viene chiamato Samadhi.

त्रयमेकत्र संयमः ॥४॥
4. Il Samyama è (questi) tre (quando praticati) in riferimento ad un oggetto.

Quando un uomo può dirigere la propria mente su qualsiasi particolare oggetto, fissarla lì e poi mantenerla per lungo tempo, separando l'oggetto dalla parte interna, questo è il Samyama. Oppure Dharana, Dhyana e Samadhi, uno seguendo l'altro e diventando una cosa sola. La forma della cosa è svanita e nella mente rimane solo il suo significato.

तज्जयात् प्रज्ञाऽऽलोकः ॥५॥
5. Tramite la conquista di ciò, giunge la luce della conoscenza.

Quando una persona è riuscita a produrre questo Samyama, tutti i poteri si trovano sotto il suo controllo. Questo è il più grande strumento dello Yogin. Gli oggetti della conoscenza sono infiniti e sono divisi nel grosso, più grosso, grossissimo e sottile, più sottile, sottilissimo e via di seguito. Questo Samyama dovrà essere applicato per primo alle cose grosse e quando inizierete ad acquisire conoscenza di queste, lentamente, gradualmente, dovrà essere portato alle cose più sottili.

तस्य भूमिषु विनियोगः ॥६॥
6. Questo dovrebbe essere impiegato a gradi.

Questa è una nota di avvertimento per non cercare di andare troppo veloce.

त्रयमन्तरङ्गं पूर्वेभ्यः ॥७॥
7. Questi tre sono più interni rispetto a quelli che precedono.

Prima di queste avevamo il Pratyâhâra, il Prânâyâma, l'Âsana, lo Yama e il Niyama; sono le parti esterne dei tre — Dharana, Dhyana e Samadhi. Quando un uomo li ha conseguiti, egli potrà realizzare l'onniscenza e l'onnipotenza ma quella non sarebbe la salvezza. Questi tre non renderebbero la mente Nirvikalpa, immutabile, ma lascerebbero i semi per ottenere ancora corpi. Solo quando i semi, come dice lo Yogin, sono « bruciati », essi perdono la possibilità di produrre altre piante. Questi poteri non possono bruciare il seme.

तदपि बहिरङ्गं निर्बीजस्य ॥८॥
8. Ma anche loro sono esterni al senza seme (Samadhi).

Rispetto al Samadhi senza seme comunque, anche questi sono esterni. Noi non abbiamo ancora raggiunto il vero Samadhi, l'altissimo, ma uno stadio più basso, nel quale questo universo continua ad esistere come lo vediamo e nel quale ci sono tutti questi poteri.

व्युत्थान-निरोधसंस्कारयोरभिभव-प्रादुर्भावौ निरोधक्षणचित्तान्वयो निरोध-परिणामः ॥९॥

9. Tramite la soppressione delle impressioni disturbate della mente e attraverso l'aumento delle impressioni di controllo, si dice che la mente, che continua a mantenere quel momento di controllo, raggiunga le modifiche apportate dal controllo stesso.

Questo per dire che, in questo primo stato di Samadhi, le modifiche della mente sono state controllate ma non completamente, perché se così fosse, non si ci sarebbe stata alcuna modifica. Se c'è una modifica che impedisce alla mente di fuggire attraverso i sensi e lo Yogin prova a controllarla, questo controllo da solo diventerà una modifica. Un'onda si contrapporrà ad un'altra onda, quindi non sarà un vero Samadhi nel quale tutte le onde si placano, poiché il controllo stesso sarà un'onda. Tuttavia, questa forma minore di Samadhi è molto più vicino a quella più elevata, rispetto a quando la mente ribolle.

तस्य प्रशान्तवाहिता संस्कारात् ॥१०॥

10. Con l'abitudine, il suo flusso diventa regolare.

Il flusso di questo continuo controllo della mente diventa regolare quando viene praticato giorno dopo giorno e la mente, ottiene la facoltà di una costante concentrazione.

सर्वार्थतैकाग्रतयोः क्षयोदयौ चित्तस्य समाधि-परिणामः ॥११॥

11. Assorbire tutti i tipi di oggetti e concentrarsi su un solo oggetto, questi due poteri sono rispettivamente distrutti e manifestati, il Chitta riceve la modifica chiamata Samadhi.

La mente accoglie vari oggetti, scontrandosi con ogni tipo di cose. Questo è lo stato ridotto. C'è uno stato superiore della mente, quando accoglie un oggetto ed esclude tutti gli altri, del quale il Samadhi è il risultato.

शान्तोदितौ तुल्यप्रत्ययौ चित्तस्यैकाग्रता-परिणामः ॥१२॥

12. La focalizzazione completa del Chitta, è quando l'impressione di ciò che è passato e di ciò che è presente, sono simili.

Come possiamo sapere che la mente si è concentrata? Perché l'idea di tempo svanirà. Più non facciamo attenzione al tempo che passa, più saremo concentrati. Nella vita comune notiamo che quando siamo interessati ad un libro, non ci rendiamo assolutamente conto del tempo e, quando lasciamo la lettura, rimaniamo spesso sorpresi nel constatare quante ore siano passate. Per tutto il tempo, avremo sempre la tendenza di arrivare e rimanere nel momento presente. Quindi la definizione è data: Quando passato e presente arrivano e rimangono una cosa sola, la mente è detta concentrata.

एतेन भूतेन्द्रियेषु धर्मलक्षणावस्थापरिणामा व्याख्याताः ॥१३॥

13. Con questo viene spiegata la triplice trasformazione di forma, tempo e stato, nella materia fine o grossa e negli organi.

Attraverso il triplice cambiamento dalla sostanza mentale in quanto forma, tempo e stato, sono spiegati i cambiamenti corrispondenti nella materia grossa e sottile e negli organi. Supponete che ci sia un blocco d'oro. E' trasformato in un braccialetto e ancora in un orecchino. Questi sono cambiamenti in quanto forma. Lo stesso fenomeno guardato dal punto di vista del tempo, ci da il cambiamento in quanto tempo. Ancora, il braccialetto o l'orecchino possono essere lucidi o opachi, spessi o sottili e così via. Questo è cambiamento in quanto stato. Ora, riferendoci agli aforismi 9, 11 e 12, la sostanza mentale sta cambiando nel Vritti: questo è cambiamento in quanto forma. Che essa passi attraverso momenti passati, presenti e futuri del tempo, è cambiamento in quanto tempo. Che le impressioni varino in quanto intensità, entro un determinato periodo, diciamo il presente, è cambiamento in quanto stato. La concentrazione appresa nei precedenti aforismi, era intesa a fornire allo Yogin un controllo volontario sulle trasformazioni della sua sostanza mentale, che da sola gli permetterà di effettuare il Samyama citato nel capitolo III.4.

शान्तोदिताव्यपदेश्यधर्मानुपातो धर्मी ॥१४॥

14. Ciò che ha effetto tramite trasformazioni, o passate, o presenti o che si devono ancora manifestare, è il qualificato.

Vale a dire: il qualificato è la sostanza che si concretizza sul tempo e tramite il Samskara, cambiando e manifestandosi sempre.

क्रमान्यत्वं परिणामान्यत्वे हेतुः ॥१५॥

15. La successione dei cambiamenti è la causa di una molteplice evoluzione.

परिणामत्रयसंयमादतीतानागतज्ञानम् ॥१६॥

16. Praticando il Samyama sui tre tipi di cambiamento, giunge la conoscenza del passato e del futuro.

Non dobbiamo perdere di vista la prima definizione di Samyama. Quando la mente ha raggiunto quello stato nel quale si identifica con l'impressione interna dell'oggetto, lasciando quella esterna e quando, attraverso una lunga pratica, quello viene trattenuto dalla mente ed essa può accedere a quello stato in un attimo, quello è il Samyama. Se un uomo in quello stato vuole conoscere il passato e il futuro, deve praticare un Samyama sui cambiamenti nel Samskara (III.13). Alcuni stanno lavorando ora, nel presente, alcuni hanno lavorato e alcuni stanno aspettando di lavorare. Quindi, facendo un Samyama su questi, egli conosce il passato e il futuro.

शब्दार्थप्रत्ययानामितरेतराध्यासात्सङ्करस्तत्प्रविभागसंयमात्
सर्वभूतरुतज्ञानम् ॥१७॥

17. Facendo Samyama su parola, significato e conoscenza che di solito vengono confusi, giunge la conoscenza di tutti i suoni animali.

La parola rappresenta la causa esterna, il significato rappresenta la vibrazione interna che viaggia verso il cervello tramite i canali delle Indriya, facendo convergere l'impressione esterna alla mente e la conoscenza, rappresenta la reazione della mente, attraverso la quale arriva la percezione. Questi tre, confusi, creano i nostri oggetti sensoriali. Supponiamo che io ascolti una parola: questa è prima una vibrazione esterna, poi una sensazione interna portata alla mente tramite l'organo dell'udito, poi la mente reagisce ed io riconosco la parola. La parola che conosco è un miscuglio delle tre — vibrazione, sensazione e reazione. Normalmente queste tre sono inseparabili, ma attraverso la pratica lo Yogin le può separare. Quando un uomo ha realizzato questo, se fa un Samyama di qualsiasi suono egli comprende il significato che questo suono intendeva esprimere, sia che fosse fatto da un uomo o da un qualsiasi altro animale.

संस्कारसाक्षात्करणात् पूर्वजातिज्ञानम् ॥१८॥

18. Percependo le impressioni, (giunge) la conoscenza della vita passata.

Ogni esperienza che abbiamo, arriva sotto forma di un onda nel Chitta, e questa si placa e diventa sempre più sottile, ma non viene mai persa. Rimane lì in forma minima e, se noi possiamo sollevare ancora quest'onda, essa diventa memoria. Quindi, se il maestro yoga può fare un Samyama nella mente su queste impressioni passate, inizierà a ricordare tutte le sue vite precedenti.

प्रत्ययस्य परचित्तज्ञानम् ॥१९॥

19. Facendo Samyama sui segni nel corpo di un altro, giunge la conoscenza della sua mente.

Ogni uomo ha nel proprio corpo dei segni particolari che lo differenziano dagli altri. Quando lo Yogin effettua un Samyama su questi segni, egli conosce la natura della mente di questa persona.

न च तत् सालम्बनं तस्यावषियीभूतत्वात् ॥२०॥

20. Ma non i suoi contenuti, non essendo oggetto del Samyama.

Egli non vuole conoscere i contenuti della mente facendo un Samyama sul corpo. Sarebbe richiesto un duplice Samyama, prima sui segni nel corpo e poi nella mente stessa. Lo Yogin potrà poi conoscere tutto ciò che c'è in quella mente.

कायरूपसंयमात्तद्ग्राह्यशक्ति-स्तम्भे चक्षुःप्रकाशासंप्रयोगेऽन्तर्धानम् ॥२१॥

21. Facendo Samyama sulla forma del corpo, essendo ostacolata la percettibilità della forma e separato il potere di manifestazione nell'occhio, il corpo dello Yogin diventerà invisibile.

Uno Yogin fermo in mezzo a questa stanza può apparentemente svanire. Non svanisce realmente ma non sarà visto da nessuno. La forma e il corpo sono, per così dire, separati. Dovete ricordare che questo può essere fatto solo quando lo Yogin ha raggiunto quel potere di concentrazione nel quale la forma e l'oggetto sono state separate. Poi, su quello, egli esegue un Samyama ed il potere di percepire le forme viene bloccato, perché il potere di percepire forme deriva dalla connessione di forma e oggetto.

एतेन शब्दाद्यन्तर्धानमुक्तम् ॥२२॥

22. Da questo, sono anche spiegate la scomparsa o l'occultamento di parole che sono state pronunciate e altre cose del genere.

सोपक्रमं निरुपक्रमं च कर्म तत्संयमादपरान्तज्ञानमरिष्टेभ्यो वा ॥२३॥

23. Il Karma è di due tipi — che da i suoi frutti presto oppure tardi. Facendo Samyana su questi o attraverso i segni chiamati Arishta, presagi, gli Yogin conoscono il tempo esatto di separazione dai loro corpi.

Quando un maestro di yoga effettua un Samyama nel suo proprio Karma, in merito a quelle impressioni nella sua mente che stanno lavorando ora e in merito a quelle che stanno aspettando di lavorare, egli conosce esattamente — tramite queste ultime — quando il suo corpo soccomberà. Saprà quando morirà, a che ora, anche in quale minuto. Gli Indù pensano moltissimo a questa conoscenza o consapevolezza della vicinanza della morte, poiché è detto nel Gita che i pensieri al momento della dipartita hanno grande potere nella determinazione della vita successiva.

मैत्र्यादिषु बलानि ॥२४॥

24. Facendo Samyama sull'amicizia, sulla pietà, ecc (I.33), lo Yogin eccelle nelle rispettive qualità.

बलेषु हस्तबिलादीनि ॥२५॥

25. Facendo Samyama sulla forza dell'elefante e altri, la loro rispettiva forza arriverà allo Yogin.

Quando uno Yogin ha raggiunto questo Samyama e vuole forza, effettua un Samyama sulla forza dell'elefante e la ottiene. Infinita energia è a disposizione di chiunque se solo si sapesse come ottenerla. Lo Yogin ha scoperto la formula per acquisirla.

प्रवृत्त्यालोकन्यासात् सूक्ष्म-व्यवहति-विप्रकृष्टज्ञानम् ॥२६॥

26. Facendo Samyama sulla Fulgida Luce (I.36), giunge la conoscenza del sottile, dell'ostacolato e del remoto.

Quando lo Yogin effettua il Samyama su questa Fulgida Luce nel cuore, vede cose che molto distanti, ad esempio cose che stanno succedendo in un posto lontano e che sono ostacolate dalle catene montuose, ma anche cose che sono molto piccole.

CAPITOLO III : POTERI

भुवनज्ञानं सूर्ये संयमात् ॥२७॥

27. Facendo Samyama sul sole, (giunge) la conoscenza del mondo.

चन्द्रे तारावव्यूहज्ञानम् ॥२८॥

28. Sulla luna, (giunge) la conoscenza dell'ammasso di stelle.

ध्रुवे तद्गतिज्ञानम् ॥२९॥

29. Sulla stella polare, (giunge) la conoscenza del movimento delle stelle.

नाभिचक्रे कायव्यूहज्ञानम् ॥३०॥

30. Sul cerchio dell'ombelico, (giunge) la conoscenza della costituzione del corpo.

कण्ठकूपे क्षुत्पिपासानिवृत्तिः ॥३१॥

31. Sull'incavo della gola, (giunge) la cessazione della fame.

Quando un uomo è molto affamato, se può fare Samyama sull'incavo della gola, la fame cessa.

कूर्मनाड्यां स्थैर्यम् ॥३२॥

32. Sul nervo chiamato Kurma, (giunge) la stabilità del corpo.

Quando sta praticando, il corpo non è disturbato.

मूर्धज्योतिषि सिद्धदर्शनम् ॥३३॥

33. Sulla luce emanata dalla parte superiore della testa, visione dei Siddha.

I Siddha sono esseri leggermente superiori ai fantasmi. Quando lo Yogin concentra la sua mente in cima alla testa, vedrà questi Siddha. La parola Siddha non si riferisce a quegli uomini che sono diventati liberi, un significato che spesso gli viene attribuito.

प्रातिभाद्वा सर्वम् ॥३४॥

34. O attraverso il potere del Prâtibha, tutta la conoscenza.

Tutti questi possono arrivare senza alcun Samyama all'uomo che abbia il potere del Pratibha (illuminazione spontanea che deriva dalla purezza). Quando un uomo si è elevato ad un alto stato di Pratibha, ha quella luce intensa. A lui, tutte le cose sono manifeste. Tutto gli giunge naturalmente, senza compiere Samyama.

हृदये चत्ति-संवति् ॥३५॥

35. *Nel cuore, conoscenza delle menti.*

सत्त्वपुरुषयोरत्यन्तासंकीर्णयोः प्रत्ययाविशिषाद् भोगः
परार्थत्वात् स्वार्थसंयमात् पुरुषज्ञानम् ॥३६॥

36. *Il piacere giunge dalla non discriminazione dell'anima e del Sattwa, che sono totalmente diversi, poiché le azioni di quest'ultimo sono per altro. Il Samyama sulla persona centrata su di sé, dona conoscenza del Purusha.*

Tutta l'opera del Sattwa—una modifica del Prakriti caratterizzata da luce e felicità—è per l'anima. Quando il Sattwa è libero dall'egoismo e illuminato con l'intelligenza pura del Purusha, viene chiamato «quello centrato sul sé» perché in questo stato diventa indipendente da qualsiasi relazione.

ततः प्रातभिश्रावणवेदनादर्शास्वादवार्ता जायन्ते ॥३७॥

37. *Da ciò emerge la conoscenza appartenente al Pratibha e udito, tatto, vista, gusto e olfatto (soprannaturali).*

ते समाधावुपसर्गा व्युत्थाने सद्धियः ॥३८॥

38. *Questi sono ostacoli al Samadhi ma sono poteri nello stato terreno.*

Allo Yogin, la conoscenza dei piaceri del mondo giunge tramite il congiungimento del Purusha e della mente. Se egli vuole fare Samyama sul fatto che natura e anima sono due cose diverse, otterrà conoscenza del Purusha. Da ciò emerge discriminazione. Quando ottiene quella discriminazione, acquisisce il Pratibha, la luce del genio supremo. Questi poteri comunque, sono ostacoli all'ottenimento dello scopo supremo: la conoscenza del puro Sé e la libertà. Queste sono, per così dire, cose incontrate lungo il cammino e se lo Yogin le rifiuta, egli ottiene l'obiettivo supremo. Se invece ha la tentazione di acquisirle, il suo progresso successivo è precluso.

बन्धकारणशैथिल्यात् प्रचारसंवेदनाच्च चित्तस्य परशरीरावेशः ॥३९॥

39. *Quando il legame del Chitta viene sciolto, lo Yogin, attraverso la conoscenza dei suoi canali di attività (i nervi), penetra nel corpo di un altro.*

Lo Yogin può penetrare un corpo morto e farlo alzare e muovere, anche mentre lui stesso sta lavorando in un altro corpo. Oppure può penetrare un corpo vivo, tenere in scacco la mente e gli organi di questo uomo e per tutto il tempo agire attraverso il corpo di quest'ultimo. Ciò viene effettuato dallo Yogin giunto a questa discriminazione del Purusha e della natura. Se vuole penetrare il corpo di un altro, effettua un Samyama su quel corpo e lo penetra perché, non solo la sua anima è onnipresente, ma lo è anche la mente, come lo Yogin stesso insegna. E' solo una piccola parte della mente universale. Ora comunque, può solo lavorare attraverso le correnti nervose in questo corpo. Ma, quando lo Yogin si è sciolto da queste correnti nervose, può operare attraverso altre cose.

उदानजयाज्जलपङ्ककण्टकादिष्वसङ्ग उत्क्रान्तिश्च ॥४०॥

40. Conquistando la corrente chiamata Udâna, lo Yogin non affonda nell'acqua o nelle paludi, può camminare sulle spine, ecc. e può, morire secondo volontà.

Udana è il nome della corrente nervosa che governa i polmoni e tutte le parti superiori del corpo; quando egli è padrone di questo, diventa leggero. Egli non affonda nell'acqua, può camminare sulle spine e sulle lame delle spade e rimanere tra le fiamme e può lasciare questa vita in qualunque momento voglia.

समानजयात् प्रज्वलनम् ॥४१॥

41. Attraverso la conquista della corrente Samana, egli è circondato da un fulgore di luce.

In qualsiasi momento voglia, le luci rifulgono dal suo corpo.

श्रोत्राकाशयोः सम्बन्धसंयमाद्दिव्यं श्रोत्रम् ॥४२॥

42. Facendo Samyama sulla relazione tra l'orecchio e l'Akâsha, giunge l'udito divino.

C'è l'Akasha, l'etere, e lo strumento, l'orecchio. Facendo Samyama su questi, lo Yogin ottiene un udito superiore alla norma: sente qualsiasi cosa. Può sentire tutto, parola o suono, a miglia di distanza.

कायाकाशयोः सम्बन्धसंयमाल्लघुतूलसमापत्तेश्चाकाशगमनम् ॥४३॥

43. Facendo Samyama sulla relazione tra l'Akasha ed il corpo e diventando leggero come un fiocco di cotone, ecc. tramite la meditazione su di essi, lo Yogin attraversa i cieli.

Questo Akasha è la materia di questo corpo. E' solo l'Akasha in una determinata forma che è diventato il corpo. Se uno Yogin effettua un Samyama su questa materia Akasha del suo corpo, questo acquisisce la leggerezza dell'Akasha e può andare ovunque attraverso l'aria. E così anche in altri casi.

बहिरकल्पिता वृत्तिर्महाविदेहा ततः प्रकाशावरणक्षयः ॥४४॥

44. *Facendo Samyama sulle «reali modifiche» della mente, fuori dal corpo, chiamata grande incorporeità, la luce non è più offuscata.*

La mente nella sua stupidità, pensa che sta lavorando in questo corpo. Perché dovrei essere legato da un sistema di nervi e mettere l'Ego in un corpo solo, se la mente è onnipresente? Non c'è nessuna ragione per la quale dovrei. Lo Yogin vuole sentire l'Ego dovunque voglia. Le onde mentali che emergono nel corpo in assenza di egoismo, vengono chiamate «reali modifiche» o «grande incorporeità». Quando è riuscito nell'effettuare Samyama su queste modifiche, l'offuscamento della luce scompare e tutta l'oscurità e l'ignoranza svaniscono. Tutto gli appare come pieno di conoscenza.

स्थूल-स्वरूप-सूक्ष्मान्वयार्थवत्त्वसंयमाद्भूतजयः ॥४५॥

45. *Facendo Samyama sulle forme grosse e sottili degli elementi, i loro tratti essenziali, sul Guna in essi connaturato e sul loro contribuire all'esperienza dell'anima, giunge la padronanza degli elementi.*

Il maestro yoga effettua Samyama sugli elementi, prima sul grosso e poi sugli stati più sottili. Questo Samyama è accolto maggiormente da una setta Buddista. Essi prendono una massa di argilla e fanno Samyama su questa e gradualmente iniziano a vedere i materiali sottili che la compongono; quando li hanno distinti tutti, hanno acquisito potere su questo elemento. Così con tutti gli elementi. Gli Yogin possono conquistarli tutti.

ततोऽणिमादिप्रादुर्भावः कायसम्पत्तद्धर्मानभिघातश्च ॥४६॥

46. *Da questo deriva la piccolezza ed il resto dei poteri, «glorificazione del corpo» e indistruttibilità delle qualità corporee.*

Ciò significa che lo Yogin ha conseguito gli otto poteri. Può rendere sé stesso così microscopico tanto quanto una particella, oppure enorme tanto quanto una montagna; così pesante come la terra oppure così leggero come l'aria. Egli può raggiungere qualsiasi cosa gli piaccia, può controllare qualsiasi cosa voglia, può conquistare tutto ciò che vuole, e così via. Un leone siederà ai suoi piedi come un agnello e tutto ciò che egli desidererà sarà soddisfatto a comando.

रूप-लावण्य-बल-वज्रसंहननत्वानि कायसम्पत् ॥४७॥

47. *La «glorificazione del corpo» è bellezza, carattere, forza, tempra adamantina.*

Il corpo diventa indistruttibile. Nulla lo può ferire. Nulla lo può distruggere fino a che lo Yogin desidera. «Rompendo il bastone del tempo, egli vive in questo universo con il suo corpo». Nei Veda è scritto che per quest'uomo non c'è più malattia, morte o dolore.

ग्रहण-स्वरूपास्मितान्वयार्थवत्त्वसंयमादिन्द्रियजयः ॥४८॥

48. *Facendo Samyama sull'oggettività e sul potere di illuminazione degli organi, sull'egoismo, sul Guna in essi connaturato e sul loro contributo all'esperienza dell'anima, giunge la conquista degli organi.*

Nella percezione degli oggetti esterni, gli organi lasciano il loro posto nella mente e vanno verso l'oggetto; questo è seguito dalla conoscenza. Anche l'egoismo è presente nell'azione. Quando lo Yogin fa gradatamente Samyama su questi e sugli altri due, conquista gli organi. Prendete qualsiasi cosa che vedete o sentite, per esempio un libro. Per prima cosa concentrate la mente su di esso, poi sulla conoscenza che sta nella forma del libro stesso e poi ancora nell'Ego che vede il libro, e così via. Attraverso quella pratica tutti gli organi verranno conquistati.

ततो मनोजवित्वं विकरणभावः प्रधानजयश्च ॥४९॥

49. *Da questo arriva al corpo il potere di rapido movimento simile alla mente, il potere degli organi senza l'aiuto del corpo e la conquista della natura.*

Proprio come attraverso la conquista degli elementi giunge il corpo glorificato, così dalla conquista degli organi arriveranno i suddetti poteri.

सत्त्वपुरुषान्यताख्यातिमात्रस्य सर्वभावाधिष्ठातृत्वं सर्वज्ञातृत्वञ्च ॥५०॥

50. *Facendo Samyama sulla discriminazione tra il Sattwa ed il Purusha, giunge l'onnipotenza e l'onniscenza.*

Quando la natura è stata conquistata e la differenza tra il Purusha e la natura — cioè che il Purusha è indistruttibile, puro e perfetto — realizzata, allora giunge l'onnipotenza e l'onniscenza.

$$\text{तद्वैराग्यादपि दोषबीजक्षये कैवल्यम् ॥५१॥}$$

51. Abbandonando anche questi poteri, giunge la distruzione del vero seme del male, che conduce al Kaivalya.

Egli raggiunge la solitudine, l'indipendenza e diventa libero. Quando una persona abbandona anche l'idea di onnipotenza e onniscenza, arriva il completo rifiuto del piacere, delle tentazioni dalle entità divine. Quando lo Yogin ha visto tutti questi meravigliosi poteri e li ha rifiutati, raggiunge lo scopo. Quali sono tutti questi poteri? Semplicemente manifestazioni. Non sono meglio dei sogni. Anche l'onnipotenza è un sogno. Dipende dalla mente. Finché c'è una mente essa può essere compresa, ma lo scopo è oltre, anche al di là mente.

$$\text{स्थान्युपनिमन्त्रणे सङ्गस्मयाकरणं पुनरनिष्टप्रसङ्गात् ॥५२॥}$$

52. Lo Yogin non dovrà sentirsi attratto o lusingato dagli approcci delle entità divine per paura del male.

Ci sono anche altri pericoli: dei ed altre creature tornano a tentare lo Yogin. Essi non vogliono che nessuno sia perfettamente libero. Sono gelosi, così come lo siamo noi e talvolta anche peggio. Sono molto preoccupati di perdere la loro posizione. Quei maestri Yoga che non raggiungono la perfezione, muoiono e diventano dei; lasciando la via diretta ne seguono una parallela e acquisiscono questi poteri. Poi ancora, devono rinascere. Ma colui il quale è abbastanza forte da resistere a queste tentazioni e va dritto all'obiettivo, diventa libero.

$$\text{क्षण-तत्क्रमयोः संयमाद्विवेकजं ज्ञानम् ॥५३॥}$$

53. Facendo Samyama su una particella di tempo e su ciò che la precede e ciò che la segue, giunge la discriminazione.

Come facciamo ad evitare tutte queste cose, questi Deva e paradisi, e poteri? Attraverso la discriminazione, riconoscendo il buono dal cattivo. Pertanto è dato un Samyama attraverso il quale il potere di discriminazione può essere rafforzato. Ciò accade facendo un Samyama su una particella di tempo e sul tempo che lo precede e che lo segue.

जाति-लक्षण-देशैरन्यताऽनवच्छेदात्तुल्ययोस्ततः प्रतिपत्तिः ॥५४॥

54. Quelle cose che non posso essere differenziate tramite specie, segno e luogo, anch'esse saranno discriminate dal suddetto Samyama.

La sofferenza che patiamo deriva dall'ignoranza, dalla non—discriminazione tra il reale e l'irreale. Tutti noi confondiamo il buono con il cattivo, il sogno con la realtà. L'anima è la sola realtà e noi l'abbiamo dimenticata. Il corpo è un sogno irreale e noi pensiamo di essere tutti corpi. La non—discriminazione è la causa della sofferenza. E' causata dall'ignoranza. Quando la discriminazione arriva porta forza, solo allora possiamo evitare tutte queste idee di corpo, paradisi e dei. Questa ignoranza emerge tramite la distinzione in specie, segno e luogo. Prendete ad esempio una mucca. La mucca differisce dal cane per la specie. Anche solo tra le mucche, come le distinguiamo l'una dall'altra? Attraverso i segni. Se due oggetti sono assolutamente identici, possono essere distinti se si trovano in luoghi diversi. Quando gli oggetti sono così mischiati che anche questi elementi differenziali non ci aiutano, il potere di discriminazione acquisito attraverso la suddetta pratica, ci darà la capacità di distinguerli. La più elevata filosofia dello Yogin si basa su questo fatto: che il Purusha è puro e perfetto ed è il solo «semplice» che esiste in questo universo. Il corpo e la mente sono composti eppure noi ci identifichiamo sempre con loro. Questo è il grande errore: che la distinzione si è persa. Quando questo potere di discriminazione viene ottenuto, l'uomo vede che tutto in questo mondo—mentale e fisico—è un composto e in quanto tale, non può essere il Purusha.

तारकं सर्ववषियं सर्वथावषियमक्रमञ्चेति विविकजं ज्ञानम् ॥५५॥

55. La conoscenza salvifica è quella conoscenza della discriminazione che copre simultaneamente tutti gli oggetti, in tutte le loro varianti.

Salvifica, perché la conoscenza porta lo Yogin attraverso l'oceano della nascita e della morte. L'intero Prakriti in tutti i suoi stati, sottile e grosso, è alla portata di questa conoscenza. Non c'è consequenzialità nella percezione tramite questa conoscenza: essa capisce fino in fondo, simultaneamente, tutte le cose, in un unico sguardo.

सत्त्वपुरुषयोः शुद्धसाम्ये कैवल्यमिति ॥५६॥

56. Tramite la similarità della purezza tra il Sattwa ed il Purusha, giunge il Kaivalya.

Quando l'anima realizza di non dipendere da nulla nell'universo, dagli dei al più piccolo atomo, ciò viene chiamato Kaivalya (isolamento) e perfezione. E' ottenuto quando questo miscuglio di purezza e impurità chiamato Sattva (intelletto), viene fatto tanto puro quanto il Purusha stesso; poi il Sattva riflette solo l'essenza non qualificata della purezza, che è il Purusha.

Note:

1: La distinzione fra i tre tipi di concentrazione citati negli aforismi 9, 11 e 12 è la seguente. Nel primo, le impressioni disturbate sono semplicemente trattenute ma non interamente rimosse dalle impressioni di controllo, che arrivano appena. Nel secondo, i primi vengono completamente soppressi dagli ultimi che stanno in netto rilievo mentre nel terzo — che è il più alto — non c'è domanda di soppressione ma solo impressioni simili che si succedono in un flusso.

Capitolo IV
L'Indipendenza

जन्मौषधी-मन्त्र-तपः-समाधिजाः सिद्धयः ॥१॥

1. I Siddhis (potere) si acquisiscono alla nascita, attraverso processi chimici, grazie alla forza delle parole, alle pratiche d'auto-mortificazione o alla concentrazione.

Può capitare che un uomo nasca con i Siddhis, poteri chiaramente acquisiti dalla sua incarnazione precedente; in questo caso, però, egli è nato con essi per godere dei loro frutti. Si dice che Kapila, il padre fondatore della filosofia Sankhya, nacque Siddha, che significa «uomo che ha raggiunto il successo».

Gli yogi sostengono che tali poteri possano essere acquisiti tramite mezzi chimici. Tutti sappiamo che la chimica affonda le sue radici nell'alchimia, ovvero quando gli uomini si misero alla ricerca della pietra filosofale, dell'elisir di lunga vita eccetera. A quel tempo in India c'era una setta, chiamata Râsâyanas, la cui idea era che nonostante l'idealismo, la conoscenza, la spiritualità e la religione siano tutti elementi positivi, l'unico mezzo di cui si dispone per ottenerli è il corpo. Dunque, se il corpo si spegne di tanto in tanto, sarebbe necessario molto più tempo per raggiungere l'obiettivo. Prendiamo in esempio un uomo che intende praticare lo yoga, o impegnarsi nel cammino spirituale, ma che muore prima di aver compiuto abbastanza progressi: successivamente egli rinasce in un altro corpo, ricomincia, poi muore di nuovo e così via. In questo modo perderebbe molto tempo a morire e rinascere. Se il corpo s'irrobustisce in una perfezione tale da liberarsi dai vincoli di nascita e morte, l'uomo disporrebbe di molto più tempo per dedicarsi alla via spirituale. È per questa ragione che i Râsâyanas pensavano che, innanzitutto, bisogna rendere il corpo molto forte. Secondo loro, infatti, il corpo può ambire all'immortalità. L'idea è che, se è vero che la mente fabbrica il corpo e non è altro che un unico sfogo dell'energia infinita, allora non ci dovrebbe esser limite alla capacità d'accogliere il potere che viene dall'esterno. Perché, allora, sarebbe impossibile conservare il corpo in maniera perenne? Dobbiamo creare ogni corpo che possediamo; non appena questo muore, ne fabbrichiamo un altro. Se siamo capaci di fare tutto questo, perché allora non farlo da subito, senza attendere di lasciare il corpo attuale? Questa teoria è effettivamente corretta. Se è possibile rinascere dopo la morte creando nuovi corpi, perché sarebbe impossibile acquisire il potere di creare altri corpi da subito, senza che il nostro corpo attuale si dissolva, cambiando continuamente? La filosofia dei Râsâyanas inoltre spiegava che il mercurio e lo zolfo contengono i poteri più prestigiosi, e che grazie ad alcune preparazioni a base di questi elementi l'uomo può conservare il corpo quanto a lungo lo desideri. Altri pensavano che alcuni prodotti medicinali potessero conferire poteri come la capacità d'issarsi in volo. Noi dobbiamo la maggior parte delle medicine della nostra epoca ai Râsâyanas, in particolare per l'uso dei metalli a scopi medicinali. Alcuni gruppi di yogi sostengono che molti dei loro più antichi maestri stiano ancora vivendo nei loro vecchi corpi. Patanjali, la più grande autorità dello Yoga, d'altronde non lo nega.

Il potere delle parole. Ci sono parole sacre chiamate Mantra aventi grandi poteri; quando ripetute nei contesti più propizi, esse possono sprigionare poteri straordinari. Viviamo giorno e notte in un impeto d'innumerevoli miracoli e non ce ne accorgiamo neanche. Il potere dell'uomo è infinito, così come quello delle parole e della mente.

L'automortificazione. Si può notare che le pratiche dell'autopunizione e dell'ascetismo sono presenti in ogni religione esistente. In particolare gli indù hanno sempre estremizzato tali concetti religiosi, al punto che certe persone sono in grado di tenere le mani alzate tutta la loro vita, finché esse non avvizziscono e muoiono. Ci sono anche persone che restano in piedi giorno e notte, finché i loro piedi non si gonfiano e, se riescono a sopravvivere, le loro gambe diventano così indolenzite che non si possono più piegare, costringendole a continuare a vivere unicamente in quella posizione. Un giorno conobbi un uomo che teneva le mani alzate in questa maniera, così gli chiesi quale sensazione avesse provato subito dopo aver cominciato. Lui rispose che gli sembrò un'insopportabile tortura, così terribile che dovette immergersi nel fiume affinché il suo dolore si alleviasse. Dopo un mese, però, la sofferenza cominciò a diminuire: era grazie al quel genere di esercizio che i poteri Siddhis potevano essere acquisiti.

Concentrazione. La concentrazione è il Samâdhi, un elemento appartenente allo Yoga, nonché il tema principale di questa scienza ed il mezzo più elevato. I precedenti sono soltanto secondari, in quanto non ci permettono di raggiungere la grandezza. Il Samâdhi è il mezzo attraverso il quale possiamo raggiungere il tutto di qualsiasi cosa, che sia mentale, morale o spirituale.

CAPITOLO IV : L'INDIPENDENZA

जात्यन्तरपरिणामः प्रकृत्यापूरात् ॥२॥
2. Il cambiamento di specie è dettato dall'intervento della Natura.

Pantanjali ha avanzato l'ipotesi che questi poteri vengano ottenuti alla nascita, a volte per ragioni chimiche o tramite l'auto-mortificazione. Secondo lui, inoltre, il corpo può esser conservato per qualunque periodo di tempo. In seguito egli darà una spiegazione al fenomeno del cambiamento di specie in occasione della rinascita; nel successivo aforisma il maestro Patanjali spiega che tale fenomeno è generato dall'intervento della Natura.

निमित्तमप्रयोजकं प्रकृतीनां वरणभेदस्तु ततः क्षेत्रिकवत् ॥३॥
3. Le buone e le cattive azioni non sono le cause principali delle trasformazioni nella Natura, ma tendono ad eliminare gli ostacoli che ne intralciano l'evoluzione: come un contadino rimuove gli ostacoli dal corso d'acqua, che può dunque continuare la sua discesa secondo Natura.

L'acqua per irrigare i campi si trova già nel canale, pur essendo costretta nelle dighe. Il contadino apre le dighe per far sì che l'acqua fluisca, seguendo la gravità. Analogamente, ogni uomo possiede già il progresso e il potere; la perfezione fa parte della Natura umana, è solo costretta senza riuscire a seguire il proprio corso. Se le si aprissero le porte, la Natura si precipiterebbe: l'uomo otterrebbe i poteri che già possiede. Coloro che consideriamo malvagi diverrebbero santi non appena le porte si aprissero e la Natura ne fluisse. La Natura ci spinge alla perfezione, ed è lì che ci condurrà. Tutte queste pratiche e queste battaglie per diventare religiosi costituiscono uno sforzo negativo, quello di eliminare le barriere; aprire le proprie porte alla perfezione è invece un nostro diritto sin dalla nascita, per nostra Natura.

Oggi la teoria dell'evoluzione degli antichi maestri Yoga potrebbe essere meglio compresa, alla luce della ricerca moderna, e comunque rimane la spiegazione migliore. I due criteri dell'evoluzione proposti dagli studiosi moderni, ovvero la selezione Naturale e quella sessuale, sono del tutto inadeguate. Supponiamo che la conoscenza umana abbia raggiunto un tal grado di sviluppo da aver eliminato ogni forma di competizione, anche quelle per raggiungere il sostentamento o per trovare un compagno/a. Se così fosse, secondo gli studi moderni, il progresso cesserebbe causando l'estinzione della specie. Il risultato di questa teoria è l'apporto di argomenti ad ogni oppressore, al fine di calmare i casi di coscienza. Inoltre non mancano uomini che, atteggiandosi da filosofi, bramano contro i malvagi o gli incompetenti (come se loro potessero anche solo giudicarne l'incompetenza) con l'obiettivo di preservare la razza umana! Nonostante ciò Patanjali, da buon vecchio evoluzionista, sostiene che il vero segreto dell'evoluzione risiede nella manifestazione della perfezione che già si possiede anche se celata, mentre l'infinita marea è in tempesta perché vuol esser liberata. Queste lotte e competizioni non sono altro che il risultato della nostra ignoranza, data dal fatto che non conosciamo la giusta maniera di aprire i nostri argini e lasciar fluire le onde. L'infinita marea dentro di noi ha bisogno di esprimersi, ed è questo che provoca ogni manifestazione. Le competizioni per la sopravvivenza o per la gratificazione sessuale sono soltanto fenomeni momentanei, superflui, estranei effetti causati dall'ignoranza. Quando ogni competizione giunge al termine, infatti, la nostra Natura perfetta celata ci spingerà a continuare fino a che non l'avremo raggiunta. Di conseguenza, non c'è alcuna ragione di credere che la competizione sia necessaria al progresso. Da animale l'uomo è domato ma, appena le sue porte si aprono, l'uomo scappa via. Quindi nell'uomo c'è un potenziale dio tenuto a bada dalle catene dell'ignoranza. Quando la conoscenza scioglierà le catene, il dio potrà manifestarsi.

निर्माणचित्तान्यस्मितामात्रात् ॥४॥

4. Le menti create dall'opera dell'egoismo.

La teoria del Karma sostiene che noi soffriamo sia per le buone che per le cattive azioni, e che lo scopo finale della filosofia è che l'uomo raggiunga la gloria. Tutte le scritture decantano la gloria dell'uomo, dell'anima e, tra gli stessi versi, predicano il Karma. Una buona azione provoca determinati effetti, così come anche una cattiva azione; ma, se l'anima potesse essere influenzata da tali azioni, essa non avrebbe alcuna importanza. Le cattive azioni frenano il manifestarsi della Natura del Purusha; le buone azioni rimuovono tutti gli ostacoli, cosicché la gloria del Purusha può manifestarsi. Il Purusha stesso è immutabile. Qualsiasi cosa si faccia, la propria gloria e la propria Natura non si possono distruggere, perché l'anima non può essere manipolata da nulla, c'è solo un velo a coprirla e a nasconderne la perfezione. Nel timore di esaurire il loro Karma, gli yogi hanno formato i Kâya-vyuha, ovvero gruppi di corpi, con cui trovare una soluzione a questo problema. Partendo dal loro egoismo, per ognuno di questi corpi gli yogi hanno creato delle menti. Esse sono chiamate «menti create», per distinguerle dalle menti originarie.

प्रवृत्तिभेदे प्रयोजकं चित्तमेकमनेकेषाम् ॥५॥

5. Nonostante le attività delle diverse menti create siano varie, è dall'unica mente originale ch'esse sono controllate.

Tali menti differenti, che muovono corpi differenti, sono chiamate «menti fatte» e i corpi «corpi fatti», ovvero corpi e menti costruiti. La materia e la mente sono come ripostigli senza limiti. Quando si diventa yogi, s'imparano i segreti per controllarle. In realtà, tale sapienza c'è sempre stata, giaceva soltanto dimenticata: sarà ricordata diventando yogi. La materia di cui le menti create sono costituite è la stessa di cui è costituito il macrocosmo. La mente e la materia non sono elementi differenti, sono semplicemente gli aspetti differenti di uno stesso elemento. Asmitâ, l'egoismo, è la materia, quello stato sottile dell'esistenza da cui le menti fatte ed i corpi fatti degli yogi vengono costruiti. Pertanto, quando lo yogi scopre il segreto di queste energie della Natura, riesce a creare un numero illimitato di menti e di corpi a partire dalla sostanza conosciuta con il nome «egoismo».

तत्र ध्यानजमनाशयम् ॥६॥

6. Tra i diversi Chitta, quello conseguito per mezzo del Samadhi è l'assenza di desiderio.

Tra tutte le varie menti appartenenti ai vari uomini, solo quella che ha conseguito il Samadhi, ovvero la concentrazione perfetta, è la più elevata. Un uomo che ha acquisito i suoi poteri attraverso la medicina, o attraverso le parole, o la mortificazione, prova ancora desideri. Al contrario, l'uomo che ha conseguito il Samadhi attraverso la concentrazione, sarà libero da ogni desiderio.

कर्माशुक्लाकृष्णं योगिनस्त्रिविधमितरेषाम् ॥७॥

7. Per gli yogi non esistono azioni bianche o nere; per tutti gli altri invece esse sono tricolore: bianche, nere o miste.

Quando lo yogi raggiunge la perfezione, le sue azioni, ed il Karma proveniente da esse, non lo imprigionano, poiché lui non le ha desiderate. Lui continua semplicemente a perseverare; compie azioni per il bene, e bene, ma senza preoccuparsi del risultato, esso non gli interesserà. Per l'uomo comune, che però non ha ancora raggiunto il massimo livello, l'azione esiste in tre tipi: nero (cattive azioni), bianco (buone azioni) e misto.

तततस्तद्वपिाकानुगुणानामेवाभिव्यक्तिर्वासनानाम् ॥८॥

8. Da tali azioni triple si manifestano, in ogni unico stato, i desideri (che) corrispondono esclusivamente a quello stato. (Gli altri sono mantenuti in sospeso nell'attesa)

Prendiamo l'esempio di un uomo che, avendo realizzato i tre tipi di karma (il buono, il cattivo ed il misto), muore e rinasce in forma divina. I desideri di un corpo divino sono ben diversi da quelli del corpo umano; il corpo divino non mangia e non beve. Cosa ne sarà degli antichi Karma incontrollati che lo inducevano al desiderio di nutrirsi e abbeverarsi? Cosa succede a quei Karma, una volta assunta la forma divina? La risposta è che ogni desiderio si manifesta unicamente nell'ambiente più appropriato. Dunque, per ogni ambiente, si manifestano soltanto i desideri ad esso confacenti e tutti gli altri rimangono assopiti. Nella vita terrestre, infatti, siamo soggetti a desideri divini, umani ed animali. Solo acquisendo un corpo divino i desideri divini si manifesteranno, perché l'ambiente divino sarà quello propizio affinché ciò accada. Cosa significa tutto ciò? Che, grazie all'ambiente che ci circonda, possiamo controllare i nostri desideri. Solo il Karma adatto per un determinato ambiente si manifesterà. Questo dimostra che il potere dell'ambiente è la vera chiave del controllo del Karma stesso.

जाति-देश-काल-व्यवहितानामप्यानन्तर्यं स्मृतिसंस्कारयोरेकरूपत्वात् ॥९॥

9. I desideri sono legati da una relazione di consecutività e, anche se divisi dalla specie, dallo spazio e dal tempo essi s'identificano nella memoria e nelle impressioni.

Le esperienze che volgono in positivo diventano impressioni, e le impressioni vigorose diventano memorie. Il termine «memoria» in questo caso include l'inconscio coordinamento delle esperienze del passato ridotte ad impressioni, con le azioni del presente. In ogni corpo, l'insieme delle impressioni acquisite in un corpo simile diventa causa delle sue proprie azioni. Le esperienze acquisite in un corpo dissimile restano quiescenti. Ogni corpo agisce in qualità di discendente di una serie di corpi legati alla stessa specie, ed è per questo che la consecutività dei desideri non può essere interrotta.

तासामनादित्वं चाशिषो नित्यत्वात् ॥१०॥

10. L'eterna sete di felicità e il nascere indefinito dei desideri.

Ogni esperienza è preceduta dal desiderio di felicità. Non esiste un inizio per le esperienze, in quanto ogni esperienza si costruisce a partire dalle tendenze generate da esperienze passate; è per questo che il desiderio non ha un'origine definita.

हेतुफलाश्रयालम्बनैः संगृहीतत्वादेषामभावे तदभावः ॥११॥
11. L'assenza è il rimanere uniti da causa, effetto, supporto ed oggetti nell'assenza di essi.

I desideri restano insieme grazie alla loro relazione di causa ed effetto; le cause sono «le ostruzioni portatrici di dolore» (II.3) e le azioni (IV.7) e gli effetti sono «specie, vita ed esperienze di piacere e dolore» (II.13). Qualora un desiderio si manifesti, esso non potrebbe spegnersi senza produrre alcun effetto. A quel punto, ancora una volta, la materia della coscienza sarà il deposito della memoria, il supporto di tutti i desideri del passato tramutatisi in Samskara; finché i desideri non si saranno espressi, non scompariranno. Inoltre, finché i sensi riceveranno oggetti esterni, nuovi desideri ne scaturiranno. Soltanto nell'eventualità di riuscire a sbarazzarsi delle cause, degli effetti, degli oggetti e dei desideri, allora tutto svanirebbe.

अतीतानागतं स्वरूपतोऽस्त्यध्वभेदाद्धर्माणाम् ॥१२॥
12. Il passato ed il futuro esistono nella loro Natura e con le proprie qualità, in modi diversi.

L'idea è che l'esistenza non deriva mai dalla non-esistenza. Il passato ed il futuro, nonostante non siano concreti, esistono in una forma sottile.

ते व्यक्त-सूक्ष्मा गुणात्मानः ॥१३॥
13. Concreti o sottili, la loro Natura è il Guna.

I Guna sono tre sostanze, il Sattva, il Rajas ed il Tamas, il cui stato grezzo è l'universo sensibile. Il passato ed il futuro derivano dai differenti modi del manifestarsi dei Guna.

परिणामैकत्वाद्वस्तुतत्त्वम् ॥१४॥
14. L'unità delle cose deriva dall'unità nel cambiamento.

I cambiamenti delle tre sostanze sono coordinati ed è ciò che consente l'unità di tutti gli oggetti.

वस्तुसाम्ये चित्तभेदात्तयोर्विभक्तः पन्थाः ॥१५॥
15. La mente e l'oggetto non condividono la stessa Natura, in quanto la percezione ed il desiderio differiscono anche se in riferimento allo stesso oggetto.

Esiste un mondo oggettivo indipendente dalle nostre menti. Questo è il rifiuto dell'idealismo buddhista. Persone diverse vedono le stesse cose in maniera diversa, non può quindi essere tutto frutto della mera immaginazione di qualche particolare individuo.

न चैकचित्ततन्त्रं वस्तु तदप्रमाणकं तदा किं स्यात् ॥
L'oggetto non può esser definito come dipendente da un'unica mente. Senza alcuna prova della sua esistenza, esso diventerebbe non-esistente.

Se la sola percezione di un oggetto fosse il solo criterio necessario per la sua esistenza, nel momento in cui la mente è concentrata su qualcosa o è nel Samadhi l'oggetto non potrebbe esser percepito da nessuno, potrebbe addirittura esser definito come non-esistente e questa sarebbe allora una spiacevole conclusione.

तदुपरागापेक्षित्वाच्चित्तस्य वस्तु ज्ञाताज्ञातम् ॥१६॥
16. Per la mente ci sono cose conosciute e sconosciute, a seconda del colore che esse conferiscono alla mente.

सदा ज्ञाताश्चित्तवृत्तयस्तत्प्रभोः पुरुषस्यापरिणामित्वात् ॥१७॥
17. Gli stati della mente sono sempre conosciuti, in quanto il signore della mente, il Purusha, è immutabile.

Il fulcro di questa teoria sta nel fatto che l'universo è sia mentale che materiale. Entrambi gli stati sono continuamente in divenire. Cos'è questo libro? Una combinazione di molecole in costante cambiamento. Una parte svanisce, un'altra arriva; è un vortice, ma cosa tiene questo libro insieme? Cosa fa sì che questo libro rimanga sempre lo stesso? I cambiamenti sono ritmici; in sequenza armonica essi inviano impressioni alla mente ed esse creano un'immagine continua, nonostante le sue parti siano in continua trasformazione. Anche la mente è in continuo divenire. La mente ed il corpo somigliano a due strati della stessa sostanza che si muovono a diversa velocità: l'uno più lentamente, l'altro più rapidamente; essi sono facilmente distinguibili. Si pensi alla differenza tra un treno in corsa e una carrozza che avanza al suo fianco. È possibile rilevare il loro movimento solo fino a un certo punto. Per farlo c'è bisogno di tutt'altro. Il moto di qualcosa può esser percepito soltanto in rapporto alla stasi di qualcos'altro. Eppure, quando uno o due elementi si muovono relativamente, percepiamo per primo il movimento di quello più rapido, considerando solo successivamente gli elementi dei movimenti più lenti. Come si percepisce, allora, la mente? Anch'essa è un flusso. Dunque, è necessario che qualcos'altro si muova più lentamente in modo tale da avere un riferimento più lento e così via, all'infinito. Eppure, la logica ci induce a fermarci, ad un certo punto. Bisogna completare la sequenza con un elemento che sia immutabile. Alle spalle di questa infinita catena di movimento vi è il Purusha, l'immutabile, l'incolore, il puro. Tutte le impressioni si riflettono meramente su di esso, come una lanterna magica che proietta immagini su uno schermo, ma senza mai macchiarlo.

न तत् स्वाभासं दृश्यत्वात् ॥१८॥

18. Essendo un oggetto, la mente non splende di luce propria.

Nella Natura un eccezionale potere si manifesta in ogni dove, ma esso non splende di luce propria, non dispone d'intelligenza propria. Il Purusha in sé risplende di luce propria ed illumina qualsiasi cosa. Il potere del Purusha pervade ogni materia ed ogni forza.

एकसमये चोभयानवधारणम् ॥१९॥

19. L'impossibilità di discernere entrambi allo stesso tempo.

Se la mente risplendesse di luce propria, sarebbe in grado di discernere se stessa ed i suoi oggetti allo stesso tempo, ma effettivamente non può. Quando la mente riconosce l'oggetto, essa non riflette su sé stessa. Per questo il Purusha risplende di luce propria, ma non la mente.

चित्तान्तरदृश्ये बुद्धिबुद्धेरतिप्रसङ्गः स्मृतिसङ्करश्च ॥२०॥

20. Presumendo una mente capace di discernere, tale presupposto genererebbe un ciclo senza fine, dunque una confusione per la memoria.

Supponendo la presenza di un'ulteriore mente a discernere la mente ordinaria, ci sarebbe allora bisogno di una nuova mente per discernere la prima, e così via in un ciclo senza fine. Ne deriverebbe una confusione per la memoria e non ci sarebbe più un luogo destinato ad essa.

चतिरपरतसिंकरमायास्तदाकारापत्तौ स्वबुद्धि-संवेदनम् ॥२१॥

21. L'essenza della conoscenza (il Purusha) è immutabile, quando la mente ne assume la forma, essa diventa conscia.

Patanjali afferma questo perché sia più chiaro che la conoscenza non è una qualità del Purusha. Quando la mente si avvicina al Purusha, esso è riflesso, come un tempo, sulla mente, e la mente, per il momento, diventa onnisciente e si confonde col Purusha.

दरष्टृदृश्योपरक्तं चित्तं सर्वार्थम् ॥२२॥

22. Con i colori della percezione e della visione, la mente può capire tutto.

Su un lato della mente viene riflesso il mondo esterno, il visibile, e sull'altro lato della mente si riflette la percezione.

तदसंख्येयवासनाभिश्चित्रमपि परार्थं संहत्यकारित्वात् ॥२३॥

23. La mente, nonostante sia variegata d'innumerevoli desideri, agisce per conto del Purusha, perché le loro azioni si combinano.

La mente è una combinazione di vari elementi e a volte non può funzionare autonomamente. Nel mondo, qualunque cosa sia un complesso, dispone di un oggetto che la compone, e di un terzo elemento che consente la creazione della combinazione. Quest'assetto della mente compone il Purusha.

विशेषदर्शिन आत्मभाव-भावनाविनिवृत्तिः ॥२४॥

24. Attraverso la distinzione, cessa la percezione della mente come Atman.

Attraverso la discriminazione, lo yogi distingue che il Purusha non è la mente.

तदा विवेकनिम्नं कैवल्यप्राग्भावं चित्तम् ॥२५॥

25. Così, propensa alla discriminazione, la mente raggiunge lo stato d'isolamento del Kaivalya. (Altrimenti letto कैवल्यप्राग्भारं*, il cui significato sarebbe « Così la mente approfondisce la discriminazione e si avvicina al Kaivalya. »)*

Pertanto la pratica dello yoga implica la distinzione del potere per chiarire la visione. Il velo non offusca più la vista e tutto è visibile per com'è realmente. Si scopre così che la Natura è complessa e che essa mette in mostra il suo panorama per il Purusha, che ne è testimone ; si scopre anche che la Natura non è nel Signore e che tutte le sue combinazioni esistono per mostrarne i fenomeni al Purusha, che ne è il re. Quando la discriminazione è praticata per un lungo periodo, il timore si arresta e la mente raggiunge l'isolamento.

तच्छिद्रेषु प्रत्ययान्तराणि संस्कारेभ्यः ॥२६॥

26. L'ostruzione derivante dai pensieri che sovvengono, deriva dalle impressioni.

Tutte le idee che sovvengono, ci persuadono a credere di aver bisogno di qualcosa di esterno per poter raggiungere la felicità : esse ostruiscono la vera perfezione. Il Purusha è per Natura felicità e beatitudine, ma tale conoscenza è offuscata dalle impressioni del passato. Bisogna superare queste impressioni.

हानमेषां क्लेशवदुक्तम् ॥२७॥

27. La loro distruzione avviene nella stessa maniera in cui si distruggono l'ignoranza, l'egoismo, ecc., come suddetto (II.10).

प्रसंख्यानेऽप्यकुसीदस्य सर्वथा विवेकख्यातेर्धर्ममेघः समाधिः ॥२८॥

28. Arrivato al culmine della conoscenza della discriminazione dell'essenza e grazie alla sua perfetta padronanza, colui che rinuncia ai frutti viene pervaso dal Samadhi chiamato « la nube della virtù ».

Nel momento in cui lo yogi domina il sapere della discriminazione, tutti i poteri citati nell'ultimo capitolo vengono a lui, ma il vero yogi li respinge. Un sapere peculiare, una particolare luce chiamata Dharma-megha, la nube della virtù, lo raggiunge. Tutti i grandi profeti che hanno scritto la storia del mondo sono stati pervasi da questa luce, ritrovando le fondamenta del sapere dentro se stessi. La verità, per loro, si è fatta reale. La pace, la calma e la purezza sono diventate la loro Natura subito dopo aver rinunciato alla vanità dei poteri.

ततः क्लेशकर्मनवृत्तिः ॥२९॥

29. Da ciò dipende la fine del dolore e degli sforzi.

Quando giunge la nube della virtù, non c'è più timore di cadere, nulla può più ingannare lo yogi. Non ci saranno più mali per lui. Non ci sarà più alcun dolore.

तदा सर्वावरणमलापेतस्य ज्ञानस्याऽनन्त्याज्ज्ञेयमल्पम् ॥३०॥
30. La conoscenza, priva di coltri o impurità, è ormai infinita e lo scibile diventa impercettibile.

La conoscenza si mostra per quel che è, priva di ogni coltre che la nasconda. Uno scritto buddhista definisce lo stato del «Buddha» come a conoscenza infinita, infinita come il cielo. Gesù la raggiunse e diventò il Cristo. Ognuno di voi raggiungerà questo stato. La conoscenza che diventa infinita e lo scibile che diventa impercettibile. L'intero universo, con tutti i suoi oggetti del sapere, si riduce a nulla dinanzi al Purusha. Al contrario, per l'uomo ordinario, il cui pensiero è ridotto, lo scibile sembra infinito.

ततः कृतार्थानां परिणामक्रमसमाप्तिर्गुणानाम् ॥३१॥
31. In questo modo si giunge al termine della successione delle trasformazioni di qualità.

Dunque le varie trasformazioni di qualità, che cambiano di specie in specie, finiscono per sempre.

क्षणप्रतियोगी परिणामापरान्तनिर्ग्राह्यः क्रमः ॥३२॥
32. I cambiamenti che esistono in relazione ai momenti e che sono percepiti al termine di una serie di momenti, costituiscono una successione.

Patanjali definisce la parola successione come l'insieme di cambiamenti esistenti assieme ai relativi momenti. Mentre si pensa, alcuni momenti passano ed al passare di ogni singolo momento, corrisponde un cambiamento d'idea. I cambiamenti vengono percepiti soltanto alla fine di una serie di momenti. Questo processo è chiamato successione ma, per la mente che ha realizzato l'onnipresenza, non vi è alcuna successione. Tutto è presente per essa, per essa il presente non esiste ed il passato e il futuro sono perduti. Il tempo è sotto controllo, il sapere si manifesta in un secondo. Tutto è conosciuto e appare nel tempo di un bagliore.

पुरुषार्थशून्यानां गुणानां प्रतिप्रसवः कैवल्यं स्वरूपप्रतिष्ठा वा चितिशक्तेरिति ॥३३॥
33. La risoluzione nell'ordine inverso di qualità, priva di qualsiasi movente che provochi l'azione del Purusha, sta nel Kaivalya, ovvero nell'affermazione del potere della conoscenza nella sua propria Natura.

Il compito della Natura è giunto al termine, il generoso lavoro di cui la nostra gentile madre Natura ci ha investiti. Essa ha delicatamente preso per mano l'anima quasi smarrita, mostrandole tutte le esperienze dell'universo, tutte le manifestazioni, elevandola sempre più in alto attraverso corpi differenti, finché essa non abbia recuperato la sua gloria perduta, ricordando la sua vera Natura. Poi, da madre premurosa, la Natura è tornata nel luogo in cui era venuta, per occuparsi di altri che hanno perso la strada nel deserto senza vie della vita. Essa agisce in questo modo: senza cominciare e senza finite. Così, tra gioie e dolori, tra bene e male, l'infinito fiume di anime fluisce nell'oceano della perfezione, della realizzazione di sé.

Gloria per tutti coloro che hanno realizzato la loro Natura. Possano essi darci la loro benedizione!

KARMA YOGA
IL SENTIERO DELL'ALTRUISMO

Capitolo I
Il Karma e I Suoi Effetti Sul Carattere

Il termine Karma deriva dalla radice sanscrita Kri, agire; tutto ciò che è azione è Karma. Tecnicamente, questo termine indica anche gli effetti delle azioni. In relazione alla metafisica, a volte esso fa anche riferimento alle conseguenze causate dalle nostre azioni passate. Tuttavia, nel Karma Yoga abbiamo semplicemente a che fare con il termine Karma inteso come lavoro. Il fine dell'umanità è la conoscenza: è questo l'unico ideale che la filosofia orientale pone sotto i nostri occhi. Lo scopo dell'uomo non è il piacere, ma la conoscenza. Il piacere e la felicità hanno una fine. È un errore credere che lo scopo sia il piacere. La causa di tutte le sofferenze che abbiamo nel mondo è il fatto che l'uomo pensi scioccamente al piacere come all'ideale per cui combattere. Dopo un certo tempo, l'uomo comprende che ciò che ricerca non è la felicità, ma la conoscenza, che il dolore e il piacere sono grandi maestri e che impara tanto dal bene quanto dal male. Quando piacere e dolore attraversano la sua anima lasciano su di essa diverse tracce, e il risultato di questa combinazione di impressioni è ciò che viene chiamato il «carattere» dell'uomo. Se si prende il carattere di ogni individuo, esso non è altro che il complesso di varie tendenze, l'insieme delle inclinazioni della mente. Si osserverà come infelicità e felicità contribuiscano entrambe alla formazione del carattere. Bene e male hanno pari importanza nel plasmare il temperamento, e in alcuni casi la tristezza è una maestra più grande della felicità. Studiando le grandi personalità che il mondo ha prodotto si noterà, oserei dire nella maggior parte dei casi, che è stata l'infelicità a insegnare di più della felicità, che è stata la povertà a insegnare più della ricchezza, che sono stati i colpi ricevuti, piuttosto che le lodi, a sprigionare il fuoco interiore.

Ora, questa conoscenza è intrinseca all'uomo; non vi è conoscenza che venga da fuori, essa è tutta all'interno. Ciò che diciamo che un uomo «conosce» dovrebbe essere, nel linguaggio prettamente psicologico, ciò che egli «scopre» o «svela»; ciò che un uomo «impara» è davvero ciò che «svela» lasciando cadere il velo dalla sua anima, che è una miniera di infinita conoscenza. Diciamo che Newton ha scoperto la gravità. Era forse seduta da qualche parte in un angolo ad aspettarlo? Essa era nella sua stessa mente: arrivò il momento e la scoprì. Tutta la conoscenza che il mondo ha ricevuto proviene dalla mente. L'infinita biblioteca dell'universo è nella vostra mente. Il mondo esterno è soltanto il suggerimento, il pretesto che vi indirizza a studiarla, ma l'oggetto di studio è sempre la vostra mente. La caduta della mela diede lo spunto a Newton, ed egli studiò la sua stessa mente, organizzò tutti i precedenti collegamenti di pensiero al suo interno e scoprì un nuovo collegamento fra di essi, ed è ciò che chiamiamo legge di gravità. Essa non era né nella mela, né in qualsiasi altra cosa al centro della terra. Tutta la conoscenza, dunque, secolare o spirituale, è nella mente umana. In molti casi non viene svelata, ma rimane velata, e quando il velo viene lentamente rimosso diciamo che «stiamo imparando»; il progresso della conoscenza è realizzato tramite l'avanzamento in tale processo di rimozione. L'uomo dal quale questo velo viene sollevato è colui che conosce di più; l'uomo sul quale esso ricade pesantemente è ignorante, e l'uomo dal quale esso è stato interamente rimosso è colui che conosce ogni cosa, è l'onnisciente. Ci sono stati uomini onniscienti e, credo, ce ne saranno ancora e ve ne saranno a miriadi nei prossimi cicli. Come il fuoco in un pezzo di selce, la conoscenza esiste nella mente; l'occasione è la frizione che la fa emergere. Quindi, con tutti i nostri sentimenti e le nostre azioni —le nostre lacrime e i nostri sorrisi, le nostre gioie e i nostri dolori, il nostro pianto e le nostre risate, le nostre maledizioni e le nostre benedizioni, le nostre lodi e le nostre colpe— troveremo che ognuno di questi, se studiamo con calma noi stessi, è stato scaturito dal nostro interno da parecchie impressioni. Il risultato è ciò che siamo; tutte queste impressioni messe insieme sono chiamate Karma: lavoro, azione. Ogni colpo fisico e mentale che viene sferzato all'anima da cui, per così dire, il fuoco viene acceso, e tramite il quale la sua forza e la conoscenza vengono rivelate, è Karma, nel senso più vasto del termine; così tutti compiamo il Karma continuamente. Vi parlo: questo è Karma. Mi state ascoltando: questo è Karma. Respiriamo: questo è Karma. Camminiamo: Karma. Tutto ciò che facciamo, di fisico o di mentale, è Karma, e lascia i suoi segni su di noi.

Vi sono alcune attività che sono, per così dire, il complesso, l'insieme di un vasto numero di attività minori. Se siamo in riva al mare e sentiamo le onde infrangersi sui ciottoli, pensiamo che sia un rumore assordante, eppure sappiamo che quell'unica onda è in realtà composta da milioni e milioni di minuscole onde: ognuna di esse produce un rumore, eppure non lo afferriamo, è soltanto quando esse diventano parte del grande insieme che le udiamo. Allo stesso modo, ogni pulsazione del cuore è lavoro; certi tipi di attività li percepiamo e divengono per noi tangibili; sono, allo stesso tempo, il complesso di diverse, piccole attività. Se volete davvero giudicare il carattere di un uomo non guardate alle sue grandi imprese. Qualunque stupido può diventare un eroe prima o poi. Guardate un uomo compiere le sue azioni più comuni, quelle sono infatti le cose che vi illustreranno il vero carattere di un grande uomo. Le occasioni eccezionali elevano persino il più vile degli esseri umani a qualche tipo di grandezza, ma ad essere grande è soltanto l'uomo il cui carattere è grande sempre, allo stesso modo, ovunque egli sia.

L'effetto del Karma sul carattere rappresenta la forza più tremenda con cui l'uomo ha a che fare. L'uomo è, per così dire, un nucleo, e attrae tutte le forze dell'universo verso di sé, e in questo nucleo le fonde tutte, rinviandole di nuovo in una grande corrente. Tale nucleo è il vero uomo, l'onnipotente, l'onnisciente, ed egli attrae l'intero universo verso di sé. Bene e male, infelicità e felicità, ogni cosa corre verso di lui e gli si stringe attorno. E tra essi egli modella il potente flusso di tendenze che chiamiamo carattere e lo respinge verso l'esterno. Così come ha il potere di attirare ogni cosa a sé, egli ha anche il potere di respingerla.

Tutte le azioni che vediamo nel mondo, tutti i movimenti della società civile, tutte le attività che ci circondano, sono semplicemente espressioni del pensiero, le manifestazioni della volontà dell'uomo. Macchine e strumenti, città, navi o uomini di guerra, ognuno di essi è la manifestazione della volontà dell'uomo; questa volontà è determinata dal carattere e il carattere è prodotto dal Karma. Com'è il Karma, così è la manifestazione della volontà. Gli uomini di grande volontà che il mondo ha prodotto sono stati tutti straordinari lavoratori — anime colossali, con volontà abbastanza forti da capovolgere i mondi, volontà che ottennero grazie a uno sforzo costante, attraverso i secoli. Volontà straordinarie come quelle del Buddha o di Gesù non possono essere raggiunte in una vita, poiché sappiamo chi erano i loro padri e non è noto che questi ultimi abbiano mai speso una parola per il bene dell'umanità. Sono esistiti milioni e milioni di falegnami come Giuseppe, e milioni di essi vivono ancora. Vi sono stati nel mondo milioni e milioni di re insignificanti come il padre di Buddha. Se fosse solo una questione di trasmissione ereditaria, come giustificate il fatto che tale principe insignificante, che non veniva forse servito neanche dai suoi stessi sudditi, abbia generato questo figlio, il quale è adorato da mezzo mondo? Come vi spiegate l'abisso tra il falegname e il figlio, che milioni di esseri umani venerano come Dio? Non può essere risolto con la teoria dell'ereditarietà. La volontà colossale che Buddha e Gesù sparsero nel mondo da dov'è venuta? Da dov'è venuta quest'accumulazione di forza? Deve essere stata lì per secoli, divenendo costantemente sempre più grande, finché non è esplosa nella società in un Buddha o in un Gesù, fino a giungere ai giorni nostri.

Tutto ciò è determinato dal Karma, il lavoro. Nessuno può ottenere nulla se non se lo guadagna; questa è una legge eterna. A volte possiamo pensare che non sia così, ma alla lunga finiamo per convincercene. Un uomo può lottare tutta la vita per accumulare ricchezze, può sottrarne migliaia con la frode, ma alla fine comprende di non meritare di diventare ricco e la sua vita diviene per lui fonte di angoscia e preoccupazione. Possiamo continuare ad accumulare cose per il nostro appagamento fisico, ma solo ciò che ci guadagniamo è davvero nostro. Uno sciocco può anche acquistare tutti i libri del mondo, e essi saranno nella sua biblioteca, ma potrà leggere solo quelli che egli merita di leggere. E questo 'meritare' è prodotto dal Karma. Il nostro Karma determina ciò che meritiamo e ciò che possiamo assimilare. Siamo responsabili di ciò che siamo, e possiamo fare di noi qualunque cosa desideriamo. Se ciò che siamo ora è il risultato delle nostre azioni passate, ne consegue certamente che qualsiasi cosa vogliamo essere in futuro può essere il prodotto delle nostre azioni presenti; dobbiamo dunque sapere come agire. Direte, «A cosa serve imparare come lavorare? Ognuno lavora in un modo o nell'altro in questo mondo». Eppure esiste la possibilità che sprechiamo le nostre energie. Per quanto riguarda il Karma Yoga, la Bhagavad Gita afferma che si tratta di lavorare con intelligenza e di fare del lavoro una scienza: sapendo come lavorare, si possono ottenere i migliori risultati. Dovete ricordare che ogni lavoro consiste soltanto nello sprigionare il potere della mente che è già presente, nel risvegliare l'anima. Il potere è dentro ogni uomo, così come la conoscenza; le diverse azioni sono come colpi volti a tirarli fuori, in modo da risvegliare questi giganti.

L'uomo lavora per vari motivi, non può esserci lavoro senza motivo. Alcuni vogliono ottenere la fama, e lavorano per la fama. Altri vogliono il denaro, e lavorano per il denaro. Altri vogliono avere potere, e lavorano per il potere. Altri vogliono andare in paradiso, e lavorano per lo stesso motivo. Altri vogliono lasciare un nome quando muoiono, come fanno in Cina, dove nessun uomo ottiene un titolo prima che sia morto, ed è un modo migliore del nostro, dopotutto. Quando lì un uomo fa qualcosa di buono, danno un titolo nobiliare al padre, che è morto, o al nonno. Alcuni lavorano per questo. Alcuni seguaci di certe sette maomettane lavorano tutta la vita per avere una grande tomba costruita per loro quando muoiono. Conosco sette nelle quali, alla nascita di un bambino, gli viene preparata una tomba; questo è per loro il lavoro più importante che un uomo debba fare, e più grande e più raffinata sarà la tomba, più si presume che l'uomo sia valoroso.

Altri lavorano come penitenza: compiono ogni tipo di malvagità, poi erigono un tempio, o danno qualcosa ai preti per comprarseli e ottenere da essi un passaporto per il paradiso. Credono che questo tipo di beneficenza li giustifichi e che la faranno franca nonostante i loro peccati. Ecco alcune delle motivazioni per cui si lavora.

Il lavoro finalizzato a se stesso. Vi sono alcuni che sono davvero il sale della terra in ogni paese, e che lavorano per amore del lavoro, a cui non importa del nome, della fama, e nemmeno di andare in paradiso. Lavorano solo perché ne trarranno del bene. Vi sono altri che fanno del bene ai poveri e aiutano l'umanità per motivi ancora più nobili, perché credono nel fare del bene e amano il bene. Il motivo relativo al nome e alla fama raramente apporta risultati immediati, di norma; essi giungono a noi quando siamo vecchi e abbiamo quasi portato a termine la nostra esistenza. Se un uomo lavora senza alcun motivo egoistico in mente, non guadagna nulla? Sì, guadagna il massimo. L'altruismo appaga di più, soltanto che le persone non hanno la pazienza di praticarlo. Appaga di più anche dal punto di vista della salute. Amore, verità e altruismo non sono semplicemente figure retoriche morali, ma rappresentano il nostro ideale più alto, perché in essi risiede una manifestazione di potere di grande portata. In primo luogo, un uomo che riesce a lavorare per cinque giorni, o anche per cinque minuti, senza alcun tipo di motivo egoistico, senza pensare al futuro, al paradiso, al castigo, o a niente del genere, ha in sé la capacità di diventare un potente gigante morale. È difficile farlo, ma nel cuore dei nostri cuori ne conosciamo il valore, e il bene che porta con sé. È la più grande manifestazione di forza — questo straordinario controllo; l'autocontrollo è una manifestazione di potere più grande di ogni altra azione diretta verso l'esterno. Una carrozza con quattro cavalli può sfrecciare incontrollata giù per una collina, o il cocchiere può domare i cavalli. Qual è la più grande manifestazione di forza, lasciarli andare o trattenerli? La palla di un cannone che vola nell'aria percorre una lunga distanza e cade. Un'altra è interrotta nel suo volo dallo schianto contro un muro, e l'impatto genera un intenso calore. Tutta l'energia diretta verso l'esterno che segue un motivo egoistico è sprecata; non farà in modo che la forza ritorni a te, ma se controllata genererà lo sviluppo del potere. Questo autocontrollo tende a produrre una volontà potente, un carattere di cui è fatto un Cristo o un Buddha. Gli uomini sciocchi non conoscono questo segreto; cionondimeno essi vogliono dominare l'umanità. Persino uno stupido può governare il mondo se lavora e aspetta. Fate sì che aspetti per qualche anno, che conservi quella sciocca idea di governo, e quando quell'idea è completamente passata, egli sarà una potenza nel mondo. La maggioranza di noi non riesce a vedere oltre qualche anno, così come certi animali non sanno vedere oltre qualche passo. Soltanto un cerchio piccolo e stretto; questo è il nostro mondo. Non abbiamo la pazienza di guardare oltre, e così diventiamo immorali e malvagi. Questa è la nostra debolezza, la nostra mancanza di forza. Neanche le forme più basse di lavoro vanno disprezzate. Lasciate che l'uomo che non conosce di meglio lavori per fini egoistici, per il nome e la fama; ma tutti dovrebbero sempre tentare di ricercare motivazioni sempre più alte e di comprenderle. «Abbiamo diritto al lavoro, ma non ai frutti di esso». Lasciate stare i frutti. Perché preoccuparsi dei risultati? Se desiderate aiutare un uomo, non pensate mai a quale dovrebbe essere l'atteggiamento di quell'uomo nei vostri confronti. Se volete realizzare un'opera buona o grande, non crucciatevi nel pensare a quali saranno i risultati.

Qui sorge una questione difficile in questo ideale di lavoro. L'attività intensa è necessaria; dobbiamo lavorare sempre. Non possiamo vivere un minuto senza lavoro. Che cosa ne è dunque del resto? Questa è una faccia della lotta per la vita: il lavoro, attorno al quale vortichiamo rapidamente. Dall'altro lato, c'è la calma e riservata rinuncia: tutto è pacifico intorno, ci sono ben pochi rumori e movimenti, soltanto la natura con i suoi animali, i fiori e le montagne. Nessuna di esse è l'immagine perfetta. Un uomo abituato alla solitudine, se portato a contatto con l'impetuoso vortice del mondo, ne verrebbe schiacciato; proprio come il pesce che vive nelle profonde acque marine e che si disintegra non appena è portato sulla superficie, privato del peso dell'acqua su di sé che lo aveva tenuto insieme. Può un uomo che è stato abituato al trambusto e alla furia della vita vivere agevolmente se arriva in un posto tranquillo? Egli soffrirebbe e potrebbe probabilmente perdere la testa. L'uomo ideale è colui che, in mezzo al silenzio e alla solitudine più grandi, trova il più intenso movimento, e in mezzo al più intenso movimento trova il silenzio e la solitudine del deserto. Egli ha appreso il segreto dell'equilibrio; ha controllato se stesso. Attraversa le strade della grande città con tutto il suo traffico, e la sua mente è calma come se fosse in una caverna, dove nessun suono potrebbe raggiungerlo; e lavora intensamente per tutto il tempo. Questo è l'ideale del Karma Yoga e se siete giunti ad esso avete davvero imparato il segreto del lavoro. Ma dobbiamo cominciare dal principio. Dobbiamo accettare i lavori per come giungono a noi e rendere lentamente noi stessi più altruisti ogni giorno. Dobbiamo compiere il lavoro e comprendere la forza motrice che ci spinge, e, quasi senza eccezione, nei primi anni, scopriremo che le nostre motivazioni sono sempre egoistiche. Gradualmente, però, questo egoismo si scioglierà grazie alla perseveranza, finché arriverà finalmente il momento in cui saremo in grado di realizzare compiti davvero disinteressati. Dobbiamo tutti augurarci che un giorno o l'altro, mentre combattiamo per i sentieri della vita, arriverà il tempo in cui diventeremo perfettamente altruisti; e nel momento in cui giungiamo a questo, tutte le nostre facoltà saranno concentrate, e la conoscenza che ci appartiene sarà manifesta.

Capitolo II
Ognuno è Grande al Proprio Posto

Secondo la filosofia Sankhya la natura è composta da tre forze, chiamate in Sanscrito Sattva, Rajas e Tamas. Esse, nella loro manifestazione nel mondo materiale, corrispondono a ciò che definiremmo equilibrio, attività e inerzia. Tamas è rappresentata come oscurità e inattività; Rajas è attività, espressa come attrazione o repulsione; Sattva è l'equilibrio tra le due. In ogni uomo vi sono queste tre forze. A volte prevale Tamas; diventiamo pigri, non riusciamo a muoverci, siamo inattivi, perché vincolati da certe idee o per semplice ottusità. In altri casi, prevale l'attività, e in altri ancora il sereno equilibrio di entrambe. Inoltre, in genere, in uomini diversi una di queste forze è predominante. La caratteristica di un uomo è l'inattività, l'apatia e la pigrizia; quella di un altro è l'attività, la forza, la manifestazione dell'energia; in un altro ancora troviamo la dolcezza, la calma e la gentilezza, prodotte dall'equilibrio tra attività e inattività. In tutta la creazione, dunque — negli animali, nelle piante e negli uomini — troviamo le manifestazioni più o meno tipiche di tali diverse forze. Il Karma Yoga deve occuparsi in particolare di questi tre fattori. Insegnandoci cosa sono e come impiegarli ci aiuta a portare a termine il nostro lavoro nel modo migliore. La società civile è un'organizzazione stratificata. Tutti conosciamo la moralità, e tutti conosciamo il dovere, ma allo stesso tempo vediamo come il significato della moralità cambi enormemente a seconda dei paesi. Ciò che è considerato morale in un paese, potrebbe essere visto come assolutamente immorale in un altro. Ad esempio, in un paese i cugini possono sposarsi; in un altro, ciò viene considerato molto immorale; in un altro ancora, gli uomini possono sposare le proprie sorellastre; in un altro, ciò è considerato immorale; in un paese le persone possono sposarsi una sola volta; in un altro, molte volte, e così via. In maniera simile, il metro varia ampiamente in tutti gli altri settori della moralità; eppure siamo dell'idea che debba esserci un modello universale di moralità. Lo stesso vale per il dovere. L'idea di dovere varia molto tra le diverse nazioni: in un paese, se un uomo non fa certe cose, la gente dirà che ha agito male; mentre, se fa quelle stesse cose in un altro Paese, la gente dirà che non ha agito giustamente; eppure sappiamo che deve esserci una qualche idea universale di dovere. Allo stesso modo, una classe sociale crede che certe cose facciano parte dei propri doveri, mentre un'altra classe pensa piuttosto il contrario e sarebbe inorridita se dovesse fare tali cose. Due strade ci vengono lasciate aperte: la via dell'ignorante, che crede che ci sia soltanto una strada verso la verità e che tutto il resto sia sbagliato, e la via del saggio, che ammette che il dovere e la moralità possano variare, a seconda della nostra fibra mentale e dei diversi stadi dell'esistenza in cui ci troviamo. Ciò che è importante è sapere che ci sono diverse gradazioni di dovere e moralità, che il dovere di uno stato della vita, relativamente a una serie di circostanze, non può essere e non sarà lo stesso di un altro.

Ecco un esempio per spiegare quanto detto finora: tutti i grandi maestri hanno insegnato: «Non resistere al male», e quella non-resistenza è l'ideale morale più alto. Tutti sappiamo che, se molti di noi cercassero di mettere pienamente in pratica tale massima, l'intero tessuto sociale andrebbe in pezzi, chi è malvagio prenderebbe possesso dei nostri beni e delle nostre vite, e farebbe di noi ciò che vorrebbe. Se tale non-resistenza fosse praticata anche solo per un giorno, ciò porterebbe al disastro. Eppure, intuitivamente, in fondo ai nostri cuori percepiamo la veridicità dell'insegnamento «non resistere al male». Questo ci sembra l'ideale più alto, eppure insegnare questa dottrina equivarrebbe soltanto a condannare una vasta porzione di umanità. E non solo, farebbe credere agli uomini che avevano sempre agito male, creerebbe loro degli scrupoli di coscienza in tutte le loro azioni; li indebolirebbe, e quella disapprovazione costante di sé genererebbe più vizi di quanto ogni altra debolezza non farebbe. Per l'uomo che ha cominciato a odiare se stesso la porta della degenerazione si è già aperta, e lo stesso è vero di una nazione. Il nostro primo compito è di non odiare noi stessi, perché per andare avanti dobbiamo avere fede per prima cosa in noi stessi e poi in Dio. Colui che non ha fede in se stesso non potrà mai avere fede in Dio. Quindi, l'unica alternativa che ci resta è riconoscere che il dovere e la moralità variano in base a diverse circostanze, non che l'uomo che resiste al male stia facendo ciò che è sempre e in se stesso sbagliato, ma che nelle diverse circostanze in cui viene posto resistere al male può divenire persino il suo compito.

Leggendo la Bhagavadgita, molti di voi nei paesi occidentali saranno stati sorpresi dal secondo capitolo, in cui Sri Krishna definisce Arjuna ipocrita e codardo a causa del suo rifiuto a combattere e a opporre resistenza, dal momento che i suoi avversari erano suoi amici e parenti, facendo appello alla non-resistenza come al più alto ideale d'amore. Si tratta di una lezione che viene impartita a tutti noi, che in tutte le cose gli estremi si somigliano, che l'estremo positivo e quello negativo sono sempre simili. Quando le vibrazioni della luce sono troppo lente non le vediamo, così come quando esse sono troppo rapide. Lo stesso avviene col suono: quando il tono è troppo basso non lo sentiamo, e nemmeno quando è molto alto. Di questa stessa natura è la differenza che intercorre tra resistenza e non-resistenza. Un uomo non resiste perché è debole, pigro, e non può farlo perché non ne è capace, mentre un altro che sa di poter, se lo vuole, sferrare un colpo irresistibile, ciononostante, non solo non lo sferra, ma benedice i suoi nemici. L'uomo che non resiste per debolezza commette un peccato, e per questo non può ricevere alcun beneficio dalla non-resistenza, mentre l'altro commette peccato offrendo resistenza. Buddha abbandonò il suo trono e rinunciò alla sua posizione, ciò fu un'autentica rinuncia, ma non si può parlare di rinuncia nel caso di un mendicante che non ha nulla a cui rinunciare. Dunque, dobbiamo fare sempre attenzione a ciò che realmente intendiamo quando parliamo di questa non-resistenza e di amore ideale. Dobbiamo prima occuparci di capire se abbiamo la forza di resistere o meno. In seguito, avendo la forza, se rinunciamo e non resistiamo, stiamo compiendo un grande atto d'amore; ma se non riusciamo a resistere e allo stesso tempo, cerchiamo di ingannarci col credere di essere mossi dai più alti ideali d'amore, stiamo facendo l'esatto opposto. Arjuna divenne un codardo alla vista del potente allineamento contro di lui; il suo «amore» gli fece dimenticare il suo dovere nei confronti della sua patria e del suo re. È per questo che Sri Krishna gli disse che era un ipocrita: —Tu parli come un uomo saggio, ma le tue azioni ti tradiscono rivelandoti un codardo; dunque, alzati e combatti!

Questa è l'idea centrale del Karma Yoga. Il Karma Yogi è l'uomo che comprende che l'ideale più alto è la non-resistenza e che sa anche che tale non-resistenza è la manifestazione di forza più alta realmente in nostro possesso. Anche ciò che viene chiamato resistenza al male non è che un passo nel cammino verso la manifestazione di questa forza più alta, ossia la non-resistenza. Prima di raggiungere questo ideale più elevato, il compito dell'uomo è di resistere al male; lasciatelo lavorare, lasciatelo combattere, lasciatelo colpire con tutte le sue forze. Soltanto allora, quando avrà ottenuto la forza di resistere, la non-resistenza sarà una virtù.

Una volta incontrai, nel mio paese, un uomo che avevo un tempo conosciuto come una persona molto stupida e ottusa, che non sapeva nulla né aveva il desiderio di sapere alcunché, e che viveva la vita di un bruto. Mi chiede cosa avrebbe dovuto fare per conoscere Dio, come potesse rendersi libero. «Sai dire una bugia?», gli chiesi. «No», mi rispose. «Allora devi imparare a farlo. È meglio dire una bugia che essere un bruto, o un ceppo di legno. Sei inerte; non hai di certo raggiunto lo stato più alto, calmo e sereno, che va oltre tutte le azioni. Sei troppo ottuso persino per fare qualcosa di malvagio». Questo fu un caso estremo, ben inteso, e stavo scherzando con lui; ma ciò che intendevo era che un uomo deve essere attivo, in modo da superare l'attività per andare verso la calma perfetta.

L'inerzia dovrebbe essere evitata ad ogni costo. L'attività significa sempre resistenza. Resistete ad ogni male, mentale o fisico, e quando sarete riusciti a resistere, allora arriverà la calma. È molto facile dire «Non odiare nessuno, non resistere al male», ma sappiamo cosa ciò significhi generalmente nella pratica. Quando gli occhi della società sono rivolti verso di noi, possiamo anche far mostra di non-resistenza, ma nei nostri cuori c'è sempre la cancrena. Sentiamo la totale mancanza della calma della non-resistenza; sentiamo che sarebbe meglio per noi resistere. Se desiderate la ricchezza, e sapete che allo stesso tempo il mondo guarda a colui che mira alla ricchezza come a un uomo molto malvagio, voi, probabilmente, non oserete lanciarvi nella lotta per la ricchezza, eppure la vostra mente correrà giorno e notte dietro al denaro. Questa è ipocrisia ed è fine a se stessa.

Lanciatevi nel mondo, e poi, dopo un certo tempo, quando avrete sofferto e goduto di tutto ciò che è in esso, arriverà la rinuncia; allora arriverà la calma. Dunque, soddisfate il vostro desiderio di potere e di ogni altra cosa e, una volta che avrete soddisfatto questo desiderio, arriverà il tempo in cui saprete che erano tutte delle inezie; ma finché non avrete soddisfatto questo desiderio, finché non avrete sperimentato quell'attività, sarà per voi impossibile raggiungere lo stato di calma, pace e abbandono. Queste idee di serenità e rinuncia sono state predicate per migliaia di anni; tutti ne hanno sentito parlare sin dall'infanzia, eppure vediamo ben pochi raggiungere questo stadio nel mondo. Non so se ho visto venti persone che fossero serene e non-resistenti in vita mia, e ho viaggiato per mezzo mondo.

Ogni uomo dovrebbe abbracciare il proprio ideale e sforzarsi per realizzarlo; questa è una via più sicura verso il progresso rispetto all'abbracciare ideali altrui che non potremo mai sperare di realizzare. Ad esempio, immaginiamo di prendere un bambino e di dargli, d'un tratto, il compito di camminare per venti miglia; o il piccolo muore o, uno su mille, si trascina a fatica per venti miglia, per poi raggiungere la meta esausto e mezzo morto. Questo è ciò che cerchiamo di fare generalmente con il mondo. Gli uomini e le donne, in ogni società, non hanno le stesse facoltà mentali, le stesse capacità o la stessa forza per fare le cose; essi devono avere ideali diversi, e non abbiamo alcun diritto di schernire un qualsiasi ideale. Lasciate che ciascuno faccia del suo meglio per realizzare il proprio ideale. Parimenti, non è giusto che io debba essere giudicato con i vostri parametri o voi con i miei. Il melo non dovrebbe essere giudicato con il metro della quercia, né la quercia con quello del melo. Per giudicare il melo dovete prendere il metro del melo, e per la quercia quello della quercia.

L'unità nella varietà è il piano del creato. Per quanto uomini e donne possano variare individualmente, nello sfondo c'è unità. I diversi caratteri individuali e le classi di uomini e donne sono variazioni naturali nel creato. Dunque, non dovremmo giudicarli con lo stesso metro o esporli allo stesso ideale. Questa tendenza crea soltanto una lotta innaturale e il risultato è che l'uomo inizia ad odiare se stesso ed è ostacolato nel diventare religioso e buono. È nostro dovere incoraggiare ognuno a lottare per essere all'altezza del proprio ideale più alto e, allo stesso tempo, a sforzarsi di rendere l'ideale il più vicino possibile al vero.

Nel sistema morale indù troviamo che questa verità è riconosciuta da tempi antichissimi, e nelle loro scritture e nei libri sull'etica vengono stabilite regole diverse per le varie classi di uomini: il capo di famiglia, il Sannyasin (l'uomo che ha rinunciato al mondo), e lo studente.

La vita di ciascun individuo, secondo le scritture indù, ha i suoi particolari doveri oltre ciò che appartiene in comune all'umanità universale. L'indù inizia la vita come studente, poi si sposa e diventa capo famiglia; in tarda età si ritira e infine abbandona il mondo e diventa un Sannyasin. A ciascuna di queste fasi della vita sono collegati certi doveri. Nessuno di questi momenti è intrinsecamente superiore all'altro: la vita dell'uomo sposato è tanto grande e gloriosa quanto quella del celibe che ha consacrato se stesso al lavoro religioso. Lo spazzino sulla strada è grande e glorioso quanto il re sul suo trono. Togliete il trono a quest'ultimo, fategli fare il lavoro dello spazzino, e vedete come se la passa. Mettete sul trono lo spazzino e vedete come regnerà. È inutile dire che l'uomo che vive fuori dal mondo è più grande di quello che vive nel mondo; è molto più difficile vivere nel mondo e adorare Dio che abbandonarlo e vivere una vita libera e felice. I quattro stadi della vita in India sono stati recentemente ridotti a due – quello del capofamiglia e quello del monaco. Il capofamiglia si sposa e assolve i suoi doveri di cittadino, e il dovere dell'altro è quello di dedicare completamente le sue energie alla religione, di predicare e adorare Dio. Vi leggerò qualche passaggio tratto dal Mahanirvana Tantra, che tratta questo tema, e vedrete che essere un capofamiglia, e ralizzare tutti i suoi doveri alla perfezione, è un compito molto difficile per un uomo:

Il capofamiglia deve essere devoto a Dio; la conoscenza di Dio deve essere il suo obiettivo nella vita. Eppure deve lavorare costantemente, adempiere a tutti i suoi doveri; deve lasciare i frutti delle sue azioni a Dio.

È la cosa più difficile in questo mondo: lavorare e non interessarsi al risultato, aiutare un uomo senza mai pensare che egli ci debba essere grato, compiere delle opere buone e allo stesso tempo non guardare se questo ci porti un buon nome o la fama, o niente in assoluto. Persino il più grande codardo diventa coraggioso quando il mondo lo elogia. Uno stupido può compiere gesta eroiche quando su di lui c'è l'approvazione della società, ma fare costantemente il bene senza interessarsi all'approvazione dei propri simili è davvero il sacrificio più alto che un uomo possa compiere. Il grande dovere del capofamiglia è guadagnarsi da vivere, ma deve curarsi di non farlo dicendo bugie, o con l'inganno, o derubando gli altri; e deve ricordarsi che la sua vita è al servizio di Dio e di chi è povero.

Il capofamiglia, sapendo che il padre e la madre sono i rappresentanti visibili di Dio, sempre e con qualunque mezzo, deve renderli contenti. Se la madre e il padre sono contenti, anche Dio è contento di quell'uomo. È un buon figlio quello che non pronuncia mai parole dure verso i genitori.

Davanti ai genitori egli non deve essere scherzoso, non deve mostrare irrequietezza, né rabbia o irascibilità. Davanti alla madre e al padre, un figlio deve inchinarsi a fondo, e stare in piedi quando sono presenti, e non deve sedersi finché essi non glielo ordinano.

Se il capofamiglia ha da mangiare, da bere e di che vestirsi, senza prima aver guardato se il padre, la madre, i figli, la moglie e i poveri ne fossero provvisti, sta commettendo un peccato. La madre e il padre sono la causa della sua esistenza fisica, quindi un uomo deve sottoporsi a mille fatiche in modo da far loro del bene.

Così è anche il suo dovere verso la moglie; nessun uomo dovrebbe rimproverare la propria moglie, e deve sempre provvedere a lei come se fosse sua madre. E anche quando egli è afflitto da difficoltà e angoscia estreme, non deve mostrare rabbia verso la moglie.

Colui che pensa ad un'altra donna oltre alla moglie, e la sfiora anche solo con la mente, è l'uomo destinato alle tenebre dell'inferno.

Egli non deve usare un linguaggio inappropriato davanti alle donne, e non deve mai vantarsi delle sue facoltà. Non deve dire «ho fatto questo, ho fatto quello».

Il capofamiglia deve far sempre contenta la moglie con denaro, vestiti, amore, fede, e parole che siano dolci come nettare, senza fare mai nulla che possa turbarla. L'uomo che è riuscito ad ottenere l'amore di una moglie casta è riuscito nella sua religione ed ha tutte le virtù.

I doveri nei confronti dei figli sono i seguenti:

Un figlio dovrebbe essere allevato fino al suo quarto anno e istruito fino al sedicesimo. Quando ha raggiunto i vent'anni di età dovrebbe essere impiegato in qualche lavoro e trattato affettuosamente dal padre come suo pari. La figlia va cresciuta esattamente nella stessa maniera, e istruita con estrema cura. E quando si sposerà, suo padre dovrà donarle gioielli e ricchezze.

Il dovere dell'uomo è poi rivolto verso i fratelli e le sorelle, verso i figli dei fratelli e delle sorelle, se sono poveri, e verso gli altri suoi parenti, gli amici e i servi. I suoi doveri sono inoltre nei confronti delle persone del suo stesso villaggio, e dei poveri, e di chiunque si rivolga a lui in cerca di aiuto. Se il capofamiglia, avendo i mezzi sufficienti, non si preoccupa di donare ai suoi parenti e ai poveri, consideratelo soltanto un bruto; egli non è un essere umano.

L'eccessivo attaccamento al cibo, ai vestiti, alla cura del corpo e all'acconciatura dei capelli deve essere evitato. Il capofamiglia deve essere puro nel cuore e pulito nel corpo, sempre attivo e sempre pronto a lavorare.

Il capofamiglia deve essere un eroe per i suoi nemici. Poi deve resistere. Questo è il dovere del capofamiglia. Non deve restare seduto in un angolo a piangere e a dire sciocchezze sulla non-resistenza. Se non si mostra ai suoi nemici come un eroe non ha compiuto il suo dovere. E con i suoi parenti e amici deve essere dolce come un agnello.

È dovere del capofamiglia non manifestare riverenza verso i malvagi, perché se lo facesse dimostrerebbe accondiscendenza verso la malvagità; e sarebbe un grande errore se egli trascurasse coloro che sono degni di rispetto, le persone buone. Non deve smaniare per le sue amicizie. Non deve andare lontano per farsi amici ovunque; deve osservare le azioni degli uomini di cui vuole essere amico e i loro rapporti con gli altri uomini e, ragionando su di essi, fare poi amicizia.

Non deve parlare di queste tre cose. Non deve discutere in pubblico della sua fama; non deve predicare sul proprio nome e le proprie facoltà; non deve parlare della sua ricchezza, o di qualsiasi cosa gli sia stata detta in privato.

Un uomo non deve dire che è povero o che è ricco – non deve vantarsi della sua ricchezza. Che egli tenga per sé i suoi segreti; questo è il suo dovere religioso. Questa non è mera saggezza terrena; se un uomo non lo facesse sarebbe considerato immorale.

Il capofamiglia è la base, il sostegno dell'intera società; è colui che guadagna di più. I poveri, i deboli, i bambini e le donne che non lavorano, tutti vivono alle spalle del capofamiglia; quindi ci devono essere alcuni doveri a cui egli deve adempiere, e tali doveri devono farlo sentire forte affinché egli li realizzi, e non fargli pensare che stia facendo delle cose al di sotto del suo ideale. Quindi, se egli ha fatto qualcosa con debolezza o ha compiuto degli errori, non deve dirlo in pubblico, e se è impegnato in qualche impresa in cui egli è sicuro di non riuscire, non deve parlarne. Questa esposizione di sé non solo è superflua, ma turba anche l'uomo e lo rende inadatto al compimento dei doveri legittimi della sua vita. Allo stesso tempo, egli deve lottare a fondo per ottenere queste cose: per prima cosa, la conoscenza e, in secondo luogo, la ricchezza. È il suo dovere, e se non lo adempiesse non sarebbe nessuno. Un capofamiglia che non lotta per ottenere ricchezza è immorale. Se è pigro, e contento di condurre una vita oziosa, è immorale, perché altri cento dipendono da lui. Se ottiene ricchezze altri cento saranno in tal modo sostentati da esse.

Se in questa città non ve ne fossero a centinaia che hanno combattuto per diventare ricchi, e che hanno ottenuto la ricchezza, dove sarebbero ora tutta questa civiltà, e questi ospizi e queste grandi case?

Perseguire la ricchezza in questo caso non è male, perche tale ricchezza verrà distribuita. Il capo di famiglia è il centro della vita e della società. Acquisire e spendere denaro nobilmente è un onore per lui, perché il capo di famiglia che lotta per diventare ricco con mezzi onesti e per buoni propositi sta praticamente facendo, per l'ottenimento della salvezza, la stessa cosa che fa l'eremita quando prega nella sua cella. Questo perché in essi vediamo soltanto i diversi aspetti della stessa virtù dell'abbandono e dell' abnegazione prodotti dal sentimento di devozione a Dio e a tutto ciò che Gli appartiene.

Egli deve lottare per ottenere un buon nome con tutte le sue forze; non deve scommettere; non deve accompagnarsi ai malvagi; non deve mentire, e non deve essere la causa dei problemi altrui.

Spesso le persone si prestano a cose per le quali non hanno i mezzi per portarle a termine, con il risultato di ingannare gli altri per poter raggiungere i propri fini. C'è poi, in tutte le cose, il fattore del tempo che va preso in considerazione; ciò che una volta può rivelarsi un fallimento potrà forse, in un'altra occasione, essere un grande successo.

Il capofamiglia deve dire il vero, e parlare dolcemente, utilizzando parole gradite dalle persone, e ciò farà bene agli altri; egli non deve parlare di ciò che riguarda gli altri uomini.

Il capofamiglia, scavando pozzi, piantando alberi ai bordi delle strade, istituendo rifugi per uomini e animali, costruendo strade e erigendo ponti, procede verso lo stesso obiettivo del più grande Yogi.

Questa è una parte della dottrina del Karma Yoga – l'attività, il dovere del capofamiglia. C'è più avanti un passaggio in cui si dice «se il capofamiglia muore in battaglia, combattendo per la sua patria o la sua religione, raggiunge la stessa meta dello Yogi nella sua meditazione», mostrando in tal modo che ciò che è dovere per l'uno non lo è per l'altro. Allo stesso tempo, non si dice che un dovere abbassi e l'altro elevi; ogni dovere ha il proprio posto e, in base alle circostanze in cui siamo posti, dobbiamo realizzare i nostri compiti.

C'è un'idea che emerge da tutto questo, la condanna di ogni debolezza. Questa è un'idea particolare dei nostri insegnamenti che apprezzo, nella filosofia come nella religione e anche nel lavoro. Se leggete i Veda troverete sempre ripetuta questa parola: «coraggio», il timore di nulla. La paura è un segno di debolezza. Un uomo deve occuparsi dei suoi doveri senza prestare attenzione allo scherno e alla derisione del mondo.

Se un uomo si ritira dal mondo per adorare Dio, non deve pensare che coloro che vivono nel mondo e lavorano per il bene di esso non stiano venerando Dio; parimenti, neanche coloro che vivono nel mondo, per moglie e figli, devono pensare che chi ha abbandonato il mondo sia un vile vagabondo. Ognuno è grande al proprio posto. Illustrerò questo pensiero attraverso una storia.

Un certo re era solito domandare a tutti i Sannyasin che venivano nel suo paese: «Qual è l'uomo più grande, colui che lascia il mondo e diventa un Sannyasin o colui che vive nel mondo e compie i suoi doveri come capofamiglia?» Molti uomini saggi cercarono di risolvere il quesito. Alcuni asserirono che il Sannyasin fosse il più grande, e il re chiese ad essi di provare la loro affermazione. Quando non ne furono in grado, ordinò loro di sposarsi e di diventare capifamiglia. Poi altri vennero e dissero: «Il capofamiglia che adempie i suoi doveri è l'uomo più grande». Anche a questi ultimi il re domandò delle prove. Quando essi non riuscirono a fornirgliele, fece sistemare anche loro come capifamiglia.

Infine, arrivò un giovane Sannyasin, e il re pose anche a lui lo stesso quesito. Questi rispose: «Ognuno, Oh re, è grande al proprio posto». «Provamelo», chiese il re. «Ve lo dimostrerò», disse il Sannyasin, «ma dovete prima venire con me e vivere come faccio io per qualche giorno, così sarò in grado di provarvi ciò che dico». Il re acconsentì e seguì il Sannyasin fuori dal suo territorio, attraversando molti altri paesi, finché non arrivarono in un grande regno. Nella capitale di tale regno si stava tenendo una fastosa cerimonia. Il re e il Sannyasin sentirono il rumore dei tamburi e della musica, e udirono anche i banditori; la gente si era riunita nelle strade in abiti di gala, e stava avendo luogo una grande proclamazione. Il re e il Sannaysin rimasero lì per vedere cosa stava succedendo. Il banditore stava proclamando a gran voce che la principessa, figlia del re di quel paese, stava per scegliere un marito tra quelli radunatisi di fronte a lei.

Era una vecchia usanza in India che le principesse scegliessero i propri mariti in questo modo, ogni principessa aveva certe idee sul tipo di uomo che avrebbe voluto come marito: alcune volevano il più bello degli uomini; altre avrebbero preso solo il più istruito; altre ancora il più ricco, e così via. Tutti i principi del circondario si mettevano la loro tenuta migliore e si presentavano davanti a lei. A volte, anche questi ultimi avevano i propri banditori che annoveravano i loro vantaggi e le ragioni per le quali essi speravano che la principessa li scegliesse. La principessa veniva portata in giro su un trono nel suo massimo splendore, perché li osservasse e li ascoltasse. Se non era contenta di ciò che vedeva o sentiva, diceva ai suoi portantini: «Andate avanti». E nessuna attenzione veniva più rivolta al pretendente respinto. Tuttavia, se la principessa era soddisfatta di qualcuno di loro, ella lanciava una ghirlanda di fiori su di lui e questi diventava suo marito.

La principessa del paese in cui il nostro re e il Sannyasin erano giunti stava tenendo una di queste interessanti cerimonie. Era la principessa più bella del mondo, e suo marito sarebbe stato il sovrano del regno dopo la morte di suo padre. L'idea di questa principessa era di sposare l'uomo più bello, ma non riuscì a trovare quello giusto da poterla soddisfare. Questi incontri si erano tenuti numerose volte, ma la principessa non riuscì a scegliere un marito. Questo era l'evento più sontuoso di tutti; si erano presentate più persone che mai. La principessa entrò su un trono, e i portantini la spostavano da una parte all'altra. Non sembrava essere interessata a nessuno, e tutti si sentirono delusi per il fatto che anche questo incontro si sarebbe rivelato un fallimento. Proprio allora arrivò un giovane uomo, un Sannyasin, bello come se il sole fosse sceso sulla terra, e si mise a guardare, in un angolo del raduno, cosa stesse accadendo. Il trono con la principessa si avvicinò a lui e, non appena ella ebbe visto il bellissimo Sannyasin, si fermò e lanciò la ghirlanda su di lui. Il giovane Sannyasin afferrò la ghirlanda e la gettò via, esclamando: «Che sciocchezza è questa? Sono un Sannyasin. Cos'è per me il matrimonio?» Il re di quel paese pensò che egli era forse povero e che non osava sposare la principessa, e gli disse: «Con mia figlia avrete ora metà del mio regno, e il mio intero regno alla mia morte!», e pose ancora su di lui la ghirlanda. Il giovane la gettò via nuovamente, dicendo: «Assurdità. Io non voglio sposarmi». E si allontanò velocemente dall'adunanza.

Ora la principessa si era innamorata talmente tanto di questo giovane che disse: «Devo sposare quest'uomo o morirò», e andò a cercarlo per riportarlo indietro. Quindi, il nostro Sannyasin, che aveva portato il re in quel luogo, gli disse: «Re, seguite con me questa coppia». Si incamminarono, dunque, dietro di loro, tenendosi tuttavia indietro di una buona distanza. Il giovane Sannyasin, che aveva rifiutato di sposare la principessa, attraversò il paese per molte miglia; quando giunse in una foresta e vi si introdusse, la principessa gli andò dietro, e gli altri due li seguirono. Ora, questo giovane Sannyasin conosceva bene la foresta e gli intricati sentieri al suo interno; si spostò improvvisamente in uno di essi e scomparì, e la principessa non riuscì più a scovarlo. Dopo aver provato a lungo a cercarlo, ella si sedette sotto un albero e iniziò a piangere, in quanto non conosceva la via per uscire. Così il re e l'altro Sannyasin andarono da lei e le dissero: «Non piangere, ti mostreremo la strada per uscire da questa foresta, ma adesso è troppo buio perché noi possiamo trovarla. Qui c'è un grande albero; lasciaci riposare sotto di esso, e al mattino partiremo presto e ti mostreremo il cammino».

Ora, un uccellino, la moglie e i loro tre piccoli vivevano su quell'albero, in un nido. Quest'uccellino guardò in basso, vide le tre persone sotto l'albero, e disse alla moglie: «Mia cara, che possiamo fare? Ci sono tre ospiti qui in casa, è inverno e non abbiamo un fuoco». Quindi volò via e prese nel becco un legnetto acceso, lasciandolo cadere di fronte agli ospiti; questi aggiunsero del combustibile e fecero un fuoco scoppiettante. Eppure l'uccellino non era soddisfatto. Disse ancora alla moglie: «Mia cara, che possiamo fare? Non abbiamo niente da mangiare che possiamo offrire a queste persone, e esse hanno fame; Siamo i padroni di casa: è nostro dovere nutrire chiunque venga in casa. Devo fare ciò che posso, darò loro il mio corpo». Così si lanciò in mezzo al fuoco e morì. Gli ospiti lo videro cadere e cercarono di salvarlo, ma fu troppo veloce perché ci riuscissero.

La moglie dell'uccellino vide cosa aveva fatto il marito, e disse: «Qui ci sono tre persone e hanno solo un uccellino da mangiare. Non è abbastanza; è mio dovere di moglie non lasciare che gli sforzi di mio marito siano stati vani; lascerò loro prendere anche il mio corpo». Cadde dunque nel fuoco e morì bruciata.

Allora, i tre piccoli uccellini, quando videro ciò che fu fatto e che non c'era ancora abbastanza cibo per i tre ospiti, dissero: «I nostri genitori hanno fatto ciò che potevano e non è ancora abbastanza. È nostro dovere portare avanti il loro lavoro; lasciamo andare anche i nostri corpi». E anch'essi balzarono tutti nel fuoco.

Stupite da ciò che videro, le tre persone non poterono naturalmente mangiare questi uccelli. Passarono la notte senza cibo e, al mattino, il re e il Sannyasin indicarono la strada alla principessa, e lei ritornò da suo padre.

Allora, il Sannyasin disse al re: «Re, avete visto che ognuno è grande al proprio posto. Se volete vivere nel mondo, vivete come quegli uccelli, pronto a sacrificare voi stesso per gli altri in ogni momento. Se volete rinunciare al mondo, siate come quel giovane uomo per il quale la donna più bella e un regno non furono nulla. Se volete essere un capofamiglia, considerate la vostra vita come un sacrificio per il benessere altrui; e se scegliete la vita della rinuncia non guardate neanche alla bellezza, al denaro e al potere. Ognuno è grande al proprio posto, ma il dovere dell'uno non è il dovere dell'altro».

Capitolo III
Il Segreto del Lavoro

Aiutare fisicamente gli altri, eliminando i loro bisogni materiali, è davvero magnifico; ma l'aiuto è ancora maggiore se maggiore è il bisogno e se l'aiuto è di vasta portata. Se i bisogni di un uomo vengono eliminati per un'ora, lo state aiutando; se questi vengono eliminati per un anno, l'aiuto sarà maggiore; ma se i suoi bisogni sono eliminati per sempre, questo sarà sicuramente il più grande aiuto che egli possa ricevere. La conoscenza spirituale è l'unica cosa che possa distruggere per sempre le nostre sofferenze; ogni altro tipo di conoscenza soddisfa i bisogni solo per un momento. È solo con la conoscenza dello spirito che la tendenza al bisogno viene annientata per sempre; quindi, aiutare l'altro spiritualmente è il sostegno più importante che gli si possa dare. Colui che dona all'uomo la conoscenza spirituale è il più grande benefattore dell'umanità, e per questo notiamo che coloro che hanno aiutato l'uomo nei suoi bisogni incorporei sono stati i più forti tra gli uomini, perché la spiritualità è la vera base di ogni nostra attività nella vita. Un uomo forte e solido spiritualmente sarà forte sotto ogni altro aspetto, se egli lo desidera; finché nell'uomo non vi è forza spirituale, non possono essere soddisfatti appieno neanche i suoi bisogni fisici. Dopo l'aiuto spirituale, viene quello intellettuale. Il dono della conoscenza è molto più nobile di quello di cibo o abiti; è persino più nobile del donare la vita a un uomo, perché la vita reale di questi consiste nella conoscenza. L'ignoranza è morte, la conoscenza è vita. La vita ha ben poco valore, se essa viene condotta nelle tenebre, brancolando nell'ignoranza e nell'infelicità. Nell'ordine, al grado successivo, viene ovviamente l'aiuto materiale. Pertanto, considerando la questione dell'aiuto verso gli altri, dobbiamo sempre sforzarci di non commettere l'errore di pensare che l'aiuto fisico sia l'unico aiuto possibile; esso non è soltanto l'ultimo, ma il meno importante, perché non può portare all'appagamento permanente. L'infelicità che provo quando ho fame viene alleviata mangiando, ma la fame ritorna; la mia infelicità può cessare solo quando sono soddisfatto al di là di ogni bisogno. Allora la fame non mi renderà infelice e nessuna sofferenza, nessuna angoscia potrà toccarmi. Dunque, quell'aiuto che mira a renderci forti spiritualmente è il più nobile, dopo di esso viene l'aiuto intellettuale e, infine, quello fisico.

Le pene del mondo non possono essere curate soltanto con l'aiuto materiale; finché la natura dell'uomo non cambia, queste necessità fisiche nasceranno continuamente, e la sofferenza rimarrà sempre. Nessun aiuto materiale potrà placarle completamente. L'unica soluzione a questo problema è rendere l'umanità pura. L'ignoranza è la madre di tutti i mali e delle sofferenze che vediamo. Fate in modo che gli uomini conquistino la luce, che siano puri e spiritualmente forti ed istruiti, e solo allora la sofferenza cesserà nel mondo, non prima di questo. In questo Paese, possiamo trasformare ogni casa in un istituto di carità, possiamo riempirlo di ospedali, ma l'infelicità dell'uomo continuerà a esistere finché il suo carattere non sarà cambiato.

Nella Bhagavadgita leggiamo più e più volte che dobbiamo lavorare tutti incessantemente. Ogni opera è composta per natura da bene e male. Non possiamo compiere un'azione che non produca del bene da qualche parte; non può esserci lavoro che non causi male da qualche parte. Ogni azione deve essere necessariamente un insieme di bene e male; eppure ci viene ordinato di lavorare incessantemente. Bene e male avranno entrambi i loro risultati, produrranno il loro Karma. Le buone azioni avranno un buon effetto su di noi; le cattive azioni, uno cattivo. Ma bene e male sono entrambi vincoli dell'anima. La soluzione cui si giunge nella Gita riguardo a questa produzione di vincoli nell'essenza del lavoro è che, se non ci attacchiamo a quello che facciamo, esso non avrà alcun effetto vincolante sulla nostra anima. Proviamo a capire cosa significa il «non attaccamento» al lavoro.

Questa è una delle idee centrali della Gita: lavorare incessantemente, ma non essere attaccato al lavoro. «Samskara» può essere tradotto quasi perfettamente con «tendenza innata». Usando la similitudine di un lago per descrivere la mente, ogni increspatura, ogni onda che si solleva in essa, quando si calma, non si estingue completamente, ma lascia un segno e una possibilità futura che quell'onda ritorni di nuovo. Questo segno, con la possibilità che l'onda riappaia, è ciò che viene chiamato Samskara. Ogni azione che compiamo, ogni movimento del corpo, ogni pensiero che ci sfiora la mente, lascia un'impronta di questo tipo sulla sostanza mentale, e anche quando tali impronte non sono palesi in superficie, sono forti abbastanza da agire al di sotto di essa, nel subconscio. Ciò che siamo in ogni momento è determinato dalla somma complessiva di tali impronte sulla mente. Ciò che sono proprio in questo momento è l'effetto dell'insieme delle impressioni della mia vita passata. È questo che si intende in realtà per carattere; il carattere di ogni uomo è determinato dalla totalità di queste impressioni. Se prevalgono le buone, il carattere diventa buono; se prevalgono quelle cattive, esso sarà cattivo. Se un uomo sente in continuazione parole cattive, compie azioni e ha pensieri cattivi, la sua mente sarà piena di cattive impressioni, ed esse influenzeranno il suo pensiero e il suo lavoro senza che egli ne sia cosciente. Di fatto, queste cattive impressioni agiscono sempre e il loro risultato è per forza il male; e quell'uomo sarà un uomo cattivo, non potrà fare a meno di esserlo. La somma complessiva di queste impressioni in lui creerà la potente forza motrice che lo porterà a compiere cattive azioni. Egli sarà come una macchina nelle mani delle sue impressioni, ed esse lo forzeranno a fare il male. Analogamente, se un uomo fa pensieri positivi e realizza opere buone, il totale di queste impressioni sarà il bene; ed esse, in maniera simile, lo costringeranno a fare il bene anche suo malgrado. Quando un uomo ha compiuto così tante opere buone e avuto talmente tanti pensieri buoni da aver prodotto in lui una tendenza irresistibile a fare il bene, suo malgrado e anche se desidera fare il male, la sua mente, come totalità delle sue tendenze, non gli permetterà di farlo. Tali tendenze lo faranno tornare sui suoi passi; egli è completamente sotto l'influenza di quelle buone. Quando è questo il caso, si dice che il buon carattere di un uomo si è consolidato.

Così come la tartaruga nasconde la testa e le zampe nel guscio – e potete ucciderla e farla a pezzi, ma comunque non ne uscirà – anche il carattere di colui che ha il controllo delle sue ragioni e dei suoi organi è fissato immutabilmente. Egli controlla le proprie forze interiori, e nulla può farle emergere contro la sua volontà. Tramite questo riflesso continuo ai pensieri buoni, alle buone impressioni che emergono sulla superficie della mente, la tendenza a fare il bene diviene forte e pertanto ci sentiamo capaci di controllare gli indriyas (gli organi di senso, i centri nervosi). Soltanto così il carattere sarà consolidato; soltanto allora un uomo raggiunge la verità. Un uomo del genere è salvo per sempre, non può fare alcun male; potete metterlo in compagnia di chiunque, non vi sarà alcun pericolo per lui. C'è uno stato ancora più alto dell'avere questa tendenza al bene ed è il desiderio della liberazione. Dovete ricordare che la libertà dell'anima è l'obiettivo di ogni Yoga, e ognuno di essi conduce ugualmente allo stesso risultato. Soltanto con il lavoro gli uomini possono arrivare là dove Buddha arrivò perlopiù con la meditazione o Cristo con la preghiera. Buddha fu un Jnani all'opera, Cristo un Bhakta, ma da entrambi fu raggiunta la stessa meta. È qui la difficoltà. Liberazione significa libertà totale: libertà dal vincolo del bene, come da quello del male. Una catena d'oro è una catena quanto una di ferro. Ho una spina conficcata in un dito e ne utilizzo un'altra per estrarre la prima, e quando l'ho tolta le metto entrambe da parte. Non c'è alcun bisogno di conservare la seconda, perché dopotutto sono spine entrambe. Quindi, le cattive tendenze devono essere controbilanciate da quelle buone, e le impressioni cattive nella mente dovrebbero essere rimosse dalle fresche ondate di quelle buone, fino a che tutto ciò che è male quasi scompaia o venga domato e tenuto sotto controllo in un angolo della mente; ma, alla fine, anche le tendenze buone devono essere vinte. Così, chi è «attaccato» diventa «distaccato». Lavorate, ma non lasciate che l'azione o il pensiero producano un'impressione profonda sulla mente; lasciate andare e venire le increspature. Lasciate che le grandi azioni derivino dai muscoli e dal cervello, ma fate sì che esse non imprimano un forte segno sull'anima.

Come si può realizzare questo? Vediamo che l'impressione di ogni azione a cui ci attacchiamo rimane. Posso incontrare centinaia di persone durante la giornata, e tra di loro incrociarne anche una che amo; quando la notte rientro a casa posso ripensare a tutti i volti che ho visto, ma è solo quello che affiora alla mia mente: il volto che, forse, ho incrociato solo per un minuto, e che ho amato; tutti gli altri sono svaniti. Il mio attaccamento a questa precisa persona ha causato nella mia mente un'impressione più profonda di quella degli altri volti. Fisiologicamente, le impressioni sono state tutte uguali; ognuno dei visi incontrati si è fissato sulla retina, e il cervello ha colto quell'immagine, eppure non c'è stato un simile effetto sulla mente. La maggior parte dei volti, forse, mi erano del tutto nuovi, e mai prima di allora avevo pensato a essi, ma quell'unico volto, a cui ho dato solo una breve occhiata, ha trovato delle associazioni interiori. Forse l'avevo in mente da anni, conoscevo forse centinaia di cose su di esso, e quest'unica nuova visione ha risvegliato centinaia di ricordi sopiti all'interno della mia mente. E quest'unica impressione, essendosi ripetuta forse un centinaio di volte in più di quelle degli altri volti insieme, produrrà un grande effetto sulla mente.

Siate dunque «distaccati»; lasciate agire le cose, lasciate che i centri del cervello siano in moto, lavorate incessantemente, ma non lasciate che un'increspatura domini la mente. Lavorate come se foste degli stranieri su questa terra, dei visitatori di passaggio; lavorate incessantemente, ma non legatevi; la prigionia è terribile. Questo mondo non è la nostra dimora, è solo uno dei molti stadi attraverso cui passiamo. Ricordate questa grande massima dello Sankhya: «La totalità della natura è per l'anima, non l'anima per la natura». La vera ragione dell'esistenza della natura è l'educazione dell'anima, essa non ha nessun altro significato; è lì perché l'anima deve raggiungere la conoscenza e tramite questa liberare se stessa. Se ci ricordiamo sempre di questo, non saremo mai vincolati dalla natura; dobbiamo sapere che essa è un libro che dobbiamo leggere e che, una volta ottenuta la conoscenza necessaria, esso non ha per noi più alcun valore. Invece di fare questo, tuttavia, ci identifichiamo con la natura, pensiamo che l'anima sia per essa, che lo spirito sia per la carne e, come si dice spesso, pensiamo che l'uomo «viva per mangiare» e non che «mangi per vivere». Commettiamo questo errore in continuazione; consideriamo la natura come noi stessi e diventiamo vincolati a essa e, non appena questo attaccamento si verifica, avviene una profonda impressione sull'anima, che ci avvince e ci costringe a lavorare non nella libertà, ma nella schiavitù.

L'intera essenza di questo insegnamento è che dovreste lavorare da padroni e non da schiavi; lavorate incessantemente, ma non fate il lavoro come schiavi. Non vedete come lavorano tutti? Nessuno può riposarsi mai del tutto, il novantanove per cento dell'umanità lavora da schiavo e il risultato è la sofferenza; è tutto lavoro egoistico. Lavorate nella libertà! Lavorate nell'amore! La parola «amore» è molto difficile da capire; l'amore non giunge mai finché non c'è libertà. Non c'è vero amore possibile per lo schiavo. Se comprate uno schiavo e lo incatenate facendolo lavorare per voi, egli lavorerà come un mulo, ma non ci sarà amore in lui. Quindi, quando noi medesimi lavoriamo per le cose del mondo come schiavi, in noi non può esserci amore, e il nostro non è vero lavoro. È vero per il lavoro fatto per amici e parenti, ed è vero per il lavoro fatto per noi stessi. Il lavoro egoistico è il lavoro dello schiavo, ed eccone la prova. Ogni atto d'amore porta felicità; non esiste atto d'amore che non porti pace e beatitudine come sue conseguenze. La vera esistenza, la vera conoscenza e il vero amore sono eternamente connessi, le tre cose in una: dove ve n'è una, vi devono essere anche le altre. Sono tre aspetti dell'Uno senza subordinazioni: Esistenza-Conoscenza-Beatitudine. Quando quell'esistenza diviene relativa, la vediamo come mondo; quella conoscenza viene a sua volta trasformata in conoscenza delle cose del mondo; e quella beatitudine costituisce il fondamento di tutto l'amore conosciuto al cuore dell'uomo. Perciò il vero amore non può in nessun caso causare dolore né a chi ama né a chi è amato. Supponete che un uomo ami una donna; egli desidera averla tutta per sé e si sente estremamente geloso a ogni suo movimento; vuole che ella si sieda al suo fianco, che stia sempre vicino a lui, che mangi e si muova a suo piacimento. Egli è per lei uno schiavo e desidera che lei sia sua schiava. Questo non è amore; è il tipo di affetto morboso dello schiavo che insinua di essere amore. Non può essere amore perché provoca dolore; se lei non vuole fare ciò che vuole lui, ciò gli procurerà dolore. Nell'amore non ci sono conseguenze dolorose; esso porta solo alla beatitudine. Se non lo fa, non è amore; è qualcos'altro che viene scambiato per esso. Quando sarete riusciti ad amare vostro marito, vostra moglie, i vostri figli, il mondo intero, l'universo, in maniera tale che non vi saranno reazioni di dolore o gelosia, né alcun sentimento egoistico, allora sarete in uno stato adeguato per essere distaccati.

Krishna dice: «Guarda me, Arjuna! Se smetto di lavorare per un solo momento l'intero universo morirà. Non ho niente da guadagnare dal lavoro; sono l'unico Signore, ma perché lavoro? Perché amo il mondo. Dio è distaccato perché ama; quel vero amore ci rende distaccati. Ovunque c'è attaccamento, l'aggrapparsi alle cose terrene, dovete sapere che è solo attrazione fisica tra particelle di materia. Qualcosa che attrae due corpi sempre più e, se essi non possono avvicinarsi abbastanza, ciò produce dolore. Ma dove vi è il vero amore non risiede affatto l'attaccamento fisico. I veri amanti possono essere a un migliaio di miglia di distanza l'uno dall'altra, ma il loro amore sarà lo stesso; non morirà e non produrrà alcun dolore.

Raggiungere tale distacco è quasi il lavoro di una vita intera, ma non appena abbiamo raggiunto questo punto abbiamo conseguito il fine dell'amore e siamo liberi. Il vincolo della natura cade e vediamo la natura per quella che è; essa non forgia più le nostre catene. Siamo del tutto liberi e non prendiamo in considerazione i risultati del lavoro; a chi importerebbe a quel punto dei risultati?

Chiedete qualcosa ai vostri figli in cambio di ciò che avete dato loro? È vostro dovere lavorare per loro e la questione finisce qui. In qualsiasi cosa voi facciate per una determinata persona, una città, uno Stato, adottate verso questi la stessa attitudine che avete nei confronti dei vostri figli: non aspettatevi niente in cambio. Se potete invariabilmente assumere la posizione di colui che dà, in cui tutto ciò che donate è una libera offerta al mondo senza pensare alla ricompensa, allora il vostro lavoro vi porterà al distacco. L'attaccamento si produce soltanto là dove ci aspettiamo qualcosa in cambio.

Se lavorare da schiavi si traduce in egoismo e attaccamento, lavorare da padroni della nostra stessa mente dà vita alla beatitudine del distacco. Parliamo spesso di diritto e giustizia, ma vediamo come nel mondo diritto e giustizia siano mere chiacchiere infantili. Vi sono due cose che guidano la condotta dell'uomo: la forza e la misericordia. L'esercizio della forza è inevitabilmente esercizio di egoismo. Tutti gli uomini e le donne cercano di sfruttare al massimo qualsiasi tipo di potere o vantaggio essi abbiano. La misericordia è il paradiso stesso; per essere buoni dobbiamo essere tutti misericordiosi. Persino diritto e giustizia dovrebbero basarsi sulla misericordia. Ogni pensiero di ottenere una ricompensa dal lavoro che facciamo ostacola il nostro progresso spirituale; anzi, alla fine provoca sofferenza. C'è un altro modo in cui tali idee di misericordia e carità disinteressata possono essere messe in pratica; vale a dire, guardando al lavoro come «devozione», se crediamo in un Dio personale. In questo caso, lasciamo i frutti delle nostre opere al Signore e così, adorandoLo, non abbiamo alcun diritto di aspettarci nulla dall'umanità per il lavoro che compiamo. Il Signore Stesso lavora incessantemente ed è sempre privo di «attaccamento». Proprio come l'acqua non può bagnare la foglia di loto, così il lavoro non può vincolare l'uomo altruista facendo sorgere in lui l'attaccamento ai risultati. L'uomo disinteressato e distaccato potrà vivere nel cuore di una città piena di gente e di peccato, ma si salverà dall'essere toccato da quest'ultimo.

L'idea di completo sacrificio di se stessi è illustrata nella storia seguente: «Dopo la battaglia di Kurukshetra, i cinque fratelli Pandava compirono un grande sacrificio e offrirono grandissimi doni ai poveri. Tutti mostrarono stupore per la grandezza e la ricchezza del sacrificio e dissero che un simile gesto non si era mai visto al mondo. Quand'ecco che, dopo la cerimonia, arrivò una piccola mangusta; una metà del suo corpo era dorata e l'altra era marrone; ed essa iniziò a rotolarsi sul pavimento della sala sacrificale. Disse a chi era presente: «Siete tutti dei bugiardi; questo non è sacrificio». «Cosa?», essi esclamarono, «dici che questo non è sacrificio; non vedi come denaro e gioielli siano stati donati ai poveri e come ognuno sia divenuto ricco e felice? Questo è stato il sacrificio più stupefacente che un uomo abbia mai realizzato.» Ma la mangusta disse: «Un tempo c'era un piccolo villaggio, e in esso risiedeva un povero Brahman, con sua moglie, suo figlio e la moglie di questi. Essi erano molto poveri e vivevano di piccoli doni ricevuti in cambio di preghiera e insegnamento. Arrivò allora in quel paese una carestia di tre anni e il povero bramino soffrì più che mai. Alla fine, dopo che la famiglia ebbe sofferto la fame per giorni, un mattino il padre portò a casa un po' di farina d'orzo, che egli aveva avuto la fortuna di guadagnarsi, e la divise in quattro parti, una per ogni membro della famiglia. Essi vi prepararono un pasto e, proprio quando stavano per mangiare, qualcuno bussò alla porta. Il padre aprì ed ecco che vi trovò un ospite. Ora, in India un ospite è una persona sacra; è come un dio in quel momento e deve essere trattato come tale. Così il povero Brahman disse: 'Entrate, signore, siete il benvenuto'. Mise di fronte all'ospite la sua porzione di cibo, che l'ospite mangiò rapidamente, e questi disse: 'Signore, mi avete distrutto; ho patito la fame per dieci giorni, e questo poco ha aumentato il mio appetito'. Allora la moglie disse al marito: 'Dagli la mia parte', ma il marito ribatté: 'No, questo no'. La moglie insistette comunque, dicendo: 'Qui c'è un pover uomo ed è nostro dovere di padroni di casa fare in modo di nutrirlo, ed è mio dovere di moglie cedergli la mia porzione, visto che tu non hai più nulla da offrirgli'. Allora, diede la sua parte all'ospite che mangiò e disse che stava ancora morendo di fame. Così, il figlio disse: 'Prendi anche la mia porzione; è dovere di un figlio aiutare suo padre a rispettare i suoi obblighi'. L'ospite mangiò anche questa, ma ne restò ancora insoddisfatto; così la moglie del figlio gli offrì anche la sua parte. Questo lo soddisfece e l'ospite partì, benedicendoli. La notte seguente quelle quattro persone morirono di fame. Alcuni granelli di quella farina erano caduti sul pavimento e quando mi rotolai su di essi metà del mio corpo divenne dorato, come potete vedere. Da allora, ho viaggiato per tutto il mondo, sperando di trovare un altro sacrificio come questo, ma in nessun luogo ne ho trovato uno simile; in nessun altro posto l'altra metà del mio corpo ha potuto tramutarsi in oro. Ecco perché vi dico che questo non è un sacrificio»".

Questa idea di carità sta abbandonando l'India; gli uomini grandi stanno diminuendo sempre più. Quando stavo imparando l'inglese, lessi un libro di storie, in cui vi era un racconto su un ragazzo diligente che aveva lavorato e aveva donato un po' del suo denaro alla sua anziana madre. Ciò veniva lodato in tre o quattro pagine. Che cosa voleva dire? Nessun ragazzo indù potrà capire la morale di quella storia. La capisco ora, quando sento parlare dell'idea occidentale del «ognuno per sé». E alcuni uomini tengono tutto per sé e padri, madri, mogli e bambini hanno la peggio. Questo non dovrebbe essere mai e in nessun luogo l'ideale del capo famiglia.

Ora capite cosa significa Karma yoga; aiutare tutti persino in punto di morte, senza fare domande. Essere ingannati milioni di volte e non fare mai domande, e non pensare a cosa si sta facendo. Non vantatevi dei vostri doni ai poveri, né aspettatevi la loro gratitudine, ma piuttosto siate loro grati per avervi dato la possibilità di fare loro la carità. È dunque chiaro che essere un capo famiglia ideale è un compito molto più difficile che essere un Sannyasin ideale; la vera vita del lavoro è davvero ardua quanto la vita ugualmente vera della rinuncia, se non ancor di più.

Capitolo IV
Cos'è il Dovere?

È necessario, nello studio del Karma Yoga, sapere che cos'è il dovere. Se devo fare qualcosa, devo prima sapere che ciò è mio dovere, e solo allora potrò agire. L'idea di dovere, ancora una volta, è differente nelle diverse nazioni. Il musulmano dice che ciò che è scritto nel suo libro, il Corano, è suo dovere; l'indù dice che ciò che è nei Veda è suo dovere; e il cristiano dice che esso è espresso dalla Bibbia. Vediamo che vi sono varie concezioni di dovere che differiscono a seconda dei vari stadi di vita, dei diversi periodi storici e a seconda delle nazioni. Il termine 'dovere', come ogni altro termine astratto universale, è impossibile da definire chiaramente; possiamo solo farci un'idea del significato conoscendo le sue implicazioni e i suoi risultati pratici. Quando certe cose avvengono davanti ai nostri occhi, abbiamo tutti un impulso naturale o condizionato ad agire in un certo modo al riguardo. Quando tale impulso si manifesta, la mente inizia a riflettere sulla situazione, a volte pensando che sia giusto agire in un determinato modo in quelle date circostanze, altre volte ritenendo sbagliato agire nella stessa maniera persino nelle medesime circostanze. L'idea comune di dovere è, ovunque, che ogni uomo buono segua i dettami della sua coscienza. Ma cos'è che fa di un atto un dovere? Se un cristiano trova un pezzo di manzo di fronte a sé e non lo mangia per salvarsi la vita, o non lo offre per salvare la vita di un altro uomo, egli sente che non ha compiuto il suo dovere. Ma se un indù osa mangiare quel pezzo di manzo o darlo a un altro indù, anch'egli è ugualmente sicuro di non aver fatto il suo dovere; la formazione e l'educazione indù lo fanno sentire in questo modo. Nell'ultimo secolo ci furono in India delle famose bande di rapinatori chiamati Thugs; questi pensavano che fosse loro dovere uccidere quanti uomini potessero e rubare il loro denaro. Più elevato era il numero di uomini uccisi, migliori si sarebbero sentiti. Comunemente, se un uomo va in strada e spara a un altro uomo, è incline a esserne dispiaciuto, pensando di aver sbagliato. Ma se esattamente lo stesso uomo, da soldato del suo reggimento, ne uccide non uno, ma venti, può star sicuro di sentirsi contento e di pensare di aver compiuto il suo dovere in maniera ineccepibile. Capiamo, dunque, come non sia ciò che viene fatto a definire il dovere. Dare una definizione oggettiva di dovere è perciò del tutto impossibile. Eppure esiste un dovere a livello soggettivo. Ogni azione che ci porta verso Dio è una buona azione, ed è nostro dovere; ogni azione che ci spinge verso il basso è male, e non è nostro dovere. Dal punto di vista soggettivo, vediamo che certi atti hanno una tendenza a esaltarci e a nobilitarci, mentre talaltri tendono a degradarci e ad abbrutirci. Ma non è possibile stabilire con certezza quali atti abbiano un certo tipo di tendenza in relazione a ogni persona, di ogni sorta e condizione. Esiste, tuttavia, soltanto un'idea di dovere che è stata universalmente accettata da tutta l'umanità, di ogni età, setta e Paese, e che è così riassunta in un aforisma sanscrito: «Non nuocere a nessuno: questo è una virtù; nuocere è peccato».

La Bhagavadgita allude frequentemente ai doveri che dipendono dalla nascita e dalla posizione nella vita e nella società. Queste determinano ampiamente l'attitudine mentale e morale degli individui verso le varie attività della vita. È quindi nostro dovere compiere quel lavoro che ci esalta e ci nobilita in accordo con gli ideali e le attività della società in cui siamo nati. Ma si deve ricordare in particolar modo che gli stessi ideali e le medesime attività non sono predominanti in tutti i Paesi e tutte le società; la nostra ignoranza a questo proposito è la causa principale di gran parte dell'odio di una nazione verso l'altra. Un americano pensa che qualunque cosa egli faccia in accordo con l'usanza del suo Paese sia la miglior cosa da fare e che chiunque non segua il suo costume debba essere un uomo molto malvagio. Un indù pensa che le sue abitudini siano le sole a essere giuste, che siano le migliori al mondo, e che chiunque non le osservi debba essere l'uomo più malvagio sulla faccia della terra. Questo è un errore piuttosto naturale che ognuno di noi tende a commettere. Ma ciò è molto dannoso; è la causa di metà della spietatezza di questo mondo. Quando venni in questo Paese e stavo attraversando la fiera di Chicago, un uomo da dietro mi tirò il turbante. Guardai indietro e vidi che questi aveva l'aria di essere un vero gentiluomo, vestito con cura. Gli parlai e, quando egli vide che parlavo inglese, divenne molto imbarazzato. In un'altra occasione, nella stessa fiera, un altro uomo mi diede uno spintone. Quando gliene chiesi la ragione, anche lui ne provò vergogna e balbettò una scusa dicendo: «Perché vi vestite così?» La compassione e l'empatia di queste persone erano limitate al raggio della loro lingua e della loro moda nel vestire. Molti degli abusi di nazioni potenti sulle più deboli sono causati da questo pregiudizio. Ciò prosciuga il sentimento di fratellanza per i propri simili. Quell'uomo che mi chiese perché non mi vestissi come lui e che voleva maltrattarmi a causa del mio abito sarà magari stato un uomo molto buono, un buon padre e un cittadino modello; ma la gentilezza della sua indole è scomparsa non appena ebbe visto un uomo vestito in modo diverso. Gli stranieri sono sfruttati in tutti i Paesi, perché essi non sanno come difendersi; così portano con sé, al ritorno a casa, impressioni false sulle persone che hanno visto. Marinai, soldati a mercanti si comportano in maniera molto bizzarra in terra straniera, nonostante non si sognerebbero mai di fare lo stesso nel loro Paese; forse è per questo che i cinesi chiamano tutti gli europei e gli americani « diavoli stranieri ». Avrebbero fatto forse diversamente se avessero conosciuto il lato buono e generoso della vita occidentale.

Dunque, l'unico punto che bisognerebbe ricordarsi è che dovremmo sempre guardare al dovere degli altri attraverso i loro occhi, e non giudicare mai i costumi degli altri popoli con i nostri parametri. Io non rappresento il metro di giudizio dell'universo. Devo adattar me stesso al mondo e non il mondo a me. Quindi capiamo che i contesti cambiano la natura dei nostri doveri, e adempierli in ogni determinato momento è la cosa migliore che possiamo fare in questo mondo. Adempiamo quel dovere che ci spetta per nascita; una volta fatto, adempiamo il dovere che ci appartiene per posizione nella vita e nella società. Vi è, comunque, un grande pericolo nella natura umana, ovvero il fatto che l'uomo non esamini mai se stesso. Egli pensa di essere adatto a salire sul trono tanto quanto il re. Anche se lo fosse, deve prima dimostrare di aver compiuto il dovere relativo alla propria posizione; e giungeranno poi per lui doveri più importanti. Quando iniziamo a lavorare seriamente nel mondo, la natura ci dà colpi da ogni lato e ci permette ben presto di trovare la nostra posizione. Nessun uomo può occupare in modo soddisfacente e a lungo una posizione per la quale non è adatto. È inutile lagnarsi contro l'ordine della natura. Colui che fa il lavoro più basso non è per questo il più basso degli uomini. Nessun uomo deve essere giudicato per la mera natura dei suoi doveri; ma tutti dovrebbero essere giudicati per la maniera e lo spirito con cui li adempiono.

Più oltre vedremo che anche quest'idea di dovere subisce un cambiamento, e che il lavoro più grande è compiuto solo quando non è sollecitato da alcuna motivazione egoistica. Eppure, è lavorare per il senso del dovere che ci porta a lavorare senza alcuna idea di dovere; allora il lavoro diviene devozione, anzi, qualcosa di più alto, esso sarà adempiuto per se stesso. Vedremo che la filosofia del dovere, che sia essa sul piano dell'etica o dell'amore, è la stessa in tutti gli altri Yoga: l'oggetto è l'attenuamento dell'Io inferiore, in modo che il vero Io superiore possa risplendere, minimizzando lo spreco di energie nei piani più bassi dell'esistenza, cosicché l'anima possa manifestarsi su quelli più alti. Ciò viene realizzato con la negazione continua dei desideri più bassi, cosa che il dovere richiede rigorosamente. L'intera organizzazione della società è stata dunque sviluppata consciamente o inconsciamente nei regni dell'azione e dell'esperienza, in cui, limitando l'egoismo, apriamo la strada a un'espansione illimitata della vera natura dell'uomo.

Il dovere è di rado piacevole. È soltanto quando l'amore lubrifica le sue ruote che esso procede senza ostacoli; altrimenti in esso vi è un attrito costante. Come potrebbero, in caso contrario, i genitori adempiere i propri doveri verso i figli, i mariti verso le mogli e viceversa? Non incappiamo forse in casi di attrito ogni giorno della nostra vita? Il dovere è piacevole solo tramite l'amore e questo risplende solo nella libertà. Eppure, è libertà essere schiavi dei sensi, della rabbia, delle gelosie e di un centinaio di altre cose insignificanti che possono accadere ogni giorno nella vita umana? In tutte queste piccole asperità in cui ci imbattiamo nella vita, l'espressione più alta di libertà è la sopportazione. Le donne, schiave dei loro temperamenti irritabili e gelosi, tendono a biasimare i loro mariti, affermando la loro «libertà», così credono, non sapendo che in tal modo dimostrano soltanto di essere schiave. Lo stesso vale per i mariti che trovano in continuazione difetti nelle proprie mogli.

La castità è la prima virtù in un uomo o in una donna, ed è davvero molto raro l'uomo che, per quanto fosse perduto, non possa essere ricondotto sul giusto cammino da una moglie gentile, premurosa e casta. Il mondo non è ancora così crudele. Sentiamo molto parlare di mariti brutali in tutto il mondo e dell'impurità degli uomini, ma non è vero che ci sono tante donne brutali e impure quasi quanto gli uomini? Se tutte le donne fossero buone e pure quanto le loro costanti affermazioni porterebbero a credere, sono perfettamente sicuro che non ci sarebbe alcun uomo impuro al mondo. Quale brutalità non può essere vinta da purezza e castità? Una moglie buona e casta, che pensa a tutti gli altri uomini, eccetto suo marito, come a figli e ha l'attitudine della madre nei confronti di tutti gli uomini, acquisterà una tale forza di purezza che non ci sarà un singolo uomo, per quanto brutale, che non respirerà un'atmosfera di santità in sua presenza. Allo stesso modo, ogni marito deve guardare tutte le donne, eccetto sua moglie, nella stessa luce in cui guarda sua madre, una figlia, o una sorella. O ancora, colui che vuole essere un maestro religioso deve considerare ogni donna come sua madre e comportarsi come tale nei suoi confronti.

La posizione della madre è la più alta nel mondo, essendo l'unica condizione in cui si può imparare ed esercitare la generosità più grande. L'amore per Dio è l'unico a essere superiore a quello di una madre; tutti gli altri sono inferiori. È dovere di una madre pensare prima ai suoi figli e poi a se stessa. Tuttavia, se i genitori, al contrario, pensano sempre prima a loro stessi, il risultato è che la relazione tra genitori e figli diventa uguale a quella tra gli uccelli e la loro prole che, una volta in grado di volare, non riconosce più i genitori. Davvero benedetto è l'uomo che è capace di guardare a una donna come a un'espressione della maternità di Dio. Davvero benedetta è la donna per cui l'uomo rappresenta la paternità di Dio. Benedetti sono i figli che guardano ai loro genitori come a Divinità manifestatesi sulla terra.

L'unico modo per elevarsi è compiere il dovere vicino a noi e, raccogliendo così le forze, andare avanti finché non si è raggiunto lo stato più alto. Un giovane Sannyasin andò in una foresta; in quel luogo meditò, pregò e praticò lo Yoga a lungo. Dopo anni di duro lavoro ed esercizio, egli un giorno sedeva sotto un albero, quando alcune foglie secche gli caddero sulla testa. Guardò in alto e vide una gru e un corvo che si azzuffavano in cima all'albero e ciò lo fece adirare molto. Egli disse: «Cosa? Voi osate buttare queste foglie secche sulla mia testa?» E mentre pronunciava queste parole, guardandoli con rabbia, una fiammata uscì dalla sua testa – tale era il potere dello Yogi – e ridusse gli uccelli in cenere. Egli era molto contento, quasi colmo di gioia di aver sviluppato questo potere: aveva bruciato il corvo e la gru con uno sguardo. Dopo qualche tempo egli dovette andare in città per elemosinare del pane. Andò, stette davanti a una porta e disse: «Madre, datemi del cibo». Una voce venne dall'interno della casa: «Aspetta un attimo, figlio mio». Il giovane pensò: 'Tu disgraziata, come osi farmi aspettare? Non conosci ancora il mio potere». Mentre pensava ciò, la voce ritornò: «Ragazzo, non pensare troppo a te stesso. Qui non ci sono né gru né corvi». Egli era sconvolto e dovette aspettare ancora. Alla fine, la donna arrivò ed egli le si buttò ai piedi dicendo: «Madre, come lo sapevate?» Lei rispose: «Ragazzo mio, non conosco il tuo Yoga e i tuoi esercizi. Sono una donna comune e semplice. Ti ho fatto aspettare perché mio marito è malato e lo stavo curando. Ho combattuto tutta la vita per fare il mio dovere. Quando ero nubile, adempievo il mio dovere verso i miei genitori; ora che sono sposata, lo adempio verso mio marito; questo è tutto lo Yoga che pratico. Ma facendo il mio dovere sono diventata illuminata; così posso leggere nei tuoi pensieri e sapere cos'hai fatto nella foresta. Se vuoi conoscere qualcosa di più nobile di questo, vai al mercato di questa certa città, dove troverai un Vyadha*. Egli ti dirà qualcosa che ti piacerà molto sapere». Il Sannyasin pensò: «Perché dovrei andare in quella città e da quel Vyadha?» Tuttavia, dopo ciò che aveva visto, la sua mente si era aperta un po', quindi vi andò. Quando si avvicinò alla città, egli trovò il mercato e lì vide, a distanza, un Vyadha grande e grosso che tagliava la carne con grossi coltelli, parlando e negoziando con diverse persone. Il giovane disse: «Signore, aiutami! È questo l'uomo da cui sto per imparare? È l'incarnazione di un demonio, ammesso che egli sia qualcosa». Nel frattempo, quest'uomo alzò lo sguardo e disse: «Oh, Swami, è stata la donna a mandarti qui? Siediti finché non avrò concluso i miei affari». Il Sannyasin pensò: «Che mi succederà qui?» Si sedette; l'uomo continuò il suo lavoro e, una volta che ebbe finito, prese il suo denaro e disse al Sannyasin: «Venite, signore, andiamo a casa mia». Una volta raggiunta, il Vyadha lo fece sedere, dicendo «Aspettate qui» ed entrò in casa. Allora, questi lavò suo padre e sua madre, diede loro da mangiare e fece tutto ciò che poteva per far loro piacere. Dopodiché andò dal Sannyasin e disse: «Ora, signore, siete venuto qui per vedermi; cosa posso fare per voi?» Il Sannyasin gli pose qualche domanda sull'anima e su Dio, e il Vyadha gli fece un discorso che è racchiuso in una sezione del Mahabharata, chiamata Vyadha-Gita. Essa contiene uno dei momenti più aulici del Vedanta. Quando il Vydha ebbe finito il suo insegnamento, il Sannyasin era attonito. Disse: «Perché sei in quel corpo? Con una conoscenza come la tua, perché sei nel corpo di un Vyadha e fai un lavoro così orribile e sordido?» «Figlio mio», rispose il Vyadha, «nessun dovere è orribile, nessun dovere è impuro. La mia nascita mi ha posto in queste circostanze e in tali condizioni. In gioventù ho imparato il mestiere del mercante; sono distaccato, e cerco di fare bene il mio dovere. Cerco di adempierlo come capo famiglia e mi sforzo di fare quel che posso per rendere felici mio padre e mia madre. Io non conosco il tuo Yoga, né sono divenuto un Sannyasin, né sono uscito dal mondo per andare in una foresta; ciononostante, tutto ciò che hai visto e sentito è giunto a me tramite l'adempimento distaccato del dovere che appartiene alla mia posizione.»

C'è un saggio in India, un grande Yogi, uno dei migliori uomini che abbia mai incontrato in vita mia. È un uomo particolare che non insegna a nessuno; se gli ponete una domanda, non vi risponderà. Accettare la posizione dell'insegnante è troppo per lui, e non lo farà. Se fate una domanda, e aspettate qualche giorno, egli solleverà la questione nel corso della conversazione, gettando su di essa una luce sublime. Una volta mi spiegò qual è il segreto del lavoro: «Lascia che il fine e i mezzi si fondano in un'unica cosa». Quando state facendo un lavoro qualunque, non pensate a niente che vada oltre. Fatelo con devozione, con l'adorazione più intensa, e dedicate la vostra vita intera a esso, per il momento. Così, nella storia appena esposta, il Vyadha e la donna hanno fatto il loro dovere con allegria e di tutto cuore. Ne risultò che essi divennero illuminati, mostrando chiaramente che il giusto modo di adempiere i doveri di ogni stadio della vita, senza attaccamento ai risultati, ci porta alla massima realizzazione della perfezione dell'anima.

È colui che lavora ed è attaccato ai risultati che si lamenta della natura del dovere capitato al suo destino; per il lavoratore distaccato tutti i doveri sono ugualmente buoni e rappresentano strumenti efficienti per distruggere l'egoismo e la schiavitù dei sensi, e per assicurarsi la libertà dell'anima. Siamo tutti inclini a fare pensieri troppo superbi su noi stessi. I nostri doveri sono determinati dai nostri meriti in misura molto più grande di quanto noi vogliamo ammettere. La competizione genera invidia e uccide la bontà di cuore. Per il brontolone tutti i doveri sono sgradevoli; niente lo soddisferà mai, e la sua vita è destinata a rivelarsi un fallimento. Continuiamo a lavorare, qualunque sia il nostro dovere, essendo sempre pronti a metterci all'opera. Allora sicuramente vedremo la Luce!

Nota:

* La casta più bassa della società indiana, formata da persone che vivevano di caccia e di macellazione.

Capitolo V
Aiutiamo Noi Stessi e Non il Mondo

Prima di discutere nei dettagli delle modalità in cui la devozione al dovere ci aiuta nel nostro progresso spirituale, lasciate che vi esponga brevemente un altro aspetto di ciò che in India intendiamo con Karma. In ogni religione vi sono tre componenti: la filosofia, la mitologia e il rito. La filosofia, naturalmente, è l'essenza di ogni religione; la mitologia la spiega e la illustra attraverso il riferimento alle vite più o meno leggendarie di grandi uomini, le storie e i racconti di cose favolose, e così via; il rito dona una forma ancora più concreta a tale filosofia, cosicché tutti possano afferrarla: esso rappresenta, di fatto, la filosofia concretizzata. Questo rito è Karma. Esso è necessario in ogni religione, perché molti di noi non sono in grado di capire ciò che è spirituale e astratto prima di essere giunti a un alto livello di spiritualità. Per gli uomini è semplice pensare di poter comprendere tutto ma quando si passa all'esperienza pratica essi riconoscono che le idee astratte sono spesso molto difficili da afferrare. Perciò, i simboli ci sono di grande aiuto e non possiamo fare a meno del metodo simbolico di rapportarci alle cose. Da tempo immemore ogni tipo di religione se ne è servita. In un certo senso, non possiamo pensare se non per mezzo di essi; le parole stesse sono simboli del pensiero. In un altro senso, ogni cosa nell'universo deve essere considerata come un simbolo. L'universo intero va inteso come tale, e Dio è l'essenza che vi si cela dietro. Questo tipo di simbologia non è semplicemente una creazione umana; non è che certe persone appartenenti a una data religione si siano riunite e abbiano concepito dei simboli precisi, per poi portarli alla luce al di fuori delle loro menti. I simboli religiosi hanno una crescita naturale. Altrimenti, come si spiegherebbe che alcuni di essi siano associati con delle idee particolari nella mente di pressoché ognuno di noi? Ve ne sono diversi che sono diffusi universalmente. Molti di voi penseranno che la croce sia comparsa per la prima volta come simbolo connesso alla religione cristiana. Eppure, è un dato di fatto che essa esisteva prima dell'avvento della cristianità, prima della nascita di Mosè, prima della diffusione dei Veda e di qualunque testimonianza delle cose umane. La presenza della croce può essere attestata tra gli Aztechi e i Fenici: ogni razza sembra averla utilizzata. Parimenti, il simbolo del Salvatore crocifisso, l'uomo inchiodato sulla croce, pare essere stato conosciuto da quasi tutti i popoli, così come il cerchio, grande simbolo presente in tutto il mondo. Vi è, poi, il più universale di tutti, la svastica. Un tempo si credeva che fossero stati i buddisti a diffonderla ovunque, ma è stato scoperto che, già secoli prima del Buddismo, essa veniva usata in diverse nazioni, come nell'antica Babilonia e in Egitto. Che cosa dimostra tutto ciò? Tutte queste immagini non possono essere state puramente convenzionali. Deve esserci una ragione alla base, qualche associazione naturale tra esse e la mente umana. Il linguaggio non è il risultato di una convenzione. Le persone non si sono mai accordate per rappresentare certe idee con delle parole ben precise; non c'è mai stata un'idea senza una parola corrispondente o una parola senza la corrispettiva idea. Parole e idee sono per loro natura inseparabili. I simboli che rappresentano le idee possono essere relativi al suono o al colore. I sordomuti devono pensare con simboli diversi da quelli sonori. Ogni pensiero nella mente ha una sua forma equivalente; ciò viene chiamato nella filosofia sanscrita nama-rupa – nome e forma. È impossibile creare un sistema di simboli per convenzione, così come lo è creare un linguaggio. Nei simboli ritualistici del mondo abbiamo un'espressione del pensiero religioso dell'umanità. È facile affermare che i riti, i templi e tutte le pratiche annesse non servano a nulla; al giorno d'oggi anche i bambini lo dicono. Eppure, deve essere semplice constatare, per tutti, che coloro che pregano nei templi siano per molti versi differenti da chi non li frequenta. Dunque, l'associazione di particolari templi, rituali e altre forme concrete con determinate religioni tende a suscitare, nelle menti dei fedeli, i pensieri per i quali quegli elementi rappresentano simboli; non sarebbe quindi saggio ignorare del tutto i riti e la simbologia. Lo studio e la pratica di queste componenti fanno naturalmente parte del Karma Yoga.

Vi sono molti altri aspetti di questa scienza del lavoro. Uno di essi è conoscere la relazione tra pensieri e parole e si può pervenire a questa consapevolezza tramite la forza di queste ultime. La potenza della parola è riconosciuta in tutte le religioni, a tal punto che in alcune di esse si dice che la creazione stessa sia venuta fuori da essa. L'aspetto esterno del pensiero divino è il Verbo, e, dato che Dio ha pensato e voluto prima di creare, esso è all'origine della creazione. Nell'affanno e nell'impazienza di questa vita materialistica, i nostri nervi perdono sensibilità e si induriscono. Più invecchiamo -e più siamo bistrattati dal mondo- più diveniamo insensibili, e siamo inclini a trascurare cose che pure accadono con insistenza e in modo evidente intorno a noi. La natura umana, ad ogni modo, a volte si riafferma e siamo portati a indagare e a interrogarci su alcune di queste evenienze consuete; tale ricerca è così il primo passo nell'acquisizione della luce della conoscenza. Oltre al più alto valore filosofico e religioso del Verbo, vediamo che i simboli sonori recitano un ruolo eminente nel dramma della vita umana. Vi sto parlando. Non vi tocco. Le vibrazioni dell'aria provocate dal mio discorso raggiungono il vostro orecchio, toccando i nervi e producendo degli effetti sulle vostre menti. Non potete sottrarvi a questo. Cosa c'è di più meraviglioso? Un uomo dà dello stupido a un altro; quest'ultimo si alza e, stringendo il pugno, sferra un colpo sul naso del primo. Eccovi la forza della parola! C'è una donna infelice che piange; un'altra arriva e le dice qualche parola gentile. Ed ecco che lo stato d'animo della prima viene subito riequilibrato: la sua angoscia sparisce e comincia già a sorridere. Pensate alla potenza delle parole! Essa è una grande forza nella filosofia più alta così come nella vita comune. La manipoliamo in ogni momento senza pensarci e senza chiedercelo. Anche conoscere la natura di quest'energia e usarla nel giusto modo fa parte del Karma Yoga.

Il nostro dovere verso gli altri è quello di aiutarli, facendo del bene al mondo. Perché dovremmo farlo? Evidentemente, per aiutare il prossimo, ma in realtà per aiutare noi stessi. Dovremmo sempre cercare di fare questo; ciò dovrebbe essere la nostra ragione più alta. Tuttavia, se guardiamo bene, vediamo che il mondo non pretende affatto il nostro aiuto. Esso non è stato fatto perché voi o io arrivassimo e offrissimo il nostro aiuto. Lessi una volta un sermone in cui veniva detto: «Tutto questo bellissimo mondo è buono, perché ci concede il tempo e l'opportunità di aiutare gli altri». Evidentemente, questo è un sentimento magnifico, ma non è blasfemo dire che il mondo abbia bisogno del nostro aiuto? Non possiamo negare che in esso vi sia molta infelicità; andare lì fuori e prestare aiuto agli altri è, dunque, la cosa migliore che possiamo fare, anche se, alla lunga, capiamo che aiutare il prossimo equivale ad aiutare noi stessi. Da ragazzo avevo dei topolini bianchi. Li tenevo in una piccola scatola in cui c'erano delle piccole ruote ideate appositamente per loro e, quando essi cercavano di attraversarle, le rotelline giravano e rigiravano, e questi non arrivavano mai da nessuna parte. Così è per il mondo e il soccorso che gli offriamo. L'unico aiuto sta nel compiere l'esercizio morale. Questo mondo non è né buono né cattivo; ogni uomo confeziona il proprio per sé. Se un cieco inizia a pensare ad esso, lo percepirà morbido o duro, oppure freddo o caldo. Siamo un insieme di felicità e sofferenza; abbiamo verificato ciò centinaia di volte nelle nostre vite. Di regola, i giovani sono ottimisti e gli anziani pessimisti. I primi hanno tutta la vita davanti; i secondi si lamentano di essere alla fine dei loro giorni; moltissimi desideri, che essi non possono realizzare, si scontrano nei loro cuori. Tuttavia, entrambi sono sciocchi. La vita è buona o cattiva a seconda dello stato mentale con cui la guardiamo; non è di per sé nessuna delle due. Il fuoco, in se stesso, non è né buono né cattivo. Quando ci tiene al caldo diciamo: «Com'è meraviglioso il fuoco!» Quando esso ci scotta le dita, invece, lo disprezziamo. Eppure, in senso assoluto, esso non è né l'una né l'altra cosa. In base a come lo utilizziamo, il fuoco produce in noi sensazioni positive o negative; e questo vale anche per il mondo. Esso è perfetto. Per perfezione si intende che è perfettamente predisposto al raggiungimento dei suoi fini. Siamo tutti assolutamente sicuri che esso continuerà ad andare avanti a meraviglia senza di noi, e non dobbiamo tormentarci con il desiderio di offrirgli il nostro aiuto.

Tuttavia, dobbiamo fare il bene; l'aspirazione al bene è la forza motrice più importante che abbiamo, se non dimentichiamo mai che aiutare gli altri è un privilegio. Non state su di un alto piedistallo e non prendete cinque centesimi nella vostra mano, dicendo: «Ecco, tieni, pover'uomo». Siate piuttosto grati per il fatto che quest'ultimo sia lì, cosicché, offrendo un dono a lui, sarete in grado di aiutare voi stessi. Non è colui che riceve a essere beato, ma colui che dona. Siate riconoscenti per il fatto che vi è permesso di esercitare il vostro potere di benevolenza e misericordia nel mondo, e di diventare in questo modo puri e perfetti. Tutte le buone azioni tendono a renderci tali. Cos'è il massimo che possiamo fare? Costruire un ospedale, realizzare strade, erigere istituti di carità! Possiamo creare un'organizzazione benefica e raccogliere due o tre milioni di dollari. Edificheremo un ospedale con il primo milione, daremo balli e berremo champagne con il secondo, lasceremo che metà del terzo ci venga rubato dai funzionari di stato, e concederemo che la parte restante raggiunga infine i poveri. Cosa sono tutte queste cose? Un potente vento può sgretolare tutti i vostri edifici nel giro di cinque minuti. Cosa faremo allora? Un'eruzione vulcanica può spazzare via tutte le nostre strade, gli ospedali, le città e i palazzi. Lasciamo stare tutto questo sciocco discorso sulla beneficenza verso il mondo. Quest'ultimo non sta aspettando il vostro o il mio aiuto; tuttavia, dobbiamo lavorare e fare il bene costantemente, perché ciò è per noi una benedizione. È questo l'unico modo per raggiungere la perfezione. Nessun mendicante che abbiamo aiutato ci ha mai dovuto un singolo centesimo; siamo noi a dovergli tutto, perché ci ha permesso di esercitare la nostra carità nei suoi confronti. È del tutto sbagliato credere che abbiamo fatto o possiamo fare bene al mondo, o pensare che abbiamo aiutato una persona o l'altra. È un pensiero sciocco, e tutti i pensieri sciocchi portano sofferenza. Pensiamo di aver prestato soccorso a qualche uomo e ci aspettiamo che questi ci ringrazi; e dal momento che egli non lo fa siamo travolti dall'infelicità. Perché dovremmo aspettarci qualcosa in cambio per ciò che facciamo? Siate grati all'uomo che aiutate, pensate a lui come a Dio. Non è per caso un grande privilegio il fatto che ci sia consentito di adorare Dio aiutando i nostri simili? Se fossimo davvero distaccati, saremmo risparmiati da tutto questo dolore della vana attesa di una ricompensa, e potremmo fare le opere buone nel mondo con gioia. L'infelicità e il dolore non attraverseranno mai il lavoro compiuto senza attaccamento. Il mondo continuerà ad andare avanti con la sua sofferenza e le sue miserie per l'eternità.

C'era un pover'uomo che voleva del denaro e, in qualche modo, aveva sentito dire che se fosse riuscito a procurarsi un fantasma, avrebbe potuto ordinargli di ottenere per lui questo o qualunque altra cosa egli avesse desiderato; così si affannava a scovarne uno. Girovagò alla ricerca di un uomo che potesse trovarglielo; alla fine incontrò un saggio dai grandi poteri e lo implorò di aiutarlo. Il saggio gli chiese cosa avrebbe fatto del fantasma. «Voglio che esso lavori per me; insegnatemi come procurarmene uno, signore, lo desidero moltissimo», rispose l'uomo. Ma il saggio disse: «Non essere turbato, vai a casa». Il giorno dopo ritornò dal saggio piangendo e supplicandolo: «Datemi un fantasma, devo averne uno che mi aiuti, signore». Il saggio ne fu infine nauseato, e disse: «Ti insegno questo incantesimo, ripeti la parola magica e un fantasma arriverà, ed esso farà tutto ciò che gli dirai. Ma stai attento; essi sono esseri terribili, e bisogna tenerli continuamente occupati. Se non riesci a dargli un compito, il fantasma porterà via la tua vita». L'uomo rispose: «Sarà semplice riuscirci; posso dargli lavoro per tutta la sua esistenza». Andò quindi in una foresta e, dopo aver ripetuto a lungo la parola magica, un enorme fantasma comparve dinanzi a lui e disse: «Sono un fantasma; sono stato conquistato dalle tue magie. Ma devi tenermi sempre all'opera; nel momento in cui non riuscirai ad assegnarmi un lavoro ti ucciderò». L'uomo disse: «Costruiscimi un palazzo». E il fantasma rispose: «È fatto, il palazzo è costruito». «Portami del denaro» disse l'uomo. «Eccoti il tuo denaro» disse l'altro. «Abbatti questa foresta e innalza una città al suo posto.» «È fatto», disse il fantasma, «qualcos'altro?» Ora l'uomo iniziò a essere impaurito, pensando che non aveva più niente da chiedergli e al fatto che il fantasma realizzava tutto in un battibaleno. L'altro disse: «Dammi qualcosa da fare o ti divorerò». Il pover'uomo non poté trovargli alcuna nuova occupazione ed era spaventato. Così si mise a correre e correre finché non raggiunse finalmente il saggio, dicendogli: «Oh, Signore, proteggete la mia vita!» Il saggio gli chiese quale fosse il problema e l'uomo rispose: «Non ho nulla da chiedere per occupare il fantasma. Qualunque cosa gli ordini di fare viene da lui realizzata in un attimo, e mi minaccia di mangiarmi se non gli do un lavoro». Proprio allora arrivò il fantasma, dicendo: «Ti divorerò», e già era sul punto di mandare giù il pover'uomo. Questi iniziò a tremare e supplicò il saggio di salvargli la vita. «Troverò una soluzione», disse il saggio, «guarda quel cane con la coda arricciata. Estrai velocemente la tua spada, tagliagli la coda e offrila al fantasma affinché la faccia diventare dritta.» L'uomo recise la coda al cane e la donò al fantasma, dicendogli: «Raddrizzala per me». Il fantasma la prese e lentamente e con cura riuscì a farlo, ma non appena la lasciò andare, questa si arricciò di nuovo. Ancora una volta, la fece tornare dritta a fatica, solo per ritrovarla attorcigliata non appena cercò di abbandonare la presa. La distese nuovamente con pazienza, con lo stesso risultato. Così andò avanti per giorni e giorni, finché non fu esausto e disse all'uomo: «Non mi sono mai trovato in una simile difficoltà prima d'ora. Sono un fantasma anziano e navigato, ma non mi era ma successo di affrontare un tale problema. Ti proporrò un compromesso. Se mi lascerai andare, io ti permetterò di tenere con te tutto ciò che ti ho donato e ti prometto di non farti del male». Allora l'uomo fu molto contento e accettò con gioia l'offerta.

Questo mondo è come un cane con la coda arricciata: le persone, per centinaia di anni hanno combattuto per raddrizzarlo; ma quando lo lasciano andare questo si attorciglia di nuovo. Come potrebbe essere altrimenti? Bisognerebbe prima sapere come lavorare senza attaccamento per non essere fanatici. Smetteremo di esserlo quando avremo capito che questo mondo è come la coda arricciata del cane che mai diventerà dritta. Vi sarebbe un progresso molto più grande di quello attuale se nel mondo non esistesse il fanatismo. È un errore pensare che esso possa far progredire l'umanità. Al contrario, è un elemento che rallenta il progresso e che crea odio e rabbia, portando le persone a combattere l'una contro l'altra e rendendole insensibili. Pensiamo che qualunque cosa facciamo o possediamo sia la migliore al mondo, e che ciò che non facciamo o non possediamo non abbia alcun valore. Quindi, ricordatevi sempre dell'esempio della coda arricciata del cane ogni qual volta abbiate la tendenza a diventare fanatici. Solo quando avrete eliminato il fanatismo lavorerete bene. L'uomo equilibrato, calmo e dotato di un buon giudizio e di nervi saldi, di grande compassione e amore, è colui che realizza un buon lavoro e fa del bene a se stesso. Il fanatico è sciocco e non ha alcuna compassione; non potrà mai raddrizzare il mondo, né diventare egli stesso puro e perfetto.

Ricapitoliamo i punti essenziali della lezione di oggi:

Innanzitutto, dobbiamo tenere a mente che siamo tutti debitori verso il mondo e che questo non ci deve nulla. È un grande privilegio, per noi tutti, il fatto che ci venga consentito di fare qualcosa per esso. Aiutando il mondo aiutiamo davvero noi stessi.

Il secondo punto è che c'è un Dio nell'universo. Non è vero che tale universo sta andando alla deriva e che ha bisogno di voi e di me. Dio è sempre presente al suo interno, è immortale, agisce in eterno e vigila all'infinito. Quando l'intero universo si riposa, Egli veglia; lavora incessantemente. Tutti i cambiamenti e le manifestazioni del mondo Gli appartengono.

Il terzo principio è che non dobbiamo odiare nessuno. Questo mondo continuerà sempre a essere una commistione di bene e male. Il nostro dovere è quello di compatire i deboli e amare anche chi non compie il bene. Il mondo è una grande palestra morale in cui tutti noi dobbiamo fare esercizio per divenire più forti e più saldi spiritualmente.

Il quarto punto è che non dobbiamo essere in alcun modo dei fanatici, perché il fanatismo si contrappone all'amore. Sentirete coloro che lo sono dire con disinvoltura: «Non odio il peccatore, ma il peccato». Ma io sono pronto ad andare in capo al mondo per vedere la faccia di quell'uomo che riesce davvero a fare una distinzione tra il peccato e chi lo commette. È facile affermare cose del genere.

Se sappiamo ben discernere tra qualità e sostanza diventeremo uomini perfetti. Non è facile arrivare a questo. Inoltre, più saremo calmi e meno i nostri nervi saranno scossi, più sapremo amare e migliore risulterà essere il nostro lavoro.

Capitolo VI
Il Non Attaccamento è la Completa Abnegazione del Sé

Proprio come ogni azione che proviene da noi ha un ritorno su di noi, così le nostre azioni possono avere un'influenza sulle altre persone e le loro su di noi. Forse tutti voi avrete notato che, quando si commettono cattive azioni, si tende a peggiorare progressivamente, d'altra parte quando si inizia a fare del bene, si diventa più forti e il bene entra a far parte della nostra vita in ogni momento. La sola spiegazione per l'intensificarsi dell'influenza dell'azione è che ogni nostro atto ha una ripercussione su noi stessi e sugli altri. Prendendo in prestito un'immagine dalla scienza fisica, potremmo dire che mentre sto compiendo una determinata azione la mia mente emette una data vibrazione, quindi tutte le menti, che si trovano in una condizione simile, tenderanno ad esserne influenzate. Se in una stanza vi sono diversi strumenti musicali accordati armonicamente, tutti voi potrete osservare che, quando uno di questi viene suonato, tutti gli altri tendono a vibrare all'unisono. Allo stesso modo tutte le menti la accomunate da una stessa tensione, per modo di dire, saranno influenzate in egual modo da un dato pensiero. Naturalmente, quest'influenza di pensiero sulla mente varierà, secondo la distanza o altre ragioni, ma la mente sarà sempre aperta alla sua influenza. Ipotizzate che io stia compiendo una cattiva azione, la mia mente è in un determinato stato di vibrazione e ogni mente nell'universo, in una simile condizione, può essere influenzata dalla vibrazione della mia. Così, quando compio una buona azione, la mia mente è in uno stato di vibrazione differente e tutte le menti similmente accordate possono essere condizionate dalla mia; questo potere della mente sulla mente è più o meno intenso al variare della disposizione mentale di ognuno.

Proseguendo con la similitudine, è del tutto possibile che, proprio come le onde della luce possono viaggiare per milioni di anni prima di raggiungere qualsiasi oggetto, così anche le onde del pensiero possano viaggiare per centinaia di anni prima di entrare in contatto con un oggetto la cui vibrazione sia all'unisono. È assolutamente possibile, pertanto, che la nostra atmosfera sia piena di tali pulsazioni di pensiero, sia buone che cattive. Ogni pensiero proiettato da ogni mente continua a pulsare, nel tempo, finché non raggiunge l'oggetto adatto che possa accoglierlo. Qualsiasi mente disposta a ricevere questi impulsi li percepirà e li farà subito propri. Pertanto, quando un uomo compie cattive azioni, porta la sua mente in un certo stato di tensione, quindi tutte le onde che corrispondono a tale stato, che si può dire siano già presenti nell'atmosfera, lotteranno per entrare nella sua mente. Ecco perché colui che compie il male, in generale, continua a farne sempre di più. Le sue azioni ne risultano intensificate. Tale processo si applica anche a chi fa del bene; si aprirà a tutte le onde positive presenti nell'atmosfera e anche le sue buone azioni si intensificheranno. Corriamo dunque un duplice rischio compiendo del male: in primo luogo, ci predisponiamo a tutte le influenze negative che ci circondano; in secondo luogo, generiamo malvagità che influenza gli altri, probabilmente con un effetto che può durare anche centinaia di anni. Nel fare del male, dunque, feriamo noi stessi e anche gli altri. Nel fare bene, facciamo bene a noi stessi e ugualmente agli altri e, come ogni altra forza insita nell'uomo, anche il bene e il male traggono potere dall'esterno.

Secondo il Karma yoga, l'azione commessa non può essere distrutta, fintanto che non ha dato i suoi frutti; nessuna forza in natura può impedirle di produrre i relativi risultati. Se commetto un'azione cattiva, devo soffrirne: non esiste forza al mondo capace di fermarla o trattenerla. In egual modo, se faccio una buona azione, non esiste forza al mondo che possa impedirle di dare risultati positivi. La causa deve generare il relativo effetto, niente può ostacolarlo o limitarlo. Ne deriva quindi una questione molto sottile e seria riguardo al Karma yoga: queste nostre azioni, sia buone che cattive, sono in stretta connessione le une con le altre. Non possiamo definire una linea di demarcazione e dire che tale azione è interamente buona e talaltra completamente cattiva. Non esiste azione che non porti risultati buoni e cattivi allo stesso tempo. Per fare un esempio più semplice possibile: sto parlando con voi e, forse, alcuni di voi pensano che io stia facendo del bene, contemporaneamente però sto uccidendo migliaia di microbi nell'atmosfera, in questo modo sto facendo loro del male. Quando l'azione è a noi molto vicina e influenza chi conosciamo, diciamo che è un'azione molto buona se influenza gli altri in modo positivo. Per esempio, potete buono pensare che il fatto che io parli con voi sia un'azione molto positiva, i poveri microbi invece non la penseranno allo stesso modo; voi non vedete i microbi, ma vedete voi stessi. Il modo in cui il mio discorso vi influenza è ovvio per voi, ma non è altrettanto ovvio come condiziona i microbi. D'altro canto, se analizziamo le nostre cattive azioni potremmo trovarvi anche qualche eventuale ripercussione positiva. Colui che riconosce nelle buone azioni qualche aspetto negativo e che vede nelle malvagità un minimo impulso positivo, si può dire che conosca il segreto della pratica.

Ma che cosa ne deriva? Che, per quanto possiamo provarci, non può esistere alcuna azione perfettamente pura, o perfettamente impura, considerando purezza e l'impurità come il recare danno e il non recarne. Non possiamo respirare o vivere senza colpire alcun essere vivente e ogni pezzo di cibo che mangiamo è tolto dalla bocca altrui: le nostre vite si accalcano sulle vite altrui. Possono essere uomini, o animali, o piccoli microbi, ma uno o l'altro tra questi verrà sempre sopraffatto. Stando così le cose, ne consegue naturalmente che non si può raggiungere la perfezione tramite il lavoro. Possiamo lavorare per l'eternità, ma non ci sarà via d'uscita da questo labirinto intricato. Potete continuare a lavorare, ancora e ancora; non ci sarà fine a quest'inevitabile associazione di bene e male nei risultati del lavoro.

Il secondo punto da considerare è: qual è la fine del lavoro? Vediamo che la maggior parte delle persone in ogni Paese crede che ci sarà un momento in cui questo mondo diventerà perfetto, quando non esisterà malattia, o morte, o infelicità, o cattiveria. È un'idea molto bella, una forza motrice molto positiva per ispirare e dare conforto all'ignorante; ma, se ci riflettiamo un istante, ci renderemo conto che la verità è che non può essere così. Come essere potrebbe essere, altrimenti, se bene e male sono il diritto e il rovescio della stessa medaglia? Come si può avere il bene senza il male allo stesso tempo? Che cosa significa perfezione? L'idea di vita perfetta è una contraddizione. La vita stessa è uno stato di lotta continua tra noi stessi e il mondo esterno. In ogni istante noi lottiamo effettivamente con la natura e, se ne siamo sconfitti, la nostra vita cessa. È, per esempio, una lotta continua per il cibo e l'aria. Se mancano cibo e aria moriamo. La vita non è una cosa semplice, non scorre senza ostacoli, ma è un effetto composto. Questa lotta complessa tra qualcosa di interiore e il mondo esterno è ciò che chiamiamo vita e quando questa lotta viene meno, ci sarà la fine della vita.

Felicità ideale significa il momento in cui cessa questa lotta. Ma allora anche la vita cesserà, dato che la lotta può finire solo quando la vita stessa è finita. Abbiamo già visto che aiutare gli altri aiuta noi stessi. L'effetto principale del lavoro fatto per gli altri è purificarci. Per mezzo dello sforzo costante a fare del bene ad altri, cerchiamo di dimenticarci di noi; questa dimenticanza di sé è una delle lezioni più importanti che dobbiamo imparare nella vita. L'uomo pensa sciocamente di poter ottenere la felicità per sé e, dopo anni di lotta, scopre infine che la felicità vera consiste nell'annientare l'egoismo e che nessuno può renderlo felice tranne se stesso. Ogni atto di carità, ogni pensiero di compassione, ogni azione di aiuto, ogni bel gesto elimina così tanto individualismo dalla nostra persona che ci fa sentire come i peggiori e gli ultimi; e questo è un bene. Qui vediamo che Jnana, Bhakti e Karma portano tutti a una conclusione. L'ideale più nobile è l'abnegazione di sé, eterna e completa, in cui non c'è l'«Io», ma è tutto «voi»; il Karma yoga accompagna l'uomo, consapevole o inconsapevole, a tale raggiungimento. Un predicatore potrebbe essere sconvolto all'idea di un Dio impersonale; può insistere su un Dio personale e desiderare di sostenere la sua identità e individualità, qualunque cosa questo possa significare per lui. Tuttavia la sua idea di etica, se è davvero buona, non può che essere basata sulla più nobile abnegazione di sé. È la base ogni morale; potete estendere questo discorso agli uomini, agli animali, o agli angeli: è un'idea basilare, un principio fondamentale applicabile a tutti i sistemi etici.

Ci sono diverse categorie di uomini nel mondo. Innanzitutto, ci sono gli uomini-Dio, la cui abnegazione di sé è assoluta e che fanno soltanto del bene agli altri persino a costo di sacrificare le proprie vite: questi sono i più nobili. Se in un Paese ce ne sono cento, quel Paese non deve abbandonare le speranze. Sfortunatamente sono troppo pochi. Poi ci sono gli uomini buoni che fanno del bene altri finché questo non danneggia loro stessi. C'è una terza classe di uomini che cerca di ottenere il bene per sé a discapito degli altri. Un poeta sanscrito esiste racconta di una quarta classe innominabile di persone che fanno del male agli altri solo per il piacere di ferire. Proprio come a un'estremità dell'esistenza ci sono gli uomini più nobili, che fanno del bene fine a se stesso, parimenti, dall'altra, ci sono coloro che fanno del male senza altro scopo. Non ci guadagnano niente, ma è insito nella loro natura fare del male.

Esistono due parole in sanscrito: una è «Pravritti» il cui significato è ruotare verso e l'altra è «Nivritti» che significa ruotare via. Il «ruotare verso» è ciò che denominiamo mondo, l'«Io e ciò che è mio»; include tutto ciò che arricchisce l'«Io» di denaro e potere, fama e gloria, cose di natura venale volte ad accumulare ogni cosa in un centro, cioè l'«Io». Questo è il «Pravritti», la tendenza naturale di ogni essere umano, prendere ogni cosa da ogni luogo e ammucchiare il tutto in un solo centro, che è il caro ego dell'uomo. Quando questa tendenza comincia a incrinarsi, quando giunge «Nivritti» o «ruotare via», allora comincia l'etica e la religione. Sia «Pravritti» che «Nivritti» sono propri della natura del lavoro: il primo è del lavoro negativo, mentre il secondo di quello buono. Il «Nivritti» è la base fondamentale di ogni morale e ogni religione e la sua vera realizzazione è la completa abnegazione di sé, l'essere pronti a sacrificare mente, corpo e qualsiasi altro aspetto per l'altro. Quando un uomo ha raggiunto questa condizione, ha conseguito la perfezione del Karma yoga. È il risultato più elevato delle buone azioni. Anche se un uomo non ha studiato un singolo sistema di filosofia, anche se non crede in alcun Dio e non ci ha mai creduto, anche se non ha pregato neppure una volta in vita sua, se il semplice potere delle buone azioni lo ha portato a quello stato in cui è pronto a dare la sua vita per gli altri, è arrivato allo stesso punto a cui l'uomo religioso giungerà attraverso la preghiera e il filosofo con la conoscenza; potete dunque vedere che il filosofo, il lavoratore e il devoto si incontrano tutti in un punto, che è l'abnegazione di sé. Tuttavia per quanto i loro sistemi di filosofia e di religione possano differire, l'umanità intera si trova in uno stato di riverenza e soggezione di fronte all'uomo disposto al sacrificio di sé per gli altri. Non è affatto questione di credo o di dottrina: anche uomini in forte opposizione alle idee religiose, di fronte a uno di questi atti di completa abnegazione di sé, si sentono di doverlo onorare. Persino il cristiano più intollerante, dovesse leggere «La luce dell'Asia» di Edwin Arnold, si inchinerebbe con devozione nei confronti di Buddha, che non ha pregato alcun Dio e ha predicato soltanto il sacrificio di sé. Il fatto è che il bigotto non sa che il suo scopo e il suo fine ultimo sono esattamente gli stessi di colui che è così diverso da lui. Il fedele, tenendo costantemente davanti a sé l'idea di Dio e circondandosi di bene, alla fine giunge allo stesso traguardo e dice «Sarà fatto», e non tiene niente per sé. Questa è abnegazione di sé. Il filosofo, con la sua conoscenza, vede che il suo sé apparente è un'illusione e facilmente si dedica agli altri: ancora una volta si tratta dell'abnegazione di sé. Così Karma, Bhakti e Jnana si incontrano in questo punto; e questo è ciò che intendevano tutti i grandi predicatori dell'antichità, quando insegnavano che Dio non è il mondo. Il mondo è una cosa e Dio un'altra: questa distinzione è assolutamente vera. Ciò che si considera mondo è egoismo. L'altruismo è Dio. Qualcuno potrebbe vivere in un palazzo dorato, seduto sul suo trono ed essere perfettamente altruista; e allora questi è in Dio. Un altro potrebbe vivere in una capanna e indossare vecchi stracci, non possedendo niente al mondo, ma, se è egoista, è profondamente coeso al mondo.

Per tornare a uno dei nostri punti fondamentali, è stato detto in precedenza che non possiamo fare del bene senza fare allo stesso tempo una certa dose di male, o fare del male senza fare un po' di bene. Ora che sappiamo questo, come possiamo lavorare? Ci sono state al mondo alcune sette che hanno incredibilmente predicato il lento suicidio come unico mezzo per uscire dal mondo; perché, per vivere l'uomo deve necessariamente uccidere i poveri animali, le piante o recare danno a qualcosa o a qualcuno. Per loro, dunque, l'unico modo per uscire dal mondo era morire. Il Jainas ha predicato questa dottrina come l'ideale più alto. Questo insegnamento essere potrebbe sembrare logico, ma la vera soluzione si trova nel

Gita. È la teoria del non attaccamento, non essere attaccato a niente mentre si compie l'opera della vita. Sapere che siete separati completamente dal mondo, che siete nel mondo e che, qualunque cosa possiate compiere in esso, non lo state facendo soltanto per voi. Qualsiasi azione compiuta per voi stessi comporterà i suoi effetti su di voi. Se è un'azione buona, otterrete un effetto positivo, se cattiva, dovrete ricevere quello negativo; ma qualsiasi azione non compiuta nel vostro unico interesse, qualsiasi essa sia, non avrà effetto su voi. Nelle nostre scritture è racchiusa una frase molto significativa che rappresenta al meglio quest'idea: «Anche se uccide l'universo intero (o se stesso), lui non è né l'assassino né la vittima, quando sa che non sta agendo solo per sé». Dunque, il Karma yoga insegna: «Non rinunciate al mondo, vivete in esso, assimilate la sua influenza il più possibile; ma se è solo per il vostro piacere, assolutamente non lavorate». Il piacere non dovrebbe essere l'obiettivo. Innanzitutto, annientate il vostro Io e poi considerate il mondo come voi stessi; come gli antichi cristiani erano soliti dire: «Il vecchio uomo deve morire». Il vecchio uomo è l'idea egoista che il mondo intero sia fatto per il nostro vantaggio. I genitori irragionevoli insegnano ai loro bambini a pregare con queste parole «Oh Signore, tu hai creato il sole per me e la luna per me» come se il Signore non avesse altro da fare che creare ogni cosa per questi bambini. Non insegnate ai vostri figli tali assurdità. Ancora, ci sono persone irragionevoli in altro senso: ci insegnano che tutti questi animali sono stati creati affinché noi li uccidessimo e mangiassimo e che l'universo è uomini stato creato perché l'uomo possa disporne a suo piacimento. Questa è completa stoltezza. Una tigre potrebbe dire: «L'uomo è stato creato per me» e prega «Oh Signore, come sono cattivi questi uomini, che non vengono da noi a farsi mangiare, stanno infrangendo la Tua legge». Se il mondo fosse creato per noi, anche noi siamo creati per il mondo. Che questo mondo sia creato per il nostro piacere è l'idea peggiore che ci possa frenare. Questo mondo non è per noi; milioni di persone lo abbandonano ogni anno; il mondo non lo sente nemmeno, milioni di altri prendono il loro posto. Proprio quanto il mondo è per noi, altrettanto noi siamo per il mondo.

Per lavorare correttamente, quindi, bisogna prima rinunciare all'idea di attaccamento. In secondo luogo, non adeguatevi alla massa, ritenete voi stessi dei testimoni e continuate a lavorare. Il mio maestro diceva: «Considerate i vostri figli come farebbe una balia». La balia prenderà il vostro bambino, lo coccolerà, giocherà con lui e lo tratterà con gentilezza come se fosse suo figlio; ma non appena le direte di andare, lei sarà pronta a lasciare la vostra casa. Tutto nella forma dell'attaccamento viene dimenticato; lasciare i vostri figli e dedicarsi ad altri non provocherà il minimo dolore alla balia. Ugualmente essere dovete fare con ciò che ritenete vostro. Voi siete la balia e se credete in Dio, credete che tutto ciò che considerate vostro in realtà è Suo. La più profonda debolezza spesso si cela dietro il miglior bene e la forza più grande. È debolezza pensare che qualcuno dipenda da me e che io possa fare del bene agli altri. Questa convinzione è la madre di tutto il nostro attaccamento e da ciò deriva tutto il nostro dolore. Dobbiamo spiegare alle nostre menti che nessuno in questo universo dipende da noi; il mendicante non dipende dalla nostra carità, nè l'anima dalla nostra bontà, nessun essere vivente è legato al nostro aiuto. Vengono tutti aiutati dalla natura e sarebbero ugualmente aiutati anche se milioni di noi non fossero qui. Il corso della natura non si arresterà per cose come voi e me; come già precisato, è solo un fortunato privilegio che voi e io abbiamo la facoltà, aiutando gli altri, di educare noi stessi. È una grande lezione da imparare nella vita e quando l'avremo imparata perfettamente, non saremo mai infelici; possiamo andare a mescolarci ovunque, senza conseguenze dannose, nella società. Potete avere mogli e mariti, schiere di servi e regni da governare; se vi comporterete secondo il principio per cui il mondo non è per voi e non ha necessariamente bisogno di voi, possono nulla può nuocervi davvero. Proprio quest'anno potreste aver perso alcuni dei vostri amici. Per caso il mondo aspetta, senza andare avanti, che loro tornino? Il suo flusso si interrompe? No, continua. Allora rimuovete dalla vostra mente l'idea che dovete fare qualcosa per il mondo: non richiede nessun aiuto da voi. È assurdità pura da parte di chiunque pensare che sia nato per aiutare il mondo; è semplicemente orgoglio, è egoismo che si finge virtù. Quando avrete allenato la vostra mente e i vostri nervi a comprendere l'idea della non dipendenza del mondo da voi o da chiunque altro, allora non ci sarà alcuna conseguenza dolorosa dal vostro lavoro. Quando date qualcosa a un uomo senza aspettarvi niente – non aspettatevi nemmeno che vi sia grato – la sua ingratitudine non susciterà alcuna reazione in voi, perché non vi aspettavate niente, nessun pensiero per cui sarebbe stato vostro diritto avere una cosa qualsiasi in cambio; gli avete dato quel che meritava, il suo Karma gliel'ha procurato; il vostro Karma vi ha resi i portatori. Perché dovreste essere orgogliosi di aver donato qualcosa? Non siete altro che coloro che hanno portato il denaro o un qualsiasi dono che il mondo meritava per il suo stesso Karma. Dov'è il motivo dunque del vostro orgoglio? Non c'è niente di tanto grande in ciò che date al mondo. Quando avete acquisito il senso di non attaccamento, allora per voi non ci saranno né bene né male. È solo l'egoismo che provoca la differenza tra bene e male. È molto difficile da capire, ma saprete col tempo che niente nell'universo ha potere su di voi finché voi non lo permettete. Niente ha potere sull'Io dell'uomo, fino a che l'Io non diventa folle e perde il senso dell'indipendenza. Di conseguenza, tramite il non attaccamento, superate e negate il potere delle cose di agire su di voi. È molto facile dire che nulla ha diritto di agire su di voi finché non lo permettete; ma qual è il vero segno che mostra che l'uomo non permette a niente di agire su di lui, che non è né felice né triste quando ha agito sul mondo esterno? Il segno è che il bene o il male non causano alcun cambiamento nella sua mente; in ogni condizione egli rimane imperturbabile.

In India, c'era un grande saggio chiamato Vyasa. Questo Vyasa è conosciuto come l'autore degli aforismi del Vedanta ed era un uomo santo. Suo padre aveva provato a diventare un uomo perfetto ma non ci era riuscito. Anche suo nonno ci aveva provato e aveva fallito. Il suo bisnonno aveva ugualmente provato e fallito. Lui stesso non ci era riuscito alla perfezione, ma suo figlio, Shuka, era nato perfetto. Vyasa gli insegnò la saggezza e dopo avergli insegnato la conoscenza del vero sé, lo mandò alla corte del re Janaka che era un grande re ed era chiamato Janaka Videha. Videha significa «senza corpo». Nonostante fosse un re, aveva completamente dimenticato di avere un corpo; si sentiva uno spirito. Questo ragazzo, Shuka, era stato mandato lì affinché lui lo educasse. Il re sapeva che il figlio del Vyasa sarebbe giunto da lui per apprendere la saggezza, così aveva preso degli accordi con la corte e, quando il ragazzo si presentò alle porte del palazzo, le guardie non lo annunciarono in nessun modo. Gli diedero soltanto una sedia e lui sedette per tre giorni e per tre notti, nessuno gli parlò, nessuno gli chiese chi fosse o da dove venisse. Era il figlio di un grande saggio; suo padre era venerato in tutto il Paese ed egli stesso era una persona rispettabile; tuttavia le guardie del palazzo, basse e volgari, non lo annunciarono. Successivamente, di sorpresa, i ministri del re e i più alti ufficiali arrivarono a riceverlo con i loro migliori omaggi. Lo fecero entrare e gli mostrarono stanze splendide, gli fecero fare i bagni più profumati e gli diedero abiti magnifici, per otto giorni lo tennero in ogni sorta di lusso. Il viso di Shuka, solennemente sereno, non cambiò neanche di una virgola al cambiare del trattamento a lui riservato; era uguale in mezzo al lusso a quando aspettava fuori dalla porta. Allora fu convocato al cospetto del re. Questi era sul suo trono, la musica suonava e c'erano danze e divertimento. Il re gli diede una tazza di latte, piena fino all'orlo, e gli chiese di girare per sette volte nella sala senza rovesciarne nemmeno una goccia. Il ragazzo prese la tazza e procedette in mezzo alla musica e all'attrazione di volti meravigliosi. Come desiderato dal re, girò per sette volte e non una goccia di latte cadde. La mente del ragazzo non poteva essere attratta da niente al mondo, a meno che lui non permettesse di essere influenzato. E quando riconsegnò la tazza al re, egli gli disse: «Ciò che tuo padre ti ha insegnato, e che tu hai imparato da solo, posso solo ripeterlo: conosci la verità, torna a casa».

Così sull'uomo che ha completo controllo su se stesso non può agire niente di esterno, non esiste schiavitù per lui. La sua mente è libera; tale uomo da solo è degno di vivere bene. Troviamo generalmente uomini con due opinioni riguardo al mondo. Alcuni sono pessimisti e dicono: «Com'è orribile questo mondo, com'è cattivo!» Altri sono ottimisti e dicono: «Com'è bello il mondo, com'è fantastico!» Per coloro che non hanno il controllo delle proprie menti, il mondo è un luogo pieno di malvagità o nella migliore delle ipotesi una mescolanza di bene e male. Proprio questo mondo diverrà per noi un luogo positivo quando saremo padroni delle nostre menti. Niente agirà su di noi come bene o male; scopriremo che tutto sarà al posto giusto, armonioso. Alcuni uomini, cominciano dicendo che il mondo è un inferno, spesso finiscono per dire che è un paradiso, quando riescono ad avere successo nella pratica dell'auto-controllo. Se siamo dei veri Karma-Yogi e desideriamo allenarci per raggiungere questo stadio, da qualsiasi stadio si parta, siamo sicuri di finire con la perfetta abnegazione di sé; e non appena questo Io apparente se ne sarà andato, il mondo intero, che inizialmente ci appariva come pieno di male, rispecchierà il vero paradiso e sarà pieno di beatitudine. La sua atmosfera sarà benedetta, ogni volto umano sarà buono. Questo è lo scopo e l'obiettivo del Karma yoga e tale la sua perfezione nella vita pratica.

I nostri diversi Yoga non sono in conflitto l'uno con l'altro, ciascuno di loro porta allo stesso fine e ci rende perfetti: bisogna soltanto allenarsi strenuamente. Il vero segreto è esercitarsi. Prima dovete sentire, poi pensare e infine esercitarvi. Questa è la verità di ogni Yoga. Prima dovete sentire di cosa si tratta e capire che cos'è; e molte cose che non capite, potrebbero essere chiare solo tramite un ascolto assiduo e un pensiero costante. È difficile capire tutto subito. La spiegazione di tutto alla fine è dentro di voi. Nessuno è stato davvero istruito dall'altro, ognuno di noi ha insegnato a se stesso. L'insegnante esterno offre solo un suggerimento che risveglia l'insegnante interno e lo spinge a lavorare per capire le cose. Dopo ciò, le cose ci saranno più chiare per mezzo del nostro potere di percezione e pensiero e dovremmo realizzarle nell'anima; e la nostra realizzazione crescerà nell'intenso potere della volontà. Prima c'è il sentimento, poi il volere e, al di fuori di questo, c'è quel tremendo sforzo per il lavoro che attraverserà ogni vena e nervo e muscolo, finché l'intera massa del vostro corpo non si trasformerà in uno strumento dell'altruista Yoga del lavoro e non saranno regolarmente raggiunti i risultati sperati della perfetta abnegazione di sé e del totale altruismo.

Questo attaccamento non dipende da nessun dogma, dottrina o credenza. Che si sia cristiani, ebrei, o gentili, non importa. Siete altruisti? Questa è la domanda. Se lo siete, sarete perfetti senza leggere neanche un libro religioso, senza andare in una chiesa o in un tempio. Ciascuno dei nostri Yoga è adatto a rendere l'uomo perfetto anche senza l'aiuto degli altri, perché hanno tutti la stessa meta in vista. Lo Yoga del lavoro, della saggezza e della devozione sono tutti in grado di servire da mezzi diretti e indipendenti per la conquista del Moksha. «Solo i pazzi dicono che il lavoro e la filosofia sono diversi, non gli eruditi.» I dotti sanno che, sebbene apparentemente diversi l'uno dall'altro, alla fine conducono allo stesso obiettivo dell'umana perfezione.

Capitolo VII
Libertà

Oltre a significare lavoro, abbiamo spiegato che psicologicamente la parola Karma implica una causazione. Qualunque lavoro, azione, o pensiero che produca un effetto è denominato Karma. Così la legge del Karma indica la legge della causazione, di causa e conseguenza inevitabili. Ovunque vi è una causa, là deve prodursi un effetto; questa necessità non può venire meno e la legge di Karma, secondo la nostra filosofia, è completamente vera per l'intero universo. Qualunque cosa vediamo, o percepiamo, o qualsiasi azione presente da qualche parte nell'universo, mentre si verifica l'effetto del lavoro passato da una parte, dall'altra si trasforma, a sua volta, in una causa e produce il relativo effetto. È necessario, con ciò, considerare quale sia il significato della parola «legge». Con legge si intende la tendenza di una serie a ripetersi. Quando vediamo un evento seguito da un altro, o a volte in contemporanea a un altro, ci aspettiamo che questa sequenza o coesistenza si ripresenti. I nostri antichi logici e filosofi della scuola di Nyaya denominano questa legge col nome di Vyapti. Secondo loro, tutte le nostre idee di legge sono dovute all'associazione. Una serie di fenomeni viene collegata alle cose nella nostra mente in una specie di ordine invariabile, di modo che qualunque cosa percepiamo in qualunque momento sia riferita immediatamente ad altri fatti nella mente. Qualsiasi idea o, secondo la nostra psicologia, qualsiasi onda venga prodotta nella sostanza mentale, «chitta», deve sempre dare vita a molte onde simili. Questa è l'idea psicologica dell'associazione e la causazione è soltanto un aspetto di questo principio pervasivo di associazione. Questo diffondersi dell'associazione è ciò che, in sanscrito, è chiamato Vyapti. Nel mondo esteriore l'idea di legge è uguale a quella del mondo interiore: l'aspettativa che un determinato fenomeno sia seguito da un altro e che la serie si ripeterà. In pratica, quindi, la legge non esiste in natura. Ossia è un errore dire che la gravitazione esiste sulla Terra o che una qualsiasi legge sia presente obiettivamente dovunque in natura. La legge è il metodo, il modo in cui la nostra mente afferra una serie di fenomeni; è tutto nella mente. Determinati fenomeni, che avvengono l'uno dopo l'altro o contemporaneamente, seguiti dalla convinzione della regolarità della loro ricorrenza, permettono pertanto alle nostre menti di capire a fondo il metodo della serie intera e costituiscono ciò che definiamo legge.

La successiva questione da considerare è cosa significhi che la legge è universale. Il nostro universo è quella porzione di esistenza che è caratterizzata da ciò che gli psicologi sanscriti chiamano desa-kala-nimitta, o che è nota alla psicologia europea come spazio, tempo e causazione. Questo universo è soltanto una parte di un'esistenza infinita, racchiusa in una forma particolare, composta da spazio, tempo e causazione. Ne consegue necessariamente che la legge è possibile soltanto all'interno di questo universo condizionato; al di là di esso, non ci può essere alcuna legge. Quando parliamo dell'universo intendiamo riferirci soltanto a quella porzione di esistenza che è limitata dalle nostre menti; l'universo dei sensi, che possiamo vedere, percepire, toccare, udire, pensare, immaginare; unicamente questo è sotto il controllo della legge; ma oltre a esso l'esistenza non può essere soggetta a legge, perché la causazione non si estende oltre il mondo delle nostre menti. Niente che sta al di fuori dell'influenza delle nostre menti e dei nostri sensi è limitato dalla legge di causazione, poiché non esiste associazione mentale delle cose nella zona oltre i sensi e nessuna causazione senza associazione d'idee. È soltanto quando «essere» o esistenza vengono modellati in un nome e in una forma che obbediscono alla legge di causazione, e si definiscono soggetti alla legge: perché ogni legge ha la sua essenza nella causazione. Pertanto, vediamo immediatamente che non può esistere niente come il libero arbitrio; l'espressione stessa è una contraddizione, perché arbitrio è ciò che conosciamo e tutto quel che conosciamo è all'interno del nostro universo e tutto all'interno del nostro universo è modellato dalla condizione di spazio, tempo e causazione. Tutto ciò che sappiamo, o possiamo sapere, deve essere soggetto a causazione e ciò che obbedisce alla legge di causazione non può essere libero. Altri agenti agiscono su di lui, che diventa a sua volta causa. Ma ciò che è stato convertito in volontà – che non era volontà prima, ma che, quando viene racchiuso nella forma dello spazio, del tempo e della causazione, diventa volontà umana ¬– è libero; quando questa volontà uscirà dalla forma di spazio, tempo e di causazione, sarà libera di nuovo. Deriva dalla libertà e diviene plasmata su questo vincolo ed esce ancora e torna nuovamente alla libertà.

La questione riguarda questo universo: da chi viene, in chi permane e a chi va; e la risposta è che viene dalla libertà, nel vincolo permane e torna nuovamente alla libertà. Così, quando parliamo dell'uomo come nient'altro che quell'essere infinito che manifesta se stesso, intendiamo che soltanto una parte molto piccola di esso è uomo; il corpo e la mente che vediamo sono soltanto una parte dell'intero, soltanto un punto dell'essere infinito. L'intero universo è soltanto un granello dell'essere infinito; e tutte le nostre leggi, i nostri legami, le nostre gioie e i nostri dispiaceri, la nostra felicità e le aspettative sono soltanto all'interno di questo piccolo universo; la progressione e la digressione sono all'interno del suo ambito. Allora vedete quanto è infantile aspettarsi una continuazione di questo universo, la creazione delle nostre menti, prevedere di andare in paradiso, che dopotutto rappresenta soltanto una ripetizione del mondo che conosciamo. Vedete subito che è un desiderio impossibile e immaturo rendere l'intera esistenza infinita conforme all'esistenza limitata e condizionata che conosciamo. Quando un uomo dice che avrà la stessa cosa che ha, ancora e ancora, o, come talvolta dico io, quando chiede una religione comoda, è palese il fatto che egli è degenerato a tal punto che la sua mente non può andare oltre rispetto a ciò che vive in quel momento; lui è solo ciò che lo circonda da vicino e niente più. Ha dimenticato la sua natura infinita e la sua idea è limitata alle piccole gioie e ai dispiaceri, alle gelosie del cuore del momento. Pensa che questa cosa finita sia l'infinito; e non solo, non si libererà da questa stupidità. Si aggrappa disperatamente a Trishna, il desiderio di vita, che i buddisti chiamano Tanha e Trissa. Potrebbero esserci milioni di tipi di felicità, esseri, leggi e progresso e causazione, tutto opera all'esterno di questo piccolo universo a noi conosciuto e dopotutto il suo intero è solo una sezione della nostra natura infinita.

Per raggiungere la libertà, dobbiamo andare oltre le limitazioni di questo universo: non si può trovare qui. L'equilibrio perfetto, o ciò che i cristiani definiscono la pace che supera ogni comprensione, non si può ottenere in questo universo, né in cielo, né in alcun altro posto a cui le nostre menti e i pensieri possono andare, in cui i sensi possono percepire, o che l'immaginazione può concepire. Nessun posto simile può donarci quella libertà, perché tutti i posti di questo genere sarebbero all'interno del nostro universo, limitato da spazio, tempo e causazione. Possono esistere posti più spirituali della nostra Terra, dove i piaceri possono essere più intensi, ma persino tali posti devono essere nell'universo e, di conseguenza, nel vincolo della legge; così dobbiamo andare al di là e la religione reale comincia dove questo piccolo universo si conclude. Queste piccole gioie e i dispiaceri, la conoscenza delle cose si concludono là e là comincia la realtà. Finché non abbandoniamo la brama per la vita, il forte attaccamento a questa nostra esistenza condizionata dalla transitorietà, non abbiamo neanche la speranza di intravedere quella libertà infinita oltre. Si basa sul motivo allora che esiste un unico modo per raggiungere quella libertà che è l'obiettivo di tutte le aspirazioni più nobili dell'umanità e ossia abbandonando questa vita limitata, lasciando la Terra e il paradiso, abbandonando il corpo e la mente, rinunciando a tutto ciò che è limitato e condizionato. Se rinunciamo al nostro attaccamento a questo piccolo universo dei sensi, o della mente, saremo immediatamente liberi. L'unico modo per liberarsi dal vincolo è andare oltre le limitazioni della legge, andare oltre la causazione.

Ma è una delle cose più difficili rinunciare a stare aggrappati a questo universo; pochi nella storia dell'uomo raggiungono questo stadio. Esistono due modi per farlo, spiegati nei nostri libri. Uno è denominato «neti, neti» (non questo, non questo), l'altro è chiamato «iti» (questo); il primo è il modo negativo e il secondo il positivo. Il modo negativo è il più difficile. È possibile solo agli uomini dotati delle menti più nobili ed eccezionali e di fortissima volontà che si alzano e dicono «No, non avrò questo» e la mente e il corpo obbediscono alla sua volontà, e ne escono vittoriosi. Ma tali persone sono molto rare. La maggior parte dell'umanità sceglie il modo positivo, il modo attraverso il mondo, utilizzando tutti i vincoli per rompere gli altri veri vincoli. Anche questo è una sorta di rinuncia; viene compiuto soltanto lentamente e gradualmente, conoscendo le cose, godendo delle cose e facendo così esperienza e conoscendo la natura di esse finché infine la mente non le lascerà andare e potrà essere distaccata. Il primo modo di ottenere il non attaccamento è attraverso la ragione e il secondo con lavoro ed esperienza. Il primo è il percorso del Jnana yoga ed è caratterizzato dal rifiuto di fare qualsiasi lavoro; il secondo è quello del Karma yoga, in cui il lavoro non cessa. Ognuno deve lavorare nell'universo. Possono non lavorare soltanto coloro che sono completamente soddisfatti del proprio Io, i cui desideri non vanno oltre l'Io, le cui menti non vagano mai fuori dall'Io, per i quali l'Io è tutto in tutto. Tutti i restanti devono lavorare. Una corrente che scorre veloce, seguendo la sua natura, cade nel vuoto e crea un vortice e, dopo aver vorticato per un istante, riemerge sotto forma di corrente libera per poi continuare incontrollata. Ogni essere umano è come questa corrente. Entra nel vortice, viene coinvolto in questo mondo di spazio, tempo e causazione, vortica un po', gridando «mio padre, mio fratello, il mio nome, la mia fama» e così via e, infine, riemerge da esso e riguadagna la sua libertà originale. L'intero universo lo fa. Se lo conosciamo o meno, se siamo consapevoli o inconsapevoli di ciò, tutti stiamo lavorando per uscire dal sogno del mondo. L'esperienza dell'uomo nel mondo è volta a permettergli di uscire del suo vortice.

Che cos'è il Karma yoga? La conoscenza del segreto del lavoro. Vediamo che tutto l'universo lavora. Per cosa? Per la salvezza, per la libertà; dall'atomo al più importante essere lavorano per un solo scopo, la libertà della mente, del corpo, dello spirito. Tutte le cose cercano sempre di ottenere la libertà, fuggendo dai vincoli. Il sole, la luna, la Terra, i pianeti, tutti provano a rompere i loro vincoli. Le forze centrifuga e centripeta della natura sono effettivamente tipiche del nostro universo. Invece di essere spinti qua e là in questo universo, e dopo lunghi ritardi e duri colpi, cercando di conoscere le cose per come sono, impariamo dal Karma yoga il segreto del lavoro, il suo metodo, il suo potere organizzativo. Una grande quantità di energia può essere spesa invano, se non sappiamo come utilizzarla. Il Karma yoga fa del lavoro una scienza, imparate da esso come utilizzare al meglio tutto il lavoro di questo mondo. Il lavoro è inevitabile, deve essere così; ma dovremmo lavorare per il più alto scopo. Il Karma yoga ci porta ad ammettere che questo mondo è un mondo di cinque minuti, che è un qualcosa attraverso cui dobbiamo passare e quella libertà non è qui, ma si trova solo oltre. Per trovare il modo di slegarci dai vincoli del mondo, dobbiamo passarci attraverso con lentezza e sicurezza. Ci potrebbero essere quelle persone eccezionali delle quali ho appena parlato, coloro che stanno in disparte e rinunciano al mondo, come un serpente che si sbarazza della sua pelle, si fa da parte e la guarda. Sicuramente esistono tali esseri eccezionali; ma il resto dell'umanità deve passare lentamente attraverso il mondo del lavoro. Il Karma yoga mostra il processo, il segreto e il metodo di farlo nel mondo più vantaggioso.

Che cosa dice? «Lavorate incessantemente, ma abbandonate ogni attaccamento al lavoro.» Non identificatevi con niente. Tenete la vostra mente libera. Tutto ciò che vedete, i dolori e le sofferenze sono soltanto condizioni necessarie di questo mondo; la povertà e la ricchezza e la felicità sono solo momentanee, non appartengono affatto alla nostra vera natura. La nostra natura si trova molto oltre la sofferenza e la felicità, oltre ogni oggetto dei sensi, oltre l'immaginazione; ma dobbiamo continuare a lavorare sempre. «La sofferenza nasce dall'attaccamento, non dal lavoro.» Non appena ci identifichiamo con il lavoro che svolgiamo, si sentiamo infelici; ma se non ci identifichiamo con esso non sentiamo quella sofferenza. Se un bellissimo dipinto che appartiene a qualcun altro viene bruciato, un uomo generalmente non diviene infelice; ma se fosse il suo ritratto ad essere bruciato, quanto sarebbe infelice? Perché? Entrambi erano bellissimi ritratti, forse copie dello stesso originale, ma in un caso si prova molta più sofferenza che nell'altro. Questo perché, in un caso, l'uomo si identifica con il ritratto, cosa che non avviene nell'altra situazione. È questo «Io e ciò che è mio» che causa tutta la sofferenza. Insieme al senso di possesso si presenta l'egoismo e l'egoismo porta sofferenza. Ogni atto o pensiero egoista ci rende attaccati a qualcosa e diventiamo immediatamente degli schiavi. Ogni onda nel chitta che dice «Io e ciò che è mio» ci incatena subito e ci rende schiavi, e più diciamo «Io e ciò che è mio», più si intensifica la schiavitù e più cresce la sofferenza. Pertanto, il Karma yoga ci suggerisce di godere della bellezza di ogni ritratto al mondo, ma di non identificarci con nessuno di questi. Non bisogna mai dire «mio». Ogniqualvolta diciamo che qualche cosa è nostra, ne deriverà subito della sofferenza. Non dite neanche «mio figlio» nella vostra mente. Avete un figlio, ma non dite «il mio». Se lo fate, ciò vi provocherà della sofferenza. Non dite «casa mia», non dite «il mio corpo». La difficoltà sta tutta qui. Il corpo non è né vostro, né mio, né di nessun altro. Questi corpi vanno e vengono secondo la legge della natura ma noi siamo liberi, siamo come testimoni. Questo corpo non è più libero di un ritratto, o di un muro. Perché dovremmo essere così tanto attaccati al corpo? Se qualcuno dipinge un quadro, lo fa e passa oltre. Non proiettate questi tentacoli dell'egoismo, «devo averlo». Non appena questi saranno estesi, comincerà la sofferenza.

Perciò il Karma yoga dice: innanzitutto distruggete la tendenza a proiettare questi tentacoli dell'egoismo e dopo avrete il potere di controllarlo, trattenerlo e di non permettere alla mente di naufragare tra le onde dell'egoismo. Allora forse potrete andare nel mondo e lavorare più che potete. Mescolatevi dove volete, andate dove vi fa piacere, non sarete contaminati dal male. La foglia di loto è nell'acqua, l'acqua non può toccarla e la cinge: così sarete voi nel mondo. Questo è definito atarassia «Vairagya» o non attaccamento. Credo di aver detto che senza il non attaccamento non può esserci nessun genere di Yoga. Il non attaccamento è la base di ogni Yoga. L'uomo che rinuncia a vivere in una casa, a vestiti raffinati, a mangiare buon cibo e va nel deserto, potrebbe essere la persona più legata al mondo. Il suo unico possesso, il suo corpo, potrebbe diventare tutto per lui e mentre vive potrà semplicemente lottare per il suo corpo. Il non attaccamento non significa niente che possa essere in relazione al nostro corpo esterno, è tutto nella mente. Il vincolo stringente dell'«Io e ciò che è mio» è nella mente. Se non abbiamo questo legame col corpo e con le cose sensibili, siamo distaccati, ovunque e qualsiasi cosa possiamo essere. Prima di tutto, dobbiamo raggiungere questo stato di non attaccamento, poi lavorare incessantemente. Il Karma yoga ci fornisce il metodo che ci aiuterà ad abbandonare l'attaccamento, sebbene sia in realtà molto difficile.

Ecco i due modi per abbandonare l'attaccamento. Uno è per coloro che non credono in Dio o in qualsiasi altro aiuto esterno. Sono lasciati a se stessi; devono semplicemente lavorare con la loro volontà, con la forza della mente e del discernimento, dicendo «Devo essere distaccato». Per coloro che credono in Dio, c'è un'altra strada, che è molto meno difficile. Lasciano che i frutti del loro lavoro siano per il Signore, lavorano e non sono mai attaccati ai risultati. Qualsiasi cosa vedano, percepiscano, sentano, o facciano è per Lui. Per quanto buono sia il lavoro che facciamo, non richiediamo né lodi né vantaggi. Sono del Signore: i frutti del lavoro devono essere Suoi. Mettiamoci in disparte e pensiamo che siamo solo servi che obbediscono al Signore, il nostro Padrone, e che ogni impulso all'azione viene da Lui in ogni momento. Qualsiasi cosa voi adoriate, voi percepiate, voi facciate, regalate tutto a Lui e riposate. Cerchiamo di essere in pace, in pace perfetta con noi stessi, e di dare tutto il nostro corpo e la mente e il resto in sacrificio eterno al Signore. Invece di sacrificare offerte al fuoco, attuate questo unico sacrificio giorno e notte: il sacrificio del vostro piccolo Io. «Cercando la ricchezza in questo mondo, questa è l'unica ricchezza che ho trovato: sacrificarmi per Lui. Cercando qualcuno che mi amasse, questa è l'unica cosa cara che ho trovato: sacrificarmi per Lui.» Ripetiamoci giorno e notte: «Niente per me; non importa se la cosa è buona, cattiva o indifferente; non me ne preoccupo: mi sacrifico per Lui». Rinunciamo giorno e notte al nostro Io apparente finché non diventi un'abitudine farlo, finché non entra nelle nostre vene, nei nervi e nel cervello e l'intero corpo non obbedisca, in ogni momento, all'idea della rinuncia di sé. Andate allora nel mezzo di un campo di battaglia, con i cannoni reboanti e il frastuono della guerra, e scoprirete che siete liberi e in pace.

Il Karma yoga ci insegna che l'idea ordinaria del dovere sta al livello più basso; ciononostante, ognuno di noi deve compiere il proprio dovere. Tuttavia, possiamo vedere che questo determinato senso del dovere è molto spesso causa di sofferenza. Il dovere diventa per noi una malattia, ci trascina sempre avanti. Ci tiene stretti e rende la nostra intera vita triste. È la piaga della vita umana. Questo dovere, l'idea del dovere è il sole estivo di mezzogiorno che brucia la più intima anima dell'umanità. Guardate questi poveri schiavi del dovere! Il dovere non lascia loro il tempo di pregare, il tempo per fare il bagno. Il dovere è sempre su di loro. Escono e lavorano. Il dovere è sempre su di loro! Tornano a casa e pensano al lavoro del giorno dopo. Il dovere è sempre su di loro! È vivere un'esistenza da schiavi, cadendo alla fine sulla strada e morendo imbrigliati, come un cavallo. Questo è il dovere per come viene compreso. L'unico vero dovere è essere distaccati e lavorare come esseri liberi, e donare tutto il lavoro a Dio. Tutti i nostri doveri sono Suoi. Benedetti siamo perché siamo chiamati fuori da qui. Siamo in carcere. Se lo facciamo bene o male chi può dirlo? Se lo facciamo bene, non abbiamo frutti. Se lo facciamo male, non abbiamo lo stesso cura. Riposate, siate liberi e lavorate. Questo tipo di libertà è molto difficile da raggiungere. Com'è facile interpretare la schiavitù come dovere, l'attaccamento morboso alla carne, come dovere! Gli uomini vanno nel mondo e lottano e combattono per il denaro e per ogni altra cosa cui sono legati. Chiedete loro perché lo fanno. Diranno «È un dovere». È assurda cupidigia di oro e guadagno e cercano di mascherarla con qualche fiore.

Dopotutto cos'è il dovere? È davvero l'impulso della carne, del nostro attaccamento; e quando un attaccamento si è stabilizzato, lo chiamiamo dovere. Per esempio, negli Stati in cui non esiste il matrimonio, non c'è nessun dovere tra marito e moglie; quando si realizza il matrimonio, marito e moglie vivono insieme per via dell'attaccamento e questo vivere insieme diventa fissato per generazioni; e quando diventa ben stabilito, diventa un dovere. È, per modo di dire, una specie di malattia cronica. Quando è acuta la chiamiamo malattia, quando è cronica la chiamiamo natura. È una malattia. Così quando l'attaccamento diventa cronico, lo definiamo con il nome aulico di dovere. Lo disseminiamo di fiori, le trombe suonano per questo, sul dovere vengono scritti dei testi sacri e poi il mondo intero lotta e gli uomini rubano assiduamente tra di loro per il dovere. Il dovere è buono finché tiene a freno la brutalità. Per i tipi più bassi di uomini, che non riescono ad avere nessun altro ideale, è una sorta di bene; ma coloro che desiderano essere dei Karma-Yogi devono rigettare quest'idea di dovere. Non c'è dovere per voi e per me. Qualunque cosa dovete dare al mondo, datela in tutti i modi, ma non come dovere. Non consideratelo. Non siate costretti. Perché dovreste essere costretti? Ogni cosa fatta sotto costrizione finisce per sviluppare l'attaccamento. Perché dovreste avere qualche dovere? Rimettete tutto a Dio. In questa fornace tremenda e infuocata in cui il fuoco del dovere brucia tutti, bevete questa tazza di nettare e siate felici. Lavoriamo semplicemente per la Sua volontà e non dobbiamo avere niente a che fare con ricompense e punizioni. Se desiderate la ricompensa, dovete accettare anche la punizione; l'unico modo per evitare la punizione è rinunciare alla ricompensa. L'unico modo di fuggire dalla sofferenza è rinunciare all'idea della felicità, perché queste sono legate l'una all'altra. Da una parte c'è la felicità, dall'altra la sofferenza. Da una parte c'è la vita, dall'altra la morte. L'unico modo di andare oltre la morte è rinunciare all'amore per la vita. Vita e morte sono la stessa cosa, vista da due prospettive diverse. Così l'idea della felicità senza sofferenza, o di vita senza morte, è adatta a scolari e bambini; ma il pensatore vede che è tutto una contraddizione e rinuncia a entrambe. Non cercate lodi, ricompense per ciò che fate. Non appena compiamo una buona azione, cominciamo a desiderare un riconoscimento per questa. Non appena doniamo soldi in beneficenza, vogliamo vedere i nostri nomi ringraziati sui documenti. La sofferenza necessariamente è il risultato di tali desideri. Gli uomini più importanti al mondo sono morti sconosciuti. I Buddha e i Cristo che conosciamo sono solo eroi di second'ordine rispetto agli uomini più grandi, dei quali il mondo non sa niente. Centinaia di questi eroi sconosciuti hanno vissuto in ogni Paese lavorando in silenzio. In silenzio hanno vissuto e in silenzio sono morti; e nel corso del tempo i loro pensieri trovano espressione in Buddha o in Cristo e sono questi ultimi quelli a noi noti. Gli uomini più nobili non cercano di ottenere alcun nome o fama dalla loro conoscenza. Affidano le loro idee al mondo, non reclamano niente per sé e non fondano scuole o sistemi in loro memoria. La loro natura rifugge una cosa simile. Sono il Sattvika puri, che non fanno rumore, ma si dedicano all'amore. Ho visto uno Yogi simile che vive in una caverna in India. È uno degli uomini più straordinari che io abbia mai incontrato. Ha perso il senso della propria individualità praticamente del tutto, tanto che potremmo dire che l'uomo in lui se n'è completamente andato, lasciandosi dietro soltanto il senso di comprensione totale del divino. Se un animale gli morde un braccio, lui è pronto a dare l'altro, e dice che è la volontà del Signore. Tutto ciò che gli succede viene dal Signore. Non si mostra agli uomini, ma è una riserva di amore e di idee vere e dolci.

In seguito, nell'ordine, vengono gli uomini con più Rajas, o attività, nature combattive, che prendono le idee delle persone perfette e le diffondono al mondo. Il genere più alto di uomini raccoglie silenziosamente le idee vere e nobili, e altri – i Buddha e i Cristo – vanno da un luogo all'altro predicandole e lavorando per loro. Nel corso della sua vita, sappiamo che Gautama Buddha ha ripetuto a più riprese di essere solo il venticinquesimo Buddha. I ventiquattro prima di lui sono sconosciuti alla storia, sebbene il Buddha noto debba aver costruito sopra le fondamenta poste da loro. Gli uomini migliori sono calmi, silenziosi e sconosciuti. Esistono uomini che conoscono realmente la forza del pensiero; sono sicuri che, anche se entrano in una caverna e vi si chiudono dentro e riflettono semplicemente su cinque pensieri veri e poi muoiono, questi cinque pensieri della loro volontà vivranno in eterno. Effettivamente tali pensieri passeranno attraverso le montagne, supereranno gli oceani e viaggeranno per il mondo. Penetreranno profondamente i cuori e le menti umane e faranno crescere uomini e donne che li metteranno in pratica nei meccanismi della vita umana. Questi uomini Sattvika sono troppo vicini al Signore per potere essere attivi e combattere, lavorare, lottare, predicare e fare del bene, come dicono, all'umanità qui sulla Terra. I lavoratori, comunque buoni, hanno in loro ancora una piccola quantità di ignoranza. Quando nella nostra natura ci sono ancora alcune impurità, solo allora possiamo lavorare. È nella natura del lavoro essere incitati ordinariamente da motivi e dall'attaccamento. In presenza di un Provvidenza sempre attiva che nota persino la caduta di un passero, come può l'uomo attribuire importanza al proprio lavoro? Non sarà una blasfemia farlo quando sappiamo che Lui si prende cura anche delle più piccole cose esistenti? Dobbiamo soltanto porci in uno stato di riverenza e soggezione davanti a Lui che dice: «Sarà fatto». Gli uomini più nobili non possono lavorare, giacché in loro non vi è attaccamento. Per coloro la cui completa anima è penetrata nell'Io, i cui desideri sono confinati all'Io, che sono diventati sempre associati all'Io, per loro non c'è lavoro. Questi sono davvero i più nobili dell'umanità; ma, a parte loro, ogni altro deve lavorare. Con tale lavoro non dovremmo mai pensare di aiutare persino la più piccola cosa dell'universo. Non possiamo. Aiutiamo unicamente noi stessi in questa palestra che è il mondo. Questa è l'attitudine adatta al lavoro. Se lavoriamo in questo modo, se ricordiamo sempre che la nostra opportunità attuale a lavorare è perciò un privilegio concessoci, non dovremmo allora essere mai attaccati a niente.

Milioni di persone come voi e me pensano di essere grandi al mondo; ma tutti moriamo e, in cinque minuti, il mondo ci avrà dimenticati. Tuttavia la vita di Dio è infinita. «Chi può vivere un momento, respirare un momento, se l'Onnipotente non lo vuole?» Lui è la Provvidenza sempre attiva. Tutto il potere è Suo e nelle Sue mani. Per Suo volere i venti soffiano, il sole splende, la Terra vive e la morte affligge la Terra. Lui è il tutto in tutto; Lui è tutto e in tutto. Possiamo solo adorarLo. Rendergli i frutti del nostro lavoro. Fare del bene fine a se stesso; solo allora raggiungeremo il perfetto non attaccamento. I legami del cuore pertanto si romperanno e potremo raccogliere i frutti della libertà perfetta. Questa libertà è infatti lo scopo del Karma yoga.

Capitolo VIII
L'Ideale del Karma Yoga

L'idea più grandiosa nella religione del Vedanta è la seguente: possiamo raggiungere lo stesso scopo attraverso percorsi diversi; questi percorsi li ho riassunti sommariamente in quattro possibili, ossia quello del lavoro, dell'amore, della psicologia e della conoscenza. Dovete comunque ricordare che queste categorie non sono molto marcate e le une non escludono completamente le altre. Ognuna di queste tende a fondersi con le altre. Quindi, definiamo la categoria a seconda della tendenza prevalente. Non è possibile trovare un uomo che non possieda altra abilità se non quella del lavoro, o uomini che non siano altro che adoratori devoti, oppure uomini che siano animati dalla mera conoscenza. Queste categorie sono definite in accordo con il tipo di tendenza che sembra prevalere in un uomo. Abbiamo scoperto che, alla fine, tutti questi quattro percorsi convergono e diventano uno solo. Ogni religione e ogni metodo di lavoro e culto ci portano allo stesso obiettivo.

Ho già cercato di indicare questo fine ultimo: è la libertà, per come la concepisco io. Ogni cosa che percepiamo attorno a noi lotta per raggiungere la libertà, dall'atomo all'uomo, dalla particella inanimata e senza vita della materia fino all'esistenza più alta sulla Terra, l'anima umana. L'intero universo è, di fatto, il risultato di questa lotta per la libertà. In tutte le combinazioni, ogni particella cerca di continuare per la sua strada, di fuggire dalle altre particelle; ma le altre la tengono a bada. La Terra sta cercando di scappare dal sole e la luna dalla Terra. Ogni cosa ha la tendenza alla dispersione infinita. Tutto ciò che vediamo nell'universo ha come fondamento quest'unica ricerca spasmodica verso la libertà; è sotto l'impulso della tendenza che il santo prega e il ladro ruba. Quando la linea dell'azione intrapresa non è quella giusta la definiamo cattiva e quando la manifestazione di essa è adatta e alta la definiamo buona. Ma l'impulso è lo stesso, la ricerca spasmodica della libertà. Il santo è oppresso dalla consapevolezza della sua condizione di vincolo e vuole liberarsene; così adora Dio. Il ladro è oppresso dall'idea del non possedere determinate cose e cerca di disfarsi di questo desiderio per ottenere la libertà da esso; perciò ruba. La libertà è l'unico scopo di tutta la natura, animata e non. E consapevolmente o meno, tutto lotta per questo traguardo. La libertà che il santo ricerca è molto diversa da quella che desidera il ladro: la libertà apprezzata dal santo lo porta all'apprezzare l'infinita e inspiegabile beatitudine, mentre quella del ladro ha messo il suo cuore solo nella condizione di forgiarsi altri vincoli per l'anima.

Si trova in ogni religione la manifestazione di questa lotta per ottenere la libertà. Il fondamento di ogni morale, di ogni altruismo, è il superamento dell'idea che l'uomo non sia altro che il suo piccolo corpo materiale. Quando vediamo un uomo fare un buon lavoro, aiutando gli altri, significa che non può essere confinato all'interno del cerchio limitato dell'«Io e ciò che è mio». Non c'è limite per uscire da questo egoismo. Tutti i grandi sistemi dell'etica predicano l'altruismo assoluto come meta. Supponendo che l'uomo possa raggiungere quest'altruismo assoluto, che cosa gli succede? Non è più il piccolo Signor Tal dei tali. Ha acquisito l'espansione infinita. Quella piccola personalità che aveva prima ora si è persa in lui per sempre, è diventato infinito e il raggiungimento di questa espansione infinita è effettivamente l'obiettivo di tutte le religioni e di tutti gli insegnamenti morali e filosofici. Il personalista, quando sente quest'idea filosoficamente intesa, si spaventa. Allo stesso tempo però, se predica la moralità, dopotutto insegna proprio la medesima idea a se stesso. Non pone limite all'altruismo dell'uomo. Supponete che un uomo diventi completamente altruista in un sistema personalistico, come facciamo a distinguerlo dalle persone perfette di altri sistemi? È diventato un tutt'uno con l'universo e questo è l'obiettivo di tutti; soltanto il povero personalista non ha il coraggio di portare il suo ragionamento alla giusta conclusione. Il Karma yoga è il raggiungimento attraverso il lavoro altruistico di quella libertà che è l'obiettivo di ogni natura umana. Ogni azione egoista, quindi, ritarda il nostro arrivo all'obiettivo e ogni azione altruista ci porta verso di esso; questo è il motivo per cui l'unica definizione possibile di moralità è questa: ciò che è egoista è immorale e ciò che è altruista è morale.

Ma, entrando nel particolare, non si potrà vedere la materia in modo così semplice. Per esempio spesso l'ambiente rende i dettagli differenti, come già ho accennato. La stessa azione in una serie di circostanze può essere altruista e in altri casi piuttosto egoista. Così possiamo dare solo una definizione generale e lasciamo che i particolari vengano letti prendendo in considerazione le differenze di tempo, luogo e circostanze. In un paese un tipo di condotta è considerato morale e in un altro, esattamente la stessa, immorale poiché le circostanze differiscono. L'obiettivo di tutta la natura è la libertà e la libertà deve essere raggiunta soltanto attraverso il perfetto altruismo: ogni pensiero, parola o atto che sia altruista ci porta verso l'obiettivo che, in quanto tale, è denominato morale.

Questa definizione, vedrete, è valida in ogni religione e in ogni sistema di etica. In alcuni sistemi di pensiero la moralità è derivata da un Essere Superiore, ossia Dio. Se chiedete a un uomo la ragione per cui debba fare un'azione piuttosto che un'altra, la sua risposta sarà: «Perché questo è l'ordine di Dio». Tuttavia qualsiasi sia la fonte da cui è derivato il suo codice etico, avrà comunque la stessa idea centrale: non pensare a sé, ma rinunciarvi. Alcune persone però, nonostante quest'alta idea etica, sono spaventate al pensiero di dovere rinunciare alle loro piccole personalità. Possiamo chiedere all'uomo attaccato all'idea delle piccole personalità di considerare il caso di una persona che sia diventata completamente altruista, che non abbia pensieri per se stesso, né compia atti individualistici, o che non proferisca parola a suo vantaggio, dov'è finito quindi il suo «Io»? Questo «Io» è a lui noto solo finché pensa, agisce o parla per sé. Se è soltanto cosciente degli altri, dell'universo e del tutto, dove è il suo «Io»? Se n'è andato per sempre.

Il Karma yoga, quindi, è un sistema di etica e di religione volto al raggiungimento della libertà attraverso l'altruismo e tramite le opere buone. Il Karma-Yogi non ha bisogno di credere in alcuna religione in particolare. Potrebbe non credere neppure in Dio, potrebbe non chiedersi cos'è la sua anima e neppure pensare a qualsiasi speculazione metafisica. Ha il suo speciale scopo di realizzare l'altruismo e di praticarlo, lui stesso. Ogni momento della sua vita deve essere realizzazione perché deve risolvere, tramite il lavoro puro, senza aiuto di dottrina o teoria, proprio lo stesso problema a cui il Jnani attribuisce la sua motivazione e ispirazione e il Bhakta il suo amore.

Ora viene la domanda seguente: che cosa è questo lavoro? Che cos'è questo fare del bene al mondo? Possiamo fare del bene al mondo? In senso assoluto «no», in senso relativo «sì». Nessun bene permanente o durevole può essere fatto al mondo; se potesse essere fatto, il mondo non sarebbe com'è. Possiamo soddisfare la fame di un uomo per cinque minuti, ma sarà affamato di nuovo. Ogni piacere con cui appaghiamo un uomo può essere visto come momentaneo. Nessuno può curare definitivamente questa febbre ciclica di piacere e dolore. Si può dare una felicità permanente al mondo? Nell'oceano non possiamo alzare un'onda senza causare un vuoto da un'altra parte. La somma delle cose buone nel mondo è sempre stata la stessa in relazione al bisogno e alla bramosia dell'uomo. Non può aumentare o diminuire. Prendete la storia della razza umana per come la conosciamo oggi. Non troviamo le stesse sofferenze e la stessa felicità, gli stessi piaceri e dolori, le stesse differenze? Non ci sono alcuni ricchi, poveri, certi alti, altri bassi, qualcuno sano o non sano?

Tutto ciò era identico con i popoli antichi come gli Egizi, i Greci e i Romani, proprio come oggi è con gli americani. Da quando si conosce la storia, è sempre stata la stessa; tuttavia allo stesso tempo scopriamo che, accanto a tutte queste differenze incurabili di piacere e dolore, c'è sempre stata una lotta per alleviarle. Ogni periodo nella storia ha dato vita a migliaia di uomini e donne che hanno lavorato faticosamente per facilitare il passaggio della vita per altre persone. Quanto ci sono riusciti? Possiamo giocare soltanto a tirare la palla da un posto all'altro. Togliamo il dolore dal piano fisico e si sposta a quello mentale. È come quell'immagine nell'inferno dantesco in cui i peccatori devono portare un masso d'oro su per la collina. Ogni volta che lo portano su un po', subito rotola giù. Tutto i nostri discorsi sulla felicità sono molto piacevoli come favole per bambini, ma non più di questo. Tutte le nazioni che sognano la felicità pensano anche che tutti i popoli al mondo allora ne trarranno il meglio per se stessi. Questa è l'idea fantastica e altruista di felicità!

Non possiamo aggiungere felicità a questo mondo; similmente, non possiamo aggiungervi neanche dolore. La somma delle energie di piacere e dolore presenti qui sulla Terra sarà sempre la stessa. La spingiamo da una parte all'altra, e da quella parte fino a qui, ma rimarrà la stessa, perché è la sua vera natura rimanere. Questo flusso e riflusso, questo salire e scendere, è nella vera natura del mondo; sarebbe logico sostenere il contrario quanto dire che ci può essere vita senza morte. È un'assurdità completa, perché l'idea stessa di vita implica la morte e l'idea stessa di piacere implica il dolore. La lampada brucia costantemente e questa è la sua vita. Se desiderate vivere, dovete morire per la vita in ogni momento. Vita e morte sono solo espressioni differenti della stessa cosa, vista da una prospettiva diversa; solo il lato crescente e calante della stessa onda e insieme formano l'intero. Una persona considera il lato calante e diventa un pessimista, un'altra il lato crescente e diventa un ottimista. Quando un ragazzo va a scuola e suo padre e sua madre si prendono cura di lui, tutto sembra benedetto per lui; i suoi desideri sono semplici e lui è un grande ottimista. Ma l'uomo anziano, con la sua varia esperienza, diventa più calmo ed è sicuro di dover placare considerevolmente il suo entusiasmo. Così, le vecchie nazioni, con i loro segni di decadimento, sono più inclini a essere meno fiduciose rispetto a quelle nuove. C'è un proverbio in India: «Mille anni una città e mille anni una foresta». Questa trasformazione della città in foresta e viceversa accade ovunque e rende le persone ottimiste o pessimiste a seconda del lato che vedono.

Prendiamo in considerazione l'"idea seguente, ossia l'idea di equità. Queste idee di felicità sono state un grande incentivo al lavoro. Molte religioni predicano come elemento in loro che Dio verrà a governare l'universo e che allora non ci sarà nessuna disparità nella vita. Chi predica questa dottrina è un puro fanatico e i fanatici sono in realtà le persone più sincere dell'umanità. Il cristianesimo è stato predicato proprio sulla base del fascino di questo fanatismo ed è ciò che l'ha reso così affascinante agli schiavi greci e romani. Credevano che sotto la bella religione non ci sarebbe stata la schiavitù, che ci sarebbe stato molto da mangiare e da bere; e pertanto si sono riuniti attorno ai principi cristiani. Coloro che hanno predicato per primi l'idea erano ovviamente fanatici ignoranti, ma molto sinceri. Nella modernità, questa felice aspirazione assume la forma di equità: di libertà, di uguaglianza e fraternità. Anche questo è fanatismo. L'equità vera non è mai stata e mai sarà appannaggio della Terra. Come possiamo essere tutti uguali qui? Questo tipo impossibile di uguaglianza implica la morte totale. Che cosa fa di questo mondo ciò che è? L'equilibrio perso. Nello stadio primordiale, denominato caos, c'era perfetto equilibrio. Come sono nate allora tutte le forze di formazione dell'universo? Con lotta, competizione, conflitto.

Supponete che tutte le particelle di materia siano in equilibrio, ci sarebbe allora spazio per un qualsiasi processo di creazione? Sappiamo dalla scienza che è impossibile. Increspate uno specchio d'acqua e là vedrete ogni particella d'acqua che prova a tornare in quiete, mentre una scorre veloce contro l'altra; e nello stesso modo tutti i fenomeni che denominiamo l'universo, tutte le cose che ne fanno parte, lottano per tornare allo stato di equilibrio perfetto. Ancora si presenta un disturbo e ancora avremo combinazione e creazione. La diseguaglianza è la base stessa della creazione. Allo stesso tempo le forze che lottano per ottenere l'uguaglianza sono una necessità della creazione tanto quanto quelle che la distruggono.

L'uguaglianza assoluta, che significa equilibrio perfetto di tutte le forze in contrasto su tutti i piani, non può essere di questo mondo. Prima che raggiungiate questa condizione, il mondo sarà diventato abbastanza inadatto per qualsiasi forma di vita e non ci sarà più nessuno. Vediamo, quindi, che tutte queste idee di felicità e di equità assoluta non sono solo impossibili ma anche che, se proviamo a portarle a compimento, ci condurranno, con certezza piuttosto evidente, al giorno della distruzione. Che cosa differenzia un uomo da un altro? È in gran parte la differenza di intelletto. Al giorno d'oggi solo un pazzo direbbe che siamo nati tutti con la stessa capacità cerebrale. Veniamo al mondo con doti ineguali, ci veniamo come uomini più o meno grandi e non c'è via d'uscita da questa condizione predeterminata. Gli indiani americani erano in questo Paese da migliaia di anni e poche manciate di vostri antenati hanno conquistato la loro terra. Che differenza che hanno causato nell'apparenza del Paese! Perché gli indiani non hanno apportato miglioramenti o costruito città, se tutti fossero uguali? Con i vostri antenati è arrivata una specie differente di forza cerebrale, diverse impressioni passate, e hanno lavorato e si sono manifestate. La non differenziazione assoluta è morte. Finché esisterà il mondo, ci sarà e deve esserci differenziazione, e la bellezza dell'uguaglianza perfetta verrà soltanto quando un ciclo di creazione arriverà alla fine. Prima non potrà esserci equità. Tuttavia quest'idea di realizzare la felicità è una grande forza motrice. Proprio come la diseguaglianza è necessaria per la creazione in sé, anche la lotta fino al limite è necessaria. Se non ci fosse lotta per diventare liberi e tornare da Dio, non ci sarebbe neanche creazione. È la differenza fra queste due forze che determina la natura degli stimoli degli uomini. Ci saranno sempre questi stimoli al lavoro, ma alcuni tenderanno verso i vincoli e altri verso la libertà.

Questo mondo fatto di meccanismi all'interno di meccanismi è terribile; se ci mettiamo le mani, non appena ci afferra, siamo finiti. Tutti pensiamo che quando abbiamo adempiuto un determinato dovere, dovremmo riposare; ma prima di aver finito una parte di quel dovere, un altro sta già aspettando. Tutti veniamo trascinati a forza da questa macchina complessa e potente. Ci sono soltanto due vie d'uscita; una è abbandonare ogni preoccupazione riguardo alla macchina, lasciarla andare e stare in disparte, rinunciare ai nostri desideri. È molto facile da dire, ma quasi impossibile da attuare. Non so se in venti milioni di uomini almeno uno sappia farlo. L'altro modo è immergersi nel mondo e imparare il segreto del lavoro e questo è il senso del Karma yoga. Non allontanatevi dai meccanismi della macchina-mondo, ma restateci e imparate il segreto del lavoro. Attraverso un lavoro adeguato fatto all'interno del mondo è possibile uscirne. La via d'uscita è attraverso la macchina stessa.

Ora abbiamo visto che cos'è il lavoro. È una parte del fondamento della natura e continua sempre. Coloro che credono in Dio lo capiscono meglio, perché sanno che Dio non è un essere così incapace da necessitare del nostro aiuto. Anche se questo universo continuerà sempre, il nostro obiettivo è la libertà, il nostro obiettivo è l'altruismo e, secondo il Karma yoga, questo scopo può essere raggiunto con il lavoro. Tutte le idee di rendere il mondo completamente felice possono essere delle buone motivazioni per i fanatici, ma dobbiamo sapere che il fanatismo produce tanto bene quanto male. Il Karma-Yogi chiede perché abbiate bisogno di uno stimolo qualsiasi per lavorare, diverso dall'innato amore della libertà. Andate oltre i validi stimoli comuni; «Avete il diritto a svolgere un lavoro, ma non ai frutti di esso». L'uomo può esercitarsi per comprendere ciò e metterlo in pratica, sostiene il Karma-Yogi. Quando l'idea di fare del bene diventa una parte del suo stesso essere, allora non cercherà altre motivazioni esterne. Facciamo del bene perché è bene fare del bene; colui che fa del bene, lavora anche per slegarsi dai vincoli del paradiso, sostiene il Karma-Yogi. Ogni lavoro svolto con anche il minimo impulso egoista, anziché renderci liberi, forgia una nuova catena ai nostri piedi.

Pertanto, l'unico modo è rinunciare a tutti i frutti del lavoro, non esserne attaccati. Sappiamo che noi non siamo il mondo e il mondo non è noi, che non siamo realmente il corpo, che realmente non lavoriamo. Siamo l'Io, a riposo e in pace per l'eternità. Perché dovremmo essere limitati da qualcosa? È molto bello dire che dovremmo essere completamente distaccati, ma in che modo si può esserlo? Ogni buon'azione fatta senza scopo ulteriore, anziché forgiare una nuova catena, romperà uno degli anelli delle catene esistenti. Ogni buon pensiero rivolto al mondo senza pensare a qualcosa in cambio, là sarà conservato e romperà una maglia della catena, e ci renderà sempre più puri, fino a che non diverremo i più puri dei mortali. Tuttavia tutto ciò può sembrare piuttosto visionario e troppo filosofico, più teorico che pratico. Ho letto molte discussioni contro il Bhagavad-Gita e molti hanno detto che senza stimoli non si può lavorare. Non hanno mai visto il lavoro altruistico tranne che sotto l'influenza del fanatismo ed è per questa ragione che sostengono questa posizione.

Lasciate che vi dica qualche parola, per concludere, su un uomo che ha trasportato davvero l'insegnamento del Karma yoga su piano pratico. Quell'uomo è Buddha. È l'unico uomo che abbia mai messo perfettamente in pratica questo principio. Tutti i profeti al mondo, tranne Buddha, hanno avuto motivi esterni che li portassero verso l'azione altruista. I profeti del mondo, con questa singola eccezione, possono essere divisi in due categorie: la prima è quella di coloro che sostengono di essere la reincarnazione di Dio scesa sulla Terra e la seconda di coloro che dicono di essere solo messaggeri di Dio. Entrambi i gruppi traggono il loro slancio al lavoro dall'esterno, si aspettano ricompense dall'esterno, per quanto possa essere altamente spirituale il linguaggio che usano. Ma Buddha è l'unico profeta a dire: «Non mi preoccupo di conoscere le vostre varie teorie su Dio. Qual è l'utilità di discutere delle sottili dottrine dell'anima? Fate bene e siate buoni. Questo vi condurrà alla libertà e a qualsiasi verità vi sia». Nella sua condotta di vita, era assolutamente privo di motivazioni personali; e quale uomo ha mai lavorato più di lui? Mostratemi nella storia un personaggio che abbia volato così in alto, sopra gli altri. L'intera razza umana ha prodotto solo un personaggio simile, una sola filosofia così alta, una sola compassione così aperta. Questo grande filosofo, che predicava la più alta filosofia, tuttavia ha avuto la compassione più profonda per il più basso degli animali e non ha mai richiesto niente per sé. Lui è il Karma-Yogi ideale, che agisce interamente senza motivo e la storia dell'umanità dimostra che lui è stato il più grande uomo mai nato, incomparabilmente la migliore combinazione di cuore e mente mai esistita, la più potente forza dell'anima mai manifestata. È il primo grande riformatore che il mondo abbia visto. È stato il primo che ha osato dire: «Credete, non per la presenza di vecchi manoscritti; credete, non perché è la vostra credenza nazionale e siete stati incitati a credere fin dall'infanzia. Pensate e dopo averci riflettuto attentamente, se vedete che ciò porta del bene a qualcuno o a tutti, allora credete, siate all'altezza di questo credo e aiutate gli altri a fare lo stesso». Lavora meglio chi lavora senza alcuno scopo secondario, né soldi, né fama, né altro; quando un uomo ci riesce, sarà un Buddha e da lui verrà la forza di lavorare in un modo che trasformerà il mondo. Quest'uomo rappresenta l'ideale più alto del Karma yoga.

BHAKTI YOGA
LA VIA DELLA DEVOZIONE

Capitolo I
Preghiera

स तन्मयो ह्यमृत ईशसंस्थो ज्ञः सर्वगो भुवनस्यास्य गोप्ता।
य ईशेऽस्य जगतो नित्यमेव नान्यो हेतुर्विद्यत ईशनाय॥
यो ब्रह्माणं विदधाति पूर्व यो वै वेदांश्च प्रहिणोति तस्मै।
तं ह देवं आत्मबुद्धिप्रकाशं मुमुक्षुर्वै शरणमहं प्रपद्ये॥

Lui è l'anima dell'universo; Lui è Immortale; Suo è il comando. Lui è l'Onnisciente, colui che pervade tutte le cose, il Protettore dell'Universo, l'Eterno Sovrano. Non esiste nient'altro in grado di governare il mondo in eterno. Colui che all'inizio della creazione ha creato il Brahmâ (ovvero la coscienza universale), e gli ha consegnato i Veda — alla ricerca della liberazione io mi rifugio in quell'Uno splendente, la cui luce guida alla conoscenza dell'Âtman.

—Shvetâshvatara-Upanishad, VI. 17-18.

Definizione di Bhakti

Il Bhakti Yoga è una vera e propria ricerca del Signore, una ricerca che comincia, continua e finisce nell'amore. Ogni momento d'amore estremo e incontrollabile verso Dio ci dà la libertà eterna. «Bhakti», come sostiene Nârada nella sua spiegazione degli aforismi sul Bhakti, «Significa amore assoluto verso Dio»; «Quando un uomo raggiunge questo tipo d'amore, ama tutto, non odia nulla; resta per sempre soddisfatto; «Quest'amore non può essere ridotto ad alcun beneficio terreno, perché finché persisteranno i desideri terreni, questo tipo d'amore non nascerà; «Il Bhakti è più grande del Karma, più grande dello Yoga, perché questi ultimi sono concepiti per raggiungere un fine ben preciso, mentre il Bhakti consiste nella propria realizzazione, nei propri mezzi e nel proprio fine».

Il Bhakti è stato un tema costante dei nostri saggi. Oltre a scrittori specializzati nel Bhakti, come Shândilya o Narada, anche i grandi commentatori dei Sutra di Vyâsa, ovvi sostenitori della conoscenza (Jnana), hanno qualcosa di molto interessante da dire riguardo all'amore; ma quando il commentatore intende spiegare molti dei testi, se non tutti, per trarne una specie di conoscenza disinteressata, i Sutra, in particolare quelli contenuti nel capitolo sulla venerazione, non si prestano ad una facile manipolazione in tal senso.

In realtà, tra la conoscenza (Jnana) e l'amore (Bhakti) c'è meno differenza di quanto si possa pensare. Vedremo, man mano che andremo avanti, che alla fine essi convergono e si incontrano allo stesso punto. Lo stesso vale per il Râja-Yoga, che, quando praticato come mezzo per raggiungere la liberazione, e non (come spesso accade purtroppo quando è eseguito da ciarlatani e impostori) come strumento per raggirare gli sprovveduti, ci conduce anch'esso allo stesso fine.

Il grande vantaggio del Bhakti è che è il modo più semplice e naturale per raggiungere il grande scopo divino a cui siamo destinati. Lo svantaggio maggiore è che nelle sue forme minori spesso e volentieri degenera in un esecrabile fanatismo. I fanatici dell'induismo, del maomettismo, del cristianesimo sono stati sempre e quasi esclusivamente reclutati fra questi devoti appartenenti alle classi più basse del Bhakti. L'attaccamento assoluto (Nishthâ) a un oggetto amato, senza il quale non può nascere nessun amore sincero, molto spesso è anche la causa della condanna di ogni altra cosa. Le menti deboli e poco evolute di ogni religione o paese hanno un unico modo di amare il proprio ideale, cioè odiare ogni altro ideale. Questo spiega perché lo stesso uomo amorevolmente legato al proprio ideale di Dio edevoto al proprio ideale di religione, può diventare un fanatico urlante non appena vede o sente qualcosa che riguarda un altro ideale. Questo tipo d'amore è simile per certi versi all'istinto di un cane che protegge dagli intrusi la proprietà del padrone; soltanto che l'istinto del cane è superiore alla ragione dell'uomo, poiché il cane non confonde mai il suo padrone con un nemico, in qualunque veste lui gli si presenti davanti. Di nuovo, il fanatico perde ogni capacità di giudizio. Nel suo caso reputa le sue considerazioni personali talmente interessanti che non gli importa nulla di cosa l'uomo dice, se sia giusto o sbagliato; solo ad una cosa è particolarmente interessato: chi dice cosa. Lo stesso uomo che è onesto, buono e amorevole con chi è della sua stessa opinione, ma non esiterà a compiere le azioni più spregevoli nei confronti delle persone che sono al di fuori della sua comunità religiosa.

Tuttavia questo pericolo si manifesta soltanto in quello stadio del Bhakti detto preparatorio (Gauni). Quando il Bhakti è maturato e si è trasformato nella forma detta suprema (Parâ), non c'è più da aver paura di quelle spregevoli manifestazioni di fanatismo; l'anima che è sopraffatta da questa forma elevata di Bhakti è troppo vicina al Dio dell'Amore per diventare uno strumento per la diffusione dell'odio.

Non è concesso a tutti d'esser armoniosi nella costruzione del proprio carattere in questa vita; eppure sappiamo che il carattere più nobile è quello in cui questi tre elementi — la conoscenza, l'amore e lo Yoga – si fondono armoniosamente. Un uccello ha bisogno di tre cose per poter volare: due ali e la coda che serve da timone per guidarlo. Lo Jnana (la Conoscenza) è un'ala, il Bhakti (l'Amore) è l'altra ala e lo Yoga è la coda che mantiene l'equilibrio. Coloro che non riescono a eseguire tutte queste tre forme di venerazione in armonia, e decidono quindi di intraprendere solo la via del Bhakti, devono tenere a mente che le formalità e i cerimoniali, seppure assolutamente necessari per l'evoluzione dell'anima, non hanno altro valore se non quello di portarci a quello stato in cui sentiamo più intenso l'amore per Dio.

C'è una leggera divergenza d'opinione tra i maestri della conoscenza e quelli dell'amore, sebbene entrambi ammettano il potere del Bhakti. I primi considerano il Bhakti un mezzo per ottenere la liberazione, i secondi lo considerano sia il mezzo che il fine da raggiungere. A parer mio, questa distinzione non implica molta differenza. In effetti il Bhakti, quando considerato un mezzo, corrisponde a una forma inferiore di venerazione; in uno stadio successivo, invece, la forma più elevata diventa inscindibile dalla forma di realizzazione inferiore. Pare che ognuno dia grande importanza al proprio metodo di venerazione specifico, senza considerare che grazie all'amore assoluto la vera conoscenza sopraggiunge naturalmente, persino inaspettatamente e che il vero amore è inscindibile dalla conoscenza assoluta.

Tenendo a mente questo concetto, proviamo a capire quello che hanno da dire in proposito i grandi commentatori Vedantici. Nello spiegare il Sutra Âvrittirasakridupadeshât[1], Bhagavân Shankara dice: «Così dicono, 'Lui è devoto al re, è devoto al Guru; dicono questo di colui che segue il suo Guru e che lo fa perseguendolo come l'unico fine visibile. Dicono inoltre 'la moglie amorevole medita sul marito amorevole'; in questo caso questo concetto implica anche un certo desiderio e una commemorazione». Questa è la devozione secondo Shankara.

«Anche in questo caso la meditazione è una continua commemorazione (della cosa sulla quale si medita) che scorre come un filo d'olio ininterrotto che sgorga da un recipiente a un altro. Quando si raggiunge questo tipo di memoria (relativa a Dio) si sciolgono tutte le bende. Così dicono le scritture riguardo al continuo ricordo come forma di liberazione. Questo ricordo, a sua volta, è della stessa forma della vista poiché assume lo stesso significato, come si può vedere nel passo: 'Quando colui che è lontano da vicino viene visto, le catene del cuore si spezzano, tutti i dubbi spariscono, e tutti i risultati del lavoro scompaiono'. Colui che è vicino può essere visto, ma Colui che è lontano può solo essere ricordato. Tuttavia secondo le scritture si deve vedere Colui che è vicino così come Colui che è lontano, suggerendoci con ciò che questo tipo di ricordo è efficace quanto la vista. Quando è esaltato, questo ricordo assume la stessa forma della vista... La venerazione è il continuo ricordo, come si può notare nei testi fondamentali delle scritture. La conoscenza, che equivale alla venerazione costante, è stata descritta come ricordo costante... Così la memoria ha raggiunto l'apice della percezione diretta, altrettanto efficace, descritta nella Shruti come un mezzo per la liberazione. 'Questo Atman non va raggiunto attraverso scienze, attraverso l'intelletto, né attraverso uno studio approfondito dei Veda. Chiunque desideri questo Atman raggiunge l'Atman, in lui l'Atman scopre Se stesso'. A questo punto, dopo l'affermazione secondo la quale l'ascolto, il pensiero e la meditazione da soli non rappresentano i mezzi per raggiungere l' Atman, si dice: 'Chi desidera questo Atman raggiunge l'Atman'. L'amatissimo è desiderato. Chiunque ami estremamente l'Atman diventa il più amato dall'Atman. Affinché questo amato possa raggiungere l'Atman, il Signore stesso lo aiuta. Perché è stato detto dal Signore: 'Per coloro che mi sono sempre devoti e mi venerano con amore io oriento il loro desiderio, attraverso il quale arrivano a Me'. Si dice quindi che ogni persona alla quale questo ricordo, che è della stessa forma della percezione diretta, è molto caro, poiché è caro all'Oggetto della percezione evocativa, è desiderata dall'Atman Supremo, che dalla stessa viene raggiunto. Questo ricordo costante viene indicato con la parola Bhakti.» Così dice Bhagavân Râmânuja nel suo commento sul Sutra Athâto Brahma-jijnâsâ[2].

Nel commentare il Sutra di Patanjali, Ishvara pranidhânâdvâ, ovvero «O attraverso la venerazione del Signore Supremo», Bhoja dice, «Pranidhâna è quel tipo di Bhakti nel quale, senza un fine ben preciso—come la pace dei sensi, etc.—, ogni pratica è dedicata al Maestro dei maestri. Anche Bhagavan Vyâsa, nel commentarlo, definisce il Pranidhâna «la forma di Bhakti attraverso la quale la misericordia del Signore supremo giunge allo Yogi e lo benedice esaudendo i suoi desideri». Secondo Shândilya, «il Bhakti è amore intenso verso Dio». La definizione migliore, tuttavia, è quella data dal re dei Bhakta, Prahlâda

या प्रीतिरविवेकानां विषयेष्वनपायिनी।त्वामनुस्मरतः सा मे हृदयान्मापसर्पतु॥

Quell'immortale amore che hanno gli ignoranti per gli oggetti effimeri dei sensi—mentre continuo a meditare su di Te—possa quell'amore non sfuggire dal mio cuore!

Amore! Per chi? Per il Signore Supremo Ishvara. Amore per ogni altro essere, per quanto il Bhakti possa non essere grande. Poiché, come dice Ramanuja nel suo Shri Bhâshya, citando un vecchio Âchârya, ovvero un grande maestro:

आब्रह्मस्तम्बपर्यन्ताः जगदन्तर्व्यवस्थिताः। प्राणिनः कर्मजनितसंसारवशवर्तिनः॥यतस्ततो न ते ध्याने ध्याननिमुपकारकाः। अविद्यान्तर्गतास्सर्वे ते हि संसारगोचराः॥

Da Brahmâ a un ciuffo d'erba, tutte le cose viventi del mondo sono schiave della nascita e della morte generate dal Karma; quindi non possono servire come oggetti di meditazione, poiché sono del tutto ignare e soggette al cambiamento.

Nel commentare la parola «Anurakti» utilizzata da Shandilya, il commentatore Svapneshvara afferma che «Anu» significa «dopo» e «—rakti» significa «devozione»; ovvero la devozione che sopraggiunge dopo la conoscenza della natura e della gloria di Dio; in altre parole una devozione cieca verso chiunque, ad esempio verso una moglie o verso i figli, corrisponderebbe al Bhakti. Notiamo, quindi, che il Bhakti è una serie o una successione di sforzi mentali volti a raggiungere la realizzazione religiosa, che cominciano con il culto ordinario e culminano in un amore intenso e assoluto per Ishvara.

1- La meditazione è necessaria, e viene spesso imposta.
2- Ora seguirà una dissertazione sul Brahman.

Capitolo II
La Filosofia di Ishvara

Chi è Ishvara? Janmâdyasya yatah—«Colui dal quale dipendono la nascita, la continuazione e la dissoluzione dell'universo»,—Lui è Ishvara—«l'Eterno, il Puro, Colui che è sempre Libero, l'Onnipotente, l'Onnisciente, il Misericordioso, il Maestro di tutti i maestri. E soprattutto Sa Ishvarah anirvachaniya-premasvarupah—«Il Signore è, per Sua natura, Amore inesprimibile». Naturalmente queste sono le definizioni di un Dio Personale.

Esistono quindi due Dei?—il «Non questo, non quello», il Sat-chit-ânanda, l'Esistenza-Conoscenza-Beatitudine del filosofo, e questo Dio dell'Amore del Bhakta?

No, è lo stesso Sat-chit-ânanda che è anche il Dio dell'Amore, Dio personale e impersonale allo stesso tempo. Deve essere sempre chiaro che il Dio Personale venerato dal Bhakta non è distinto o diverso dal Brahman. Tutto è Brahman, l'Unico che non ammette un secondo; Il Brahman da solo, in quanto unità o assoluto, è troppo astratto per essere amato e venerato; così il Bhakta sceglie l'aspetto relativo del Brahman, ovvero Ishvara, il Sovrano Supremo. Per utilizzare una similitudine: Brahman è come l'argilla o la sostanza dalla quale prende forma un'infinita varietà di oggetti. Come l'argilla sono un tutt'uno; ma si distinguono per la forma e per l'aspetto. Prima della realizzazione di ciascuno di essi, tutti gli oggetti esistevano potenzialmente nell'argilla e la sostanza, ovviamente, è la stessa; ma una volta formati, e finché resta la forma, sono distinti e separati; il topo d'argilla non potrà mai diventare un elefante d'argilla perché, in quanto manifestazioni, solo la forma li differenzia, sebbene allo stato di argilla informe siano un tutt'uno. Ishvara è la manifestazione più elevata della Realtà Assoluta o, in altre parole, l'interpretazione più elevata dell'Assoluto da parte della mente umana. La Creazione è eterna ed eterno è Ishvara.

Nel quarto Pâda del quarto capitolo dei suoi Sutra, dopo aver illustrato la forza e la conoscenza quasi infiniti che otterrà l'anima liberata dopo il raggiungimento del Moksha, Vyâsa osserva, in un aforismo, che nessuno, tuttavia, otterrà il potere di creare, governare o dissolvere l'universo, perché questo potere appartiene solo a Dio. Nello spiegare il Sutra i commentatori dualisti non hanno difficoltà a dimostrare che è del tutto impossibile che un'anima subordinata, Jiva, abbia il potere assoluto e la totale indipendenza da Dio. Il meticoloso commentatore Madhvâchârya analizza questo passo con il suo solito stile conciso, citando un verso tratto dal Varâha Purâna.

Nello spiegare questo aforismo il commentatore Râmânuja dice: dopo aver sollevato questo dubbio, ovvero se tra i poteri delle anime liberate sia compreso quell'unico potere dell'Uno Supremo, cioè quello della creazione, etc. dell'universo e persino del Comando su tutto, o se a prescindere da ciò, la gloria delle anime liberate consista soltanto nella percezione diretta dell'Uno Supremo, adduciamo come giustificazione la seguente: è logico ritenere che le anime liberate ottengano il Comando dell'universo perché, come è affermato nelle scritture, 'Lui raggiunge l'identità assoluta con l'Uno Supremo e tutti i suoi desideri vengono realizzati'. Ora, l'identità assoluta e la realizzazione di tutti i desideri non si possono raggiungere senza il potere unico dell'Uno Supremo, ossia quello di governare l'universo. Dunque, per raggiungere la realizzazione di tutti i desideri e l'identità assoluta col Supremo, tutti noi dobbiamo riconoscere che le anime liberate ottengano il potere di governare l'intero universo. A quest'affermazione rispondiamo che le anime liberate ottengono tutti i poteri, eccetto quello di governare l'universo. Governare l'universo significa guidare la forma e la vita e i desideri di tutti gli esseri senzienti e non senzienti. Le anime liberate, dalle quali è stato eliminato tutto ciò che cela la Sua vera natura, godono soltanto della percezione ampia del Brahman, ma non hanno il potere di governare l'universo. Ciò è dimostrato dal testo scritturale: «Da chi sono nate tutte queste cose, in che modo sono nate vive, a chi ritornano, allontanandosi — chiedetevelo. Questo è il Brahman'. Se questa qualità di governare l'universo fosse comune anche alle anime liberate, questo testo non farebbe riferimento al Brahman definendolo attraverso il Suo comando sull'universo. Solo gli attributi inconsueti definiscono una cosa; così in passi come — 'Mio caro ragazzo, all'inizio esisteva solo l'Uno che non ammetteva un secondo. Quell'uno vedeva e sentiva, «Darò vita a molti». Questo ha generato calore'. — 'Infatti esisteva solo Brahman all'inizio. Quell'Uno è evoluto. Ha generato una forma benedetta, il Kshatra. Tutti questi dei sono Kshatra: Varuna, Soma, Rudra, Parjanya, Yama, Mrityu, Ishâna.' — Infatti esisteva solo Atman all'inizio; nient'altro risuonava; pensò di creare il mondo; dopo creò il mondo'. Solo Nârâyana esisteva. Non esistevano né Brahmâ, né Ishana, né il Dyâvâ-Prithivi, né le stelle, né l'acqua, né il fuoco, né Soma, né il sole. Da solo non provava piacere. Ebbe una figlia, i dieci organi, etc. — e in altri passi come 'Chi vive sulla Terra è separato dalla Terra, chi vive nell'Atman', etc. — Gli Shruti parlano dell'Uno Supremo come il soggetto che ha compiuto l'opera di governare l'universo... Nemmeno in queste descrizioni sul comando dell'universo è previsto un ruolo per l'anima liberata—ruolo grazie al quale tale anima possa avere il comando dell'universo ad essa attribuito».

Nello spiegare il Sutra successivo, Râmânuja dice: «Se dici che non è così perché vi sono fonti dirette nei Veda che provano il contrario, ricorda che quelle fonti fanno riferimento alla gloria delle anime liberate nel campo delle divinità subordinate». Anche questa rappresenta una soluzione facile al problema. Sebbene il sistema del Ramanuja ammetta l'unità del totale, all'interno di quella totalità dell'esistenza vi sono, secondo lui, differenze eterne. Pertanto, dal momento che si tratta anche in questo caso di un sistema dualista, Ramanuja non ha avuto difficoltà, dal punto di vista pratico, nel mantenere una netta distinzione tra l'anima personale e il Dio Personale.

Adesso cercheremo di capire cos'ha da dire in proposito il grande rappresentante della Scuola Advaita. Vedremo in che modo il sistema Advaita mantiene intatte le speranze e le aspirazioni del dualista, e allo stesso tempo propone la propria soluzione del problema in accordo con l'alto destino dell'umanità divina. Coloro che aspirano a mantenere la loro visione individuale anche dopo la liberazione e a restare distinti, avranno ampie possibilità di realizzare le proprie aspirazioni e di godere della benedizione del Brahman qualificato. Sono coloro che sono stati così descritti nel Bhâgavata Purâna: «O re, queste sono le gloriose qualità del Signore che i saggi, il cui unico piacere risiede nel Sé, e da cui tutte le catene si sono staccate, persino loro, amano l'Onnipresente con quell'amore che è per amore dell'amore». Questi sono coloro che sono stati descritti dai Sânkhya mentre si fondono con la natura in questo ciclo, cosicché, dopo aver raggiunto la perfezione, possano manifestarsi nel ciclo successivo come signori dei sistemi mondiali. Ma nessuno di questi eguaglia mai Dio (Ishvara). Coloro che raggiungono quello stato in cui non c'è né creazione, né creato, né creatore, in cui non c'è né conoscitore, né conoscibile, né conoscenza, in cui non c'è né io, né tu, né lui, in cui non c'è ne soggetto, né oggetto, né relazione, «lì, chi è visto da chi?»—tali persone hanno oltrepassato tutto per arrivare «laddove né le parole né la mente» possono arrivare, sono finite in quello che gli Shruti definiscono «Non questo, non quello»; ma per coloro che non possono raggiungere questo stato o che non lo raggiungeranno, rimarrà inevitabilmente la visione trina dell'unico Brahaman indifferenziato come natura, anima e il compenetrante sostenitore di entrambe—Ishvara. Così, quando Prahlâda dimenticò se stesso, non trovò né l'universo né la sua causa; tutto era per lui un'Infinito, indistinto per nome e per forma. Ma non appena ricordò di essere Prahlâda, apparve l'universo davanti a lui, e con lui il Signore dell'universo—«La Fonte di un'infinita quantità di altissime qualità». Così fu per le Gopi benedette. Finché ebbero perso il senso della propria identità e individualità personale, furono tutte Krishna, e quando iniziarono a considerarlo come l'Uno da venerare, furono di nuovo Gopi, e subito:

तासामाविरभूच्छौरिः स्मयमानमुखाम्बुजः।पीताम्बरधरः स्रग्वी साखान्मन्मथमन्मथः॥ (Bhagavata)

A loro apparve Krishna con un sorriso sul suo volto di loto, vestito di tuniche gialle e con ghirlande addosso, il conquistatore incarnato (nella bellezza) del Dio dell'amore.

Ora tornando al nostro Acharya Shankara: egli dice, «Coloro che attraverso la venerazione del Brahman qualificato raggiungono l'unione col Sovrano Supremo mantenendo la propria visione—è la loro gloria limitata o illimitata? In risposta a questo dubbio affermiamo: La loro gloria dovrebbe essere illimitata perché secondo i testi scritturali, 'Raggiungono il loro regno', 'A lui tutti i dei rendono culto', 'I loro desideri vengono esauditi in tutti i mondi'. In risposta a questo, Vyasa scrive: 'Escluso il potere di governare l'universo. Ad eccezione del potere di creare, etc. l'universo gli altri poteri come l'Animâ vengono acquisiti dalle anime liberate. Il potere di governare l'universo appartiene al sempre Perfetto Ishvara. Perché? Perché Lui è il soggetto di tutti i testi scritturali riguardanti la creazione etc. e in questi testi non viene fatto cenno ad alcun tipo di connessione con le anime liberate. Il Signore Supremo infatti è solo nel governare l'universo. Tutti i testi che fanno riferimento alla creazione etc. richiamano l'attenzione verso di lui. Inoltre, viene attribuito l'aggettivo 'sempre perfetto'. Anche nelle scritture viene affermato che i poteri come l'Anima, etc. degli altri dipendono dalla ricerca e dal culto di Dio. Pertanto alle anime liberate non è concesso governare l'universo. Inoltre, poiché ognuna di esse ha le proprie idee, è possibile che abbiano anche desideri diversi, e che, mentre una desideri la creazione, l'altra desideri la distruzione. L'unico modo per evitare questo conflitto è subordinare tutti i desideri al desiderio di qualcuno. Di conseguenza, la conclusione è che i desideri delle anime liberate dipendano dal desiderio del Sovrano Supremo».

Il Bhakti quindi può essere diretto verso il Brahman solo nel Suo aspetto personale.

क्लेशोऽधिकतरस्तेषामव्यक्तासक्तचेतसाम्

Il cammino è più difficile per coloro la cui mente è devota all'Assoluto!

Il Bhakti deve fluttuare agevolmente con la corrente della nostra natura. Vero è che non possiamo avere alcuna idea del Brahman che non sia di natura antropomorfica, ma questo non è forse altrettanto vero per tutto quello che conosciamo? Il più grande filosofo che il mondo abbia mai conosciuto, Bhagavan Kapila, molto tempo fa dimostrò che la coscienza umana è uno degli elementi della composizione di tutti gli oggetti della nostra percezione e concezione, sia interna che esterna. Cominciando dai nostri corpi ed elevandoci fino a Ishvara, possiamo vedere che ogni oggetto della nostra percezione è questa coscienza insieme a qualcos'altro, qualunque cosa possa essere; e questo miscuglio inevitabile è quello che di solito consideriamo la realtà. In effetti lo è, e lo sarà sempre, tutto quello che la mente umana potrà conoscere della realtà. Pertanto, dire che Ishvara è irreale perché è antropomorfico è pura sciocchezza. Pare proprio che gli occidentali discutano sul realismo e sull'idealismo, il cui contrasto apparentemente terribile si basa su un semplice gioco di parole sul termine «reale». L'idea di Ishvara copre tutto il campo denotato e connotato dalla parola reale e Ishvara è reale come ogni altra cosa dell'universo; e dopo tutto la parola reale non significa niente di più di ciò che adesso è stato rilevato. Tale è la nostra concezione filosofica di Ishvara.

Capitolo III
Realizzazione Spirituale: lo Scopo del Bhakti Yoga

Al Bhakta questi dettagli irrilevanti servono solo per rafforzare il proprio desiderio; per il resto non gli sono di nessuna utilità, perché sta percorrendo un sentiero che lo condurrà molto presto oltre i confini indistinti e turbolenti della ragione, per portarlo nel regno della realizzazione. Ben presto, grazie alla misericordia divina, egli raggiungerà una pianura in cui si lascerà alle spalle la ragione pedante e impotente, ed il mero smarrimento nel buio dell'intelletto cederà il posto alla luce della percezione diretta. Il Bhakta non ragiona né crede più, perlopiù percepisce. Non discute più, ma avverte. Questo non significa forse vedere Dio, sentire Dio e godere di Dio nel modo più elevato possibile? No, i Bhakta hanno respinto coloro che hanno definito questa una forma più elevata persino della Moksha — la liberazione. Questo non rappresenta anche la massima utilità? Esistono persone nel mondo — e non sono poche — convinte che soltanto l'utilità apportata dagli agi sia importante. Nemmeno la religione, Dio, l'eternità, l'anima, nessuna di queste cose è importante per loro, poiché non apportano soldi o benessere fisico. Per questi ultimi tutte quelle cose che non appagano i sensi e non placano i loro appetiti non sono di alcuna utilità. Nella mente di ciascuno, tuttavia, l'utilità è condizionata dai propri desideri specifici. Per gli uomini, quindi, che non vanno mai al di là del nutrirsi, del bere, della procreazione e della morte, l'unica conquista è rappresentata dall'appagamento dei sensi; e devono aspettare e sperimentare molte nascite e reincarnazioni per imparare a sentire anche la minima necessità di qualcosa di più elevato. Ma per coloro per i quali gli interessi eterni dell'anima hanno un valore molto più alto degli interessi effimeri della vita terrena, per coloro per i quali l'appagamento dei sensi non è altro che qualcosa di simile al gioco ricercato da un neonato, per loro Dio e l'amore di Dio rappresentano la massima e unica utilità dell'esistenza umana. Grazie a Dio esistono ancora persone d'amore in questo mondo troppo materiale.

Il Bhakti Yoga, come abbiamo detto, è suddiviso nello stadio preparatorio del Gauni e nello stadio delle forme supreme Pâra. Scopriremo, man mano che procederemo, che nello stadio preparatorio avremo necessariamente bisogno di molti aiuti concreti per potere andare avanti; e in effetti gli aspetti mitologici e simbolici di tutte le religioni rappresentano la crescita naturale che ben presto avvolge l'aspirante anima, accompagnandola nel suo viaggioverso Dio. È significativo notare anche che i giganti spirituali sono stati prodotti solo da quei sistemi religiosi in cui si riscontra uno smoderato eccesso di mitologia e di ritualismo. Le fanatiche forme di religione che tentano di cancellare tutto ciò che è poetico, bello, sublime e tutto ciò che fornisce un appiglio sicuro alla mente immatura che vacilla nel suo percorso verso Dio—quelle religioni che tentano di rompere le travi del tetto spirituale, e che nella loro concezione distorta e superstiziosa di verità cercano di allontanare tutto ciò che è vitale e costituisce il fusto reggente della pianta spirituale che cresce nell'anima umana—tali forme di religione scoprono ben presto che tutto ciò che resta loro non è altro che un guscio vuoto, una cornice di parole e di sofismi priva di contenuto accompagnata forse un piccolo assaggio di quello sciacallaggio sociale o il cosiddetto «spirito della riforma».

La stragrande maggioranza di coloro che professano religioni di questo genere, è consapevolmente o inconsapevolmente materialista, poiché lo scopo e il fine delle loro vite, ora o in futuro, è il piacere; per loro esso rappresenta infatti l'alfa e l'omega della vita umana, ed è il loro Ishtâpurta. Per loro la pulizia e l'ordine delle strade, finalizzati al benessere materiale dell'uomo, rappresentano il fulcro dell'esistenza umana; prima i seguaci di questo curioso misto di ignoranza e fanatismo mostreranno la loro vera natura e si uniranno- come ben meritano —alla schiera degli atei e dei materialisti, meglio sarà per il mondo. Un solo grammo della pratica di rettitudine e di realizzazione personale ha più peso di tonnellate e tonnellate di discorsi frivoli e di sentimenti irragionevoli. Mostrateci anche un solo gigantesco genio spirituale che abbia origine da tutta questa polvere insignificante di ignoranza e fanatismo; e se non ci riuscite, chiudete la bocca, aprite le finestre dei vostri cuori alla luce limpida della verità, e sedete come bambini ai piedi di coloro che conoscono ciò di cui parlano: i saggi dell'India. Ascoltiamo quindi attentamente cosa dicono.

Capitolo IV
La Necessità del Guru

Ogni anima è destinata a essere perfetta e ogni essere, alla fine, raggiungerà lo stato di perfezione. Qualunque cosa siamo adesso è il risultato delle nostre azioni e dei nostri pensieri del passato, e qualunque cosa saremo in futuro sarà il risultato di quello che pensiamo e facciamo adesso. Ma questo, ovvero la costruzione dei nostri destini, non ci preclude di ricevere aiuti esterni; anzi, nella stragrande maggioranza dei casi tale aiuto è assolutamente necessario. Quando sopraggiunge, i poteri e possibilità più elevati dell'anima sono stimolati, la vita spirituale viene risvegliata, la crescita è animata e alla fine l'uomo diventa santo e perfetto.

Questo impulso stimolante non può provenire dai libri. L'anima può ricevere impulsi solo da un'altra anima e da nient'altro. Possiamo anche studiare dai libri per tutta la nostra vita, possiamo persino diventare molto intellettuali, ma alla fine scopriremo che non siamo evoluti affatto dal punto di vista spirituale. Non è vero che un alto livello di evoluzione intellettuale corrisponde necessariamente a un altrettanto evoluto equilibrio spirituale dell'Uomo. A volte studiando dai libri ci illudiamo che in questo modo siamo aiutati spiritualmente; ma se analizziamo l'effetto dello studio dei libri su noi stessi, scopriremo che al massimo è solo il nostro intelletto a trarre profitto da tali studi, e non il nostro spirito interiore. L'inadeguatezza dei libri nello stimolare la crescita spirituale rappresenta il motivo per cui, sebbene quasi tutti noi sappiamo ben parlare di questioni spirituali, quando si tratta di passare all'azione di vivere per davvero una vita spirituale, scopriamo allora incredibilmente inadeguati. Per stimolare lo spirito, l'impulso deve provenire da un'altra anima.

La persona la cui anima è fonte di tale impulso è chiamata Guru, il maestro. La persona alla cui anima è trasmesso tale impulso è detta Shishya, lo studente. Per trasmettere tale impulso a qualsiasi anima, in primo luogo, l'anima dalla quale esso è generato deve avere il potere di trasmetterlo, in qualche modo, ad un'altra. In secondo luogo, l'anima alla quale viene trasmesso deve essere adatta a riceverlo. Il seme deve essere vivente e il campo deve essere arato per bene. Quando entrambe le condizioni sono soddisfatte, avviene la crescita meravigliosa di una religione autentica. «Il vero predicatore deve avere qualità meravigliose, e il suo ascoltatore dovrà essere perspicace» आश्चर्यो वक्ता कुशलोऽस्य लब्धा—e quando entrambi sono davvero meravigliosi e straordinari, ne conseguirà un magnifico risveglio spirituale, non potrà accadere altrimenti. Tanto rari sono i veri maestri, e tanto rari sono i veri studenti, i veri aspiranti. Tutti gli altri giocano soltanto con la spiritualità. In essi si risveglia una flebile curiosità e si sprigiona solo poca aspirazione intellettuale ed essi raggiungono soltanto la superficie delle profonde acque della religione; anche questo però ha valore in quanto, nel tempo, potrebbe finalmente scaturirsi in loro una vera sete di religione. È una misteriosa legge della natura quella secondo cui non appena il campo è pronto, il seme dev'essere subito piantato, così come non appena un'anima desidera ardentemente la religione, una fonte di forza religiosa deve accorrere in aiuto di quell'anima. Quando il potere che attrae la luce della religione nell'anima ricevente è forte e vigoroso, il potere che risponde a quell'attrazione ed emana la luce sopraggiunge di conseguenza.

Il cammino, tuttavia, non è privo di pericoli. Per esempio, c'è il pericolo che l'anima ricevente scambi delle emozioni momentanee per vero desiderio religioso. Possiamo sperimentarlo su noi stessi. Spesso e volentieri nelle nostre vite accade che muoia qualcuno che amavamo: ci viene un colpo, sentiamo che il mondo ci scivola via dalle mani, che vogliamo qualcosa di più elevato e sicuro, e che dobbiamo diventare religiosi. Dopo qualche giorno quell'ondata di sentimenti è svanita e ci ritroviamo abbandonati a noi stessi proprio come lo eravamo prima. Tutti noi spesso scambiamo tali impulsi per una vera e propria sete di religione ma, finché queste emozioni momentanee sono così confuse, quell'incessante e autentica brama di religione da parte dell'anima non verrà e noi non troveremo la vera fonte di spiritualità nella nostra natura. Così, ogni volta che siamo tentati di lamentarci di non riuscire nella nostra ricerca di quella verità che desideriamo così tanto, invece di lamentarci, dovremmo per prima cosa guardare nelle nostre anime e scoprire se il desiderio che abbiamo nel cuore è vero. Nella stragrande maggioranza dei casi si scoprirebbe allora che non eravamo adatti a ricevere la verità e che non c'era una vera sete di spiritualità.

Esistono pericoli ancora più grandi riguardo al trasmettitore, il Guru. Sono molti quelli che, sebbene immersi nell'ignoranza, nell'orgoglio dei loro cuori pretendono di sapere tutto, e non solo non si fermano lì, ma si offrono di spalle prendersi anche altri a carico; così il cieco conduce il cieco ed entrambi cadono nel fosso.

अविद्यायामन्तरे वर्तमानाः स्वयं धीराः पण्डितिम्मन्यमानाः । दन्द्रम्यमाणाः परियन्ति मूढा अन्धेनैव नीयमाना यथान्धाः ॥

li sciocchi che dimorano nell'oscurità, saggi nella loro arroganza, e gonfi della loro vana conoscenza, girano in tondo barcollando avanti e indietro, come ciechi condotti dal cieco. —(Katha Up., I. ii. 5).

Il mondo è pieno di queste persone. Tutti vogliono essere maestri, e i mendicanti voglionofare regali da un milione di dollari! Questi maestri sono tanto ridicoli quanto quei mendicanti.

Capitolo V
Requisiti dell'Aspirante e del Maestro

Come facciamo quindi a riconoscere un maestro? Per vedere il sole non c'è bisogno di una torcia, non c'è bisogno di accendere una candela per vederlo. Quando sorge il sole diventiamo istintivamente consapevoli del fatto, e quando un maestro degli uomini viene ad aiutarci, l'anima saprà istintivamente che la verità ha già cominciato a brillare su di essa. La verità non ha bisogno di essere dimostrata, non richiede nessun'altra testimonianza per essere dimostrata vera, brilla di luce propria. Penetra nelle parti più recondite della nostra natura, e alla sua presenza l'intero universo si alza in piedi e dice «Questa è la verità». I maestri la cui saggezza e verità brillano come la luce del sole sono di gran lunga i più grandi maestri che il mondo abbia conosciuto, e sono venerati come Dio da gran parte dell'umanità. Tuttavia possiamo ricevere aiuto anche da maestri relativamente minori; è solo che noi non siamo così intuitivi da giudicare bene l'uomo dal quale riceviamo insegnamenti e consigli; pertanto il maestro dovrebbe superare certe prove e possedere certi requisiti, e lo studente dovrebbe fare altrettanto.

I requisiti necessari per lo studente sono la purezza, una vera e propria sete di conoscenza e la perseveranza. Nessun'anima impura può essere davvero religiosa. La purezza del pensiero, delle parole, delle azioni è assolutamente necessaria per chiunque voglia essere religioso. Per quanto riguarda la sete di conoscenza, si tratta di un'antica legge, secondo cui otteniamo tutto quello che vogliamo. Nessuno di noi può ottenere qualcosa di diverso da quello che ci prefiggiamo nei nostri cuori. Agognare veramente la religione è una cosa molto difficile, per niente facile come si può immaginare. L'ascolto di discorsi sulla religione o la lettura di libri religiosi non sono ancora la prova di un vero desiderio nel cuore; deve esserci una lotta continua, una battaglia costante, uno scontro incessante con la nostra natura inferiore, finché non sentiremo veramente il desiderio più elevato e avremo ottenuto la vittoria. Non è una questione di uno o due giorni, di anni o di vite; la lotta può andare avanti per centinaia di vite. Il successo a volte può sopraggiungere subito, ma dobbiamo essere pronti ad aspettare pazientemente anche per un periodo di tempo che potrebbe sembrare un'eternità. Lo studente che si mette in cammino con tale spirito di perseveranza alla fine troverà sicuramente il successo e la realizzazione.

Per quanto riguarda il maestro, occorre constatare che egli conosce l'essenza delle scritture. Il mondo intero legge la Bibbia, i Veda e il Corano. Ma sono tutte soltanto parole, sintassi, etimologia, filologia, le ossa scarnificate della religione. L'insegnante che fa troppo affidamento sulle parole e permette alla mente di essere portata via dalla forza delle parole, perde l'essenza. È solo la conoscenza dell'essenza delle scritture che fa di un maestro il vero maestro religioso. La rete delle parole delle scritture è come un'enorme foresta in cui la mente umana spesso si perde e non trova una via d'uscita.

शब्दजालं महारण्यं चित्तभ्रमणकारणम्।

La rete delle parole è una grande foresta; è la causa di un curioso delirio della mente». I vari metodi per la combinazione delle parole, i vari metodi per parlare una bella lingua, i vari metodi per spiegare la dizione delle scritture sono utili solo per le disquisizioni e il piacere dei dotti, non conducono allo sviluppo della percezione spirituale.

वाग्वैखरी शब्दभरी शास्त्रव्याख्यानकौशलम्।
वैदुष्यं विदुषां तद्वद् भुक्तये न तु मुक्तये॥

Coloro che impiegano tali metodi per rivelare la religione agli altri desiderano soltanto ostentare la propria cultura, così che il mondo possa lodarli come grandi studiosi.

Scoprirete che nessuno dei grandi maestri del mondo ha mai approfondito queste varie spiegazioni del testo; non c'è da parte loro nessun tentativo di « torturare il testo », nessun gioco eterno sul significato delle parole e sulla loro origine. Eppure hanno insegnato nobilmente, mentre altri che non hanno nulla da insegnare a volte hanno esaminato a fondo una parola e scritto un libro di tre volumi sulla sua origine, sull'uomo che l'ha utilizzata per primo, e su cosa mangiava di solito quell'uomo, quanto tempo dormiva e via dicendo.

Bhagavân Ramakrishna era solito raccontare la storia di alcuni uomini che si recavano in un frutteto di mango e si impegnavano a contarne le foglie, i ramoscelli, i rami, ne esaminavano il colore, confrontavano le loro dimensioni e annotavano tutto in modo scrupoloso, e poi avviavano una discussione erudita su ognuno di questi argomenti, che per loro riscuotevano indubbiamente un grande interesse. Ma uno di loro, più ragionevole degli altri, non si interessava di tutte queste cose, e invece di farlo, iniziò a mangiare il mango. E non era forse saggio? Pertanto lasciamo che siano altri a contare le foglie, i ramoscelli e a prendere nota. Questo tipo di lavoro ha la sua importanza, ma non in quest'ambito spirituale. Non vedrete mai un uomo spiritualmente forte tra questi «contatori di foglie». La religione, il fine supremo, la gloria più elevata dell'uomo, non richiede così tanto lavoro. Se volete essere un Bhakta, non occorre che sappiate se Krishna sia nato a Mathurâ o a Vraja, cosa stava facendo, o la data precisa in cui ha pronunciato gli insegnamenti del Gitâ. Avete solo bisogno di sentire il desiderio per le meravigliose lezioni del dovere e dell'amore per il Gita. Tutti gli altri particolari su di esso e sul suo autore sono per il piacere dei dotti. Abbiano pure ciò che desiderano. Rispondiamo «Shântih, Shântih» alle loro controversie erudite e limitiamoci a «mangiare i mango».

Il secondo requisito necessario nel maestro è l'assenza di peccato. Spesso viene chiesto, «Perché dovremmo studiare il carattere e la personalità di un maestro? Dobbiamo limitarci a giudicare ciò che dice, e farne tesoro». Questo non è giusto. Se un uomo vuole insegnarmi qualcosa sulla dinamica, sulla chimica o su qualsiasi altra scienza fisica, può essere tutto quello che vuole, perché le scienze fisiche richiedono semplicemente una capacità intellettuale; ma nelle scienze spirituali, dalla prima all'ultima, è impossibile che possa esserci una qualsiasi luce spirituale nell'anima che è impura. Quale religione può insegnare un uomo impuro? La condizione sine qua non per acquisire la verità spirituale per se stessi o per rivelarla ad altri è la purezza del cuore e dell'anima. Non sarà mai possibile vedere Dio o scorgere l'aldilà finché l'anima non è pura. Così per quanto riguarda il maestro della religione, dobbiamo prima vedere quello che è e soltanto dopo che cosa dice. Deve essere perfettamente puro, e solo allora avranno valore le sue parole, perché solo allora sarà la vera «fonte». Cosa può trasmettere se non ha potere spirituale dentro di sé? Deve esserci la vibrazione degna della spiritualità nella mente del maestro, in modo tale che questa possa essere benevolmente comunicata alla mente dello studente. La funzione del maestro infatti è sempre inerente al trasferimento di qualcosa, e non alla semplice stimolazione delle capacità intellettuali o di altro tipo nello studente. Qualcosa di vero e di rilevante proviene come un influsso dall'insegnante e va allo studente. Pertanto il maestro deve essere puro.

Il terzo requisito riguarda la motivazione. L'insegnante non deve insegnare avendo un secondo fine egoistico di qualsiasi tipo—per soldi, per la reputazione, per la fama; il suo lavoro deve essere svolto semplicemente per amore, per amore puro per l'umanità in generale. L'unico mezzo attraverso il quale può essere trasmessa la forza spirituale è l'amore. Qualsiasi motivazione egoistica, come il desiderio di guadagno o di fama distruggerà immediatamente questo mezzo comunicante. Dio è amore e solo colui che ha conosciuto Dio come amore può essere un maestro della pietà e Dio per l'uomo.

Quando vedi che il tuo maestro possiede tali requisiti, sei al sicuro; se non li possiede non è sicuro permettere che lui sia il tuo maestro, poiché esiste il grande pericolo che, non potendo trasmettere bontà al tuo cuore, possa trasmettere malvagità. Questo pericolo deve essere senz'altro evitato.

श्रोत्रियोऽवृजिनोऽकामहतो यो ब्रह्मवित्तमः

Colui che conosce le scritture, senza peccato, non contaminato dalla lussuria ed è il più grande conoscitore del Brahman è il vero maestro.

Da quello che è stato affermato, ne consegue naturalmente che non possiamo imparare ad amare, apprezzare e assimilare la religione dovunque e da tutti. I «libri nei ruscelli correnti, i sermoni nelle pietre e il bene in tutto» è una figura poetica molto autentica; ma nulla può dispensare a un uomo un singolo granello di verità a meno che lui non ne abbia i germi embrionali in se stesso. A chi predicano sermoni le pietre e i ruscelli? All'anima umana, il fiore di loto il cui santo scrigno interiore brilla è già pieno di vita. E la luce che causa la meravigliosa apertura di questo fiore di loto proviene sempre dal giusto e saggio maestro. Quando il cuore è stato così aperto, diviene adatto a ricevere insegnamento dalle pietre e dai ruscelli, dalle stelle o dal sole o dalla luna o da qualunque cosa esista nel nostro universo divino; ma il cuore chiuso non vedrà in esse nient'altro che semplici pietre o correnti. Un uomo cieco può anche andare in un museo, ma non ne trarrà beneficio in alcun modo; prima i suoi occhi vanno aperti, e solo allora riuscirà a imparare ciò che le cose del museo possono insegnare.

Il maestro è questa rivelazione della religione per l'aspirante. La nostra relazione col maestro, pertanto, è uguale a quella tra l'antenato e il suo discendente. Senza la fede, l'umiltà, la sottomissione e la venerazione nei nostri cuori verso il nostro maestro religioso, non può esserci nessuna crescita religiosa in noi; ed è un fatto significativo che, laddove prevale questo tipo di relazione tra il maestro e lo studente, solo lì crescono i giganteschi uomini spirituali; mentre in quei paesi che hanno trascurato l'importanza di questo tipo di relazione, il maestro religioso è diventato un semplice professore, poiché il maestro pretende i suoi cinque dollari e l'allievo si aspetta che il suo cervello sia riempito dalle parole del maestro, e ognuno va per la sua strada dopo che è stato fatto questo lavoro. In queste circostanze la spiritualità diventa quasi qualcosa di sconosciuto. Non c'è nulla da trasmettere e nessuno a cui trasmettere. La religione con queste persone diventa business; pensano di ottenerla con i loro dollari. Magari la religione potesse essere ottenuta così facilmente! Ma purtroppo non è così.

La religione, che è la conoscenza assoluta e la saggezza assoluta, non può essere comprata né può essere acquisita dai libri. Puoi ficcare la testa in ogni parte del mondo, puoi anche esplorare l'Himalaya, le Alpi e il Caucaso, puoi anche scandagliare il fondale marino e curiosare in ogni angolo del Tibet e del deserto del Gobi, ma non la troverai da nessuna parte finché il tuo cuore non sarà pronto per riceverla e finché non sarà venuto il tuo maestro. E quando quel maestro assegnato dalla divinità verrà, servilo con candida fiducia e semplicità, apri liberamente il tuo cuore al suo influsso e vedi in lui Dio manifesto. Coloro che vengono a cercare la verità con tale spirito di amore e venerazione, a loro il Signore della Verità rivela le cose più meravigliose riguardo alla verità, alla bontà e alla bellezza.

Capitolo VI
Maestri Incarnati e Incarnazione

Qualunque sia il posto in cui viene pronunciato il suo nome, quel posto è santo. Tanto più lo è l'uomo che pronuncia il Suo nome, e con quale venerazione dovremmo rivolgerci a quell'uomo dal quale giunge a noi la verità spirituale! Pochissimi sono infatti a questo mondo quei grandi maestri della verità spirituale, ma il mondo non ne è mai del tutto privo. Sono sempre i fiori più belli della vita umana — अहेतुकदयासिन्धुः — *l'oceano della misericordia senza alcun fine*.

आचार्यं मां विजानीयात्
Sappiate che il Guru sono Io

dice Krishna nel Bhagavata. *Nel momento in cui il mondo è assolutamente privo di questi Guru, diventa un inferno orribile e si avvia rapidamente alla propria distruzione.*

Nel mondo esiste un altro gruppo di maestri superiori e più nobili di quelli comuni, che sono gli Avatâras di Ishvara. Possono trasmettere la spiritualità con un tocco, persino con un semplice desiderio. I personaggi più infimi e umiliati diventano in un istante santi a un loro ordine. Sono i Maestri dei maestri, le manifestazioni di Dio più elevate attraverso l'uomo. Possiamo vedere Dio soltanto attraverso di essi. Non possiamo fare a meno di venerarli; e in effetti sono gli unici che siamo costretti a venerare.

Nessun uomo può veramente vedere Dio se non attraverso queste manifestazioni umane. Se cerchiamo di vedere Dio in altro modo, creiamo un'orribile caricatura di Dio e crediamo che la caricatura non sia peggiore dell'originale. C'è una storia di un uomo ignorante al quale fu chiesto di riprodurre un'immagine del Dio Shiva, e che, dopo due giorni di duro lavoro produsse solo l'immagine di una scimmia. Pertanto ogni qual volta cerchiamo di pensare a Dio per com'è nella Sua perfezione assoluta, è inevitabile che falliamo miseramente, perché finché saremo uomini, non riusciremo a concepirlo come qualcosa di più elevato dell'uomo. Arriverà il tempo in cui trascenderemo la nostra natura umana e lo conosceremo per com'è veramente; ma finché saremo uomini, dovremo venerarlo nell'uomo e come uomo. Per quanto parliate e per quanto tentiate non potete pensare a Dio se non come un uomo. Potete anche fare grandi discorsi intellettuali su Dio e su tutte le cose esistenti, diventare grandi razionalisti e provare con vostra soddisfazione che tutti questi racconti sugli Avatara di Dio come uomo non sono altro che sciocchezze. Ma torniamo per un momento al pratico buonsenso. Cosa c'è dietro questo tipo di intelletto straordinario? Zero, nulla, semplicemente tanta futilità. La prossima volta che sentite un uomo che tiene una grande lezione intellettuale contro gli Avatara di Dio, raggiungetelo e chiedetegli qual è la sua idea di Dio, cosa intende per «onnipotenza», «onnipresenza» e per tutti i termini affini, andando oltre la trascrizione delle parole. Non significano veramente nulla per lui; non può formulare come significato alcuna idea che non sia condizionata dalla propria natura umana; non è più preparato in questo argomento rispetto all'uomo della strada che non ha letto neanche un libro. Quell'uomo della strada, tuttavia, è tranquillo e non disturba la pace del mondo, mentre questo grande oratore crea confusione e miseria tra gli uomini. La religione, dopo tutto, è realizzazione e dobbiamo fare una distinzione netta tra le parole e l'esperienza intuitiva. Quello che proviamo nella profondità delle nostre anime è la realizzazione. Niente infatti è così inconsueto come il buonsenso riguardo a questo argomento.

Per via della nostra attuale natura, siamo limitati e costretti a vedere Dio come uomo. Se, per esempio, i bufali vogliono venerare Dio, in conformità con la loro natura, lo vedranno come un enorme bufalo; se un pesce vuole venerare Dio dovrà immaginarlo come un grande pesce, e un uomo deve pensarlo come un uomo. E tutte queste concezioni non sono dovute a un'immaginazione fervidamente attiva. Si può supporre, ad esempio, che l'uomo, il bufalo e il pesce rappresentino tante navi diverse. Tutte queste navi vanno nel mare di Dio per essere riempite d'acqua, ciascuna in base alla sua forma e capacità; nell'uomo l'acqua assume la forma di uomo, nel bufalo la forma del bufalo e nel pesce la forma di pesce. In ciascuna di queste navi c'è la stessa acqua del mare di Dio. Quando gli uomini lo vedono, lo vedono come uomo, e gli animali, se hanno anche la minima concezione di Dio, devono vederlo come animale, ciascuno secondo il proprio ideale.

Così non possiamo fare a meno di vedere Dio come uomo e, pertanto, siamo costretti a venerarlo come tale. Non c'è altro modo.

Solo due tipi di uomini non venerano Dio come uomo — il bruto che non ha religione e il Paramahamsa che si è elevato oltre tutte le debolezze umane e ha oltrepassato i limiti della propria natura umana. Per lui tutta la natura è diventata il proprio Sé. Soltanto lui può venerare Dio per com'è. Anche qui, come in tutti gli altri casi, i due estremi si incontrano. L'estremo dell'ignoranza e l'altro estremo della conoscenza, e i Jivanmukta (anime liberate) non hanno bisogno di venerare perché hanno realizzato Dio in se stessi. Tra questi due poli dell'esistenza, se qualcuno vi dice che non venererà Dio come uomo, prendetevi gentilmente cura di quell'uomo; è, per non utilizzare termini più brutali, un chiacchierone irresponsabile. La sua religione è per i cervelli malati e vuoti.

Dio capisce i fallimenti umani e diventa uomo per fare del bene all'umanità:

यदा यदा हि धर्मस्य ग्लानिर्भवति भारत। अभ्युत्थानमधर्मस्य तदात्मानं
सृजाम्यहम्॥ परित्राणाय साधूनां विनाशाय च दुष्कृताम्। धर्मसंस्थापनार्थाय
सम्भवामि युगे युगे॥

Ogni qual volta che la virtù diminuisce e prevale la malvagità, Io mi manifesto. Per ristabilire la virtù, distruggere il male, per salvare il bene vengo di Yuga (era) in Yuga.

अवजानन्ति मां मूढा मानुषीं तनुमाश्रितम्।परं भावमजानन्तो मम भूतमहेश्वरम्॥

Mi deridono gli sciocchi che hanno assunto la forma umana, senza conoscere la Mia vera natura come Signore dell'universo.

Questa è la dichiarazione di Shi Krishna nel Gita riguardante l'Incarnazione. «Quando arriva un'enorme marea», dice Shri Ramakrishna, «tutti i piccoli torrenti e canali si riempiono fino all'orlo senza alcuno sforzo o alcuna consapevolezza da parte loro; così quando giunge l'Incarnazione, un'ondata di spiritualità si abbatte sul mondo e la gente sente nell'aria la spiritualità quasi completa.»

Capitolo VII
Il Mantra: Om, Parola e Saggezza

Tuttavia adesso non stiamo considerando queste Mahâ-purusha, le grandi Incarnazioni, ma solo i Siddha-Guru (maestri che hanno raggiunto l'obiettivo); essi, di norma, devono trasmettere le perle di saggezza spirituale al discepolo per mezzo delle parole (Mantra) sulle quali bisogna meditare. Cosa sono questi Mantra? Tutto l'universo ha, secondo la filosofia indiana, il nome e la forma (Nâma-Rupa) come condizioni necessarie per la sua manifestazione. Nel microcosmo umano, non può esserci neanche un'onda nella sostanza mentale (Chittavritti) che non sia condizionata dal nome e dalla forma. Se è vero che la natura è costruita sempre sullo stesso piano, questo tipo di condizionamento per il nome e per la forma deve essere applicato anche alla costruzione dell'intero universo.

यथा एकेन मृत्पिण्डेन सर्वं मृन्मयं विज्ञातं स्यात्
Come un pezzo d'argilla conosciuto, tutte le cose d'argilla sono conosciute

così la conoscenza del microcosmo deve condurre alla conoscenza del macrocosmo. Ora la forma è la crosta esterna, della quale il nome o l'idea rappresenta l'essenza interiore o il nocciolo. Il corpo è la forma, e la mente o l'Antahkarana è il nome, e i simboli sonori sono universalmente associati a Nâma (il nome) in tutti gli esseri che hanno la facoltà di parola. Nel singolo uomo le onde di pensiero che si elevano nel limitato Mahat o Chitta (sostanza mentale), devono manifestarsi, prima come parole e poi come forme più concrete.

Nell'universo, Brahmâ o Hiranyagarbha o il Mahat cosmico si è manifestato prima come nome, poi come forma, ovvero come questo universo. Tutto questo universo sensibile espresso è la forma, dietro il quale sta lo Sphota eterno inesprimibile, il divulgatore in qualità di Logos o Parola. Questo Sphota eterno, il materiale essenziale eterno di tutte le idee o di tutti i nomi è il potere attraverso il quale il Signore crea l'universo, anzi, il Signore prima viene condizionato dallo Sphota e poi si evolve nell'universo sensibile ancora più concreto.

Questo Sphota ha come unico simbolo una parola, e questa parola è l'ॐ (Om).

E poiché non possiamo separare questa parola dall'idea mediante nessuna analisi, questo Om e lo Sphota eterno sono inseparabili; e pertanto, è al di fuori di questa parola più sacra di tutte le parole sacre, della madre di tutti i nomi e di tutte le forme, dell'Om eterno, che si può supporre che sia stato creato l'intero universo. Tuttavia si può dire che, sebbene il pensiero e la parola siano inseparabili, dal momento che possono esserci vari simboli-parola per esprimere lo stesso pensiero, non è necessario che questa particolare parola Om sia quella che rappresenti il pensiero, al di fuori del quale l'universo si è manifestato. A questa obiezione rispondiamo che questo Om è l'unico simbolo possibile che copre tutti gli aspetti e non ce n'è nessun altro come questo. Lo Sphota è il materiale di tutte le parole, tuttavia non costituisce alcuna parola definita nel suo stato pienamente evoluto. Ciò vale a dire che, se vengono eliminate tutte le peculiarità che distinguono una parola da un'altra, allora ciò che rimarrà sarà lo Sphota; pertanto questo Sphota è chiamato il Nâda-Brahma, il Suono-Brahman.

Ora, poiché ogni parola-simbolo, destinata a esprimere l'inesprimibile Sphota, lo caratterizzerà a un punto tale che esso non sarà più lo Sphota, quel simbolo che lo caratterizza di meno e che allo stesso tempo ne esprime la natura nella maniera più precisa possibile, sarà di conseguenza il simbolo più autentico; e questo è l'Om e l'Om soltanto; perché queste tre lettere अ उ म (A.U.M.), pronunciate insieme come Om, possono essere di gran lunga il simbolo generalizzato di tutti i suoni possibili. La lettera A rappresenta il suono meno differenziato; pertanto Krishna sostiene nel Gita अक्षराणां अकारोऽस्मि—*Io sono la A tra le lettere.*

Di nuovo, tutti i suoni articolati sono prodotti nello spazio all'interno della bocca cominciando dalla base della lingua e terminando nelle labbra — il suono prodotto nella gola è A, e M è l'ultimo suono labiale, mentre la U rappresenta esattamente l'avanzamento dell'impulso che comincia dalla base della lingua finché termina nelle labbra. Se pronunciato bene, questo Om rappresenterà tutto il fenomeno della produzione del suono, e nessun'altra parola può farlo; e questo, pertanto, è il simbolo più adatto dello Sphota, che è il vero significato dell'Om. E poiché il simbolo non può mai essere distinto dalla cosa significata, l'Om e lo Sphota sono un tutt'uno. E poiché lo Sphota, essendo l'aspetto più fine dell'universo manifesto, è più vicino a Dio ed è in effetti la prima manifestazione della saggezza divina, questo Om è il vero simbolo di Dio. Anche in questo caso, proprio come «l'Unico» Brahman, l'Akhanda-Sachchidânanda, l'assoluta Esistenza-Conoscenza-Beatitudine può essere concepita dalle anime umane imperfette soltanto sotto alcuni aspetti particolari e associata a qualità particolari, così anche quest'universo, il Suo corpo deve essere considerato seguendo la linea della mente del pensatore.

Questa direzione della mente del devoto è guidata dai suoi elementi prevalenti o dal Tattvas. Il risultato è che lo stesso Dio sarà visto in varie manifestazioni come il possessore di varie qualità predominanti, e lo stesso universo apparirà pieno di molteplici forme. Persino nel caso del simbolo Om, meno differenziato e più universale, il pensiero e il suono-simbolo sono considerati assolutamente inscindibili l'uno dall'altro; pertanto anche questa legge della loro indissolubile unione si applica alle molteplici visioni differenziate di Dio e dell'universo: ognuna di queste deve avere di conseguenza una parola-simbolo ben precisa per esprimerla. Queste parole-simbolo, concepite dalla percezione spirituale più profonda dei saggi, simboleggiano ed esprimono, per quanto possibile, la visione particolare di Dio e dell'universo che rappresentano. E poiché l'Om rappresenta Akhanda, il Brahman indifferenziato, gli altri rappresentano il Khanda o le visioni differenziate dello stesso Essere; e sono tutte molto utili per la meditazione divina e l'acquisizione della vera conoscenza.

Capitolo VIII
Venerazione di Sostituti e di Immagini

Le prossime questioni da considerare sono la venerazione dei Pratika, o di entità più o meno accettabili come sostituti di Dio, e la venerazione dei Prâtima o delle immagini.

Ciò equivale अब्रह्मणि ब्रह्मदृष्ट्यऽनुसन्धानम्— *Congiungere la mente con devozione a ciò che non è Brahman, considerandolo Brahman*—dice Bhagavân Râmânuja. «Venera la mente come Brahman che è interno; e l' Âkâsha come Brahman, questo per quanto riguarda i Deva», dichiara Shankara. La mente è un Pratika interno e l'Akasha è esterno, e entrambi vanno venerati come sostituti di Dio. «Analogamente—continua, 'il Sole è Brhaman, questo è l'ordine', 'Colui che venera il Nome come Brahman'—in tutti i passi di questo tipo si solleva un dubbio riguardo alla venerazione dei Pratika». La parola Pratika significa intraprendere un cammino; e venerare un Pratika significa venerare qualcosa come un sostituto che è, per certi aspetti, sempre più simile a Brahman, ma non è Brahman. Insieme ai Pratika citati negli Shruti ce ne sono molti altri da scoprire nei Purâna e nei Tantra. In questo tipo di venerazione-Pratika possono essere incluse tutte le varie forme di venerazione-Pitri e venerazione-Deva.

Ora, il Bhakti è la venerazione di Ishvara e di Lui soltanto; la venerazione di ogni altra entità—di Deva o di Pitri o di ogni altro essere non può essere Bhakti. I vari tipi di venerazione dei vari Deva devono essere tutti inclusi nel Karma ritualistico, che dà al devoto solo un risultato specifico nella forma di un certo piacere celestiale, ma non può mai dare origine al Bhakti né condurre al Mukti. Bisogna pertanto tenere a mente una cosa. Se, come può succedere in certi casi, l'ideale altamente filosofico, il Brahman supremo, viene trascinato giù dalla venerazione-Pratika al livello del Pratika, e il Pratika stesso è considerato l'Atman del devoto o il suo Antaryâmin (Comandante Interiore), il devoto viene condotto completamente fuori strada, poiché nessun Pratika può essere davvero l'Atman del devoto.

Ma nel momento in cui il Brahman Stesso è l'oggetto della venerazione, e il Pratika rappresenta solo un sostituto o un suggerimento, per così dire, nel momento in cui, attraverso il Pratika viene venerato l'onnipresente Brahman—e il

Pratika stesso viene idealizzato nella causa di tutto, il Brahman — la venerazione è benefica; anzi, è assolutamente necessaria per tutti gli uomini finché non hanno superato lo stadio primario o preparatorio della mente relativamente alla venerazione. Pertanto, quando qualsiasi Dio o altro essere vivente viene venerato in se stesso e per se stesso, tale venerazione è soltanto un Karma ritualistico; e come Vidyâ (scienza) ci dà solo il frutto di quella particolare Vidya; ma quando i Deva o ogni altro essere sono visti come Brahman e vengono venerati, il risultato ottenuto è lo stesso che si raggiunge venerando Ishvara. Questo spiega perché, in molti casi, sia negli Shruti che negli Smriti, un Dio, un saggio, o qualche altro essere straordinario viene elevato e liberato, per così dire, dalla propria natura e idealizzato nel Brahman, e poi viene venerato. Advaitin afferma, «Non è forse tutto il Brahman quando il nome e la forma sono stati eliminati?» «Non è il Signore, il Sé più intimo di ognuno?» dichiara il Vishishtâdvaitin.

फलम् आदित्याद्युपासनेषु ब्रह्ममैव दास्यति सर्वाध्यक्षत्वात्

«Il Brahman stesso concede persino il compimento della venerazione di Adityas, etc., perché è il Sovrano di tutto», sostiene Shankara nel suo Brahma-Sutra-Bhâsya.

ईदृशं चात्र ब्रह्मण उपास्यत्वं यतः प्रतीकेषु तत्दृष्ट्याध्यारोपणां प्रतिमादिषु इव विष्णुवादीनाम्।

In questo modo il Brahman diventa l'oggetto della venerazione, perché, Egli, come Brahman, si sovrappone ai Pratika, così come Vishnu etc. si sovrappongono alle immagini, etc.

La stessa idea si applica alla venerazione dei Pratima così come a quella dei Pratika; vale a dire che, se l'immagine rappresenta un Dio o un santo, la venerazione non è il risultato del Bhakti e non conduce alla liberazione; ma se essa rappresenta l'unico Dio, la sua venerazione porterà di conseguenza sia il Bhakti che il Mukti. Tra le principali religioni del mondo il Vedantismo, il Buddismo e alcune forme del Cristianesimo fanno ampio uso di immagini; solo due religioni, il Maomettismo e il Protestantesimo rifiutano questo aiuto. Tuttavia i Maomettani utilizzano la tomba dei propri santi e martiri quasi allo stesso modo delle immagini; e i Protestanti, rifiutando tutti gli aiuti concreti alla religione, si allontanano ogni anno sempre di più dalla spiritualità, fino al punto che attualmente c'è ben poca differenza tra i Protestanti moderni e i seguaci di Auguste Comté, o gli agnostici che predicano soltanto l'etica. Di nuovo, nel Cristianesimo e nel Maomettismo ogni forma di venerazione di un'immagine rientra per forza di cose nella categoria nella quale il Pratika o il Pratima viene venerato di per sé, ma non è considerata un «aiuto alla visione» (Drishtisaukaryam) di Dio; dunque è nel migliore dei casi solo della natura dei Karma ritualistici e non può produrre né Bhakti né Mukti. In questa forma di venerazione dell'immagine, la devozione dell'anima è accordata a entità diverse da Ishvara e, pertanto, quest'uso di immagini, di tombe, di templi, o di sepolcri è vera e propria idolatria; non è in sé né peccaminosa né malvagia—è un rito—un Karma, e i devoti devono ottenere il frutto di ciò e lo otterranno.

Capitolo IX
L'Ideale Scelto

La prossima cosa da considerare è ciò che è noto come Ishta-Nishtâ. Colui che aspira a divenire un Bhakta deve sapere che «tante opinioni rappresentano tanti modi». Deve sapere che tutte le varie sette delle varie religioni sono le varie manifestazioni della gloria dello stesso Signore. «Ti chiamano in tanti modi; ti dividono, per così dire, in nomi diversi; tuttavia ognuno di questi racchiude la Tua onnipotenza. ... Raggiungi il devoto attraverso tutti questi nomi, inoltre non occorrerà molto tempo per farlo, purché l'anima abbia un amore intenso per Te. È così facile avvicinarsi a Te; peggio per me se non posso amarti». Il Bhakta non deve limitarsi ad amare, deve anche cercare di non odiare e neanche di criticare quei radiosi figli della luce che sono i fondatori di varie sette; non deve neanche sentirne parlare male. Sono pochi infatti coloro che hanno al contempo una grande compassione e capacità di comprensione, nonché un amore intenso. Di norma, riscontriamo che le sette liberali e comprensive perdono l'intensità del sentimento religioso e, nelle loro mani, la religione tende a degenerare in una sorta di vita da circolo politico-sociale. D'altra parte, i settari molto esclusivi, sebbene mostrino un amore molto lodevole verso i propri ideali, sembrano aver acquisito ogni particella di quell'amore odiando chiunque non condivida le loro stesse opinioni. Magari questo mondo fosse pieno di uomini che avessero un amore intenso quanto la loro comprensione verso tutti! Ma questi uomini sono rari. Tuttavia sappiamo che è possibile educare una buona parte degli esseri umani all'ideale di una meravigliosa combinazione dell'ampiezza e dell'intensità dell'amore; e il modo per farlo è percorrendo questo sentiero dell'Istha-Nishta, o della «devozione costante all'ideale scelto». Ogni setta di ogni religione presenta un solo ideale all'umanità, ma l'eterna religione vedantica apre per l'umanità un'infinità di porte per entrare nello scrigno interiore della divinità, e mostra all'umanità una gamma quasi inesauribile di ideali, ognuno dei quali implica una manifestazione dell'Eterno. Con la più cordiale premura, il Vedanta indica agli aspiranti uomini e alle aspiranti donne le numerose strade, scavate sulla solida roccia delle realtà della vita umana, dai figli gloriosi o dalle manifestazioni umane di Dio, del passato e del presente, e sta con le braccia aperte per accogliere tutti — per accogliere anche coloro che devono ancora essere accolti — in quella Casa della Verità e in quell'Oceano di Beatitudine, dove l'anima umana, liberata dal velo di Mâyâ, può essere trasportata con assoluta libertà e gioia eterna.

Il Bhakti Yoga, pertanto, ci impone l'ordine imperativo di non odiare o negare alcun percorso tra quelli che conducono alla salvezza. Eppure la crescita di una pianta deve essere limitata per proteggerla fino a quando non sarà diventata un albero. La tenera pianta della spiritualità morirà se esposta troppo presto all'azione di un cambiamento costante di idee e di ideali. Pare che molti, in nome di ciò che può essere chiamato liberalismo religioso, alimentino la loro futile curiosità con una continua successione di ideali diversi. Per loro, sentire nuove cose diventa una specie di malattia, una specie di «alcolismo» religioso. Vogliono sentire nuove cose solo per provare un nervoso entusiasmo momentaneo, e quando una tale influenza entusiasmante ha sortito il suo effetto su di loro, sono già pronti per un'altra. La religione è per queste persone una specie di oppio intellettuale e la cosa finisce lì. «C'è un altro tipo di uomo», sostiene Bhagavan Ramakrishna, che è come l'ostrica perlifera della storia. L'ostrica perlifera lascia il suo letto sul fondale del mare ed emerge in superficie per catturare l'acqua piovana quando la stella Svâti è nell'ascendente. Galleggia liberamente sulla superficie del mare con il guscio spalancato, finché non riesce a catturare una goccia di acqua piovana, e dopo si tuffa giù nel fondale, e lì si riposa finché non forma una meravigliosa perla da quella goccia di pioggia».

Questo, in effetti, è il modo più poetico e convincente in cui è stata espressa la teoria dell'Ishta-Nishtha. Questa Eka-Nishtha o devozione a un ideale è assolutamente necessaria per l'apprendista che pratica la devozione religiosa. Deve dire insieme ad Hanuman nel Râmâyana, «Sebbene io sappia che il Signore di Shri e il Signore di Jânaki sono entrambi manifestazioni dello stesso Essere Supremo, il mio fine ultimo è Râma dagli occhi di loto. Oppure, come ha detto il saggio Tulasidâsa, deve dire, «Prendi la dolcezza di tutto, sii in armonia con tutto, assumi il nome di tutto, dì sì, sì, ma mantieniti stabile». Poi, se l'aspirante devoto è sincero, da questo piccolo seme verrà fuori un albero gigantesco come il baniano indiano, che mette ramo su ramo e radice su radice da tutte le parti, finché non copre l'intero campo della religione. Così il vero devoto capirà che colui che era il suo ideale nella vita è venerato in tutti gli ideali di tutte le sette, in tutti i nomi e in tutte le forme.

Capitolo X
Il Metodo e i Mezzi

Per quanto riguarda il metodo e i mezzi del Bhakti-Yoga leggiamo nel commento di Bhagavan Ramanuja sui Vedanta-Sutra: «Il raggiungimento di quest'ultimo si ottiene attraverso il discernimento, il controllo delle passioni, la pratica, i sacrifici, la purezza, la forza e la repressione della gioia eccessiva». Viveka o discernimento significa, secondo Ramanuja, saper distinguere, tra le altre cose, i cibi puri da quelli impuri. Secondo lui, il cibo diventa impuro per tre motivi:

1. La natura del cibo stesso, come nel caso dell'aglio etc.;
2. La sua provenienza, cioè se proviene da persone malvagie o maledette; e
3. Le impurità fisiche, come la sporcizia o i capelli, etc. Negli Shruti viene affermato, «Quando il cibo è puro, l'elemento Sattva viene purificato e la memoria diventa incrollabile», e Ramanuja riprende questa citazione dalla Chhândogya Upanishad.

La questione del cibo è sempre stata una delle più importanti per i Bhakta. Senza considerare la stravaganza nella quale sono incorse alcune sette Bhakti, c'è una grande verità alla base di questa questione del cibo. Non bisogna dimenticare che, secondo la filosofia Sankhya, il Sattva, il Raja e il Tama, che allo stato di equilibrio omogeneo formano il Prakriti, e nella condizione alterata eterogenea formano l'universo — rappresentano sia la sostanza che la qualità del Prakriti. Come tali sono i materiali dai quali ha avuto origine ogni forma umana, e la prevalenza del materiale Sattva rappresenta ciò che è assolutamente necessario per lo sviluppo spirituale. I materiali che riceviamo attraverso il cibo nella nostra struttura corporea contribuiscono significativamente nel determinare la nostra natura mentale; pertanto dobbiamo prestare particolare attenzione al cibo che mangiamo. Tuttavia, in questo caso, come in altri, il fanatismo nel quale ricadono inevitabilmente i discepoli non deve essere attribuito ai maestri.

E questa distinzione del cibo è, dopo tutto, di secondaria importanza. Lo stesso passo sopracitato è spiegato in modo diverso da Shankara nel suo Bhâshya sulle Upanishad, in cui dà un significato completamente diverso alla parola Âhâra, generalmente tradotta come cibo. Secondo lui, «Ciò che viene acquisito è Ahara. La conoscenza delle sensazioni, come il suono etc., viene acquisita per il piacere di chi gode (il sé); la purificazione della conoscenza che acquisisce la percezione dei sensi è la purificazione del cibo (Ahara). La parola «purificazionedelcibo» significa l'acquisizione della conoscenza di sensazioni non intaccate dai difetti dell'attaccamento, dell'avversione, dell'illusione; questo è il significato. Pertanto, una volta che tale conoscenza o Ahara viene purificata, il materiale Sattva del possessore—l'organo interno—sarà purificato, e una volta che il Satva è purificato, ne conseguirà un ricordo intatto dell'Infinito, che nelle scritture è stato conosciuto nella Sua vera natura».

Queste due spiegazioni sono contrastanti all'apparenza, eppure sono entrambe vere e necessarie. La manipolazione e il controllo di ciò che può essere definito il corpo più fine, ovvero l'umore, sono indubbiamente funzioni superiori rispetto al controllo del corpo in carne e ossa, più rozzo. Ma il controllo del corpo più volgare è assolutamente necessario per permettere a una persona di riuscire a controllare il corpo più fine. L'apprendista, dunque, deve prestare particolare attenzione a tutte quelle regole dietetiche, poiché sono state dettate dalla schiera dei suoi maestri accreditati; ma lo stravagante, insignificante fanatismo, che ha relegato totalmente la religione all'ambito culinario, come si può notare nel caso di molte delle nostre sette, senza alcuna speranza per la nobile verità di quella religione che non esce mai alla luce della spiritualità, è un tipo particolare di puro e semplice materialismo. Non è né Jnâna, né Bhakti, né Karma; è un particolare tipo di pazzia, ed è più probabile che coloro che affidano le proprie anime ad esso finiscano nei manicomi piuttosto che nel Brahmaloka. Quindi è ovvio che la discriminazione nella scelta del cibo è indispensabile per il raggiungimento di questo stato superiore di impostazione mentale che non può essere facilmente raggiunto in altro modo.

Il controllo delle passioni è la prossima cosa di cui bisogna occuparsi. Evitare che gli Indria (organi) vadano verso gli oggetti dei sensi, controllarli e farli guidare dal desiderio rappresenta la virtù fondamentale nella cultura religiosa. Poi segue la pratica di autocontrollo e di abnegazione. Tutte le immense possibilità di realizzazione divina non possono concretizzarsi senza la lotta e senza tale pratica da parte dell'aspirante devoto. «La mente deve sempre pensare al Signore». All'inizio è molto difficile obbligare la mente a pensare sempre al Signore, ma a ogni nuovo sforzo la capacità di farlo aumenta sempre di più in noi. «Con la pratica, O figlio di Kunti e attraverso il non-attaccamento l'obiettivo viene raggiunto», dichiara Shri Krishna nel Gita. E poi per quanto riguarda i sacrifici, resta inteso che i grandi cinque sacrifici[1] (Panchamahâyajna) devono essere eseguiti come al solito.

La purezza rappresenta di gran lunga il requisito fondamentale, la base sulla quale poggia l'intera struttura del Bhakti. Purificare il corpo esterno e distinguere il cibo sono entrambe operazioni semplici, ma senza la pulizia e purezza interne, queste osservanze esterne non hanno alcun valore. Nella lista delle qualità che conducono alla purezza, secondo Ramanuja, sono elencate Satya, la veridicità; Ârjava, la sincerità; Dayâ, fare del bene ad altri senza alcun guadagno personale; Ahimsâ, non ferire gli altri con pensiero, la parola o l'azione; Anabhidhyâ, ovvero non desiderare la roba d'altri, non fare pensieri vani e non rimuginare sulle ferite procurate da un altro. In questa lista, l'unica idea che merita un'attenzione particolare è Ahimsa, cioè non ferire gli altri. Questo compito è, per così dire, obbligatorio per noi nei confronti di tutti gli esseri. Poiché, per alcuni, non significa semplicemente non ferire gli esseri umani ed essere spietati verso gli animali inferiori; né, per altri ancora, significa proteggere cani e gatti e nutrire le formiche con lo zucchero — ed essere liberi allo stesso tempo di ferire un proprio simile in ogni modo orribile! È interessante notare come quasi ogni buona idea in questo mondo possa essere portata a un estremo disgustoso. Una buona pratica portata all'estremo ed eseguita con l'osservanza letterale della legge diventa un male positivo. I monaci puzzolenti di alcune sette religiose, che non si lavano per timore che i parassiti sui propri corpi possano essere uccisi, non pensano mai al disagio e alle malattie che portano ai propri simili. Non appartengono, tuttavia, alla religione dei Veda!

Il requisito dell'Ahimsa è l'assenza di invidia. Qualunque uomo può fare una buona azione o un buon regalo colto dall'impulso del momento o sotto l'influenza di qualche superstizione o pretismo; ma il vero amante dell'umanità è colui che non è invidioso di nessuno. Possiamo vedere i cosiddetti grandi uomini del mondo diventare invidiosi l'uno dell'altro per un nome, per un po' di fama, e per poche briciole d'oro. Finché esisterà questa invidia in un cuore, questo sarà ben lontano dalla perfezione di Ahimsa. La mucca non mangia carne e nemmeno la pecora ne mangia. Sono forse grandi Yogi, grandi non-violenti (Ahimsaka)? Ogni sciocco può evitare di mangiare questo o quello; di certo questo non lo distingue maggiormente dagli animali erbivori. L'uomo che inganna senza alcuna pietà le vedove e gli orfani e che compie le azioni più vili per denaro è peggiore di ogni altro animale, anche se si nutre di sola erba. L'uomo il cui cuore non accarezza mai il pensiero di ferire qualcuno, che gode persino della prosperità del suo peggior nemico, quell'uomo è il Bhakta, è lo Yogi, è il Guru di tutti, sebbene si nutra ogni giorno della sua vita di carne di suino. Pertanto dobbiamo sempre ricordare che le pratiche esterne hanno un valore solo come aiuti per sviluppare la purezza interna. È meglio avere soltanto la purezza interna quando non è possibile prestare una minuziosa attenzione alle osservanze esterne. Ma guai all'uomo e guai alla nazione che dimentica i fondamenti veri, interni, spirituali della religione si aggrappa meccanicamente con una presa mortale a tutte le forme esterne e non le lascia più andare. Le forme hanno valore soltanto nella misura in cui sono espressione della vita interiore. Nel momento in cui smettono di esprimere la vita, eliminatele senza pietà.

Il prossimo mezzo per il raggiungimento del Bhakti-Yoga è la forza (Anavasâda). « Questo Atman non viene raggiunto dai deboli », afferma lo Shruti. Per debolezza si intende in questo caso sia quella fisica che mentale. Solo « I forti, i robusti » sono gli studenti adatti. Cosa possono fare le cose gracili, piccole e decrepite? Andranno in pezzi ogni qual volta le forze misteriose del corpo e della mente saranno anche leggermente risvegliate dalla pratica di qualunque tipo di Yoga. Sono « i giovani, i sani, i forti » che possono riportare successo. La forza fisica, quindi, è assolutamente necessaria. È solo il corpo forte che può sopportare lo shock della reazione generata dal tentativo di controllare gli organi. Colui che vuole diventare un Bhakta deve essere forte, deve essere sano. Quando i miseri deboli tentano uno qualsiasi degli Yoga, è probabile che contraggano qualche malattia incurabile o che indeboliscano le proprie menti. E indebolire il corpo di propria volontà non è affatto il rimedio giusto per raggiungere l'illuminazione spirituale.

Coloro che sono deboli mentalmente non possono riuscire a raggiungere l'Atman. La persona che aspira ad essere un Bhakta deve essere felice. Nel mondo occidentale l'idea di un uomo religioso è quella di uno che non sorride mai, che deve avere sempre una nuvola scura che aleggia intorno al suo viso e che, ancora una volta, deve essere ritratto con le mascelle quasi cadenti. Le persone con i corpi emaciati e i volti lunghi sono soggetti che vanno bene per il medico, non sono Yogi. È la mente felice che è perseverante. È la mente forte che si fa strada in mezzo a mille difficoltà. E questo, il compito più arduo di tutti, trovare la propria strada fuori dal velo di Maya, è un lavoro riservato soltanto alle grandi volontà.

Eppure, allo stesso tempo, bisognerebbe evitare l'allegria eccessiva (Anuddharsha). L'allegria eccessiva ci rende inadatti al pensiero serio. Sperpera anche le energie della mente invano. Maggiore è il desiderio, minore sarà l'arrendevolezza all'influenza delle emozioni. L'ilarità eccessiva è discutibile così come un'eccessiva serietà triste, e ogni realizzazione religiosa è possibile solo quando la mente è in una condizione stabile, pacifica di armonioso equilibrio.

È così che si può cominciare a imparare a come amare il Signore.

---

1. Agli dei, ai saggi, alle criniere, agli ospiti e a tutte le creature.

PARA-BHAKTI O LA DEVOZIONE SUPREMA

Capitolo I
La Rinuncia Preliminare

Una volta che abbiamo finito di considerare quello che si può definire il Bhakti preparatorio, cominciamo a studiare il Parâ-Bhakti, o la devozione suprema. Occorre parlare di una preparazione alla pratica di tale Para-Bhakti. Tutte le preparazioni di questo genere sono finalizzate soltanto alla purificazione dell'anima. La ripetizione di nomi, i rituali, le forme, i simboli e tutte le cose di questo tipo servono per la purificazione dell'anima. Ciò che purifica più di tutto, senza cui nessuno può entrare nei meandri di questa devozione più elevata (Para-Bhakti), è la rinuncia. La rinuncia spaventa molti; eppure, senza di essa, non può esserci nessuna crescita spirituale. In tutti i nostri Yoga la rinuncia è necessaria. È la pietra miliare e il vero fulcro e il vero cuore di tutta la cultura spirituale — la rinuncia. La religione è questo: rinuncia.

Quando l'anima mette da parte le cose del mondo e cerca di addentrarsi in cose più profonde, quando l'uomo, lo spirito che ora si è in qualche modo concretizzato e materializzato, capisce che così verrà distrutto e ridotto a semplice materia, e distoglie lo sguardo dalla materia — a quel punto comincia la rinuncia, allora comincia la vera crescita spirituale. La rinuncia del Karma-Yogi è la rinuncia a tutti risultati delle proprie azioni; egli non è più legato ai risultati del proprio lavoro; non gli importa di avere alcuna ricompensa né ora né in futuro. Il Râja-Yogi sa che tutta la natura serve all'anima per acquisire esperienza, e che il risultato di tutte le esperienze dell'anima è l'acquisizione della consapevolezza della sua separazione eterna dalla natura. L'anima umana deve capire e comprendere che è stata spirito, e non materia, per l'eternità, e che la sua unione con la materia avviene e può avvenire soltanto per un certo periodo di tempo. Il Raja-Yogi impara la lezione della rinuncia attraverso la propria esperienza della natura. Lo Jnâna-Yogi deve provare la rinuncia più ardua di tutte, poiché deve capire fin dall'inizio che tutta la sua natura, compatta all'apparenza, è una mera illusione. Deve capire che ogni genere di manifestazione di potere nella natura appartiene all'anima e non alla natura. Deve sapere fin dall'inizio che tutta la conoscenza e l'esperienza risiedono nell'anima e non nella natura; così deve liberarsi subito e con la sola forza della convinzione razionale da ogni legame con la natura. Lascia andare la natura e tutto ciò che le appartiene, le fa sparire e cerca di bastare a se stesso!

Di tutte le rinunce, la più naturale, per così dire, è quella del Bhakti-yogi. Qui non c'è violenza, nulla da perdere, nulla da togliere, per così dire, a noi stessi, nulla da cui doverci separare brutalmente. La rinuncia del Bhakta è semplice, fluida e naturale come le cose che ci circondano. Vediamo la manifestazione di questo tipo di rinuncia, sebbene in una forma più o meno caricaturale, ogni giorno attorno a noi. Un uomo comincia ad amare una donna; dopo un po' di tempo ne ama un'altra e lascia andare la prima donna. Lei si allontana dalla sua mente facilmente, dolcemente, e lui non ne sente più il desiderio. Una donna ama un uomo; poi comincia ad amare un altro uomo, e il primo si allontana dalla sua mente in maniera molto naturale. Un uomo ama la propria città, poi comincia ad amare il suo paese, e il suo amore per la sua cittadina diminuisce dolcemente, naturalmente. Di nuovo, un uomo impara ad amare tutto il mondo; il suo amore per il suo paese, il suo patriottismo fanatico, intensodiminuisce senza ferirlo, senza alcuna manifestazione di violenza. Un uomo incolto ama intensamente i piaceri dei sensi; quando diventa dotto, inizia ad amare i piaceri intellettuali e i suoi piaceri dei sensi diminuiscono sempre di più.

Nessun uomo può gustare un pasto con lo stesso entusiasmo o piacere di un cane o di un lupo, ma il cane non può mai godere di quei piaceri che un uomo trae dalle esperienze e dai successi intellettuali. All'inizio, il piacere è associato ai sensi inferiori; ma non appena un animale raggiunge un piano superiore dell'esistenza i piaceri inferiori diventano meno intensi. Nella società civile, più un uomo è vicino all'animale, più forte è il piacere dei sensi; e più un uomo è dotto e superiore, più grande è il suo piacere per le attività intellettuali e altre attività più raffinate di questo genere. Così, quando un uomo supera persino il piano dell'intelletto, più elevato di quello del semplice pensiero, quando raggiunge il piano della spiritualità e dell'ispirazione divina, vi trova uno stato di beatitudine, al cui confronto tutti i piaceri dei sensi, o persino dell'intelletto, non sono nulla. Quando la luna splende luminosa, tutte le stelle diventano pallide; e quando splende il sole, la luna stessa diventa pallida. La rinuncia necessaria per il raggiungimento del Bhakti non si ottiene uccidendo nulla, ma sopraggiunge naturalmente come quando, alla presenza di una luce sempre più forte, le luci meno intense diventano sempre più pallide finché non spariscono del tutto. Così quest'amore per i piaceri dei sensi e dell'intelletto viene del tutto attenuato, accantonato e offuscato dall'amore per Dio stesso.

Quell'amore verso Dio cresce e assume una forma che è chiamata Para-Bhakti o devozione suprema. Le forme spariscono, i rituali pure, i libri sono sorpassati; le immagini, i templi, le chiese, le religioni e le sette, i paesi e le nazionalità — tutte queste restrizioni e tutti questi legami abbandonano naturalmente colui che conosce l'amore per Dio. Niente resta a vincolarlo o ad ostacolare la sua libertà. Una nave, all'improvviso, si avvicina a una roccia magnetica e i suoi bulloni e assi di ferro sono attratti e respinti, e le tavole si allentano e galleggiano liberamente sull'acqua. Così la grazia divina allenta i bulloni e gli assi vincolanti dell'anima e l'anima diventa libera. Così in questa rinuncia ausiliaria alla devozione, non c'è crudeltà, non c'è aridità, non c'è lotta, né repressione o soppressione. Il Bhakta non deve reprimere neanche una delle proprie emozioni, si limita a intensificarle e rivolgerle a Dio.

Capitolo II
La Rinuncia del Bhakta Deriva dall'Amore

Vediamo l'amore dovunque in natura. Qualunque cosa bella, grande e sublime nella società è il frutto di quell'amore; qualunque cosa molto cattiva, persino diabolica nella società è il frutto mal diretto della stessa emozione dell'amore. È la stessa emozione che genera il puro e santo amore coniugale tra marito e moglie, nonché lo stesso tipo di amore che serve a soddisfare le forme più inferiori della passione animale. L'emozione è la stessa, ma la sua manifestazione è diversa a seconda dei casi. È lo stesso sentimento d'amore, indirizzato bene o male, che incita un uomo a fare del bene e a dare tutto ciò che ha al povero, mentre induce un altro uomo a tagliare la gola dei propri fratelli e a impossessarsi di tutti i loro averi. Il primo ama gli altri quanto il secondo ama se stesso. La direzione dell'amore è sbagliata nel secondo caso, ma è giusta e corretta nell'altro caso. Lo stesso fuoco che ci consente di cucinare un pasto può bruciare un bambino, ma non è colpa del fuoco se succede; la differenza sta nel modo in cui viene usato. Pertanto l'amore, il desiderio intenso di unione, il forte desiderio dei due di diventare uno — e che può essere, dopo tutto, di tutti quelli che vogliono fondersi in uno — viene manifestato dovunque in forme più elevate o più inferiori a seconda dei casi.

Il Bhakti Yoga è la scienza dell'amore più elevato. Ci mostra come indirizzarlo; ci mostra come controllarlo, come gestirlo, come usarlo, come dargli un nuovo scopo, per così dire, e come ottenere da questo i risultati migliori e più gloriosi, ovvero, come condurci alla beatitudine spirituale. Il Bhakti-Yoga non dice « Smetti »; dice solo, « Ama; ama il Supremo! » — e tutte le cose infime abbandonano naturalmente il Bhakti-Yoga, l'oggetto del cui amore è il Supremo.

« Non posso dire nulla su di Te, a parte che Tu sei il mio amore. Tu sei meraviglioso, Oh, Tu sei meraviglioso! Tu sei la bellezza ». Dopo tutto, ciò che ci viene richiesto in questo Yoga è che il nostro desiderio del bello sia diretto a Dio. Cos'è la bellezza del volto umano, del cielo, delle stelle e della luna? È soltanto una percezione parziale della vera Bellezza Divina onnicomprensiva. « Se lui splende, tutto splende. È attraverso la Sua luce che tutte le cose splendono ». Assumi quest'alta posizione del Bhakti che ti fa dimenticare subito tutte le tue piccole personalità. Sottraiti a tutte le piccole morse dell'egoismo del mondo. Non considerare l'umanità il centro di tutti i tuoi interessi umani e superiori. Sii presente come testimone, come studente, e osserva i fenomeni della natura. Abbi il sentimento di non-attaccamento personale rispetto all'uomo, e osserva il modo in cui questo potente sentimento d'amore viene elaborato nel mondo. A volte si produce un piccolo attrito, ma è soltanto durante la lotta per raggiungere l'amore vero e più elevato. A volte avviene una piccola lotta o una piccola caduta; ma la cosa finisce qui. Fatti da parte e fa sì che si producano questi attriti. Puoi sentire gli attriti solo se sei nella corrente del mondo, ma quando sarai al di fuori di essa e sarai presente semplicemente come testimone o come studente, riuscirai a vedere che ci sono milioni e milioni di canali attraverso i quali Dio si manifesta come Amore.

«Dovunque ci sia la beatitudine, persino nella cosa più sensuale, c'è una scintilla di quella Beatitudine Eterna che è il Signore stesso». Persino nei tipi di attrazione più infimi c'è il germe dell'amore divino. Uno dei nomi del Signore in sanscrito è Hari, e ciò significa che Egli attrae tutte le cose a sé. La sua infatti è l'unica attrazione degna dei cuori umani. Chi può davvero attrarre un'anima? Soltanto Lui! Pensate che la materia morta possa davvero attrarre l'anima? Non l'ha mai fatto e mai lo farà. Quando vedete un uomo andare dietro a un bel volto, pensate che sia la manciata di molecole combinate della materia ad attrarre davvero l'uomo? Niente affatto. Dietro quelle particelle della materia deve esserci e c'è il gioco dell'influenza divina e dell'amore divino. L'uomo ignorante non lo sa, eppure, a livello conscio o inconscio, è attratto da esso e da esso soltanto. Così persino le forme inferiori di attrazione traggono il loro potere da Dio stesso. «Nessuno, O caro, ha ma amato il marito per amore del marito; è l'Âtman, il Signore che è dentro, per il cui amore il marito viene amato». Le mogli che amano possono saperlo o non saperlo; in ogni caso è vero. «Nessuno, O caro, ha mai amato la moglie per amore della moglie, ma è il Sé della moglie che viene amato». Analogamente, nessuno ama un bambino o qualsiasi cosa del mondo se non a causa di Colui che è dentro. Il Signore è la grande calamita, e noi siamo tutti come trucioli di ferro; siamo costantemente attratti da Lui, e tutti noi lottiamo per raggiungerlo. Tutta questa nostra lotta in questo mondo di certo non è finalizzata a scopi egoistici. Gli sciocchi non sanno quello che fanno: lo scopo della loro vita è, dopo tutto, avvicinarsi alla grande calamita. Tutta la lotta e tutta la battaglia straordinaria della vita è finalizzata a farci andare infine da Lui ed essere un tutt'uno con Lui.

Il Bhakti-yogi, tuttavia, conosce il significato delle lotte della vita; lo capisce.

Ha attraversato una lunga serie di queste lotte e sa che cosa significano e desidera ardentemente liberarsi dal loro attrito; vuole evitare lo scontro e andare direttamente al centro di tutta l'attrazione, il grande Hari. Questa è la rinuncia del Bhakta. Quest'attrazione potente in direzione di Dio fa sparire per lui tutte le altre attrazioni. Questo potente amore infinito per Dio che entra nel suo cuore non lascia spazio a nessun altro tipo d'amore. Come potrebbe essere altrimenti? Il Bhakti riempie il suo cuore delle acque divine dell'oceano dell'Amore, che è Dio stesso; lì non c'è spazio per i piccoli amori. Ciò vale a dire che la rinuncia del Bhakta è quel Vairâgya o non-attaccamento per tutte le cose che non sono Dio, che deriva daAnurâga, o dalla grande devozione verso Dio.

Questa è la preparazione ideale per il raggiungimento del Bhakti supremo. Quando sopraggiunge questa rinuncia, si apre un cancello che l'anima oltrepassa per raggiungere le nobili regioni della devozione suprema o del Para-Bhakti. A quel punto cominciamo a capire cos'è il Para-Bhakti; e solo l'uomo che è entrato nello scrigno interiore del Para-Bhakti ha il diritto di dire che tutte le forme e tutti i simboli non sono di alcuna utilità per lui come supporto per la realizzazione religiosa. Solo lui ha raggiunto quello stato supremo di amore comunemente chiamato la fratellanza degli uomini. Il resto sono solo parole. Egli non vede distinzioni; l'oceano potente dell'amore è entrato in lui, e lui non vede l'uomo nell'uomo, ma vede il suo Amato ovunque. Attraverso ogni volto gli risplende il suo Hari. La luce del sole o della luna è tutta la Sua manifestazione. Dovunque ci sia bellezza o sublimità, per lui è tutto Suo. Esistono ancora tali Bhakta. Il mondo non ne è mai privo. Tali Bhakta, anche se vengono morsi da un serpente, si limitano a dire che un messaggero è stato mandato da loro dal loro Amato. Solo questi uomini hanno il diritto di parlare di fratellanza universale. Non hanno rancore; le lo menti non reagiscono mai con odio o con invidia. Le cose esterne, sensuali sono sparite da loro per sempre. Come potrebbero essere arrabbiati, se, attraverso il loro amore, riescono sempre a vedere la Realtà dietro le apparenze?

Capitolo III
La Naturalezza del Bhakti Yoga E il suo Segreto Fondamentale

«Coloro che con attenzione costante ti adorano sempre, e coloro che adorano l'Indifferenziato, l'Assoluto, di questi chi sono i più grandi Yogi?» — Arjuna chiese a Shri Krishna. La risposta fu questa: «Coloro che, concentrando le loro menti su di Me, mi venerano con costanza eterna e sono dotati della fede più elevata, loro sono i Miei migliori devoti, loro sono i più grandi Yogi. Coloro che venerano l'Assoluto, l'Indescrivibile, l'Indifferenziato, l'Onnipresente, l'Impensabile, l'Onnicomprensivo, l'Irremovibile e l'Eterno, controllando il gioco dei loro organi e avendo la convinzione dell'unità rispetto a tutte le cose, anche loro, impegnati a fare del bene a tutti gli esseri, vengono soltanto a Me. Ma per coloro la cui mente è stata devota all'Assoluto immanifesto, la difficoltà della lotta lungo il cammino è ancora maggiore, poiché è infatti con grande difficoltà che il sentiero dell'Assoluto immanifesto viene percorso da ogni essere incarnato. Coloro che, avendo offerto tutto il loro operato a Me, con totale fiducia in Me, mi meditano e mi venerano senza alcun attaccamento per qualsiasi altra cosa — loro, li sollevo dall'oceano delle nascite e delle morti sempre più ricorrenti, poiché la loro mente è assolutamente devota a Me (Gita, XII).

Lo Jnâna-Yoga e il Bhakti-Yoga sono entrambi indicati qui. Si può dire che entrambi sono stati definiti nel passo succitato. Lo Jnana-Yoga è grandioso; è alta filosofia; e quasi ogni essere umano pensa, stranamente, che egli possa sicuramente fare tutto ciò che gli sia richiesto dalla filosofia; ma è davvero molto difficile vivere veramente la vita della filosofia; Spesso tendiamo a incorrere in grandi pericoli cercando di far guidare la nostra vita dalla filosofia. Si può affermare che il mondo è diviso tra persone di natura demoniaca, che pensano che la cura del corpo sia il fine ultimo dell'esistenza, e persone di natura divina, che capiscono che il corpo è semplicemente un mezzo per raggiungere un fine, uno strumento finalizzato alla cultura dell'anima. Il diavolo può citare le scritture per i propri scopi e in effetti lo fa; così la via della conoscenza sembra dare una giustificazione a ciò che fa l'uomo cattivo, per quanto inciti l'uomo buono a fare del bene. Questo è il grande pericolo dello Jnana-Yoga. Ma il Bhakti-Yoga è naturale, dolce e delicato; il Bhakta non vola alto come lo Jnana-Yogi, e quindi non rischia queste grandi cadute. Finché non scompaiono le bende dell'anima, l'anima di certo non può essere libera, qualunque sia la natura del percorso intrapreso dall'uomo religioso.

Qui c'è un passaggio che mostra il modo in cui, nel caso delle Gopi benedette, furono spezzate le catene dei pregi e dei difetti che intrappolavano l'anima. *L'intenso piacere della meditazione su Dio eliminò gli effetti vincolanti delle sue buone azioni. Poi l'intenso tormento della sua anima per non averlo raggiunto lavò via tutte le sue tendenze peccaminose; e poi divenne libera.*

तच्चिन्तावपुलाह्लादक्षीणपुण्यचया तथा। तदप्राप्तिमहद्दुःखविलीनाशेषपातका॥
निरुच्छ्वासतया मुक्तिं गतान्या गोपकन्यका॥ (Vishnu-Purâna)

Nel Bhakti Yoga il segreto fondamentale è, quindi, sapere che le passioni, i sentimenti e le emozioni del cuore umano non sono sbagliati di per sé; devono essere soltanto controllati con attenzione e indirizzati sempre più in alto finché non raggiungono la condizione più elevata dell'eccellenza. La direzione superiore è quella che ci conduce a Dio; ogni altra direzione è inferiore. Scopriamo che i piaceri e i dolori sono molto comuni e sono sensazioni che ricorrono spesso nelle nostre vite. Quando un uomo prova dolore perché non è ricco o per qualche altro motivo terreno, indirizza in modo sbagliato la propria sensazione. Eppure il dolore ha la sua utilità. Se un uomo prova dolore perché non ha raggiunto il Supremo, perché non ha raggiunto Dio, il suo dolore servirà alla sua salvezza. Quando sei felice di avere una manciata di monete, la tua capacità di gioia ha imboccato una direzione sbagliata; dovrebbe essere indirizzata più in alto, deve servire l'ideale Supremo. Il piacere in quel tipo di ideale deve essere certamente la nostra più grande gioia. Questo vale anche per tutte le altre nostre sensazioni. Il Bhakta dice che nessuna di queste è sbagliata, se ne appropria e le indirizza infallibilmente verso Dio.

Capitolo IV
Le Forme dell'Amore: Manifestazione

Ecco alcune forme in cui l'amore si manifesta. La prima è la riverenza. Perché la gente mostra riverenza per i templi e i luoghi sacri? Perché è lì che Egli viene venerato, e la Sua presenza viene associata a tutti questi luoghi. Perché la gente di ogni paese riverisce i maestri della religione? È naturale per il cuore umano, perché tutti questi maestri predicano il Signore. In fondo, la riverenza ha origine dall'amore; nessuno di noi può riverire qualcuno che non ama. Qui sopraggiunge il Priti — piacere in Dio. Quale immenso piacere traggono gli uomini dagli oggetti dei sensi. Vanno ovunque, corrono ogni pericolo per ottenere la cosa che amano, la cosa che piace ai loro sensi. Ciò che desidera il Bhakta è proprio questo tipo di amore intenso che deve essere, tuttavia, rivolto a Dio. Poi c'è il più dolce dei dolori, Viraha, l'intensa sofferenza dovuta all'assenza dell'amato. Quando un uomo prova intensa sofferenza perché non ha raggiunto Dio, non ha conosciuto l'unica cosa degna di essere conosciuta, e diventa di conseguenza molto scontento e quasi pazzo — lì c'è Viraha; e questo stato della mente lo turba in presenza di qualunque cosa diversa dall'amato (Ekarativichikitsâ). Nell'amore terreno vediamo quante volte sopraggiunge questa Viraha. Di nuovo, quando un uomo è veramente e intensamente innamorato di una donna e una donna di un uomo, provano una specie di fastidio naturale in presenza di tutti quelli che non amano. Proprio lo stesso senso di impazienza rispetto alle cose che non si amano giunge alla mente quando il Para-Bhakti la domina; a quel punto persino il semplice fatto di parlare di cose diverse da Dio diventa sgradevole. « Pensa a lui, a lui soltanto, e abbandona tutte le altre parole vane » अन्या वाचो विमुंचथ। — Il Bhakta considera socievoli le persone che parlano soltanto di Lui; mentre considera ostili le persone che parlano di tutt'altro. Uno stadio ancora superiore dell'amore viene raggiunto quando la vita stessa è sostenuta dall'amore dell'unico Ideale d'Amore, quando la vita stessa è ritenuta bella e degna di essere vissuta solo per via di quell'Amore (तदर्थप्राणसंस्थानं), senza il quale quella vita non durerebbe neanche un attimo. La vita è dolce, perché pensa all'Amato. Il Tadiyatâ (Essere suo) sopraggiunge quando un uomo diventa perfetto secondo il Bhakti — quando è diventato beato, quando ha raggiunto Dio, quando ha toccato i piedi di Dio, per così dire. Allora la sua natura viene purificata e del tutto trasformata. A quel punto ogni scopo nella vita viene raggiunto. Tuttavia tanti di questi Bhakta sopravvivono solo per venerarlo. In questo consiste la beatitudine, l'unico piacere della vita che non abbandoneranno. «O re, tale è la qualità benedetta di Hari, che persino coloro che sono contenti di tutto, dei quali tutti i nodi del cuore sono stati tagliati, persino loro amano il Signore per amore dell'amore — il Signore «Che venerano tutti gli dei — tutti gli amanti della liberazione e tutti i conoscitori del Brahman»—यं सर्वे देवा नमन्ति मुमुक्षवो ब्रह्मवादिनश्चेताः. Questo è il potere dell'amore. Quando un uomo ha dimenticato completamente se stesso e non sente che nulla gli appartiene, allora acquisisce lo stato di Tadiyata; tutto è sacro per lui, perché appartiene all'Amato. Persino nell'amore terreno, l'amante pensa che ogni cosa che appartiene all'amato sia sacra e di conseguenza è a lui cara. Ama persino un pezzo di stoffa che appartiene al suo caro amato. Allo stesso modo, quando una persona ama il Signore, tutto l'universo diventa a lui caro, perché è tutto Suo.

Capitolo V
L'Amore Universale e il Modo in Cui Conduce all'Abbandono Totale

Come possiamo amare il Vyashti, il particolare, senza prima amare il Samashti, l'universale? Dio è il Samashti, il tutto universale generalizzato e astratto; e l'universo che vediamo è il Vyashti, la cosa particolareggiata. È possibile amare l'intero universo solo amando il Samashti—l'universale—che è, per così dire, l'unica unità che comprende milioni e milioni di unità più piccole. I filosofi dell'India non si soffermano sui particolari; lanciano un'occhiata veloce ai particolari e cominciano subito a trovare le forme generalizzate che includeranno tutti i particolari. La ricerca dell'universale è la ricerca della filosofia e della religione indiana. Lo jnâni mira all'interezza delle cose, a quell'Essere assoluto e generalizzato, consapevole del fatto che sa tutto. Il Bhakta desidera realizzare quella Persona generalizzata e astratta, amando la quale ama l'intero universo. Lo Yogi desidera possedere quella forma di potere generalizzata, grazie al cui controllo controlla questo intero universo. La mente indiana, per tutta la storia, è stata indirizzata a questa ricerca singolare dell'universale in tutto—nella scienza, nella psicologia, nell'amore, nella filosofia. Pertanto la conclusione alla quale giunge il Bhakta è che, se ci si limita ad amare una persona dopo l'altra, si può anche continuare ad amarle per un'infinità di tempo, senza essere per questo capaci di amare il mondo nel suo complesso. Quando, alla fine, l'idea fondamentale, tuttavia, è tale che la somma totale di tutto l'amore è Dio, che la somma totale delle aspirazioni di tutte le anime dell'universo, che siano libere, vincolate o in lotta per la liberazione, è Dio, solo allora ognuno avrà la possibilità di offrire l'amore universale. Dio è il Samashti, e questo universo visibile è Dio differenziato e reso manifesto. Se amiamo questa somma totale, amiamo tutto. Allora sarà facile amare il mondo e fare del bene; possiamo ottenere questo potere soltanto amando Dio prima di tutto; altrimenti non sarà per niente facile fare del bene al mondo. «Tutto è suo e Egli è il mio amante; lo amo,» dice il Bhakta. In tal modo tutto diventa sacro per il Bhakta, perché tutte le cose sono Sue. Tutto sono i Suoi figli, il Suo corpo, la Sua manifestazione. Come potremmo quindi ferire qualcuno? Come potremmo quindi non amare tutti? Con l'amore di Dio giungerà senz'altro l'amore di tutti nell'universo. Più ci avvicineremo a Dio, più cominceremo a vedere che tutte le cose sono in Lui. Quando l'anima riesce a ottenere la beatitudine di questo amore supremo, inizia anche a vederlo in tutto. Il nostro cuore diverrà così una fontana eterna d'amore. E quando raggiungiamo anche gli stati più elevati di questo amore, tutte le piccole differenze tra le cose del mondo spariscono del tutto; l'uomo non è più visto come uomo, ma solo come Dio; l'animale non è più visto come animale, ma come Dio; anche la tigre non è più una tigre, bensì una manifestazione di Dio. Così in questo stato intenso di Bhakti, la venerazione è offerta a tutti, a ogni vita e a ogni essere.

एवं सर्वेषु भूतेषु भक्तिरव्यभिचारिणी। कर्तव्या पण्डितैर्ज्ञात्वा सर्वभूतमयं हरिम्॥
Consapevoli del fatto che Hari, il Signore, è in ogni essere, i saggi devono quindi manifestare amore assoluto nei confronti di tutti gli esseri.

Da questo tipo di amore intenso e totalizzante, deriva la sensazione di totale abbandono, la convinzione che nulla di ciò che succede sia contro di noi, Aprâtikulya. Allora l'anima amorevole è in grado di dire, se sopraggiunge il dolore, «Benvenuto dolore». Se sopraggiunge la sofferenza, dirà, «Benvenuta sofferenza, anche tu provieni dall'Amato». Se arriva un serpente, dirà «Benvenuto serpente». Se sopraggiunge la morte, tale Bhakta la accoglierà con un sorriso. «Beato sono io perché tutti vengono da me; sono tutti benvenuti». Il Bhakta in questo stato di perfetta rassegnazione, che deriva dall'amore intenso verso Dio e verso tutto ciò che è Suo, non fa più distinzione tra il piacere e il dolore nella misura in cui lo riguardano. Non sa cosa significhi lamentarsi del dolore o della sofferenza; e questo tipo di rassegnazione dimessa al desiderio di Dio, che è tutto amore, è in effetti un'acquisizione più meritevole di tutta la gloria delle imprese eroiche ed eccezionali.

Per la stragrande maggioranza degli uomini, il corpo è tutto; il corpo è tutto l'universo per loro; il godimento materiale è il loro fine ultimo. Questo demone della venerazione del corpo e di tutte le cose del corpo è entrato in tutti noi. Possiamo anche darci ai discorsi elevati e volare alto, ciononondimeno siamo come avvoltoi; la nostra mente è rivolta al pezzo di carogna che sta giù. Perché il nostro corpo dovrebbe essere salvato, ad esempio, dalla tigre? Perché non possiamo invece darlo alla tigre? La tigre così sarebbe contenta, e quest'azione non sarebbe molto lontana dall'abnegazione e dalla venerazione. Puoi riuscire a comprendere un'idea del genere in cui tutto il senso del sé è completamente assente? Si tratta di un'altezza molto vertiginosa sul pinnacolo della religione dell'amore, e sono poche le persone a questo mondo ad averlo mai raggiunto; ma finché un uomo non raggiunge quel punto più alto dell'abnegazione sempre pronta e voluta, non può diventare un perfetto Bhakta. Tutti noi possiamo anche riuscire a conservare i nostri corpi in modo più o meno soddisfacente e per periodi di tempo più o meno lunghi; tuttavia i nostri corpi devono andare via, non sono permanenti. Beati sono coloro i cui corpi vengono distrutti per gli altri. «La ricchezza e persino la vita stessa, il saggio la conserva sempre per gli altri. In questo mondo, poiché una cosa è certa, ovvero la morte, è molto meglio se questo corpo muore per una buona causa che per una cattiva causa. «Possiamo anche trascinare la nostra vita per cinquant'anni o per cento anni; ma dopodiché, che cosa succede? Tutto ciò che è il risultato di un'unione deve dissolversi e morire. Ci deve essere e ci sarà un tempo per decomporsi. Gesù, Buddha e Maometto sono tutti morti; tutti i grandi Profeti e Maestri del mondo sono morti.

«In questo mondo evanescente, dove tutto cade a pezzi, dobbiamo sfruttare al massimo il tempo che abbiamo a disposizione», dice il Bhakta; e il modo migliore per sfruttare la vita è tenerla a servizio di tutti gli esseri. È l'orribile idea del corpo che genera tutto l'egoismo del mondo, solo questa illusione secondo cui siamo interamente il corpo che possediamo e dobbiamo cercare in ogni modo di fare del nostro meglio per preservarlo e appagarlo. Se sai di avere qualcosa di positivo diverso dal tuo corpo, allora non hai bisogno di combattere o di lottare contro nessuno; sei morto rispetto a tutte le idee di egoismo. Così il Bhakta dichiara che dobbiamo ritenerci del tutto morti rispetto a tutte le cose del mondo; e questo è infatti l'abbandono totale. Lascia che le cose vadano per come devono andare. Questo è il significato di «Il tuo sarà fatto» — non star lì a combattere e a lottare e a pensare tutto il tempo che Dio desideri tutte le nostre debolezze e ambizioni terrene.

Può darsi che il bene emerga anche dalle nostre lotte egoistiche; questo è, tuttavia, affare di Dio. L'idea perfezionata del Bhakta deve essere non desiderare mai e lavorare per se stesso. «Signore, costruiscono templi alti nel Tuo nome; fanno grandi regali nel Tuo nome; io sono povero; non possiedo nulla; così prendo questo mio corpo e lo metto ai Tuoi piedi. Non mi abbandonare, O Signore». Questa è la preghiera che fuoriesce dalle profondità del cuore del Bhakta. Per colui che l'ha provato, questo eterno sacrificio del sé per l'Amato Signore è superiore a ogni ricchezza e potere, persino a tutti i pensieri arditi di fama e di godimento. La pace della rassegnazione dimessa del Bhakta è una pace che trascende ogni comprensione ed è di un valore incomparabile. Il suo Apratikulya è uno stato della mente in cui non ha interessi e non conosce naturalmente nulla che è opposto a esso. In questo stato di rassegnazione sublime ogni forma di attaccamento sparisce del tutto, eccetto quell'amore totalizzante per Lui in cui tutte le cose vivono, si muovono e conducono la propria esistenza. Questo attaccamento d'amore verso Dio è infatti di quel genere che non vincola l'anima ma rompe di fatto tutti i suoi legami.

Capitolo VI
La Conoscenza e l'Amore Più Elevati Sono Un Tutt'Uno per il Vero Amante

Nelle Upanishad viene fatta una distinzione tra una conoscenza superiore e una inferiore; e per il Bhakta non c'è molta differenza tra questa conoscenza superiore e il suo amore più elevato (Parâ-Bhakti). La Mundaka Upanishad afferma:

द्वे विद्ये वेदितव्ये इति ह स्म यद्ब्रह्मविदो वदन्ति परा चैवापरा च॥ तत्रापरा ऋग्वेदो यजुर्वदः सामवेदोऽथर्ववेदः शिक्षा कल्पो व्याकरणं निरुक्तं छन्दो ज्योतिषमिति। अथ परा यया तदक्षरमधिगम्यते॥

I conoscitori del Brahman dichiarano che esistono due tipi di conoscenza che vale la pena conoscere, vale a dire quella superiore (Parâ) e quella inferiore (Aparâ). Di queste, la conoscenza inferiore comprende il Rig-Veda, lo Yajur-Veda, il Sâma-Veda, l'Atharva-Veda, la Shikshâ (o scienza che si occupa della pronuncia e dell'accento), il Kalpa (o la liturgia sacrificale), la grammatica, il Nirukta (o la scienza che si occupa dell'etimologia e del significato delle parole), la prosodia e l'astronomia; e la conoscenza superiore è quella attraverso la quale viene conosciuto l'Immutabile.

Così la conoscenza superiore si è chiaramente rivelata come la conoscenza del Brahman; e il Devi-Bhâgavata fornisce la seguente definizione dell'amore superiore (Para-Bhakti): «Come l'olio versato da un recipiente in un altro cade in un flusso continuo, così quando la mente pensa al Signore in un flusso continuo, si raggiunge ciò che viene chiamato Para-Bhakti o amore supremo». Questo tipo di orientamento costante e ininterrotto della mente e del cuore verso il Signore, insieme a un'inscindibile devozione, è infatti la manifestazione più elevata dell'amore dell'uomo verso Dio. Tutte le altre forme di Bhakti sono quindi soltanto preparatorie per il raggiungimento di questa forma più elevata, ovvero il Para-Bhakti, che è anche conosciuto come l'amore che sopraggiunge dopo la devozione (Râgânugâ). Una volta che quest'amore supremo sarà nato nel cuore dell'uomo, la sua mente penserà continuamente a Dio e non ricorderà nient'altro. L'uomo non darà spazio in sé a pensieri diversi da quelli di Dio, e la sua anima sarà di una purezza inattaccabile e da sola romperà tutti i legami della mente e della materia e diverrà serenamente libera. Solo quest'uomo può venerare Dio nel suo cuore; per lui le forme, i simboli, i libri e le dottrine non servono e non possono essere di alcuna utilità. Pertanto non è facile amare il Signore. Normalmente l'amore umano fiorisce soltanto laddove viene ricambiato; laddove l'amore non viene ricambiato con l'amore, ne deriva naturalmente una fredda indifferenza. Esistono, tuttavia, rari casi in cui possiamo notare che l'amore viene ostentato anche quando non è ricambiato con l'amore. Possiamo paragonare questo tipo d'amore, a titolo d'esempio, a quello della falena verso il fuoco; l'insetto ama il fuoco, ne è attratto, e muore. Amare in questo modo infatti fa parte della natura dell'insetto. Amare perché amare è la natura dell'amore è innegabilmente la manifestazione d'amore più elevata e altruista che si possa vedere al mondo. Questo amore, che si esprime sul piano della spiritualità, conduce necessariamente al raggiungimento del Para-Bhakti.

Capitolo VII
Il Triangolo dell'Amore

Possiamo rappresentare l'amore come un triangolo, di cui ogni angolo corrisponde a una delle sue inscindibili caratteristiche. Non può esserci un triangolo senza tutti e tre gli angoli; e non può esserci vero amore senza le tre caratteristiche seguenti. Il primo angolo del nostro triangolo dell'amore corrisponde al fatto che l'amore non scende a compromessi. Ogni volta che la ricerca è finalizzata a ottenere qualcosa in cambio, non può esserci vero amore; diventa una pura questione di compravendita. Finché persiste in noi l'idea di ottenere questo o quel favore da Dio in cambio del nostro rispetto o della nostra lealtà verso di lui, nei nostri cuori non può nascere il vero amore. Coloro che venerano Dio, perché desiderano che Egli li premi con favori, non sono sicuri di venerarlo se questi favori non sono imminenti. Il Bhakta ama il Signore perché Egli è amabile, non c'è nessun altro motivo all'origine o alla guida di quest'emozione divina del vero devoto.

Abbiamo sentito dire che una volta un grande re andò in una foresta e incontrò un saggio, parlò un po' con lui e fu molto compiaciuto della sua purezza e saggezza. Il re allora chiese al saggio il favore di accettare un regalo da lui. Il saggiò rifiutò, dicendo, «I frutti della foresta sono sufficienti per me; i puri corsi d'acqua che scorrono dalle montagne mi danno da bere a sufficienza; le cortecce degli alberi mi offrono il giusto riparo; e le grotte delle montagne rappresentano la mia casa. Perché dovrei accettare un regalo da te o da chiunque altro?» Il re disse, «Solo per compiacermi, signore, per favore prenda qualcosa dalle mie mani e venga con me in città e al mio palazzo». Dopo un gran lavoro di persuasione, il saggio alla fine acconsentì a fare come il re desiderava e andò con lui al suo palazzo. Prima di offrire il dono al saggio, il re ripeté le sue preghiere, dicendo, «Signore, dammi più figli; Signore, dammi più ricchezza; Signore, dammi più territori; Signore, mantieni il mio corpo in buona salute», e così via. Prima che il re finisse di recitare la sua preghiera, il saggio si era alzato e se ne era andato via dalla stanza senza dire nulla. Al che il re divenne perplesso e iniziò a seguirlo, gridando forte, «Signore, se ne sta andando, non ha ricevuto i miei regali». Il saggio si voltò verso di lui e disse, «Non chiedo l'elemosina ai mendicanti. Lei non è altro che un mendicante, come potrebbe darmi qualcosa? Non sono così stupido da pensare di prendere qualcosa da un mendicante come lei. Vada via, non mi segua».

In questo caso la differenza tra semplici mendicanti e i veri amanti di Dio è lampante. L'elemosina non è il linguaggio dell'amore. Venerare Dio persino per amore della salvezza o per ogni altra ricompensa corrisponde a una degenerazione. L'amore non conosce ricompense, l'amore è sempre per amore dell'amore. Il Bhakta ama perché non può farne a meno. Quando vedi un bel paesaggio e te ne innamori, non pretendi nulla dal paesaggio che possa andare a tuo vantaggio, né il paesaggio pretende nulla da te. Eppure la sua visione apporta felicità; attenua tutto l'attrito della tua anima, ti rasserena, ti eleva quasi, temporaneamente, oltre la tua natura mortale e ti pone in una condizione di estasi divina. Questa natura del vero amore rappresenta il primo angolo del nostro triangolo. Non chiedere nulla in cambio dell'amore; mantieniti sempre nella posizione del donatore; dai il tuo amore a Dio, ma non chiedere nulla in cambio nemmeno a Lui.

Il secondo angolo del triangolo dell'amore corrisponde al fatto che l'amore non conosce paura. Coloro che amano Dio attraverso la paura sono gli esseri umani più infimi, molto immaturi come uomini. Venerano Dio per paura della punizione. Per loro Egli è un grande Essere, con una frusta in una mano e uno scettro nell'altra; hanno paura che se non gli obbediscono saranno frustati. Venerare Dio per paura della punizione è una degradazione; questo culto è, se culto si può definire, la forma più rozza del culto dell'amore. Finché c'è paura nel cuore, come può esserci anche l'amore? L'amore vince naturalmente ogni paura. Basti pensare a una giovane madre per strada e a un cane che le abbaia; lei è spaventata e si intrufola nella casa più vicina. Ma supponiamo che il giorno dopo sia per strada con il figlio e un leone si fiondi sul figlio. Che cosa farà adesso? Ovviamente andrà nella bocca del leone per proteggere il figlio. L'amore vince ogni paura. La paura proviene dall'idea egoistica di chiamarsi fuori dall'universo. Più mi faccio piccolo e più sono egoista, maggiore sarà la mia paura. Se un uomo pensa di non valere nulla, certamente la paura lo assalirà. E meno pensi di essere una persona insignificante, meno paura proverai. Finché ci sarà in te la minima scintilla di paura, non potrà esserci amore. L'amore e la paura sono incompatibili; Dio non deve essere mai temuto da coloro che lo amano. Il vero amante di Dio ride del comandamento «Non pronunciare il nome del Signore, tuo Dio, invano». Come può esserci alcuna blasfemia nella religione dell'amore? Più pronunci il nome di Dio, meglio sarà per te, in qualunque modo tu lo faccia. Stai solo ripetendo il Suo nome perché lo ami.

Il terzo angolo del triangolo dell'amore dimostra che l'amore non conosce rivali, perché è sempre incarnato nell'ideale supremo dell'amante. Il vero amore non sopraggiunge mai finché l'oggetto del nostro amore non diventa per noi il nostro ideale supremo. Può darsi che in molti casi l'amore umano sia mal indirizzato e malriposto, ma per la persona che ama, la cosa che ama è sempre la sua idea suprema. Una persona può vedere il suo ideale nell'essere più abietto, e un'altra nell'essere più elevato; tuttavia, in ogni caso, è solo l'ideale che può essere amato veramente e intensamente. L'ideale supremo di ogni uomo è chiamato Dio. Che sia saggio o ignorante, santo o peccatore, uomo o donna, istruito o illetterato, colto o incolto, per ogni essere umano l'ideale supremo è Dio. La sintesi di tutti gli ideali più elevati di bellezza, sublimità e potere dà origine alla concezione più completa del Dio amante e amabile.

Questi ideali esistono naturalmente in una forma o in un'altra in ogni mente; essi sono parte integrante di tutte le nostre menti. Tutte le manifestazioni di natura umana sono lotte di quegli ideali da realizzare nella vita concreta. Tutti i vari movimenti che vediamo attorno a noi nella società sono generati dai vari ideali presenti nelle varie anime, che cercano di uscire fuori e concretizzarsi; ciò che è dentro preme per uscire fuori. Quest'influenza perennemente dominante dell'ideale è l'unica forza, l'unica forza motrice che si può vedere sempre operante tra gli uomini. Può accadere dopo centinaia di nascite, dopo aver lottato per migliaia di anni, che l'uomo scopra che è inutile cercare di far plasmare le condizioni esterne dall'ideale interiore e di conformarle ad esso; dopo aver capito questo non cerca più di proteggere il proprio ideale nel mondo esterno, ma venera l'ideale stesso in quanto tale dal punto di vista più elevato dell'amore. Questo ideale teoricamente perfetto comprende tutti gli ideali inferiori. Tutti ammettono la verità del detto secondo cui un amante vede la bellezza di Elena sulla fronte di un'etiope. L'uomo che rimane in disparte come spettatore vede che l'amore in questo caso è mal riposto, ma l'amante vede la sua Elena e non vede assolutamente l'etiope. Che sia Elena o l'etiope, gli oggetti del nostro amore sono i veri centri attorno ai quali i nostri ideali si cristallizzano. Cos'è che il mondo venera di solito? Di certo non quell'ideale onnicomprensivo, teoricamente perfetto del supremo devoto e amante. Quell'ideale che uomini e donne venerano di solito è ciò che è in loro stessi; ogni persona, uomo o donna, proietta il proprio ideale nel mondo esterno e si inginocchia davanti ad esso. Questo è il motivo per cui scopriamo che gli uomini che sono crudeli e sanguinari concepiscono un Dio sanguinario, perché riescono ad amare solo il loro ideale supremo. Questo è il motivo per cui gli uomini buoni hanno un ideale molto elevato di Dio, e il loro ideale è infatti molto diverso da quello degli altri.

Capitolo VIII
Il Dio dell'Amore è la Sua Stessa Prova

Qual è l'ideale dell'amante che è andato ben oltre l'idea dell'egoismo, del baratto e dell'elemosina, e che non conosce paura? Persino al grande Dio un tale uomo dirà, «Ti darò tutto ciò che ho, e non voglio nulla da Te; infatti non c'è niente che potrei chiamare mio». Quando un uomo ha acquisito questa convinzione, il suo ideale diviene quello di perfetto amore, quello di perfetta assenza di timore per l'amore. L'ideale supremo di una persona del genere non è limitato da alcuna particolarità; è amore universale, amore senza limiti né vincoli, amore puro, amore assoluto. Questo ideale meraviglioso della religione dell'amore è venerato e amato in quanto tale, senza l'aiuto di alcun simbolo o di alcun suggerimento. Questa è la forma più elevata di Para-Bhakti — la venerazione di un ideale così onnicomprensivo come l'ideale; tutte le altre forme di Bhakti sono soltanto stadi sul cammino per raggiungerlo.

Tutti i nostri fallimenti e successi nel seguire la religione dell'amore sono finalizzati alla realizzazione di quell'ideale. Viene esaminato a fondo un oggetto dopo l'altro, e l'ideale interiore è poi proiettato su di essi; e tutti questi oggetti esteriori sono considerati inadeguati come rappresentanti dell'ideale interiore in continua espansione e vengono naturalmente rifiutati uno dopo l'altro. Alla fine l'aspirante comincia a pensare che è inutile cercare di realizzare l'ideale negli oggetti esteriori, che tutti gli oggetti esteriori non contano nulla in confronto all'ideale stesso; e, con il passare del tempo, acquisisce la capacità di realizzare l'ideale più elevato e generalizzato completamente come un'astrazione che per lui è ben viva e reale. Quando il devoto ha raggiunto questo punto, non è più costretto a chiedere se Dio possa essere dimostrato o meno, se Egli sia onnipotente e onnisciente o meno. Per lui Egli è solo il Dio dell'Amore; Egli è l'ideale supremo dell'amore, e questo basta a soddisfare tutti i suoi scopi. Egli, come amore, è evidente; non ha bisogno di prove per dimostrare all'amante l'esistenza dell'amato. Gli dei-giudici di altre forme religiose possono anche richiedere una gran quantità di prove per dimostrare la loro esistenza, ma il Bhakta non pensa e non può pensare affatto a questi dei. Per lui Dio esiste completamente come amore. «Nessuno, O caro, ama il marito per amore del marito, ma è per amore del Sé che è nel marito che il marito viene amato; nessuno, O caro, ama la moglie per amore della moglie, ma è per amore del Sé che è nella moglie che la moglie viene amata».

Alcuni sostengono che l'egoismo sia l'unica forza motrice di tutte le attività umane e anche che l'amore viene ridotto quando viene specificato. Quando penso a me stesso come parte dell'Universale, non può esserci di certo nessun egoismo in me; ma quando, per sbaglio, penso di essere qualcuno, il mio amore diventa specifico e limitato. Lo sbaglio consiste nel limitare e restringere la sfera dell'amore. Tutte le cose dell'universo sono di origine divina e meritano di essere amate; tuttavia va tenuto a mente che l'amore del tutto comprende l'amore delle parti. Questo tutto è il Dio dei Bhakta, e di tutti gli altri dei, Padri del cielo, o Sovrani, o Creatori, e tutte le teorie e le dottrine e i libri non hanno alcuno scopo e alcun significato per loro, dal momento che essi, attraverso il loro amore e la loro devozione supremi, si sono innalzati al di sopra di tutte quelle cose. Quando il cuore è purificato e pulito e colmo fino all'orlo del nettare divino dell'amore, tutte le altre idee di Dio diventano puerili e vengono rifiutate perché sono inadeguate o indegne. Questo è infatti il potere di Para-Bhakti o dell'Amore Supremo; e il Bhakta senza difetti non va più a trovare Dio nei templi e nelle chiese; non conosce nessun luogo in cui non lo troverà. Lo trova nel tempio e fuori dal tempio, lo trova nella santità del santo così come nella malvagità dell'uomo malvagio, perché lo ha già glorificato nel suo cuore come l'Onnipotente, inestinguibile Luce dell'Amore che brilla sempre ed è eternamente presente.

Capitolo IX
Le Rappresentazioni Umane Dell'Ideale Divino dell'Amore

È impossibile esprimere a parole la natura di questo ideale supremo e assoluto dell'amore. Persino il piano più alto dell'immaginazione umana non può comprendere in sé tutta la sua infinita perfezione e bellezza. Tuttavia, i seguaci della religione dell'amore, nelle sue forme superiori nonché nelle sue forme inferiori, in tutti i paesi, hanno sempre dovuto utilizzare il linguaggio umano per comprendere e definire il proprio ideale dell'amore. Anzi, l'amore umano stesso, in tutte le sue varie forme è stato realizzato per caratterizzare questo amore divino inesprimibile. L'uomo può pensare alle cose divine solo in modo umano, per noi l'Assoluto può essere espresso soltanto nel nostro linguaggio specifico. Tutto l'universo è per noi una scrittura dell'Infinito nel linguaggio del finito. Pertanto i Bhakta impiegano tutti i termini frequenti relativi all'amore comune dell'umanità nei confronti di Dio e alla Sua venerazione attraverso l'amore.

Alcuni dei grandi scrittori sul Para-Bhakti hanno cercato di capire e di provare questo amore divino in tantissimi modi diversi. La forma più inferiore nella quale questo amore viene percepito è quella che chiamano la sensazione di pace — lo Shânta. Quando un uomo ama Dio senza avere in sé il fuoco dell'amore, senza la pazzia nel cervello, quando questo amore è soltanto l'amore sereno e ordinario, un po' più elevato di semplici forme, cerimonie e simboli, ma per niente caratterizzato dalla follia d'amore intensamente attiva, è detto Shanta. Vediamo che ci sono persone al mondo a cui piace muoversi lentamente, e altre che vanno e vengono come il vortice. Lo Shânta-Bhakta è sereno, pacifico, delicato.

Lo stadio superiore è quello del Dâsya, ovvero della servitù; sopraggiunge quando un uomo pensa di essere il servitore del Signore. La devozione del servitore fedele al suo maestro rappresenta il suo ideale.

Il tipo d'amore successivo è Sakhya, amicizia — «Tu sei il nostro caro amico». Così come un uomo apre il suo cuore al suo amico e sa che l'amico non lo giudicherà mai per i suoi errori, ma cercherà sempre di aiutarlo, così come esiste l'idea di uguaglianza tra lui e il suo amico, allo stesso modo l'amore scorre avanti e indietro tra il devoto e il suo Dio amorevole. Così Dio diventa il nostro amico, l'amico che è vicino, l'amico al quale possiamo raccontare liberamente tutte le storie delle nostre vite. Possiamo rivelargli i segreti più intimi dei nostri cuori avendo la massima garanzia di sicurezza e di supporto. È l'amico che il devoto accetta come un proprio pari. Dio è visto in questo caso come il nostro compagno di giochi. Possiamo ben dire che giochiamo tutti in questo universo. Proprio come i bambini giocano, proprio come i re e gli imperatori più gloriosi giocano, così l'Amato Signore gioca con questo universo. Egli è perfetto; non vuole nulla. Perché dovrebbe creare? Eseguiamo un'attività sempre per realizzare un determinato desiderio, e il desiderio presuppone sempre un'imperfezione. Dio è perfetto; Non desidera nulla. Perché dovrebbe continuare la pratica di una creazione sempre attiva? Qual è lo scopo che ha in mente? Le storie della creazione divina del mondo per qualche fine che immaginiamo sono belle storie, ma niente di più. Tutto è per scherzo; l'universo è il Suo gioco in atto. L'intero universo, dopo tutto, deve essere un gran bel divertimento per Lui. Se sei povero, divertiti; se sei ricco, goditi il divertimento di essere ricco; se si manifestano i pericoli, è comunque divertente; se sopraggiunge la felicità, è ancora più divertente. Il mondo è solo un parco giochi, e noi qui ci divertiamo molto, giochiamo; e Dio gioca con noi tutto il tempo e noi con Lui. Dio è il nostro eterno compagno di giochi. Come gioca bene! Il gioco è finito quando si conclude il ciclo. Ci si riposa per un periodo più o meno lungo; poi, di nuovo, tutti escono a giocare. È solo quando dimentichi che è tutto un gioco e che anche tu sei parte del gioco, è solo allora che sopraggiungono le pene e la miseria. Allora il cuore diventa pesante, poi il mondo ti opprime con il suo enorme potere. Ma non appena abbandoni l'idea seria della realtà come caratteristica dei fatti mutevoli accaduti nei tre minuti di vita e la consideri nient'altro che un palco sul quale giochiamo, aiutandolo a giocare, la miseria per te non ci sarà più. Egli gioca in ogni atomo; gioca quando crea terre e soli e lune; Gioca col cuore dell'uomo, con gli animali, con le piante. Siamo le sue pedine; Egli mette le pedine sulla scacchiera e le muove. Ci posiziona in un modo e poi in un altro e a livello conscio o inconscio noi lo aiutiamo nel Suo gioco. E, oh, che meraviglia! Siamo i Suoi compagni di gioco!

Il tipo successivo è conosciuto come Vâtsalya, amare Dio non come nostro Padre ma come nostro Figlio. Questo principio può sembrare strano, ma si tratta di una disciplina che ci permette di allontanare tutte le idee di potere dal concetto di Dio. L'idea di potere porta con sé soggezione; in amore non dovrebbe esserci soggezione. Le idee di riverenza e obbedienza sono fondamentali per la formazione del carattere; ma una volta che il carattere è formato, quando l'amante ha assaporato l'amore sereno, pacifico e anche un po' della sua intensa follia, allora non ha più bisogno di parlare di etica e di disciplina. L'amante dice che non gli importa di concepire Dio come potente, maestoso e glorioso, come il Signore dell'universo o come il Dio degli dei. È per evitare di associarlo al Dio del senso di potere che genera paura che egli venera Dio come suo figlio. La madre e il padre non hanno soggezione nei confronti del figlio; non possono nutrire alcuna riverenza per il figlio. Non possono pensare di chiedere alcun favore al figlio. La posizione del figlio è sempre quella del ricevente, e per amore del figlio i genitori abbandoneranno i loro corpi centinaia di volte. Migliaia di vite sacrificheranno per quel figlio, e, pertanto, Dio è amato come un figlio. Quest'idea di amare Dio come un figlio nasce e matura naturalmente tra quelle sette religiose che credono nell'incarnazione di Dio. Per i maomettani è impossibile avere quest'idea di Dio come un figlio; la rifugeranno con orrore. Ma il cristiano e l'induista la comprendono facilmente, perché hanno il bambino Gesù e il bambino Krishna. Le donne dell'India spesso si considerano le madri di Krishna; le madri cristiane possono anche considerare l'idea di essere le madri di Cristo, e questo porterà in Occidente la conoscenza della Maternità Divina di Dio di cui esse hanno tanto bisogno. Le superstizioni sulla soggezione e sulla riverenza nei confronti di Dio sono profondamente radicate nei meandri dei nostri cuori, e occorrono lunghi anni per accendere d'amore verso Dio le nostre idee di riverenza e venerazione, di soggezione e maestosità e gloria.

Esiste un'altra rappresentazione umana dell'ideale divino dell'amore. È conosciuta come Madhura, è dolce, ed è la più elevata di tutte queste rappresentazioni. Si basa infatti sulla più alta manifestazione d'amore a questo mondo, e questo amore è anche il più intenso che l'uomo conosca. Quell'amore che scuote l'intera natura dell'uomo, quell'amore che scorre in ogni atomo del suo essere—lo fa impazzire, gli fa dimenticare la sua stessa natura, lo trasforma, lo rende un Dio o un demone—come l'amore tra uomo e donna. In questa dolce rappresentazione dell'amore divino Dio è nostro marito. Siamo tutte donne; non ci sono uomini a questo mondo; c'è soltanto Un uomo, ed è Lui, il nostro Amato. Tutto quell'amore che un uomo offre a una donna, o una donna a un uomo, deve essere offerto al Signore.

Tutti i vari tipi d'amore che vediamo nel mondo, con i quali noi giochiamo più o meno semplicemente, hanno Dio come unico fine; ma purtroppo, l'uomo non conosce l'oceano infinito nel quale scorre continuamente questo fiume maestoso dell'amore, e così, stupidamente, prova spesso a indirizzarlo verso i fantocci degli esseri umani. L'enorme amore per il bambino, che è presente nella natura umana, non è per il fantoccio di un bambino; se lo offri ciecamente e esclusivamente al bambino, ne subirai le conseguenze. Ma attraverso la sofferenza sopraggiungerà il risveglio, grazie al quale scoprirai sicuramente che quell'amore che è in te, se è concesso a ogni essere umano, porterà prima o poi dolore e tristezza. Il nostro amore, pertanto, deve essere offerto all'Altissimo che non muore né muta mai, a Colui nel cui oceano d'amore non c'è né alta né bassa marea. L'amore deve raggiungere la giusta destinazione, deve andare da Colui che è davvero l'infinito oceano d'amore. Tutti i fiumi sfociano nell'oceano. Anche la goccia d'acqua che cola giù dalla montagna non può interrompere il suo corso dopo aver raggiunto un fiume o un torrente, per quanto grande possa essere; alla fine anche quella goccia arriva in qualche modo nell'oceano. Dio è l'unico fine di tutte le nostre passioni ed emozioni. Se vuoi essere arrabbiato, arrabbiati con lui. Rimprovera il tuo Amato, rimprovera il tuo Amico. Chi altro puoi rimproverare senza correre rischi? L'uomo mortale non sopporterà pazientemente la tua ira; reagirà. Se sei arrabbiato con me, sicuramente reagirò presto, perché non posso sopportare pazientemente la tua ira. Dì all'amato, « Perché non vieni da me; perché mi lasci così solo? » Dov'è il piacere se non in Lui? Quale piacere può esserci nelle piccole zolle di terra? È l'essenza cristallizzata del piacere infinito che dobbiamo cercare, ed è in Dio. Eleviamo a lui le nostre passioni ed emozioni. Sono destinate a lui, perché se non colpiscono nel segno e vanno più in basso, diventano vili; e quando vanno dritte al segno, al Signore, persino quella più infima si trasfigura. Tutte le energie del corpo e della mente umani, in qualunque modo si esprimano, hanno come fine, come loro Ekâyana il Signore. Tutti gli amori e tutte le passioni del cuore umano devono andare da Dio. Egli è l'Amato. Chi altro può amare questo cuore? Egli è il più bello, il più sublime, è la bellezza stessa, la sublimità stessa. Chi è più bello di Lui in questo universo? Chi è più adatto a diventare marito di Lui in questo universo? Chi è più amabile di Lui in questo universo? Pertanto sia Egli il marito, sia l'Amato.

Spesso accade che gli amanti divini che cantano questo amore divino ritengano il linguaggio dell'amore umano adatto a descriverlo in tutti i suoi aspetti. Gli sciocchi non lo capiscono e non lo capiranno mai. Lo guardano solo con occhi umani. Non comprendono gli spasimi violenti dell'amore spirituale. Come potrebbero comprenderli? « Per un bacio dalle Tue labbra, O Signore! Chi è stato baciato da Te vede aumentare il desiderio per Te per sempre, tutte le sue pene spariscono, e dimentica tutto eccetto Te ». Desidera quel bacio dell'Amato, quel tocco delle Sue labbra che fa impazzire il Bhakta, che rende l'uomo un Dio. Per colui che è stato benedetto da un bacio del genere, tutta la natura cambia, i mondi svaniscono, i soli e le lune scompaiono, e l'universo stesso si fonde in quell' oceano infinito d'amore. Questa è la perfezione della follia d'amore.

Ahimè, l'amante spirituale non riposa nemmeno in quel caso; neanche l'amore del marito e della moglie è abbastanza forte per lui. I Bhakta riprendono anche l'idea dell'amore illegittimo, perché è molto forte; la sua scorrettezza non è affatto il fine che perseguono. La natura di quest'amore è tale che, più ostacoli si frappongono al suo libero corso, più diventa appassionato. L'amore tra marito e moglie è tranquillo, non ci sono ostacoli. Così i Bhakta considerano l'idea di una ragazza che è innamorata del suo amato, e la madre o il padre o il marito si oppongono a questo amore; e più qualcuno ostacola il corso del suo amore, tanto più il suo amore tende a intensificarsi. Il linguaggio umano non può descrivere il modo in cui Krishna venne amato alla follia nei boschetti di Vrindâ, il modo in cui al suono della sua voce le beatissime Gopi accorrevano per incontrarlo, dimenticando tutto, dimenticando questo mondo e i suoi legami, i suoi doveri, le sue gioie e le sue pene. Uomo, o uomo, tu parli dell'amore divino e al contempo riesci a godere di tutte le vanità di questo mondo — sei sincero? «Dove c'è Râma, non c'è spazio per nessun desiderio — dove c'è il desiderio, non c'è spazio per Rama; essi non coesistono mai — così come non possono esserci contemporaneamente la luce e il buio».

Capitolo X
Conclusione

Quando viene raggiunto questo ideale supremo d'amore, la filosofia risulta sprecata; a chi gliene importerà? La libertà, la Salvezza, il Nirvâna — sono tutti sprecati; a chi importa di diventare libero quando si gode dell'amore divino? «Signore, io non voglio ricchezza, né amici, né bellezza, né cultura, nemmeno libertà; fai che io nasca più e più volte, e che Tu sia sempre il mio Amore. Che Tu sia per sempre il mio Amore. «A chi importa di diventare zucchero?», dice il Bhakta, «Io voglio assaggiare lo zucchero». Allora chi desidererà diventare libero e un'unica cosa con Dio? «Posso anche sapere di essere Lui; tuttavia mi allontanerò da Lui e sarò diverso, in modo tale che possa godermi l'Amato». Questo è ciò che dice il Bhakta. L'amore per amore dell'amore è il suo massimo godimento. Chi non sarà legato mani e piedi un migliaio di volte per godersi l'Amato? Al Bhakta non importa nulla, eccetto l'amore, eccetto l'amare e l'essere amato. Il suo amore autentico è come la marea che si abbatte sul fiume; questo amante risale il fiume contro corrente. Il mondo lo chiama pazzo; conosco uno che il mondo chiamava pazzo e questa era la sua risposta: «Amici miei, tutto il mondo è un manicomio. Alcuni vanno pazzi per l'amore terreno, alcuni per la reputazione, alcuni per la fama, alcuni per i soldi, altri per la salvezza e per un posto in paradiso. In questo grande manicomio anch'io sono pazzo, vado pazzo per Dio. Se tu vai pazzo per i soldi, io vado pazzo per Dio. Tu sei pazzo, anch'io lo sono. Penso che la mia pazzia sia dopo tutto la migliore». Il vero amore del Bhakta è questa pazzia cieca prima della quale per lui svanisce tutto il resto. Tutto l'universo per lui è pieno d'amore e soltanto d'amore; questo è quello che appare all'amante. Così quando un uomo ha in sé quest'amore, diventa eternamente beato, eternamente felice. Questa beata pazzia dell'amore divino da sola può curare per sempre la malattia del mondo che è in noi. Insieme al desiderio, l'egoismo è sparito. Egli si è avvicinato a Dio, si è liberato di tutti quei desideri vani di cui prima era pieno.

Dobbiamo tutti accingerci alla religione dell'amore come dualisti. Dio è per noi un Essere distinto, e anche noi percepiamo noi stessi come esseri distinti. L'amore poi sopraggiunge all'improvviso, e l'uomo comincia ad avvicinarsi a

Dio, e anche Dio si avvicina sempre di più all'uomo. L'uomo intraprende tutte le varie relazioni della vita, come padre, come madre, come figlio, come amico, come maestro, come amante e le proietta sul suo ideale d'amore, sul suo Dio. Per lui Dio esiste come esistono tutte queste figure, e l'ultimo stadio del suo sviluppo viene raggiunto quando sente di essersi fuso completamente nell'oggetto della sua venerazione. Tutti noi cominciamo con l'amare noi stessi, e le ingiuste pretese del piccolo sé rendono egoista anche l'amore. Alla fine, tuttavia, sopraggiunge il pieno bagliore di luce, in cui il piccolo sé sembra essere diventato un tutt'uno con l'Infinito. L'uomo stesso viene trasfigurato alla presenza di questa Luce d'Amore, e comprende alla fine la meravigliosa e stimolante verità secondo la quale l'Amore, l'Amante e l'Amato sono un'Unica cosa.

Discovery Publisher is a multimedia publisher whose mission is to inspire and support personal transformation, spiritual growth and awakening. We strive with every title to preserve the essential wisdom of the author, spiritual teacher, thinker, healer, and visionary artist.

www.ingramcontent.com/pod-product-compliance
Lightning Source LLC
Chambersburg PA
CBHW030237170426
43202CB00007B/34